Informatik 3

Gymnasium Oberstufe

Künstliche Intelligenz | Formale Sprachen
Funktionsweise eines Rechners
Nebenläufigkeit und Threads | Komplexität
Berechenbarkeit | Informationssicherheit

Autoren
Peter Brichzin (München)
Matthias Haupt (München)
Florian Janus (Oettingen i. Bay.)
Franz Jetzinger (München)
Johannes Neumeyer (München)
Klaus Reinold (München)
Dr. Stefan Seegerer (Nürnberg)
Albert Wiedemann (Oberottmarshausen)

Cornelsen

Vorwort

Liebe Informatikerin, lieber Informatiker der nächsten Generation, damit Sie sich bei der Arbeit mit dem Buch gut zurechtfinden, wird hier der Aufbau kurz beschrieben.

Vielfältige Aufgaben zum Üben und Vertiefen sowie spannende Forschungsaufträge als Blick über den Tellerrand und Lehrplan hinaus

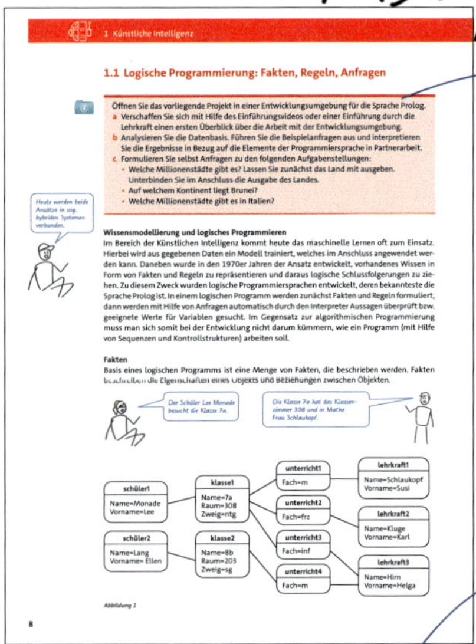

Inhaltliche Kapitel mit handlungsorientierten Einstiegsaufgaben, Erklärungen und Beispielen, damit Sie informatische Konzepte verstehen und kreativ einsetzen können

Dateivorlagen auch im Internet unter informatikschulbuch.de

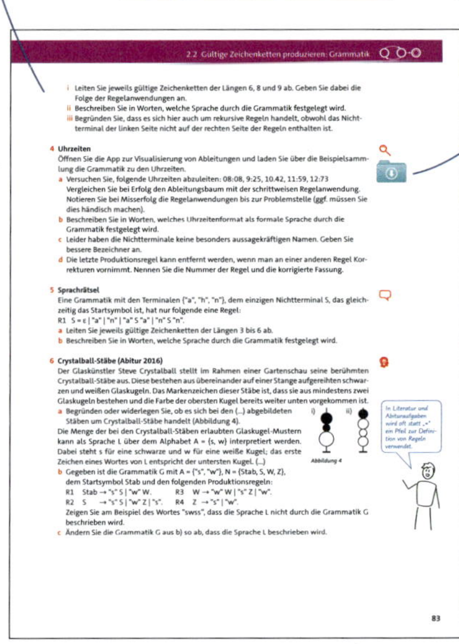

„Teste dich selbst"-Aufgaben zum Überprüfen, ob Sie die wesentlichen Aspekte eines Hauptkapitels verstanden haben (Lösungen zur Selbstkontrolle am Ende des Buches!)

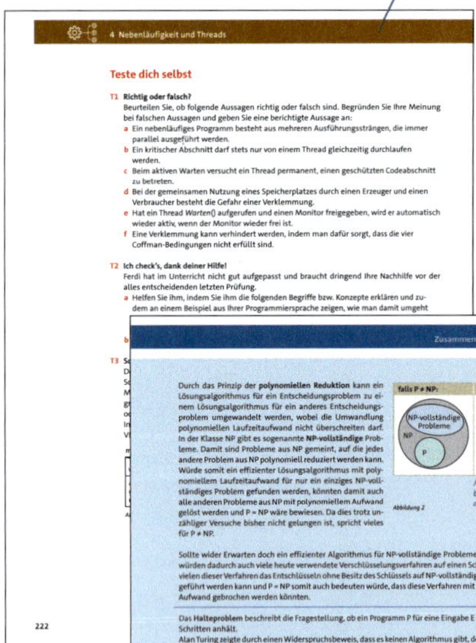

Kurze und prägnante Zusammenfassungen am Ende jedes Hauptkapitels und Merkkästen mit den zentralen Inhalten am Ende jedes Kapitels

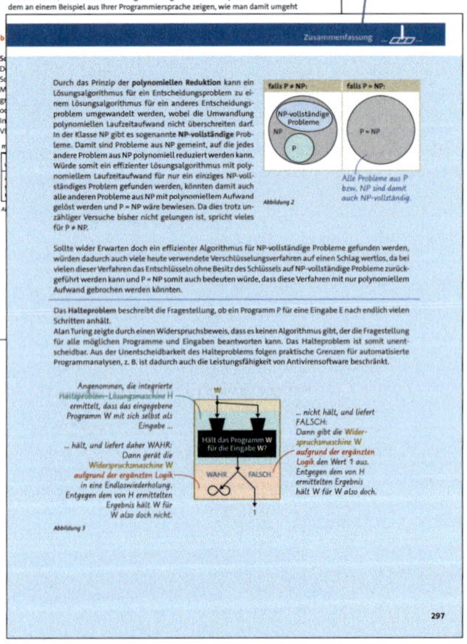

Texte Zum Weiterlesen, die Ihnen Ausblicke auf inhaltlich angrenzende Anwendungsbereiche geben

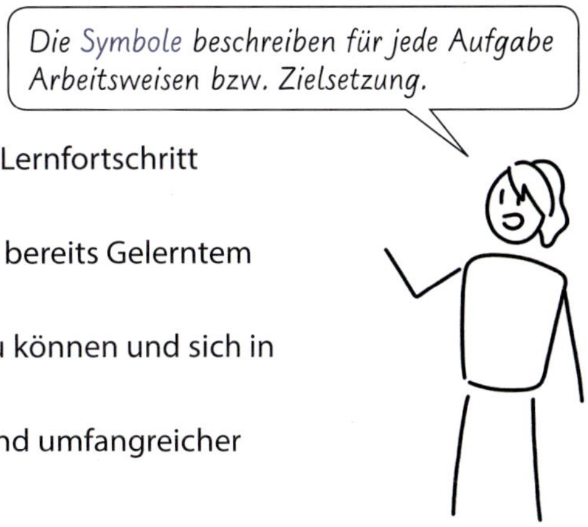

- **Recherchieren, lesen**, damit Sie selbst Verantwortung für den Lernfortschritt übernehmen können.
- **Vernetzen**, damit Sie neue Inhalte mit anderen Bereichen und bereits Gelerntem in Beziehung setzen können.
- **Kommunizieren**, weil es wichtig ist, anderen etwas erklären zu können und sich in der Gruppe zu besprechen.
- **Kooperieren**, damit Ihre Produkte vielseitiger, hochwertiger und umfangreicher werden.
- **Kreativ arbeiten**, damit Sie originell und mit persönlicher Note arbeiten können.
- **Analysieren**, um Strukturen, Verfahren und Zusammenhänge zu erkennen und zu erfassen.
- **Modellieren**, um Probleme zu verstehen und Lösungen zu planen.
- **Mit Rechnereinsatz lösen/implementieren**, um mithilfe des Computers praktische Umsetzungen zu schaffen.
- **Handlungsorientiert lösen**, damit Sie auch ohne Rechner aktiv werden können, z. B. bei Rollenspielen.
- **Reflektieren, begründen**, damit Sie sich Lösungswege bewusst machen und ähnliche Aufgaben künftig schneller lösen können.
- **Offene Aufgabenstellung individuell ausgestalten**, damit Sie sich selbst Ziele setzen und Ihren eigenen Lösungsweg suchen können.
- * **Diese Inhalte und Aufgaben gehen über den Lehrplan hinaus.**

Werkzeugunabhängigkeit in Lehrtext und Aufgaben:

Basisprojekte für viele gängige Sprachen und typische Entwicklungsumgebungen

Java (BlueJ) — Python — Swift (Playgrounds)

Java
```
synchronized … {
    try {wait();}
    catch (…){ }
    …
    notify();
}
```

Python
```
import threading
lock = threading.Condition()
...
with lock:
    lock.wait()
    ...
    lock.notify()
```

Swift
```
let monitor = NSCondition()
...
monitor.lock
monitor.wait()
...
monitor.signal()
monitor.unlock
```

Wir wünschen Ihnen viel Spaß im Informatikunterricht mit diesem Buch!

Peter Brichzin, Matthias Haupt, Florian Janus, Franz Jetzinger, Johannes Neumeyer, Dr. Stefan Seegerer, Klaus Reinold, Albert Wiedemann

3 Funktionsweise eines Rechners 119

4 Nebenläufigkeit und Threads 199

1 Künstliche Intelligenz

In diesem Kapitel erfahren Sie, wie ...

... man aus Fakten und Regeln neues Wissen ableitet.

... verschiedene datenbasierte KI-Verfahren funktionieren und wie sie angewendet werden.

... man Chancen und Risiken beim Einsatz von KI-Systemen abwägt.

1.1 Logische Programmierung: Fakten, Regeln, Anfragen

Öffnen Sie das vorliegende Projekt in einer Entwicklungsumgebung für die Sprache Prolog.

a Verschaffen Sie sich mit Hilfe des Einführungsvideos oder einer Einführung durch die Lehrkraft einen ersten Überblick über die Arbeit mit der Entwicklungsumgebung.

b Analysieren Sie die Datenbasis. Führen Sie die Beispielanfragen aus und interpretieren Sie die Ergebnisse in Bezug auf die Elemente der Programmiersprache in Partnerarbeit.

c Formulieren Sie selbst Anfragen zu den folgenden Aufgabenstellungen:
- Welche Millionenstädte gibt es? Lassen Sie zunächst das Land mit ausgeben. Unterbinden Sie im Anschluss die Ausgabe des Landes.
- Auf welchem Kontinent liegt Brunei?
- Welche Millionenstädte gibt es in Italien?

Wissensmodellierung und logisches Programmieren

Im Bereich der Künstlichen Intelligenz kommt heute das maschinelle Lernen oft zum Einsatz. Hierbei wird aus gegebenen Daten ein Modell trainiert, welches im Anschluss angewendet werden kann. Daneben wurde in den 1970er Jahren der Ansatz entwickelt, vorhandenes Wissen in Form von Fakten und Regeln zu repräsentieren und daraus logische Schlussfolgerungen zu ziehen. Zu diesem Zweck wurden logische Programmiersprachen entwickelt, deren bekannteste die Sprache Prolog ist. In einem logischen Programm werden zunächst Fakten und Regeln formuliert, dann werden mit Hilfe von Anfragen automatisch durch den Interpreter Aussagen überprüft bzw. geeignete Werte für Variablen gesucht. Im Gegensatz zur algorithmischen Programmierung muss man sich somit bei der Entwicklung nicht darum kümmern, wie ein Programm (mit Hilfe von Sequenzen und Kontrollstrukturen) arbeiten soll.

Fakten

Basis eines logischen Programms ist eine Menge von Fakten, die beschrieben werden. Fakten beschreiben die Eigenschaften eines Objekts und Beziehungen zwischen Objekten.

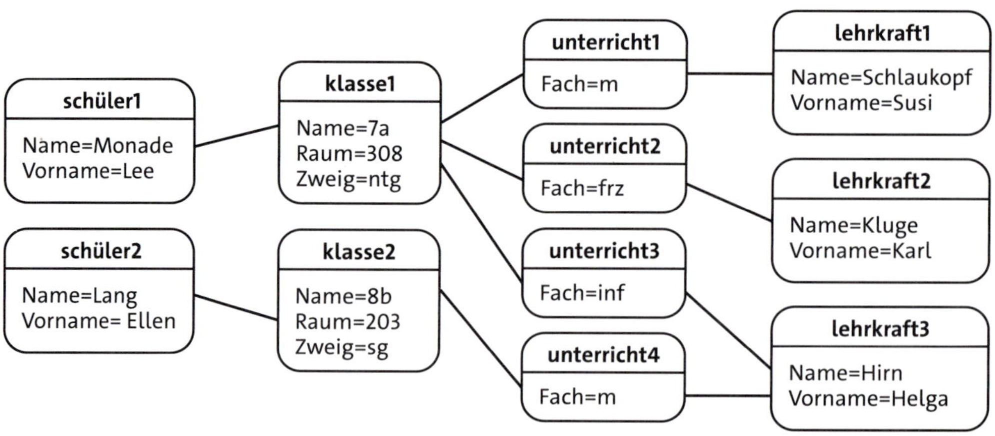

Abbildung 1

Jeder Fakt besteht aus einem Bezeichner, Prädikatsname genannt, gefolgt von einem Klammerpaar, das die Argumente enthält, und einem abschließenden Punkt.
Die Argumente können Zahlen oder Zeichenketten (sogenannte Atome) sein. Atome beginnen ebenso wie Prädikatsnamen in der Regel mit einem Kleinbuchstaben. Abweichend davon können Atome auch mit einfachen Anführungsstrichen geklammert werden, damit sie mit einer Ziffer oder mit einem Großbuchstaben beginnen dürfen.

Prädikatsname — *Atome* — *Faktum* — *Argumente* — *Zahl*

```
schüler(lang, ellen, '8b').
schüler(monade, lee, '7a').
klasse('7a', 308, ntg).
klasse('8b', 203, sg).
lehrkraft(schlaukopf, susi).
lehrkraft(kluge, karl).
lehrkraft(hirn, helga).
unterrichtet(schlaukopf, '7a', m).
unterrichtet(kluge, '7a', frz).
unterrichtet(hirn, '8b', m).
unterrichtet(hirn, '7a', inf).
direktVorgesetzt(schlaukopf, kluge).
direktVorgesetzt(hirn, schlaukopf).
```

Anfragen
Mit **Anfragen** kann man nun Information aus den Fakten gewinnen. Anfragen beginnen in Prolog mit dem Operator „?-“.

Frage	Prolog-Anfrage	Ergebnis
Gibt es eine Lehrkraft Karl Kluge?	`?- lehrkraft(kluge, karl).`	true
Gibt es eine Lehrkraft Lena Kluge?	`?- lehrkraft(kluge, lena).`	false

Variablen beginnen stets mit einem Großbuchstaben. Der Bezeichner der Variable ist nur wichtig für die Darstellung der Ergebnisse und hat keine semantische Bedeutung; sprechende Bezeichner wie „Lehrkraft“ und „Fach“ können also ebenso verwendet werden wie „X“ und „Y“. Eine Anfrage mit Variablen bedeutet: Gibt es eine Belegung der Variablen, so dass die Anfrage wahr ist? Der Unterstrich „_“ kennzeichnet **anonyme Variablen**. Mit diesen kann man irrelevante Information unterdrücken.

<table>
<tr><th>Frage</th><th>Prolog-Anfrage</th><th>Ergebnisse</th></tr>
<tr><td>Welche Lehrkraft unterrichtet welches Fach in der 7a?</td><td><code>?- unterrichtet(LK, '7a', FA).</code></td><td><table><tr><th>LK</th><th>FA</th></tr><tr><td>schlaukopf</td><td>m</td></tr><tr><td>kluge</td><td>frz</td></tr><tr><td>hirn</td><td>inf</td></tr></table></td></tr>
<tr><td>Welchen Vornamen hat die Schülerin Lang?</td><td><code>?- schüler(lang, VN, _).</code></td><td><table><tr><th>VN</th></tr><tr><td>ellen</td></tr></table></td></tr>
<tr><td>Welche Lehrkräfte gibt es?</td><td><code>?- lehrkraft(NN, VN).</code></td><td><table><tr><th>NN</th><th>VN</th></tr><tr><td>schlaukopf</td><td>susi</td></tr><tr><td>kluge</td><td>karl</td></tr><tr><td>hirn</td><td>helga</td></tr></table></td></tr>
</table>

Regeln und Prädikate

Zusätzlich zu Fakten lassen sich in logischen Programmiersprachen **Regeln** definieren. Die Menge aller Fakten und Regeln mit gleichem Prädikatsnamen und gleicher Stellenanzahl wird als **Prädikat** bezeichnet. Der **logische Operator UND** wird in der obigen Regel durch das Komma repräsentiert. Ein **logisches ODER** wird analog durch ein Semikolon ausgedrückt.

Beispiel:

```
unterrichtetMatheUndInfo(LK):-
    unterrichtet(LK, _, m),
    unterrichtet(LK, _, inf).
```

Regelkopf mit Operator :-

Regelrumpf

Regeln lassen sich als Implikationen lesen. Die obige Regel bedeutet: Wenn Lehrkraft X in einer Klasse Mathematik unterrichtet und in einer Informatik, dann unterrichtet sie beide Fächer. Regeln lassen sich wiederum in Anfragen verwenden:

Frage	Prolog-Anfrage	Ergebnis
Welche Lehrkräfte unterrichten Mathe und Informatik?	`?- unterrichtetMatheUndInfo(X).`	**X** hirn

Regeln können auch unterschiedliche Fakten kombinieren; auch Vergleichsoperationen mit Variablen sind möglich, wie folgende Beispiele zeigen:

Regel	Semantik

`schülerInRaum(NN, VN, RA):-`
`    schüler(NN, VN, KL),`
`    klasse(KL, RA, _).`
	NN und VN stehen für den Nach- und Vornamen, RA und KL für Raum und Klasse des Schülers. Die Anfrage
	?- schülerInRaum(NN, VN, 308).
	liefert die Namen der Schüler mit Klassenzimmer 308, im Beispiel Lee Monade.

`klassenzimmerEtage2(RA):-`
`    klasse(_, RA, _),`
`    RA>199,`
`    RA<300.`
	Die Raumnummer soll zwischen 200 und 300 liegen.
	Bei Aufruf von
	?- klassenzimmerEtage2(X).
	werden die Zimmer im 2. Stock gesucht.

Rekursive Regeln

Die Hierarchie der Vorgesetzten (VO) und deren Mitarbeiter (MA) kann im Prinzip über beliebig viele Ebenen gehen. Um zu ermitteln, ob eine Person direkt oder indirekt Vorgesetzte einer anderen Person ist, kann man die folgende Regel definieren:

```
vorgesetzt(VO, MA):-
    direktVorgesetzt(VO, MA);
    direktVorgesetzt(VO, X),
    vorgesetzt(X, MA).
```

entweder direkt vorgesetzt (Rekursionsende) ...

... oder mit mindestens einer weiteren direkt vorgesetzten Person dazwischen.

→ 1.2

Grundsätzlich sollte der Ausdruck für das Rekursionsende immer als erstes kommen. Sonst droht eine endlose Folge rekursiver Aufrufe, da die Regel immer wieder von oben nach unten abgearbeitet wird und dabei nicht über das rekursive „vorgesetzt“ hinauskommt. Im rekursiven Ausdruck sollte aus dem gleichen Grund der rekursive Aufruf am Ende stehen.

In **logischen Programmen** wird das Wissen in Form von **Fakten** und **Regeln** gespeichert. Ein **Prädikat** beschreibt die Fakten und Regeln mit gleichem **Prädikatsnamen** und gleicher Stellenanzahl. Mit Hilfe von **Anfragen** werden Aussagen überprüft bzw. geeignete Werte für **Variablen** gesucht, so dass die Aussage wahr ist.

Aufgaben

1 Die Schule wird vergrößert

Gehen Sie bei dieser Aufgabe vom Beispiel im Lehrtext aus.

a Erweitern Sie kollaborativ die Faktenbasis um weitere Schülerinnen und Schüler, Klassen und Lehrkräfte inklusive Vorgesetzten-Hierarchie.

b Formulieren Sie geeignete Anfragen für die folgenden Problemstellungen:
- Welche Klassen besuchen den naturwissenschaftlich-technologischen Zweig?
- Welche Lehrkräfte unterrichten Mathematik?
- Welche Schülerinnen und Schüler gehen in Klasse 8b?
- Für welche Lehrkräfte ist Frau Hirn die direkte Vorgesetzte? Für welche Lehrkräfte ist sie dies über mehrere Ebenen?

c Formulieren Sie geeignete Regeln für die folgenden Problemstellungen und testen Sie diese durch Anfragen:
- Welche Lehrkräfte hat eine bestimmte Schülerin bzw. ein bestimmter Schüler?
- Welche Ausbildungsrichtung hat ein bestimmter Schüler?

d Für Schnelle: Erweitern Sie das Programm um weitere interessante Fakten, Regeln und Anfragen (z. B. Klassensprecher).

2 Fehler bei Fierecken

a Analysieren Sie das gegebene Prologprogramm und beschreiben Sie dessen Bedeutung.

b Erproben Sie einen Aufruf und korrigieren Sie die angezeigten Syntaxfehler. Notieren Sie zu jeder Fehlerart einen Tipp, wie der Fehler vermieden werden kann.

c Korrigieren Sie die rekursive Regel. Prüfen Sie anschließend, ob die Regel auch dann korrekt funktionieren würde, wenn Sie das Rekursionsende an das Ende schieben oder den rekursiven Aufruf innerhalb des rekursiven Ausdrucks zuerst notieren würden.

3 Stammbaum

Der folgende Text zeigt einen Auszug aus dem Stammbaum der Wittelsbacher:
Maximilian I. Joseph zeugte zusammen mit Auguste von Hessen-Darmstadt den Sohn Ludwig I. Aus dessen Ehe mit Therese von Sachsen-Hildburghausen gingen Maximilian II. von Bayern, Otto I. von Griechenland und Luitpold von Bayern hervor. Maximilian II. von Bayern war mit Marie Friederike von Preußen verheiratet; ihre Kinder waren Ludwig II. von Bayern und Otto I. von Bayern. Luitpold heiratete Auguste von Österreich-Toskana, deren Sohn Ludwig III. war, aus dessen Ehe mit Marie Therese von Österreich-Este Kronprinz Rupprecht von Bayern hervorging.

a Geben Sie alle Vorfahren mit den Beziehungen „ist Vater von“ und „ist Mutter von“ passend als Fakten an.

b Formulieren Sie Regeln für die Beziehungen „ist Kind von“, „ist Elternteil von“, „ist Großelternteil von“ und testen Sie diese.

c Geben Sie rekursive Regeln an, die zu einer Person alle bekannten Vorfahren bzw. alle bekannten Nachfahren ermitteln.

4 Forschungsauftrag: Prolog kann mehr

Recherchieren Sie weitere Sprachelemente von Prolog (z. B. mathematische Operationen); entwickeln Sie eine einfache Anwendung dazu und stellen Sie diese in einem Kurzreferat vor.

1.2 Blick hinter die Kulissen: Die Inferenzmaschine

Franz, Hekla und Ute wollen nach dem Abitur gemeinsam verreisen. Sie müssen aber noch ein gemeinsames Ziel und eine passende Woche finden.

a Analysieren Sie das vorliegende Prologprogramm, das für die weiteren Teilaufgaben bewusst einfach gehalten ist. Diskutieren Sie mit einer anderen Person im Kurs, welche Ergebnisse Sie bei den folgenden Anfragen erwarten:
?- alleFahrenMit(berge, kw27).
?- alleFahrenMit(X, Y).

b Mit dem Befehl trace können Sie das Programm in Einzelschritten ablaufen lassen. Untersuchen Sie das Ergebnis der Anfrage
?- trace, alleFahrenMit(X, Y).
und skizzieren Sie in Form eines Baumes, in welcher Reihenfolge die Abarbeitung erfolgt. Die Einrücktiefe ist ein Hinweis auf die Baumstruktur.

c Diskutieren Sie zunächst in Zweierteams, dann im Plenum, inwieweit die Abarbeitung nach einem bekannten Verfahren für Baumdurchläufe erfolgt.

```
istKind(eva, zoe).
istKind(mia, nuri).
istKind(zoe, nuri).
istKind(nuri, aylin).

istNachkomme(VF, NK) :-
   istKind(VF, NK);
   istKind(X, NK),
   istNachkomme(VF, X).
```

Logische Schlussfolgerungen durch das System
Logische Programme können Aussagen überprüfen und für Terme mit Variablen Belegungen der Variablen suchen, so dass der Term wahr ist:
?- istNachkomme(eva, nuri). liefert true
?- istNachkomme(X, nuri). liefert:

VF
mia
zoe
eva

→Inferenz, die: aus einem Regelsystem erzeugte Schlussfolgerung

Diese Ergebnisse werden von einer sogenannten →**Inferenzmaschine** aus den vorhandenen Fakten und Regeln abgeleitet. Die Inferenzmaschine wendet dabei bestimmte logische Regeln an, wie z. B.:

- Modus ponens: Wenn von einer Aussage A auf eine Aussage B geschlossen werden kann und A wahr ist, dann muss auch B wahr sein. Beispiel: Alle Menschen sind sterblich (A ⇨ B). Sokrates ist ein Mensch (A wahr). Also ist Sokrates sterblich (B wahr).
- Kettenschluss: Wenn aus A die Aussage B und aus B die Aussage C gefolgert werden kann, dann kann aus A auch C gefolgert werden. Wenn jedes Quadrat ein Rechteck (A ⇨ B) und jedes Rechteck ein Parallelogramm ist (B ⇨ C), dann ist jedes Quadrat ein Parallelogramm (A ⇨ C).

A ⇨ B und A WAHR
Modus ponens: B WAHR

A ⇨ B und B ⇨ C
Kettenschluss: A ⇨ C

Abarbeitung des Programms
Bei der Abarbeitung eines logischen Programms spielt die Reihenfolge, in der die Fakten und Regeln angeordnet und strukturiert sind, eine Rolle. Schritt für Schritt werden in der Anfrage die noch nicht entscheidbaren Ausdrücke ersetzt. In Prolog wird dazu die folgende Strategie verwendet:

1. Die Anfrage wird von links nach rechts abgearbeitet. Nacheinander werden so alle noch nicht auf entscheidbare Fakten zurückgeführten Prädikate ersetzt.
2. Passende Fakten und Regeln werden von oben nach unten im Programm gesucht. Bei einem Fund wird versucht, damit eine Ersetzung vorzunehmen.

Dies wird am Beispiel der Anfrage *?- trace, istNachkomme(eva, nuri).* schrittweise illustriert:

Nur bewiesene Fakten werden akzeptiert. Falsche werden ebenso wie unklare Fakten verworfen, die Pfade nicht weiterverfolgt.
Im Programm gibt es kein Faktum istKind(eva, nuri) und auch keine passende Regel. Die Teilanfrage liefert daher falsch und kann nicht entschieden werden. Es erfolgt ein Schritt zum vorhergehenden Aufruf.

Aufruf: istNachkomme(eva, nuri) (*Zeile 5*)
  Aufruf: istKind(eva, nuri) (*Zeile 6*)
  Nicht entscheidbar: istKind(eva, nuri)
Rückkehr zu istNachkomme(eva, nuri)
  Aufruf: istKind(_644, nuri) (*Zeile 7*)
  Bewiesen: istKind(mia, nuri)
  Aufruf: istNachkomme(eva, mia) (*Zeile 8*)
    Aufruf: istKind(eva, mia) (*Zeile 6*)
    Nicht entscheidbar: istKind(eva, mia)
  Rückkehr zu istNachkomme(eva, mia)
    Aufruf: istKind(_676, mia) (*Zeile 7*)
    Nicht entscheidbar: istKind(_676, mia)
  Nicht entscheidbar: istNachkomme(eva, mia)
  Rückkehr zu istKind(_644, nuri)
  Bewiesen: istKind(zoe, nuri)
  Aufruf: istNachkomme(eva, zoe) (*Zeile 8*)
    Aufruf: istKind(eva, zoe) (*Zeile 6*)
    Bewiesen: istKind(eva, zoe)
  Bewiesen: istNachkomme(eva, zoe)
Bewiesen: istNachkomme(eva, nuri)

Beim Aufruf wird intern eine neue Variable _644 für X (Zeile 7 im Code auf der linken Seite) erzeugt, da die Methode verschachtelt mehrfach aufgerufen werden kann.

Das wahre Faktum istKind(mia, nuri) wird gefunden und _644 mit mia belegt. Mit dieser Belegung geht es nun in Zeile 8 weiter.

Hier (wie an anderen Stellen) wird der Modus ponens verwendet. istKind ⇨ istNachkomme und weil Eva Kind von Zoe ist, folgt: Eva ist Nachkomme von Zoe.

In der Baumdarstellung (Abbildung 1) des obigen Beispiels erkennt man, dass ein Pfad so lange verfolgt wird, bis er verworfen werden kann oder die Aussage bewiesen ist. Wird ein Pfad verworfen, wird nur so weit zurückgegangen, bis eine andere Abzweigung existiert. Es handelt sich also um eine **Tiefensuche** (ein Backtrackingverfahren).

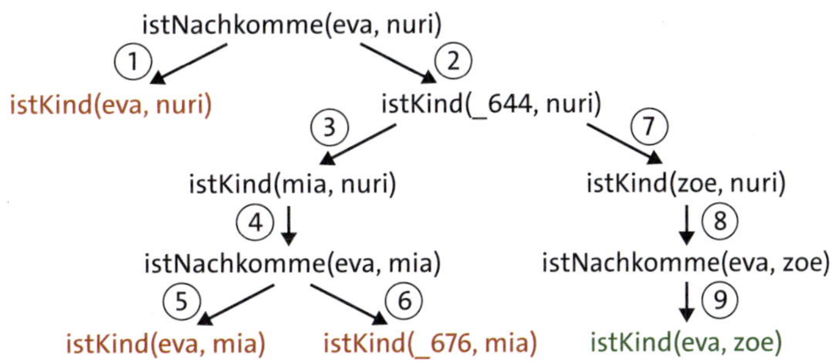

Abbildung 1

Aufgepasst bei Rekursion

Dass diese Tiefensuche „im Code von oben nach unten“ beharrlich verwendet wird, zeigt sich, wenn man bei der Regel *istNachkomme* die Rekursion an den Anfang stellt, was auf logischer Ebene gleichwertig ist:

bisher

```
istNachkomme(VF, NK) :-
    istKind(VF, NK);
    istKind(X, NK),
    istNachkomme(VF, X).
```

jetzt

```
istNachkomme(VF, NK) :-
    istNachkomme(VF, X),
    istKind(X, NK);
    istKind(VF, NK).
```

Da der rekursive Aufruf immer an erster Stelle kommt, wird dieser von der Inferenzmaschine immer wieder aufgerufen. Es wird niemals eine Stelle erreicht, die als wahr oder falsch klassifiziert werden kann, das Problem wird nicht reduziert und nicht gelöst.

Aufruf: istNachkomme(eva, nuri)
Aufruf: istNachkomme(eva, _632)
Aufruf: istNachkomme(eva, _634)
Aufruf: istNachkomme(eva, _636)
Aufruf: istNachkomme(eva, _638)
Aufruf: istNachkomme(eva, _640)
Aufruf: istNachkomme(eva, _642)
Aufruf: istNachkomme(eva, _644)
Aufruf: istNachkomme(eva, _652)
Aufruf: istNachkomme(eva, _660)
Aufruf: istNachkomme(eva, _668)
Aufruf: istNachkomme(eva, _676)
Aufruf: istNachkomme(eva, _684)
Aufruf: istNachkomme(eva, _692)
...

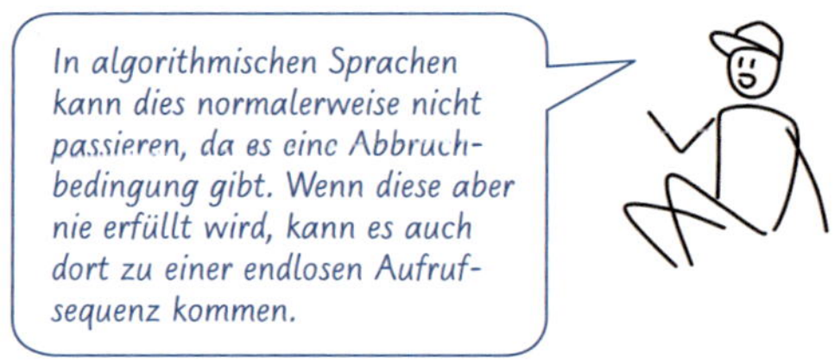

Aufgepasst auch bei Negation

Vorsicht ist auch bei der Verwendung des **NICHT**-Operators **\+** geboten. Im obigen Beispiel ist Eva ein Nachkomme von Nuri, die Anfrage *?- \+ istNachkomme(nuri,eva).* liefert erwartungsgemäß FALSCH. Auch die Aussage *?- \+ 1+1==3.* wird korrekt als WAHR klassifiziert.
Problematisch sind Aussagen, die vom Programm nicht entschieden werden können. „Eva ist ein Kind von Petra.“ ist eine solche Aussage im obigen Programm. Die Anfrage *?- istKind(eva,petra).* liefert FALSCH, da die Aussage nicht bewiesen werden kann. Die Negation *?- \+ istKind(eva,petra).* liefert folgerichtig WAHR, darf aber nicht als „Eva ist kein Kind von Petra“ missverstanden werden, sondern bedeutet, dass die Anfrage nicht entscheidbar ist.

Die **Inferenzmaschine** arbeitet auf der Basis logischer Schlussregeln (z. B. modus ponens). Die Abarbeitung erfolgt immer von oben nach unten nach den Regeln der **Tiefensuche** (also ein Backtrackingverfahren).

Aufgaben

1 Tennisverein

Bei einem Tennisturnier wird dokumentiert, wer gegen wen gewonnen hat. Matthias gewinnt gegen Florian, Franz gegen Johannes, Albert gegen Peter, Florian gewinnt gegen Franz, Johannes gegen Klaus, Peter gegen Stefan und Klaus gegen Albert.

Abbildung 2

- **a** Setzen Sie die gegebenen Fakten in ein logisches Programm um und ergänzen Sie eine Regel *stärkerAls*, mit der man feststellen kann, ob eine Person durch eine Kette von Siegen als stärker als ein anderer Spieler gilt. So gilt Florian stärker als Johannes, weil er gegen Franz und Franz gegen Johannes gewonnen hat.
- **b** Untersuchen Sie schrittweise die Anfrage *?- stärkerAls(albert, X)*.. Skizzieren Sie den zugehörigen Tiefensuchbaum. Vollziehen Sie dessen Aufbau im Programmcode nach.
- **c** Skizzieren Sie den Tiefensuchbaum für die Anfrage *?- stärkerAls(peter, florian)*. und vergleichen Sie danach mit der schrittweisen Ausführung im System. Untersuchen Sie insbesondere Unterschiede und begründen Sie ggf., was Sie falsch gemacht haben.
- **d** Nun gewinnt auch noch Stefan gegen Matthias. Führen Sie die Anfrage *?- stärkerAls(X, johannes)*. ohne Einzelschrittmodus aus und interpretieren Sie das Ergebnis.

2 Mathe mit Prolog

- **a** Die Vorlage liefert eine Lösung zur Berechnung des ggT in Prolog. Analysieren Sie die Arbeitsweise des Programms im Einzelschrittmodus und zeichnen Sie den Tiefensuchbaum für *?- ggT(18, 12)*..
- **b** Skizzieren Sie zunächst den Tiefensuchbaum für die Anfrage *?- ggT(4, 6)*. und vergleichen Sie danach mit der schrittweisen Ausführung im System. Untersuchen Sie die Unterschiede, prüfen Sie, ob Sie etwas falsch gemacht haben, und begründen Sie ggf.
- **c** Implementieren Sie die Fakultätsfunktion mit Prolog.

3 Rekursion vertauscht

- **a** Ferdi hat noch nicht verstanden, weshalb das Vertauschen der Reihenfolge bei der Rekursion dazu führt, dass das Programm nicht abbricht. Erläutern Sie Ferdi dies an einem selbst entwickelten Beispiel.
- **b** Begründen Sie nach einer Einzelschrittanalyse, weshalb das gegebene Programm nicht terminiert, obwohl die Rekursion nur im zweiten Ausdruck nach oben rutscht.

4 Logisches Programm und Datenbank im Vergleich

- **a** Vergleichen Sie logische Programme und Datenbanken hinsichtlich ihrer Gemeinsamkeiten und Unterschiede.
- **b** Recherchieren Sie zur Geschichte von logischen Programmiersprachen und Datenbanken: Wann und in welchen Zusammenhängen wurden logische Programme eingesetzt? Gibt es zeitliche Zusammenhänge zwischen der zunehmenden Bedeutung von Datenbanken und der abnehmenden Verwendung logischer Programme?

5 Forschungsauftrag: Modus tollens

Eine weitere Schlussregel ist der Modus tollens. Recherchieren Sie seinen Aufbau, geben Sie ein passendes Alltagsbeispiel an und begründen Sie an einem weiteren Beispiel, weshalb seine Verwendung in Prolog keine korrekten Ergebnisse liefert.

1.3 Probleme lösen mit logischen Programmen

Abbildung 1

Das Programm ELIZA, entwickelt im Jahr 1966 von Joseph Weizenbaum, gilt als eine frühe Implementierung eines Chatbots. Es simuliert auf oberflächliche Weise eine Sitzung mit einer Psychotherapeutin. Die Vorlage liefert eine vereinfachte Version dieses Programms.

a Analysieren Sie das gegebene Programm in Partnerarbeit. Machen Sie sich insbesondere Notizen zu den Zeilen, die den Datentyp LISTE betreffen.

b Stellen Sie eine Vermutung darüber an, wie eine Sitzung aus Nutzersicht aussieht. Erproben Sie eine Interaktion mit dem Programm, die sowohl Dialoge enthält, die überzeugend wirken, als auch solche, die zeigen, dass das Programm falsch reagiert.

c Für Schnelle: Erweitern Sie das Programm, so dass der Chatbot sein Handlungsrepertoire erweitert und verbessert.

d Für ganz Schnelle: Beschreiben Sie, inwieweit sich das gegebene Programm von bisherigen Prologprogrammen durch eine dynamische algorithmische Komponente (die in dieser Aufgabe nur als Ausblick dient und nicht Lerninhalt ist) unterscheidet.

Mit Listen arbeiten

Bei vielen komplexen Problemen helfen Listen als Datenstruktur bei der Problemlösung. Zentrale Prädikate und Operatoren für das Arbeiten mit Listen in Prolog sind die folgenden:

- *liste1*([*mo, di, mi, do, fr, sa, so*]). ordnet die Liste [mo, di, mi, do, fr, sa, so] dem Prädikat liste1 zu. Wenn es keine Zuordnung weiterer Listen gibt, kann man sagen, dass liste1 die Liste [mo, di, mi, do, fr, sa, so] ist.
- Der Operator | trennt den Kopf einer Liste vom Rumpf. Beispiele:
  ?- *liste1*([*X*| *Y*]). liefert X = mo, Y = [di, mi, do, fr, sa, so].
  ?- *liste1*([*X*| _]). liefert X = mo.
  Der Kopf kann auch aus mehreren Elementen bestehen:
  ?- *liste1*(_, *X*|_). liefert X = di.
- Das Prädikat *member* prüft, ob ein bestimmtes Element in der Liste enthalten ist.
  ?- *member*(*mo, liste1*). liefert true.

Ein Logikrätsel

Klaus Uhr hat seinen Stundenplan immer noch nicht im Kopf. Jeden Tag steht er vor dem falschen Klassenzimmer und weiß nicht, welche Lehrkraft ihn in welchem Fach unterrichtet. Und das ist jeden Tag anders.

- Donnerstags hat Klaus Informatik.
- Am Tag, bevor er Geo im Raum 19 hat, ist sein Unterricht in Raum 16.
- Frau Clever unterrichtet am Tag nach Frau Kluge Englisch.
- Frau Helle unterrichtet Mathematik.
- An den Tagen, die um Informatik herum liegen, werden Geo und Englisch unterrichtet.
- An benachbarten Tagen werden die Räume 15 und 17 genutzt.
- Frau Helle unterrichtet in Raum 18, Herr Schlaumeier in Raum 16.
- Chemie findet einen Tag vor dem Unterricht von Herr Schlaukopf statt.
- Freitags ist Unterricht in Raum 15.

a Nutzen Sie die Vorlage, um die richtige Kombination von Hand zu ermitteln.

b Vollziehen Sie im Anschluss die nachfolgende Implementierung mit Prolog nach und setzen Sie diese am Rechner um.

Um die Mächtigkeit der logischen Programmiersprache zu zeigen, wird diese Lösung nun implementiert und erläutert. Als erstes benötigt man eine geeignete Datenstruktur zur Speicherung. An fünf Tagen müssen jeweils vier Attribute berücksichtigt werden: Tag, Fach, Lehrkraft und Raum. Dafür eignet sich eine Liste bestehend aus Listen, bei der die Wochentage bereits gesetzt werden können, da ihre Reihenfolge auch eine Rolle spielt.

```
rätselLösung(X) :-
 X = [[mo,_,_,_],[di,_,_,_],[mi,_,_,_],[do,_,_,_],[fr,_,_,_]],
```

Nun können aus den verschiedenen Hinweisen alle Regeln entnommen werden, die direkt angegeben werden können.
„Donnerstags hat Klaus Informatik“:

```
   member([do, informatik,_,_], X),
```

Am Tag, bevor er Geo im Raum 19 hat, findet sein Unterricht im Raum 16 statt.
Problematisch ist hier und auch bei anderen Hinweisen die Reihenfolge der Tage. Das muss in zusätzlichen Fakten am Beginn des Programms erklärt werden:

```
einTagVor(T1,T2,[T1,T2,_,_,_]).
einTagVor(T1,T2,[_,T1,T2,_,_]).
einTagVor(T1,T2,[_,_,T1,T2,_]).
einTagVor(T1,T2,[_,_,_,T1,T2]).
```

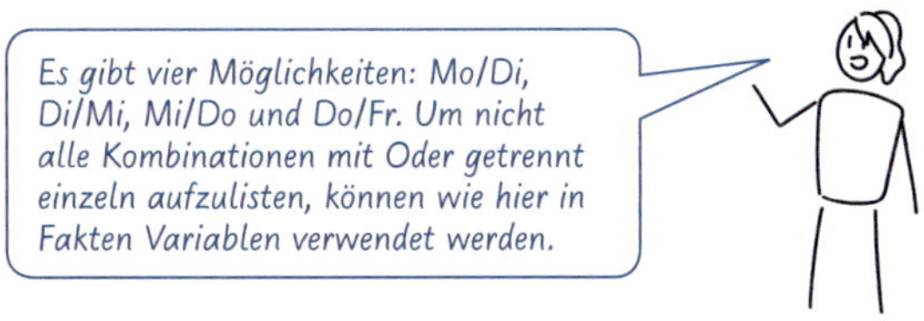

Eine weitere Regel wird später benötigt, wenn von Nachbartagen die Rede ist, bei denen die Reihenfolge keine Rolle spielt. Hier lässt sich aber auf den obigen Fakten aufbauen:

```
nachbartag(T1,T2,InListe):-einTagVor(T1,T2,InListe);einTagVor(T2,T1,InListe).
```

Damit kann man *rätselLösung* fortsetzen:

```
   einTagVor([_,_,_,16],[_,geo,_,19],X),
   einTagVor([_,_,frauKluge,_],[_,englisch,frauClever,_],X),
   member([_,mathe, frauHelle,_],X),
   nachbartag([_,informatik,_,_],[_,geo,_,_],X),
   nachbartag([_,informatik,_,_],[_,englisch,_,_],X),
   nachbartag([_,_,_,17],[_,_,_,15],X),
   member([_,_,frauHelle,18],X),
   member([_,_,herrSchlaumeier,16],X),
   einTagVor([_,chemie,_,_],[_,_,herrSchlaukopf,_],X),
   member([fr,_,_,15],X).
```

Schließlich soll das System die Lösung ermitteln und man erhält die Antwort:

```
?- rätselLösung(X).

[[mo, mathe, frauHelle, 18], [di, chemie, herrSchlaumeier, 16], [mi, geo,
herrSchlaukopf, 19], [do, informatik, frauKluge, 17], [fr, englisch, frauClever,
15]]
true
```

Für **Listen** stehen in logischen Programmiersprachen geeignete Prädikate und Operatoren bereit. Listen helfen bei der Lösung komplexer logischer Probleme.

Aufgaben

1 Ein eigener Chatbot
Entwickeln Sie einen eigenen Chatbot analog zu ELIZA zu einem Thema Ihrer Wahl, z. B. zu einer Diskussion über das Für und Wider Künstlicher Intelligenz.

2 Arbeiten mit Listen
a Gegeben sind die folgenden Regeln:

```
kopf(X, L) :-
   L = [X|_].
```

```
rest(X, L) :-
   L = [_|X].
```

Geben Sie an, was die Anfragen *kopf*(*X*, [*a*, *b*, *c*]) und *rest*(*X*, [*a*, *b*, *c*]) liefern.
b Geben Sie Regeln an, die das zweite bzw. das dritte Element der Liste bestimmen lassen.
c Geben Sie eine Regel an, die das letzte Element der Liste bestimmt.

3 Logikrätsel – von Hand oder mit der Maschine?
a Vergleichen Sie die Herangehensweise bei der Lösung des Logikrätsels mit und ohne Unterstützung der Maschine. Beschreiben Sie, wie die maschinelle Lösung zustande kommt. Gehen Sie auch auf die Herausforderung für den Menschen ein.
b Begründen Sie, weshalb anders als für den Menschen die Umsetzung der Aussage „Frau Clever unterrichtet nicht Informatik" nicht möglich ist.

4 Logikrätsel
Lösen Sie das folgende Logikrätsel zunächst von Hand, dann mit Hilfe eines logischen Programms. Vergleichen Sie die Zeit, die Sie jeweils benötigen!
Im Kino gibt es fünf Säle, die von links nach rechts mit den Zahlen 1 bis 5 durchnummeriert sind. Folgende Fakten sind bekannt:
- Während David Chips isst, hat sich die Person in Saal 5 Popcorn gekauft.
- Charlotte schaut sich die Dokumentation an.
- In Saal 4 läuft ein Liebesfilm, in den Sälen daneben ein Actionfilm und eine Komödie.
- Im rechten Nachbarsaal von Amira schaut Ben eine Komödie.
- Im Saal rechts von der Person, die Chips ist, betrachtet jemand einen Actionfilm und isst dazu Nachos.
- In benachbarten Sälen werden Gummibärchen und Popcorn gegessen.
- Ella sitzt in dem Saal rechts neben dem, in dem das Drama läuft.
- Die Person, die die Dokumentation betrachtet, isst ein Eis.

5 Mein eigenes Logikrätsel
Entwickeln Sie selbst ein Logikrätsel analog zum Beispiel aus dem Lehrtext. Tauschen Sie die Rätsel dann aus und lösen Sie sie gegenseitig.

6 Färbungsproblem

Die Landkarte zeigt die deutschen Bundesländer. Ziel ist es, die Länder mit möglichst wenigen unterschiedlichen Farben einzufärben.

a Entwickeln Sie zunächst in Partnerarbeit, dann im Plenum, eine mögliche Modellierung des Problems in einer logischen Programmiersprache.

b Setzen Sie eine Modellierung um. Reduzieren Sie anschließend beginnend bei 6 die Anzahl der zur Verfügung stehenden Farben und finden Sie eine Lösung mit minimaler Anzahl an Farben.

c Recherchieren Sie, wie viele Farben für das Färbungsproblem von Landkarten allgemein maximal benötigt werden. Ermitteln Sie, wann dazu erstmalig eine Vermutung aufgestellt wurde und wann und wie diese bewiesen wurde.

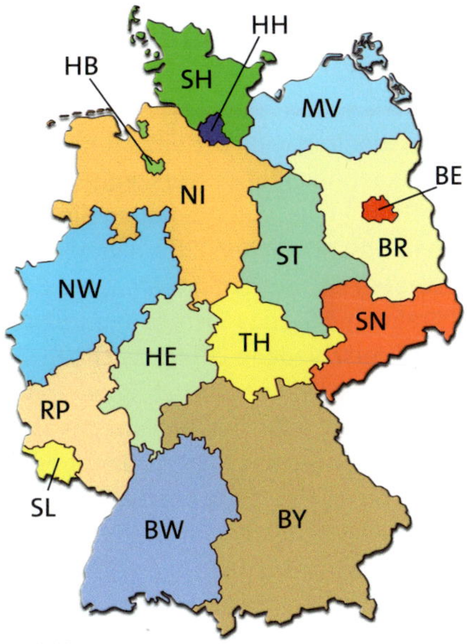

Abbildung 2

7 Der falsche Hut (bis a) aus Informatik-Biber 2012)

Anna, Bert, David und Emily Biber haben bei ihrer Kleiderwahl zwei Regeln:

- Sie tragen normalerweise einen Hut mit ihrer Lieblingsfarbe.
- Sie tragen dazu ein Hemd, das nicht die gleiche Farbe wie der Hut hat.

Eben haben sie aber ihre Hüte zum Spaß untereinander getauscht. Jetzt tragen alle vier einen Hut, der nicht die Lieblingsfarbe hat.

Abbildung 3

a Welcher Biber trägt normalerweise den grünen Hut?
A) Anna B) Bert C) David D) Emily

b Ermitteln Sie die Lösung mit Hilfe einer logischen Programmierumgebung.

8 Zahlenrätsel

Ein Sohn schreibt seiner Mutter eine geheime Nachricht. Jeder Buchstabe steht für eine andere Ziffer. Welchen Betrag wünscht sich der Sohn?

	S	E	N	D
+	M	O	R	E
M	O	N	E	Y

a Zur Lösung der Aufgabe benötigen Sie den arithmetischen Vergleichsoperator, den Modulo-Operator sowie den Operator zur Ganzzahl-Division. Recherchieren Sie deren Aufbau in Prolog.

b Entwickeln Sie zunächst in Partnerarbeit, dann im Plenum, eine mögliche Modellierung des Problems in einer logischen Programmiersprache.

c Setzen Sie eine Modellierung um und ermitteln Sie das Ergebnis.

1.4 Datenbasierter Ansatz 1: Überwachtes Lernen

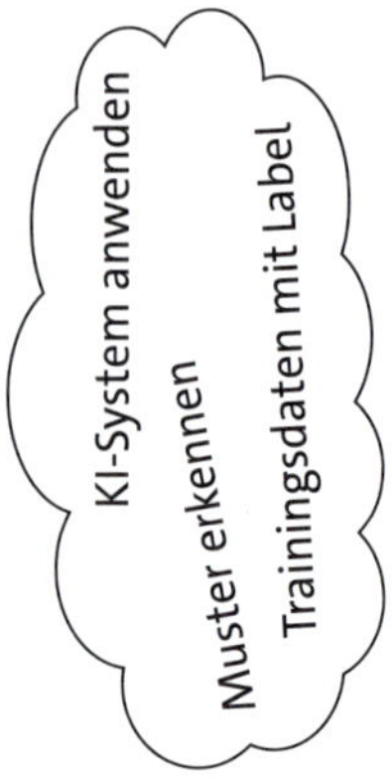

Zur Erkennung von Postleitzahlen auf Briefen soll ein KI-System entwickelt werden. Für die Bilderkennung gibt es Werkzeuge, welche mit passenden Daten automatisch ein KI-System erstellen. In der Vorlage finden Sie ein Projekt für ein solches Tool, das für die Erkennung von handschriftlichen Ziffern verwendet werden kann. Auf der Grundlage von zahlreichen Testdaten ist bereits ein System zur Erkennung der Ziffern 0 bis 3 erstellt worden.

- **a** Trainieren Sie das System und testen Sie es, indem Sie mit einem Zeichenprogramm drei verschiedene Ziffern zeichnen und prüfen, ob das System diese richtig erkennt. Falls eine Ziffer nicht richtig erkannt wird, analysieren Sie die Daten und stellen Sie eine These dafür auf, warum das System eine falsche Einschätzung getroffen hat.
- **b** Erweitern Sie das System, damit es weitere Ziffern erkennen kann. Erstellen Sie dazu im Werkzeug eine neue Klasse, laden Sie die Bilder aus der Vorlage hoch und trainieren Sie das System. Testen Sie anschließend!
- **c** Beschreiben Sie das allgemeine Vorgehen, wie ein KI-System lernt, Bilder zu erkennen und das Gelernte anwenden kann. Verwenden Sie die Bestandteile aus der Wolke.
- **d** Für Schnelle: Erstellen Sie mit dem Werkzeug ein eigenes Projekt.

Ansätze der KI

In der KI wird zwischen wissensbasierten und datenbasierten Verfahren (auch maschinelles Lernen genannt) unterschieden. Bei der Gesichts-, Sprach- oder Schrifterkennung kommen heutzutage letztere zum Einsatz. Datenbasierte Verfahren werden eingeteilt in **überwachtes Lernen** (**supervised learning**), **unüberwachtes Lernen** (**unsupervised learning**) und **verstärkendes Lernen** (**reinforcement learning**, manchmal auch bestärkendes Lernen).

→ 1.7
→ 1.10

Überwachtes Lernen

Es soll ein KI-System entwickelt werden, das erkennt, ob auf einem Foto ein Gesicht ist. Dazu wird eine große Menge an Daten in Form von Fotos benötigt. Für diese muss ein sogenanntes Label bekannt sein, also die Information vorliegen, ob ein Gesicht abgebildet ist oder nicht. Ein **Label** ist der Wert eines (Ziel-)attributs, z. B. ob ein Gesicht abgebildet ist, oder welche Tierart bei einer fest vorgegebenen Auswahl (z. B. Katze und Hund) abgebildet ist.

Das Lernen findet in drei Schritten statt:

1) Das KI-System erhält die Daten mit korrekt zugeordneten Labeln als Eingabe.
2) Die KI findet eine Zuordnung zwischen Merkmalen der Daten und den Labeln.
3) Die gefundene Zuordnung kann dann auf neue Eingaben angewendet werden.

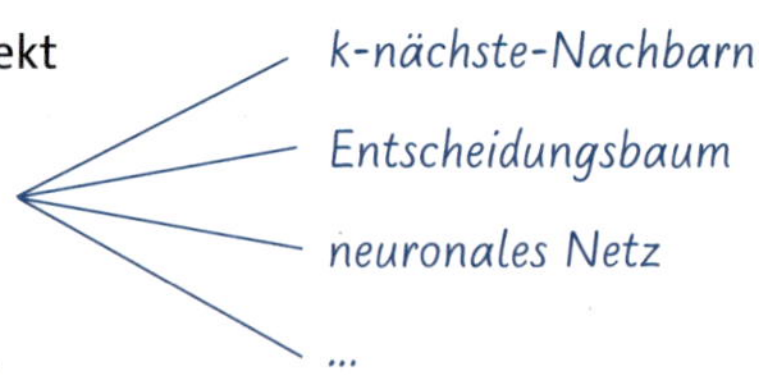

Für Schritt 2) können je nach Problemstellung unterschiedliche Verfahren angewendet werden. Das Ergebnis des Lernvorgangs wird in einem sogenannten **Modell** gespeichert, welches vom gewählten Verfahren abhängt. Der Modellbegriff hier unterscheidet sich stark vom klassischen Modell (z. B. in der Objektorientierung). Aufgabe 1 vertieft den Modellbegriff.

Das **überwachte Lernen (supervised learning)** ist ein datenbasierter Ansatz der Künstlichen Intelligenz. Zum Lernen erhält das KI-System Daten mit korrekt zugeordneten **Labeln** als Eingabe. Mit verschiedenen Verfahren (z. B. Entscheidungsbaum, k-nächste-Nachbarn) wird versucht, eine Zuordnung zwischen Daten und Labeln zu finden. Diese wird in einem **Modell** gespeichert und kann auf neue Datensätze angewendet werden.

Aufgaben

1 Modellbegriff unter der Lupe

- **a** Im Rahmen der Künstlichen Intelligenz wird das Ergebnis eines Lernvorgangs in einem Modell gespeichert. Geben Sie die Bestandteile eines solchen Modells für das Verfahren Entscheidungsbaum an.
- **b** Diskutieren Sie, ob das Modell aus a) auch Test- und Trainingsdaten enthält.
- **c** Geben Sie ein Modell aus dem bisherigen Informatikunterricht (außerhalb der KI) an.
- **d** Vergleichen Sie ein KI-Modell mit dem bisherigen Modellbegriff. Gehen Sie dabei insbesondere jeweils auf den Zweck sowie die Entstehung des Modells ein.

2 Entscheidungsbaum

Ein Verfahren des überwachten Lernens ist das Generieren von Entscheidungsbäumen. Die Trainingsdaten werden dabei anhand von Merkmalen in einem Baum repräsentiert.

- **a** Machen Sie sich mit dem Datensatz „Titanic" vertraut, indem Sie den Datensatz aus den Orange-Vorlagen laden und ihn betrachten (z. B. mit dem Widget „Data Table").
- **b** Stellen Sie Thesen auf, welche Passagiere eine höhere Überlebenschance hatten.
- **c** Überprüfen Sie die Thesen, indem Sie in Orange einen Entscheidungsbaum generieren.
- **d** Erklären Sie, wie ein Entscheidungsbaum dazu genutzt werden könnte, die Kreditwürdigkeit von Bankkunden einzustufen. Geben Sie auch an, welche Merkmale die vorliegenden Daten haben müssten, damit ein Modell gelernt werden kann.
- **e** Nehmen Sie Stellung dazu, ob ein KI-System über eine Kreditvergabe entscheiden soll.

3 k-nächste-Nachbarn

Ein Verfahren des überwachten Lernens ist die k-nächste-Nachbarn-Klassifikation. Dabei wird ein neuer Datenpunkt aufgrund seiner k nächsten Nachbarn klassifiziert. k ist dabei eine zuvor festgelegte Zahl.

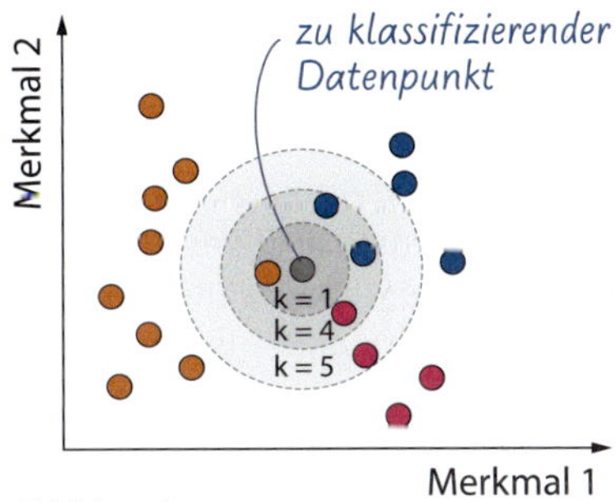

Abbildung 1

- **a** Erklären Sie sich gegenseitig das Verfahren anhand der Abbildung. Finden Sie dabei für einen realen Kontext passende Merkmale.
- **b** Erklären Sie, wie k-nächste-Nachbarn dafür eingesetzt werden könnte, Nutzerinnen und Nutzern eines Webshops Empfehlungen zu geben. Geben Sie dazu auch an, welche Merkmale in den vorliegenden Daten enthalten sein müssen, damit das Verfahren angewendet werden kann.
- **c** Für Schnelle: Wenden Sie k-nächste-Nachbarn auf einen Datensatz in Orange an.

4 Grundprinzip des überwachten Lernens

Skizzieren Sie eine Grafik, die im Kontext der Einstiegsaufgabe das überwachte Lernen veranschaulicht.

5 Forschungsauftrag: Regression und SVM

Probleme, für deren Lösung man eine sog. Regression benötigt, wurden bisher nicht behandelt. Recherchieren Sie jeweils die Verfahren Lineare Regression und Support Vector Machines (SVM). Stellen Sie Ihre Ergebnisse anhand eines Beispiels knapp dem Kurs vor.

1.5 Aufbau eines künstlichen neuronalen Netzes

Der Link in der Vorlage zeigt eine Animation eines künstlichen neuronalen Netzes, das handschriftliche Ziffern von 0 bis 9 erkennen soll.

a Machen Sie sich mit der Animation vertraut, indem Sie in das Feld links oben verschiedene Ziffern zeichnen und beobachten, welche Elemente der Animation sich verändern.

b Jedes kleine Quadrat stellt ein künstliches Neuron dar. Erklären Sie einen Zusammenhang zwischen dem Output eines Neurons und seiner Färbung.
Hinweis: Ein Klick auf ein Neuron gibt Ihnen weitere Informationen zu diesem.

c Die Neuronen sind in Schichten angeordnet.

- i Bewegt man den Cursor auf ein Neuron, zeigen blaue Linien an, woher das Neuron Eingabewerte erhält. Beschreiben Sie, wie ein Neuron durch Ein- und Ausgabewerte mit den Schichten davor und danach verbunden ist.
- ii Geben Sie die Anzahl an Neuronen in jeder Schicht an und stellen Sie dabei, falls möglich, einen Zusammenhang zur Aufgabe des Netzes her.

d Für Schnelle: Vergleichen Sie die zweite Animation mit der ersten.

Das künstliche Neuron wurde bereits in Band 1 eingeführt. Zur Auffrischung soll es hier wiederholt und vertieft werden.

Künstliches Neuron als Grundbaustein für künstliche neuronale Netze

Eine Marketingagentur möchte Kunden anhand ihres Kaufverhaltens klassifizieren. Dafür liegt eine sehr große Menge an Daten mit zahlreichen Merkmalen vor, die teilweise voneinander abhängig sind. Für dieses Problem bietet es sich an, Methoden der Künstlichen Intelligenz zu verwenden. Im Fall von sehr vielen Daten mit zahlreichen, voneinander abhängigen Merkmalen können künstliche neuronale Netze eingesetzt werden. Diese können für alle datenbasierten Verfahren eingesetzt werden. Der Aufbau eines künstlichen neuronalen Netzes ist dem menschlichen Gehirn nachempfunden: Viele kleine Einheiten, genannt Neuronen, arbeiten zusammen, um komplexe Aufgaben zu meistern. Diese künstlichen Neuronen stellen die Grundbausteine eines neuronalen Netzes dar und bestehen aus:

→Schwellenwert mit Buchstabe **Th**eta von engl. **Th**reshold (Schwelle)

- beliebig vielen Eingängen x_1 bis x_n mit Gewichten w_1 bis w_n,
- einem →Schwellenwert θ (teilweise auch mit s bezeichnet) sowie
- einer **Aktivierungsfunktion** (s. auch Seite 24).

Das Neuron bearbeitet die Eingaben immer in drei Schritten:

1) Summieren der Eingänge und Subtraktion des Schwellenwertes
2) Anwendung der Aktivierungsfunktion auf das Ergebnis von 1)
3) Weiterleiten des Ergebnisses von 2) als Ausgabe

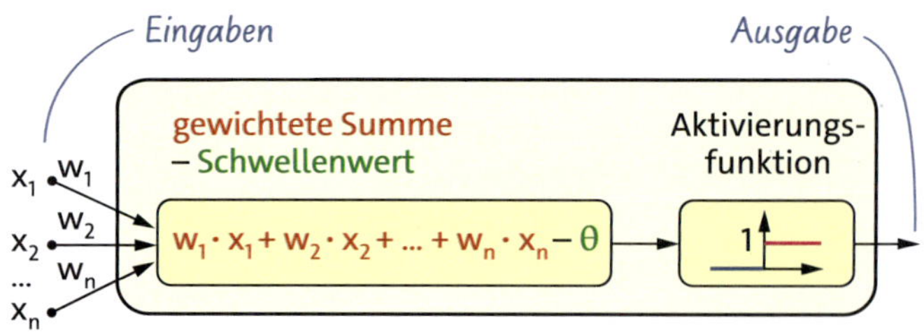

Abbildung 1

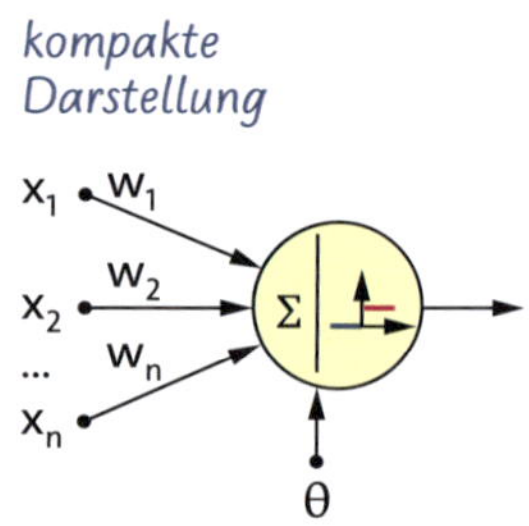

Abbildung 2

Die Ausgabe eines Neurons kann an beliebig viele Neuronen weitergeleitet werden.

Lineare Separierbarkeit

Bereits mit einem einzelnen künstlichen Neuron können einfache Klassifizierungsaufgaben gelöst werden. Ein Neuron kann jedoch lediglich Daten klassifizieren, welche mittels einer Geraden bzw. durch eine Ebene in zwei Gruppen (hier Klassen genannt) geteilt werden können.

Beispielsweise könnten Kunden anhand der Ausprägung ihres Warenkorbs in zwei Gruppen unterteilt werden. x_1 soll die Gesamtsumme des Warenkorbs in Schritten von 100 € und x_2 die Anzahl der Artikel darstellen. Als Aktivierungsfunktion wird die Schwellenwertfunktion (Heaviside genannt, Abb. 3) eingesetzt, die bei Werten größer oder gleich Null den Wert 1 liefert, bei kleineren Werten den Wert 0. Bei einem Neuron mit den Gewichten $w_1 = -1$ und $w_2 = 2$ sowie dem Schwellenwert $\theta = 4$ (Abb. 4) liegt mathematisch gesehen die Grenze zwischen Neuron „feuert" (Ausgabe 1) und „feuert nicht" (Ausgabe 0) genau dort, wo „gewichtete Summe = Schwellenwert", also im Beispiel $-1 \cdot x_1 + 2 \cdot x_2 = 4$ gilt. Umformen ergibt $x_2 = \frac{1}{2}x_1 + 2$; dies entspricht der Gleichung einer linearen Funktion mit Steigung $\frac{1}{2}$ und y-Achsenabschnitt 2, d. h. die Ebene wird durch die zugehörige Gerade in zwei Bereiche (sog. Halbebenen) aufgeteilt, die jeweils eine Klasse repräsentieren. Man spricht hier davon, dass das Problem linear separierbar ist.

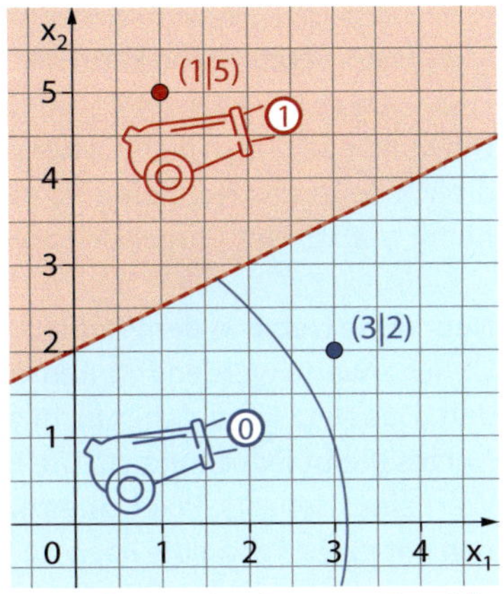

Für jeden Punkt des roten Bereichs liefert das Neuron den Wert 1, im blauen Bereich den Wert 0.

Abbildung 5

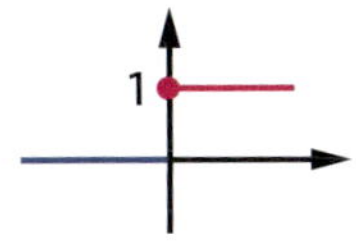

Abbildung 3
Heaviside

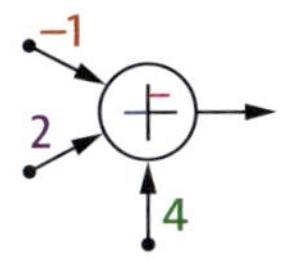

Abbildung 4

Vom Neuron zum neuronalen Netz

Lassen sich die Klassen nicht mehr in zwei linear separierbare Halbräume aufteilen (z. B. wegen der Ausprägung der Daten oder aufgrund von mehr als zwei Klassen), müssen mehrere Neuronen zu einem Netz zusammengefasst werden. Möchte man z. B. alle Kunden identifizieren, die innerhalb des Dreiecks liegen, benötigt man drei Neuronen (für drei Geraden). Damit jedes Neuron die identischen Eingabewerte (x_1 und x_2) erhält, verwendet man in der **Eingabeschicht** zwei Neuronen, welche die Werte unbearbeitet weiterleiten. Sie haben je das Gewicht 1, den Schwellenwert 0 und die Identität als Aktivierungsfunktion. In der **Ausgabeschicht** verwendet man ein Neuron, das gewährleistet, dass das Netz nur dann den Wert 1 liefert, wenn alle drei Neuronen der **Zwischenschicht** feuern. Dies lässt sich mit einem Schwellenwert 3, Gewichten 1 und der Heavisidefunktion umsetzen, wie sich leicht nachprüfen lässt.

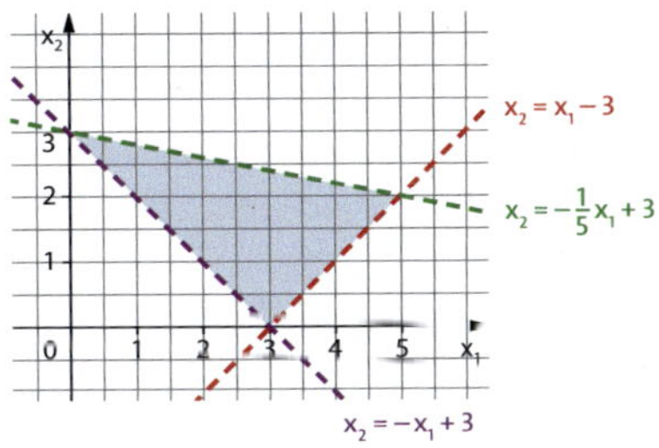

Abbildung 6

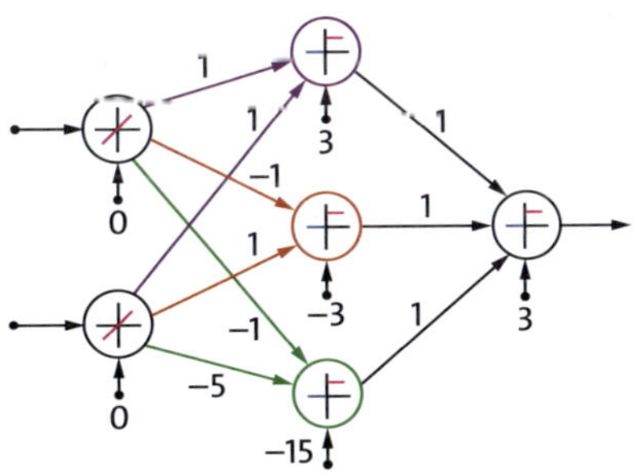

Abbildung 7

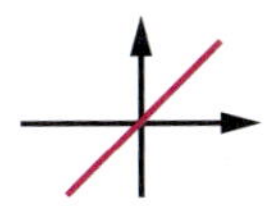

Abbildung 8
Identität y = x

Daten durchs Netz schicken: Forward Propagation

Das dargestellte neuronale Netz kann dazu verwendet werden, neue Daten zu klassifizieren. Soll vorhergesagt werden, ob sich ein Kunde mit einer Gesamtsumme von 220 € (x_1) und einer Anzahl von 4 Produkten (x_2) in der gewünschten Klasse befindet, werden die Eingabewerte durch das Netz geschickt und die Ausgabe berechnet. Da die Neuronen in der Eingabeschicht die Werte unverarbeitet weiterleiten, muss hier nichts gerechnet werden. Für die Zwischenschicht wird zunächst *„gewichtete Summe – Schwellenwert"* gerechnet. Das Ergebnis wird in die Heavisidefunktion eingesetzt.

Neuron	gewichtete Summe – Schwellenwert	eingesetzt in Heavisidefunktion
1	1 · 220 + 1 · 4 – 3 = 221	Heaviside (221) = 1
2	–1 · 220 + 1 · 4 – (–3) = –213	Heaviside (–213) = 0
3	–1 · 220 + (–5) · 4 – (–15) = –225	Heaviside (–225) = 0

Mit diesen Ergebnissen kann die Ausgabe des neuronalen Netzes berechnet werden:
Heaviside (1 · 1 + 1 · 0 + 1 · 0 – 3) = Heaviside (–2) = 0
Der Kunde liegt also nicht in der gewünschten Klasse. Da man dieses Ergebnis erhält, indem man die Werte in das Netz eingibt und stupide die Ausgaben der einzelnen Neuronen ausrechnet, nennt man dieses Vorgehen **Forward Propagation.**

Neuronale Netze in der Praxis

Üblicherweise werden mit neuronalen Netzen sehr viel komplexere Problemstellungen behandelt. Das Netz kann daher nicht so einfach wie im Beispiel konstruiert werden. Die Struktur des Netzes bleibt jedoch gleich. Die **Eingabeschicht** enthält in der Regel für jeden Eingabewert (z. B. Wert eines Sensors, Pixel eines Bildes) ein Neuron. Die Neuronen dieser Schicht leiten die Eingaben unbearbeitet an die nächste Schicht weiter. Es folgen eine oder mehrere Zwischenschichten, sogenannte **verdeckte Schichten** (hidden layers). Sie erledigen die eigentliche Aufgabe (z. B. Klassifizierung). Zu Beginn sind die Gewichte sowie die Schwellenwerte oft zufällig verteilt, die Aktivierungsfunktion wird je nach Aufgabenstellung ausgewählt. Theoretisch könnte jedes Neuron eine andere Aktivierungsfunktion haben. In der Regel wird aber pro Schicht die gleiche verwendet. Am Ende des Netzes steht eine **Ausgabeschicht**. Sie führt die Ergebnisse der Zwischenschichten zusammen. Beim überwachten Lernen gibt es dabei üblicherweise für jede Klasse ein Neuron in der Ausgabeschicht. Sollen beispielsweise die Ziffern von 0 bis 9 erkannt werden, hat die Ausgabeschicht 10 Neuronen.

→ 1.6

Abbildung 9 zeigt ein sehr einfaches künstliches neuronales Netz. In der Realität haben die Netze oft Millionen Neuronen und zahlreiche verdeckte Schichten. Die passenden Gewichte und Schwellenwerte müssen dann beim Lernvorgang gefunden werden. Aufgrund der Anzahl der Schichten solcher neuronalen Netze (Tiefe) spricht man dann oft von **deep learning**.

Um die Darstellung zu vereinfachen, sind die Gewichte und Schwellenwerte nur in den ersten beiden Schichten vollständig angegeben.

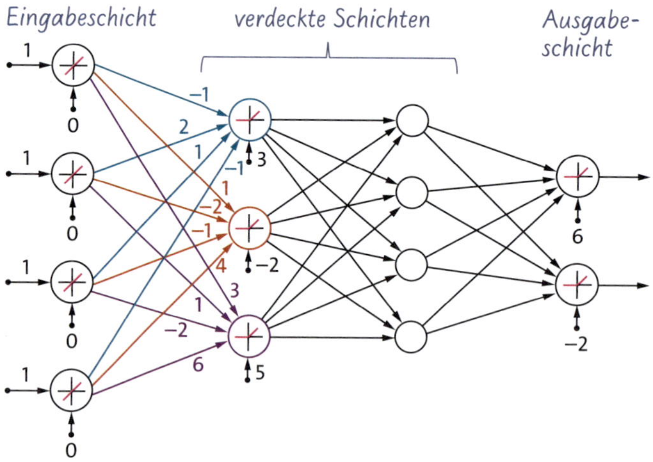

Die Schichten sind hier so verbunden: Die Ausgaben jedes Neurons aus der vorherigen Schicht fließen als Eingabe in jedes Neuron der nachfolgenden Schicht. Man spricht daher von vollständig verbundenen Schichten. Es gibt aber auch Netze mit anderen Verknüpfungen der Schichten.

Abbildung 9

Weitere Aktivierungsfunktionen

→ReLU steht für rectifier linear unit.

Die Heavisidefunktion liefert nur 0 oder 1 als Ausgabe. Oft werden aber kontinuierliche Werte benötigt. Hier können andere Aktivierungsfunktionen eingesetzt werden wie z. B. eine Sigmoidfunktion oder →ReLU (s. Abbildung 10). Sie werden in Aufgabe 8 bzw. 9 behandelt.

ReLU

$$f(x) = \begin{cases} 0 \text{ für } x \leq 0 \\ x \text{ für } x > 0 \end{cases}$$

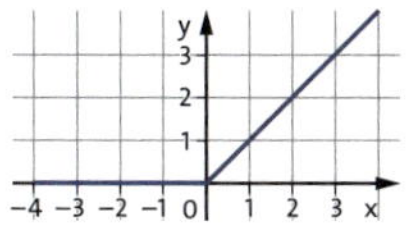

Sigmoidfunktionen wie die logistische Funktion

$$f(x) = \frac{1}{1 + e^{-x}}$$

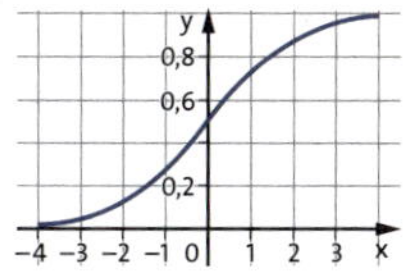

Abbildung 10

Künstliche neuronale Netze können für alle datenbasierten Verfahren der Künstlichen Intelligenz eingesetzt werden. Sie bestehen aus einer Vielzahl von künstlichen Neuronen, welche meist in Schichten angeordnet sind. Die **Eingabeschicht** besteht aus Neuronen, die jeweils für ein Eingabemerkmal stehen und welche die Werte unverändert weiterleiten. In den **verdeckten Schichten** (hidden layers) passiert die eigentliche Datenverarbeitung. In der **Ausgabeschicht** gibt es üblicherweise für jede Klasse ein Neuron. Die Ausgabe eines Netzes wird durch schrittweise Berechnung jedes Neurons nach der Formel *Aktivierungsfunktion(gewichtete Summe – Schwellenwert)* berechnet. Man spricht dabei von **Forward Propagation**.

Aufgaben

1 Machbar für ein Neuron?

Entscheiden und begründen Sie, ob in den folgenden Bildern die beiden Label absolut oder zumindest näherungsweise linear separiert werden können:

i
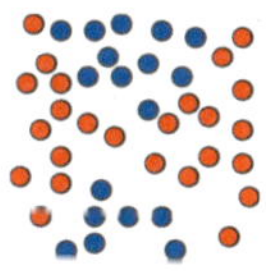
Abbildung 11

ii
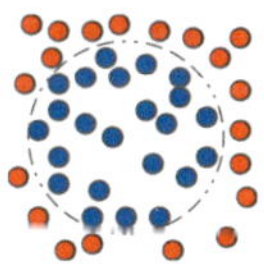
Abbildung 12

iii
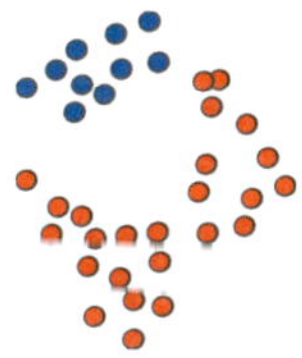
Abbildung 13

iv
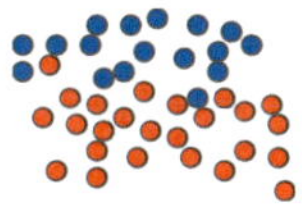
Abbildung 14

v
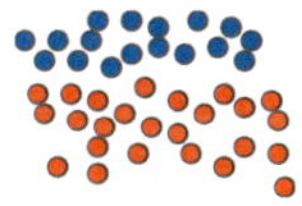
Abbildung 15

2 Neuronen für logische Funktionen

- **a** Geben Sie je ein Neuron an, das die logische Funktion UND, ODER sowie NICHT umsetzt.
- **b** Erklären Sie, warum das exklusive ODER (XOR) nicht mit einem Neuron umgesetzt werden kann.
- **c** Entwickeln Sie ein sehr einfaches neuronales Netz, mit welchem XOR umgesetzt werden kann. Überlegen Sie sich hierzu, wie die Funktion mit den logischen Funktionen UND und ODER und NICHT geschrieben werden kann.
- **d** Begründen Sie, warum die Konstruktion der Neuronen in a) bis c) in der Praxis keine Bedeutung hat.
- **e** Für Schnelle: Recherchieren Sie den Zusammenhang zwischen dem Problem aus b) und dem KI-Winter in den 70er Jahren.

3 Geradengleichung eines Neurons mit Schwellenwertfunktion

Gegeben sei ein Neuron mit Schwellenwertfunktion (Heaviside), das genau dann 1 als Ausgabe hat, wenn die Summe der gewichteten Eingabewerte größer oder gleich dem Schwellenwert ist. Ansonsten ist die Ausgabe 0.

- **a** Notieren Sie allgemein die gewichtete Summe eines Neurons mit zwei Eingabewerten x_1 und x_2. Erweitern Sie die Summe um die Subtraktion des Schwellenwertes θ.
- **b** Formen Sie die Gleichung aus a) so um, dass x_2 auf der linken Seite alleine steht.

c Vergleichen Sie das Ergebnis aus b) mit der allgemeinen Geradengleichung. Geben Sie an, welche Bestandteile die Steigung und welche den y-Achsenabschnitt darstellen.

d Setzen Sie beliebige Werte für die Gewichte und den Schwellenwert ein. Skizzieren Sie zudem die dadurch dargestellte Gerade.

e Konstruieren Sie ein neuronales Netz, mit dem alle Punkte in der rot gefärbten Fläche (s. Abbildung 16) erkannt werden können. Geben Sie alle Neuronen der unterschiedlichen Schichten so genau wie möglich an.

f Eine Maschine soll automatisch Bauteile sortieren. Aussortiert werden Bauteile, die kleiner als 0,9 cm oder größer als 1,1 cm sind sowie deren Gewicht kleiner als 49 g und größer als 51 g ist. Entwickeln Sie auch hier möglichst detailliert ein passendes neuronales Netz.

g Begründen Sie, warum die Konstruktion eines Netzes wie in e) und f) in der Praxis keine Bedeutung hat.

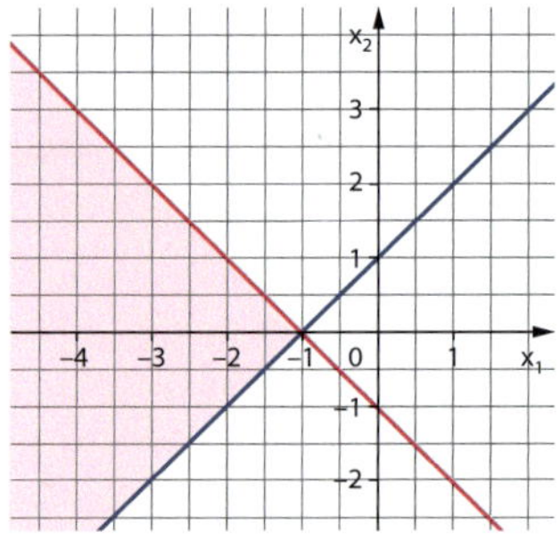

Abbildung 16

4 Neuronales Netz zur Erkennung von digitalen Ziffern

Ein künstliches neuronales Netz soll die nebenstehenden Ziffern erkennen können. Schätzen Sie ein, wie viele Neuronen die Eingabe- und die Ausgabeschicht eines künstlichen neuronalen Netzes haben sollten. Vergleichen Sie gegenseitig Ihre Lösung.

Abbildung 17

5 Produktionsprozess Chemiewerk (aus Illustrierende Prüfungsaufgaben zum erhöhten Anforderungsniveau)

Um die Sicherheit der Produktion in einem Chemiewerk zu gewährleisten, dürfen die Wertepaare $(x_1|x_2)$ zweier Kenngrößen nicht außerhalb des markierten Dreiecks liegen. Ein künstliches neuronales Netz soll dazu für Punkte des markierten Dreiecks den Wert 1 und ansonsten den Wert 0 liefern. Als mögliche Aktivierungsfunktionen stehen die Heaviside- und die Identitätsfunktion zur Verfügung. Beschreiben Sie allgemein den Aufbau eines möglichst einfachen, geeigneten künstlichen neuronalen Netzes zur Lösung der beschriebenen Problemstellung. Skizzieren Sie ein solches Netz mit passenden Gewichten.

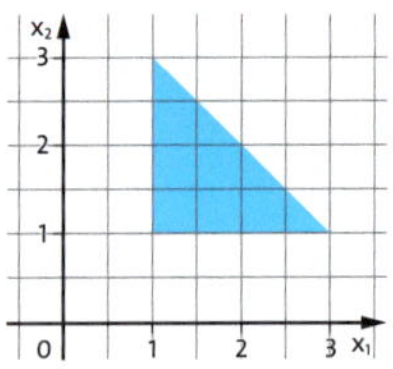

Abbildung 18

6 Forward Propagation

a In der Vorlage finden Sie ein neuronales Netz, mit dem anhand von Gesundheitsdaten vorhergesagt werden soll, ob eine Herzerkrankung vorliegt. Nutzen Sie die Werte (20, 100, 10) und (10, 80, 5). Berechnen Sie mittels Forward Propagation die Ausgaben.

b Diskutieren Sie, ob Teilaufgabe a) eine informatische Kompetenz erfordert.

7 Neuronales Netz mit Python

In der Vorlage ist das neuronale Netz aus der Abbildung im Lehrtext mit zwei verschiedenen Programmierbibliotheken in der Sprache Python umgesetzt. Vergleichen Sie die beiden Versionen, indem Sie folgende Aufgaben bearbeiten:

a Beschreiben Sie für beide Versionen, wie die Definition einer Schicht aufgebaut ist.

b Bei der zweiten Umsetzung fehlt auf den ersten Blick scheinbar die Eingabeschicht. Erklären Sie, an welcher Stelle angegeben ist, dass diese Schicht vier Neuronen hat. Begründen Sie, warum für diese Neuronen keine Aktivierungsfunktion angegeben ist.

c Am Ende der Umsetzung wird jeweils eine Übersicht über das Modell ausgegeben.

Erklären Sie die dort angegebenen Anzahl der Parameter der Schichten.

d Fügen Sie eine weitere verdeckte Schicht mit sechs Neuronen ein. Verwenden Sie die Sigmoidfunktion zur Aktivierung. Recherchieren Sie ggf. in den Dokumentationen.

e Für Schnelle: In beiden Versionen gibt es, passend zum Lehrtext, ausschließlich vollständig verbundene Schichten. Geben Sie jeweils die Klasse an, mit der diese Schichten definiert werden. Recherchieren Sie in der Dokumentation der Bibliotheken, wie Schichten erstellt werden können, die auf andere Weise verbunden sind.

8 Autonomes Fahren mit Sigmoidfunktion

Ein neuronales Netz soll für das autonome Fahren auf Bildern dargestellte Verkehrszeichen erkennen. Es soll zwischen „Überholverbot", „Vorfahrt gewähren" und „Stopp" unterscheiden.

a Geben Sie begründet an, wie viele Neuronen in der Ausgabeschicht vorhanden sein müssen.

b Mit der Heaviside-Funktion können die Neuronen lediglich 0 oder 1 ausgeben. Beim Einsatz des Netzes kommt es bei der Eingabe eines Bildes dazu, dass mehrere Neuronen in der Ausgabeschicht 1 ausgeben. Erklären Sie, wie dieses Verhalten zustande kommen kann und warum es problematisch ist.

c Mit einer Sigmoidfunktion (s. Abbildung 10) können kontinuierliche Werte ausgegeben werden.

- i Machen Sie sich mit der Funktion vertraut, indem Sie drei selbstgewählte Beispielwerte berechnen. Geben Sie anschließend einen allgemeinen Zusammenhang zwischen den Eingabewerten und der Ausgabe an.
- ii Begründen Sie, warum die Sigmoidfunktion besser geeignet ist, um das Ergebnis einer Klassifikation als Wahrscheinlichkeit zu interpretieren.

d Erklären Sie, warum für Probleme wie die Vorhersage der Temperatur oder der Immobilienpreise eine Sigmoidfunktion nicht besonders gut geeignet ist.

9 Vorhersage von Temperaturen mit Rectifier Linear Unit (ReLU)

Bei der Wettervorhersage sollen anhand zahlreicher Daten Aussagen über das kommende Wetter getroffen werden. U. a. soll die Temperatur angegeben werden.

a Erläutern Sie, warum die Heaviside-Funktion nicht geeignet ist, um passende Ausgabewerte für die Temperatur zu erzeugen.

b Erklären Sie, wie die Sigmoidfunktion trotz Werten kleiner als 1 für die Temperaturvorhersage verwendet werden könnte.

c Möchte man kontinuierliche Ausgabewerte erreichen, die größer als 1 sind, kann man als Aktivierungsfunktion unter anderem eine „rectifier linear unit" (kurz ReLU) verwenden. Recherchieren Sie die Definition von ReLU und skizzieren Sie den Graphen.

d Für Schnelle: Recherchieren Sie die Softmax-Funktion und geben Sie an, für welche Probleme des überwachten Lernens sie eingesetzt werden kann.

10 Künstliche neuronale Netze vs. Entscheidungsbaum

Vergleichen Sie künstliche neuronale Netze mit dem Lernen eines Entscheidungsbaums. Gehen Sie dabei unter anderem auf folgende Aspekte ein. Recherchieren Sie falls nötig.

a Erklärbarkeit
b Datenmenge
c Verzerrung in den Daten
d Anwendungsgebiete

11 Forschungsauftrag: The neural network zoo

Im Link in der Vorlage finden Sie eine Sammlung von Arten von neuronalen Netzen. Suchen Sie sich einen Netztyp heraus, der Ihnen besonders auffällt oder Ihnen gut gefällt. Recherchieren Sie zu diesem Netztyp und stellen Sie das Ergebnis dem Kurs vor.

1.6 Überwachtes Lernen mit neuronalen Netzen

t	n	geklickt
12	0	0
8	2	1
16	3	0
20	1	0
10	4	1

Abbildung 1

Eine Marketingagentur verschickt regelmäßig Newsletter. Eine wichtige Kennzahl ist, wie viele der Empfänger einen Link in der E-Mail angeklickt haben. Dies hängt unter anderem von der Tageszeit der Versendung (t) ab und wie oft ein Kunde in der Vergangenheit bereits einen Link in den Newslettern angeklickt hat (n). Die Agentur hat Daten gesammelt und möchte damit vorhersagen, ob der Empfänger voraussichtlich auf einen Link klicken wird.

a In der Programmvorlage finden Sie ein sehr einfaches neuronales Netz für das beschriebene Problem. Verschaffen Sie sich einen Überblick.

b Initialisieren Sie Gewichte und Schwellenwerte. Berechnen Sie dann auf Papier für ein Wertepaar aus der Tabelle (s. Abbildung 1) die Ausgabe des Neurons in der Zwischenschicht. Bilden Sie dazu die Summe der gewichteten Eingänge, ziehen Sie den Schwellenwert ab und berechnen Sie das Ergebnis der Aktivierungsfunktion.

c Verwenden Sie das Ergebnis aus b), um jeweils die Ausgabe des Neurons in der Ausgabeschicht zu ermitteln. Überprüfen Sie Ihre Rechnung, indem Sie im Programm die passenden Eingangswerte einstellen und die Ausgabe berechnen lassen.

d Geben Sie an, in welche Richtung (nach oben oder nach unten) das Gewicht und der Schwellenwert in der Ausgabeschicht verändert werden müssen, damit das Ergebnis näher am erwarteten Wert ist. Ändern Sie die Parameter über einen Klick auf die Pfeile. Stellen Sie ähnliche Überlegungen für die Gewichte und den Schwellenwert in der Zwischenschicht an und verändern Sie diese. Überprüfen Sie durch erneute Rechnung, ob sich das Ergebnis in die richtige Richtung bewegt.

e Für Schnelle: Beurteilen Sie nicht nur, in welche Richtung die Parameter verändert werden müssen, sondern auch, welche Parameter bei gleicher Veränderung einen höheren bzw. einen niedrigeren Einfluss auf das Ergebnis haben.

Lernen Schritt 1: Forward Propagation

Für medizinische Zwecke soll anhand von Gesundheitsdaten die Wahrscheinlichkeit einer Diabetes-Erkrankung vorhergesagt werden. Sehr vereinfacht wird davon ausgegangen, dass ein Datensatz vorliegt, welcher die Merkmale Langzeit-Blutzucker (lbz), aktueller Blutzucker (abz) und Alter (a) enthält. Jedes Datum ist mit einem Label versehen, ob Diabetes vorliegt (1) oder nicht (0). Mit einem künstlichen neuronalen Netz können diese Daten zum überwachten Lernen verwendet werden.

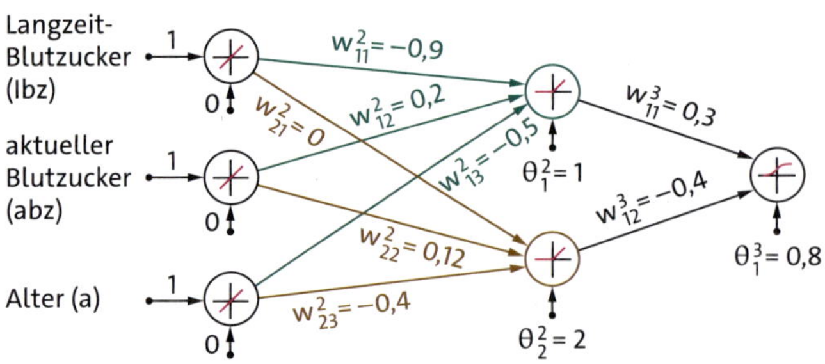

w_{13}^2 bedeutet, es handelt sich um das Gewicht für das 1. Neuron der 2. Schicht, welches mit dem 3. Neuron der 1. Schicht verbunden wird. Allgemein also w_{ji}^k mit k = Schicht, j Neuron in der k-ten Schicht und i Neuron in der k-1-ten Schicht.

Abbildung 2

Das Netz startet mit zufälligen Gewichten und Schwellenwerten. Im nächsten Schritt wird mittels Forward Propagation für alle Trainingsdaten die Ausgabe berechnet. Das soll hier an einem Beispiel gezeigt werden. Bei einem Langzeit-Blutzucker von 6, einem Blutzucker von 160 und einem Alter von 40 gilt für das erste Neuron:

In der Eingabeschicht werden die Gewichte und die Schwellenwerte nicht zufällig initialisiert, da die Eingaben hier lediglich weitergeleitet werden.

$$\begin{aligned}&\mathrm{ReLU}(w^2_{11} \cdot lbz + w^2_{12} \cdot abz + w^2_{13} \cdot a - \theta^2_1)\\&= \mathrm{ReLU}(-0{,}9 \cdot 6 + 0{,}2 \cdot 160 + (-0{,}5) \cdot 40 - 1)\\&= \mathrm{ReLU}(-5{,}4 + 32 - 20 - 1) = \mathrm{ReLU}(5{,}6) = 5{,}6\end{aligned}$$

Für das zweite Neuron ergibt sich dementsprechend
$\mathrm{ReLU}(0 \cdot 6 + 0{,}12 \cdot 160 + (-0{,}4) \cdot 40 - 2) = \mathrm{ReLU}(1{,}2) = 1{,}2$.
Die errechneten Ausgaben können verwendet werden, um die Ausgaben für die nächste Schicht zu errechnen. Im Beispiel ergibt sich die Gesamtausgabe zu:

$$\begin{aligned}&\mathrm{sigmoid}(w^3_{11} \cdot 5{,}6 + w^3_{12} \cdot 1{,}2 - \theta^3_1) = \mathrm{sigmoid}(0{,}3 \cdot 5{,}6 + (-0{,}4) \cdot 1{,}2 - 0{,}8)\\&\quad = \mathrm{sigmoid}(1{,}68 - 0{,}48 - 0{,}8) = \mathrm{sigmoid}(0{,}4) = 1/(1 + e^{-0{,}4}) \approx 0{,}60\end{aligned}$$

Das kann so interpretiert werden, dass mit einer Wahrscheinlichkeit von 60 % eine Diabetes-Erkrankung vorliegt.

Lernen Schritt 2: Fehler berechnen

Das Ergebnis der Forward Propagation wird mit dem Label verglichen. Im Beispiel war das Datum mit 1 gelabelt. Es lag also eine Erkrankung vor. Dadurch ergibt sich ein Fehler von $0{,}60 - 1 = -0{,}4$. Um positive Werte zu erhalten und damit größere Abweichungen mehr berücksichtigt werden, wird der quadratische Fehler berechnet: $(0{,}60 - 1)^2 = 0{,}16$. Damit alle Trainingsdaten ins Training miteinbezogen werden und das Netz nicht nur auf ein Datum trainiert wird, wird für alle Daten mittels Forward Propagation die aktuelle Ausgabe errechnet. Jede Ausgabe wird mit dem jeweiligen erwarteten Wert verglichen. Der Gesamtfehler kann ermittelt werden, indem der Mittelwert der quadrierten Fehler gebildet wird.

Bei n Datensätzen erhält man: $\frac{1}{n}\sum_{i=1}^{n}(\mathrm{Istwert}(i) - \mathrm{Sollwert}(i))^2$

Der **mittlere quadratische Fehler** (→MSE) ist ein Beispiel für eine Fehler- oder **Kostenfunktion,** welche ein Maß dafür ist, wie gut das Netz die Label der Trainingsdaten vorhersagen kann.

→MSE steht für mean squared error

Lernen Schritt 3: Netz verbessern

Bei einem neuronalen Netz bedeutet Lernen, die passenden Gewichte und Schwellenwerte zu finden, sodass die Daten möglichst korrekt klassifiziert werden können.
Für jedes Datum gibt es drei Möglichkeiten, die Ausgabe und damit den Fehler zu ändern:

1) Anpassung der Gewichte des Ausgabeneurons
2) Anpassung des Schwellenwerts des Ausgabeneurons
3) Anpassung der Ausgabe der vorherigen Schicht

Im obigen Beispiel wurde im Ausgabeneuron berechnet:

Hat die Ausgabeschicht mehrere Neuronen, muss der MSE für jedes Neuron berechnet und der Durchschnitt von allen Fehlern gebildet werden.

$$\mathrm{sigmoid}(0{,}3 \cdot 5{,}6 + (-0{,}4) \cdot 1{,}2 - 0{,}8) = \mathrm{sigmoid}(1{,}68 - 0{,}48 - 0{,}8) = \mathrm{sigmoid}(0{,}4) \approx 0{,}60$$

Da das Ergebnis 1 sein sollte, müsste die berechnete Summe größer sein. Dies könnte erreicht werden, indem beide Gewichte erhöht werden. Der Schwellenwert müsste hingegen verringert werden. Man sieht hier, dass die Änderung des ersten Gewichts einen größeren Einfluss auf das Ergebnis hat – dies liegt an der größeren Ausgabe der vorherigen Schicht. Die Ausgabe der vorherigen Schicht kann nicht direkt geändert werden. Sie muss wiederum über die Gewichte und Schwellenwerte dieser Schicht sowie ggf. über die Ausgabe der vorherigen Schicht angepasst werden. Der Fehler wird Stück für Stück von hinten durch das Netz nach vorne weitergereicht. Man spricht daher auch von **Fehlerrückführung** bzw. **Backpropagation.**

Die Notwendigkeit der Backpropagation wird klar, wenn man sich die Abhängigkeiten im Beispiel verdeutlicht:

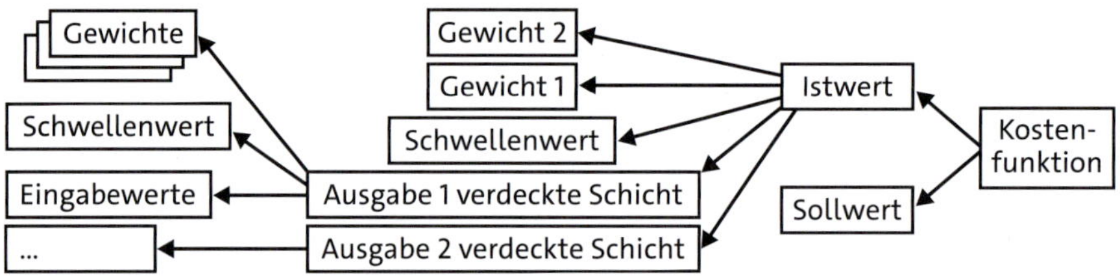

Abbildung 3

Um herauszufinden, wie ein Gewicht aus der verdeckten Schicht verändert werden soll, wird bei der Kostenfunktion gestartet. Diese hängt direkt vom Istwert ab. Der Istwert wiederum wird beeinflusst von der Ausgabe der verdeckten Schicht, welche wiederum vom Gewicht abhängt. Der Fehler muss also durchs Netz zurückgeführt werden.

Neuronales Netz als Funktion

Ein künstliches neuronales Netz kann als Funktion mit Parametern betrachtet werden. Auf der Grundlage der Eingabewerte wird eine Ausgabe berechnet. Alle Gewichte und Schwellenwerte sind Parameter und beeinflussen das Ergebnis. Für das Beispiel (s. Abbildung 2) kann die gesamte Funktion geschrieben werden als:

$$\text{Istwert}(\text{lbz}, \text{abz}, \text{a}) = \text{sigmoid}\Big(w^3_{11} \cdot \text{ReLU}\big(w^2_{11} \cdot \text{lbz} + w^2_{12} \cdot \text{abz} + w^2_{13} \cdot \text{a} - \theta^2_1\big) + w^3_{12} \cdot \text{ReLU}\big(w^2_{21} \cdot \text{lbz} + w^2_{22} \cdot \text{abz} + w^2_{23} \cdot \text{a} - \theta^2_2\big) - \theta^3_1\Big)$$

Der Istwert hängt sowohl von den Eingabewerten als auch von den Gewichten und Schwellenwerten ab. Genauso könnte man die Kostenfunktion als Funktion interpretieren, welche alle Gewichte und Schwellenwerte als Eingabe erhält und damit den Fehler berechnet. Die Trainingsdaten sind die Parameter und beeinflussen das Ergebnis. Mathematisch gesehen möchte man bei der Backpropagation den Fehler und somit die Kostenfunktion minimieren. Bei einfachen Funktionen ist dies über den Vergleich der Ableitung mit 0 möglich. Gibt es jedoch mehrere lokale Minima, ist dies nicht mehr so einfach möglich. Dennoch kann man die Steigung der Funktion bestimmen und damit die Richtung für die Suche nach einem Minimum festlegen. Bei Funktionen in zwei oder drei Dimensionen ist dies noch leicht vorstellbar. Die Kostenfunktion für neuronale Netze hat jedoch üblicherweise mehrere Tausend Eingabewerte. Trotzdem kann auch hier eine Art Steigung für alle Dimensionen berechnet werden. Das jeweilige Vorzeichen kann als Richtung der Steigung interpretiert werden, der Betrag als Stärke.

In den Aufgaben 4, 5 und 7 kann der Einfluss der Hyperparameter auf den Lernerfolg mit passender Software erkundet werden.

Daten und Hyperparameter beeinflussen den Lernerfolg

Ein erfolgreich trainiertes Netz schneidet beim Klassifizieren von unbekannten Daten gut ab. Auf den Lernerfolg eines Netzes haben viele Größen Einfluss. Gibt es zu wenig Trainingsdaten oder enthalten diese zu wenig unterschiedliche Ausprägungen, wird das Netz möglicherweise nur auf die wenigen Beispiele trainiert und es generalisiert zu wenig, um unbekannte Daten richtig einzuordnen. Genauso hat die Qualität der Trainingsdaten einen Einfluss auf die Güte des Modells. Enthalten die Daten falsche oder verzerrte Datensätze, lernt das Netz diese mit. Weiteren Einfluss darauf, wie gut und schnell das Lernen funktioniert, haben beispielsweise die Anzahl der Schichten, die Anzahl der Neuronen in den Schichten, die Aktivierungsfunktion der Neuronen oder die Anzahl an Iterationen im Lernvorgang (Epochen).

Das überwachte Lernen mit neuronalen Netzen erfolgt in drei Schritten:
1) Forward Propagation: Berechnung der Istwerte mit den Trainingsdaten
2) Fehler ermitteln: Da für die Trainingsdaten die Sollwerte bekannt sind, kann mit einer **Kostenfunktion** der Fehler berechnet werden. Eine mögliche Kostenfunktion

   ist der **mittlere quadratische Fehler**: $\text{MSE} = \frac{1}{n}\sum_{i=1}^{n}(\text{Istwert}(i) - \text{Sollwert}(i))^2$
3) **Fehlerrückführung** bzw. **Backpropagation**: Das eigentliche Lernen findet durch die Anpassung der Gewichte und Schwellenwerte statt. Je stärker ein Gewicht oder ein Schwellenwert den Fehler beeinflusst, desto stärker wird der zugehörige Wert angepasst. Um Gewichte oder Schwellenwerte zu verändern, die nicht Teil der Ausgabeschicht sind, muss der Fehler zurückgeführt werden. Dies kann durch die Minimierung der Kostenfunktion erreicht werden.

Die Qualität, Anzahl und Varianz der Trainingsdaten haben einen Einfluss auf den Lernerfolg von künstlichen neuronalen Netzen. Genauso spielen Hyperparameter wie z. B. die Anzahl der Schichten und Neuronen oder die Anzahl der Epochen eine große Rolle.

Aufgaben

1 Gesundheitscheck mit KI

Ein Unternehmen entwickelt eine App, die Daten von Wearables wie die Schrittanzahl, Herzfrequenz etc. nutzt, um den Gesundheitszustand einer Person einzuschätzen.

- a Beschreiben Sie, wie ein neuronales Netz mit überwachtem Lernen in der App eingesetzt werden könnte. Geben Sie dazu an, welche Daten dafür vorliegen müssen.
- b Der erste Versuch, das Netz zu trainieren, führt zu schlechten Ergebnissen. Geben Sie zwei Parameter an, die verändert werden könnten, um den Lernerfolg zu verbessern.
- c Nach Anpassung werden zwar beim Training gute Vorhersagequoten erzielt. Im Test mit Usern werden aber oft falsche Einschätzungen getroffen. Erklären Sie, wie es zu diesem Phänomen kommen kann, und geben Sie an, wie es behoben werden kann.
- d Diskutieren Sie in der Gruppe, ob man sich bei der Beurteilung seines Gesundheitszustandes auf ein KI-System verlassen sollte.

2 Mittlerer quadratischer Fehler bei Diabetes

- a Führen Sie die Forward Propagation für folgende Datensätze im Netz aus dem Lehrtext durch und geben Sie an, ob das Netz eine Erkrankung erkennt oder nicht.

Langzeit-Blutzucker	Aktueller Blutzucker	Alter	Diabetes
200	60	40	1
140	90	61	1
80	66	54	0
130	50	78	0

- b Berechnen Sie für jede Zeile des Datensatzes den Fehler und bilden Sie anschließend den mittleren quadratischen Fehler (MSE) als Durchschnitt der Fehlerquadrate.
- c Verwenden Sie in der Zwischenschicht eine andere Aktivierungsfunktion und berechnen Sie nach der Forward Propagation erneut den MSE. Vergleichen Sie mit b).
- d Für Schnelle: Verändern Sie das Netz, indem Sie beispielsweise eine weitere Schicht oder in der Zwischenschicht weitere Neuronen hinzufügen. Führen Sie anschließend die Forward Propagation mit Fehlerermittlung erneut durch und vergleichen Sie.

3 Newsletter-Training

a Öffnen Sie das Programm aus der Vorlage. Berechnen Sie für alle Eingabewerte die Ausgabe und den Fehler und ermitteln Sie so den mittleren quadratischen Fehler.

b Überlegen Sie sich für jedes Paar von Eingabewerten, in welche Richtung die Gewichte bzw. die Schwellenwerte geändert werden müssen. Notieren Sie sich die Änderungen in einer Tabelle mit +1 bzw. –1. Addieren Sie am Ende alle Werte und verändern Sie die Parameter nach dem Ergebnis.

c Führen Sie a) erneut durch und überprüfen Sie, ob der MSE kleiner geworden ist. Falls nicht, erklären Sie, woran das liegen könnte.

d Für Schnelle: Diskutieren Sie kurz, ob ein Neuron in der Zwischenschicht einen Mehrwert für ein neuronales Netz darstellt.

4 Kreditwürdigkeit mit Orange

a Öffnen Sie das Programm Orange. Laden Sie „German credit data" über das Dataset-Widget. Der Datensatz klassifiziert insbesondere in gute und schlechte Kreditnehmer (aus Sicht des Kreditgebers).

b Lassen Sie sich die Daten als Tabelle anzeigen und geben Sie die Bedeutung jeder Spalte an. Betrachten Sie dazu die möglichen Ausprägungen.

c Teilen Sie den Datensatz in Test- und Trainingsdaten. Verbinden Sie die Testdaten mit einem neuronalen Netz und die Testdaten mit dem Widget „Predictions".

d Mit Doppelklick auf das Widget für das neuronale Netz können u. a. folgende Hyperparameter eingestellt werden: Anzahl der verdeckten Schichten und Neuronen in diesen Schichten. (Die Anzahl der Neuronen in einer Schicht wird mit einer Ziffer dargestellt. Weitere Schichten können durch Komma getrennt hinzugefügt werden. 3, 10, 2 bedeutet 3 verdeckte Schichten mit 3, 10 bzw. 2 Neuronen.) Starten Sie mit einem sehr einfachen Netz (z. B. eine verdeckte Schicht mit 5 Neuronen). Lassen Sie sich das Ergebnis in einer Konfusionsmatrix anzeigen. Überlegen Sie, welches Feld der Matrix aus Sicht der Bank minimiert werden müsste.

→ 1.12

e Testen Sie den Einfluss der Anzahl der Iterationen auf Lerndauer und Ergebnis.

f Verändern Sie anschließend die Komplexität des Netzes und versuchen Sie ein besseres Ergebnis aus Sicht der Bank zu erhalten. Geben Sie an, ob eine Erhöhung der Komplexität und der Iterationen immer zu einem besseren Ergebnis führt.

g Diskutieren Sie, ob Banken ein KI-System einsetzen sollten, um die Kreditwürdigkeit von potenziellen Kreditnehmern zu beurteilen. Überlegen Sie sich dazu auch, welche Probleme entstehen, wenn die Trainingsdaten Fehler oder Verzerrungen enthalten.

h Für Schnelle: Suchen Sie sich weitere Daten in Orange und trainieren Sie ein neuronales Netz. Führen Sie auch die Diskussion aus g) zu diesen Daten.

5 Neuronales Netz in Python

Die Vorlage enthält eine Implementierung eines künstlichen neuronalen Netzes in Python. Es ist ein Beispiel dafür, dass nicht nur vollständig verbundene Schichten verwendet werden. Sogenannte „Convolutional Layer" erfassen jeweils nur einen Teil (z. B. 3 × 3 Pixel), um lokale Merkmale wie Kanten oder Texturen lernen zu können. „Pooling Layer" helfen dabei, die Größe der Eingabe zu reduzieren, indem das Maximum aus allen Werten in einem festgelegten Bereich (z. B. 2 × 2 Pixel) ausgewählt wird.

a Identifizieren Sie im Quelltext folgende Stellen: Definition des Netzes, Training des Modells, Evaluation des Ergebnisses.

b Skizzieren Sie das Netz und geben Sie die verwendeten Aktivierungsfunktionen an.

c Verändern Sie Hyperparameter wie Anzahl der Schichten, Anzahl der Neuronen in den Schichten oder die Aktivierungsfunktionen, um das Ergebnis zu optimieren.

d Für Schnelle: Recherchieren Sie Ihnen bisher unbekannte Hyperparameter (z. B. Batch Size, Optimizer) und testen Sie anschließend deren Einfluss auf das Ergebnis.
e Für ganz Schnelle: Finden Sie eine weitere Implementierung eines neuronalen Netzes in Python. Programmieren Sie das Beispiel nach und versuchen Sie, es zu optimieren.

6 Schatzsucher
Die Vorlage enthält einen Link, der zu einem Spiel führt. Bei diesem Spiel können Sie einen Schatzsucher spielen, der von einem Schiff aus einen Schatz am Meeresgrund finden möchte. Der Schatz liegt an der tiefsten Stelle des Grundes. Vom Schiff aus kann ein Detektor an einem Seil nach unten gelassen werden. Der Detektor misst die Steigung des Grundes bzw. erkennt, wenn der Schatz gefunden worden ist. Spielen Sie das Spiel ohne Gegner und bearbeiten Sie folgende Aufgabenstellungen:
a Beschreiben Sie eine Strategie, das Boot abhängig von der Steigung zu bewegen.
b Erweitern Sie die Strategie um den Fall, dass ein lokales Minimum gefunden wird.
c Erklären Sie, welche Analogie man zum Lernvorgang beim künstlichen neuronalen Netz ziehen kann. Geben Sie insbesondere an, was der Kostenfunktion entspricht.
d Begründen Sie, warum das Spiel nur sehr begrenzt mit dem Lernvorgang eines komplexen neuronalen Netzes verglichen werden kann.

7 Experimentieren mit dem neuronalen Netz
Über den Link in der Vorlage können Sie ein neuronales Netz beim Lernen beobachten und die Struktur des Netzes sowie einige Hyperparameter einstellen.
a Analysieren Sie die Simulation und versuchen Sie alle Hyperparameter und Einflussfaktoren zu finden, welche Sie bisher kennengelernt haben. Vermissen Sie Aspekte? Benennen Sie fehlende Aspekte.
b Wählen Sie die kreisförmig angeordneten Daten. Treffen Sie eine Vorhersage darüber, wie viele verdeckte Schichten notwendig sind, um die beiden Klassen zu trennen.
c Stellen Sie die von Ihnen geschätzte Konfiguration ein und lassen Sie das Netz lernen. Beachten Sie dabei, dass das Neuron in der Ausgabeschicht nicht visualisiert ist.
d Erklären Sie, auf welche Weise der Lernerfolg des Netzes hier angegeben wird. Geben Sie an, ob der Lernvorgang in diesem Fall als erfolgreich bezeichnet werden kann.
e Führen Sie a) – c) mit anderen Datensätzen durch. Testen Sie zusätzlich, ob bestimmte Hyperparameter wie Anzahl der Schichten und Neuronen oder die Aktivierungsfunktion das Ergebnis verbessern bzw. verschlechtern.
f Weil es bei komplexen Netzen zu lange dauern würde, die Fehlerfunktion und die anschließende Backpropagation für alle Trainingsdaten zu berechnen, werden die Daten in der Praxis oft in Teilbereiche einer bestimmten Größe aufgeteilt. Diese Teile werden dann für eine Iteration verwendet. In der nächsten Iteration kommt der nächste Teil usw. Wie viele Datensätze in einem Teil enthalten sind, wird über die sogenannte Batch Size angegeben. Geben Sie eine begründete Vermutung dafür an, wie die Batch Size den Lernerfolg beeinflusst. Testen Sie im Anschluss.
g Für Schnelle: Experimentieren Sie mit weiteren Daten und Parametern und formulieren Sie Ihre Erkenntnisse.

8 Forschungsauftrag: Gradientenverfahren
a Recherchieren Sie das Gradientenverfahren im Zusammenhang mit neuronalen Netzen. Verknüpfen Sie das bisher Gelernte mit dem Verfahren.
b Die Simulation in der Vorlage visualisiert das Training eines neuronalen Netzes, welches die XOR-Funktion lernen soll. Gehen Sie die Simulation schrittweise durch und überprüfen Sie Ihr Wissen zum Gradientenverfahren.

1.7 Datenbasierter Ansatz 2: Unüberwachtes Lernen

Die Polizei von Infohausen möchte den Standort von drei Polizeiwagen so festlegen, dass die Wege zu den letzten Tatorten möglichst kurz sind. Sie erhofft sich dadurch kürzere Fahrzeiten bei neuen Verbrechen.

a Helfen Sie bei der Standortsuche, indem Sie zu zweit wie folgt vorgehen:
- Zeichnen Sie auf eine DIN-A4-Seite im Querformat ein Koordinatensystem und tragen Sie dort die Koordinaten der letzten Tatorte ein. (s. Vorlage, wobei x_{max} bzw. y_{max} 28 bzw. 20 sind.)
- Verteilen Sie drei Münzen als Markierung für die Polizeiwagen in dem Koordinatensystem.
- Mischen Sie die Kärtchen mit den Koordinaten und legen diese auf einen Stapel.
- Ziehen Sie nun nacheinander alle Karten vom Stapel und verarbeiten Sie die Position jeder Karte wie folgt: Finden Sie die nächstgelegene Münze und bewegen Sie diese die halbe Distanz in Richtung des Punkts auf der Karte.

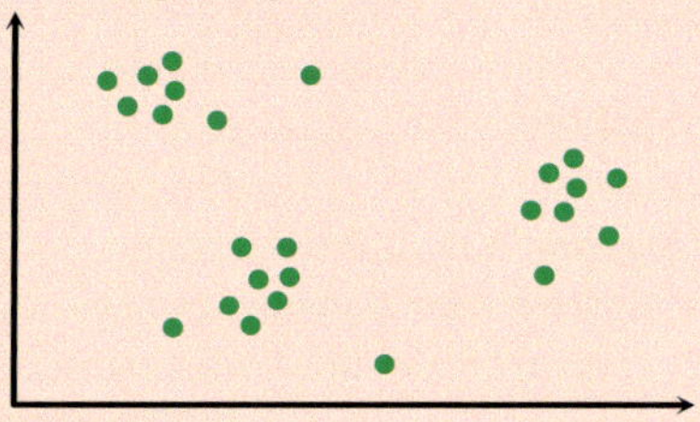
Abbildung 1

b Beschreiben und bewerten Sie die gefundenen Standorte. Vergleichen Sie die gefundenen Standorte mit dem Ergebnis Ihrer Nachbargruppe und erklären Sie gegebenenfalls das Zustandekommen von Unterschieden.

c Begründen Sie, dass es sich bei dem durchgeführten Verfahren um einen datenbasierten Ansatz handelt, jedoch nicht um überwachtes Lernen.

d Eine kürzere Fahrzeit für die Polizei ist bei Verbrechen eine Chance. Diskutieren Sie, ob die durchgeführte Datenauswertung auch zu Risiken/Nachteilen führen kann.

e Für Schnelle: Entwickeln Sie Verbesserungsvorschläge zum oben durchgeführten Algorithmus und erläutern Sie, warum diese zur Optimierung des Ergebnisses beitragen.

Empfehlungssysteme: unüberwachtes Lernen

Bei Streamingdiensten generieren Kunden täglich eine Menge an Daten durch den Streamingverlauf, Suchanfragen, dem Folgen von Künstlern usw. Diese Daten werden genutzt, um für andere Nutzer Empfehlungen anzuzeigen. Da die gesammelten Daten kein Label haben, ist ein überwachtes Lernen nicht möglich. Es können jedoch Ähnlichkeiten und Muster in den Eingabedaten autonom vom KI-System identifiziert werden, etwa um in den Daten →**Cluster** oder **Ausreißer** zu finden. So kann ein KI-System Filmempfehlungen generieren, die Personen mit ähnlichem Filmgeschmack gefallen haben.

→engl.: Gruppe

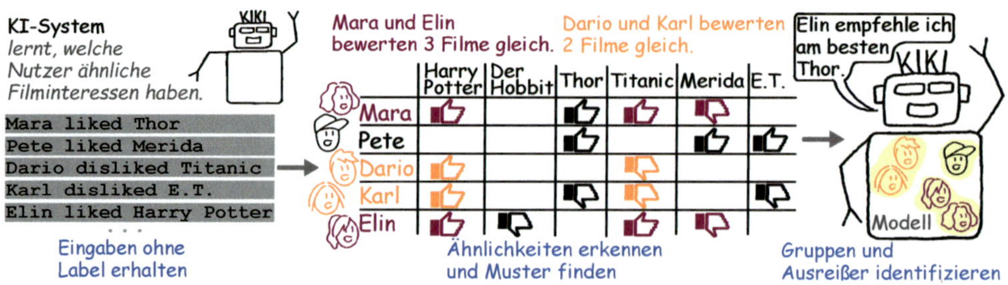

Abbildung 2

Unüberwachtes Lernen ist ein datenbasierter Ansatz, bei dem mit Daten trainiert wird, die keine vorher bekannten Zielwerte (Label) enthalten. Neben dem Clustering wird es u.a. für Aufgaben wie das Erkennen von Auffälligkeiten z. B. im Betrieb von Maschinen oder im Zahlungsverkehr oder für die Vereinfachung von Daten (Dimensionsreduktion) eingesetzt.

Das **unüberwachte Lernen (unsupervised learning)** ist ein datenbasierter Ansatz der KI. Zum Lernen erhält das KI-System Daten ohne bekannte Zielwerte (Label) und identifiziert **Cluster** bzw. **Ausreißer** oder andere Zusammenhänge, die bei der Vereinfachung von Daten helfen. Unüberwachtes Lernen wird eingesetzt bei Empfehlungssystemen und Erkennung von Unregelmäßigkeiten wie bei Kreditkartenmissbrauch.

Aufgaben

1 Überwachtes Lernen versus unüberwachtes Lernen

a Erklären Sie am Beispiel der Bilderkennung von Tieren den Unterschied zwischen überwachtem und unüberwachtem Lernen.

b Nennen Sie Vor- und Nachteile von unüberwachtem Lernen im Vergleich zu überwachtem Lernen.

c Ordnen Sie folgende Anwendungsfälle dem überwachten bzw. unüberwachten Lernen zu und erläutern Sie knapp Ihre Entscheidung: Spamerkennung bei E-Mails, Feststellung von Eindringversuchen in lokale Netzwerke und Kundenanalyse mit dem Ziel, personalisierte Werbung auszuspielen.

d Beschreiben Sie zwei weitere mögliche Anwendungsfälle von unüberwachtem Lernen und begründen Sie dabei auch, warum ein überwachtes Lernen nicht möglich ist.

2 Empfehlungssysteme bei Streamingdiensten

a Recherchieren Sie zu einem Streamingdienst, welche personenbezogenen Daten zum Nutzungsverhalten gespeichert werden. Wenn möglich, laden Sie Ihre eigenen Daten bei einem solchen Dienst herunter oder fordern diese an.

b Beschreiben Sie, wie diese Daten vom Anbieter genutzt werden können. Bewerten Sie den Einsatz auch knapp hinsichtlich des Schutzes personenbezogener Daten.

3 Dimensionsreduktion bei Daten

Ein Datensatz zur Tiererkennung enthält zahlreiche Merkmale (hatBeine, istEinHaustier, istGiftig). Die große Anzahl an Merkmalen kann hilfreich sein, sie hat aber auch Nachteile:

- hoher Speicherbedarf bei großen Datenmengen,
- geringe Anschaulichkeit bei der Interpretation der Daten, da man sich in einem vieldimensionalen Raum befindet (jedes Merkmal entspricht einer Dimension).

Deshalb kann eine Reduzierung auf wenige, neu geschaffene Merkmale gewinnbringend sein. Unüberwachte Lernverfahren wie →PCA ermöglichen eine solche Vereinfachung und werden oft als Vorverarbeitungsschritt für überwachte Lernverfahren eingesetzt.

→Principal Components Analysis, engl.: Hauptkomponentenanalyse

a Öffnen Sie die Vorlage und erkunden Sie den verwendeten Zoo-Datensatz. Nennen Sie die Anzahl der Merkmale. Die Daten haben Label. Nennen Sie die Anzahl und Namen der Label.

b Führen Sie über das PCA-Verfahren eine Reduktion auf einen zweidimensionalen Raum durch und zeigen Sie dort (Achsen PCA1 und PCA2) die Daten inklusiv farbiger Kennzeichnung der Labels an. Beschreiben Sie für jedes Label, ob die Gruppierung der Daten trotz Dimensionsreduktion funktioniert hat.

c Erkunden Sie die Bedeutung einzelner Datenpunkte an Clustergrenzen oder in unpassenden Clustern. Nennen Sie mögliche Ursachen für die unklare Gruppenzuordnung.

d Führen Sie den in a) bis c) durchgeführten Datenanalyse- und Reduktionsprozess auch an dem Datensatz „Food Nutrition Information“ durch.

Die Dimensionsreduktion ist wie in Mathe: Bei Geraden in R^3 ist neben dem Ortsvektor ein einziger Richtungsvektor zur vollständigen Beschreibung ausreichend.

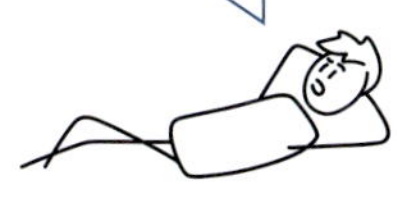

1.8 Unüberwachtes Lernen: Der k-Means-Algorithmus

Ein Einzelhandelsunternehmen möchte seine Kunden besser verstehen. Dazu sammelt es Daten über jede Kundeninteraktion, die Anzahl der Einkäufe pro Monat und die durchschnittlichen Ausgaben pro Einkauf. Die Marketingleiterin möchte die Kunden nun in drei verschiedene Gruppen (Cluster) einteilen, um gezielt auf ihre Bedürfnisse und Vorlieben einzugehen.

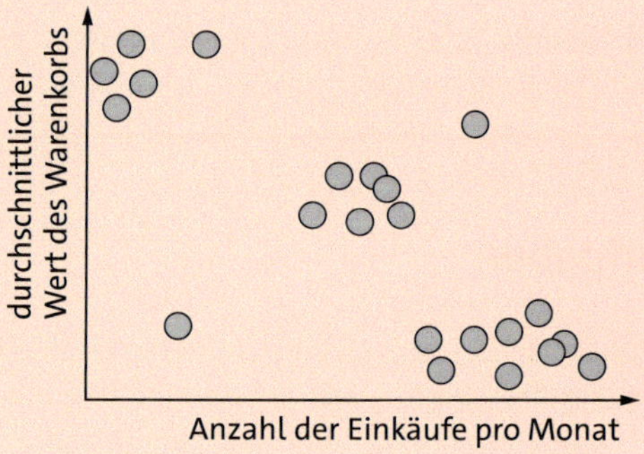

Abbildung 1

a Charakterisieren Sie die drei Kundengruppen, die das Unternehmen am Ende der Analyse erhält.

b Beschreiben Sie, wie das Einzelhandelsunternehmen die Informationen über die verschiedenen Gruppen nutzen kann.

Um ähnliche Datenpunkte in k Gruppen zu organisieren, kann als unüberwachtes Lernverfahren der **k-Means-Algorithmus** genutzt werden. Dieser Prozess der Gruppierung wird als Clustering bezeichnet. Im Folgenden werden die Schritte des Algorithmus dargelegt und in Pseudocode für Datenpunkte mit zwei Merkmalen formuliert.

Schritt 1: Auswahl der Clusteranzahl k

Bevor man den k-Means-Algorithmus anwenden kann, muss entschieden werden, wie viele Cluster (Gruppen) in den Daten gefunden werden sollen. Die Anzahl der Cluster k ist ein Hyperparameter und kann z. B. aufgrund von →Heurismen (Findeverfahren) oder durch Ausprobieren festgelegt werden.

→ Heurismus bezeichnet eine intuitive Entscheidungsstrategie, die Menschen nutzen, um schnell und mit begrenztem Wissen Entscheidungen zu treffen.

Schritt 2: Initialisierung der Clusterzentren

Der Algorithmus startet, indem zufällig k Clusterzentren auswählt werden – das sind k zufällig gewählte Punkte (im Beispiel aus Abbildung 2 gilt k = 3). Diese Clusterzentren repräsentieren vorläufig die Mittelpunkte der zu bildenden Cluster.

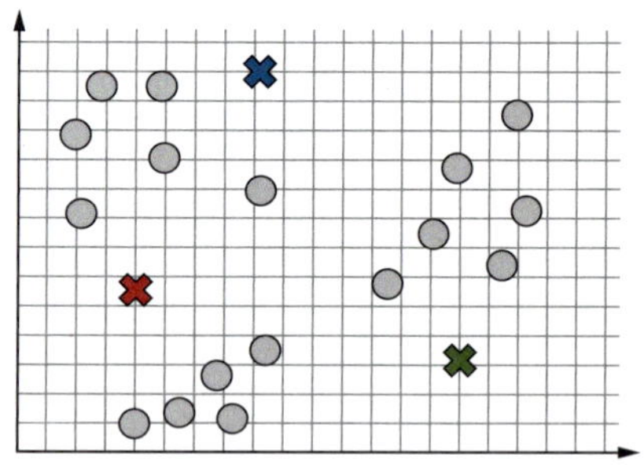
Abbildung 2

```
methode ClusterzentrenInitialisieren(k: GANZZAHL) -> FELD<DATENPUNKT>
  var clusterzentren = neu FELD<DATENPUNKT>()
  zähle i von 1 bis k schritt 1
    var datenpunktNeu = neu DATENPUNKT(Zufallszahl(), Zufallszahl())
    clusterzentren.Hinzufügen(datenpunktNeu)
  endezähle
  return clusterzentren
endemethode
```

Schritt 3: Zuordnung der Datenpunkte zu Clustern
Für jeden Datenpunkt wird berechnet, welchem der k Clusterzentren dieser am nächsten ist (z. B. mit dem euklidischen Abstand).

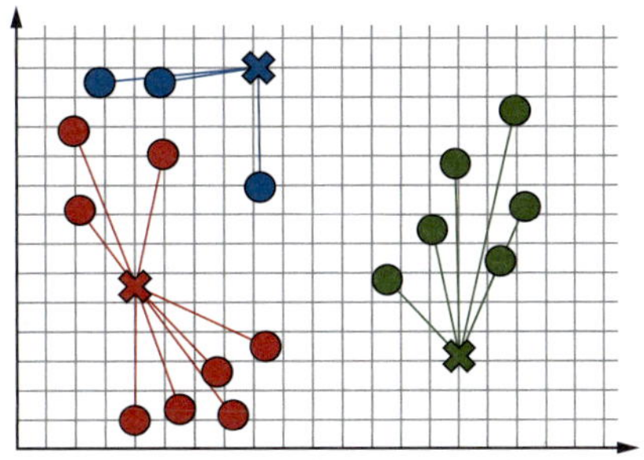

Abbildung 3

```
methode DatenpunkteClusternZuordnen(
  daten: FELD<DATENPUNKT>
  clusterzentren: FELD<DATENPUNKT>
) -> FELD<GANZZAHL>
  var zuordnung = neu FELD<GANZZAHL>()
  für jedes d in daten
    var distanzen = neu FELD<KOMMAZAHL>()
    für jedes c in clusterzentren
       distanzen.Hinzufügen(AbstandBerechnen(d, c))
    endefür
    zuordnung.Hinzufügen(distanzen.IndexVon(MinimumGeben(distanzen)))
  endefür
  return zuordnung
endemethode
```

Jedem Datenpunkt wird der Index des nächsten Zentrums zugeordnet.

```
methode AbstandBerechnen(p1: DATENPUNKT, p2: DATENPUNKT) -> KOMMAZAHL
  return Wurzel((p1[0] - p2[0])^2 + (p1[1] - p2[1])^2)
endemethode
```

(...)^2 bedeutet hier Quadrieren.

Schritt 4: Aktualisierung der Clusterzentren
Nachdem alle Datenpunkte zugeordnet wurden, werden die neuen Clusterzentren ermittelt. Dazu berechnet der Algorithmus den Mittelwert der Datenpunkte in jedem Cluster.

Diese beiden Datenpunkte gehen noch in die Berechnung des neuen roten Clusterzentrums ein, liegen dann aber näher am neuen blauen Clusterzentrum.

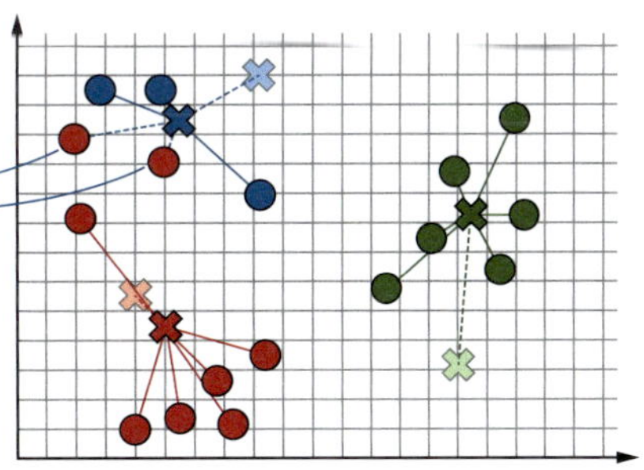

Abbildung 4

```
methode ClusterzentrenAktualisieren(
  daten: FELD<DATENPUNKT>,
  clusterzentren: FELD<DATENPUNKT>,
  zuordnung: FELD<GANZZAHL>
) -> FELD<Datenpunkt>
  var summenX = neu FELD<KOMMAZAHL>()
  var summenY = neu FELD<KOMMAZAHL>()
  var clustergrößen = neu FELD<GANZZAHL>()
  zähle i von 1 bis daten.länge schritt 1
    zentrumsindex = zuordnung[i]
    summenX[zentrumsindex] += daten[i][0]
    summenY[zentrumsindex] += daten[i][1]
    clustergrößen[zentrumsindex] += 1
  endezähle
  var clusterzentrenNeu = neu FELD<DATENPUNKT>()
  zähle i von 1 bis clusterzentrenNeu.länge schritt 1
    clustergröße = clustergrößen[i]
    falls clustergröße > 0 dann
      clusterzentrenNeu[i][0] = summenX[i]/clustergröße
      clusterzentrenNeu[i][1] = summenY[i]/clustergröße
    endefalls
  endezähle
  return clusterzentrenNeu
endemethode
```

Koordinaten der Clusterzentren werden aktualisiert.

Schritt 5: Iteratives Verbessern der Clusterzentren
Die Schritte 3 und 4 werden wiederholt, bis eine maximale Anzahl an Iterationen erreicht ist (oder optional bis sich die Zuordnung der Punkte zu den Clusterzentren nicht mehr ändert).

Der Algorithmus lässt sich als Pseudocode folgendermaßen formulieren.

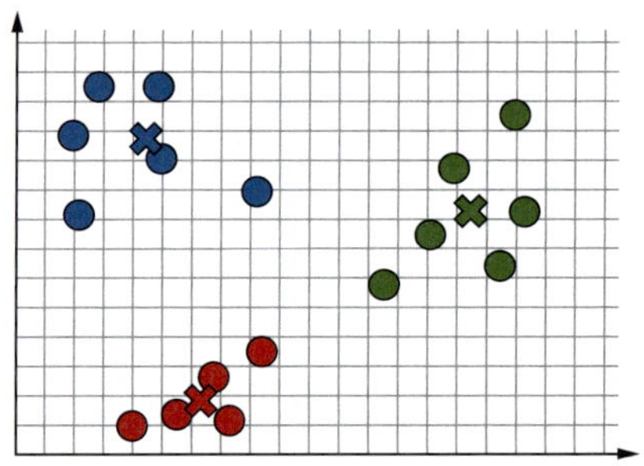

Abbildung 5

```
methode kMeansDurchführen(
  daten: FELD<DATENPUNKT>,
  k: GANZZAHL,
  iterationen: GANZZAHL
) -> FELD<DATENPUNKT>
  var zentren = neu FELD<DATENPUNKT>()
  zentren = ClusterzentrenInitialisieren(k)
  var zuordnung = neu FELD<DATENPUNKT>()
  zähle i von 1 bis iterationen schritt 1
    zuordnung = DatenpunkteClusternZuordnen(daten, zentren)
    zentren = ClusterzentrenAktualisieren(daten, zentren, zuordnung)
  endezähle
  return zentren
endemethode
```

Nach dem Training wird neuen Datenpunkten das Cluster zugeordnet, dessen Zentrum am nächsten ist.

Der **k-Means-Algorithmus** gehört zu den unüberwachten Lernverfahren und dient dazu, Datenpunkte in eine vordefinierte Anzahl k von Clustern zu gruppieren. Dazu werden zunächst k Clusterzentren zufällig gewählt, alle Datenpunkte jeweils ihrem nächsten Clusterzentrum zugeordnet und die Clusterzentren basierend auf der Zuordnung aktualisiert. Die letzten beiden Schritte werden zur Optimierung der Clusterzentren wiederholt. Der Algorithmus kann z. B. zur Identifikation von Kundengruppen oder Bildkompression eingesetzt werden.

Aufgaben

1 k-Means Schritt für Schritt nachvollziehen
Gegeben ist eine Menge von Punkten mit Koordinaten, die im Koordinatensystem verteilt sind und Wohnorte der Mitglieder eines Volleyballvereins repräsentieren (s. Abbildung 6). Mithilfe des k-Means-Algorithmus sollen die Sportler zu Fahrgemeinschaften zusammengefasst werden, um mit weniger Fahrzeugen zum nächsten Auswärtsspiel zu fahren. In dieser Aufgabe werden Sie dazu den k-Means-Algorithmus per Hand nachvollziehen.
Optional: Arbeiten Sie grafisch mit einer dynamischen Geometriesoftware (DGS) und aktualisieren Sie die Clusterzentren nach jeder Iteration.

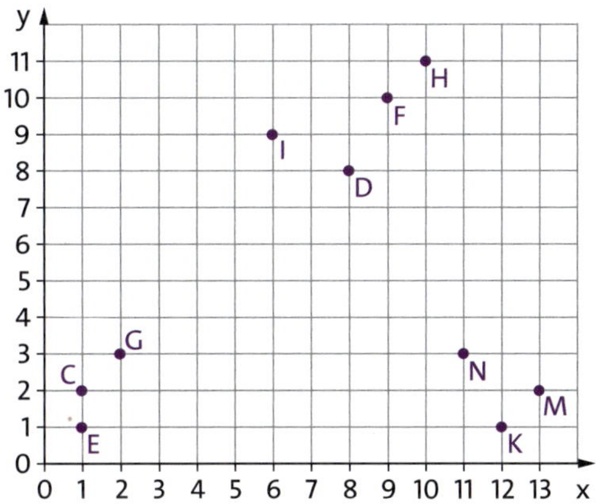

Abbildung 6

a Wählen Sie zu Beginn für k = 3 zufällig gelegene Clusterzentren Z_1, Z_2 und Z_3 aus.

b Bestimmen Sie für jeden Datenpunkt den euklidischen Abstand zu jedem Clusterzentrum. Der euklidische Abstand d zwischen zwei Punkten $A = (x_1, y_1)$ und $B = (x_2, y_2)$ berechnet sich nach der unten angegebenen Formel, kann aber auch leicht geometrisch als direkter Abstand zwischen beiden Punkten gemessen werden.

$$d\big((x_1, y_1), (x_2, y_2)\big) = \sqrt{(x_2 - x_1)^2 + (y_2 - y_1)^2}$$

Führen Sie die Berechnung exemplarisch mit einzelnen Punkten durch, nutzen Sie ansonsten eine Methode zur Abstandsberechnung in Ihrer DGS.

c Ein Datenpunkt wird dem Cluster seines nächsten Clusterzentrums zugeordnet. Berechnen Sie nun die Mittelwerte der Datenpunkte für jeden Cluster mit untenstehender Formel, um die Clusterzentren Z_1, Z_2 und Z_3 zu aktualisieren:

$$Z_{j,\,neu} = \left(\frac{1}{n}\sum_{i=1}^{n} x_i, \frac{1}{n}\sum_{i=1}^{n} y_i\right)$$

Dabei sind x_i, y_i ($i \in \{1,...,n\}$) die Koordinaten der Datenpunkte eines Clusters, n bezeichnet die Anzahl der Datenpunkte in diesem Cluster. Führen Sie die Berechnung exemplarisch mit einzelnen Punkten durch, nutzen Sie ansonsten ggf. eine in Ihrer DGS vorhandene Methode zur Berechnung des Massenmittelpunkts zu einer Liste von Datenpunkten und einer Liste von Gewichten.

d Wiederholen Sie die Schritte aus den Teilaufgaben b) und c) so lange, bis sich die Clusterzentren nicht mehr ändern.

2 Richtig oder falsch?
Entscheiden Sie, ob die folgenden Aussagen richtig oder falsch sind. Korrigieren Sie falsche Aussagen.

a Der k-Means-Algorithmus ist ein überwachtes Lernverfahren.
b Je größer der Parameter k gewählt wird, desto besser wird die resultierende Clusterzuordnung.
c Der k-Means-Algorithmus garantiert, dass er immer die beste Aufteilung in Cluster findet.
d Manchmal kann es beim k-Means-Algorithmus dazu kommen, dass ein Datenpunkt mehreren Clustern gleichzeitig zugeordnet wird.
e Die Wahl der initialen Clusterzentren hat erheblichen Einfluss auf die Cluster nach der letzten Iteration des k-Means-Algorithmus.

3 Metriken und Abstände
Wie nah sich zwei Punkte sind, kann auf unterschiedliche Weise bestimmt werden. In dieser Aufgabe werden Sie verschiedene Möglichkeiten kennenlernen.

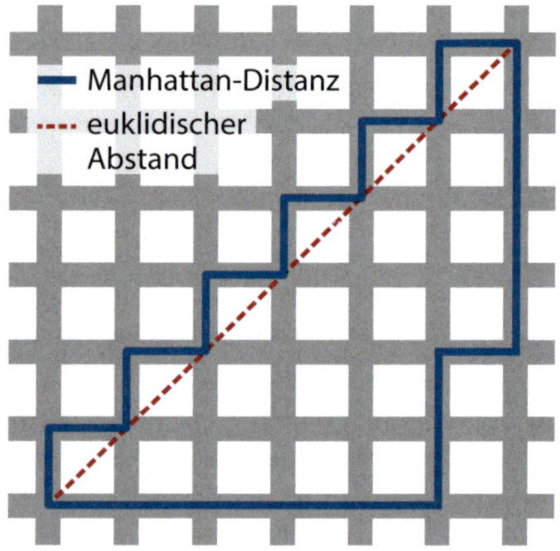

Abbildung 7

a Zeichnen Sie auf einem karierten Blatt ein Koordinatensystem mit der Einheit 1 cm und tragen Sie dort die drei Punkte P(2|8), Q(6|12) und R(2|14) ein. Bestimmen Sie nun den Abstand von P zu Q und R, indem Sie ein Lineal verwenden. Nennen Sie den nächsten Nachbarn zu P.
b Der mit dem Lineal gemessene Abstand lässt sich auch rechnerisch bestimmen. Nutzen Sie den Satz des Pythagoras, um auf Basis der x- und y-Koordinaten die beiden Abstände zu bestimmen. Dieses Abstandsmaß nennt man auch den **euklidischen Abstand** (grüne Linie).
c Eine weitere Möglichkeit ist es, die Kästchenkanten zu zählen, die zwischen den beiden Punkten liegen (blaue Linie). Dieses Abstandsmaß hat seinen Namen von dem schachbrettartigen Straßennetz Manhattans und heißt daher Manhattan-Distanz. Bestimmen Sie wieder den Abstand von P zu Q und R und danach den nächsten Nachbarn von P.
d Für Schnelle: Recherchieren Sie Beispiele, bei denen die Manhattan-Metrik als Abstandsmaß eingefügt werden kann und welchen Vorteil dies hat.

4 k-Means visuell nachvollziehen
Im Downloadangebot finden Sie Links zu Werkzeugen, die Ihnen helfen, verschiedene Strategien für den k-Means-Algorithmus auszuprobieren.

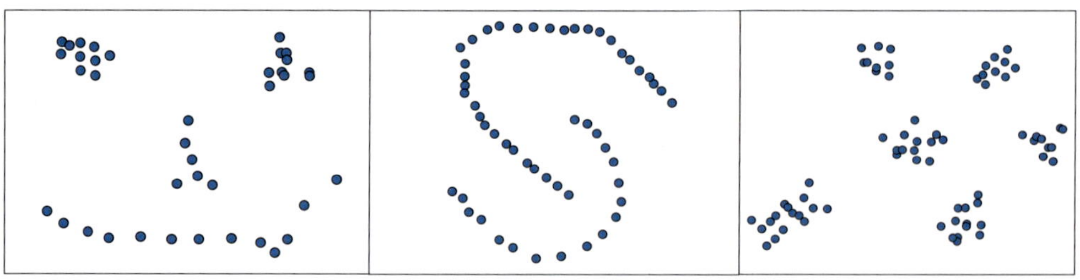
Abbildung 8

a Nutzen Sie das Werkzeug, zeichnen Sie die obigen Datenpunkte ungefähr ein, wählen Sie k geeignet und lassen Sie die Iterationen des k-Means-Algorithmus mit zufälliger Positionierung der Clusterzentren durchführen. Prüfen Sie, ob der Algorithmus die Punkte sinnvoll erscheinenden Clustern zuordnet.

b Positionieren Sie die initialen Clusterzentren in den drei Beispielen nun manuell. Wählen Sie dabei die Koordinaten bereits existierender Datenpunkte. Beurteilen Sie, ob sich das Ergebnis des k-Means-Algorithmus durch geeignete Wahl der Clusterzentren verbessern lässt.

5 k-Means und Ausreißer

Nicht immer lassen sich Cluster zweifelsfrei identifizieren oder es existieren Ausreißer, die weitab eigentlicher Cluster liegen. In der Praxis kommen solche Datenpunkte immer wieder vor. Sollen etwa Kunden eines Onlineshops geclustert werden, können einzelne Kundenbestellungen signifikant höhere Summen aufweisen als der Durchschnitt.

a Im Downloadangebot finden Sie Links zu Werkzeugen zur Erprobung von k-Means. Zeichnen Sie mehrere Cluster und einzelne weit entfernte Punkte ein. Lassen Sie dann den k-Means-Algorithmus durchführen und beschreiben Sie, wie k-Means die von Ihnen gezeichneten Ausreißer berücksichtigt. Bereinigen Sie die Zeichenfläche und wiederholen Sie dies mit anderen Datenpunkten.

b Begründen Sie knapp, warum mit dem k-Means-Algorithmus keine Ausreißer identifiziert werden. Beziehen Sie sich auf Ihre Erfahrungen aus Aufgabe a und den Lehrtext.

c Um zu vermeiden, dass Ausreißer das Ergebnis verfälschen, können diese vorab entfernt oder zumindest deren Anzahl reduziert werden. Überlegen Sie eine Strategie, wie Sie Ausreißer vorab reduzieren können, und notieren Sie diese stichpunktartig.

d Für Schnelle: Auch nach der Anwendung von k-Means kann die Clusterzugehörigkeit nochmals geprüft und gegebenenfalls korrigiert werden. Erweitern Sie den k-Means-Algorithmus aus dem Lehrtext so, dass neben Clustern auch Ausreißer identifiziert werden. Kommentieren Sie Annahmen, die Sie treffen müssen.

6 k-Means implementieren

In dieser Aufgabe implementieren Sie den k-Means-Algorithmus für gegebenes k (wählen Sie zu Beginn k = 3). Dazu finden Sie bereits eine Vorlage mit Teilen der Programmstruktur und einem Beispieldatensatz. Um den Algorithmus zu implementieren, müssen Sie die Schritte 2, 3 und 4 aus dem Lehrtext in den Teilaufgaben a) bis c) umsetzen.

a Initialisieren Sie die Clusterzentren, indem Sie k zufällige Datenpunkte aus den gegebenen Daten als initiale Clusterzentren auswählen.

b Ordnen Sie jeden Datenpunkt seinem nächsten Clusterzentrum zu. Speichern Sie die Ergebnisse, indem Sie den euklidischen Abstand eines Datenpunkts zu allen Clusterzentren bestimmen. Weisen Sie dem Datenpunkt dann das Clusterzentrum zu, zu dem der Abstand am kleinsten ist.

c Aktualisieren Sie schließlich die Clusterzentren, indem Sie den Mittelwert der Datenpunkte für jedes Cluster berechnen und die Clusterzentren entsprechend aktualisieren.

d Nennen Sie einen möglichen Kontext für die gegebenen Daten. Diskutieren Sie, welche Anpassungen für andere (z. B. nicht zweidimensionale) Datensätze notwendig sind.

1.9 Unüberwachtes Lernen: k-Means anwenden

Öffnen Sie die Datei aus der Vorlage. Bei dieser Einstiegsaufgabe wird die Gruppierung von Kunden aus dem vorherigen Kapitel vertieft, indem mehr Merkmale herangezogen werden.

a Beschreiben Sie die dem Clustering zugrundeliegenden Daten.

b Machen Sie sich mit den einzelnen Methoden vertraut und variieren Sie die für das Training verwendeten Parameter. Analysieren Sie die verschiedenen Schritte und auch die aus dem Training resultierenden Cluster. Beantworten Sie dazu folgende Fragen:

- i Welche Schritte werden durchgeführt bzw. welche Parameter müssen gesetzt werden?
- ii Wie wird die Zahl der Cluster bestimmt?
- iii Wofür werden welche Diagramme verwendet?

Daten vorbereiten

Bei der Anwendung des k-Means-Algorithmus müssen einige Entscheidungen getroffen werden. Zunächst gilt es, die gegebenen Daten vorzubereiten. Schnell ergibt sich z. B. eine unterschiedliche Gewichtung der zum Training verwendeten Merkmale, wenn beispielsweise Alter in Jahren und Körpergröße in Metern für das Training berücksichtigt werden. In diesem Fall hätte das Alter (mit Werten im zweistelligen Bereich) schnell einen überproportionalen Einfluss auf die gefundenen Cluster, weil der Abstand zwischen den Elementen ein entscheidender Bestandteil des Algorithmus ist. Wichtig ist es daher, die Daten in einen gemeinsamen Wertebereich zu transformieren, z. B. durch Normierung, (Anpassung der Merkmale so, dass ihre Werte zwischen 0 und 1 liegen, ihre Zusammenhänge aber erhalten bleiben). So wird sichergestellt, dass alle Merkmale in vergleichbaren Skalen vorliegen.

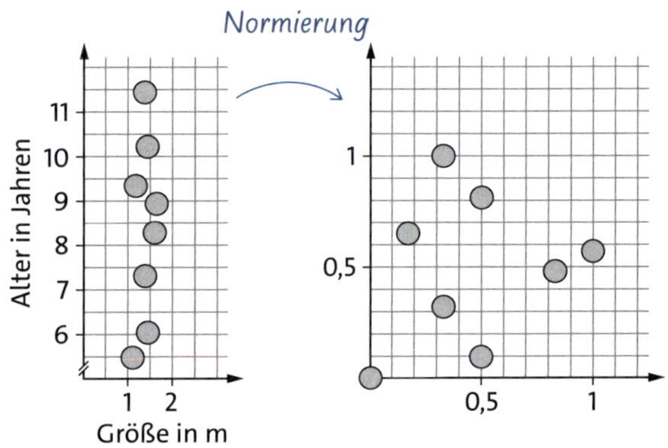

Abbildung 1

Optimale Clusteranzahl bestimmen

Beim k-Means-Algorithmus ist vorab nicht klar, wie viele Clusterzentren benötigt werden – also wie groß k ist. Natürlich könnte die Entscheidung nach Erfahrung getroffen werden. Gerade bei größeren, mehrdimensionalen Datenmengen ist dies jedoch nicht mehr so einfach möglich. Liegt die anfängliche Clusteranzahl unter der tatsächlichen Anzahl der vorhandenen Cluster, wird ein Erhöhen der Clusteranzahl k zunächst zu einer verbesserten Repräsentation der tatsächlich vorhandenen Cluster führen. Ab einer gewissen Clusteranzahl wird der Algorithmus jedoch gezwungen, mehr Cluster zu identifizieren, als tatsächlich vorhanden sind.

Um ein Indiz für die optimale Clusteranzahl zu erhalten, gibt es verschiedene Methoden, sie stellen jedoch keine Garantie für den Erhalt der optimalen Clusteranzahl dar.

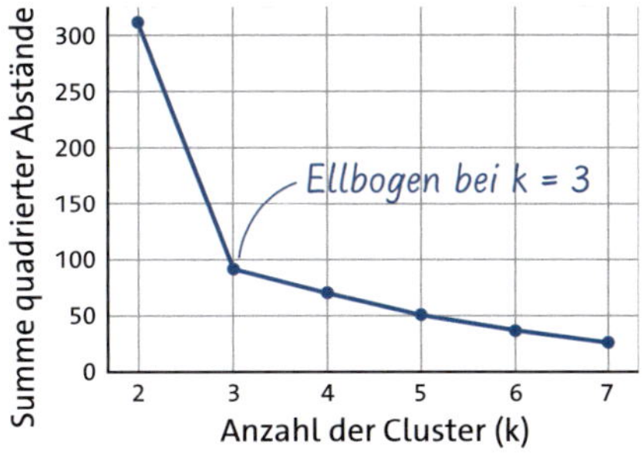

Abbildung 2

Visuell lässt sich die optimale Clusteranzahl mit der **Ellbogenmethode** bestimmen. Hierbei wird die Summe der quadrierten Distanzen für verschiedene Werte von k berechnet. Dies geschieht, indem die Distanzen aller Punkte zu ihrem jeweils nächsten Clusterzentrum bestimmt, quadriert und daraufhin summiert werden. Je kleiner diese Summe ist, desto näher liegen die Datenpunkte an ihrem Clustermittelpunkt und desto höher ist die Ähnlichkeit innerhalb der Cluster. Da diese Summe automatisch mit zusätzlichen Clustern abnimmt (Mit mehr Clustern können mehr Datenpunkte näher am Clusterzentrum liegen.), wird k meist so gewählt, dass der Graph an dieser Stelle einen Knick aufweist (k gewissermaßen im Ellbogen liegt). Dieser Knick ist jedoch nicht immer klar erkennbar.

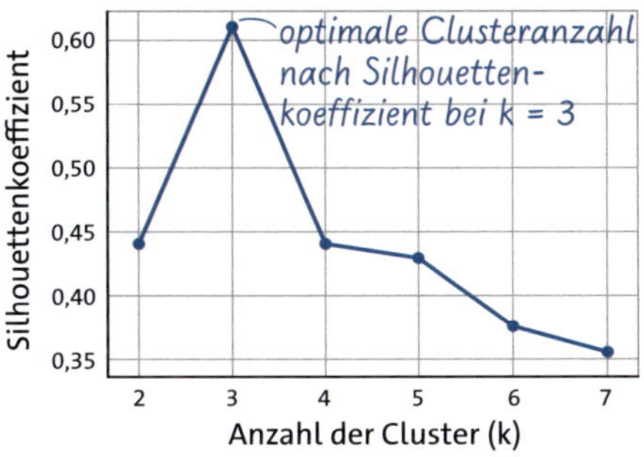

Abbildung 3

Eine weitere Methode zur Bestimmung der optimalen Clusteranzahl ist die Berechnung der **Silhouettenkoeffizienten s_c** für verschiedene k. Der Silhouettenkoeffizient ist ein Maß dafür, wie gut die Zuordnung der Punkte zu seinem Cluster ist, und berechnet sich als arithmetisches Mittel der Silhouetten s(p) aller Datenpunkte p:

$$s_c = \frac{1}{\text{Anzahl Datenpunkte}} \sum_{\text{o in Datensatz}} s(p)$$

Dabei bezeichnet s(p) die Silhouette eines Punktes p. Sie liegt zwischen –1 (schlechte Zuordnung) und 1 (gute Zuordnung) und wird wie folgt berechnet:

$$s(p) = \begin{cases} 0, \text{ wenn p einziges Element des Clusters ist} \\ \dfrac{\text{Abstand(nächster Cluster, p)} - \text{Abstand(eigener Cluster, p)}}{\max(\text{Abstand(nächster Cluster, p), Abstand(eigener Cluster, p)})}, \text{ sonst} \end{cases}$$

Initialisierung der Clusterzentren (Alternative für Schritt 2 aus Kapitel 2.8)

Die notwendige Anzahl an Iterationen und die Qualität des k-Means-Algorithmus wird stark von den Startpunkten beeinflusst, von denen aus die Clusterbildung beginnt.

Die k-Means++-Methode ist neben der zufälligen Initialisierung sehr verbreitet. Hier wird der erste Startpunkt zwar ebenso ohne Vorzugsbehandlung gewählt, die anderen Startpunkte werden jedoch so ausgewählt, dass die Wahrscheinlichkeit proportional zum quadratischen Abstand vom nächstgelegenen bereits gewählten Startpunkt ist. Ein weiter entfernter Punkt hat demnach eine deutlich höhere Wahrscheinlichkeit, ausgewählt zu werden. Die Idee dahinter ist, dass die Startpunkte so möglichst gut über den Datensatz verteilt sind.

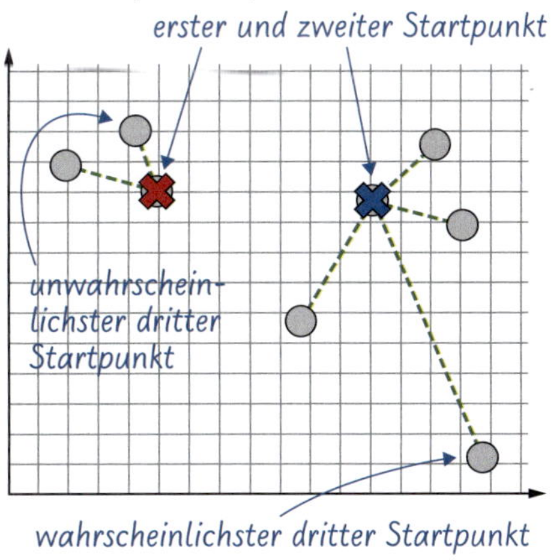

Abbildung 4

k-Means in Bibliotheken und mehreren Dimensionen

Der k-Means-Algorithmus kann wie in Kapitel 2.8 selbst implementiert werden. Bibliotheken bieten aber auch vorgefertigte Funktionen zur Durchführung des Clustering-Prozesses (Schritt 2 bis 5 aus dem vorherigen Kapitel). Diese unterstützen auch die Verarbeitung höherdimensionaler Daten, mit denen man es in der Praxis häufiger zu tun haben wird.

Bei Anwendung des k-Means-Algorithmus ist es wichtig, im Verarbeitungsprozess überproportionale Einflüsse einzelner Merkmale zu vermeiden und Ergebnisse kritisch zu bewerten. Wichtige Maßnahmen mit Einfluss auf das Ergebnis sind:

- das Vorbereiten der Daten unter anderem durch Normieren,
- die Initialisierung der Clustermittelpunkte mit einer möglichst zufälligen Verteilung
- und die Bestimmung der besten Wahl für den Parameter k, z. B. durch die **Ellbogenmethode** oder durch die Berechnung der **Silhouettenkoeffizienten.**

Viele Werkzeuge stellen fertige Implementierungen des k-Means-Algorithmus bereit.

Aufgaben

1 k-Means anwenden

Wenden Sie k-Means auf einen der gegebenen Datensätze an. Gehen Sie wie folgt vor:

- Verschaffen Sie sich einen Überblick über den Datensatz.
- Bereiten Sie die Daten vor, indem Sie diese von unvollständigen Datensätzen bereinigen und ggf. normalisieren.
- Wenden Sie k-Means auf die gegebene Problemstellung an und bestimmen Sie mit der Ellbogen-Methode oder durch Berechnung der Silhouettenkoeffizienten die optimale Zahl an Clusterzentren.
- Interpretieren und beschreiben Sie die resultierenden Cluster, indem Sie diese mit verschiedenen Plots visualisieren.

Mögliche Datensätze für Ihre Analysen sind unter anderem:

A: Zoo-Datensatz aus dem UCI ML Repository: Dieser enthält Informationen über verschiedene Tiere und ihre Eigenschaften.

B: Telco Customer Churn: Dieser Datensatz enthält Kundendaten eines Telekommunikationsanbieters.

C: MNIST-Datensatz: Dabei handelt es sich um eine Sammlung von Bildern handgeschriebener Ziffern, wobei jedes Bild aus 28 × 28 Pixeln besteht und in Graustufen gespeichert ist.

2 Richtig oder falsch?

Entscheiden Sie, ob die folgenden Aussagen richtig oder falsch sind. Korrigieren Sie falsche Aussagen.

a Das Normieren ist Voraussetzung, um den k-Means-Algorithmus ausführen zu können.

b Die Berechnung der Silhouettenkoeffizienten liefert immer die optimale Clusteranzahl.

c Eine zufällige Initialisierung der Startpunkte führt immer zu einem guten Ergebnis.

d Bei der Ellbogenmethode sucht man nach einem „Ellenbogenpunkt“, an dem sich die Abnahme der Summe der quadrierten Abweichungen verlangsamt.

e Trotz geeigneter Werkzeuge ist die Anwendung des k-Means-Algorithmus bei Daten mit mehr als 10 Dimensionen (Merkmalen) schwierig.

3 Startpunkte bei k-Means++ wählen

Im rechts abgebildeten Beispiel soll k-Means++ mit k = 3 durchgeführt werden. Der erste Start-punkt ist bereits festgelegt. Bestimmen Sie nach dem im Lehrtext genannten Vorgehen die verbleibenden zwei Startpunkte. Nutzen Sie das Tabellenkalkulationsdokument aus dem Downloadangebot, um die notwendigen Berechnungen durchzuführen. Dazu müssen zunächst von jedem Datenpunkt $x = (x_1, x_2)$ die quadratischen Entfernungen d zu dem nächsten bereits ausgewählten Clusterzentrum $C_j = (c_{j1}, c_{j2})$ (hier mit dem euklidischen Abstand) bestimmt werden:

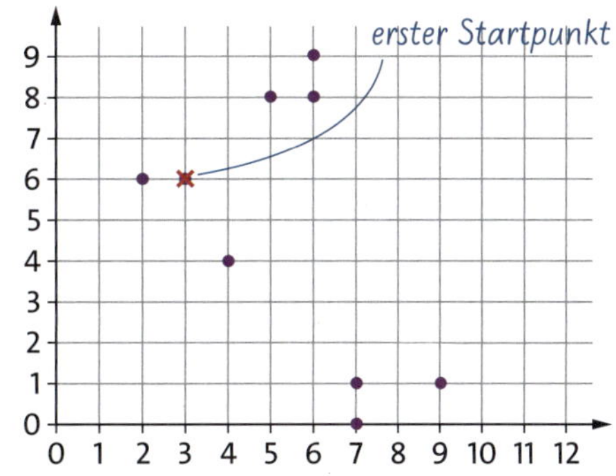

Abbildung 5

$$d(x, C_j)^2 = \left(\sqrt{(c_{j1} - x_1)^2 + (c_{j2} - x_2)^2}\right)^2 = (c_{j1} - x_1)^2 + (c_{j2} - x_2)^2$$

Anschließend ergibt sich die Wahrscheinlichkeit P(x), x als nächsten Startpunkt auszuwählen, durch $P(x) = \frac{d(x, C_j)^2}{\sum_a d(a, C_j)^2}$, wobei der Nenner die Summe aller quadrierten Abstände darstellt. Um den nächsten Startpunkt zufällig anhand von P(x) zu wählen, kann z. B. eine Zufallszahl generiert werden.

4 Dokumente mit k-Means clustern

Mit dem k-Means-Algorithmus lassen sich nicht nur tabellarisch vorliegende Datensätze klassifizieren, sondern beispielsweise auch Texte clustern. Dafür wird bereits eine Liste von Texten zur Verfügung gestellt. Ein ebenfalls zur Verfügung gestelltes sog. Word2Vec-Modell wandelt zunächst jedes Wort einer Zeitungsmeldung in einen Vektor um, ehe der Mittelwert dieser Vektoren gebildet wird. Wenden Sie den k-Means-Algorithmus an und nutzen Sie den Silhouettenkoeffizienten, um die optimale Clusteranzahl zu bestimmen. Erklären Sie, wie die Clusterung der Texte in der realen Welt nützlich sein kann und wie Unternehmen oder Organisationen davon profitieren können.

5 Unterschiedliche Clusterformen

In Abbildung 6 sind verschiedene Clusterformen zu sehen. Öffnen Sie die Vorlage und wenden Sie den k-Means-Algorithmus mit passendem k auf die gegebenen Datensätze an. Bestimmen Sie k durch eine im Lehrtext genannte Methode (Silhouettenkoeffizient oder Ellbogenmethode). Analysieren Sie, für welche der Clusterformen sich k-Means besser und für welche sich k-Means eher nicht eignet. Geben Sie außerdem weitere Beispiele für Datensätze an, die sich gut bzw. weniger gut für k-Means eignen. Prüfen Sie Ihre Thesen geeignet, z.B. durch Ausprobieren mehrerer solcher Beispiele.

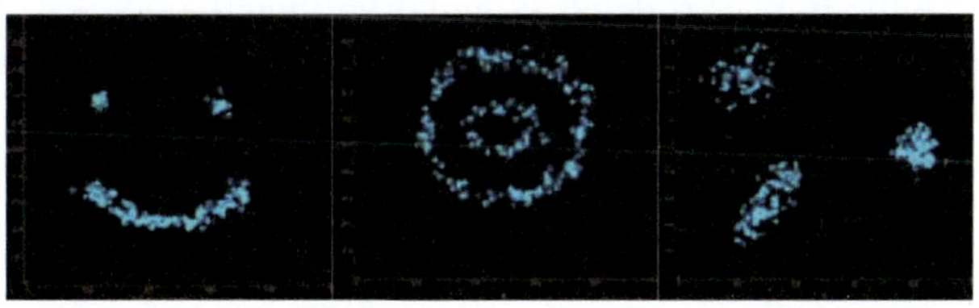
Abbildung 6

6 Forschungsauftrag: Das weite Feld der Clusteringalgorithmen

Recherchieren Sie andere Clusteringalgorithmen (z.B. DBScan oder k-Medoids) und stellen Sie diese in einem kurzen Referat vor. Wenn von Ihrem Programm bzw. Programmiersystem unterstützt, vergleichen Sie das Ergebnis Ihres gewählten Clusteringalgorithmus mit k-Means bei Anwendung auf die Datensätze aus Aufgabe 5.

1.10 Datenbasierter Ansatz 3: Verstärkendes Lernen

Bei einer Variante des Nim-Spiels treten zwei Personen gegeneinander an. Zu Beginn liegen zehn Gegenstände in der Mitte (z. B. Stifte, Münzen). Abwechselnd darf jede Person ein, zwei oder drei Gegenstände wegnehmen. Verloren hat, wer den letzten Gegenstand nimmt.

a Spielen Sie zunächst zwei Runden, um ein Gefühl für die Regeln zu bekommen.

b Führen Sie die Vorbereitungen aus der Vorlage für die Entwicklung eines KI-Systems aus.

c Spielen Sie zu zweit gegen das System. Lassen Sie das KI-System starten. Wenn sie an der Reihe ist, werden die Gegenstände in der Mitte gezählt. Vom Haufen, der mit dieser Anzahl markiert ist, wird ein zufälliger Zettel gezogen. Die Zahl auf dem Zettel gibt an, wie viele Gegenstände das KI-System nimmt. Der Zettel wird anschließend offen neben den Haufen gelegt. Hat das System gewonnen, werden alle Zettel wieder gefaltet auf ihre Haufen gelegt. Haben Sie gewonnen, wird der Zettel des letzten Spielzugs weggeworfen, die übrigen wieder zurückgelegt. War der Zettel des letzten Spielzugs der letzte des Haufens, wird er zurückgelegt und der vorletzte kommt weg. Auf jedem Haufen muss ein Zettel sein.

d Spielen Sie solange, bis auf jedem Haufen nur noch ein Zettel liegt. Wenn Sie das System richtig trainiert haben, sollten Sie nicht mehr gewinnen können, wenn die KI startet. Testen Sie, wie das KI-System sich verhält, wenn Sie starten.

e Sie haben das System mit dem Ansatz des verstärkenden Lernens trainiert. Erklären Sie begründet, ob das KI-System mit Belohnung oder Bestrafung gelernt hat.

Abbildung 1

→ L1

Eine Geothermieanlage versorgt die Heizungen einer Stadt mit Fernwärme. Zur Energieerzeugung wird heißes Wasser aus tiefen Erdschichten nach oben gepumpt, um ihm Wärme zu entziehen. Je nach Jahreszeit, Wochentag und Uhrzeit wird unterschiedlich viel Heizleistung benötigt. Damit nicht unnötig viel Wasser gefördert wird, soll die Anlage auf den Bedarf der Stadt hin optimiert werden. Der aktuelle **Zustand** des Systems wird durch das Datum mit Uhrzeit sowie die momentan erzeugte Wärmemenge beschrieben. In jeder Stunde erfasst das System (hier auch **Agent** genannt) den Zustand. Dann wird eine von drei **Aktionen** ausgewählt und durchgeführt: geförderte Wassermenge erhöhen, verringern oder beibehalten. Die so erzeugte Wärmemenge wird mit der tatsächlich benötigten Menge verglichen. Hat sich die erzeugte Energie in Richtung des gewünschten Werts verändert, erhält der Agent eine **Belohnung**. Die Belohnung kann umso größer gewählt werden, je näher die erzeugte Energiemenge am Bedarfswert liegt. Auch ein negativer Wert der Belohnung (d. h. eine **Bestrafung**) ist möglich. Am Anfang erfolgt die Wahl der Aktion zufällig. Durch die Belohnung kristallisiert sich jedoch für jeden Zustand allmählich eine optimale Aktion heraus. Das System lernt nach dem Prinzip Versuch und Irrtum bestimmte Verhaltensmuster und passt nach jeder erhaltenen Belohnung/Bestrafung seine **Strategie** an. Diese wird in einem **Modell** gespeichert, das fortlaufend aktualisiert wird.
Neben Optimierungsaufgaben kann verstärkendes Lernen (reinforcement learning) für Steuerungsaufgaben (beispielsweise Roboter), beim Lernen von Spielebots oder z.B. zur Verbesserung von Sprachmodellen durch menschliches Feedback eingesetzt werden.

Das **verstärkende Lernen (reinforcement learning)** ist ein datenbasierter Ansatz der Künstlichen Intelligenz. Dabei lernt das System (der **Agent**) in Interaktion mit seiner Umwelt durch wiederholte **Belohnung** oder **Bestrafung** die Erfolgsaussichten seiner **Aktionen** besser einzuschätzen. Dadurch kann er sein **Modell** anpassen und seine **Strategie** optimieren.
Verstärkendes Lernen wird unter anderem beim Lernen von Spielen, Robotersteuerungen und Optimierungsaufgaben eingesetzt.

Aufgaben

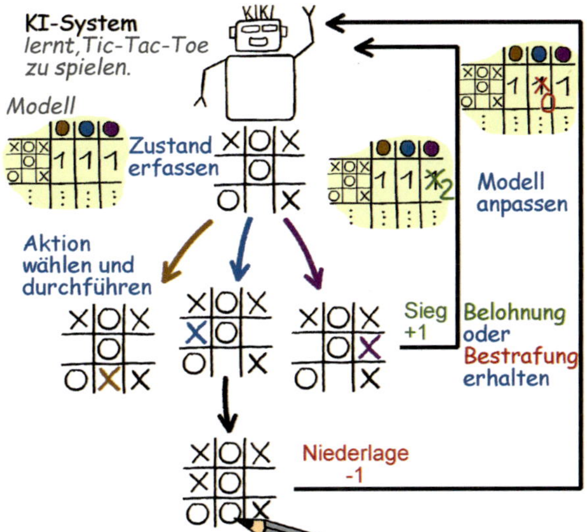

Abbildung 2

1 Spielebot für Tic Tac Toe

a Erklären Sie sich gegenseitig, wie der Spielebot rechts mit verstärkendem Lernen trainiert wird.

b Erläutern Sie, an welcher Stelle der Bot zufällig eine Aktion auswählt.

c Zeichnen Sie das Modell für den Startzustand bei der Einstiegsaufgabe.

2 Der Name ist Programm

a Erklären Sie, warum der in diesem Kapitel vorgestellte Ansatz verstärkendes Lernen genannt wird. Geben Sie dazu an, was und wie verstärkt bzw. gelernt wird.

b Vereinzelt findet man auch den Namen bestärkendes Lernen. Begründen Sie an einem Beispiel, warum **be**stärken den Ansatz nicht vollständig wiedergibt.

3 Verstärkendes Lernen vs. überwachtes und unüberwachtes Lernen

a Im Gegensatz zum überwachten und unüberwachten Lernen werden beim verstärkenden Lernen keine großen Datenmengen im Vorfeld benötigt. Erklären Sie, warum das verstärkende Lernen dennoch ein datenbasierter Ansatz ist. Beschreiben Sie dazu allgemein, welche Art Daten zu welchem Zeitpunkt benötigt werden.

b Geben Sie begründet ein Beispielproblem an, für das verstärkendes Lernen nicht eingesetzt werden kann, wohl aber überwachtes oder unüberwachtes Lernen.

4 Verstärkendes Lernen selbst implementieren (aus SnAIp)

In einem Computerspiel muss ein Affe über anrollende Fässer springen. In dieser Aufgabe programmieren Sie den Affen als Agenten, der diese Aufgabe selbstständig lernt.

a Die Vorlage enthält alle relevanten Blöcke, diese müssen aber noch passend verbunden werden. Orientieren Sie sich an Abbildung 1 und fügen Sie die Blöcke richtig zusammen.

b Das Gelernte wird in einer Tabelle gespeichert. Inspizieren Sie diese mithilfe des gegebenen Blocks. Beschreiben Sie, wie sich die Werte während des Trainings verändern.

c Übertragen Sie die Idee auf das Spiel Pong (s. Vorlage) und spielen Sie gegen Ihre KI.

d Für Schnelle: Informieren Sie sich, wie das Q-Learning funktioniert, und setzen Sie es um, indem Sie einen selbstlernenden Agenten in einem einfachen Computerspiel in der Programmiersprache Ihrer Wahl implementieren.

5 Verstärkendes Lernen mit neuronalen Netzen

a Ein Agent soll das Spielen eines Sportsimulationsspiels selbstständig lernen. Da die Zustände hier sehr komplex sind, sollen neuronale Netze für das verstärkende Lernen eingesetzt werden. Gehen Sie davon aus, dass Pixelwerte für die Beschreibung des Zustands verwendet werden. Geben Sie die Anzahl der Neuronen in der Eingabeschicht an, falls die Bilder 1024 × 600 Pixel haben.

b Gehen Sie vereinfachend davon aus, dass es vier Aktionen gibt (Links- oder Rechtsdrehen, Laufen, Werfen). Geben Sie die Anzahl der Neuronen in der Ausgabeschicht an.

c Erklären Sie, wie das neuronale Netz hier lernt. Geben Sie dazu an, wie der Fehler der Ausgabe bestimmt werden kann, und denken Sie an das Prinzip der Fehlerrückführung.

1.11 Datenbasierte KI-Systeme: Das Training vorbereiten

In einer Süßwarenfabrik werden gemischte Tüten aus Lakritz und Fruchtgummi verpackt. Mithilfe eines KI-Systems soll in Echtzeit verifiziert werden, dass ungefähr gleich viel Lakritz und Fruchtgummi in einer Packung ist, während diese in hoher Geschwindigkeit in die Tüten fallen. Eine High-Speed-Kamera nimmt in dieser Phase Bilder der einzelnen Süßigkeiten auf. Für ein überwacht trainiertes Modell zur Unterscheidung von Lakritz und Fruchtgummi haben Tatjana, Franz und Ekaterina jeweils eine Datenbasis zusammengestellt. Entscheiden Sie begründet, welche Datenbasis Sie für das Training verwenden würden.

Das Training ist bei datenbasierten KI-Systemen nur ein Teil der zu erledigenden Aufgaben. Neben der adäquaten Vorbereitung gehören auch Aspekte wie die kontinuierliche Überwachung des Modells dazu. Der Fokus in diesem und nächsten Kapitel liegt auf dem überwachten Lernen.

Daten sammeln

→ 1.6

Die Qualität der verwendeten Daten hat einen großen Einfluss darauf, wie gut ein Modell werden kann. Je nach Projekt müssen passende Daten entweder **gesammelt** und eventuell von Laien oder Experten **gelabelt** (annotiert) werden. Vielleicht existieren auch schon Daten, die etwa aus öffentlichen Repositories (unter Beachtung der Lizenz!) bezogen werden können.

Daten aufbereiten: Feature Engineering

Ein wichtiger Schritt bei jedem Projekt im Bereich maschinelles Lernen ist die Aufbereitung der Daten. Diese enthalten in der Praxis oft Fehler oder sind lückenhaft, z. B. durch Falschangaben von Kunden oder Ausfälle von Sensoren. Im Rahmen einer **Datenbereinigung** sollten sie daher geeignet korrigiert (z. B. mit dem Medianwert) oder entfernt werden. Anschließend werden im Rahmen des →**Feature Engineering** Merkmale aus den Rohdaten abgeleitet, die als Eingaben für den Trainingsprozess dienen:

→ engl. feature: Merkmal

1. Im Rahmen der **Merkmalstransformation** werden Daten so umgewandelt, dass sie für die Analyse nützlicher sind. Dabei können Daten u. a. normiert oder in Gruppen eingeteilt werden (z. B. Alter in Gruppen „0–18 Jahre", „19–29 Jahre", usw.).
2. Bei der **Merkmalsbündelung** werden aus bestehenden Merkmalen neue abgeleitet. Dabei kann u. a. das Zusammenspiel mehrerer Merkmale hervorgehoben werden, indem sie zu einem neuen Merkmal kombiniert werden (z. B. Preis pro m² für Immobilien aus Preis und Fläche).
3. Um die Komplexität zu reduzieren und bessere Ergebnisse zu ermöglichen, kann es helfen, im Rahmen einer **Merkmalsauswahl** nur die vermutlich relevantesten Merkmale für das konkrete Ziel auszuwählen (z. B. Alter und Einkommen, aber nicht den Namen eines Kunden).
4. Bei vielen Lernverfahren müssen Texte oder andere Daten, die in nicht numerischer Form vorliegen (z. B. ‚Schwaben', ‚Oberpfalz' und ‚Mittelfranken') in Zahlenwerte umgewandelt werden. Diese **Merkmalscodierung** kann u. a. mittels One-Hot-Encoding erfolgen. Hier wird für jede Merkmalsausprägung (z. B. ‚Schwaben') ein eigenes Merkmal erzeugt, wobei eine 1 das Vorhandensein dieses Merkmals angibt.

Beim k-Means-Algorithmus (Kapitel 2.8) haben Sie gesehen, dass es hilfreich ist, wenn Daten normiert werden. Sonst haben einzelne Merkmale schnell einen überproportionalen Einfluss.

Bei der Datenaufbereitung werden also verschiedenste Techniken angewendet, um die Qualität und Aussagekraft der Daten zu erhöhen, was essenziell ist, um robuste und effiziente Modelle im Bereich des maschinellen Lernens zu trainieren.

	Fläche	Bezirk	Schülerzahl	...
1	9994	Schwaben	28112	...
2	17529	Oberbayern	116670	...
3	7246	Mittelfranken	88163	...
4	9692	Mittelfranken	14133	...
...	...	...	...	...

Ableitung von Merkmalen für das Training aus Rohdaten

	Schwaben	Oberbayern	Mittelfranken	Schülerzahl	...
1	1	0	0	0,24	...
2	0	1	0	1	...
3	0	0	1	0,76	...
4	0	0	1	0,12	...
...	...	...	...	...	...

Durch One-Hot-Encoding entsteht eine Spalte pro Merkmalsausprägung.

Die Auswahl bestehender und die Erstellung neuer (relevanterer) Merkmale kann die Modellleistung verbessern, Overfitting (Überanpassung) reduzieren, für effizienteres Training sorgen und auch die Interpretierbarkeit des Modells erhöhen.

Die Qualität und Aufbereitung von Daten sind entscheidend für den **Erfolg des maschinellen Lernens**. Wichtige Schritte umfassen das **Sammeln** (und eventuelle **Labeln**) von Daten sowie das **Feature Engineering**, bei dem die Rohdaten bereinigt und transformiert werden, ehe Merkmale gebündelt, ausgewählt und codiert werden können.

Aufgaben

1 Öffentliche Datenrepositorys

Bei öffentlichen Datenrepositorys handelt es sich um Onlinedatenbanken, die eine Vielzahl von Datensätzen für Forschungs- und Entwicklungszwecke bereitstellen und so die KI-Entwicklung maßgeblich fördern. Im Downloadangebot finden Sie Links zu bekannten öffentlichen Datenrepositorys, die für maschinelles Lernen verwendet werden.

a Nutzen Sie diese Repositorys, um Daten für folgende Aufgaben zu finden:
- Erkennung von Tumoren in medizinischen Bildern
- Empfehlungssystem für Filme oder Musik
- Erkennung von Phishing-Websites

b Diskutieren Sie mögliche ethische und rechtliche Aspekte der Verwendung öffentlicher Daten für maschinelles Lernen. Berücksichtigen Sie dabei Themen wie Datenschutz, Einwilligung zur Datennutzung und die Gefahr von Verzerrungen (Bias).

c Für Schnelle: Recherchieren Sie weitere öffentliche Datenrepositorys, die für maschinelles Lernen verwendet werden. Beschreiben Sie kurz, welche Datenformate dort verfügbar sind und für welche Art von maschinellem Lernen sie typischerweise verwendet werden.

2 Richtig oder falsch?

Entscheiden Sie zu jeder Aussage, ob sie richtig oder falsch ist. Berichtigen Sie falsche Aussagen und geben Sie für richtige Aussagen ein Beispiel an.

a Es gibt Verfahren, die nur mit numerischen Eingaben arbeiten (z. B. neuronale Netze). Daher müssen anderweitig vorliegende Merkmale (z. B. kategoriale Merkmale) zunächst in Zahlen umgewandelt werden.

b Es können mehrere Merkmale zu einem neuen Merkmal kombiniert werden, z. B., indem man das Produkt oder die Summe zweier numerischer Merkmale bildet.

c Es sollten stets alle in den Daten vorhandenen Merkmale als Eingabe für das Training bei maschinellem Lernen verwendet werden.

d Das Normieren von Daten ist nur bei überwachtem Lernen relevant.

3 Datenerfassung in der Praxis

Erläutern Sie für die folgenden Fragestellungen, welche Merkmale in Ihren Augen für eine erfolgreiche Klassifikation besonders relevant sind und wie Sie diese Daten in der Praxis erheben könnten.

a Soll ein Fluggast eine besonders detaillierte Sicherheitskontrolle durchlaufen?
b Wird ein Zug seinen Endbahnhof mit mehr als 60 min Verspätung erreichen?
c Wird ein Internetvideo mehr als eine Million Aufrufe erreichen?

4 Feature Engineering: Kündigungswillige Kunden erkennen (Teil 1)

Im Bereich der Telekommunikation können Kunden aus einer Vielzahl von Anbietern wählen. Da die Neukundenakquise mit hohen Kosten verbunden ist, ist es für Anbieter wichtig, Kunden möglichst lange zu halten. Daher ist es für diese Firmen zentral zu verstehen, warum Kunden kündigen. Öffnen Sie die gegebene Datenbasis, die Kundeninformationen eines Telekommunikationsanbieters enthält. Die Daten sollen verwendet werden, um ein Modell zu trainieren, das kündigungswillige Kunden vorhersagt. Sie können das Training der Modelle mit der Programmvorlage unter Einbeziehung Ihrer Merkmale durchführen.

a Verschaffen Sie sich einen Überblick über die Daten. Entfernen Sie Zeilen mit fehlenden Werten. Transformieren Sie dann das Merkmal *tenure* („Kunde seit" in Monaten), indem Sie eine Gruppeneinteilung vornehmen. Entscheiden Sie sich selbst für sinnvolle Größen dieser Gruppen.

b Bündeln Sie die Merkmale *tenure* und *contract* in einem neuen Merkmal, das die Monate, die ein Kunde bereits seinen Vertrag nutzt, ins Verhältnis mit der ursprünglich abgeschlossenen Vertragslaufzeit setzt.

c Entscheiden Sie sich basierend auf Ihrem ersten Überblick über die Daten dafür, welche Merkmale Sie für das Training eines ersten Modells heranziehen würden. Begründen Sie Ihre Entscheidung.

5 Feature Engineering: Spamnachrichten erkennen (Teil 1)

Gegeben ist eine Datenbasis bestehend aus verschiedenen kurzen Nachrichtentexten, den Dokumenten. Daraus soll ein Modell trainiert werden, das Spamnachrichten erkennt.

a Verschaffen Sie sich einen Überblick über die Daten. Bereiten Sie diese zunächst auf, indem Sie Großbuchstaben zu Kleinbuchstaben transformieren sowie →Stoppwörter und Satzzeichen entfernen. Extrahieren Sie anschließend aus den vorverarbeiteten Texten die Merkmale „Gesamtanzahl der Wörter" und „durchschnittliche Wortlänge".

→ Stoppwörter: Wörter, die für die Sprachverarbeitung nicht relevant sind (z. B. der/die/das)

b Erstellen Sie ein Bag-of-Words-Modell, das die Häufigkeit jedes Wortes in jedem Dokument dokumentiert. Dieses Modell kann dann als Methode zur Merkmalsextraktion verwendet werden. Hierbei wird für jedes Dokument ein Vektor erstellt, der die Häufigkeit jedes Wortes angibt oder auch nur, ob das Wort vorkommt (1) oder nicht (0).

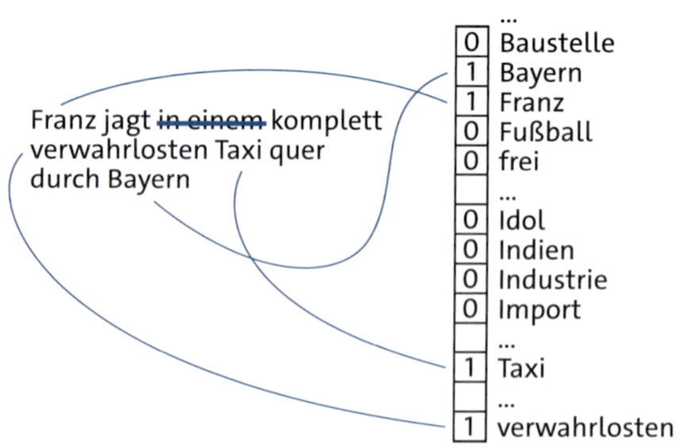

Abbildung 1

Es gibt natürlich noch viele weitere Möglichkeiten, Text für maschinelles Lernen vorzubereiten. Experimentieren Sie gerne in Orange oder Python.

c Entwickeln Sie nun ein TF-IDF (Term Frequency-Inverse Document Frequency)-Modell. TF-IDF bewertet die Wichtigkeit von Wörtern im Kontext des gesamten Dokuments, indem die Häufigkeit eines Wortes im Dokument (TF) mit der umgekehrten Dokumenthäufigkeit desselben Wortes in der gesamten Datenbasis (IDF) multipliziert. Da die Bedeutung eines Wortes nicht linear mit seiner Auftretenshäufigkeit wächst, wird anschließend der Logarithmus angewendet. Dieser sorgt dafür, dass die Zunahme der IDF-Werte mit zunehmender Dokumentenanzahl abnimmt.
Kommt beispielsweise in einer Nachricht mit 13 Wörtern zweimal das Wort „kaufen" vor, ist $TF = \frac{2}{13}$. Kommt das Wort außerdem in 42 der 300 Dokumente vor, ergibt sich folgende Inverse Document Frequency: $IDF = \log_{10}\left(\frac{300}{42}\right)$. Damit ergibt sich insgesamt eine TF-IDF für das Wort „kaufen" in diesem Dokument von $\frac{2}{13} \cdot \log_{10}\left(\frac{300}{42}\right) \approx 0{,}13$. In einem zweiten Dokument kommt das Wort viermal unter 72 Wörtern vor, woraus sich ein TF-IDF-Score von ca. 0,047 ergibt. Das Wort „kaufen" hat in Dokument 1 also eine höhere Relevanz als in Dokument 2.
Das Modell dient damit ebenfalls als eine Methode zur Merkmalsextraktion. Diskutieren Sie mögliche Vorteile von TF-IDF gegenüber Bag-of-Words-Modellen.

6 Daten erheben: Eigenes Projekt (Teil 1)
Ziel dieser Aufgabe ist es, ein eigenes Projekt umzusetzen. Entscheiden Sie sich für ein Ziel, das Sie mit Ihrem Modell erreichen wollen. Ihr Modell könnte etwa zur Klassifikation unterschiedlicher Müllarten verwendet werden, um Menschen bei der Mülltrennung zu helfen.

a Nachdem Sie sich für ein Projekt entschieden haben, diskutieren Sie, welche Arten von Daten Sie benötigen und ob Sie diese aus öffentlichen Repositorien beziehen, automatisiert erheben (z. B. durch Webcrawler) oder selbst sammeln wollen. Sollten Sie die Daten selbst erheben wollen, legen Sie Kriterien fest, die erhobene Daten erfüllen müssen. Im Falle der Müllartenerkennung wären z. B. genaue Angaben über die Anzahl der Objekte im Bild oder die Positionierung im Bild hilfreiche Kriterien.

b Finden und identifizieren Sie passende Datensätze bzw. sammeln Sie geeignete Daten (z. B. Fotos unterschiedlicher Abfallarten aus Ihrem Haushalt oder im Schulgebäude im Falle des Systems zur Mülltrennung).

c Nutzen Sie die Schritte zur Vorverarbeitung und bereiten Sie die gesammelten Daten geeignet auf. Je nach Daten entfernen Sie Duplikate oder ergänzen bzw. löschen unvollständige Daten, treffen eine erste Auswahl, welche Merkmale hilfreich sein könnten, Ihr Ziel zu erreichen, etc. Tipps dazu finden Sie im Downloadangebot.

1.12 Datenbasierte KI-Systeme: Ein Modell bewerten

Ein Modell wurde darauf trainiert, zu erkennen, ob ein Bild Lakritz oder ein Fruchtgummi zeigt. Bevor es produktiv eingesetzt wird, wird es einem Test unterzogen. Dabei hat das Modell von 48 Lakritz tatsächlich 41 Lakritz richtig vorhergesagt, jedoch 7 fälschlicherweise als Fruchtgummi klassifiziert. Bei den Fruchtgummis wurden 49 richtig als Fruchtgummi vorhergesagt, auf 3 der Bilder, die eigentlich Fruchtgummis zeigen, wurden jedoch Lakritz erkannt.

a Bestimmen Sie, welcher Anteil der Bilder korrekt klassifiziert wurde, und beurteilen Sie die Nützlichkeit dieses Modells für seinen Einsatzzweck, wenn damit eine ausgeglichene Füllung einer Süßwarentüte erreicht werden soll.

Ein anderes Modell soll für eine gegebene Person entscheiden, ob diese an einer hochansteckenden Infektionskrankheit erkrankt ist oder nicht. In den Testdaten sind von insgesamt 12 kranken Personen 3 richtig als krank klassifiziert, 9 als gesund. Zudem wurden alle 988 gesunden Personen richtig als gesund klassifiziert.

b Matti sagt: „Das Modell liegt in 99% der Fälle richtig. Es sollte deshalb zur Erkennung dieser Infektionskrankheit eingesetzt werden". Diskutieren Sie diese Aussage und entscheiden Sie, ob Matti recht hat.

Aufteilen in Training- und Testdaten

Um trainierte Modelle sinnvoll bewerten zu können, müssen die zur Verfügung stehenden Daten zunächst aufgeteilt werden. Die Trainingsdaten werden verwendet, um das Modell zu trainieren und seine Parameter anzupassen. Die Testdaten hingegen bleiben während des Trainings unberührt und werden erst nach dessen Abschluss verwendet, um die Leistung des Modells zu bewerten. Dies soll gewährleisten, dass das Modell auch bei unbekannten Daten gut funktioniert. Eine übliche Aufteilung von Trainings- und Testdaten ist 80 % zu 20 %.

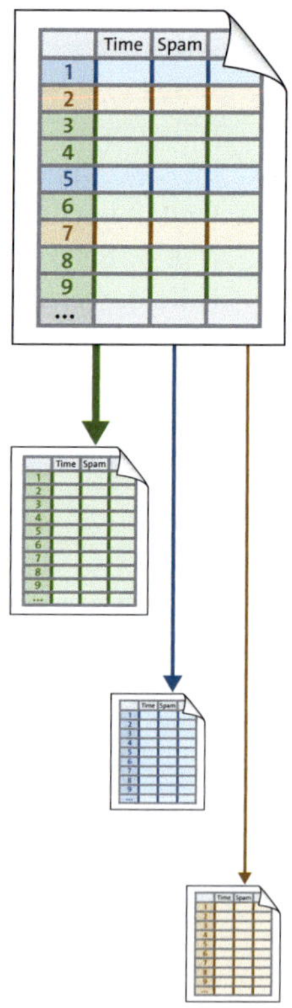

Abbildung 1

Aufteilen in Training-, Test- und Validierungsdaten

Beim Training von Modellen werden die Daten oft nicht nur in zwei, sondern sogar drei Teilmengen aufgeteilt: **Trainings-**, **Validierungs-** und **Testdaten**. Während die Trainingsdaten für den Trainingsprozess verwendet werden, dienen die Validierungsdaten dazu, die besten Hyperparameterwerte zu finden. Damit wird das Modell jedoch auch (unbewusst) an die Validierungsdaten angepasst, weshalb zusätzlich Testdaten für eine unvoreingenommene Bewertung des Modells zurückgehalten werden. Üblich ist hier eine Aufteilung von Trainings-, Test- und Validierungsdaten in 70 % : 20 % : 10%.

Kreuzvalidierung

Bei der Kreuzvalidierung wird die Datenbasis (ohne Testdaten) in mehrere kleinere Teilmengen aufgeteilt. Das Modell wird dann mehrmals trainiert, wobei jeweils eine andere Teilmenge zur Validierung verwendet wird, während die übrigen Teilmengen für das Training verwendet werden. Die Testdaten bleiben während dieses Prozesses unberührt und werden erst nach Abschluss der Kreuzvalidierung und erfolgter Modellauswahl für die finale Bewertung des Modells herangezogen.

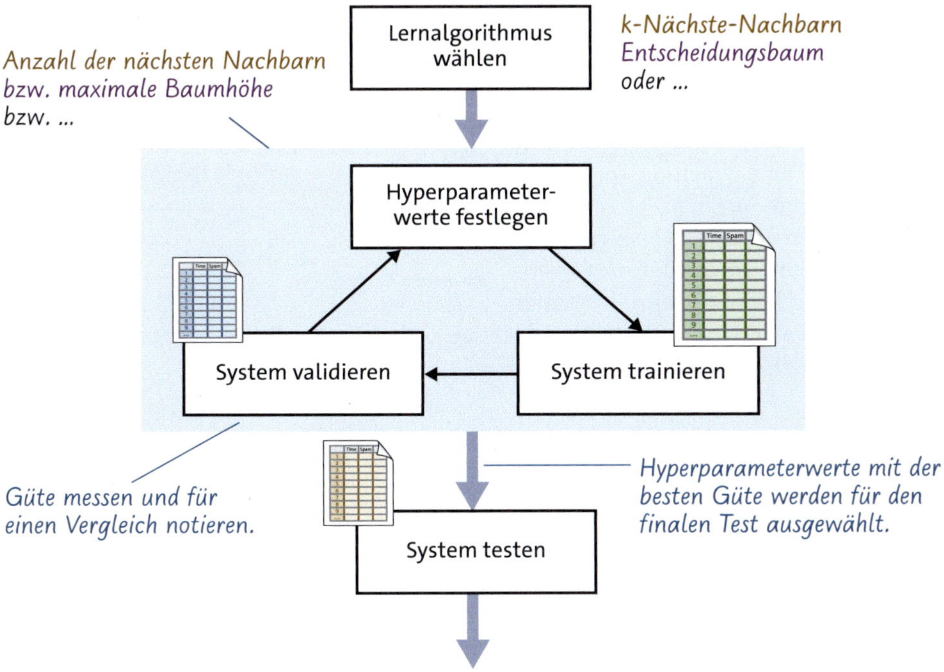

Abbildung 2

Metriken

Um die Güte eines mithilfe überwachten Lernens trainierten Modells bestimmen zu können, wird das Modell auf die Testdaten angewendet und die vom Modell vorhergesagten mit den tatsächlichen Labels verglichen. Dafür stehen verschiedene sog. **Metriken** zur Verfügung. Hierbei handelt es sich um Methoden, die die Güte des Modells mit einer Zahl beschreiben.

Klassifikation: Genauigkeit, Präzision und Sensitivität

Unterscheidet man nur zwei Labels (binäre Klassifikation), so lassen sich die Ergebnisse der Klassifikation auf eine gegebene Datenmenge anhand der Konfusionsmatrix (siehe Abbildung 3) darstellen.
Im Falle der binären Klassifikation lässt sich die Güte des Modells u. a. mit den Metriken Genauigkeit, Präzision, Trefferquote und F_1-Score bestimmen.

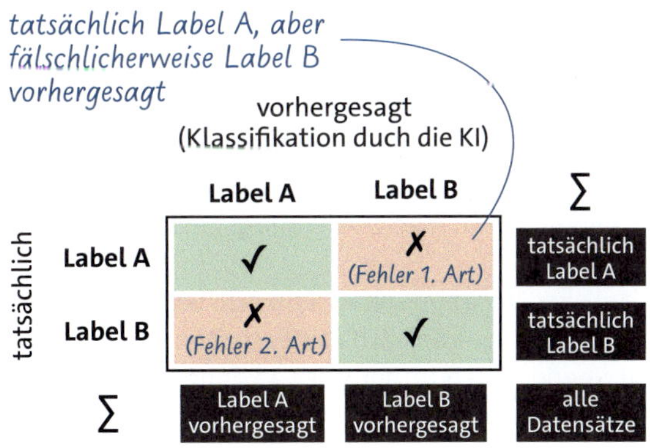

Abbildung 3

- Die **Genauigkeit (accuracy)** gibt an, welcher Anteil aller Datensätze korrekt klassifiziert wurde:

$$\text{accuracy} = \frac{\text{Anzahl aller korrekt vorhergesagten Datensätze}}{\text{Anzahl aller vorhergesagten Datensätze}}$$

- Die **Präzision (precision)** gibt an, wie gut (oder wie präzise) das Modell Label A erkennt:

$$\text{precision} = \frac{\text{Anzahl der mit Label A korrekt vorhergesagten Datensätze}}{\text{Anzahl aller mit Label A vorhergesagten Datensätze}}$$

- Die **Sensitivität (recall)** misst, welcher Anteil der Datensätze mit Label A auch richtig vorhergesagt wurde: $\text{recall} = \frac{\text{Anzahl der mit Label A korrekt vorhergesagten Datensätze}}{\text{Anzahl der tatsächlichen Label-A-Datensätze}}$

Rechts dargestellt ist die Konfusionsmatrix eines Modells zur Filterung von Spam, das E-Mails die Labels „Spam“ oder „kein Spam“ zuordnet. Mit den Ergebnissen auf 360 Test-E-Mails ergibt sich eine Genauigkeit (accuracy) von $\frac{80+210}{360} \approx 91\,\%$, eine Präzision (precision) von $\frac{80}{130} \approx 62\,\%$ und eine Sensitivität (recall) von $\frac{80}{100} = 80\,\%$. Von diesen drei Metriken eignet sich die Präzision am besten, um die Güte des Spamfilters beurteilen zu können, denn 38 % aller Spam-Einstufungen sind falsch. So könnten wichtige E-Mails (etwa die Zusage für einen Studienplatz) leicht übersehen werden.

		vorhergesagt		
		Spam	**kein Spam**	$\sum$
tatsächlich	**Spam**	80	20	100
	kein Spam	50	210	260
	$\sum$	130	230	360

Abbildung 4

F_1-Score

Auf die vorgestellten Metriken aufbauend bildet der F_1-Score das harmonische Mittel zwischen Präzision (precision) und Sensitivität (recall):

$$F_1 = \frac{2}{\frac{1}{\text{recall}} + \frac{1}{\text{precision}}} = \frac{2 \cdot \text{precision} \cdot \text{recall}}{\text{precision} + \text{recall}}$$

TP_A (True Positive) bezeichnet die Anzahl der richtig vorhergesagten Labels A, also das Feld links oben in der Konfusionmatrix, wenn dort nach A klassifiziert wird, FP_A (False Positive) bezeichnet die Anzahl der falsch mit A vorhergesagten Datensätze.

Er eignet sich z. B. dann, wenn ein Gleichgewicht zwischen Präzision und Sensitivität angestrebt wird, also wenn sowohl die Kosten von Fehlalarmen als auch die Kosten von übersehenen Defekten hoch sind (z. B. bei medizinischen Anwendungen, bei denen ein Fehlalarm zu Angst und unnötigen invasiven Behandlungen führen kann, eine nicht identifizierte Erkrankung jedoch eine Verschlechterung des Gesundheitszustands nach sich führt).

Mehrklassen-Klassifikation

Unterscheidet man mehrere Labels (Mehrklassen-Klassifikation), lässt sich die Genauigkeit als Metrik direkt übertragen. Präzision, Sensitivität und F_1-Score können entweder für jedes Label einzeln berechnet oder über alle Label gemittelt werden, um eine einzige Zahl zu erhalten. Für die Durchschnittsbildung kann entweder das sogenannte Macro- bzw. Micro-Averaging genutzt werden:

- Macro-Averaging für recall mit n Labels $L_1, \ldots, L_n$: $\frac{\text{recall}_{L_1} + \ldots + \text{recall}_{L_n}}{n}$
- Micro-Averaging für precision mit n Labels $L_1, \ldots, L_n$: $\frac{TP_{L_1} + \ldots + TP_{L_n}}{TP_{L_1} + FP_{L_1} + \ldots + TP_{L_n} + FP_{L_n}}$

Im Vergleich zu Macro-Averaging gewichtet Micro-Averaging größere Klassen stärker.

Metriken bei unüberwachtem und verstärkendem Lernen

→ 1.9

Auch für die anderen datenbasierten Ansätze gibt es entsprechende Metriken. Im Bereich des unüberwachten Lernens etwa können Metriken wie der Silhouettenkoeffizient verwendet werden. Er ist ein Maß dafür, wie gut die Zuordnung der Punkte zu ihrem Cluster ist.
Beim verstärkenden Lernen erfassen Metriken wie die über einen definierten Zeitraum erhaltene Gesamtbelohnung, wie gut ein gelerntes Modell funktioniert – je höher die Belohnung, desto besser das Modell. Eine andere wichtige Kennzahl ist die Erfolgsrate. Sie gibt an, wie oft das Modell bestimmte Ziele erreicht. Die Anzahl notwendiger Schritte zur Zielerreichung ist eine Metrik, die wiederum auf die Effizienz der erlernten Strategie hinweist.

Baseline-Modell

Die Entwicklung von Modellen erfolgt oft iterativ. Dabei werden schrittweise neue Versionen trainiert, wobei sich die ausgewählten bzw. erzeugten Merkmale (siehe Feature Engineering) durchaus ändern können. Hilfreich ist hierbei ein **Baseline-Modell**. Dabei handelt es sich um ein einfaches Modell, das als Referenz für alle weiteren Modelle dient. Ein einfaches Baseline-Modell sagt z. B. zufällig ein Label oder stets das häufigste Label vorher. Im Falle der Einstiegsaufgabe b könnte ein Baseline-Modell etwa stets das Label „gesund" vorhersagen. Ein solches Modell hilft zu bewerten, ob zusätzliche Komplexität und Ressourceneinsatz zu einer signifikanten Verbesserung der Modellleistung führen. Es hilft auch zu verstehen, was bei einer gegebenen Problemstellung eine zufriedenstellende Güte darstellt. Ein nachfolgend trainiertes Modell sollte daher stets besser abschneiden als das Baseline-Modell.

Insgesamt sind Metriken ein wichtiges und hilfreiches Maß zur Bewertung der Leistungsfähigkeit eines Modells. Sie sind jedoch immer nur ein Maß für das, was mit dem Modell erreicht werden soll, können aber Probleme wie eine einseitige Datenauswahl nicht verhindern.

Metriken wie **Genauigkeit, Präzision, Sensitivität** oder **F_1-Score** helfen dabei, die Güte von Modellen zu bewerten. Welche Metrik das Mittel der Wahl ist, hängt dabei vom konkreten Problem ab. Ein **Baseline-Modell** ist ein einfaches Modell, das als Referenz für alle im Projekt entwickelten Modelle dient.

Aufgaben

1 Modellgüte eines Spam-Filters beurteilen

Betrachten Sie für die folgenden Teilaufgaben die rechts abgebildete Konfusionsmatrix zur Klassifikationsgenauigkeit eines Spamfilters.

		vorhergesagt	
		Spam	kein Spam
tatsächlich	Spam	810	185 *(Fehler 1. Art)*
	kein Spam	163 *(Fehler 2. Art)*	1212

gesamt: 2370 Datensätze

Abbildung 5

a Diskutieren Sie allgemein für das Anwendungsszenario eines Spamfilters, ob Fehler 1. Art oder 2. Art die Praxistauglichkeit des Systems gravierender beeinflussen.

b Bestimmen Sie die Metriken Genauigkeit, Präzision und Sensitivität basierend auf der Konfusionsmatrix.

c Erläutern Sie unter Bezugnahme auf die in der Matrix abgedruckten Beispielwerte, inwieweit Sie einen derartigen Spamfilter für praxistauglich halten, und beurteilen Sie, welche Metrik Ihre Einschätzung am besten abbildet.

d Legen Sie dar, inwieweit Ihre Antwort für Teilaufgabe c) anders ausfallen würde, wenn es sich nicht um einen Spamfilter, sondern

i um ein System zur Hautkrebserkennung oder

ii um ein Gesichtserkennungssystem zur Fahndung nach Terroristinnen und Terroristen mittels Videoüberwachung ginge,

und welche der drei genannten Metriken Sie am wahrscheinlichsten zu Rate ziehen würden.

2 Modellgüte eines Modells zur Feststellung von Diabetes mittels F_1-Score beurteilen
Betrachten Sie für die folgenden Teilaufgaben die unten abgebildeten Konfusionsmatrizen für ein Diagnosemodell, das basierend auf unterschiedlichen Gesundheitsdaten von Hochrisikopatienten die Label „Diabetes“ oder „kein Diabetes“ vergibt.

Modell 1		vorhergesagt: Diabetes	vorhergesagt: kein Diabetes
tatsächlich	Diabetes	103	22 *(Fehler 1. Art)*
	kein Diabetes	92 *(Fehler 2. Art)*	91

gesamt: 308 Datensätze

Modell 2		vorhergesagt: Diabetes	vorhergesagt: kein Diabetes
tatsächlich	Diabetes	47	71 *(Fehler 1. Art)*
	kein Diabetes	10 *(Fehler 2. Art)*	175

gesamt: 303 Datensätze

Abbildung 6

a Bestimmen Sie jeweils Präzision (precision) und Sensitivität (recall).
b Diskutieren Sie anschließend, in welchen medizinischen Anwendungsfällen eine hohe Sensitivität wichtiger als eine hohe Präzision sein könnte bzw. umgekehrt.
c Berechnen Sie nun ausgehend von Ihren Ergebnissen aus Teilaufgabe a) jeweils den F_1-Score und entscheiden Sie sich begründet für eines der Modelle, das Sie anschließend weiterentwickeln würden.

3 Richtig oder falsch?
Entscheiden Sie für jede Aussage, ob sie richtig oder falsch ist. Berichtigen Sie falsche Aussagen.
a Trainingsdaten dienen dazu, das Modell zu trainieren und seine Parameter anzupassen, während Testdaten erst nach dem Training zur Bewertung der Modellleistung genutzt werden.
b In der Praxis erfolgt meist eine Aufteilung in 50 % Trainingsdaten und 50 % Testdaten.
c Eine hohe Genauigkeit bedeutet, dass das Modell für alle vorgesehenen Zwecke gut funktioniert.
d Die Metrik Sensitivität ist kaum hilfreich, wenn ein Label sehr selten vorkommt.
e Ein Baseline-Modell im Maschinellen Lernen ist ein hochkomplexes Modell, das als Standard für alle weiteren Modelle dient.

4 Modell trainieren und bewerten: Kündigungswillige Kunden erkennen (Teil 2)
Diese Aufgabe baut auf Aufgabe 4 in Kapitel 2.11 auf. In dieser Aufgabe geht es nun um das eigentliche Training des Modells, das kündigungswillige Kunden vorhersagt.
a Entscheiden Sie sich für eine Metrik (z. B. Genauigkeit, Präzision, Recall, F_1-Score), die Sie im Folgenden optimieren möchten. Begründen Sie Ihre Entscheidung. Diskutieren Sie, bei welchen Werten der Metrik das Modell für einen Praxiseinsatz geeignet wäre.
b Teilen Sie Ihre Daten in Trainings- und Testdaten auf (optional können Sie Ihre Daten auch in Trainings-, Test- und Validierungsdaten aufteilen).
c Erstellen Sie ein einfaches Baseline-Modell, das stets das häufigere Label vorhersagt, und evaluieren Sie dieses mit Ihrer Metrik anhand der Testdaten.
d Wenden Sie zwei oder mehr Verfahren (z. B. Lernen eines Entscheidungsbaums/k-Nearest-Neighbour-Klassifikator/Neuronales Netz) an. Notieren Sie die initiale Leistung des Modells auf den Testdaten. Verbessern Sie iterativ Ihr Modell, indem Sie Hyperparameter verändern und Merkmale hinzufügen oder entfernen. Dokumentieren Sie, wie sich die Veränderungen auf die Modellleistung auswirken.

5 Modell trainieren und bewerten: Spamnachrichten erkennen (Teil 2)
Diese Aufgabe baut auf Aufgabe 5 in Kapitel 2.11 auf. In dieser Aufgabe geht es nun um das eigentliche Training des Modells, das Nachrichten die Labels „Spam" und „Ham" (kein Spam) zuordnen soll.
- a Entscheiden Sie sich für eine Metrik (z. B. Genauigkeit, Präzision, Recall, F_1-Score), die Sie im Folgenden optimieren möchten. Begründen Sie Ihre Entscheidung. Diskutieren Sie, bei welchen Werten der Metrik das Modell für einen Praxiseinsatz geeignet wäre.
- b Teilen Sie Ihre Daten in Trainings- und Testdaten auf (optional können Sie Ihre Daten auch in Trainings-, Test- und Validierungsdaten aufteilen).
- c Erstellen Sie ein einfaches Baseline-Modell, das stets das häufigere Label „ham" vorhersagt, und evaluieren Sie dieses mit Ihrer gewählten Metrik anhand der Testdaten.
- d Wenden Sie zwei oder mehr Verfahren (z. B. Lernen eines Entscheidungsbaums/k-Nearest-Neighbour-Klassifikator/Neuronales Netz) an. Notieren Sie die initiale Leistung des Modells auf den Testdaten. Verbessern Sie iterativ Ihr Modell, indem Sie Hyperparameter verändern und Merkmale hinzufügen oder entfernen. Dokumentieren Sie, wie sich die Veränderungen auf die Modellleistung auswirken.

6 Modell trainieren und bewerten: Eigenes Projekt (Teil 2)
Diese Aufgabe baut auf Aufgabe 6 in Kapitel 2.11 auf.
- a Entscheiden Sie sich für eine Metrik (z. B. Genauigkeit, Präzision, Recall, F_1-Score), die Sie im Folgenden optimieren möchten. Begründen Sie Ihre Entscheidung. Diskutieren Sie, bei welchen Werten der Metrik das Modell für einen Praxiseinsatz geeignet wäre.
- b Teilen Sie Ihre Daten in Trainings- und Testdaten auf (optional können Sie Ihre Daten auch in Trainings-, Test- und Validierungsdaten aufteilen).
- c Erstellen Sie ein einfaches Baseline-Modell. Dieses könnte z. B. stets das häufigere Label vorhersagen oder nach einer einfachen Heuristik entscheiden. Evaluieren Sie dieses mit Ihrer Metrik anhand der Testdaten.
- d Wenden Sie zwei oder mehr Verfahren (z. B. Lernen eines Entscheidungsbaums/k-Nearest-Neighbour-Klassifikator/Neuronales Netz) an. Notieren Sie die initiale Leistung des Modells auf den Testdaten. Verbessern Sie iterativ Ihr Modell, indem Sie Hyperparameter verändern und Merkmale hinzufügen oder entfernen. Dokumentieren Sie, wie sich die Veränderungen auf die Modellleistung auswirken.

7 Forschungsauftrag: Weitere Trainingsstrategien und Metriken
Es gibt viele weitere Strategien, wie man Modelle trainieren kann und dabei etwa auf bereits existierenden Modellen aufbauen kann. Es gibt auch weitere Metriken zur Evaluation von Modellen. Recherchieren Sie zu den Themen *Finetuning* (Thema 1) und *Area under ROC curve* (Thema 2). Stellen Sie Ihre Ergebnisse in einem kurzen Referat vor.

1.13 KI im Einsatz: Chancen und Risiken

Abbildung 1

Die Veröffentlichung von generativen Chatbots feuerte 2023 den KI-Boom weiter an. Zahlreiche Unternehmen erkannten das Potenzial der Systeme und erhofften sich durch Effizienzsteigerungen Kosten einsparen zu können. Viele Arbeitnehmerinnen und Arbeitnehmer befürchteten, durch ein KI-System ersetzt zu werden. Andere hatten die Hoffnung, dass durch die Effizienzsteigerungen ein bedingungsloses Grundeinkommen ermöglicht wird und Arbeiten für den Lebensunterhalt nicht mehr notwendig ist. Unterschiedliche Einschätzungen zur Auswirkung von KI-Systemen spiegeln auch die beiden folgenden Zitate aus dem Jahr 2023 wider:

„Viele Leute, die an KI arbeiten, tun so, als ob sie nur gut sein wird; sie wird nur eine Ergänzung sein; niemand wird jemals ersetzt. Arbeitsplätze werden definitiv verschwinden, Punkt.“ – Sam Altman, 2023, CEO einer großen KI-Firma	*„Gut eingesetzt kann KI dafür sorgen, dass die Arbeitswelt humaner wird, dass sie menschlicher wird, dass wir Arbeitsunfälle verhindern beispielsweise, dass Arbeit gesund ist.“ – Hubertus Heil, 2023, Bundesarbeitsminister*

a In den Zitaten stehen „verschwundene Arbeitsplätze“ einer „humaneren Arbeitswelt“ polarisierend gegenüber. Recherchieren Sie Beispiele für Veränderungen durch KI in der Arbeitswelt und ordnen Sie diese zwischen den Polen ein.

b Die Unternehmensleitung eines Automobil-Konzerns bringt die Vorschläge links zur Effizienzsteigerung im Unternehmen ein. Verteilen Sie für eine Diskussion die Rollen: Mitarbeitende (Büro, Fertigung), Betriebsrat, Unternehmensleitung, KI-Entwicklungsteam und Personalleitung. Diskutieren Sie die eingebrachten Vorschläge.

c Erarbeiten Sie einen Konsens zum Einsatz von KI-Systemen im Unternehmen, mit dem alle Beteiligten zufrieden sind. Nennen Sie Kriterien für den ethischen Einsatz von KI-Systemen, die Sie bei Ihrer Konsensfindung berücksichtigt haben. Nennen Sie ggf. weitere Kriterien für den verantwortungsvollen Einsatz von KI-Systemen.

KI-Systeme beeinflussen immer mehr Bereiche des alltäglichen Lebens. Die Anwendungen reichen dabei von der Bildoptimierung beim Fotografieren mit dem Smartphone über das Personalisieren von Musikvorschlägen und Werbung bis hin zur Entscheidung über die Einladung zu Vorstellungsgesprächen oder der Prüfung der Steuererklärung.
Daher ist es notwendig, dass KI-Systeme nur verantwortungsvoll und unter Wahrung der Grundrechte gewinnbringend eingesetzt werden. Dazu haben Fachleute einige wichtige Kriterien festgelegt, die als Bewertungsmaßstab für aktuelle und zukünftige KI-Systeme dienen können.

Vorrang menschlichen Handelns und menschlicher Aufsicht
Eine Bevormundung des Menschen durch KI-Systeme muss ausgeschlossen werden. Mithilfe von Lenkungs- und Kontrollmechanismen muss sichergestellt werden, dass ein KI-System verantwortungsvoll, im Sinne einer gerechten, demokratischen Gesellschaft eingesetzt wird. Es muss daher unter anderem möglich sein, dass sich Verantwortungsträgerinnen und Verantwortungsträger bewusst gegen die Entscheidung eines KI-Systems stellen können. Ein konkretes Beispiel hierfür ist eine KI-gestützte, automatisierte Beurteilung der Kreditwürdigkeit einer Person. Da die Entscheidung über die Kreditwürdigkeit große Auswirkungen auf deren Leben hat, darf die Entscheidung nicht ausschließlich automatisiert getroffen werden, sondern muss jeweils durch einen Menschen getätigt oder überprüft werden. Das KI-System darf lediglich unterstützend tätig sein.

Technische Robustheit und Sicherheit

Ein KI-System muss verlässlich funktionieren und vor Schaden schützen. Welche Anforderungen ein System dabei erfüllen muss, kommt auf den Einsatzbereich an. Müssen Gummibärchen nach Farbe sortiert werden, so genügt eine Zuverlässigkeit von 75 %, damit die Kundschaft nicht merkt, dass eine Farbe in der Packung dominiert. Bei selbstfahrenden Autos würden 75 % Zuverlässigkeit dagegen durchschnittlich bei jeder 4. Entscheidungssituation einen Unfall bedeuten, hier muss die Zuverlässigkeit praktisch 100 % sein. Weiterhin muss ein KI-System robust gegenüber verschiedenartigen Angriffen sein. Diese können sich beispielsweise gegen den Datenbestand, das Modell oder die zugrundeliegende Infrastruktur richten. Neben gängigen Sicherheitsmaßnahmen von IT-Systemen sollte ein KI-System auch über einen Auffangplan bei Problemfällen verfügen. In diesem könnte beispielsweise von einem statistischen auf ein regelbasiertes Verfahren umgestellt werden.

Schutz der Privatsphäre

Eine der Grundregeln des Datenschutzes ist die Datensparsamkeit. Daten sollten nur dort erhoben werden, wo dies gut begründet ist. Dabei sind die Interessen der Einzelnen angemessen zu berücksichtigen. KI-Systeme können aufgrund von digitalen Eingaben sehr schnell auf persönliche Informationen und Vorlieben einzelner Menschen wie Alter, Geschlecht, sexueller Orientierung, politische Ansicht, etc. schließen. Diese Daten dürfen nicht genutzt werden, um Personen zu diskriminieren. Weiterhin darf nur qualifiziertes Personal auf die erhobenen Daten zugreifen.

Transparenz und Erklärbarkeit

Entscheidungen von KI-Systemen müssen nachvollziehbar sein, etwa wenn Entscheidungen über einen Kredit oder eine Bewerbung getroffen werden. Dabei muss zwischen Transparenz und Erklärbarkeit unterschieden werden: Erklärbarkeit bedeutet, dass wesentliche Argumente für eine Entscheidung benannt werden können; für Transparenz muss das Verhalten vollständig nachvollziehbar sein.

Vielfalt, Nichtdiskriminierung und Fairness

KI-Systeme können enormen Einfluss auf die Teilhabechancen von Menschen haben. Wichtig ist daher, dass diese Systeme fair und frei von Vorurteilen handeln. Dabei sind jedoch nicht die Systeme selbst voreingenommen. Meist sind es die Daten, die zum Training verwendet wurden. Die verwendete Datenbasis offenbart dabei häufig in der Gesellschaft vorhandene Vorurteile und verstärkt diese im KI-System.

Gesellschaftliches und ökologisches Wohlergehen

Eine bessere Gesundheitsversorgung, gleicher Ertrag in der Landwirtschaft bei höherer Umweltverträglichkeit, ... – es war schon immer Ziel der Menschheit, sich weiterzuentwickeln. Deshalb ist es auch ein wichtiges Bewertungskriterium für den Einsatz eines KI-Systems, welche Vorteile, neuen Ansätze und Verbesserungen es im konkreten Fall bringt. Dabei ist jedoch zu überprüfen, welche negativen Auswirkungen der Einsatz eines solchen Systems haben kann. Beispielsweise müssen ökologische Aspekte (wie der Energieverbrauch), soziale und gesellschaftliche Aspekte (Filterblasen, Einflüsse auf den demokratischen Prozess, z. B. zur politischen Meinungsbildung) berücksichtigt werden. Die Chancen eines Systems sind mit den möglichen Risiken abzuwägen.

Rechenschaftspflicht

Werden Entscheidungen nicht mehr von Menschen, sondern vom KI-System getroffen, stellt sich die Frage, wer die Verantwortung für diese Entscheidung trägt und wer bei Fehlern haftet. Bei der Entwicklung und Anwendung eines KI-Systems sind viele Akteure beteiligt: Ein Data Scientist, der eventuell ein fehlerhaftes KI-Modell implementiert oder eine nur unzureichende Datenbasis verwendet hat; die Gesellschaft bzw. Politik, die ein solches ggf. fehlerhaftes System zulässt; der Hersteller, der das KI-System in sein Produkt integriert; oder die Anwender des Produkts mit KI-Komponenten. Bei diesen vielfältigen Akteuren ist es umso wichtiger, dass die Systeme kontrolliert werden. Idealerweise erfolgt dies anhand konkreter Normen, die in einem interdisziplinären Dialog mit informatischer, rechtlicher und ethischer Expertise entstanden sind.

Der Einsatz Künstlicher Intelligenz hat einerseits ein hohes Potenzial, weil umfangreiche Aufgaben **effizient** bearbeitet und neue Möglichkeiten erschlossen werden können. Andererseits bergen KI-Systeme auch Risiken, insbesondere hinsichtlich der **Robustheit, Erklärbarkeit** und **Rechenschaftspflicht** getroffener Entscheidungen. Auch das **gesellschaftliche und ökologische Wohlergehen,** die **Fairness,** der **Schutz der Privatsphäre** und der **Vorrang menschlichen Handelns** müssen beachtet werden. Diese Aspekte müssen als Leitlinien bei der Entwicklung und dem Einsatz von KI-Systemen bedacht und z. B. durch Regulierungen eingefordert und kontrolliert werden.

Aufgaben

1 Chancen und Risiken von KI

Teilen Sie sich in Kleingruppen auf und wählen Sie eines der Anwendungsgebiete von KI aus der Wolke von Aufgabe 2. Recherchieren Sie jeweils den aktuellen Stand der Entwicklung. Bewerten Sie anhand der Kriterien aus dem Lehrtext Chancen und Risiken, die sich beim Einsatz von KI in diesem Gebiet ergeben. Bereiten Sie jeweils ein Plakat vor.

2 Regulierung von KI-Systemen

Abbildung 2

KI-Systeme durchdringen immer größere Teile unseres alltäglichen Lebens und beeinflussen unsere Entscheidungen. Um eine bessere Kontrolle über KI-Anwendungen und deren Entwicklung zu erhalten, führen Gesetzgeber sogenannte Regulierungen ein.

Je nach Risiko (siehe z. B. Kategorisierung in Abbildung 3) müssen unterschiedliche Regulierungsmaßnahmen greifen.

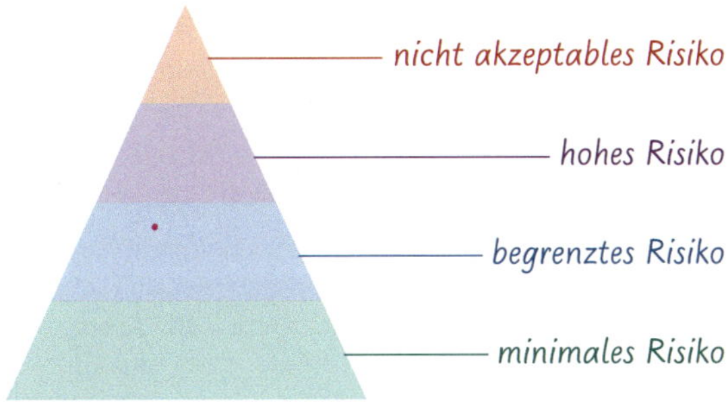

Abbildung 3

a Ordnen Sie die KI-Systeme aus der Wolke jeweils mit Begründung in die Risikostufen aus Abbildung 3 ein.

b Recherchieren Sie Regeln zur Regulierung von KI-Anwendungen in Deutschland und der EU. Nennen Sie Einsatzbereiche von KI, die erlaubt bzw. verboten sind, und nehmen Sie jeweils Stellung. Vergleichen Sie mit Regulierungen aus anderen Ländern.

c Recherchieren Sie, ob Ihre Ergebnisse aus a) aktuell gültigen Regulierungen entsprechen.

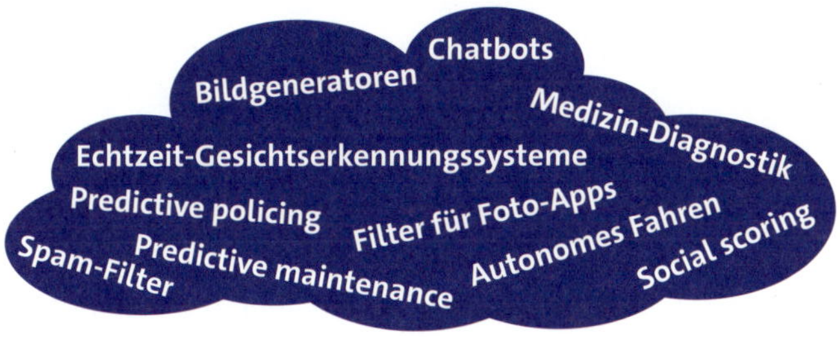

Abbildung 4

3 Einsatzbereiche von Künstlicher Intelligenz

Sammeln und recherchieren Sie Bereiche, in denen KI eingesetzt wird. Ergänzen Sie dazu die Mindmap um diese Einsatzbereiche. Der Überblick verdeutlicht die Vielseitigkeit der Anwendungen und kann bei den folgenden Aufgaben helfen, Chancen und Risiken einzuordnen.

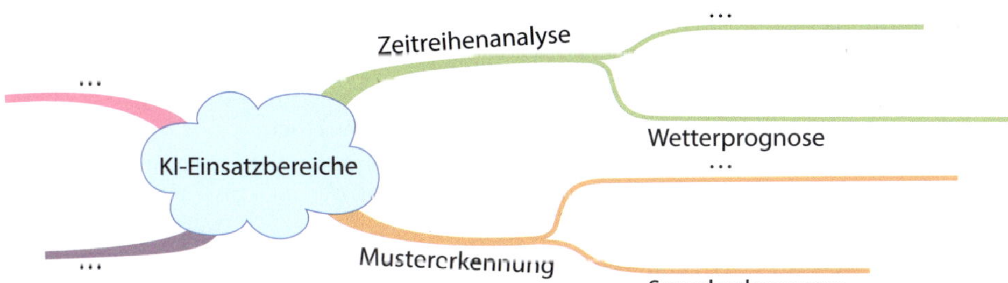

Abbildung 5

4 Datenhungrige KI

Moderne KI-Systeme werden oft mithilfe sehr großer Datenmengen trainiert. Dabei werden unter anderem sogenannte Web-Crawler verwendet, die z. B. Zeitungsartikel, Bücher oder Beiträge in Enzyklopädien herunterladen und zu den Trainingsdaten hinzufügen. Dabei kann es vorkommen, dass Daten, wie beispielsweise Musikstücke oder Bücher, zum Training verwendet werden, die urheberrechtlich geschützt sind.

Abbildung 6

a Verteilen Sie folgende Rollen: Urheberin, Datenschützer, Entwicklerin für KI-Systeme, Nutzer eines generativen KI-Systems und Moderatorin. Diskutieren Sie in einer Podiumsdiskussion, ob es erlaubt sein sollte, für das Training einer Künstlichen Intelligenz urheberrechtlich geschützte Werke zu verwenden. Notieren Sie als Zuhörerin oder Zuhörer alle angeführten Argumente. Ordnen Sie diese jeweils einem Kriterium für sichere KI-Systeme aus dem Lehrtext zu.

b Recherchieren Sie, ob nach aktueller Rechtsprechung KI-generierte Texte, Bilder und auch Musikstücke Urheberrechten unterliegen oder frei verwendet werden dürfen.

5 Verbreitung von Fehlinformationen

Dass Menschen nicht immer die Wahrheit sagen, ist bekannt. So wurden dem damaligen US-Präsidenten Trump während seiner Amtszeit von 2016 bis 2020 über 22 000 Falschaussagen zugeschrieben.
Doch können auch Maschinen lügen? KI-Systeme können zumindest zur Verbreitung von Fehlinformation beitragen. Social Bots, die sich als Profile echter Menschen in sozialen Netzwerken ausgeben und versuchen, bestimmte Meinungen zu verbreiten, gibt es nicht nur in totalitären oder autokratischen Systemen, sondern auch bei uns.

Abbildung 7

Deepfakes sind realistisch wirkende Bilder, Audio- und Videoclips, die durch Einsatz von KI-Techniken gezielt verändert und verfälscht werden.
So veröffentlichte etwa das MIT Center for Advanced Virtuality ein Deepfake in Bild und Ton, in dem der frühere US-Präsident Nixon eine Rede über den Tod der Apollo-11 Astronauten verlas. Die Rede wurde vor der Mission geschrieben, aber nie gehalten, da die Mission erfolgreich beendet wurde.

Abbildung 8

a Suchen Sie nach dem erwähnten Video und finden Sie heraus, wie und zu welchem Zweck es zustandegekommen ist. Untersuchen Sie auch Gestik, Mimik und Stimme.
b Entwickeln Sie ein Szenario, in denen Social Bots und Deepfakes zur Manipulation von Meinung eingesetzt werden könnten. Diskutieren Sie Möglichkeiten, um solche Szenarien zu erkennen und ihnen entgegenzuwirken.
c Recherchieren Sie reale Fälle zu Deepfakes. Beschreiben Sie Folgen für Täterinnen bzw. Täter und Opfer.

6 Verantwortungsdilemma: Entscheidungen der KI überlassen

Wer trägt die Verantwortung für die Entscheidungen eines KI-Systems? Dies ist keine leichte Entscheidung und ist auch im Diskurs von Ethikern umstritten. Es gibt u. a. folgende Thesen:

1. Das KI-System ist selbst für seine Entscheidungen verantwortlich.
2. Niemand ist für die Entscheidungen des KI-Systems verantwortlich, es kommt zu einer Verantwortungslücke.
3. Der Anwender des KI-Systems (z. B. die Nutzerin eines autonomen Fahrzeugs) trägt die Verantwortung (Individualverantwortung).
4. Entwicklerinnen und Entwickler des KI-Systems tragen die Verantwortung.
5. Bei der Anwendung und Entwicklung des Systems gibt es sehr viele Beteiligte: Entwicklerinnen und Entwickler, die Regierung und Gesellschaft, die ein solches System zulässt, der Hersteller, der das KI-System in sein Produkt integriert, und der Anwender des Produkts. Alle Beteiligte tragen kollektiv Verantwortung für das System.

a Wählen Sie eine der Thesen aus und vertreten Sie diese bei einer Diskussion zur Verantwortung für ein KI-System.
b Suchen Sie im Internet nach der vom MIT entwickelten „Moral Machine“. Beantworten Sie die Fragen und vergleichen Sie Ihre Entscheidungen mit denen von anderen. Beurteilen Sie, inwiefern sich Ihre Entscheidungen durch die Meinung Ihrer Mitschülerinnen und Mitschüler ändern würden.
c Entscheiden Sie begründet, ob Ihre Entschlüsse sich ändern würden, falls Sie als Basis Ihrer Entscheidungen eine der oben genannten Thesen zugrunde legen.

7 Explainable AI (Erklärbare KI)

Entscheidungen von KI-Systemen nachvollziehen zu können, ist für viele Anwendungen ein zentrales Kriterium. Vergleichen Sie dahingehend die Verfahren Entscheidungsbaum, k-nächste-Nachbarn und künstliche neuronale Netze.

8 Onlinehandel

Der Handel auf Onlineplattformen bietet für Kundinnen und Kunden viele Vorteile: Alle Informationen sind leicht zugänglich, die Bestellung kann bequem von zuhause aus erfolgen und man kann sich leicht Vergleichsangebote einholen. Das Potenzial im Onlinehandel haben auch Unternehmen erkannt und konkurrieren um die besten Angebote. Dazu sammeln die Unternehmen vielfältigste Daten ihrer Kunden, neben der Transaktionshistorie und persönlichen Daten wie Name und Adresse werden auch unstrukturierte Daten wie Produktbewertungen, Kommentare und Likes auf Social-Media-Plattformen gespeichert. Sind nicht genug Kundendaten vorhanden, können diese auch von Dritten, sog. Datenhändlern, gekauft werden. Entscheidend für den Wettbewerbsvorteil eines Unternehmens ist nicht nur das reine Sammeln möglichst vieler Kundeninformationen, sondern auch deren Auswertung. Anhand bestimmter Merkmale werden die Kundinnen und Kunden in klar voneinander abgrenzbare, homogene Gruppen, sogenannte Kundensegmente, eingeteilt.

- **a** Beschreiben Sie, mithilfe welcher Methoden der Künstlichen Intelligenz ein Unternehmen verschiedene Kundensegmente erkennen kann.
- **b** Erklären Sie, wie Erkenntnisse zu einzelnen Kundensegmenten einem Unternehmen von Nutzen sein können. Recherchieren Sie anschließend den Begriff dynamische Preisgestaltung und vergleichen Sie mit Ihrer Erklärung.
- **c** Nicht nur im Onlinehandel werden systematisch Kundendaten erfasst. Nennen Sie verschiedene Systeme, mit denen auch im „offline"-Handel Kundendaten erfasst werden können. Beschreiben Sie, welche Maßnahmen Unternehmen ergreifen, um Kunden zur freiwilligen Übermittlung ihrer Daten zu bewegen.
- **d** Beschreiben Sie, wie es zu den rechts dargestellten Vorfällen kommen kann und welche Rolle Künstliche Intelligenz dabei spielen könnte. Geben Sie eine Vermutung an, welche Technik(en) der Künstlichen Intelligenz hier zum Einsatz kommen könnten.
- **e** Lesen Sie §15 der europäischen Datenschutz-Grundverordnung (DSGVO). Beschreiben Sie, welche Rechte Ihnen dieser Artikel gewährt. Nutzen Sie Ihr Recht, um Auskunft von einem Unternehmen Ihrer Wahl zu erhalten.

Abbildung 9

Abbildung 10

9 Sicherheit von KI-Systemen: Adversarial Machine Learning

KI-Systeme können durch gezielte Angriffe manipuliert werden.

- **a** Recherchieren Sie den Begriff „Adversarial Machine Learning". Nennen Sie verschiedene Arten von Angriffen auf KI-Systeme und beschreiben Sie kurz deren Ablauf.
- **b** Recherchieren Sie zum Chatbot Tay. Beschreiben Sie die Kontroverse um den Bot und erklären Sie, wie es zu diesem Vorfall kommen konnte.
- **c** Diskutieren Sie nötige Sicherungsmaßnahmen für KI-Systeme. Recherchieren Sie gegebenenfalls.

Abbildung 11

10 Forschungsauftrag: Starke KI

- **a** Recherchieren Sie, wie der aktuelle Forschungs- und Entwicklungsstand zum Thema „starke KI" ist. Eine Suche nach „Allgemeine Künstliche Intelligenz" (artificial general intelligence) könnte ebenfalls hilfreich sein.
- **b** Recherchieren Sie das Gedankenexperiment „Das chinesische Zimmer" von John Searle. Notieren Sie die Kernaussage in einem Satz und diskutieren Sie, inwieweit das Gedankenexperiment die Existenz starker KI ausschließt.

Teste dich selbst

T1 Richtig oder falsch?

Beurteilen Sie, ob folgende Aussagen richtig oder falsch sind. Begründen Sie Ihr Urteil bei falschen Aussagen und geben Sie eine berichtigte Aussage an:

a Beim überwachten Lernen wird der Lernvorgang eines KI-Systems immer von Menschen überwacht.

b Ein künstliches Neuron kann verwendet werden, um ein linear separierbares Problem zu lösen.

c Ein künstliches neuronales Netz kann für das überwachte Lernen verwendet werden.

d Die Idee der Fehlerrückführung ist die Grundlage für die Backpropagation.

e Die Anzahl der verdeckten Schichten in einem neuronalen Netz ist direkt proportional zur Qualität des Lernvorgangs.

f Beim verstärkenden Lernen wird ein Agent aufgrund einer Aktion belohnt und dieser passt daraufhin seine Strategie an.

g Der k-Means-Algorithmus ist ein unüberwachtes Lernverfahren, das automatisch die richtige Anzahl sinnvoller Cluster findet.

T2 Ich check's, dank deiner Hilfe!

Ferdi hat im Unterricht nicht gut aufgepasst und braucht dringend Ihre Nachhilfe vor der alles entscheidenden letzten Prüfung. Helfen Sie ihm, indem Sie ihm die folgenden Begriffe erklären und an einem Beispiel zeigen, wie man damit umgeht: künstliches Neuron, künstliches neuronales Netz, Forward Propagation, Backpropagation, überwachtes Lernen, verstärkendes Lernen.

T3 Logische Programmierung (aus Illustrierende Prüfungsaufgaben zum erhöhten Anforderungsniveau)

In einem Chemiewerk sollen die Beziehungen zwischen Mitarbeitenden und Abteilungen über ein logisches Programm abgebildet werden. Zunächst wird ein Prototyp mit den Personen Curie, Dalton, Nobel, Pauling und Boyle erstellt. Dafür gelten die folgenden Fakten:

- Curie, Dalton, Nobel bzw. Pauling leiten die Abteilungen Zentralmanagement, Fertigung, Entwicklung bzw. Buchhaltung.
- Boyle ist Mitarbeiter in der Abteilung Fertigung.
- Das Zentralmanagement ist den Abteilungen Fertigung, Entwicklung und Buchhaltung direkt übergeordnet.

a Geben Sie die Wissensbasis mit den beschriebenen Fakten an.

b Formulieren Sie die folgenden Aussagen in einer Regel. Beachten Sie, dass es in den Abteilungen des Unternehmens mehrere Hierarchieebenen geben kann:
  - Eine Abteilung ist auch über mehrere Ebenen hinweg einer anderen Abteilung übergeordnet.
  - Die Leitung einer Abteilung ist Vorgesetzte für alle Mitarbeitenden der Abteilung sowie für die Leitung und Mitarbeiter untergeordneter Abteilungen.

c Entwerfen Sie eine Anfrage an die Wissensbasis, um zu ermitteln, für welche Mitarbeitenden Curie Vorgesetzte ist.

T4 Echtzeit-Gesichtserkennung

Eine Firma verwendet Web-Crawler, um Fotos von Webseiten, wie z. B. der Schulbuchhomepage, herunterzuladen und mit dort aufgeführten Namen zu verknüpfen. Die Daten werden verwendet, um ein KI-Modell zu trainieren, mit dessen Hilfe Personen anhand von Fotos und Videoaufnahmen in Echtzeit identifiziert werden können.

- **a** Ordnen Sie dieser Software einen datenbasierten Ansatz zu und begründen Sie knapp Ihre Wahl.
- **b** Der Einsatz einer solchen Software zur Gesichtserkennung bietet Vor- und Nachteile. Nennen Sie Argumente von Befürwortern und Gegnern einer solchen Technologie für den Einsatz im öffentlichen Raum, wie beispielsweise an Bahnhöfen oder in Fußgängerzonen.

Abbildung 1

Bei einem Einsatz wird die international gesuchte Terroristin Ana Konda am Münchner Hauptbahnhof vom KI-System identifiziert und das System löst bei der Bundespolizei Alarm aus. Die sofortige Festnahme ist erfolgreich. Jedoch muss die Polizei bei anschließenden Überprüfungen erkennen, dass das Ergebnis des KI-Systems falsch war und es sich nicht um die gesuchte Person handelt.

- **c** Skizzieren Sie eine Konfusionsmatrix (ohne Zahlen) zur Erkennung von Terroristen durch das KI-System. Ordnen Sie dem beschriebenen Fall begründet ein Feld in der Konfusionsmatrix zu.
- **d** Bei weiteren Einsätzen stellt sich heraus, dass oftmals Frauen nicht korrekt klassifiziert werden. Benennen Sie mögliche Gründe, wodurch solche Fehler zustande kommen können.
- **e** Die fälschlich identifizierte Person überlegt, Beschwerde einzureichen. Geben Sie begründete Vermutungen an, gegen welche Kriterien für den ethischen Einsatz von KI-Systemen verstoßen wurde.

T5 Wozu braucht man die Forward Propagation?

Luise und Jakob sind sich nicht einig: Luise behauptet, die Forward Propagation benötigt man beim produktiven Einsatz eines künstlichen neuronalen Netzes. Jakob hingegen meint, nur beim Lernvorgang wird die Forward Propagation verwendet.

- **a** Erklären Sie allgemein, was man unter dem Begriff Forward Propagation versteht.
- **b** Geben Sie begründet an, wer von beiden Recht hat.

T6 Soll ich in der Nacht vor einer Prüfung schlafen oder besser lernen?
Gegeben sind folgende Daten:

Vorbereitungszeit	Schlafdauer	bestanden?
4	6	0
7	7	1
8	5	1
3	5	0

Die ersten beiden Spalten geben die Vorbereitungszeit auf eine Prüfung und die Schlafdauer in der Nacht vor der Prüfung an. Die letzte Spalte zeigt an, ob die Prüfung bestanden worden ist.

- **a** Geben Sie für die ersten beiden Spalten jeweils eine begründete Vermutung an, in welcher Einheit die Werte angegeben sind.
- **b** Um anhand von Vorbereitungszeit und Schlafdauer vorherzusagen, ob eine Prüfung bestanden wird, soll ein neuronales Netz entwickelt werden. Zeichnen Sie für diese Aufgabe ein sehr einfaches neuronales Netz, das lediglich ein Neuron in der Zwischenschicht enthält.
- **c** Geben Sie passend zur Problemstellung für jedes Neuron eine Aktivierungsfunktion an und initialisieren Sie das Gewicht und den Schwellenwert der Zwischen- und Ausgabeschicht mit zufälligen Werten.
- **d** Geben Sie die Gesamtfunktion des neuronalen Netzes in Abhängigkeit der Gewichte und Schwellenwerte an.
- **e** Führen Sie die Forward Propagation für die in der Tabelle angegebenen Werte durch. Geben Sie an, ob das Ergebnis zu groß oder zu klein ist. Berechnen Sie den quadratischen Fehler für jede Eingabe sowie den gesamten mittleren quadratischen Fehler.
- **f** Geben Sie für ein Einzelergebnis an, in welche Richtung die Gewichte und Schwellenwerte verändert werden müssten, damit sich das Ergebnis in Richtung Sollwert ändert.
- **g** Erläutern Sie, wie man bei den gegebenen Daten sehr einfach anhand eines der beiden Merkmale (Schlafdauer, Vorbereitungszeit) sehen könnte, ob die Prüfung bestanden ist oder nicht. Begründen Sie, warum man dafür kein künstliches neuronales Netz benötigt.

T7 Vorhersagequalität eines KI-Systems (I)
Ein KI-System zur Erkennung von Tumoren anhand von Computertomographie-Bildern hat laut Hersteller bei der Evaluierung nach dem Training eine Genauigkeit von 99,8 % erzielt.

- **a** Erklären Sie den Begriff Genauigkeit in diesem Zusammenhang.
- **b** Ein Arzt ist begeistert von diesem System: „Das bedeutet, dass das KI-System beim produktiven Einsatz nur 0,2 % fehlerhafte Diagnosen stellt." Nehmen Sie Stellung zu dieser Aussage. Gehen Sie dabei insbesondere auf den Unterschied zwischen der Testphase und dem produktiven Einsatz eines KI-Systems ein.
- **c** Ein Verein für Kinderschutz warnt eingehend vor dem Einsatz des Systems bei Kindern, da es nur mit Bildern von Erwachsenen trainiert worden ist. Nehmen Sie Stellung zu dieser Warnung. Erklären Sie dabei, welche Rolle die Trainingsdaten für die Qualität des Lernvorgangs spielen.
- **d** Ein technikpessimistischer Patient möchte seine Gesundheit lieber nicht in die Hände eines KI-Systems legen. Diskutieren Sie, ob der Einsatz eines solchen Systems aus ethischer Sicht gerechtfertigt ist, und geben Sie an, welche Kriterien für einen Einsatz gelten müssen.

T8 Vorhersagequalität eines KI-Systems (II)

Bei der Hautkrebserkennung werden Fotos von Muttermalen zunächst von einer KI-basierten Bilderkennungssoftware klassifiziert, ehe der Arzt verdächtige Male genauer untersucht und ggf. entfernt. Das Label A bedeutet „ist Hautkrebs". Begründen Sie, ob man mit den Werten accuracy = 0,90, precision = 0,20 und recall = 0,99 der Software zufrieden sein kann.

$$\text{accuracy} = \frac{\text{Anzahl aller korrekt vorhergesagten Datensätze}}{\text{Anzahl aller vorhergesagten Datensätze}}$$

$$\text{precision} = \frac{\text{Anzahl der mit Label A korrekt vorhergesagte Datensätze}}{\text{Anzahl aller mit Label A vorhergesagten Datensätze}}$$

$$\text{recall} = \frac{\text{Anzahl der mit Label A korrekt vorhergesagte Datensätze}}{\text{Anzahl der tatsächlichen Label A Datensätze}}$$

T9 Welcher datenbasierte Ansatz ist geeignet?

Geben Sie für jedes der folgenden Probleme an, welche der drei datenbasierten Ansätze (überwachtes, unüberwachtes, verstärkendes Lernen) eingesetzt werden können, und erklären Sie in Grundzügen das Vorgehen beim Trainieren eines zugehörigen KI-Systems.

- **a** Entwicklung eines Agenten für ein Computerspiel
- **b** Optimierung von Fleisch- und Wurstvorräten eines Supermarktes, so dass weder zu wenig noch zu viel vorrätig ist
- **c** Identifizieren von Betrug beim Online-Banking
- **d** Erkennen von Spammails

T10 Angst vor KI?

Häufig begleitet eine gewisse Angst vor KI-Systemen die gesellschaftliche Diskussion. Nehmen Sie differenziert Stellung zu folgenden Aussagen über KI-Systeme. Nennen Sie auch jeweils Kriterien für den ethischen Einsatz von KI-Systemen, die bei der jeweiligen Aussage besonders beachtet werden müssen.

a

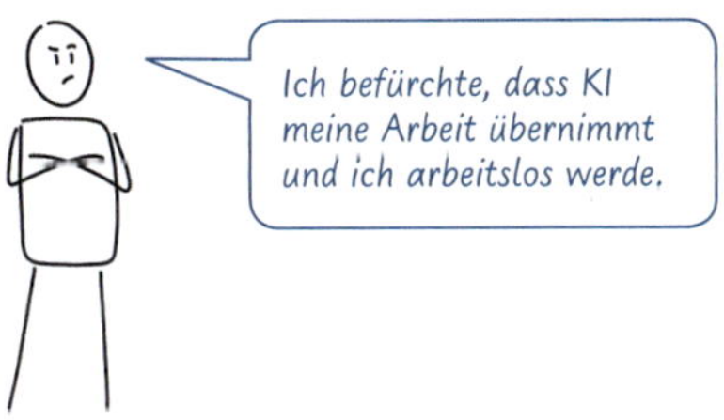

b

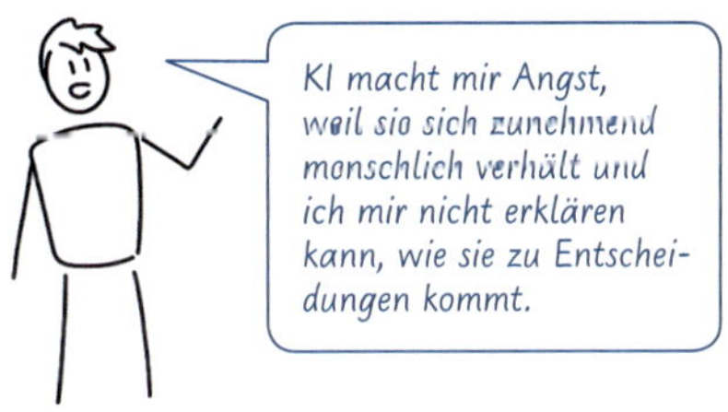

c

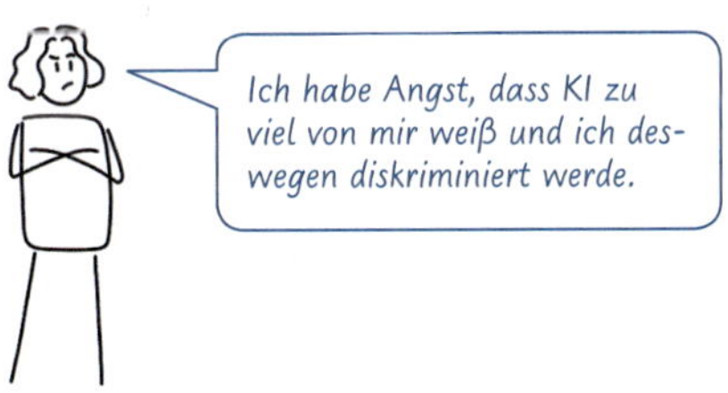

d

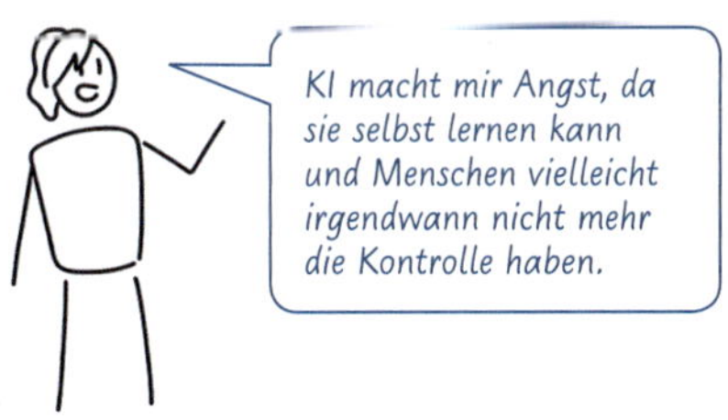

Zusammenfassung

Wissensbasierter Ansatz: logische Programmierung

In logischen Programmen wird das Wissen in Form von Fakten und Regeln gespeichert. Ein Prädikat beschreibt die Fakten und Regeln mit gleichem Prädikatsnamen und gleicher Stellenanzahl. Mit Hilfe von Anfragen werden Aussagen überprüft bzw. geeignete Werte für Variablen gesucht, so dass die Aussage wahr ist.

```
enthält(europa, italien).
enthält(europa, frankreich).
enthält(frankreich, elsass).
enthält(elsass, strassburg).
enthältÜberMehrereEbenen(X, Y) :-
    enthält(X, Y);
    enthält(X, Z),
    enthältÜberMehrereEbenen(Z, Y).
?- enthält(X, strassburg) liefert elsass.
?- enthältÜberMehrereEbenen(europa, strassburg) liefert wahr.
```

Die Abarbeitung erfolgt nach logischen Schlussregeln immer von oben nach unten den Regeln der Tiefensuche (Backtracking) folgend.

Datenbasierte Ansätze

	überwachtes Lernen (supervised learning)	unüberwachtes Lernen (unsupervised learning)	verstärkendes Lernen (reinforcement learning)
Lernen	Beim Lernen wird eine Zuordnung zwischen Trainingsdaten und Label gefunden.	In (ungelabelten) Daten werden Muster, Ähnlichkeiten oder Ausreißer identifiziert.	Beim Lernen optimiert ein Agent durch Belohnung/Bestrafung seine Strategie.
Anwendungsbeispiele	Gesichts-, Sprach-, Schrifterkennung	Betrugserkennung (Onlinebanking), Marketing, Empfehlungen	Optimierungs- und Steuerungsaufgaben, Spielebots
Beispiele für Verfahren	k-nächste-Nachbarn, Entscheidungsbaum	k-Means	Q-Learning

k-Means-Algorithmus

Der **k-Means-Algorithmus** gehört zu den unüberwachten Lernverfahren und dient dazu, Datenpunkte in eine vordefinierte Anzahl k von Clustern zu gruppieren. Dazu werden zunächst k Clusterzentren zufällig gewählt, alle Datenpunkte jeweils ihrem nächsten Clusterzentrum zugeordnet und die Clusterzentren basierend auf der Zuordnung aktualisiert. Die letzten beiden Schritte werden zur Optimierung der Clusterzentren wiederholt. Der Algorithmus kann z. B. zur Identifikation von Kundengruppen oder zur Bildkompression eingesetzt werden.

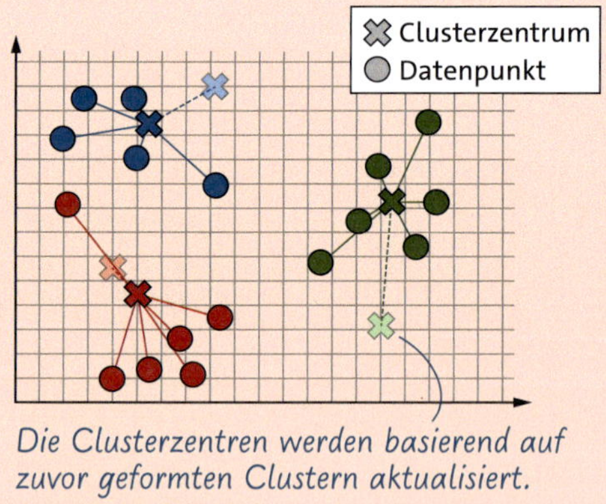

Abbildung 1

Bei Anwendung des k-Means-Algorithmus ist es wichtig, im Verarbeitungsprozess überproportionale Einflüsse einzelner Merkmale zu vermeiden und Ergebnisse kritisch zu bewerten. Wichtige Maßnahmen mit Einfluss auf das Ergebnis sind:

- das Vorbereiten der Daten u. a. durch Normieren,
- die Initialisierung der Clustermittelpunkte mit einer möglichst zufälligen Verteilung,
- die Bestimmung der besten Wahl für den Parameter k, z. B. durch die **Ellbogenmethode** oder durch die Berechnung der **Silhouettenkoeffizienten**.

Viele Werkzeuge stellen fertige Implementierungen des k-Means-Algorithmus bereit.

Künstliche neuronale Netze

Künstliche neuronale Netze können für alle drei oben beschriebenen datenbasierten Ansätze verwendet werden. Sie bestehen aus einer Vielzahl von künstlichen Neuronen, welche in Schichten angeordnet sind. Die Ausgabe eines Netzes wird durch schrittweise Berechnung jedes Neurons wie folgt bestimmt: *Aktivierungsfunktion(gewichtete Summe – Schwellenwert)*. Man spricht dabei von **Forward Propagation.**
Das überwachte Lernen mit neuronalen Netzen erfolgt in drei Schritten:

1) Forward Propagation: Berechnung der Istwerte mit den Trainingsdaten
2) Fehler ermitteln: Da für die Trainingsdaten die Sollwerte bekannt sind, kann mit einer **Kostenfunktion** der Fehler berechnet werden. Eine mögliche Kostenfunktion ist der **mittlere quadratische Fehler**:

   $$\text{MSE} = \frac{1}{n}\sum_{i=1}^{n}(\text{Istwert}(i) - \text{Sollwert}(i))^2$$

3) **Fehlerrückführung** bzw. **Backpropagation**: Das eigentliche Lernen findet durch die Anpassung der Gewichte und Schwellenwerte statt. Je stärker ein Gewicht oder ein Schwellenwert den Fehler beeinflusst, desto stärker wird der zugehörige Wert angepasst. Um ein Gewicht aus einer Schicht zu verändern, welche nicht Teil der Ausgabeschicht sind, muss der Fehler zurückgeführt werden. Dies kann durch die Minimierung der Kostenfunktion erreicht werden.

Qualität, Anzahl und Varianz der Trainingsdaten haben Einfluss auf den Lernerfolg von künstlichen neuronalen Netzen. Genauso spielen Hyperparameter wie die Anzahl der Schichten und Neuronen oder die Anzahl der Epochen eine große Rolle.

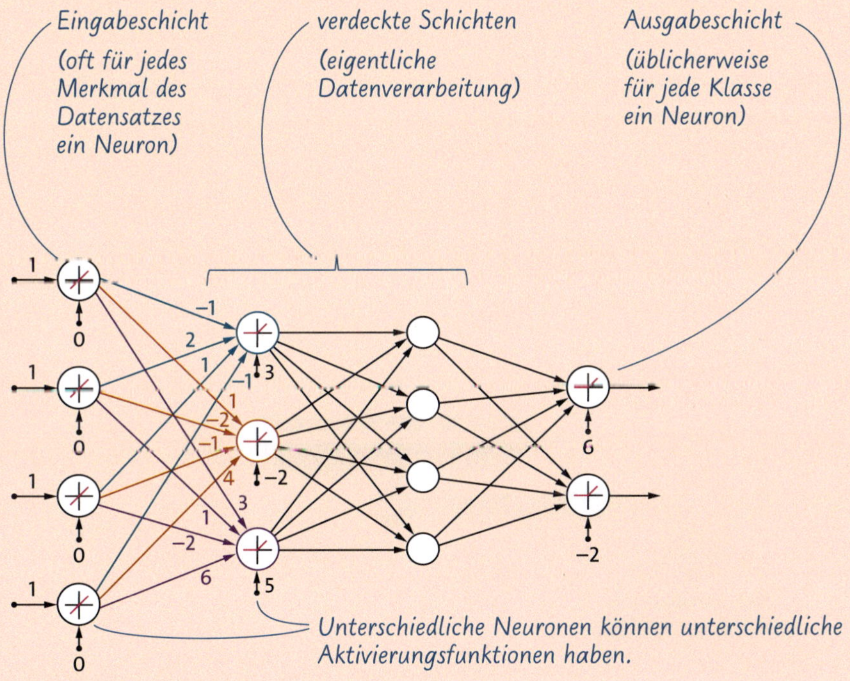

Abbildung 2

Datenbasierte KI-Systeme: Das Training vorbereiten

Die Qualität und Aufbereitung von Daten sind entscheidend für den Erfolg maschinellen Lernens. Wichtige Schritte umfassen das **Sammeln** (und das eventuelle **Labeln**) von Daten sowie das **Feature Engineering**, bei dem die Rohdaten bereinigt und transformiert werden, ehe Merkmale gebündelt, ausgewählt und codiert werden können.

Überwachtes Lernen anwenden: Güte von Modellen bewerten

Metriken wie **Genauigkeit**, **Präzision**, **Sensitivität** oder **F_1-Score** helfen dabei, die Güte von Modellen zu bewerten. Welche Metrik das Mittel der Wahl ist, hängt dabei vom konkreten Problem ab. Ein **Baseline-Modell** ist ein einfaches Modell, das als Referenz für alle im Projekt entwickelten Modelle dient.

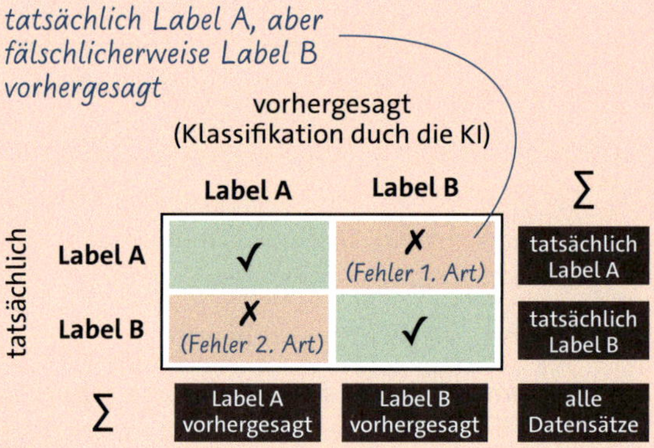

Abbildung 3

- Die **Genauigkeit (accuracy)** gibt an, welcher Anteil aller Datensätze korrekt klassifiziert wurde:

$$\text{accuracy} = \frac{\text{Anzahl aller korrekt vorhergesagten Datensätze}}{\text{Anzahl aller vorausgesagten Datensätze}}$$

- Die **Präzision (precision)** gibt an, wie gut (oder wie präzise) das Modell Label A erkennt:

$$\text{precision} = \frac{\text{Anzahl der mit Label A korrekt vorhergesagten Datensätze}}{\text{Anzahl aller mit Label A vorhergesagten Datensätze}}$$

- Die **Sensitivität (recall)** misst, welcher Anteil der Datensätze mit Label A auch richtig vorhergesagt wurde:

$$\text{recall} = \frac{\text{Anzahl der mit Label A korrekt vorhergesagten Datensätze}}{\text{Anzahl der tatsächlichen Label-A-Datensätze}}$$

Chancen und Risiken von KI-Systemen

Der Einsatz von KI-Techniken hat einerseits ein hohes Potenzial, weil umfangreiche Aufgaben **effizient** bearbeitet und neue Möglichkeiten erschlossen werden können. Andererseits bergen KI-Systeme auch Risiken, insbesondere hinsichtlich der **Robustheit** und **Erklärbarkeit** getroffener Entscheidungen, sowie wer für diese die **Rechenschaft** trägt. Auch das **gesellschaftliche und ökologische Wohlergehen**, die **Fairness**, der **Schutz der Privatsphäre** und der **Vorrang menschlichen Handelns** müssen beachtet werden. Diese Aspekte sind als Leitlinien bei der Entwicklung und dem Einsatz von KI-Systemen zu bedenken und z. B. durch Regulierungen einzufordern und zu kontrollieren.

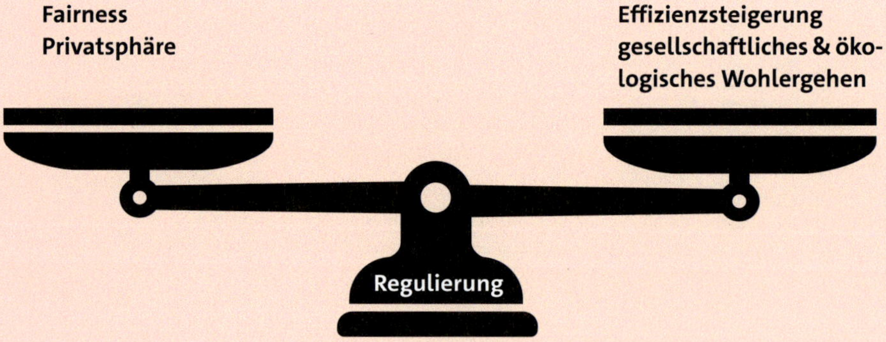

Abbildung 4

Zum Weiterlesen

L1 ChatGPT & Co – Training von Large Language Models

Seit der Chatbot ChatGPT-3 im Jahr 2022 der Öffentlichkeit kostenfrei zugänglich gemacht wurde, schnellten nicht nur seine Nutzerzahlen in die Höhe. Noch nie in der Geschichte wurde eine Anwendung in so kurzer Zeit von so vielen Menschen genutzt – selbst Smartphones verbreiteten sich zu ihrer Entstehungszeit nicht so schnell. Es entstand ein regelrechter KI-Hype, da die breite Bevölkerung zum ersten Mal die Auswirkungen von KI-Systemen sehen und erfahren konnte. Vielen Menschen war bis zu diesem Zeitpunkt nicht bewusst, welche Möglichkeiten KI-Systeme bereits boten.

Bei der zugrundeliegenden Technologie von Chatbots wie ChatGPT-3 spricht man von sogenannten Large Language Models (LLMs). „Large" bedeutet, dass es sich um sehr große KI-Systeme handelt, die eine Vielzahl von Parametern haben, welche während des Lernvorgangs optimiert werden müssen (z. B. Gewichte und Schwellenwerte in künstlichen neuronalen Netzen). Im Falle des GPT-3-Systems sind es 175 Milliarden solcher Parameter. Wie der zweite Teil des Namens („Language") andeutet, handelt es sich um Systeme, die in der Lage sind, natürliche Sprache zu verarbeiten. LLMs können beispielsweise dazu eingesetzt werden, Texte zu übersetzen, zusammenzufassen oder zu generieren.

Damit diese KI-Systeme richtig funktionieren, müssen sie aufwändig trainiert werden. Dabei können verschiedene Arten des maschinellen Lernens eingesetzt werden. Je nach Anwendungsfall umfasst das Training sowohl unüberwachtes, überwachtes als auch verstärkendes Lernen. Die genaue Ausgestaltung des Trainings hängt neben der Zielsetzung auch davon ab, auf welchem System die Entwickler bereits aufsetzen können. Um eine spezielle Anwendung für ein Unternehmen umzusetzen, kann man beispielsweise auf ein vorhandenes LLM zurückgreifen und das neue KI-System auf Basis des vorhandenen LLM passend trainieren.

Will man ein LLM für einen Chatbot umfassend und ohne vortrainiertes System entwickeln, können folgende Schritte durchgeführt werden:

- „Sprachverständnis" erwerben – selbstüberwachtes Lernen
  Auf Grundlage einer möglichst großen Menge an Texten wird das KI-System mithilfe des sogenannten selbstüberwachten Lernens trainiert. Diese Art des maschinellen Lernens kann zwischen unüberwachtem und überwachtem Lernen eingeordnet werden. Wie beim unüberwachten Lernen enthalten die Texte, welche von Webseiten, Foren, Nachrichtenartikeln, digitalisierten Büchern und anderen digital verfügbaren Quellen bezogen werden, zunächst kein Label. Beim Lernen kann das Label jedoch automatisch generiert werden, indem in einer Folge von Wörtern das letzte Wort als Label definiert wird. Vereinfacht ausgedrückt lernt das System zu berechnen, welches Wort nach einer bestimmten Textsequenz folgt. An die Folge „Die Katze jagt die ..." schließt beispielsweise das Wort „Maus" wahrscheinlich an. Das System entwickelt dabei dem Anschein nach ein gewisses Sprachverständnis. Letztlich handelt es sich dabei jedoch nur um die wahrscheinlichste Folge von Wörtern. Indem man (durch einen einstellbaren Parameter) festlegt, dass das Modell nach dem Training bei der Generierung neuer Texte nicht stets das häufigste, sondern auch weniger häufige Wörter berücksichtigt, erhöht man die Vielfalt der generierten Texte.
  Verwendet man als Trainingsdaten ungefilterte Texte aus Onlinequellen, so enthalten diese einige Verzerrungen (z. B. bösartige oder menschenverachtende Inhalte) oder Fehlinformationen (z. B. Fake News). Es besteht daher die Gefahr, dass diese unerwünschten Inhalte mitgelernt werden. Genau das passierte 2016, als Microsoft auf der Plattform Twitter den Chatbot Tay veröffentlichte. Nach bereits 16 Stunden musste der Bot wieder offline geschaltet werden, da er in kürzester Zeit begann, anzügliche und beleidigende Texte zu generieren. → 1.13
  Um solches Verhalten zu vermeiden, müssen weitere Schritte im Training und/oder dem Betrieb von LLMs durchgeführt werden.

- Expertentexte als Label – überwachtes Lernen
  Um das KI-System weiter zu optimieren, können menschliche Fachleute herangezogen werden. Es wird eine Frage bzw. Aufforderung an das System ausgewählt und das KI-System sowie ein Experte verfassen jeweils eine Antwort. Die Expertenantwort kann dann als Label im Vorgang des überwachten Lernens dienen. Es wird ermittelt, wie weit die Antwort des Systems von der Expertenantwort entfernt ist, und das System muss – im Fall von neuronalen Netzen mittels Backpropagation – die Parameter anpassen. Mitunter muss hier sehr viel Geld investiert werden, um die Expertinnen und Experten zu bezahlen.
  Das System erfüllt dann hohe Ansprüche, wenn seine generierten Antworten möglichst nah an den Expertenantworten liegen. Um den Einsatz für einen Chatbot noch weiter zu optimieren, kann dieses System im nächsten Schritt dazu genutzt werden, ein sogenanntes Belohnungssystem zu trainieren.
- Belohnungssystem trainieren – verstärkendes Lernen aus menschlichem Feedback
  Neben dem KI-System, welches Text erzeugt, wird ein zweites KI-System entwickelt. Dieses soll im Zusammenhang mit verstärkendem Lernen dazu eingesetzt werden, eine Belohnung (oder Bestrafung) zu generieren und so das erste System zu verbessern.
  Um dieses Belohnungssystem zu trainieren, generiert das Textsystem auf eine Eingabe mehrere Antwortmöglichkeiten. Ein Mensch bewertet die Antworten, indem er sie beispielsweise in eine Reihenfolge bringt (die beste Antwort zuerst, die schlechteste am Ende). Dieses menschliche Feedback kann dazu verwendet werden, das Belohnungssystem zu trainieren. Oft wird diese Art des Lernens als verstärkendes Lernen aus menschlichem Feedback, kurz RLHF (reinforcement learning from human feedback) bezeichnet. RLHF kann zum einen dazu eingesetzt werden, Systeme schneller lernen zu lassen. Zum anderen wird es oft verwendet, wenn man Emotionen oder menschliche Urteile abbilden möchte. Wann ist beispielsweise die Antwort eines Chatbots lustig? Ohne menschliches Feedback kann das nur schwer gelernt werden.
- Finale Optimierung des Chatbots – verstärkendes Lernen mit der Belohnungs-KI
  In einem letzten Schritt des Trainings kann das KI-Belohnungssystem (ein separates KI-Modell, das auf menschlichem Feedback trainiert wurde) eingesetzt werden, um das KI-System zur Texterzeugung mithilfe von verstärkendem Lernen zu trainieren. Dazu generiert letzteres einen Text für eine Anfrage. Dieser Text dient als Eingabe für das Belohnungssystem, welches eine Belohnung (oder Bestrafung) ausgibt. Diese wird dazu genutzt, das Textsystem zu optimieren.

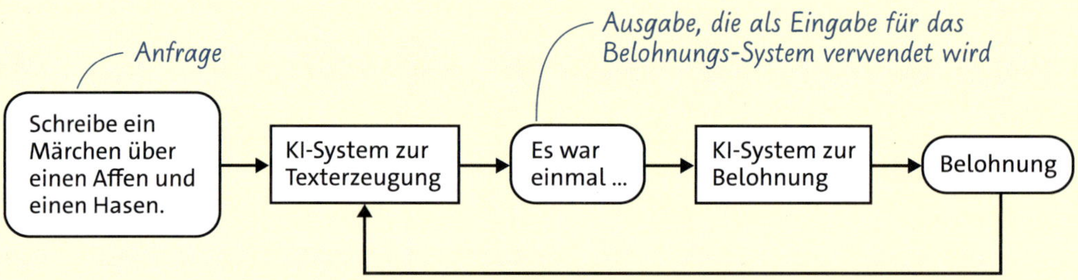

Abbildung 1

Im produktiven Einsatz ist denkbar, dass der Mensch, welcher den Chatbot nutzt, die Antworten bewertet und das System so noch weiter lernen kann.

2 Formale Sprachen

Nach diesem Kapitel können Sie ...

... Grammatiken zur Festlegung formaler Sprachen erzeugen.

... Wörter einfacher formaler Sprachen mit Automaten überprüfen.

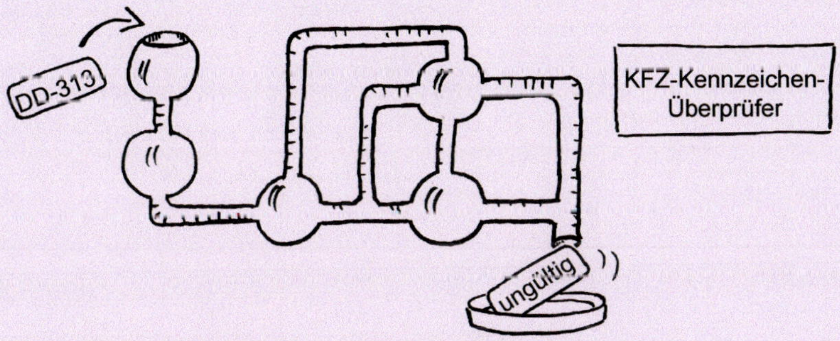

... die Grenzen endlicher Automaten erläutern.

2.1 Über Sprache kommunizieren: Syntax und Semantik

Die drei Abbildungen 1, 2 und 3 zeigen verschiedene Kommunikationssituationen. Analysieren Sie jeweils anhand folgender Aufgabenstellungen.

a Nennen Sie die verwendete Sprache.
b Gibt es Fehler, die gegen die Regeln der Sprache verstoßen? Falls ja, erläutern Sie diese knapp.
c Begründen Sie, ob in den drei Kommunikationssituationen Mehrdeutigkeiten auftreten können.
d Beschreiben Sie knapp ein mögliches Ziel der Kommunikation und entscheiden Sie, ob es erreicht wurde.
e Nennen Sie den Typ der Kommunikationspartner (Mensch oder Maschine) auf beiden Seiten.

Abbildung 1

```
def analysiereText(wörterliste):
    trefferzahl = 0

    for wort in wörterliste:
        if wort == "Bombe :
            trefferzahl += 1

    return trefferzahl
```

Code analysis
Unterminated string literal

Abbildung 2

telnet mail.example.com 25	
	220 service ready
HELO foobar.example.net	
	250 OK
MAIL FROM: <sender@example.org>	
	250 OK
RCPT TO: <receiver@example.com>	
	250 OK
DATA	
	354 start mail input
...	

Abbildung 3

Arten von Sprachen

In unserem Alltag ist Sprache ein wichtiger Bestandteil von Kommunikation. Dabei kann ein Sender Sprache nutzen, um Information darzustellen und an den Empfänger zu übermitteln. Natürliche Sprachen wie Deutsch, Englisch, Albanisch, aber auch Dialekte wie Bayerisch oder →Toskisch haben sich historisch entwickelt und entwickeln sich ständig weiter.

→Toskisch: Dialektgruppe im Süden Albaniens.

Kommunikationsschritte:
- Der Sender möchte eine bestimmte Information übertragen.
- Der Sender erzeugt eine Informationsdarstellung mithilfe einer Sprache und übermittelt diese.
- Der Empfänger gewinnt aus der Darstellung eine Information.

Typisch für natürliche Sprachen ist, dass sie Mehrdeutigkeiten enthalten können. Das kann zu Missverständnissen führen, aber auch bewusst genutzt werden, um unterschiedliche Informationen zu übermitteln. So wurde der Text des nachfolgenden Spirituals genutzt, um angesichts der menschenunwürdigen Behandlung unbemerkt Informationen weiterzugeben: Unterschiedliche Empfänger gewinnen aus dem Liedtext (Informationsdarstellung) eine unterschiedliche Information.

Abbildung 4

In vielen Bereichen ist eine sehr präzise und kompakte Kommunikation ohne Mehrdeutigkeit erwünscht. Deshalb wurden künstliche Sprachen wie die Elementschreibweise in der Physik oder Chemie, Notensymbole in der Musik, Programmiersprachen und QR-Codes in der Informatik entwickelt. Bei der Kommunikation zwischen Computern oder Mensch und Computer ist eine eindeutige Kommunikation sogar zwingend notwendig.

Abbildung 5

$$^{235}_{92}U \;+\; ^{1}_{0}n \;\longrightarrow\; ^{89}_{36}Kr^* \;+\; ^{144}_{56}Ba \;+\; 3 \cdot {}^{1}_{0}n$$

Abbildung 6

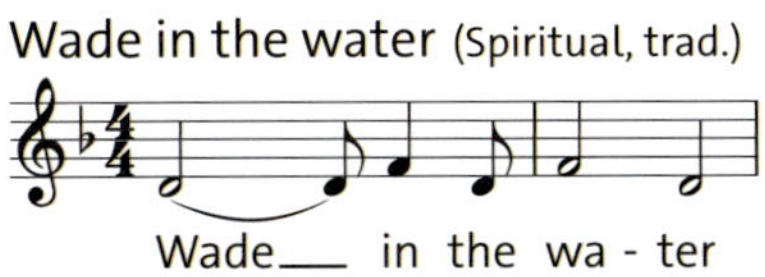

Abbildung 7

Die Beispiele zeigen, dass nicht nur Buchstaben Symbole einer Sprache sind. Künstliche Sprachen verwenden auch andere Symbole zur Informationsdarstellung.

Aufbau von Sprachen und Bedeutung von Wörtern

In natürlicher Sprache gibt es Regeln zur korrekten Verwendung der Wörter als Teile von Sätzen. Das Regelwerk dazu heißt Grammatik. Grammatiken natürlicher Sprachen haben als wesentlichen Bestandteil das Regelsystem vom Satzbau aus Wörtern, **Syntax** genannt.

Bei syntaktischen Fehlern und Mehrdeutigkeiten von Wörtern können sich Menschen trotzdem häufig die Bedeutung (**Semantik**) erschließen. Dies ist möglich, weil Kommunikation meist aus einem Kontext heraus erfolgt. So ist der Informationsaustausch zwischen Menschen auch bei kleineren Fehlern erfolgreich (siehe Abbildung 8).

Abbildung 8

Künstliche Sprachen dagegen sind so konstruiert, dass keine Mehrdeutigkeiten auftreten. Damit auch hier der Informationsaustausch erfolgreich ist, muss die Semantik aller verwendeten Zeichen klar festgelegt werden.

Fachgebiet	künstliche Sprache	Semantik
Chemie	CO_2	Ein Kohlenstoffdioxidmolekül besteht aus einem Kohlenstoffatom und zwei Sauerstoffatomen.

Informatik	`SELECT *`
	`FROM Kleidung`
	`WHERE geschlecht = "w"`
		Gib alle Informationen in der Tabelle Kleidung zu Kleidungsstücken aus, die dem weiblichen Geschlecht zugeordnet werden.

Musik		Spiele im 4/4 Takt d als Halbe- und übergebundene Achtelnote, danach f als Viertel- und d als Achtelnote.

Bei der Übersetzung von natürlicher Sprache in eine künstliche Sprache muss genau auf die Syntax geachtet werden, damit auch Maschinen als Empfänger der Information diese eindeutig interpretieren können. Folgende Tabelle zeigt mögliche Syntaxfehler zu den vorigen Beispielen:

Fachgebiet	künstliche Sprache	Syntaxfehler
Chemie	C^2O	Die Anzahl der Atome im Molekül steht tiefgestellt nach dem Atom.

Informatik	`FROM Kleidung`
	`SELECT *`
	`WHERE geschlecht = "w"`
		Die Tabellenangabe mit FROM muss nach der Spaltenauswahl mit SELECT erfolgen.

Musik		Die Angabe eines Taktes ist nötig. Bei der halben Note ist der Notenhals falsch (die halbe Note hat einen Hals ohne „Fähnchen“).

Auch wenn in den folgenden Kapiteln der Schwerpunkt auf der Syntax von Sprachen liegt, spielt die Semantik bei künstlichen Sprachen ebenfalls eine zentrale Rolle. Es ist darauf zu achten, dass syntaktisch korrekte Informationsdarstellungen keine semantischen Fehler wie in den Beispielen unten enthalten.

Fachgebiet	künstliche Sprache	semantischer Fehler
Chemie	CO_6	Es gibt kein stabiles Molekül mit einem Kohlenstoff- und sechs Sauerstoffatomen.

Informatik	`SELECT *`
	`FROM Kleidung`
	`WHERE größe = "Hose"`
		Es gibt den Wert „Hose“ in der Spalte „größe“ nicht.

Musik		In D-Moll ist der vierte Ton des Lieds „Wade in the water“ f statt c.

Formale Sprachen

Die syntaktische Korrektheit ist für eine Informationsverarbeitung durch Maschinen eine zwingende Voraussetzung. Deshalb gibt es in der Informatik ein eigenes Fachgebiet, die Theorie der **formalen Sprachen**, das sich ausschließlich mit allen Regeln und deren Anwendung zum Aufbau von korrekten Zeichenfolgen einer künstlichen Sprache beschäftigt.
Um die Syntax einer formalen Sprache festlegen zu können, müssen zunächst alle erlaubten kleinsten Bestandteile dieser Sprache festgelegt werden, die sogenannten **Zeichen** oder **Symbole**. Diese bilden zusammen eine endliche, nichtleere Menge, die als **Alphabet** bezeichnet wird. Einige Beispiele für Alphabete:

Einzelne Zeichen werden durch Anführungszeichen markiert.

A_1 = {"0", "1"}
A_2 = {"a", "b", "c", ..., "z", "A", "B", ..., "Z", "(", ")", "!"}
A_3 = {"falls", "dann", "sonst", "endefalls"}
A_4 = {"sin", "cos", "tan", "sqrt", "(", ")", "x", "+", " "}

Die Zeichen "sin", "cos" usw. in A_4 sind nicht teilbare Einheiten, Symbole oder auch →Token genannt.

Beispiel mit grafischer Verdeutlichung von Symbolen/Token bei A_4

Abbildung 9

→Token: engl. für Zeichen, Spielstein

Eine **Zeichenkette** ist eine endliche (eventuell leere) Folge von Zeichen aus dem Alphabet. Beispiele für Zeichenketten:

Zeichenkette k_1 über A_1: "1" "0" "0" "1" oder k_1 = 1001
Zeichenkette k_2 über A_2: "Z" "e" "i" "g" "e" " " "R" "e" "s" "p" "e" "k" "t" "!"
oder k_2 = Zeige Respekt!
Zeichenkette k_3 über A_3: "falls" "dann" "endefalls"
Zeichenkette k_4 über A_4: "sin" "(" "x" ")"
Zeichenkette k_5 mit null Zeichen – leeres Wort: ε

vereinfachte Darstellung bei Alphabeten, die nur aus Buchstaben und/oder Ziffern bestehen

Das Symbol für das leere Wort ist ε.

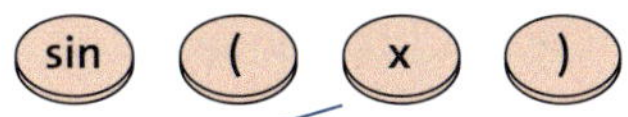

grafische Verdeutlichung von Symbolen/Token bei Zeichenkette k_4

Abbildung 10

Zeichenketten bezeichnet man in der Informatik häufig als Wörter, insbesondere bei Programmiersprachen auch als Sätze.

Die Länge |k| einer Zeichenkette k ist eine wichtige Größe, um die Zeichenkette zu charakterisieren. Sie ist gleich der Anzahl der Zeichen, die k enthält. Für k = ε gilt |k| = 0.

Die Menge aller Zeichenketten (Wörter), die sich über dem Alphabet A_1 bilden lassen, bezeichnet man als Wortmenge A_1^*. Möchte man die Zeichenketten von A_1^* aufzählen, empfiehlt es sich, als Systematik die Länge zu verwenden:
A_1^* = { ε, 0, 1, 00, 01, 10, 11, 000, 001, 010, 100, 011, 101, 110, 111, 0000, ...}
Es wird deutlich, dass die Wortmenge A_1^* unendlich viele Zeichenketten enthält.

Beachte: $|k_4| = 4$ bei A_4 die Token werden gezählt, aber $|k_4| = 6$ über A_2

Jede Teilmenge L von A_1^* heißt **formale Sprache** über dem Alphabet A_1.

Beispiele für formale Sprachen über A_1 sind:
L_1 = {} L_2 = {000}
L_3 = {0, 1} = „einstellige Binärzahlen"
L_4 = {0, 1, 10, 11, 100, 101, 110, 111, 1000, ...}
= „Menge aller Binärzahlen ohne führende Nullen"

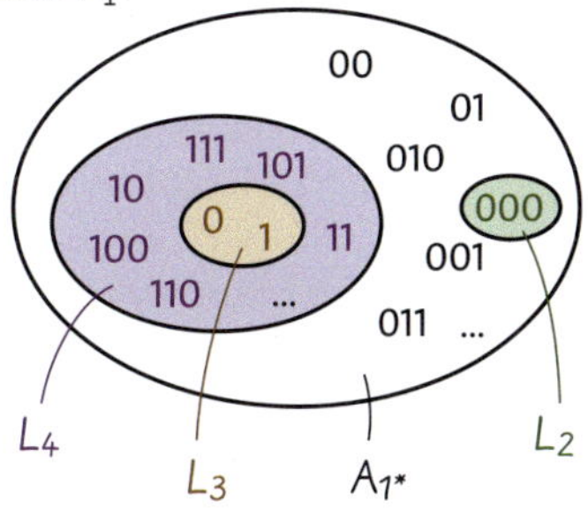

Abbildung 11

Willkürlich gewählte Teilmengen von A_1* wie L_1 und L_2 sind auch formale Sprachen.

Sprache dient als Mittel zur Kommunikation. Die **Syntax** regelt den Aufbau von Sprache aus Zeichen bzw. den Aufbau von Sätzen aus Wörtern. Die **Semantik** ist die Bedeutung der Zeichen, Wörter und Sätze.
Ein **Alphabet** ist eine beliebige endliche, nichtleere Menge, deren Elemente **Zeichen**, Symbole oder Token genannt werden. Eine **Zeichenkette** ist eine endliche (eventuell leere) Folge von Zeichen aus dem Alphabet.
Eine **formale Sprache** ist eine eindeutig festgelegte Menge von Zeichenketten, die aus Zeichen eines Alphabets zusammengesetzt sind. Formale Sprachen dienen u. a. zur Kommunikation zwischen Mensch und Maschine.

Aufgaben

1 Natürliche Sprachen

a Nennen Sie mindestens zwei Beispiele für Länder, in denen es mehrere gleichberechtigte Sprachen (nicht Dialekte) gibt.

b Bestimmen Sie die Semantik des folgenden Satzes: „Gehen mrgn Abnd PzzaEssn?“ Beschreiben Sie knapp, warum das Erkennen der Semantik trotz syntaktischer Fehler in vielen Fällen bei der Kommunikation mit natürlicher Sprache möglich ist.

2 Künstliche Sprachen

In diesem Kapitel wurden mehrere künstliche Sprachen vorgestellt.

a Nennen Sie drei weitere Beispiele und erklären Sie anhand einer konkreten Zeichenkette deren Syntax und Semantik.

b Notieren Sie in jeder Sprache aus a) ein syntaktisch falsches, aber (für uns Menschen) semantisch verständliches Wort. Kontrollieren Sie sich gegenseitig, indem Sie Ihren Vorschlag weitergeben: Nennen Sie die Semantik des erhaltenen Wortes und korrigieren Sie die Syntax.

c Notieren Sie nun in drei verschiedenen Sprachen ein syntaktisch korrektes, aber semantisch falsches Wort. Korrigieren Sie sich wie bei b) wieder gegenseitig.

3 Fehlersuche

Begründen Sie, welche der folgende Zeichenketten syntaktisch bzw. semantisch fehlerhaft sind.

a Molekülformel: i C^4H ii CH_4 iii C4H

b Schreibweise von Isotopen: i $^{233}_{95}U$ ii $^{92}_{235}U$ iii $^{238}U_{92}$

4 Geplante und ungeplante Missverständnisse

a Recherchieren Sie einen Witz, dessen Pointe auf Mehrdeutigkeit beruht.

b Bei einem Interview im deutschen Fernsehen sagte George Lucas (Regisseur von Star Wars) auf Wunsch einen zentralen Satz aus den Filmen: „May the force be with you!“. Der Simultandolmetscher übersetzte dies mit: „Am 4. Mai sind wir bei Ihnen.“ Erläutern Sie knapp, wie der Übersetzungsfehler zustande gekommen ist.

5 Syntaxfehler mit schwerwiegenden Folgen

Folgender Satz der deutschen Sprache ist syntaktisch falsch, weil die Reihenfolge der Wörter durcheinandergewürfelt wurde.

„Diese nicht Passage weil hat hochzuklettern Felswand ist einfach steile eine sie.“
Erläutern Sie, warum nur durch das Korrigieren der syntaktischen Fehler keine eindeutige Semantik herstellbar ist.

6 Mehrdeutigkeiten in der deutschen Sprache

Erklären Sie jeweils die Mehrdeutigkeit der folgenden nicht eindeutigen Ausdrücke bzw. Sätze:

- **a** Schimmel
- **b** Wachstube
- **c** siehe Abbildung 12
- **d** Berechne den Wert der Funktion e hoch x plus 3 an der Stelle 5.
- **e** Nennen Sie mindestens zwei weitere Beispiele.

Abbildung 12

7 Semantik von Arbeitszeugnissen

In Arbeitszeugnissen dürfen insbesondere zum Verhalten keine direkt negativen Aussagen formuliert werden. Da Arbeitgeber dennoch zu wahren Aussagen verpflichtet sind, bedient man sich Formulierungen, die positiv klingen, jedoch Defizite beschreiben. Recherchieren Sie zwei solche Bemerkungen in Arbeitszeugnissen und ihre Bedeutung.

8 Zeichenkette, Länge, formale Sprache

Gegeben ist das Alphabet A = {"sin", "cos", "sqrt", "(",")", "x", "+"}
Hinweis: Bei den Teilaufgaben sind vereinfachend die einzelnen Zeichen des Alphabets nicht durch Anführungszeichen eingerahmt, sondern durch Leerzeichen getrennt.

- **a** Überprüfen Sie, welche der folgenden Zeichenketten sich nicht über dem Alphabet A bilden lassen. Begründen Sie Ihre Antwort knapp!
  i sin cos   ii tan (x)   iii (sin (x)) ^{2} + (cos (x)) ^{2} iv sqrt (sin (x) + cos (x))
- **b** Geben Sie 5 mögliche Zeichenketten der Länge 2 über dem Alphabet A an. Berechnen Sie die Anzahl aller möglichen Zeichenketten der Länge 2.
- **c** Geben Sie die Anzahl der Elemente der Wortmenge A* an und begründen Sie knapp.
- **d** Notieren Sie die formale Sprache der korrekten mathematischen Ausdrücke über A, wobei die Länge jeder Zeichenkette genau drei sein muss.
- **e** Geben Sie ein alternatives Alphabet A' an, mit dem sich ebenfalls die Zeichenkette sin(x) bilden lässt. A' sollte nicht einfach eine Teilmenge von A sein und die Zeichenkette sin(x) soll hinsichtlich A' eine von 4 verschiedene Länge haben.
- **f** Die Bedeutung von Wort ist in der natürlichen Sprache anders als bei formalen Sprachen. Erläutern Sie dies knapp am Beispiel k_2 aus dem Lehrtext S. 77. Gehen Sie dabei auch auf die Wortanzahl ein.

9 RGB-Farbe als formale Sprache

- **a** Erklären Sie anhand des Beispiels in Abbildung 13 die Syntax von RGB-Farbdefinitionen. Recherchieren Sie, falls nötig.
- **b** Begründen Sie, dass es sich dabei um eine formale Sprache über dem Alphabet A_{RGB} handelt und geben Sie als Teil der Erklärung das Alphabet A_{RGB} an.
- **c** Nennen Sie zwei Zeichenketten aus A_{RGB}^*, die nicht zu dieser formalen Sprache gehören.
- **d** Begründen Sie, warum in dieser Sprache für die einzelnen Farbwerte ggf. auch führende Nullen verwendet werden.

#9900BB

Abbildung 13

2.2 Gültige Zeichenketten produzieren: Grammatik

→ Wortverschmelzung aus Emotion und Icon

;-)

:-D

:O

Als →Emoticons werden Kombinationen von ASCII-Textzeichen bezeichnet, über die man in kurzen Textnachrichten Gefühle oder Stimmungen darstellen kann. Folgende zehn Regeln legen eine beschränkte Anzahl von Emoticons fest:

R1	Emoticon	= Augen Mitte Mund.	R6	Mund	= ")".
R2	Augen	= ":".	R7	Mund	= "D".
R3	Augen	= ";".	R8	Mund	= "(".
R4	Mitte	= "-".	R9	Mund	= "O".
R5	Mitte	= ε.			

Zum Erzeugen eines gültigen Emoticons beginnt man immer mit dem Startsymbol *Emoticon*. Danach werden in den Regeln links notierte Symbole ersetzt, bis keine Regelanwendung mehr möglich ist. Folgendes Beispiel zeigt die Produktion eines Emoticons:

$$\text{Emoticon} \xrightarrow{R1} \text{Augen Mitte Mund} \xrightarrow{R2} \text{":" Mitte Mund} \xrightarrow{R5} \text{":" Mund} \xrightarrow{R9} \text{":" "O"}$$

a Begründen Sie knapp, warum so erzeugbare Emoticons eine formale Sprache bilden, und nennen Sie das Alphabet dazu.

b Erzeugen Sie ein weiteres gültiges Emoticon und notieren Sie die Folge der angewendeten Regeln.

c Nennen Sie eine Zeichenkette über dem gleichen Alphabet, die nicht zur Sprache gehört.

d Bestimmen Sie die Anzahl der Zeichenketten der Sprache und begründen Sie, dass die Länge 3 einer Zeichenkette nicht überschritten werden kann.

e Geben Sie die Semantik des Beispielemoticons oben an. Beurteilen Sie, ob die Regeln die Syntax der Sprache, ihre Semantik oder beides festlegen.

Molkereinummern

Lebensmittelkennzeichnungen sind für Verbraucher wichtig, um sich über die Art des Produkts, Hersteller, Zutaten und Mindesthaltbarkeit informieren zu können. Bei Molkereiprodukten ermöglicht eine standardisierte Buchstaben-Zahlenkombination die Identifikation der Molkerei, auch wenn diese als Text nicht angegeben ist. Da es für die Syntax dieser Kennzeichnung Festlegungen gibt, handelt es sich um eine formale Sprache.

Abbildung 1

Nach den folgenden **Regeln** können in Deutschland gültige Molkereinummern erzeugt werden:

Nichtterminale *(Platzhalter), die durch Regeln genauer erklärt werden müssen.*

Terminale *– einzelne Bestandteile der gültigen Zeichenkette, gekennzeichnet durch Anführungszeichen*

R1 Molkereinummer = "DE" Bundesland Betriebsnummer Europa.
R2 Bundesland = "BB" | "BE" | "BW" | "BY" | "HB" | "HE" | "HH" | "MV" | "NI" | "NW" | "RP" | "SH" | "SL" | "SN" | "ST" | "TH".
R3 Betriebsnummer = Ziffer Ziffer Ziffer | Ziffer Ziffer Ziffer Ziffer Ziffer.
R4 Europa = "EG" | "EU".
R5 Ziffer = "0" | "1" | … | "9".

„oder"

„Ende der Regel"

Regelnummer

Erzeugen gültiger Zeichenketten

Das erste Nichtterminal, bei dem mit der Produktion einer gültigen Zeichenkette begonnen wird, nennt man **Startsymbol**. Im Beispiel ist dies Molkereinummer. Nun wendet man schrittweise Regeln an, indem man die linke Seite durch eine Alternative der rechten Seite ersetzt, bis kein Nichtterminalsymbol mehr vorhanden ist:

R1
Molkereinummer → "DE" Bundesland Betriebsnummer Europa
R2
→ "DE" "BY" Betriebsnummer Europa
R3
→ "DE" "BY" Ziffer Ziffer Ziffer Europa
R4
→ "DE" "BY" Ziffer Ziffer Ziffer "EG"
R5 (drei Mal)
→ "DE" "BY" "1" "1" "7" "EG"

Es gibt unterschiedliche Folgen von Regelanwendungen, die zur gleichen gültigen Zeichenkette führen. Für das Beispiel oben wäre auch die Folge R1, R3, R5, R2, R5, R4, R5 möglich. Die Struktur einer Ableitung kann in einem **Ableitungsbaum** grafisch dargestellt werden (siehe Abbildung 2). Da im Gegensatz zur schrittweisen Ableitung dort pro Ebene mehrere Regeln gleichzeitig angewendet werden können, kann ein Ableitungsbaum unterschiedliche Ableitungen visualisieren.

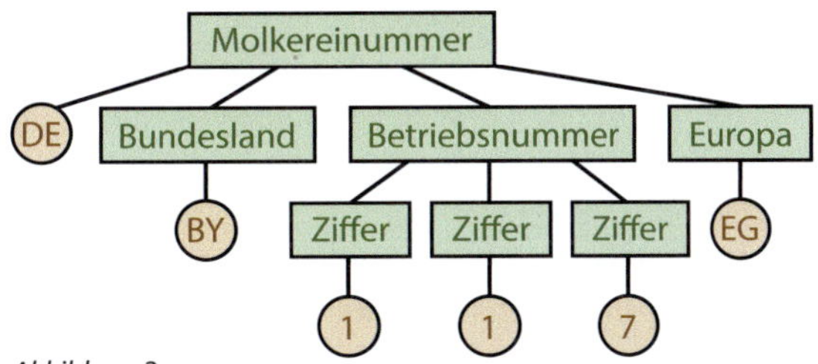

Abbildung 2

Grammatik einer formalen Sprache

Formale Sprachen werden bei der Kommunikation mit bzw. zwischen Maschinen eingesetzt. Sie müssen vor dem Beginn der Kommunikation festgelegt werden. Eine Definition durch die Aufzählung aller zugehörigen Zeichenketten ist nicht praktikabel. Genauso ist das Formulieren von Syntaxregeln in natürlicher Sprache für Computer in der Regel nicht auswertbar. Aus diesen Gründen werden in der Informatik **Grammatiken** zur Beschreibung formaler Sprachen verwendet. Jede Grammatik besteht aus folgenden vier Bestandteilen:

- Menge von Nichtterminalen
- Menge von Terminalen (Alphabet)
- Menge von Regeln
- einem Nichtterminal als Startsymbol

Rekursive Regeln

Es gibt Sprachen mit unendlich vielen gültigen Zeichenketten, z. B. die Sprache der Binärzahlen. Die Anzahl der Regeln einer Grammatik muss jedoch immer begrenzt sein. Damit aus endlich vielen Regeln eine unendliche Menge an Zeichenketten produziert werden kann, können Regeln auf der rechten Seite auch das Nichtterminal enthalten, welches auf der linken Seite steht (rekursive Regel). So kann im Beispiel der Binärzahlen eine n-stellige Binärzahl durch das n-malige Anwenden einer rekursiven Regel (hier R1) erzeugt werden:

R1 **Binärzahl** = Ziffer | **Binärzahl** Ziffer.
R2 Ziffer = "0" | "1".

In der Informatik dient eine **Grammatik** zur eindeutigen Festlegung einer formalen Sprache. Bestandteile einer Grammatik sind **Nichtterminale**, **Terminale**, **Regeln** und ein **Startsymbol**. Ausgehend vom Startsymbol können durch Folgen von Regelanwendungen gültige Zeichenketten **produziert (abgeleitet)** werden. Eine Ableitung kann auch als **Ableitungsbaum** dargestellt werden.

Aufgaben

1 Molkereinummer

a Geben Sie zur Grammatik aus dem Lehrtext eine syntaktisch korrekte Zeichenkette (mit Ableitung) an, die semantisch keinen Sinn ergibt (ggf. kurz recherchieren).

b Ändern bzw. ergänzen Sie die Regeln so, dass folgende Besonderheit aus Bayern berücksichtigt wird: Die erste Ziffer der Betriebsnummer gibt einen Rückschluss auf den Regierungsbezirk: 1 für Oberbayern; 2 für Niederbayern; ...; 7 für Schwaben.

c Für Schnelle: Supermärkte haben neben Markenprodukten auch Eigenmarken, die deutlich günstiger sind. Notieren Sie sich die Molkereinummer eines Eigenmarken-Milchprodukts und recherchieren Sie die zugehörige Molkerei.

2 Kfz-Kennzeichen

Autokennzeichen in Deutschland haben vereinfacht folgenden Aufbau:

- Ein bis drei Buchstaben kennzeichnen den Verwaltungsbezirk, in dem das Fahrzeug angemeldet ist, z. B. N für die Stadt Nürnberg oder BAR für den Landkreis Barnim.
- Ein bis zwei Buchstaben und eine ein- bis vierstellige Zahl (ohne führende Nullen!) dienen als Erkennungsnummer zur Identifikation des Fahrzeugbesitzers.
- Unterscheidungszeichen und Erkennungsnummer sind durch Plaketten getrennt. In dieser Aufgabe wird ein Bindestrich als Trennzeichen verwendet.

a Entscheiden Sie, welche der folgenden Autokennzeichen syntaktisch falsch sind, und begründen Sie dies knapp.
i AN – NA 1998 ii FÜ – R 48484 iii P1 – JO 42
iv LAU – T 9999 v INF – 12 PC^ vi siehe Abbildung 3

Abbildung 3

b Begründen Sie, warum das Autokennzeichen TOR – TE 3 syntaktisch korrekt, aber semantisch falsch ist. Zur Begründung benötigen Sie eine kurze Recherche.

c Geben Sie eine Grammatik an, welche die Syntax von Autokennzeichen beschreibt.

3 Rekursive Produktionsregeln

a Die Regeln einer Grammatik werden oft auch als Produktionsregeln bezeichnet. Begründen Sie knapp, warum Produktionsregel ein sehr passender Begriff ist.

b Die Abbruchbedingung und das Rekursionsende sind wichtige Bestandteile der Rekursion bei einem Algorithmus. Erklären Sie knapp am Beispiel der Binärzahlen aus dem Lehrtext, ob bzw. wo diese Bestandteile bei rekursiven Regeln enthalten sind.

c Erstellen Sie eine Grammatik für natürliche Zahlen ohne führende Nullen.

d Gegeben sind folgende zwei Regeln einer Grammatik mit den Terminalen {"a", "b", "l"}, den Nichtterminalen {A, B} und dem Startsymbol B:
R1 B = "b" "l" | "b" "l" A . R2 A = "a" | "a" B .

i Leiten Sie jeweils gültige Zeichenketten der Längen 6, 8 und 9 ab. Geben Sie dabei die Folge der Regelanwendungen an.

ii Beschreiben Sie in Worten, welche Sprache durch die Grammatik festgelegt wird.

iii Begründen Sie, dass es sich hier auch um rekursive Regeln handelt, obwohl das Nichtterminal der linken Seite nicht auf der rechten Seite der Regeln enthalten ist.

4 Uhrzeiten

Öffnen Sie die App zur Visualisierung von Ableitungen und laden Sie über die Beispielsammlung die Grammatik zu den Uhrzeiten.

a Versuchen Sie, folgende Uhrzeiten abzuleiten: 08:08, 9:25, 10.42, 11:59, 12:73
Vergleichen Sie bei Erfolg den Ableitungsbaum mit der schrittweisen Regelanwendung. Notieren Sie bei Misserfolg die Regelanwendungen bis zur Problemstelle (ggf. müssen Sie dies händisch machen).

b Beschreiben Sie in Worten, welches Uhrzeitenformat als formale Sprache durch die Grammatik festgelegt wird.

c Leider haben die Nichtterminale keine besonders aussagekräftigen Namen. Geben Sie bessere Bezeichner an.

d Die letzte Produktionsregel kann entfernt werden, wenn man an einer anderen Regel Korrekturen vornimmt. Nennen Sie die Nummer der Regel und die korrigierte Fassung.

5 Sprachrätsel

Eine Grammatik mit den Terminalen {"a", "h", "n"}, dem einzigen Nichtterminal S, das gleichzeitig das Startsymbol ist, hat nur folgende eine Regel:

R1 S = ε | "a" | "n" | "a" S "a" | "n" S "n".

a Leiten Sie jeweils gültige Zeichenketten der Längen 3 bis 6 ab.

b Beschreiben Sie in Worten, welche Sprache durch die Grammatik festgelegt wird.

6 Crystalball-Stäbe (Abitur 2016)

Der Glaskünstler Steve Crystalball stellt im Rahmen einer Gartenschau seine berühmten Crystalball-Stäbe aus. Diese bestehen aus übereinander auf einer Stange aufgereihten schwarzen und weißen Glaskugeln. Das Markenzeichen dieser Stäbe ist, dass sie aus mindestens zwei Glaskugeln bestehen und die Farbe der obersten Kugel bereits weiter unten vorgekommen ist.

a Begründen oder widerlegen Sie, ob es sich bei den (...) abgebildeten Stäben um Crystalball-Stäbe handelt (Abbildung 4).

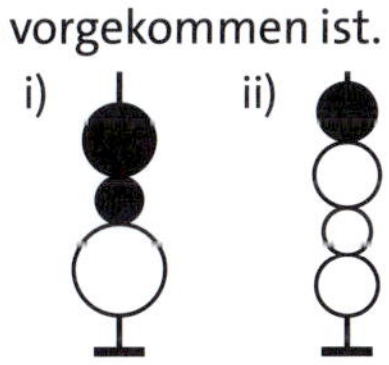

Abbildung 4

Die Menge der bei den Crystalball-Stäben erlaubten Glaskugel-Mustern kann als Sprache L über dem Alphabet A = {s, w} interpretiert werden. Dabei steht s für eine schwarze und w für eine weiße Kugel; das erste Zeichen eines Wortes von L entspricht der untersten Kugel. (...)

b Gegeben ist die Grammatik G mit A = {"s", "w"}, N = {Stab, S, W, Z}, dem Startsymbol Stab und den folgenden Produktionsregeln:

R1 Stab → "s" S | "w" W.
R2 S → "s" S | "w" Z | "s".
R3 W → "w" W | "s" Z | "w".
R4 Z → "s" | "w".

Zeigen Sie am Beispiel des Wortes "swss", dass die Sprache L nicht durch die Grammatik G beschrieben wird.

c Ändern Sie die Grammatik G aus b) so ab, dass die Sprache L beschrieben wird.

2.3 Notation für Regeln variieren: EBNF und Syntaxdiagramm

Die Syntaxregeln von Euro-Geldbeträgen werden mit folgenden Regeln festgelegt:

R1	Euro-Geldbetrag	= Eurobetrag "." Centbetrag "€" | Eurobetrag "€" .
R2	Eurobetrag	= "0" | Ziffer1 | Ziffer1 Ziffer3 .
R3	Centbetrag	= Ziffer2 Ziffer2 .
R4	Ziffer1	= "1" | "2" | ... | "9" .
R5	Ziffer2	= "0" | Ziffer1 .
R6	Ziffer3	= Ziffer2 | Ziffer2 Ziffer3 .

a Beschreiben Sie die Vorgaben an die Syntax in Worten.

b Vergleichen Sie die Darstellung der Regeln oben mit den unten stehenden Darstellungen als Syntaxdiagramm (Abbildung 1) und der Regelbeschreibung in der erweiterten Backus-Naur-Form. Benennen Sie Unterschiede und Gemeinsamkeiten und notieren Sie Ihre Vermutung zur Bedeutung der neuen Metazeichen.

c Für Schnelle: Erläutern Sie knapp Vor- und Nachteile der unterschiedlichen Darstellungen.

Syntaxdiagramm

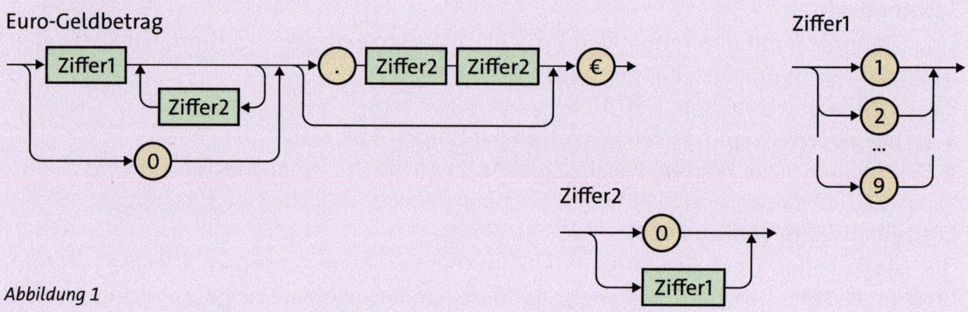

Abbildung 1

Regeln in der erweiterten Backus-Naur-Form (mit Metazeichen)

R1	Euro-Geldbetrag	= Eurobetrag ["." Centbetrag] "€" .
R2	Eurobetrag	= "0" | Ziffer1 {Ziffer2} .
R3	Centbetrag	= Ziffer2 Ziffer2 .
R4	Ziffer1	= "1" | "2" | ... | "9" .
R5	Ziffer2	= "0" | Ziffer1 .

E-Mail-Adressen

Im Gegensatz zur Postanschrift kann man sich seine eigene E-Mail-Adresse innerhalb gewisser syntaktischer Vorgaben selbst aussuchen. Die Syntaxregeln basieren auf internationalen Absprachen (RFC 819), auf Vorschriften der Organisationen (→NIC), die →Top-Level-Domains verwalten, und Vorgaben der Internetdienstanbieter (Provider). In diesem Kapitel gelten folgende vereinfachende Vorgaben, die sich an den länderspezifischen Top-Level-Domains orientieren.

→ NIC, network information center

→ Top-Level-Domain: höchste Ebene der Domänennamenshierarchie, z. B. „de“ für Deutschland oder „org“ für nichtkommerzielle Organisationen.

- Eine E-Mail-Adresse besteht aus einer Benutzerkennung, dem @-Zeichen und dem Namen einer Internet-Domäne.
- Die Benutzerkennung muss mindestens ein Zeichen lang sein. Als Zeichen dürfen Buchstaben, Zahlen und als Sonderzeichen Punkte, Binde- und Unterstriche verwendet werden. Vereinfachend findet hier eine Beschränkung auf die 26 Kleinbuchstaben statt, also keine

Umlaute. (Zwischen Klein- und Großbuchstaben wird bei E-Mail-Adressen ohnehin nicht unterschieden.)
- Die Internet-Domäne setzt sich zusammen aus mindestens einer Subdomain, gefolgt von einer Top-Level-Domain. Die Bestandteile der Internet-Domäne sind jeweils durch einen Punkt getrennt.
- Die Top-Level-Domain muss aus zwei oder drei Buchstaben zusammengesetzt sein.
- Jede Subdomain darf Buchstaben, Zahlen und den Bindestrich enthalten. Die minimale Länge ist eins; an erster und letzter Stelle ist kein Bindestrich erlaubt.

Nach diesen Vorgaben sind folgende E-Mail-Adressen korrekt:
anna@ceo.beispiel.de   gerd.nehr@it-sec.beispiel.de   mail@infohausen.de
Die E-Mail-Adressen der nächsten Zeile sind syntaktisch falsch:
jim@-it-head-.beispiel.de   gerd@nehr@it_sec.beispiel.de   ??@infohausen.de

Regeln mit Metazeichen: EBNF

Die Syntaxregeln für E-Mail-Adressen sind (trotz der Vereinfachungen) komplex. Die Verwendung von sogenannten **Metazeichen**, die innerhalb der Sprachdefinition konkrete Bedeutungen haben, aber nicht zur erzeugten Sprache gehören, ermöglicht bzw. erleichtert eine Formulierung der Regeln:

Trennzeichen =
grenzt das zu erklärende Nichtterminal (linke Seite) von seiner Erklärung (rechte Seite) ab

Regelende .
ermöglicht Regeln mit unterschiedlicher Zeilenanzahl (bekannt aus 3.2)

Wiederholungsklammer { }
Inhalt kann keinmal, einmal oder mehrfach vorkommen

Alternative |
bekannt aus 3.2

Optionsklammer [ ] .
Inhalt kommt keinmal oder einmal vor

R1 E-Mail-Adresse = Benutzerkennung "@" Domain .
R2 Benutzerkennung = Einzelzeichen { Einzelzeichen } .
R3 Einzelzeichen = Buchstabe | Ziffer | "." | "_" | "-" .
R4 Ziffer = "0" | "1" | ... | "9" .
R5 Buchstabe = "a" | "b" | ... | "z" .
R6 Domain = Subdomain { "." Subdomain } "." Top-Level-Domain .
R7 Top-Level-Domain = Buchstabe Buchstabe [Buchstabe] .
R8 Subdomain = (Buchstabe | Ziffer) |
(Buchstabe | Ziffer) { Buchstabe | Ziffer | "-" } (Buchstabe | Ziffer) .

Gruppierungsklammer ( )
Auswertung innerhalb muss zuerst stattfinden, wie bei Klammern in der Mathematik

Die hier verwendete Beschreibungsform für Grammatikregeln, die neben der Alternative und der Gruppierungsklammer auch die Options- und Wiederholungsklammer erlaubt, nennt man →**erweiterte Backus-Naur-Form** (EBNF). Ohne die Options- und Wiederholungsklammer müsste die Regel R8 oben umfangreicher und mit Rekursion formuliert werden:

→ John W. Backus, 1924 – 2007

Peter Naur, 1924 – 2016

R8′ Subdomain = SubdomainAnfangEnde |
SubdomainAnfangEnde SubdomainMitte SubdomainAnfangEnde.
R9′ SubdomainAnfangEnde = Buchstabe | Ziffer.
R10′ SubdomainMitte = Buchstabe | Ziffer | "-" | Buchstabe SubdomainMitte
| Ziffer SubdomainMitte | "-" SubdomainMitte .

Grafische Darstellung als Syntaxdiagramm

Neben einer Festlegung von Syntaxregeln einer formalen Sprache als Text ist auch eine grafische Darstellung als Syntaxdiagramm möglich. Gerade bei umfangreichen Grammatiken ist es für Menschen oft einfacher, mithilfe dieser grafischen Darstellung eine syntaktisch korrekte Zeichenkette zu erstellen.

Im Syntaxdiagramm werden Nichtterminale als Rechtecke und Terminale als Kreise dargestellt. Oberhalb jeder Regel wird notiert, welches Nichtterminal erklärt wird.

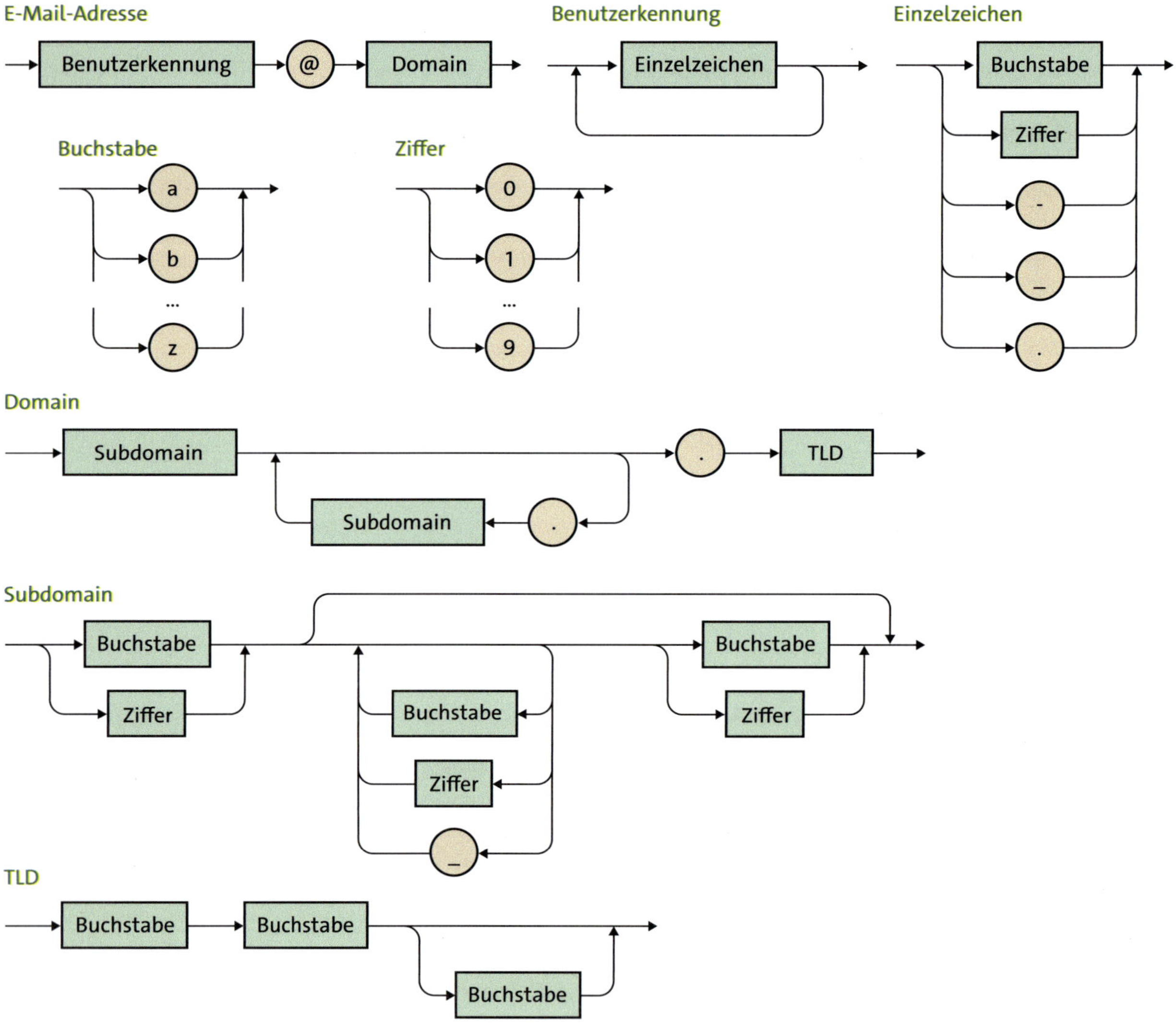

Abbildung 2

Die Pfeile im Syntaxdiagramm dienen zur Ableitung einer gültigen Zeichenkette, indem man etwa beim Beispiel in Abbildung 2 wie folgt vorgeht:

- Man beginnt mit dem Pfeil am linken Rand des ersten Nichtterminals (hier E-Mail-Adresse).
- Entlang der Linien sind alle Wege unter Beachtung der Pfeilrichtung erlaubt.

- Erreicht man ein Nichtterminal, dann „springt" man in die zugehörige Regel.
  Die „Absprungstelle" muss man sich merken, denn ist die Regelanwendung für das Nichtterminal beendet, dann muss man an diese Absprungstelle zurückkehren und dort fortfahren.
- Eine Regelanwendung ist beendet, wenn man am rechten Pfeilende angelangt ist. Erreicht man ein Terminal, so wird dieses als Bestandteil der gültigen Zeichenkette notiert.
- Befindet man sich am rechten Pfeilende der ersten Regel, dann ist die gesamte Ableitung beendet.

Abbildung 3 zeigt die ersten Schritte der Ableitung der E-Mail-Adresse gerd.nehr@it-sec.beispiel.de mithilfe des Syntaxdiagramms.

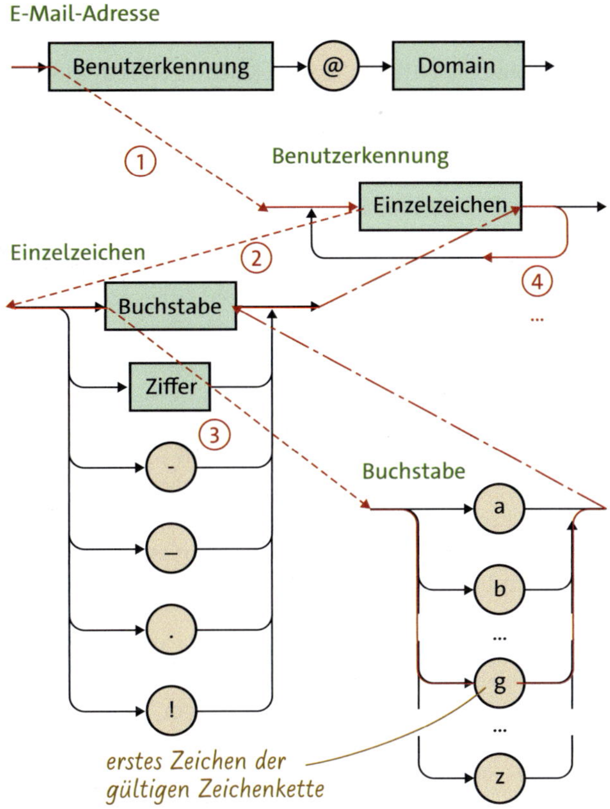

Abbildung 3

Syntaxregeln können mithilfe der **erweiterten Backus-Naur-Form (EBNF)** formuliert werden. In der EBNF sind neben den **Metazeichen** =, |, . und der Gruppierungsklammer ( ) auch { } für eine Wiederholung sowie [ ] für eine Option zugelassen.
Syntaxdiagramme ermöglichen eine grafische Darstellung von Syntaxregeln.
Jede EBNF lässt sich in ein Syntaxdiagramm übersetzen und umgekehrt.

Aufgaben

1 Datum

Für Datumsangaben gibt es unterschiedliche Formate; folgendes Beispiel zeigt eine Möglichkeit: 6. Dezember 2027.

a Begründen Sie, warum es sich bei der Menge aller Datumsangaben dieser Form um eine formale Sprache handelt.

b Legen Sie mithilfe einer Grammatik die Syntax dieses Datumformats fest. Formulieren Sie die Grammatikregeln in EBNF.

c Ergänzen Sie die Grammatik aus b) so, dass optional zum Datum noch eine fünfstellige Zeitangabe (Minuten und Stunden getrennt durch einen Doppelpunkt) hinzugefügt werden kann.

d „6-12-2027" ist ein zu oben alternatives Datumsformat. Begründen Sie knapp, warum dieses Format semantisch zu Schwierigkeiten führen kann, insbesondere bei der Kommunikation zwischen Personen aus Europa und den USA.

2 Zahlen

Beschreiben Sie mithilfe von EBNF folgende Zahlenmengen:

a natürliche Zahlen **b** ganze Zahlen

c gerade ganze Zahlen **d** Kommazahlen

e Ohne Options- und Wiederholungsklammer können mit den folgenden Regeln ganze Zahlen beschrieben werden:

R1 GanzeZahl = Positive Zahl | "-" Positive Zahl | "0".
R2 Positive Zahl = ZifferOhneNull Ziffernfolge.
R3 Ziffernfolge = ε | Ziffer Ziffernfolge.
R4 Ziffer = "0" | ZifferOhneNull.
R5 ZifferOhneNull = "1" | "2" | "3" | "4" | "5" | "6" | "7" | "8" | "9" .

Vergleichen Sie die Produktionsregeln mit einer Lösung, die Options- und Wiederholungsklammern verwendet. Bewerten Sie hinsichtlich Umfang und Übersichtlichkeit.

3 Postadresse

Beschreiben Sie den Aufbau einer Adresse mithilfe von EBNF. Regeln zu den Nichtterminalen Buchstabe, ZifferOhne0 und Ziffer müssen Sie nicht formulieren.

4 Tabellenkalkulationssysteme (aus Abi 2021 – Teil 1)

Formeln in Tabellenkalkulationssystemen enthalten häufig Zellbezüge, die durch Angabe einer Spalte (A, B, ..., Z, AA, AB, ..., AZ, BA, BB, ..., BZ, ...,ZZ, AAA, AAB, ...) gefolgt von der Angabe einer Zeile (1, 2, 3, ...) eine Zelle eindeutig bestimmen. Zusätzlich kann in einem Zellbezug sowohl vor dem Spaltenbezeichner als auch vor dem Zeilenbezeichner jeweils ein Dollarzeichen stehen. Beispielsweise sind GP$7 und C22 korrekte Zellbezüge.
Die Sprache L enthält alle Zellbezüge, bei denen nur Spalten von A bis ZZ (in Großbuchstaben) und Zeilen von 1 bis 999 (ohne führende Nullen) einschließlich möglicher Dollarzeichen zur Verfügung stehen.

a Notieren Sie die Produktionsregeln einer Grammatik, die L erzeugt, in einer formalen Textnotation (z. B. in EBNF).

b Manche Tabellenkalkulationssysteme stellen standardmäßig $2^{10} = 1024$ Spalten zur Verfügung. In diesem Fall enden die Spaltenbezeichner bei AMJ.
Geben Sie ein Syntaxdiagramm an, das solche Spaltenbezeichner korrekt erzeugt.

5 Vom Syntaxdiagramm zur EBNF

a Geben Sie die EBNF-Regeln zum Syntaxdiagramm in Abbildung 4 an.

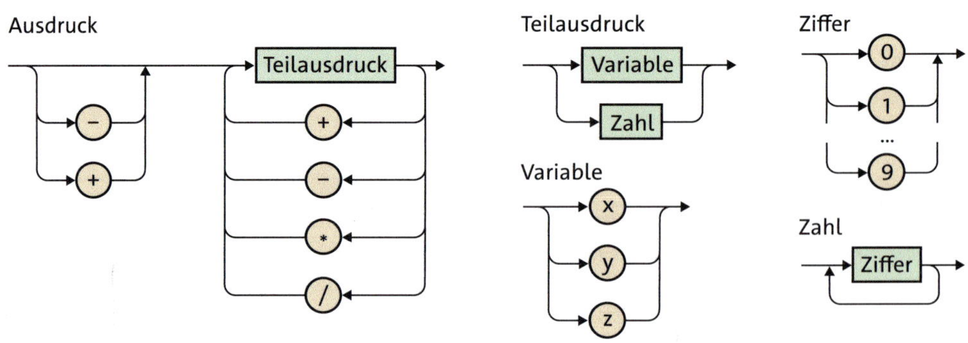

Abbildung 4

b Nennen Sie zwei syntaktisch korrekte Zeichenketten der beschriebenen Sprache. Die Zeichenketten müssen so gewählt sein, dass jeder Teil des Syntaxdiagramms bzw. jede Regel der EBNF für ihre Ableitung mindestens einmal verwendet werden muss.

c Beschreiben Sie knapp, welche formale Sprache durch das Syntaxdiagramm festgelegt wurde. Erläutern Sie knapp die Semantik der Option, die in einer Regel vorkommt.

6 Semantik formaler Sprachen

Folgende Regeln legen die Syntax einer Programmiersprache zur Steuerung eines Turtle-Objekts fest.

R1 Programm = Sequenz .
R2 Sequenz = (Anweisung | Wiederholung) { " " (Anweisung | Wiederholung) } .
R3 Anweisung = VorwärtsGehen | RechtsDrehen | LinksDrehen .
R4 VorwärtsGehen = "F" "(" Länge ")" .
R5 RechtsDrehen = "–" "(" Winkel ")" .
R6 LinksDrehen = "+" "(" Winkel ")" .
R7 Länge = Zahl .
R8 Winkel = Zahl .
R9 Zahl = Ziffer [Ziffer] [Ziffer] [Ziffer] .
R10 Ziffer = "0" | "1" | ... | "9" .
R11 Wiederholung = "R" Zahl "[" Sequenz "]" .

a Entscheiden Sie für jedes der folgenden „Schildkrötenprogramme", ob es syntaktisch korrekt ist. Falls dies nicht der Fall ist, beschreiben Sie den Fehler.

i R5[R4[F(50) +(90)] F(50)]
ii F[80] +[120] R9(F[80] –[60]) L[60] F[80]
iii F(100) +(60) F(90) +(60) F(80) +(60) F(70) +(60) F(60) +(60) F(50) +(60) F(40) +(60) F(30) +(60) F(20) +(60) R19[F(10) –(180)]
iv R8[R4[F(–100) +(90)] –(20)]

b Geben Sie die Semantik der syntaktisch korrekten Programme an, d.h. was durch das Programm gezeichnet wird.

7 Varianten im Syntaxdiagramm

Erläutern Sie, warum die Syntaxdiagramme zu Domänen in Abbildung 5 die gleichen Zeichenketten erzeugen, wie der entsprechenden Teil des Syntaxdiagramms im Lehrtext in Abbildung 2.

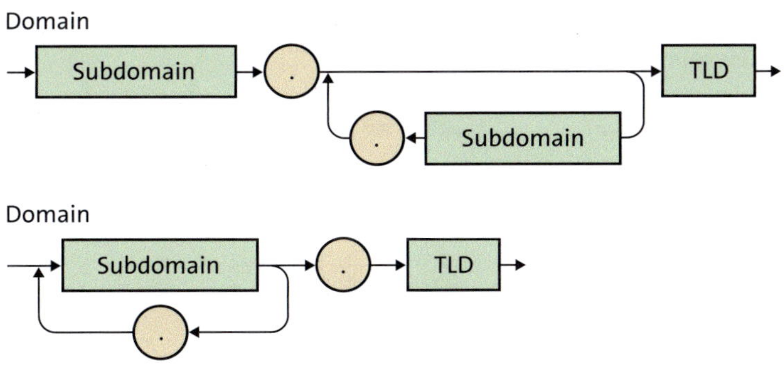

Abbildung 5

8 SQL

Erstellen Sie eine Sprachbeschreibung von Datenbankabfragen in SQL durch EBNF. Beschränken Sie sich dabei auf einfache Abfragen. Beschreiben Sie Ihre Beschränkungen mit Worten.

9 Von der EBNF zum Syntaxdiagramm

Folgende Aussage ist gegeben: „Jede EBNF lässt sich in ein Syntaxdiagramm übersetzen."

a Zeigen Sie dies für die Options- und Wiederholungsklammer jeweils für ein Terminal- und ein Nichtterminalzeichen, d. h. für eine Regel, die auf der rechten Seite ["a"], [A], {"a"}, {A} enthält.

b Da die Umwandlung von EBNF in ein Syntaxdiagramm formalisiert in Regeln notiert werden kann, kann sie auch automatisiert durch ein Programm erfolgen. Starten Sie ein solches Übersetzungsprogramm. Öffnen Sie die Vorlage sowohl in dem Programm, als auch in einem Texteditor. Vergleichen Sie die beiden unterschiedlichen Darstellungsformen der Grammatik.

c Erstellen Sie nun selbst im Editor eine Datei mit den EBNF-Regeln zu Eurobeträgen (Einstiegsbeispiel dieses Kapitels). Erzeugen Sie über das Übersetzungsprogramm das Syntaxdiagramm.

10 Zauberland (Teilaufgabe a) Informatik Biber 2022)

Im Zauberland gibt es vier verschiedene magische Objekte:

Zauberhüte , Kristallkugeln , Zauberbücher  und Zaubertränke 

Zauberhüte und Kristallkugeln können jeweils auf zwei unterschiedliche Weisen verwandelt werden. Die Tabelle in Abbildung 6 zeigt, was dabei aus den Objekten entsteht – genau an der Stelle, wo sie vorher waren, und genau in der gezeigten Anordnung:

Verwandlungen können beliebig oft und in beliebiger Reihenfolge passieren. So kann aus einem einzigen magischen Objekt eine lange Anordnung von Objekten entstehen.

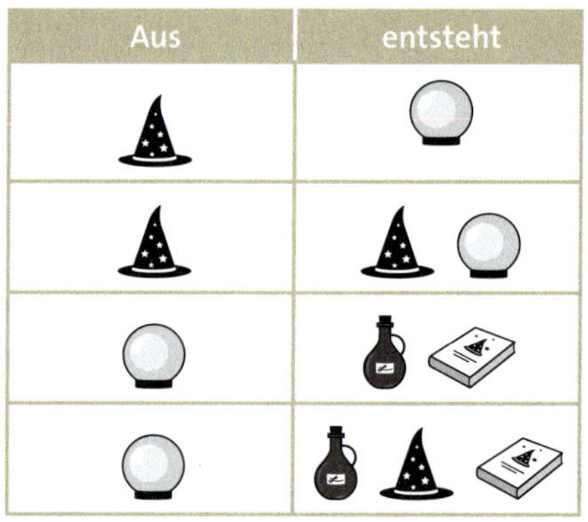

Abbildung 6

a Begründen Sie knapp, welche der Anordnungen in Abbildung 7 NICHT entstehen kann.

b Erläutern Sie knapp Gemeinsamkeiten und Unterschiede zu den Grammatiken aus den Lehrtexten zu 3.2 und 3.3.

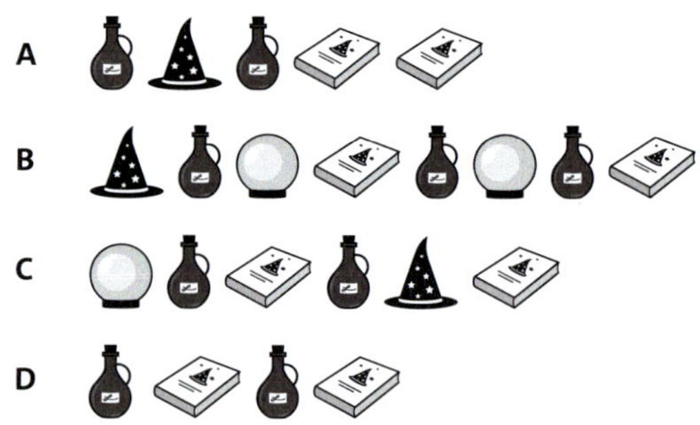

Abbildung 7

11 FEN-String

Die Forsyth-Edwards-Notation (FEN) ist eine Möglichkeit, die Brettstellung im Schach als Zeichenkette zu codieren.

a Recherchieren Sie den Aufbau dieser Notationsform.

b Bauen Sie folgende Stellungen auf einem Brett auf. Die beiden Beispiele beschränken sich auf die ersten beiden Gruppen einer FEN.
rnbqkbnr/pppp1ppp/8/8/3pP3/5N2/PPP2PPP/RNBQKB1R w
5r2/1b2Nppk/8/2R5/8/8/5PPP/6K1 w

c Notieren Sie die Grammatikregeln in EBNF für die ersten beiden Gruppen einer FEN-Zeichenkette.

d Für Schnelle: Recherchieren Sie eine Webseite, die das Einlesen von FEN-Zeichenketten ermöglicht und überprüfen Sie damit Ihre Lösung von b).

12 Produktcode (aus Abi 2020 – Teil 1)

Die Produkte eines Versandhandels sind intern mit Produktcodes versehen, die von Scannern automatisch gelesen werden können. Zulässige Produktcodes werden durch eine Grammatik G mit Startsymbol *Produktcode* beschrieben. Die Produktionsregeln von G sind im Syntaxdiagramm in Abbildung 8 dargestellt.

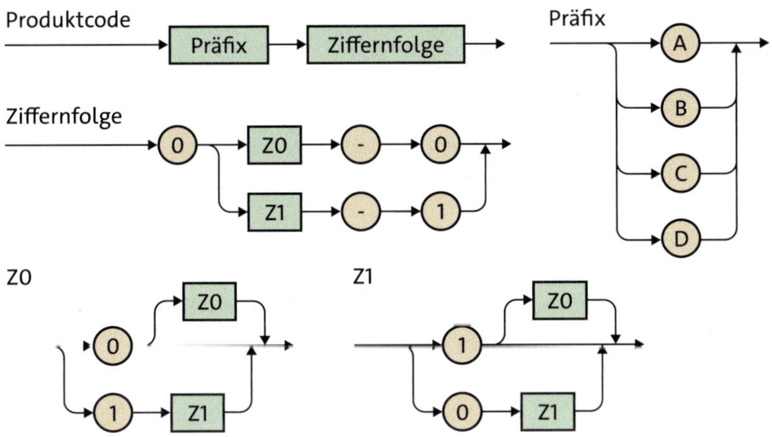

Abbildung 8

a Nennen Sie das Alphabet von G und geben Sie die Produktionsregeln von G in einer formalen Textnotation (z. B. EBNF) an.

b Von den Zeichenketten "C01011-0" und "C01011-1" ist genau eine ein syntaktisch korrekter Produktcode. Notieren Sie für diesen eine Ableitung. Geben Sie zudem an, welche Eigenschaft die Anzahl der Einsen in zulässigen Produktcodes allgemein hat.

13 Für Schnelle: Eigene Sprache

Erfinden Sie selbst eine Sprache L. Geben Sie dazu zunächst die Zielsetzung / den Einsatz der Sprache an, z. B. die Übertragung von Messdaten von Sensoren an einen Server. Beschreiben Sie anschließend L durch die Angabe von Produktionsregeln einer Grammatik G, die L erzeugt. Verwenden Sie dabei die EBNF-Notation. Erläutern Sie zu jeder Regel knapp (!) Ihre Überlegungen im Sinne eines Kommentars.

2.4 Gültige Zeichenketten erkennen: endliche Automaten

Manche Texteditoren überprüfen laufend die letzten eingegebenen Zeichen und wandeln bestimmte Zeichenkombinationen in Symboldarstellungen um. So wird aus (c) häufig das Copyright-Zeichen © und die Folge :-) verwandelt sich in einen Smiley: ☺
Mit Hilfe eines sog. Zustandsübergangsdiagramms wie in Abbildung 1 kann herausgefunden werden, ob eine Zeichenfolge ein Emoticon gültig codiert. Die zu überprüfende Zeichenkette wird dabei vom Startzustand aus zeichenweise von links nach rechts verarbeitet: je nach aktuellem Zeichen muss – gemäß den auf den Pfeilen angegebenen Zeichen – in den passenden Folgezustand gewechselt werden. Für den Smiley `;-)` wäre das die Zustandsfolge

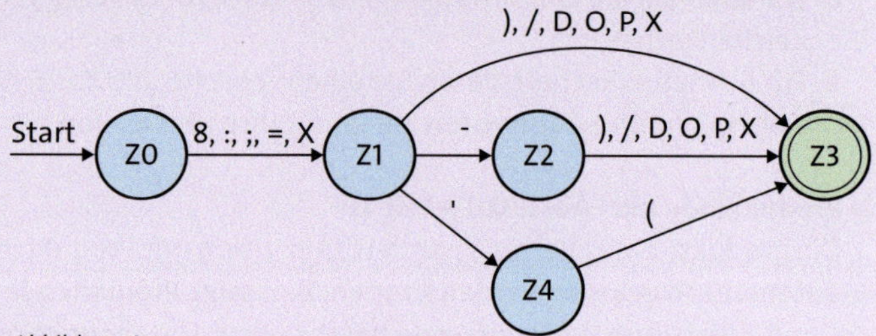

Abbildung 1

```
     ;      -      )
Z0 ▸ Z1 ▸ Z2 ▸ Z3
```

a Geben Sie an, welche Zustände der Reihe nach bei den Eingaben =D bzw. bei :'(durchlaufen werden.

b Formulieren Sie eine Vermutung, woran nach der Verarbeitung festgestellt werden kann, ob es sich um eine gültige Emoticon-Zeichenkette handelt.

c Geben Sie in Ihrem Heft Ergänzungen für das Diagramm an, so dass auch (c) bzw. (C) als Copyright-Zeichen © und (r) bzw. (R) als „Registered-Trademark"-Symbol ® erkannt werden.

Die umgekehrte Anforderung

Für Anweisungen an den Computer geben wir Menschen häufig Zeichenketten ein. Oft gelten dabei bestimmte Vorgaben: Beispielsweise müssen Dateinamen eine bestimmte Form haben, die Eingabe von Daten in Online-Formulare verlangt bestimmte Formate und unser Quelltext muss bestimmten Syntaxregeln folgen. Soll der Computer solche Eingaben verarbeiten, müssen keine gültigen Zeichenketten in formalen Sprachen erzeugt werden; stattdessen ist es nun erforderlich, die Eingaben auf formale Korrektheit zu überprüfen, allgemein: ob die gegebenen Zeichenketten zur jeweiligen formalen Sprache gehören.

Überprüfung von Zeichenketten durch einen endlichen Automaten

Fast alle Entwicklungsumgebungen erlauben es, Syntaxfehler im Quelltext automatisiert zu finden und anzuzeigen. Im folgenden Beispiel soll für die fehlerhafte Wertzuweisung `x = 12-` überprüft werden, ob der angegebene Wert `12-` tatsächlich vom erwarteten Typ GANZZAHL ist, damit andernfalls eine entsprechende Fehlermeldung angezeigt werden kann. Ein Modell, aus dem ein effizientes Überprüfungsprogramm auf syntaktische Korrektheit erstellt werden kann, ist ein erkennender **endlicher Automat**.
Man kann sich einen endlichen Automaten wie eine Maschine vorstellen, die eine beliebig lange Eingabe zeichenweise liest und verarbeitet (siehe Abbildung 2). Dabei nimmt sie verschiedene Zustände an. Am Ende entscheidet sie abhängig vom erreichten Zustand, ob sie die Eingabe akzeptiert. Daher wird ein solcher Automat auch als **erkennender Automat** bezeichnet.

Formal betrachtet besteht der endliche Automat aus
- einem **Eingabealphabet**, das alle erlaubten Eingabesymbole festlegt,
- einer **endlichen Menge von Zuständen**, die insbesondere
  - einen **Startzustand** und
  - einen oder mehrere **Endzustände** beinhaltet, sowie
- einer **Menge von Zustandsübergängen**.

Die Zustandsübergänge veranschaulicht ein **Zustandsübergangsdiagramm** (Abbildung 3). Für das Beispiel wird als Eingabealphabet A = {-, 0, 1, 2, ... , 9} festgelegt.

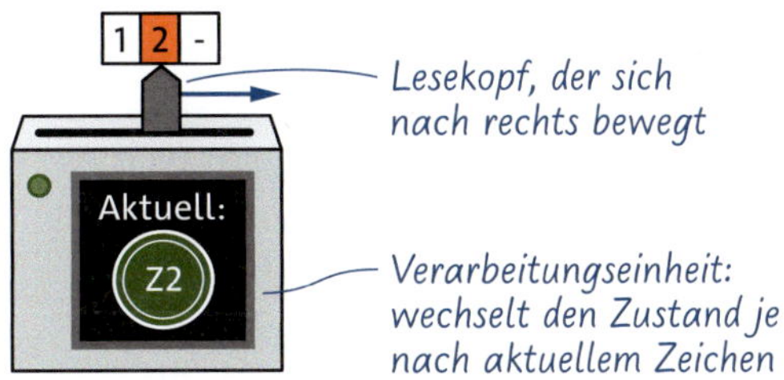

Abbildung 2

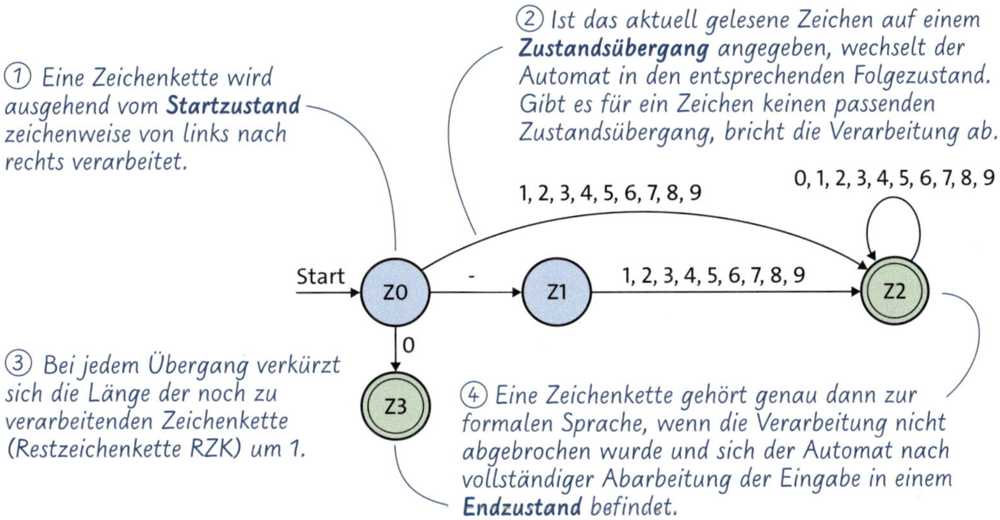

Abbildung 3

Im Folgenden werden die Verarbeitungsabläufe für drei verschiedene Eingaben schrittweise dargestellt. Die Verarbeitungseinheit der gedachten Maschine zeigt den aktuellen Zustand (zu Beginn jeweils der Startzustand). Der Lesekopf zeigt auf das erste Zeichen der Restzeichenkette (orange hervorgehoben), das im nächsten Schritt gelesen und verarbeitet wird.

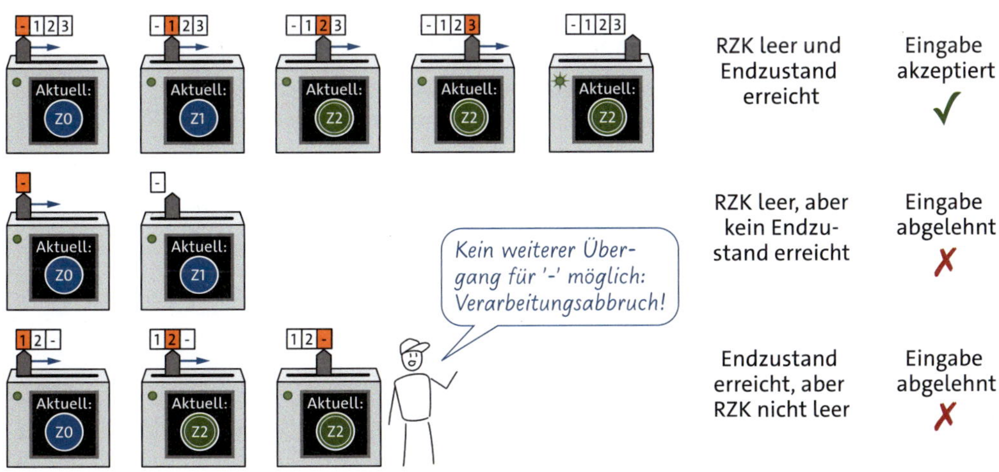

Abbildung 4

Vollständigkeit

Würde die Zeichenkette immer vollständig abgearbeitet werden, müssten weniger Fälle unterschieden werden. Damit die Verarbeitung auch bei unpassenden Zeichen nicht abbricht, wird üblicherweise ein sogenannter **Fangzustand** ergänzt: Dorthin führen Übergänge für all die Zeichen, für die es in den anderen Zuständen keinen passenden Übergang gibt und deren Auftreten daher dazu führt, dass eine Zeichenkette verworfen werden muss. Wird der Fangzustand ZF einmal betreten, kann er nicht wieder verlassen werden.
So entsteht ein **vollständiger Automat**: In jedem Zustand gibt es für jedes Zeichen des Alphabets einen Zustandsübergang; das Kriterium für Akzeptanz ist damit nur noch das Erreichen eines Endzustands nach Verarbeitung der Zeichenkette.

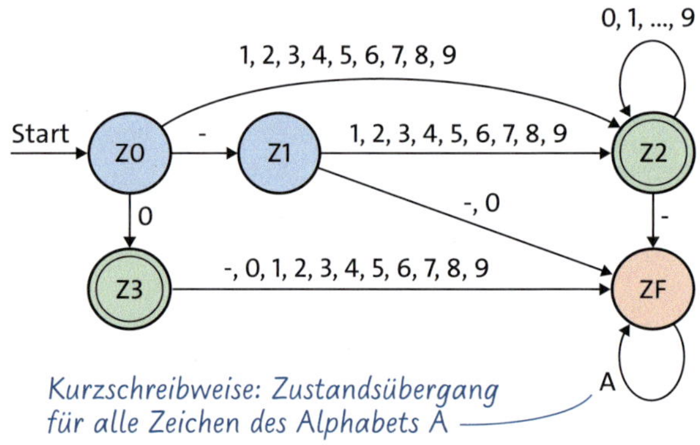

Abbildung 5

Syntax vs. Semantik

Bei natürlichen Sprachen enthält die Erkennung eines korrekten Satzbaus noch keine Aussage darüber, ob der Satz auch sinnvoll ist („Die Luft gelingt."). Genauso wenig ist es bei formalen Sprachen sicher, dass ein Wort, das als zur Sprache gehörig erkannt wurde, auch eine Bedeutung hat, da formale Sprachen primär die Syntax festlegen.
Das Beispiel der automatischen Kfz-Nummernschilderkennung für die Autobahnmaut illustriert dies in Abbildung 6: Ein Automat kann die prinzipielle Struktur eines Nummernschilds überprüfen und damit eventuelle Fehler der vorausgegangenen Texterkennung aufdecken.
Ob dann eine als formal korrekt erkannte Zeichenfolge eines Nummernschilds aber auch semantisch gültig ist, das Nummernschild also real existiert, kann der Automat nicht offenlegen. Dazu ist anschließend ein Abgleich mit einer Datenbank notwendig, die alle autorisierten Fahrzeuge enthält. Ergibt sich dabei kein Treffer, muss manuell analysiert werden, ob das Kennzeichen falsch erkannt wurde oder die Maut tatsächlich nicht bezahlt worden ist. Damit nicht zu viele Fälle untersucht werden müssen, ist die vorherige Plausibilitätskontrolle durch den Automaten hilfreich. Bis zu welchem Grad die Nummernschild-Syntax dabei überprüft wird, liegt in der Hand der Entwickler und basiert auf praktischen Erfahrungswerten bzw. einer Abwägung zwischen dem Nutzen einer höheren Fehlererkennungsrate und dem Mehraufwand einer komplexeren Datenverarbeitung. Der abgebildete Automat überprüft beispielsweise deutsche Kennzeichen nur auf eine sehr grundsätzliche Struktur.

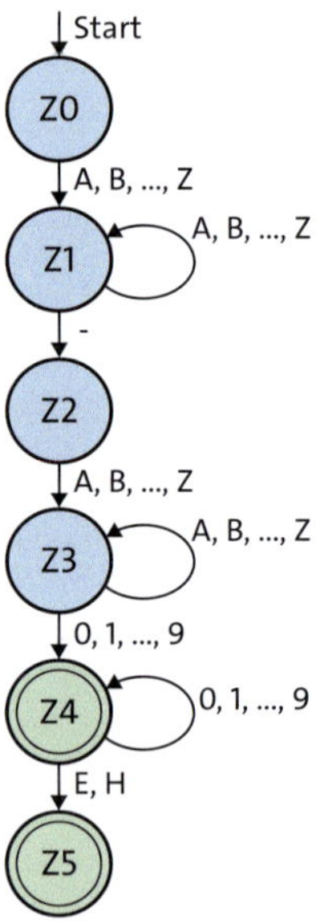

Abbildung 6

Automaten intuitiver modellieren: nichtdeterministische endliche Automaten

Möchte man einen Automaten konstruieren, der ungerade Binärzahlen (ohne führende Nullen) erkennt, könnte dies wie in Abbildung 7 aussehen:

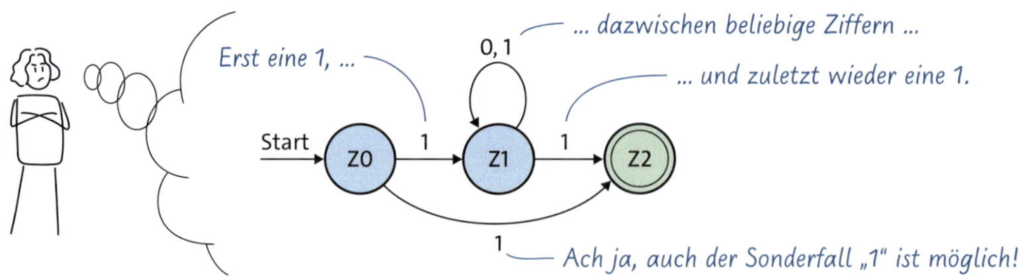

Abbildung 7

Die Erstellung des Automaten war auf diese Weise unkompliziert: Sowohl die allgemeine Zahlenstruktur als auch der Sonderfall "1" wurden unabhängig voneinander im Zustandsdiagramm abgebildet. Bei der Überprüfung der Zeichenkette "11" fällt allerdings auf, dass sich nach dem Startzustand kein eindeutiger Folgezustand festlegen lässt. Dies liegt daran, dass der Automat im Vergleich zu bisherigen Automaten eine Besonderheit aufweist: Sowohl in Z0 als auch in Z1 gibt es jeweils zwei ausgehende Kanten für dasselbe Zeichen.
Solch ein Automat, bei dem mindestens ein Zustandsübergang nicht eindeutig festgelegt ist, weil ausgehend von einem Zustand beim Lesen eines Zeichens mehrere Folgezustände möglich sind, heißt **nichtdeterministischer** endlicher Automat. (Bisherige Automaten werden als →**deterministische** endliche Automaten bezeichnet.)
Da in einem Zustand für dasselbe Zeichen teils mehrere Übergänge möglich sind, können sich bei der Verarbeitung für ein Eingabewort mehrere Pfade ergeben. Für "11" sind dies:

→Determinismus (von lat. determinare: festlegen) Vorbestimmtheit, hier vorbestimmter, also einzig möglicher Abarbeitungspfad für eine Eingabe

- Z0 Z2 — Endzustand erreicht aber RZK nicht leer ✗
- Z0 Z1 Z1 — RZK leer aber kein Endzustand erreicht ✗
- Z0 Z1 Z2 — RZK leer und Endzustand erreicht ✓

Wenn – wie hier – mindestens ein Pfad nach vollständiger Verarbeitung in einen Endzustand mündet, wird die Eingabe akzeptiert.

Ein **endlicher Automat** kann überprüfen, ob eine Zeichenkette zu einer Sprache gehört. Er besteht aus einem **Eingabealphabet**, einer **endlichen Menge von Zuständen** mit einem **Startzustand** und mindestens einem **Endzustand** sowie einer Menge von **Zustandsübergängen**. Diese können im **Zustandsübergangsdiagramm** dargestellt werden.
Die Überprüfung einer Zeichenkette erfolgt zeichenweise, bis kein Übergang mehr möglich ist. Die Zeichenkette wird genau dann als zur Sprache gehörig erkannt, wenn die Restzeichenkette am Ende der Verarbeitung leer ist und sich der Automat in einem Endzustand befindet **(erkennender Automat)**.
Bei einem **deterministischen** Automaten gibt es in jedem Zustand zu jedem Zeichen des Alphabets maximal einen Zustandsübergang; bei einem **nichtdeterministischen** Automaten sind zu einem Zeichen mehrere Zustandsübergänge pro Zustand möglich.
Ein Automat heißt **vollständig**, wenn es in jedem Zustand für jedes Zeichen des Alphabets mindestens einen Zustandsübergang gibt.

Auch endliche Automaten legen dadurch, dass sie ganz bestimmte Zeichenketten („Wörter") akzeptieren, eine formale Sprache fest.

Aufgaben

1 Richtig oder falsch?
Beurteilen Sie, ob folgende Aussagen richtig oder falsch sind. Begründen Sie Ihre Meinung bei falschen Aussagen und geben Sie eine berichtigte Aussage an:
- **a** Vollständige Automaten stoppen erst, wenn alle Zeichen verarbeitet wurden.
- **b** Endet die Verarbeitung einer Eingabe bei einem endlichen Automaten in einem Endzustand, wird das Wort akzeptiert.
- **c** Grammatiken bauen gültige Zeichenketten bei der Produktion schrittweise auf. Automaten dagegen verkürzen Zeichenketten bei der Überprüfung auf Gültigkeit schrittweise.
- **d** Akzeptiert ein vollständiger Automat ein Wort nicht, befindet er sich zwangsläufig im Fangzustand.
- **e** Bei einem vollständigen Automaten führt von jedem Zustand ein Übergang in den Fangzustand (außer vom Fangzustand selbst).

f Es kann einen Automaten geben, der gleichzeitig endlich, erkennend, vollständig und deterministisch ist.

g Ein nichtdeterministischer Automat akzeptiert eine Eingabe genau dann, wenn alle möglichen Abarbeitungspfade letztlich in einen Endzustand führen.

2 Kleine Fingerübungen

Der dem Diagramm in Abbildung 8 zugrundeliegende Automat ist über dem Alphabet A = {0, 1} definiert.

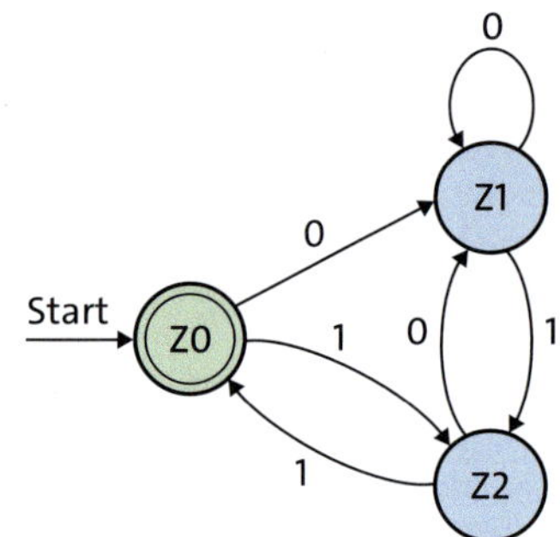

Abbildung 8

a Geben Sie an, ob es sich um einen deterministischen oder nichtdeterministischen Automaten handelt, und benennen Sie eine weitere Eigenschaft des Automaten.

b Überprüfen Sie durch Angabe der Zustandsfolgen, ob der Automat die Eingaben „100111“ bzw. „01011“ akzeptiert. Vergleichen Sie Ihre Ergebnisse mit denen einer Simulation auf Basis der gegebenen Vorlage.

c Beschreiben Sie die Sprache des Automaten knapp und präzise.

d Zu jedem endlichen Automaten existiert eine Grammatik, welche genau dieselbe Sprache erzeugt, die vom Automaten akzeptiert wird.
Geben Sie die Syntaxregeln einer solchen Grammatik in EBNF an.

3 Gerade Binärzahlen

Geben Sie die Zustandsübergangsdiagramme eines deterministischen und eines nichtdeterministischen Automaten über A = {0, 1} zur Erkennung gerader Binärzahlen an.

4 Datumsangaben

Damit ein Tabellenkalkulationsdokument eine Eingabe automatisch als Datum erkennt, kann diese beispielsweise im Format TT.MM.JJJJ erfolgen (also Tag und Monat zweistellig, Jahr vierstellig, z. B. 03.10.1990).

a Erstellen Sie unter Verwendung einer Software einen endlichen Automaten mit dem Alphabet { ., 0, 1, 2, ..., 9}, der nur Datumsangaben dieses Formats akzeptiert. Zusätzlich gelten entsprechend der Semantik des Datums folgende weitere Einschränkungen, die schon auf Syntaxebene abgeprüft werden sollen:
- Die zwei Ziffern für den Tag müssen eine Zahl bilden, die kleiner gleich 31 ist.
- Die zwei Ziffern für den Monat müssen eine Zahl bilden, die kleiner gleich 12 ist.
- Die Jahresangabe muss im 20. oder 21. Jahrhundert liegen.

Testen Sie Ihr Modell dann digital für verschiedene Daten.

b Für Schnelle: Verändern Sie den Automaten aus Teilaufgabe a) so, dass je nach Tagesanzahl nur noch bestimmte Monatsangaben möglich sind: ab 30 nicht mehr Februar, bei 31 nur noch Januar, März, Mai, Juli, August, Oktober und Dezember.

5 Hausnummern

Ein Zustelldienst nutzt ein KI-System, um von Briefen oder Paketen abgescannte Adressdaten zu erkennen und seinem Logistiksystem zu übergeben. Vorher werden die Adressbestandteile aber noch auf Plausibilität kontrolliert. Ein erkennender Automat überprüft, ob eine Hausnummer zumindest die folgenden prinzipiellen Anforderungen erfüllt: keine führenden Nullen, Zahl höchstens vierstellig, enthält höchstens einen Buchstaben am Ende. Modellieren Sie einen passenden Automaten.
Hinweis: Eine Überprüfung mit dem Automaten kann gegenüber einem Datenbankabgleich deutlich Ressourcen sparen.

6 Automaten zu gegebenen Grammatikregeln: E-Mail-Adressen & Eurobeträge

a Modellieren Sie einen deterministischen endlichen Automaten, der gültige E-Mail-Adressen erkennt, die gemäß den Regeln aus dem Lehrtext von Kapitel 3.3 gebildet wurden.

b Modellieren Sie einen deterministischen endlichen Automaten, der (z. B. für Eingaben in ein Online-Formular) überprüft, ob es sich um gültige Eurobeträge in dem Format handelt, das durch die Regeln in der Einstiegsaufgabe von Kapitel 3.3 festgelegt wird.

7 Tabellenkalkulationssysteme (Abi 2021 – Teil 2)

Geben Sie ein Zustandsübergangsdiagramm eines endlichen Automaten an, der genau die Wörter der Sprache L akzeptiert, die in Aufgabe 14 von Kapitel 3.3 beschrieben wird.
Weisen Sie anhand Ihres Zustandsübergangsdiagramms durch Angabe der durchlaufenen Zustände nach, dass der Zellbezug R$818 syntaktisch korrekt ist.

8 Produktcode (Abi 2020 – Teil 2)

Geben Sie das Zustandsübergangsdiagramm eines endlichen Automaten an, der genau die nach dem in Aufgabe 12 von Kapitel 3.3 angegebenen Syntaxdiagramm gebildeten Produktcodes akzeptiert.

9 ab-Sprachen

An Universitäten sollen zu Übungs- und Prüfungszwecken häufig Automaten zum Erkennen bestimmter Sprachen über dem Alphabet {a, b} erstellt werden. Hier einige Beispiele:

a Erstellen Sie in Ihrer Simulationsumgebung einen vollständigen erkennenden endlichen Automaten für die beschriebenen Zeichenketten und testen Sie ausführlich.

- i alle Zeichenketten, die mit zwei b enden
- ii alle Zeichenketten, bei denen mindestens einmal drei a oder drei b hintereinanderstehen
- iii alle Zeichenketten, in denen auf jedes auftretende a ein b folgt
- iv alle Zeichenketten, die mit a beginnen, mit b enden und deren Länge durch drei teilbar ist

b Beschreiben Sie die Sprachen der Automaten in Abbildung 9 jeweils in Worten und geben Sie für jeden Zustand seine Bedeutung im Kontext der Sprache an.

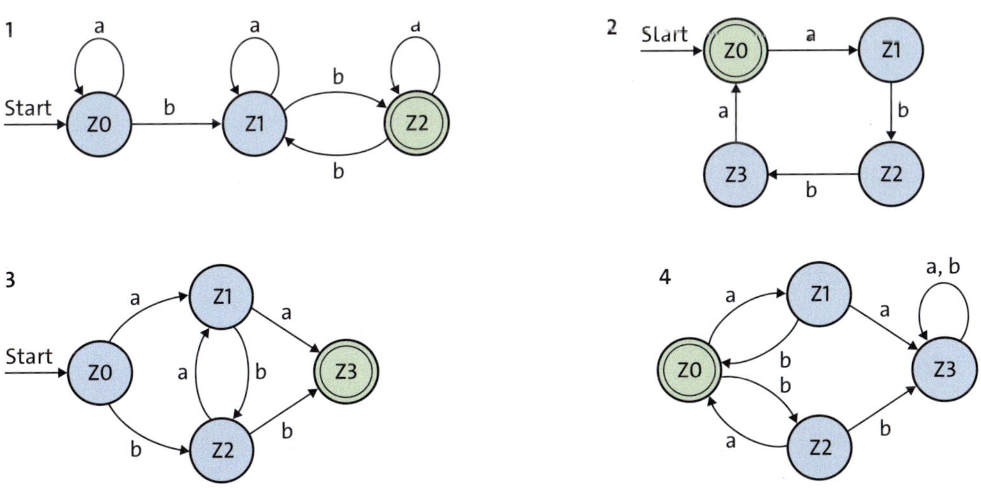

Abbildung 9

2.5 Vom Modell zur Implementierung

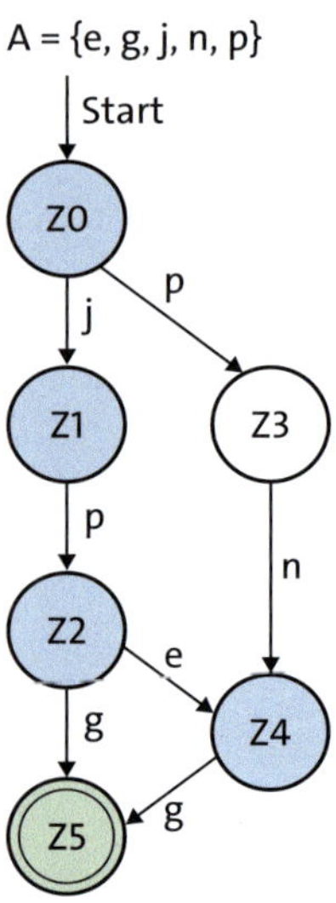

Abbildung 1

In einem Internetforum können User individuelle Profilbilder hochladen. Ein Programm, das wie der Automat aus Abbildung 1 arbeitet, überprüft die Dateiendungen vor dem Upload der Dateien. Es soll nur Webgrafiken bestimmter Dateitypen zulassen und dadurch sicherstellen, dass kein Schadcode hochgeladen werden kann.

a Geben Sie die Dateiendungen der zugelassenen Dateitypen an.

Der farbig dargestellte Teil wurde bereits in ein Programm übertragen.

b Führen Sie das Programm für Dateien mit verschiedenen Endungen aus.

Für die Implementierung wurde der Automat vorab zu einem vollständigen Automaten mit einem Fangzustand ergänzt.

c Analysieren Sie die Arbeitsweise des Programms und beschreiben Sie diese kurz. Beschreiben Sie insbesondere, wie die Übergänge des vervollständigten Automaten, die in den Fangzustand führen, realisiert wurden.

d Ergänzen Sie den Quellcode um die fehlenden Bestandteile und testen Sie.

e Für Schnelle: Formulieren Sie eine Einschätzung, ob das Verfahren dafür geeignet ist, das Hochladen von Schadcode sicher zu unterbinden. Recherchieren Sie bei Bedarf online.

Das Zustandsübergangsdiagramm ist ein Konstruktionsplan!

Ein entwickeltes Automatenmodell (hier das Zustandsübergangsdiagramm zum Erkennen ganzer Zahlen) dient als Konstruktionsplan für ein Programm. Der aktuelle Zustand ist dabei ein zentrales Attribut, das bei Programmstart auf den Startzustand gesetzt werden muss. Eine Implementierung kann auf unterschiedliche Arten umgesetzt werden. Allen nachfolgend vorgestellten Varianten ist gemeinsam, dass sie in einer zentralen Methode *IstEingabeAkzeptiert*(*wort*) die erhaltene Zeichenkette zeichenweise von links nach rechts verarbeiten. Der aktuelle Zustand wird in jedem Schritt abhängig vom aktuellen Zeichen und vom bisher aktuellen Zustand neu gesetzt. Nach der Verarbeitung wird überprüft, ob der zuletzt gespeicherte Zustand ein Endzustand ist oder nicht.

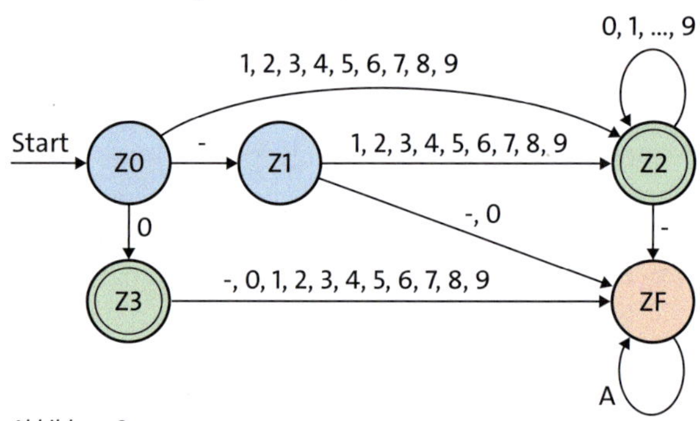

Abbildung 2

Prototyp 1: Noch etwas unübersichtlich durch Schachtelung ...

① Eine zentrale Methode erhält das Eingabewort.

```
methode IstEingabeAkzeptiert(wort: ZEICHENKETTE): WAHRHEITSWERT ①
  zähle index von 0 bis wort.LängeGeben() - 1
    AktZeichenVerarbeiten(wort.ZeichenGeben(index)) ②
  endezähle
  falls aktZustand == 2 oder aktZustand == 3 dann
    return WAHR
  endefalls
  return FALSCH
endemethode
```

② In einer Wiederholung werden nacheinander alle Zeichen einzeln verarbeitet.

⑤

Das geht auch kürzer:

```
return
aktZustand ==
2
oder
aktZustand ==
3
```

③ Dazu wird jeweils zuerst der aktuelle Zustand abgefragt …

④ … und dann abhängig vom aktuellen Zeichen der richtige Folgezustand festgelegt.

```
methode AktZeichenVerarbeiten(zei: ZEICHEN)
  unterscheide aktZustand                               ③
    fall 0:
      unterscheide zei                                  ④
        fall '-':   aktZustand = 1
        fall '1', '2', …, '9':
                    aktZustand = 2
        fall '0':   aktZustand = 3
        sonst:      aktZustand = -1
      endeunterscheide
    fall 1:                                             ③
      unterscheide zei
        fall '1', '2', …, '9':                          ④
                    aktZustand = 2
        fall ...
  ...
endemethode
```

⑤ Nach vollständiger Verarbeitung der Eingabe wird überprüft, ob der aktuelle Zustand ein Endzustand ist oder nicht.

Im Modell wird die Vollständigkeit nur für die Eingabezeichen des festgelegten Alphabets abgebildet. Bei der Implementierung wird hier nun ein Automat umgesetzt, der für alle Zeichen des gewählten Datentyps vollständig ist.

Bei der Implementierung wird das Alphabet üblicherweise nicht explizit festgelegt; es werden alle Zeichen vom Datentyp ZEICHEN zugelassen. Dadurch wird die Notwendigkeit der Vollständigkeit offenbar: Ein Zustand muss bei einem unpassenden Zeichen unbedingt auch wieder verlassen werden können. Dies ist dank der sonst-Fälle möglich, die alle nicht passenden Zeichen abfangen und in den Fangzustand (hier codiert mit -1) führen. Ohne einen sonst-Fall bliebe der Automat einfach im bisherigen Zustand. Unpassende Zeichen würden auf diese Weise einfach ignoriert und eigentlich ungültige Zeichenketten könnten akzeptiert werden.

Prototyp 2: Ein besser strukturierter Quellcode

Um die Verschachtelung der Mehrfachauswahlen zu vermeiden, kann *AktZeichenVerarbeiten* aufgesplittet werden: Nach einer Unterscheidung nach dem aktuellen Zustand werden die Zustandsübergänge, die von den einzelnen Zuständen abgehen, in jeweils eigene Methoden ausgelagert. Auf diese Weise ist der Quellcode strukturierter.

```
methode AktZeichenVerarbeiten(zei: ZEICHEN)
  unterscheide aktZustand
    fall 0: ZeichenInZ0Verarbeiten(zei)
    fall 1: ZeichenInZ1Verarbeiten(zei)
    ...
endemethode
```

```
methode ZeichenInZ0Verarbeiten(zei: ZEICHEN)
  unterscheide zei
    fall '-': aktZustand = 1
    fall '1', '2', …, '9':
              aktZustand = 2
    fall '0': aktZustand = 3
    sonst:    aktZustand = -1
  endeunterscheide
endemethode
```

```
methode ZeichenInZ1Ve
  unterscheide zei
    fall '1', '2',
              akt7
    fall ...
```

Abbildung 3

Variante: Implementierung mit den Entwurfsmustern Zustand und Einzelner

Jeder Zustand ist ein Objekt

Aus objektorientierter Sicht liegt es nahe, jeden Zustand als ein Objekt einer entsprechenden Klasse Z0, Z1, ... zu betrachten. All diese Klassen implementieren dann die Methode *AktZeichen-Verarbeiten*, in der die jeweiligen Zustandsübergänge realisiert werden.

Da die Methode für alle Zustände erforderlich ist und alle Zustände auch das Attribut istEndzustand besitzen müssen, ist eine abstrakte Oberklasse ZUSTAND mit einer abstrakten Methode *AktZeichenVerarbeiten* sinnvoll (siehe Abbildung 4).

Wie bei der bisherigen Implementierung muss abhängig vom aktuellen Zeichen ein Folgezustand im Methodenrumpf von *AktZeichenVerarbeiten* festgelegt werden. Da dieser nun allerdings nicht mehr direkt in ein gemeinsam genutztes Attribut aktZustand gespeichert werden kann, wird stattdessen dem aufrufenden Automaten eine Referenz auf das Objekt des Folgezustands zurückgegeben.

Die Klasse AUTOMAT referenziert den aktuellen Zustand. Sie enthält die zentrale Methode *IstEingabeAkzeptiert*. Der einzig wesentliche Unterschied zu den vorigen Implementierungsvarianten besteht darin, dass die zeichenweise Eingabeverarbeitung in der Zählwiederholung nun jeweils die Referenz auf den Folgezustand liefert. Dieser Rückgabewert muss dann als aktueller Zustand gespeichert werden:

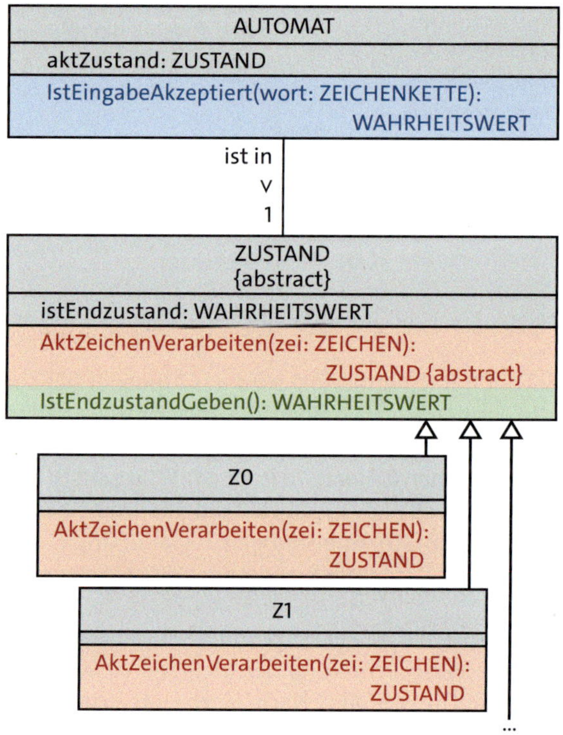

Abbildung 4

```
methode IstEingabeAkzeptiert(wort: ZEICHENKETTE): WAHRHEITSWERT
  zähle index von 0 bis wort.LängeGeben() - 1
    aktZustand = aktZustand.AktZeichenVerarbeiten(wort.ZeichenGeben(index))
  endezähle
  return aktZustand.IstEndzustandGeben()
endemethode
```

liefert die Referenz auf das Objekt des Folgezustands

Die finale Überprüfung, ob die vollständige Verarbeitung des Worts in einen Endzustand geführt hat, erfolgt nun per Methodenaufruf.

Der vorgestellten Modellierung liegt das Entwurfsmuster Zustand zugrunde (state pattern). Auf diese Weise sind die verschiedenen Verantwortlichkeiten klar in eigene Objekte gekapselt. Gerade bei der Implementierung großer Automaten ist diese flexible und bei Erweiterungen weniger fehleranfällige Variante sinnvoll.

Jeweils ein Zustand genügt!

Es ist ressourcenschonend und für die Funktionalität völlig ausreichend, von jeder Zustandsklasse nur ein Objekt zu erzeugen. Dies kann gewährleistet werden, indem die Klassen Z0, Z1, ... gemäß dem Entwurfsmuster Einzelner (singleton) implementiert werden:

① Der Konstruktor wird mit dem Zugriffsrecht privat vor einem Zugriff von außerhalb der Klasse geschützt. Daher kann das Objekt nur innerhalb der Klasse erzeugt werden.

```
klasse Z2 erbtvon ZUSTAND
    privat klassenattribut z2: Z2 = neu Z2()
    privat konstruktor()
        istEndzustand = WAHR
    endekonstruktor
    klassenmethode ObjektGeben() -> ZUSTAND
        return z2
    endeklassenmethode
    methode AktZeichenVerarbeiten(zei: ZEICHEN)-> ZUSTAND
        ...
endeklasse
```

② Ein Klassenattribut wird vereinbart und mit einer Referenz auf das einzige Objekt dieser Klasse initialisiert.

③ Die Klassenmethode liefert die Referenz auf das immergleiche Objekt zurück.

Ein erkennender endlicher Automat lässt sich als Programm mit Hilfe von zwei Mehrfachauswahlen umsetzen, eine für den Zustand, eine für das aktuell zu verarbeitende Zeichen.

Aufgaben

1 Ganze Zahlen erkennen

Implementieren Sie den im Lehrtext vorgestellten Automaten ...

- **a** ... mit einer einzigen Methode *AktZeichenVerarbeiten*.
- **b** ... strukturierter mit Methoden wie *ZeichenInZ0Verarbeiten*.
- **c** ... mit dem Entwurfsmuster Zustand. Setzen Sie außerdem das Entwurfsmuster Einzelner für die Zustände um.

2 Keine Implementierung ohne Vollständigkeit

Erklären Sie am Beispiel des Automaten aus dem Lehrtext und der Eingabe „-1-3", weshalb für die Implementierung immer ein vollständiger Automat (also mit „sonst-Fällen", die in den Fangzustand führen) erforderlich ist.

3 Deterministischer vs. nichtdeterministischer Automat

Im Deutschen dienen die Nachsilben -heit und -keit zur Substantivierung von Adjektiven. Ein endlicher Automat soll alle Wörter erkennen, bei denen es sich um auf diese Weise substantivierte Wörter handeln könnte.

- **a** Erstellen Sie das Zustandsübergangsdiagramm sowohl für einen deterministischen als auch einen nichtdeterministischen Automaten über dem deutschen Großbuchstabenalphabet und geben Sie an, für welches Modell Ihnen dies leichter gefallen ist.
- **b** Implementieren Sie Ihren Automaten und testen Sie Ihr Programm ausführlich.

4 Teilbarkeit

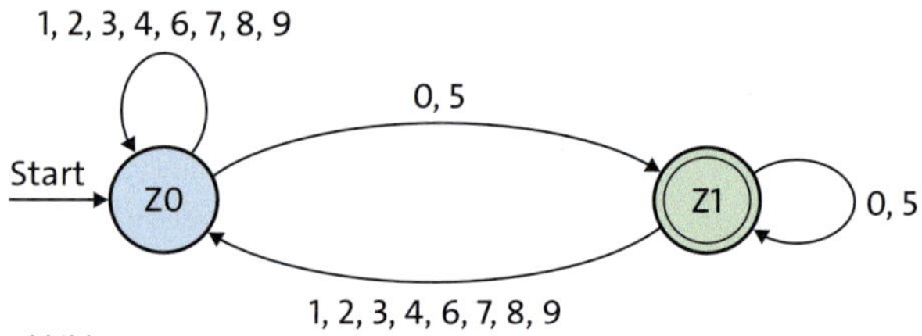

Abbildung 5

a Geben Sie an, welche Sprache der Automat aus Abbildung 5 akzeptiert.

b Verändern Sie den Automaten so, dass er nur natürliche Zahlen, aber nicht die 0 akzeptiert.

c Modellieren Sie einen vollständigen Automaten, der alle durch drei teilbaren natürlichen Zahlen erkennt. (Hinweis: Eine Zahl ist durch drei teilbar, wenn auch ihre Quersumme durch drei teilbar ist.)
Geben Sie außerdem die Semantik jedes Zustands an.

d Erweitern Sie den Automaten aus c) so, dass er alle durch sechs teilbaren natürlichen Zahlen erkennt.
(Hinweis: Eine Zahl ist durch sechs teilbar, wenn sie durch zwei und durch drei teilbar ist.)

e Modellieren Sie einen endlichen Automaten, dessen Sprache genau die durch 25 teilbaren natürlichen Zahlen enthält.

f Implementieren Sie den Automaten aus d) und testen Sie.

5 Passwörter

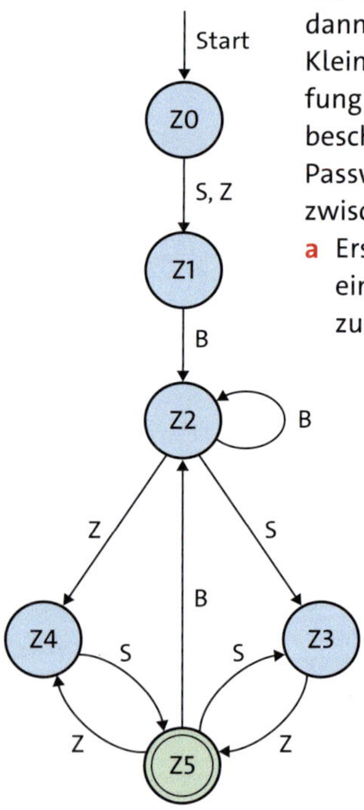

Abbildung 6

Gemäß dem Bundesamt für Sicherheit in der Informationstechnik (BSI) gilt ein Passwort z. B. dann als sicher, wenn es 8-12 Zeichen lang ist und die vier Zeichenarten Großbuchstaben, Kleinbuchstaben, Ziffern (Z) und Sonderzeichen (S) genutzt werden. Ein Automat zur Überprüfung dieser Vorgaben hätte mindestens eine dreistellige Anzahl von Zuständen! Deshalb beschränkt sich diese Aufgabe exemplarisch auf nicht ausreichend sichere Anforderungen an Passwörter; es wird eine kürzere Passwortlänge erlaubt und bei Buchstaben (B) auch nicht zwischen Klein- und Großbuchstaben unterschieden.

a Erstellen Sie jeweils einen endlichen Automaten zur Überprüfung von Passwörtern mit einer Mindestlänge von vier Zeichen und den weiteren Vorgaben i) bis iii). Verwenden Sie zur Beschriftung der Kanten abkürzend die Buchstaben B, S, Z.
- i Das Passwort beginnt mit mindestens einem Buchstaben, enthält mindestens ein Sonderzeichen und eine Ziffer und endet mit zwei Ziffern oder zwei Sonderzeichen.
- ii Das Passwort enthält mindestens einen Buchstaben und ein Sonderzeichen (aber keine Ziffer).
- iii Das Passwort enthält mindestens einen Buchstaben, ein Sonderzeichen und eine Ziffer.

b Geben Sie zu jedem der drei Automaten jeweils ein Beispiel für ein Passwort an, das akzeptiert bzw. nicht akzeptiert wird. Ergänzen Sie bei den nicht akzeptierten Passwörtern jeweils das Kriterium, das verletzt wurde.

c Geben Sie für alle drei Automaten aus a) die Zustandsfolge und die jeweilige Restzeichenkette an, wenn folgende Kennwörter überprüft werden:
- i p1:)freitag22
- ii gg§3abs4
- iii j%nn$

Ergänzen Sie jeweils als Notiz, ob das Passwort akzeptiert oder abgelehnt wird.

d Erstellen Sie eine zum Automaten aus a i) äquivalente Grammatik.

Abbildung 6 zeigt einen Automaten zur Überprüfung von Passwörtern.

e Geben Sie jeweils zwei Beispiele für Passwörter an, die akzeptiert bzw. abgelehnt werden.

f Erläutern Sie, wie ein gültiges Passwort aufgebaut sein muss.

g Im Zustandsdiagramm aus Abbildung 6 soll ein Fangzustand ZF ergänzt werden. Geben Sie an, von welchen Zuständen aus ein Übergang zum Fangzustand erfolgen muss und wie jeweils die Kante des Zustandsübergangs beschriftet ist.

h Implementieren Sie den endlichen Automaten mit den Vorgaben aus Teilaufgabe a) ii). Testen Sie Ihre Implementierung mit den drei Passwörter aus Teilaufgabe c).

6 Fahrradverleih (aus Abitur 2023)

Die Firma „Bike-a-Bit" unterscheidet zwischen Firmen- und Privatkunden. Mögliche Kundennummern werden durch den folgenden Automaten beschrieben (Abbildung 7):

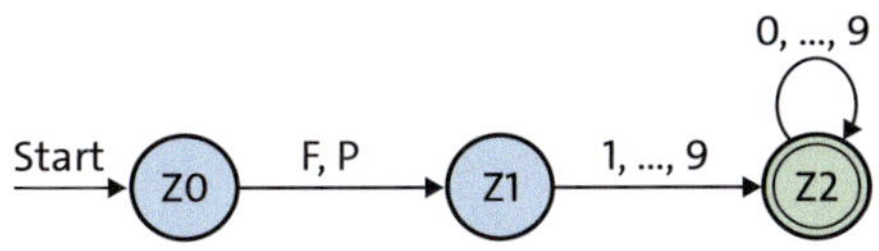

Abbildung 7

Formulieren Sie in einer [...] Programmiersprache eine Implementierung einer Klasse AUTOMAT, die den gegebenen Automaten umsetzt. Dabei soll es unter anderem eine Methode *istKundennummer*(*eingabe*) geben, die genau dann *wahr* zurückgibt, wenn die Zeichenkette *eingabe* eine mögliche Kundennummer ist.

Sie können davon ausgehen, dass in dieser Klasse eine Methode *istZiffer1bis9*(*z*) zur Verfügung steht, die genau dann *wahr* zurückgibt, wenn das Zeichen z eines der Zeichen von "1" bis "9" ist.

Außerdem dürfen Sie in der Klasse ZEICHENKETTE folgende Methoden als bereits vollständig implementiert voraussetzen:

- *länge*() gibt die Länge der Zeichenkette zurück.
- *zeichenAn*(*n*) gibt das n-te Zeichen der Zeichenkette zurück, wobei die Zählung bei 0 beginnt.

7 Die Sprache der Musik (aus Abitur 2019)

Der Viervierteltakt ist vor allem in der Unterhaltungsmusik die weltaus häufigste Taktart. Viervierteltakt bedeutet, dass ein Takt eine Länge von vier Vierteln hat. Das Symbol ♩ bedeutet eine Viertelnote. Eine halbe Note 𝅗𝅥 hat den Wert von zwei Vierteln, eine punktierte halbe Note 𝅗𝅥. den Wert von drei Vierteln und eine ganze Note 𝅝 den Wert von vier Vierteln. Andere Notenwerte sollen hier nicht vorkommen.

Die Prüfsoftware eines Notenverlages stellt eine Methode bereit, die testet, ob die Notenwerte eines Taktes tatsächlich vier Viertel ergeben. Durch das Alphabet Σ = { 𝅝 , 𝅗𝅥. , 𝅗𝅥 , ♩ }, die Menge der Nichtterminale V = { <Takt> , <3/4> , <1/2> }, das Startsymbol <Takt> sowie die Produktionsregeln

R1: <Takt> → 𝅝 | <3/4> ♩
R2: <3/4> → 𝅗𝅥. | <1/2> ♩
R3: <1/2> → 𝅗𝅥 | ♩♩

ist eine Grammatik für eine formale Sprache S gegeben.

a Entscheiden Sie begründet, ob die Zeichenketten ♩♩♩♩ und ♩𝅗𝅥♩ zu S gehören. Geben Sie eine weitere Zeichenkette an, die zwar einen Viervierteltakt darstellt, aber nicht zu S gehört.

b Ergänzen Sie die oben angegebenen Produktionsregeln so, dass jeder mit dem Alphabet Σ mögliche Viervierteltakt dargestellt werden kann.

Mit T4 wird die formale Sprache bezeichnet, die genau alle Viervierteltakte enthält, die mit den Zeichen aus Σ gebildet werden können. Verwenden Sie für die weiteren Teilaufgaben anstelle der Notensymbole Buchstaben gemäß folgender Tabelle:

Notensymbol	𝅝	𝅗𝅥.	𝅗𝅥	𝅘𝅥
Buchstabe	g	p	h	v

c Zeichnen Sie das Zustandsübergangsdiagramm eines erkennenden endlichen Automaten, der genau T4 akzeptiert.

d Formulieren Sie in einer (...) Programmiersprache eine Implementierung für den in Teilaufgabe 1c erstellten Automaten. Dabei soll es u. a. eine Methode *istViervierteltakt(eingabe)* geben, die überprüft, ob die übergebene Zeichenkette eingabe den Vorgaben für einen Viervierteltakt entspricht, und einen entsprechenden Wahrheitswert zurückgibt. Dazu ruft sie für jedes Zeichen der Eingabe jeweils die Methode *zustandWechseln* auf. Hinsichtlich der Übergänge genügt es, wenn Sie beispielhaft die vom Startzustand ausgehenden Übergänge implementieren.
Hinweis: Sie dürfen dabei folgende Methoden der Klasse ZEICHENKETTE verwenden:
- *laenge()* gibt die Länge der Zeichenkette zurück,
- *zeichenAn(n)* gibt das n-te Zeichen der Zeichenkette zurück; die Zählung beginnt bei 0.

8 Kann der nichtdeterministische Automat mehr als der deterministische?

Häufig ist die Modellierung eines nichtdeterministischen endlichen Automaten (NEA) zwar einfacher als die eines deterministischen (DEA), die Implementierung wäre aber wesentlich komplexer.
In der Praxis werden daher häufig zunächst NEAs modelliert und für die Implementierung in einen DEA umgewandelt.

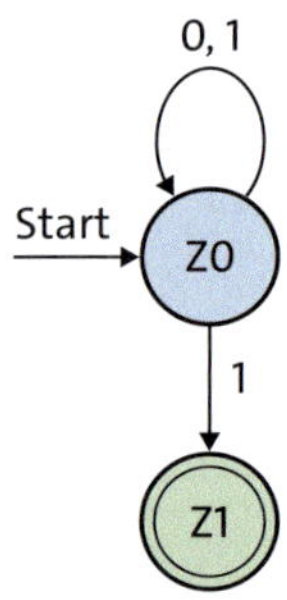

Abbildung 8

a Beschreiben Sie die Sprache des NEA (s. Abbildung 8) und modellieren Sie einen vollständigen DEA, der die gleiche Sprache akzeptiert.

Für die Umwandlung existiert ein Verfahren, das für jeden NEA angewendet werden kann und insbesondere für eine automatisierte Transformation größerer NEAs sehr nützlich ist: Die Potenzmengenkonstruktion (auch: Myhill-Algorithmus).

b Recherchieren Sie das Verfahren im Internet und wenden Sie es auf den gegebenen NEA in Abbildung 8 an. Falls die von Ihnen verwendete Software über eine Funktion zur Umwandlung verfügt, probieren Sie diese auch aus.

c Folgern Sie, was die Existenz des Verfahrens für die Mächtigkeit der beiden Automatenvarianten bedeutet. Mächtigkeit meint hier den Umfang der Sprachen, die durch die jeweiligen Automaten erkannt werden können.

d Mit einer Umsetzung des NEA aus Abbildung 9 könnte beispielsweise eine Dateiliste nach jpg-Bildern gefiltert werden (NEA mit dem typischen Einsatzzweck der Mustererkennung!). Wandeln Sie den NEA mit dem Algorithmus in einen DEA um.

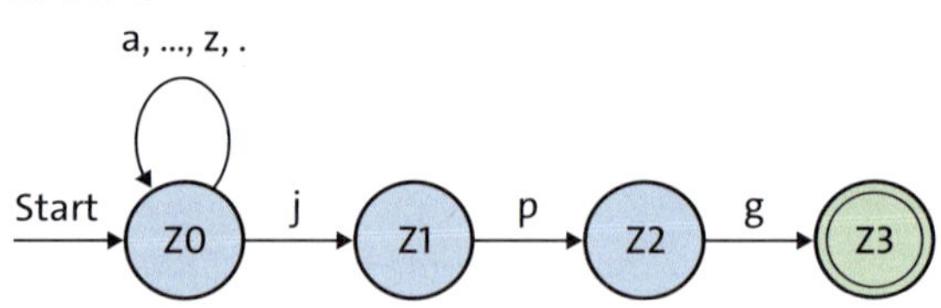

Abbildung 9

9 Forschungsauftrag: Reguläre Ausdrücke
Alternativ zur Festlegung von Sprachen durch eine Grammatik mit EBNF-Regeln bzw. Syntaxdiagrammen können solche Sprachen auch über einen regulären Ausdruck definiert werden. Als Ausgangsbasis ist auch dafür die Festlegung eines Alphabets (Menge der Terminale) nötig, es gibt jedoch keine Nichtterminale. Reguläre Ausdrücke sind wie folgt definiert:
- Die leere Zeichenkette und jedes Zeichen aus dem Alphabet ist ein regulärer Ausdruck.
- Falls x und y reguläre Ausdrücke sind, so sind ebenfalls reguläre Ausdrücke:
  x|y (Alternative)
  x y (Aneinanderreihung) und
  {x} (Wiederholung – keinmal, einmal oder mehrfach)
  Als Symbol für die Wiederholung wird häufig ein Stern verwendet: x*.
  Die runden Klammern sind zur Gruppierung erlaubt.

Beispiele für reguläre Ausdrücke über dem Alphabet A = {a, b, e, f, i, n, r} sind:
- (a|b|e|f|i|n|r)r Sprache aller zweibuchstabigen Zeichenketten, die mit "r" enden.
- f(a|b|e|i|n|r)* Sprache aller Zeichenketten, die nur ein "f" enthalten und damit beginnen.
- (a|b|e|f|i|n|r)*ferien(a|b|e|f|i|n|r)*
  Sprache aller Zeichenketten, die die Zeichenkette "ferien" enthalten.

a Erstellen Sie zu folgenden Sprachen über dem Alphabet A den regulären Ausdruck:
  i Sprache aller Zeichenketten der Länge drei, die mit "f" beginnen.
  ii Sprache aller Zeichenketten, die mit der Zeichenkette "feier" enden.
  iii Sprache aller Zeichenketten, die die Zeichenkette "ei" enthalten und mit "n" enden.

b Eine typische Anwendungsmöglichkeit von regulären Ausdrücken sind Suchfunktionen in Standardsoftware. Hier werden oft zu der oben angegebenen Definition von regulären Ausdrücken noch zusätzliche Metazeichen erlaubt, beispielsweise:
  "." steht für ein beliebiges einzelnes Zeichen – so liefert der Suchbegriff "Schmi.t" sowohl "Schmitt" als auch "Schmidt".
  Experimentieren Sie mit der Suchfunktion von mindestens zwei Editoren bzw. Textverarbeitungsprogrammen, die reguläre Ausdrücke beherrschen. Ziehen Sie auch die Hilfe-Funktion zurate, um weitere Metazeichen kennenzulernen.
  Fassen Sie Ihre Erkenntnisse knapp schriftlich zusammen.

c Programmiersprachen bieten i. A. eine Bibliothek zur Umsetzung regulärer Ausdrücke an. Recherchieren Sie dazu. Implementieren und testen Sie die Suche nach den drei Ausdrücken in der Aufgabenbeschreibung.
  Fassen Sie Ihr Rechercheergebnis knapp zusammen. Gehen Sie dabei auch knapp auf Metazeichen zu vordefinierten Zeichenklassen und Quantoren ein.

d Setzen Sie eine vorausgegangene Automatenimplementierung Ihrer Wahl mit Hilfe regulärer Ausdrücke um.

2.6 Grenzen endlicher Automaten

Jonas behauptet, dass der von ihm entwickelte endliche Automat (Abbildung 1) in der Lage ist, zu entscheiden, ob eine Zeichenkette einen korrekten einfachen mathematischen Term darstellt. Der Term erlaubt ganze Zahlen, die vier Grundrechenarten und Klammern.

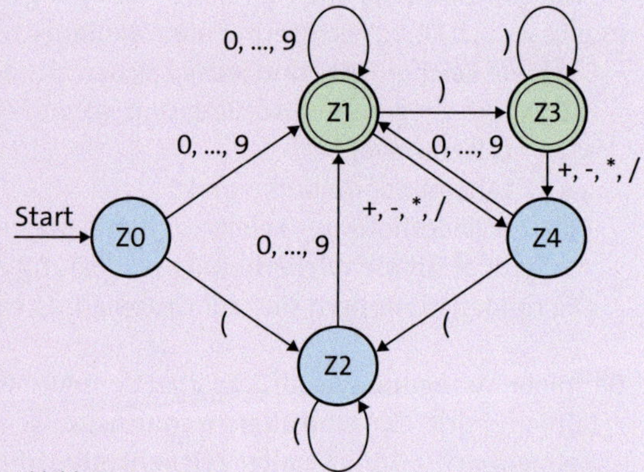

Abbildung 1

a Verifizieren Sie durch Tests mit mehreren korrekten Termen, dass der Automat diese auch als korrekt einstuft. Testen Sie unter anderem mit dem Term 7 - (45 + 3) * 8. Geben Sie jeweils die Folge der durchlaufenen Zustände an. Verifizieren Sie außerdem, dass der Term 3 + - 4 nicht akzeptiert wird.

b Anna erwidert, dass der Automat auch fehlerhafte Terme als korrekt erkennt und führt als Beispiel den Term ((3 + 4) * 7 an. Zeigen Sie durch Angabe der Folge der durchlaufenen Zustände, dass Annas Erwiderung korrekt ist. Stellen Sie eine Vermutung auf, welche Art von Fehlern der Automat nicht erkennt.

c Öffnen Sie das zur Verfügung gestellte Projekt und erstellen Sie ein Objekt der Klasse TERMAUTOMAT. Rufen Sie die Methode *TermÜberprüfen(term)* mit den Termen aus a) und b) auf.

d Geben Sie eine Möglichkeit an, was sich das Programm „merken" kann, um die von Anna monierten Fehler zu erkennen.

e Analysieren Sie den Quellcode der Klasse TERMAUTOMAT und beschreiben Sie exakt, wie der Automat ergänzt wurde, um eine korrekte Überprüfung der mathematischen Terme zu ermöglichen.

f Für Schnelle: Stellen Sie eine Vermutung auf, warum dieses Konzept universeller ist als das einfache Mitzählen geöffneter Klammern.

Scheinbar einfache Klammerung

Ob eine Zeichenkette zu einer Sprache gehört oder nicht, wurde bisher mit einem erkennenden endlichen Automaten überprüft. Es gibt aber viele Sprachen – insbesondere die Programmiersprachen –, für die endliche Automaten nicht leistungsfähig genug sind, um eine solche Entscheidung treffen zu können. Das gilt bereits für die korrekte Klammerung mathematischer Terme.

((2x + 2) - (x + 3))(x + 1)

Abbildung 2

Eine korrekte Klammerung von arithmetischen Ausdrücken ist wichtig für deren erfolgreiche Auswertung. Jede öffnende Klammer muss eine schließende Klammer nach sich ziehen. Dies gilt für Terme wie bei Tabellenkalkulationsprogrammen genauso wie für Anweisungsfolgen in einer Programmiersprache. Auch wenn dort Klammern nicht immer explizit als Zeichen vorkommen, so haben die Terminalsymbole "falls" bzw. "endefalls" in der allgemeinen Programmdarstellung oder "{" bzw. "}" in Java oder Swift genau die Bedeutung einer öffnenden bzw. schließenden Klammer.

Eine korrekte Klammerung beinhaltet die Möglichkeit einer Schachtelung, es können also mehrere öffnende Klammern aufeinander folgen, die erst an späterer Stelle wieder geschlossen werden. Die Anzahl der Klammern, die beim Lesen des Klammerausdrucks noch nicht wieder geschlossen wurden, nennt man die Schachtelungstiefe des Ausdrucks. Abbildung 2 oben zeigt einen Term mit geschachtelten Klammern, der folgende Code zeigt eine Schachtelung bedingter Anweisungen. Die maximale Schachtelungstiefe ist jeweils zwei.

```
falls punkte>90 dann
  drucke("1.Platz")

sonst
  falls punkte>80 dann
    drucke("2.Platz")

  sonst
    drucke ("Du warst dabei!")
  endefalls
endefalls
```

```
if(punkte>90) {
  print("1.Platz");
}
else {
  if(punkte>80) {
    print("2.Platz");
  }
  else {
    print("Du warst dabei!");
  }
}
```

Terme ohne Klammern

Folgende Grammatikregeln beschreiben arithmetische Ausdrücke ohne Klammern und ohne vorangestelltes Vorzeichen, beispielsweise 13*x + 17.

R1 Ausdruck = Teilausdruck { ("+" | "-" | "*" | "/") Teilausdruck } .
R2 Teilausdruck = Variable | Zahl .
R3 Variable = "x"|"y"|"z".
R4 Zahl = Ziffer { Ziffer } .
R5 Ziffer = "0"|"1"|...|"9".

Abbildung 3 zeigt den endlichen Automaten zum Erkennen dieser Ausdrücke, wobei die Nichtterminale Variable und Zahl nicht ausgeführt sind.

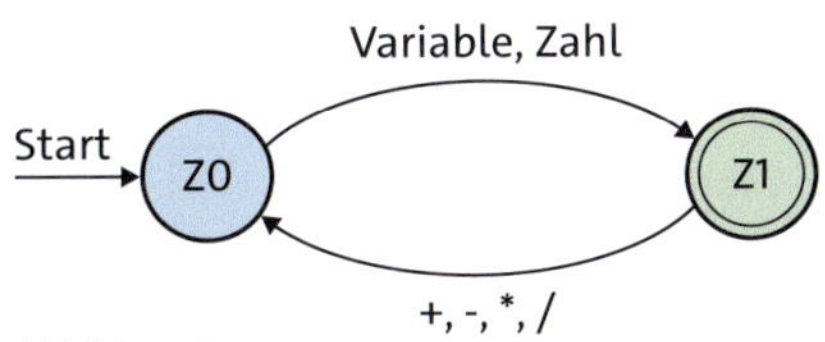

Abbildung 3

Terme mit Klammern

Einen Automaten, der korrekt geschachtelte Klammerpaare in einem Term bis zur Schachtelungstiefe zwei erkennen kann, erhält man durch Verdreifachung des Automaten für den klammerfreien Term: Zwei Zustände sind für die Schachtelungstiefe null verantwortlich, zwei für die Schachtelungstiefe eins und zwei für die Tiefe zwei. Ein Wechsel der Schachtelungstiefe erfolgt durch die mit einer Klammer beschrifteten Zustandsübergänge.

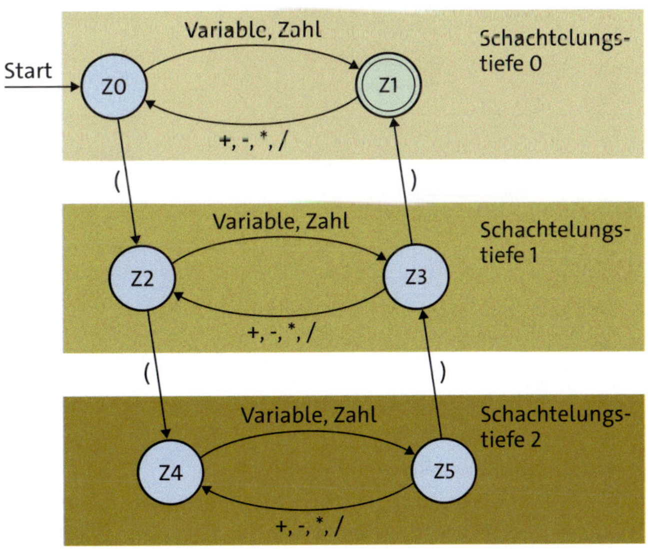

Abbildung 4

Für eine maximale Schachtelungstiefe sechs wären 14 Zustände nötig. Einen endlichen Automaten für beliebig viele Klammerpaare gibt es nicht, denn die Vorgabe „beliebig viele" gibt keine konkrete Grenze vor, die Klammeranzahl ist nach oben offen. Selbst wenn man einen Automaten mit 1000 Ebenen (analog zu Abbildung 4) erstellt, versagt er bei der sich öffnenden tausendsten Klammer. Aber nach Definition darf ein endlicher Automat eben nur endlich viele Zustände haben.

Grammatiken können mehr beschreiben

Ergänzt man bei der Grammatikregel R2 als dritte Alternative einen geklammerten Ausdruck, so können durch die Grammatik Terme mit beliebig tief geschachtelten Klammern erzeugt werden:
R2′   Teilausdruck = Variable | Zahl | "(" Ausdruck ")" .
Stellt man die Ergebnisse der letzten beiden Absätze gegenüber, zeigt sich eine wichtige Erkenntnis: Die Sprache geklammerter Ausdrücke kann durch eine Grammatik festgelegt werden. Dagegen gibt es keinen endlichen Automaten, der diese Sprache erkennen kann.
Mit Grammatiken können also mehr Sprachen beschrieben werden, als mit endlichen Automaten erkannt werden können! Das bedeutet: Die Menge der Sprachen, die mit endlichen Automaten erkannt werden können, ist nur eine Teilmenge der mit Grammatiken beschreibbaren Sprachen; sie wird auch als die Menge der **regulären Sprachen** bezeichnet.

Abbildung 5
Noam Chomsky

Grammatikarten

Ende der 50er Jahre des letzten Jahrhunderts hat der Sprachwissenschaftler Noam Chomsky die Grammatiken in vier Gruppen (Chomsky-Typen) eingeteilt und dabei jeweils eine Maschine in Erweiterung des endlichen Automaten angegeben, die feststellt, ob eine Zeichenkette zu der jeweiligen Sprache gehört.

Chomsky-Typ	Grammatikart	Sprachtyp	akzeptierende Maschine
Chomsky 0	unbeschränkt	aufzählbar	Turingmaschine
Chomsky 1	kontextsensitiv	kontextsensitiv	linear beschränkte Turingmaschine
Chomsky 2	kontextfrei	kontextfrei	Kellerautomat
Chomsky 3	rechtslinear	regulär	endlicher Automat

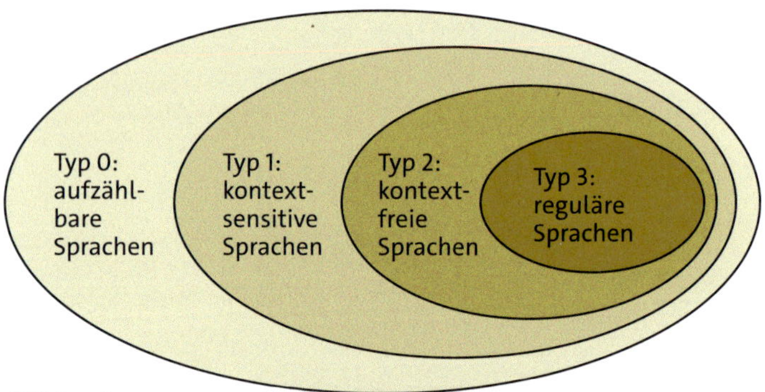

Abbildung 6

Jede dieser Gruppen ist eine Teilmenge der übergeordneten Gruppe.
Die Grammatikarten werden durch die Form ihrer Regeln unterschieden. Dabei genügt es, wenn man eine Darstellung für die Grammatik finden kann, die dem geforderten Chomsky-Typ entspricht.

- Typ 3 Rechtslineare Grammatik:
  Jede Regel hat die Form
  Nichtterminalsymbol = Terminalsymbol. oder
  Nichtterminalsymbol = Terminalsymbol Nichtterminalsymbol.
  Dadurch wird bei der Produktion die gültige Zeichenkette pro Regelanwendung rechts um ein Zeichen verlängert. Das Beispiel der Terme ohne Klammern gehört zu dieser Gruppe.

→ 2.3

- Typ 2 Kontextfreie Grammatik:
  Jede Regel hat die Form Nichtterminalsymbol = ... Das Beispiel der Terme mit Klammern (siehe oben R2′) gehört zu dieser Gruppe, ebenso alle Programmiersprachen. Mit EBNF und Syntaxdiagrammen kann man kontextfreie Sprachen beschreiben.
- Typ 1 Kontextsensitive Grammatik:
  Auf der linken Seite darf das Nichtterminalsymbol A von einer beliebigen Folge von Terminalen und Nichtterminalen (a und b) umgeben sein, dem Kontext. Es muss aber die Form gelten: aAb = acb., wobei c wiederum eine nichtleere Folge von Terminalen und Nichtterminalen ist. Dadurch können die erzeugten Folgen beim Ableiten nicht kürzer werden.
  Die Angabe von Kontexten bedeutet keine Einschränkung, sondern erlaubt im Gegenteil komplexere Regeln, daher sind kontextsensitive Grammatiken mächtiger als kontextfreie.
  Die Sprache „a“^{n}„b“^{n}„c“^{n} ist ein Beispiel für eine kontextsensitive Sprache (s. Aufgabe 5).

• Typ 0 Unbeschränkte Grammatiken: Es gibt keine Einschränkung für die Regeln.
Zur – für eine automatisierte Verarbeitung notwendigen – Erkennung von in der Chomsky-Hierarchie allgemeineren Sprachen (Typ 2, Typ 1, Typ 0) werden immer mächtigere Werkzeuge benötigt. Kellerautomaten ergänzen die bisher verwendeten Automaten um einen Zwischenspeicher; die Turingmaschine ist eine Universalmaschine, die alle berechenbaren Aufgaben auch berechnen kann. → L2

Endliche Automaten können nur eine sehr beschränkte Menge an Sprachen erkennen, die **regulären Sprachen**. Bei diesen dürfen insbesondere keine beliebig tiefen Klammerhierarchien oder ähnliches auftreten.

Aufgaben

1 Sprachen über a, b, c

Entscheiden Sie, zu welchem Chomsky-Typ die folgenden beiden Sprachen gehören und welche Sprache sie festlegen. N bezeichnet dabei die Menge der Nichtterminalsymbole, T die Menge der Terminalsymbole.

a N = {S, A, B, C, D, E, F, G}; T = {a, b, c}; Startsymbol S und die Regeln:

S = ε | D E F | D A E F .	A = D A E C | D E C .	C E = B E .
B E = B G .	B G = E G .	E G = E C .
C F = F F .	D = "a" .	E = "b" .
F = "c" .	B = B "b" .	

b N = {S, A, B}; T = {a, b}; Startsymbol S und die Regeln:

S = AB.	A = ε.	A = "a" "a" A.	B = "b".

2 Vier Grammatiken, eine Sprache

Für eine gegebene Sprache lassen sich meistens beliebig viele Grammatiken angeben.
Für die Terminale T = {x, y} und die Nichtterminale N = {S, A} mit Startsymbol S sind die folgenden vier Regelsätze gegeben, welche die gleiche Sprache beschreiben.

Chomsky 3	Chomsky 2	Chomsky 1	Chomsky 0
R1: S = "x"A . R2: A = "y"A . R3: A = "y" .	R1: S = "x"A"y" . R2: A = A"y"A . R3: A = ε .	R1: S = "x"A . R2: "x"A = S"y" . R3: S"y" = "x""y" .	R1: S = "x""y"A"y"A"y" . R2: "y"A = "y""y"A . R3: "y""y""y"A"y" = "y" .

a Geben Sie für alle vier Regelwerke je eine Ableitung des Wortes "x""y""y" an.
b Beschreiben Sie die Sprache, die durch die Regeln erzeugt wird, in Worten.
c Wenn für eine Sprache Grammatiken in verschiedenen Chomsky-Typen vorhanden sind, wird sie immer dem höchsten möglichen Chomsky-Typ zugeordnet. Begründen Sie, warum diese Einordnung sinnvoll ist.

3 Programmiersprachen

Programmiersprachen erlauben geschachtelte Anweisungen. In den folgenden Teilaufgaben zeigen Sie, dass diese zu keiner regulären Sprache gehören können.

a Ein Teil des Pseudocodes, der nur die einseitige bedingte Anweisung und sonstige Anweisungen unterscheidet, wird durch folgende Regeln beschrieben:

Anweisungen	= {Anweisung} .
Anweisung	= BedingteAnweisung | SonstigeAnweisung .
BedingteAnweisung	= "wenn" Bedingung "dann" {Anweisung} "endewenn" .
Bedingung	= "bedingung" .
SonstigeAnweisung	= "anweisung" .

Zeigen Sie analog zum Lehrtext durch Angabe geeigneter Automatenteile, dass die durch die obige Syntax beschriebene Sprache nicht durch einen endlichen Automaten erkannt werden kann.

b Java und ähnliche Sprachen haben für die bedingte Anweisung eine Syntax mit leicht abgeänderten Regeln:

Anweisungen	= {Anweisung} .
Anweisung	= BedingteAnweisung | SonstigeAnweisung .
BedingteAnweisung	= "if" Bedingung "{" {Anweisung} "}" .
Bedingung	= "bedingung" .
SonstigeAnweisung	= "anweisung" .

Zeigen Sie durch Anpassung des Automaten von a), dass auch diese Sprachen nicht durch einen endlichen Automaten erkannt werden können.

c Programmiersprachen erlauben außer der einseitigen bedingten Anweisung auch die zweiseitige bedingte Anweisung und die Wiederholung mit Eingangsbedingung und weitere Kontrollstrukturen. Begründen Sie unter Verwendung des Ergebnisses von b) oder a), dass durch diese Erweiterungen sicher nicht erreicht werden kann, dass ein endlicher Automat zur Erkennung dieser Sprachen ausreicht.

d Für Schnelle: Zeigen Sie durch Angabe des Automaten, dass für Sprachen mit bedingter Anweisung und Wiederholung mit Eingangsbedingung ein endlicher Automat zur Erkennung einer Zeichenkette ausreicht, wenn man nur eine Schachtelungsebene zulässt. Stellen Sie dazu zuerst geeignete Regeln auf und geben Sie dann einen endlichen Automaten zur Erkennung an. Begründen Sie knapp, dass sich Ihre Überlegungen auch auf Sprachen ausdehnen lassen, die 2, 3 oder allgemein n Schachtelungsebenen erlauben.

4 Gemischte Klammern

Die meisten Programmiersprachen bieten für den Zugriff auf Feldelemente als vereinfachte Form die Indizierung mit eckigen Klammern an: `feldname[index]`. Dabei werden die Klammern je nach Zugriffsart (Lesen/Schreiben) durch die entsprechenden Getter- bzw. Setter-Methoden ersetzt.

Um auch den Zugriff auf Feldelemente in der genannten Form zu erlauben, muss nur die Regel R2' aus dem Lehrtext leicht ergänzt werden (fett), alle anderen Regeln bleiben gleich.

R2" Teilausdruck = Variable **["[" Ausdruck "]"]** | Zahl | "(" Ausdruck ")".

a Zeigen Sie, z. B. anhand des Ausdrucks a[3*(1 + 2]), dass ein endlicher Automat mit der Ergänzung, nur die öffnenden und schließenden Klammern zu zählen, manche Wörter akzeptiert, die nicht zur Sprache gehören.

→ L2

b Begründen Sie weiter, dass ein endlicher Automat, der wie in der Einstiegaufgabe um einen sogenannten Stapelspeicher erweitert wurde, die durch die Regeln R1, R2", R3, R4 und R5 gegebene Sprache korrekt erkennen kann.

c Für ganz Schnelle: Ergänzen Sie das Projekt aus der Einstiegsaufgabe so, dass es auch die Regel R2" berücksichtigt.

5 Einfache Sprache – doch nicht so einfach

Ein großer Anzeigebildschirm kann beliebig viele Bilder darstellen. Seine Steuerung kennt drei Anweisungen:

- Verbindung aufbauen ("v") baut die Verbindung zu einem Server auf, um das Bild laden zu können,
- Daten abrufen ("d") ruft die Bilddaten vom Server ab und
- Bild anzeigen ("b") zeigt das Bild am angegebenen Ort und in der angegebenen Größe an.

Dabei ist das Protokoll der Steuerung so definiert, dass zuerst alle Verbindungen aufgebaut werden, dann alle Daten geladen werden und am Schluss alle Bilder angezeigt werden. Die Sprache des Protokolls lässt sich also durch den Ausdruck "v"^{n}"d"^{n}"b"^{n} beschreiben, wobei n die Anzahl der in dieser Gruppe anzuzeigenden Bilder ist. Es muss also insbesondere geprüft werden, ob genau so viele Datenabruf- und Anzeigeanweisungen kommen, wie Verbindungsaufbauten.

a Ein Kellerautomat könnte entscheiden, ob ein Wort zur einfacheren Sprache "v"^{n}"d"^{n} gehört. Begründen Sie diese Aussage anhand der Beispiele im Lehrtext. → L2

b Ein Kellerautomat ist nicht in der Lage zu entscheiden, ob ein Wort zur Sprache "v"^{n}"d"^{n}"b"^{n} gehört. Geben Sie als Konsequenz aus der Begründung von a) an, warum das so ist.

c Die folgende Grammatik mit dem Startsymbol S beschreibt die Anweisungssprache:

S = "v""d""b" | "v"X"d""b" .	X"d" = "d"X .	X"b" = Y"d""b""b" .
"d"Y = Y"d" .	"v"Y = "v""v" | "v""v"X .	

Geben Sie an, von welchem Chomsky-Typ diese Grammatik ist. Erstellen Sie einen Ableitungsbaum für das Wort "v""v""d""d""b""b".

d Begründen Sie unter Zuhilfenahme der Ergebnisse der vorhergehenden Teilaufgaben, dass für diese Sprache keine kontextfreie Grammatik existieren kann.

e Für Schnelle: Ein Kellerautomat kann auch mit zwei Kellern konstruiert werden. Skizzieren Sie eine Vorgehensweise, nach der ein solcher Kellerautomat Wörter der Sprache "v"^{n}"d"^{n}"b"^{n} erkennen könnte.

6 Forschungsauftrag

Höhere Programmiersprachen gehören alle zur Gruppe der kontextfreien Sprachen. Dabei werden unterschiedlich aufwendige Ansätze in der Erkennung der Sprachkonstrukte (Parser) verwendet, die aber zum Teil die Möglichkeiten kontextfreier Grammatiken einschränken.

a Recherchieren Sie die Begriffe LL(k) und LR(k) und fassen Sie die wesentlichen Unterschiede zusammen.

b Ordnen Sie die Sprachen Java, Swift und Python den Untergruppen LL(k) bzw. LR(k) zu.

Teste dich selbst

T1 Richtig oder falsch?

Beurteilen Sie, ob folgende Aussagen richtig oder falsch sind. Begründen Sie Ihre Meinung und geben Sie bei falschen Aussagen eine berichtigte Aussage an.

a Die Semantik des Worts „umfahren" ist mehrdeutig.

b Die Wortmenge über dem Alphabet A = {a, b} ist A*= {ε, a, b, aa, ab, ba, bb}

c "z" ["z"] in EBNF beschreibt Zeichenketten, die mindestens aus einem "z" bestehen.

d Ein vollständiger Automat, der ein Wort nicht akzeptiert, kann sich am Ende nicht in einem Endzustand befinden.

e Ein vollständiger Automat mit 4 Zuständen hat bei einem Alphabet mit 12 Zeichen $4 \cdot 12 = 48$ Zustandsübergänge.

f Die Sprache der mathematischen Terme mit den vier Grundrechenarten und Klammern kann von einem endlichen Automaten mit genügend Zuständen erkannt werden.

T2 Ich check's, dank deiner Hilfe!

Ferdi hat im Unterricht nicht gut aufgepasst und braucht dringend Ihre Nachhilfe vor der alles entscheidenden letzten Prüfung. Helfen Sie ihm, indem Sie ihm folgende Begriffe/Aspekte anhand eines selbstgewählten Beispiels erklären:
Syntax, Semantik, Zeichenkette, formale Sprache, Grammatik, Ableitungsbaum, Terminal, Nichtterminal, EBNF, Syntaxdiagramm, Metazeichen, erkennender endlicher Automat, Zustandsübergangsdiagramm, nichtdeterministischer Automat, vollständiger Automat, Implementierung eines endlichen Automaten.

T3 Kommunikation über Sprachen

Nennen Sie je zwei Vor- und Nachteile von natürlichen Sprachen im Vergleich zu künstlichen Sprachen.

T4 Fahrradverleih (aus Abitur 2023)

Die Firma „Bike-a-Bit" betreibt einen Fahrradverleih. An verschiedenen Standorten befinden sich jeweils mehrere Fahrräder unterschiedlichen Typs, die über ein Online-Reservierungssystem gebucht werden können.
Zur Auswahl stehen konventionelle Fahrräder und E-Bikes für Erwachsene sowie Kinderfahrräder in verschiedenen Größen. Zur internen Verwaltung wird jedem Fahrrad eine eindeutige Kennung zugewiesen. Sie besteht aus einem oder zwei Großbuchstaben für den Standort, gefolgt von einer natürlichen Zahl von 1 bis 99. Handelt es sich um ein E-Bike, so folgt noch der Buchstabe E. Handelt es sich um ein Kinderfahrrad, so folgen nach der Zahl der Buchstabe K und eine Größenangabe, die durch den Reifendurchmesser (in Zoll) mit den möglichen Werten 12, 14, 16, ..., 24 beschrieben wird. Die Menge aller gültigen Kennungen bildet die formale Sprache L über dem Alphabet {0, 1, 2, ..., 9, A, B, ..., Z}.

a Notieren Sie in einer formalen Textnotation (z. B. EBNF) die Produktionsregeln einer Grammatik, die L erzeugt.

b Geben Sie ein Zustandsübergangsdiagramm eines endlichen Automaten an, der genau die Wörter von L akzeptiert.

T5 Geschachtelte Wiederholungen

Zeigen Sie, dass geschachtelte Wiederholungen nicht zu einer regulären Sprache gehören können.

Zusammenfassung

Sprache (als Schrift, gesprochen, ...) dient als Mittel zur Kommunikation. Die **Syntax** regelt den Aufbau von Sprache aus Zeichen bzw. den Aufbau von Sätzen aus Wörtern. Die **Semantik** ist die Lehre von der Bedeutung der Zeichen, Wörter und Sätze.

Ein **Alphabet** A ist eine beliebige endliche, nichtleere Menge, deren Elemente **Zeichen,** Symbole oder Token genannt werden. Eine **Zeichenkette** ist eine endliche (eventuell leere) Folge von Zeichen aus dem Alphabet. Eine **formale Sprache** ist eine eindeutig festgelegte Menge von Zeichenketten, die aus Zeichen eines Alphabets zusammengesetzt sind. Formale Sprachen dienen u. a. zur Kommunikation zwischen Mensch und Maschine.

A = {"0", "1"}
Zeichenkette über A: k1 = "1" "0" "0" "1"
L_4 = {0, 10, 100, 110, ...} = „Menge aller geraden Binärzahlen ohne führende Nullen"

In der Informatik ermöglicht eine **Grammatik** die eindeutige Festlegung einer formalen Sprache. Bestandteile einer Grammatik sind Nichtterminale, Terminale, Regeln und ein Startsymbol.
Ausgehend vom Startsymbol können durch Folgen von Regelanwendungen gültige Zeichenketten **produziert (abgeleitet)** werden.

Terminale *(Alphabet) – einzelne Bestandteile der gültigen Zeichenkette*

Nichtterminale *(Platzhalter), durch Regeln genauer erklärt.*

Startsymbol *(i. A. linke Seite der ersten Regel)*

R1 Uhrzeit = Stunden ":" Minuten.
R2 Stunden = "0" Ziffer | "1" Ziffer | "2" ZifferBis3.
R3 Minuten = "0" Ziffer | "1" Ziffer | ... | "5" Ziffer.
R4 ZifferBis3 = "0" | "1" | "2" | "3".
R5 Ziffer = "0" | "1" | ... | "9".

Uhrzeit $\xrightarrow{R1}$ Stunden ":" Minuten
$\xrightarrow{R2, R3}$ "2" ZifferBis3 ":" "1" Ziffer
$\xrightarrow{R4, R5}$ "2" "0" ":" "1" "5"

Ableitung einer Uhrzeit

Syntaxregeln können auch mithilfe der **erweiterten Backus-Naur-Form (EBNF)** formuliert und mit Syntaxdiagrammen grafisch dargestellt werden (siehe Abbildung 1).

EBNF, ***Erklärung***	**Syntaxdiagramm**	**EBNF,** ***Erklärung***	**Syntaxdiagramm**
Terminal T *Einzelner Bestandteil der gültigen Zeichenkette*	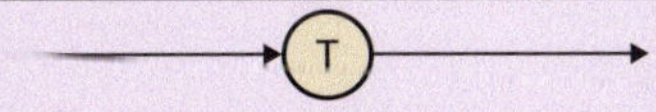	Aneinanderreihung $a_1\ a_2 \dots a_n$	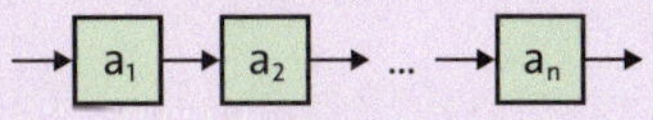
Nichtterminal N *Platzhalter, der durch eine Regel erklärt wird*	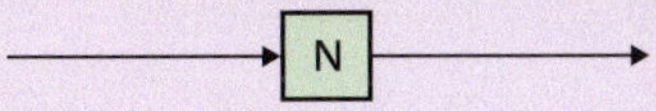	Alternative $a_1 \mid a_2 \mid \dots \mid a_n$	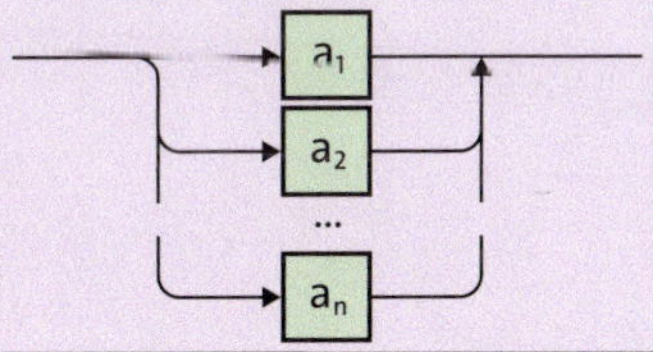
Optionsklammer [a] *a kommt keinmal oder einmal vor.*	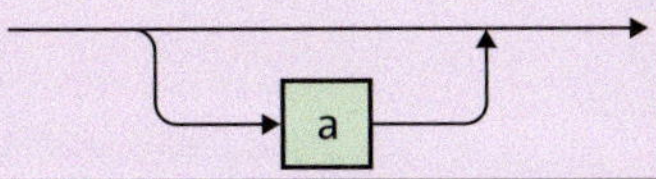	Gruppierungsklammer am Beispiel (a|b) (c|d) *Klammerpositionen: nur eine Linie, vorherige Verzweigungen sind wieder zusammengeführt.*	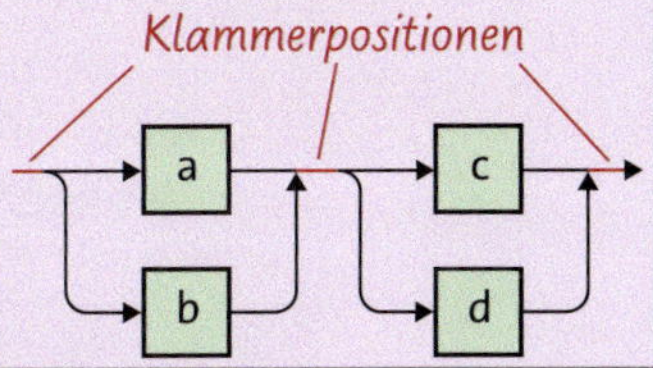
Wiederholungsklammer {a} *a kommt keinmal, einmal oder mehrfach vor.*	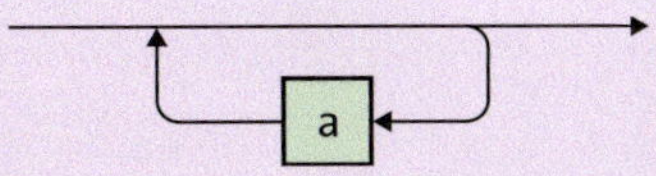	Zeichen „=" in einer Regel am Beispiel **N** = a (b|c). *Linke Seite der Regel als Überschrift; rechte Seite als Grafik.*	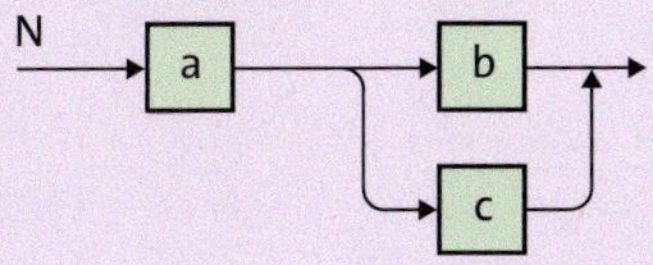
Variante der Wiederholungsklammer a {a} *a kommt mindestens einmal vor, oder mehrfach.*	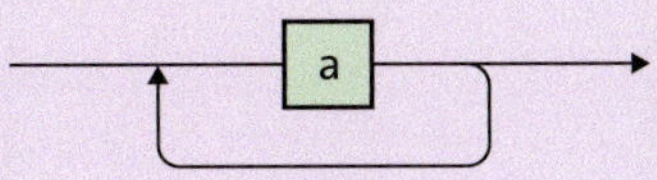		

Abbildung 1

Ein **endlicher Automat** kann überprüfen, ob eine Zeichenkette aus Zeichen eines **Eingabealphabets** zu einer Sprache gehört. Er besteht aus einer **endlichen Menge von Zuständen** sowie einer Menge von **Zustandsübergängen**, die in einem **Zustandsübergangsdiagramm** dargestellt werden können (Abbildung 2).

Die Überprüfung einer Zeichenkette erfolgt zeichenweise, bis kein Übergang mehr möglich ist. Die Zeichenkette wird genau dann als zur Sprache gehörig erkannt, wenn die Restzeichenkette am Ende der Verarbeitung leer ist und sich der Automat in einem Endzustand befindet (erkennender Automat).

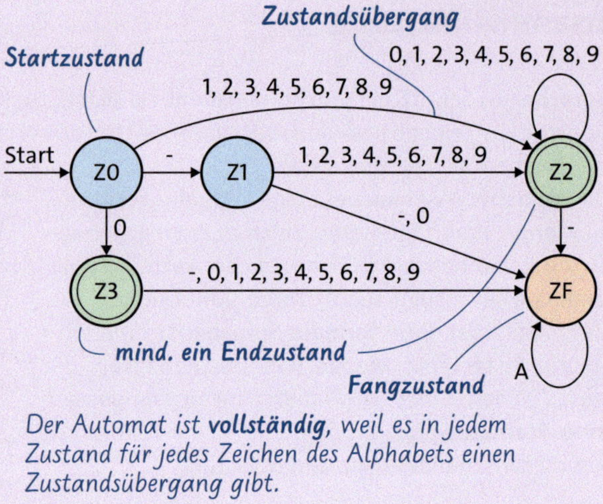

Abbildung 2

Bei einem **deterministischen** Automaten gibt es in jedem Zustand zu jedem Zeichen des Alphabets maximal einen Zustandsübergang; bei einem **nichtdeterministischen** Automaten sind zu einem Zeichen mehrere Zustandsübergänge pro Zustand möglich.

Ein erkennender endlicher Automat lässt sich als Programm mit Hilfe von zwei Mehrfachauswahlen umsetzen: eine für den Zustand, eine für das aktuell zu verarbeitende Zeichen.

Endliche Automaten können nur eine sehr beschränkte Menge an Sprachen erkennen, die **regulären Sprachen**. Bei diesen dürfen insbesondere keine beliebig tiefen Klammerhierarchien oder ähnliches auftreten.

Zum Weiterlesen

L2 Kellerautomaten

Grundlegende Idee

Stapel als LIFO-Speicher (Last in, first out)

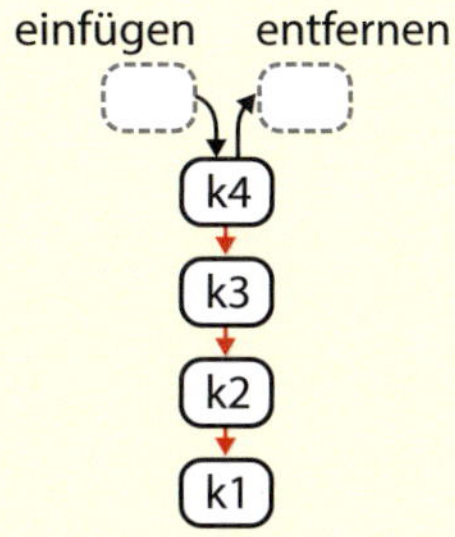

Abbildung 1

Die grundsätzliche Idee des Kellerautomaten ist die Erweiterung eines endlichen Automaten um einen Stapelspeicher, auch Kellerspeicher genannt (siehe Abbildung 1). Dies ist ein Speicher, bei dem immer nur auf das zuletzt gespeicherte Element zugegriffen werden kann (last in, first out). Mit dieser Erweiterung ist ein Automat in der Lage, alle kontextfreien Sprachen (Chomsky 2) zu erkennen. Das ist für die Praxis sehr wichtig, da alle Programmiersprachen kontextfreie Sprachen sind und somit Kellerautomaten eine Basis für die Übersetzung der Programmiersprachen darstellen.
Die Erweiterung um den Kellerspeicher erfordert zusätzliche Festlegungen im Vergleich zu den endlichen Automaten:

- Es muss angegeben werden, welche Zeichen auf dem Kellerspeicher abgelegt werden können (Kelleralphabet).
- Es muss angegeben werden, woran erkannt werden kann, dass der Kellerspeicher leer ist; das ist in der Regel ein spezielles Zeichen des Kelleralphabets, das für nichts anderes verwendet wird.
- Ein Zustandsübergang wird nicht nur durch das nächste Eingabezeichen bestimmt, es wird auch berücksichtigt, welches Zeichen zuletzt auf dem Kellerspeicher abgelegt wurde. Je nach dem zuletzt gespeicherten Zeichen kann das gleiche Eingabezeichen also zu Übergängen in unterschiedliche Zustände führen. Das oberste Zeichen des Kellerspeichers wird beim Übergang grundsätzlich entfernt.
- Bei jedem Zustandsübergang muss nicht nur der Zielzustand angegeben werden, sondern auch, welche Zeichen beim Übergang im Kellerspeicher gespeichert werden sollen.

Der Kellerautomat in seiner allgemeinen Form ist nichtdeterministisch; für ein Paar (Eingabezeichen | Kellerspeicherzeichen) kann es von einem Zustand aus mehrere Zielzustände geben, dabei können auch unterschiedliche Zeichenfolgen auf dem Kellerspeicher abgelegt werden. Im Unterschied zu den endlichen Automaten, bei denen ein nichtdeterministischer Automat immer in einen deterministischen Automaten umgewandelt werden kann, sind nichtdeterministische Kellerautomaten mächtiger als deterministische Kellerautomaten. Für die Praxis bedeutet das, dass Programmiersprachen nur eine Teilmenge der kontextfreien Sprachen ausnutzen können, sie müssen von deterministischen Kellerautomaten erkannt werden können.

Formale Definition

Ein deterministischer Kellerautomat (DKA) wird definiert als ein 7-Tupel $M=(Z,E,K,\delta,Z0,\#,F)$, wobei

- Z eine endliche Menge von Zuständen,
- E ein Eingabealphabet,
- K das Kelleralphabet,
- δ die Zustandsübergangsfunktion, $\delta\colon Z\times(E\cup\{\varepsilon\})\times K \rightarrow Z\times K^*$
- $Z0 \in Z$ der Startzustand,
- $\# \in K$ das Anfangssymbol im Keller und
- $F \subseteq Z$ eine Menge von Endzuständen

ist.
Der deterministische Kellerautomat akzeptiert eine Zeichenkette, wenn er beim Ende der Zeichenkette in einem Endzustand ist und das oberste Zeichen auf dem Kellerspeicher das Anfangssymbol ist.

Beispiel der einfachen mathematischen Terme
Jeder Zustandsübergang wird beschriftet mit
oberstes Kellerzeichen;Eingabezeichen:auf dem Keller zu speichernde Zeichen.
Der Buchstabe ε steht für: es wird nichts im Keller abgelegt.
Für die einfachen mathematischen Terme hat der Kellerautomat dann folgendes Aussehen (Abbildung 2):

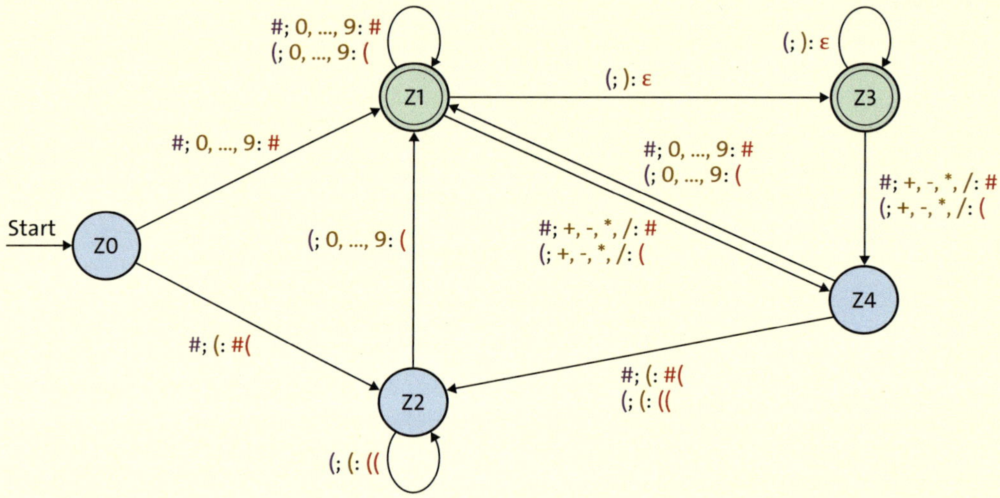

Abbildung 2

Die Eingabezeichenkette 5 * (12 + 3) erzeugt folgende Zustandsfolge (in Klammern das oberste Kellerelement):
Z0(#) Z1(#) Z4(#) Z2(() Z1(() Z1(() Z4(() Z1(() Z3(#)
Es ist ein Endzustand erreicht und der Keller ist leer: die Zeichenkette ist akzeptiert.
Die Eingabezeichenkette 5 * (12 + 3 erzeugt folgende Zustandsfolge:
Z0(#) Z1(#) Z4(#) Z2(() Z1(() Z1(() Z4(() Z1(()
Es ist ein Endzustand erreicht, aber der Keller ist nicht leer: die Zeichenkette ist nicht akzeptiert.
Die Eingabezeichenkette 5 * erzeugt folgende Zustandsfolge:
Z0(#) Z1(#) Z4(#)
Es ist kein Endzustand erreicht, der Keller ist leer: die Zeichenkette ist nicht akzeptiert.

L3 Übersetzung von Programmiersprachen

Als Beispiel wird hier exemplarisch gezeigt, wie arithmetische Terme in Maschinenbefehle für einen Computer übersetzt werden (Minimaschine, Emulation der zentralen Komponenten Prozessor, Arbeitsspeicher und zugehörige Bus-Verbindungen).

Der Scanner

→ 2.1

Grammatiken beschreiben, wie Symbole korrekt angeordnet sind (der Begriff Zeichen kann hier zu Verwechslungen führen, Schlüsselworte sind als ein Token zu sehen). Daher muss in einem ersten Schritt die Folge der einzulesenden Zeichen in eine Folge von Symbolen der Grammatik umgewandelt werden. Diese Programmteile nennt man Scanner oder Lexer. Ihre Aufgabe ist es, die lexikographische Darstellung in Symbole umwandeln. Bei Termen muss speziell eine Folge von Ziffernzeichen in das Symbol „Zahl“ umgewandelt werden und der Wert der Zahl ermittelt werden. Beispiel:

<pre>//Die Symbole der Sprache
aufzählungstyp Token (plus, minus,
mal, geteilt, klammerAuf, klammerZu,
zahl, ende, ungültig)
 	
//hier wird das nächste Zeichen
//der Eingabezeichenkette
//abgelegt
attribut ch: ZEICHEN
 	
//Liest das nächste Zeichen
//der Eingabezeichenkette
methode NächstesZeichenLesen()
...
endemethode
 	
// Liest eine Zahl
methode ZahlLesen()
...
endemethode</pre>
	<pre>methode NächstesTokenLesen() ->
	Token
	//Überliest alle Leerzeichen
	    wiederhole solange ch == ' '
	        NächstesZeichenLesen()
	    endewiederhole
	    unterscheide ch
	        fall '+':
	            NächstesZeichenLesen()
	            return plus
	        fall '-':
	            NächstesZeichenLesen()
	            return minus
	        ...
	        fall '0' .. '9':
	            ZahlLesen()
	            return zahl
	        fall eof:
	            return ende
	        sonst:
	            return ungültig
	    endeunterscheide
	endemethode</pre>

Der Parser

Im zweiten Schritt kann jetzt die korrekte Syntax des Terms geprüft werden. Die dafür zuständigen Programmteile nennt man Parser. Dafür können Kellerautomaten verwendet werden (L5), eine oft verwendete, einfachere Alternative sind → Recursive Descent Parser, bei denen z. B. Klammerebenen im rekursiven Abstieg gespeichert werden; ein solcher Parser wird hier vorgestellt. Außer der Syntaxprüfung muss der Parser auch die Codegenerierung vorbereiten (z. B. durch Erstellen eines Syntaxbaums) oder wie in diesem Beispiel den Maschinencode gleich selbst generieren.

→ recursive descent, engl: rekursiver Abstieg

Die Grammatik der einfachen mathematischen Terme spiegelt die Punkt-vor-Strich-Regel wider.

Term = PunktTerm {("+"|"-") PunktTerm}.
PunktTerm = Faktor {("*"|"/") Faktor}.
Faktor = Zahl | ("(" Term ")").

hier passiert der rekursive Abstieg

Jede Grammatikregel wird als eigene Methode implementiert. Die folgende Methode *TermAbarbeiten* bearbeitet die Produktion Term. Die Hilfsklasse ATTRIBUT verwaltet, wo der zugehörige Wert abgelegt ist: ob im Akkumulator oder im Speicher, und dann an welcher Speicheradresse.

```
methode TermAbarbeiten() -> ATTRIBUT
   attribut maschinenbefehl: ZEICHENKETTE
   attribut summand1, summand2: ATTRIBUT
   summand1 = AusdruckPunktAbarbeiten()
   wiederhole solange (aktToken == plus) || (aktToken == minus)
       falls aktToken == plus dann
              maschinenbefehl = "ADD"
       sonst
              maschinenbefehl = "SUB"
       endefalls
```

```
        falls summand1.IstGeladen() dann
                //muss zwischengespeichert werden
                summand1 = HilfsplatzAnlegen()
        endefalls
        aktToken = NächstesTokenLesen()
        summand2 = AusdruckPunktAbarbeiten()
        falls summand2.IstGeladen() dann
                //muss zwischengespeichert werden
                summand2 = HilfsplatzAnlegen()
        endefalls
        summand1.Laden()
        summand2.Operation(maschinenbefehl)
        summand2.AblageFreigeben()
        summand1.AblageFreigeben()
        summand1 = neu Attribut(imAkkumulator)
    endewiederhole
    return summand1
endemethode
```

Für die anderen Regeln ergeben sich ähnliche Methoden. Der Term 3 + 2 * 5 wird damit übersetzt zu

```
LOADI     2
MULI      5
STORE     hi$1
LOADI     3
ADD       hi$1
```

Die Variable hi$1 wird von Hilfsplatz-Anlegen erzeugt.

Optimierungen bei der Codegenerierung

Gute Compiler optimieren zuerst auf dem vom Parser erzeugten Syntaxbaum. Sie erkennen zum Beispiel Terme innerhalb einer Wiederholung, die jedes Mal den gleichen Wert ergeben, und berechnen ihren Wert nur einmal vor der Wiederholung. Oder sie erkennen Teilterme, die in mehreren aufeinander folgenden Anweisungen den gleichen Wert ergeben und berechnen diesen nur einmal zu Beginn (Common Subexpression Elimination).

Nach der Codeerzeugung kann noch weiter optimiert werden, indem z. B. Sprünge, die auf einen unbedingten Sprung zielen, gleich auf das eigentliche Ziel springen (Branch Chaining, typisch bei verschachtelten Kontrollstrukturen). Wird ein Register im Arbeitsspeicher gespeichert und in der nächsten Anweisung gleich wieder von derselben Arbeitsspeicheradresse geladen, kann der Ladebefehl weggelassen werden. Diese Optimierungen nach der Codeerzeugung werden unter den Begriff Peep Hole Optimization (lokaler Blick „durchs Schlüsselloch“) zusammengefasst.

3 Funktionsweise eines Rechners

In diesem Kapitel werden Sie ...

... Aufbau und Arbeitsweise eines Computers näher betrachten.

... die Grundstruktur von Maschinensprachen kennenlernen.

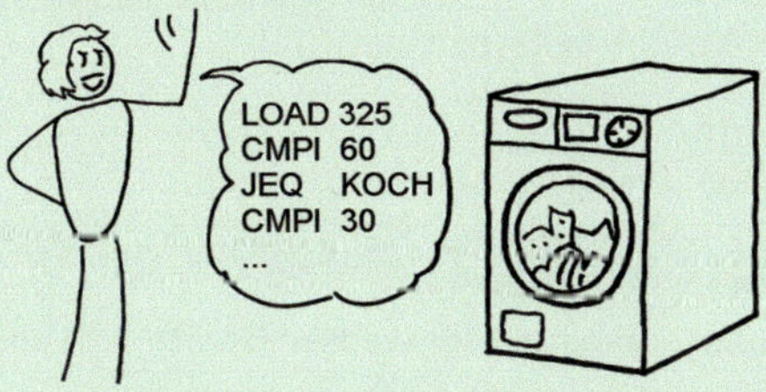

... Hochsprachenalgorithmen in Maschinensprache umsetzen.

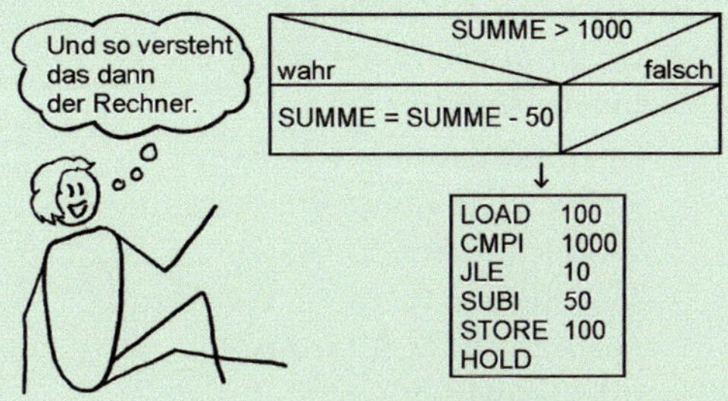

3.1 Aufbau eines Computersystems: von-Neumann-Prinzip

Im Gehäuse eines Desktop-Rechners verbergen sich u. a. die abgebildeten Komponenten.

a Ordnen Sie den Bestandteilen (① – ⑦) ihre korrekte Bezeichnung (A – G) und eine passende Aufgabenbeschreibung (I – VII) zu.

Abbildung 1

A	Arbeitsspeicherriegel	I.	versorgt den Computer mit Energie
B	Festplatte	II.	zentrale Platine zum Anschluss aller Teile
C	Prozessor	III.	zum dauerhaften Speichern von Daten
D	Mainboard	IV.	enthält Daten der aktuellen Aufgaben
E	Netzteil	V.	enthält Prozessor speziell zur Bilderzeugung
F	Grafikkarte	VI.	zum Anschluss von Tastatur, Drucker, ...
G	Buchsen für weitere Geräte	VII.	zentrale Einheit zur Datenverarbeitung

Smartphones sind kleine Computer und in ihrem grundsätzlichen Aufbau ähnlich zu Desktop-Rechnern.

b Geben Sie für die rechts beschriebenen Bauteile eines Smartphones Entsprechungen beim Desktop-Rechner an.

c Für Schnelle: Geben Sie an, wie/wo die abgebildeten Komponenten des Desktop-Rechners an die Hauptplatine angeschlossen werden, und sammeln Sie dann weitere Informationen wie Modelle und Preise für die einzelnen Bauteile (z. B. Prozessor, Arbeitsspeicher).

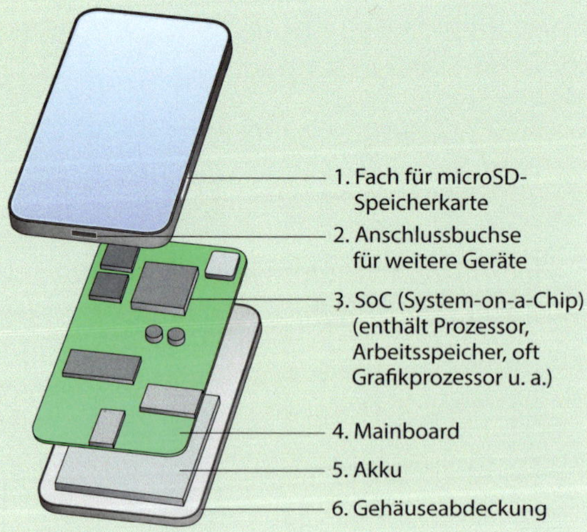

Abbildung 2

Programmierung früher Rechenmaschinen

Die ersten entwickelten Rechner waren nicht mittels Software programmierbar. Um ein Programm zu verändern, musste man Modifikationen an der Hardware vornehmen, etwa die gewünschten Operationen durch Einstellen von Schaltern festlegen.

So wurde z. B. der →ENIAC, der seit 1946 im Einsatz der US-Armee war, durch Einstellen von einigen Tausend Schaltern mit jeweils zehn Positionen programmiert. Zudem waren unzählige Kabelsteckverbindungen notwendig (s. Abbildung 3). Daher dauerte es üblicherweise mehrere Wochen, die Maschine für die Lösung eines Problems zu konfigurieren.

Abbildung 3

→ENIAC: **E**lectronic **N**umerical **I**ntegrator **a**nd **C**omputer

Entscheidende Verbesserungen: von-Neumann-Prinzip

Eine derartige Programmierung war extrem langsam, unflexibel und fehleranfällig. Daher ersann der Mathematiker John von Neumann mit seinem Team im Jahr 1946 ein neues, wegweisendes Konzept für die Funktionsweise eines Rechners. Es umfasst die folgenden sechs Punkte, die hier zum besseren Verständnis etwas vereinfacht dargestellt werden:

1 Ein Computer besteht aus vier Funktionseinheiten:

- Der **Arbeitsspeicher** (Hauptspeicher, Memory) speichert neben Eingabedaten, Zwischen- und Endergebnissen nun auch Programme. Alle Speicherinhalte können vom Rechenwerk verändert werden.

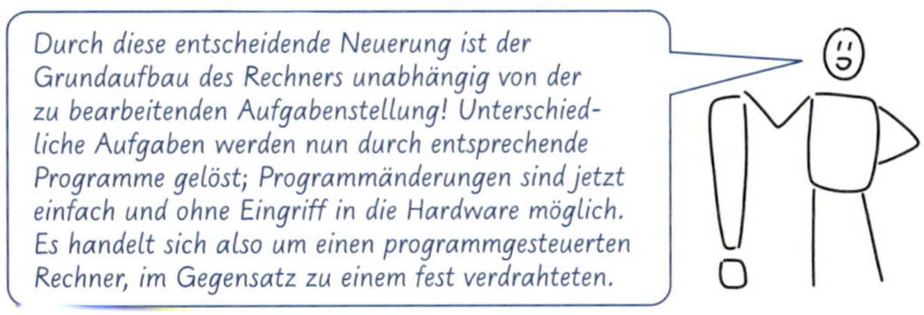

- Das **Steuerwerk** (Steuereinheit, Leitwerk, Control Unit) interpretiert die Befehle eines Programms, koordiniert Rechenwerk, Ein-/Ausgabesteuerung und Arbeitsspeicher entsprechend des Befehls, steuert den gesamten Datenfluss innerhalb des Prozessors und regelt die Befehlsabfolge. Es ist Teil des Prozessors (CPU).

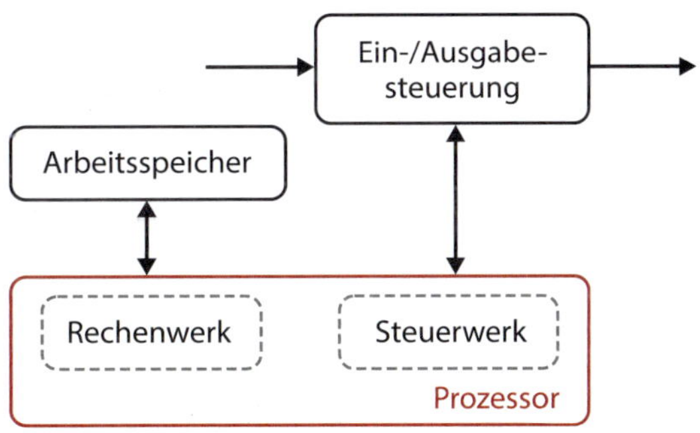

Abbildung 4

→ L5

- Das **Rechenwerk** (Recheneinheit, engl. Arithmetic Logic Unit, kurz: ALU) führt einfache arithmetische Rechenoperationen und logische Verknüpfungen durch. Es ist Teil des Prozessors (CPU).
- Die **Ein-/Ausgabesteuerung** kommuniziert mit allen weiteren Komponenten und steuert die Ein- und Ausgabe von Daten.

2 Ein Programm ist eine Folge von Verarbeitungsvorschriften; sie müssen von außen eingegeben und im Speicher abgelegt werden.

3 Der Hauptspeicher ist in Zellen gleicher Größe aufgeteilt, die fortlaufend nummeriert sind. Über die Nummer (Adresse) einer Speicherzelle kann deren Inhalt abgerufen oder verändert werden.
4 Aufeinanderfolgende Befehle eines Programms werden in aufeinanderfolgenden Speicherzellen abgelegt.
5 Programmbefehle werden im Allgemeinen nacheinander ausgeführt. Von der sequenziellen Abfolge der Ausführung der Befehle kann durch Sprungbefehle abgewichen werden, die die Programmfortsetzung an einer anderen Stelle des Hauptspeichers bewirken.

Sprungbefehle sind erst möglich, weil das Programm nun im Arbeitsspeicher liegt!

6 Die Speicherelemente kennen zwei Schaltzustände: „ein" oder „aus". Aus diesem Grund wird eine binäre Codierung der Daten, Befehle und Adressen gegenüber einer dezimalen Codierung bevorzugt.

Die bei von Neumann beschriebene Ein-/Ausgabesteuerung ist heute in Steuereinheiten der einzelnen Geräte (Gerätecontroller) dezentralisiert.

Zur Abgrenzung gegen den Arbeitsspeicher werden die Datenspeichergeräte der Peripherie auch als Hintergrundspeicher bezeichnet.

Mit der von-Neumann-Architektur (**von-Neumann-Prinzip**) war ein Allzweck-Computer beschrieben, der nicht nur eine spezielle Aufgabe, sondern beliebige Aufgaben bearbeiten konnte; ein programmierbares System war entstanden.

Grundsätzlicher Aufbau moderner Computer

Ob Desktop-Rechner, Laptops, Smartphones, Tablets oder Mikrocontroller in Autos, Waschmaschinen und Fernsehern – der prinzipielle Aufbau und die Funktionsweise von Computern blieb auf Grundlage des von-Neumann-Prinzips über die Jahre im Wesentlichen unverändert:

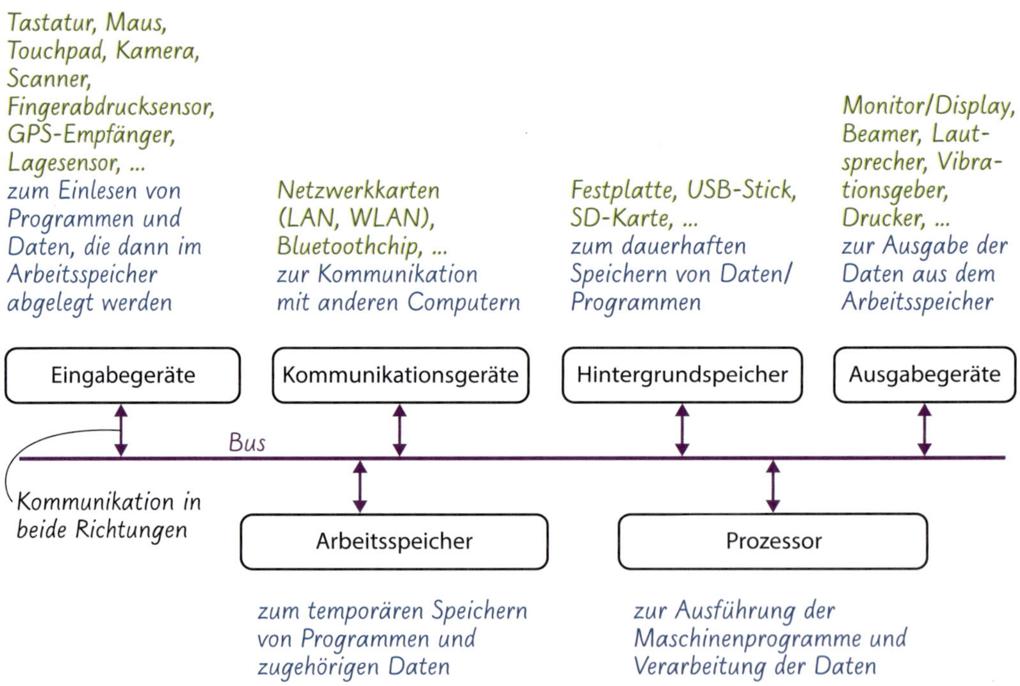

Abbildung 5

→CPU: **C**entral **P**rocessing **U**nit

Ein Computer besteht grundsätzlich aus **Prozessor** und **Arbeitsspeicher** als Hauptkomponenten sowie aus **Peripheriekomponenten**. Der Prozessor (→CPU) führt Programmbefehle aus.

Im Arbeitsspeicher (Hauptspeicher, →RAM) können Programme und deren Nutzdaten abgelegt und zu einem späteren Zeitpunkt unverändert wieder abgerufen werden. Der Prozessor kann auf die Daten im Arbeitsspeicher zugreifen. Wird die Stromversorgung unterbrochen, gehen sämtliche Inhalte des Arbeitsspeichers verloren.

→RAM: **R**andom **A**ccess **M**emory (Speicher mit wahlfreiem Zugriff): Jede beliebige Speicherzelle kann direkt angesprochen werden.

Prozessor und Arbeitsspeicher sind in der Regel auf einer zentralen Platine (Hauptplatine, Mainboard, Motherboard) untergebracht. Unter dem Begriff Peripheriegeräte fasst man alle weiteren Bauteile und Geräte zusammen, unabhängig davon, ob sie im gleichen Gehäuse und direkt auf der Hauptplatine untergebracht oder von außerhalb per Kabel angeschlossen sind. Man kann die Peripheriekomponenten hinsichtlich ihrer Funktion in Eingabegeräte, Ausgabegeräte, Hintergrundspeicher und Geräte zur Kommunikation mit anderen Computern unterscheiden.

Die Kommunikation aller angeschlossenen Komponenten untereinander erfolgt über eine Gruppe zusammengehöriger Leitungen, das **Bussystem** (oder kurz Bus, engl. Datenleitung).

Bei Tablets, Smartphones oder Mikrocontrollern sind mittlerweile viele Funktionseinheiten (CPU, RAM, oft Grafikprozessor, ...) in einem einzigen Chip auf der Hauptplatine zusammengefasst (SoC, **S**ystem-**o**n-a-**C**hip). An der grundsätzlichen Arbeitsweise ändert sich dadurch nichts.

Die meisten heute gebräuchlichen Computer basieren auf dem **von-Neumann-Prinzip**. Sie setzen sich aus **Prozessor** (mit **Rechenwerk** und **Steuerwerk**), **Arbeitsspeicher** und **Peripheriegeräten** (Eingabegeräte, Kommunikationsgeräte, Hintergrundspeicher, Ausgabegeräte) zusammen. Die einzelnen Komponenten kommunizieren über einen **Bus**.

Aufgaben

1 Kenngrößen von Computerbauteilen

- **a** Listen Sie zentrale Bauteile eines Computers übersichtlich auf und ergänzen Sie jeweils eine knappe Funktionsbeschreibung. Recherchieren Sie ggf. online.
- **b** Für Schnelle: Ergänzen Sie für die Bauteile jeweils zentrale Kenngrößen und deren Werte bei aktuellen Rechnern.

2 Forschungsauftrag: von-Neumann-Architektur

Die von-Neumann-Architektur ist heute alleiniger Standard, obwohl sie eine bekannte Schwachstelle hat.

- **a** Recherchieren Sie im Internet zum Begriff „von-Neumann-Flaschenhals". Erläutern Sie diesen Begriff und nennen Sie Auswirkungen auf die aktuellen Computer.
- **b** Ein Ansatz zur Verbesserung der von-Neumann-Architektur ist die Harvard-Architektur. Recherchieren Sie zu diesem Begriff. Erläutern Sie, wie die Harvard-Architektur die Probleme der von-Neumann-Architektur zu lösen versucht. Geben Sie an, inwieweit diese Architektur heute Verwendung findet.
- **c** Für Schnelle: Recherchieren Sie, wie auf modernen Prozessorchips die „modifizierte Harvard-Architektur" Verwendung findet, und erläutern Sie knapp, welche Vorteile dieser Ansatz bringen kann.

3.2 Grundkonzept eines Computers: Die Minimaschine

Die Minimaschine →emuliert ein sehr einfaches, aber trotzdem universales Computermodell, das alle grundlegenden Arbeitsschritte moderner Prozessoren zeigt.

a Betrachten Sie den untenstehenden Screenshot. Identifizieren Sie die Ihnen aus dem vorigen Kapitel bekannten Computerbausteine Prozessor und Arbeitsspeicher. Geben Sie die Werte in den Arbeitsspeicherzellen 2, 52 und 102 an.

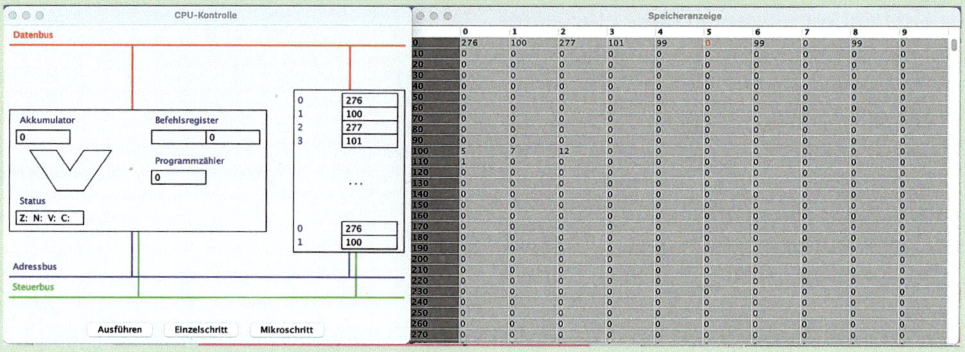

Abbildung 1

→Bei Maschinensprachen sagt man statt „übersetzen" „assemblieren".

b Öffnen Sie das Manual der Minimaschine im Fenstermenü und lesen Sie die Kapitel 2.3, 2.6 und 2.7 genau durch. Ändern Sie nun den Wert einiger Speicherzellen.

c Öffnen Sie die Datei programm_c.mia und →assemblieren Sie das Programm. Setzen Sie den Wert der Speicherzelle 100 auf einen beliebigen Wert und führen Sie das Programm aus (Knopf *Ausführen*). Geben Sie an, was sich durch die Ausführung im Speicher ändert. Wählen Sie aus dem Werkzeugmenü des CPU-Fensters „CPU zurücksetzen" und führen Sie das Programm schrittweise aus (Einzelschritt). Beschreiben Sie die Wirkung der einzelnen Befehle.

d Ändern Sie das Programm so ab, dass der Wert aus Speicherzelle 110 in die Speicherzelle 111 kopiert wird.

e Öffnen Sie die Datei programm_e.mia, assemblieren Sie das Programm, setzen Sie den Wert der Speicherzellen 100 und 101 auf einen beliebigen Wert und führen Sie das Programm aus. Geben Sie an, wie sich der Speicher durch die Ausführung ändert und welche Bedeutung der neue Wert hat. Führen Sie das Programm schrittweise aus und erläutern Sie, was der Befehl ADD bewirkt.

f Für Schnelle: Ersetzen Sie den Befehl ADD der Reihe nach durch die Befehle SUB, MUL und DIV. Stellen Sie zuerst eine Vermutung über die Wirkung der Befehle auf und verifizieren Sie diese Vermutung durch Ausführen des Programms.

Die Minimaschine als von-Neumann-Rechner

→emulieren: die Funktionen eines Computers auf einem anderen nachbilden

Das Programm Minimaschine →emuliert einen einfachen Computer. Es erfüllt die zentralen Forderungen des von-Neumann-Konzepts:

- Der Prozessor hat die typische Aufgliederung in Steuerwerk und Rechenwerk mit ihrer Grundfunktionalität. Heutige CPUs haben zwar in der Regel mehrere Prozessoren, aber das bedeutet nur, dass sie mehrere Aufgaben parallel bearbeiten können; es schafft keine prinzipiell neuen Möglichkeiten.
- → 2.1 Der Arbeitsspeicher speichert Programm und Daten. Die Größe der Speicherzellen beträgt einheitlich 16 Bit.
- → L5 Befehle werden in der Regel sequenziell (aus hintereinanderliegenden Speicherzellen) abgearbeitet. Davon kann durch Sprungbefehle abgewichen werden.

- Auf die Emulation von Peripheriegeräten wurde bewusst verzichtet, da für die Ansteuerung von Peripheriegeräten keine prinzipiell neue Funktionalität benötigt wird.

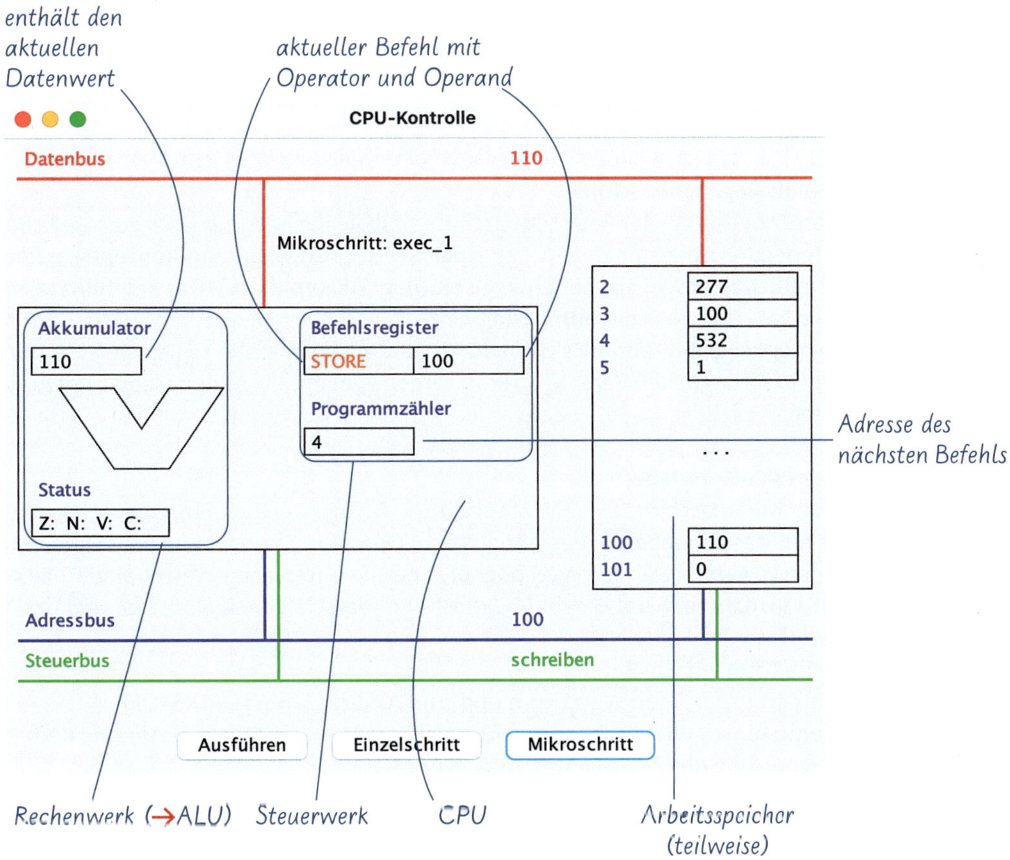

Abbildung 2

→ALU: Arithmetic Logic Unit, engl. Bezeichnung für das Rechenwerk

- Das Bussystem zur Kommunikation zwischen Prozessor und Speicher ist angedeutet und in die drei typischen Teile untegliedert. Der **Adressbus** dient zur Übergabe von Adressen vom Prozessor an den Speicher. Über den **Datenbus** läuft der eigentliche Datentransfer; Prozessor und Arbeitsspeicher können Daten senden oder empfangen. Der **Steuerbus** koordiniert die Benutzung von Adress- und Datenbus. Er enthält z. B. eine Leitung, die angibt, ob der Speicher die unter der angegebenen Adresse gespeicherten Daten auf den Datenbus legen soll (lesen) oder ob der Speicher die auf dem Datenbus liegenden Daten unter der angegebenen Adresse speichern soll (schreiben).

Grundprinzip einer Registermaschine

Um nachzuweisen, dass die nach dem von-Neumann-Modell gebauten Computer alles, was berechenbar ist, auch wirklich – zumindest prinzipiell – berechnen können, wurde in den 1960er-Jahren das Modell der **Registermaschine** erdacht. Eine Registermaschine besteht im Prinzip aus folgenden Komponenten:

- beliebig vielen Registern zum Speichern von und Rechnen mit beliebig großen, natürlichen Zahlen,
- einer Folge von durchnummerierten Befehlen und
- einem speziellen Register, dem **Befehlszähler**, das die Nummer des nächsten auszuführenden Befehls angibt.

Register bezeichnen hier kleine Speichereinheiten für das kurzzeitige Speichern von Daten.

→INC: engl. increment – erhöhen

→DEC: engl. decrement – erniedrigen

Wo die Befehle gespeichert sind, wird nicht festgelegt, da der Ablageort für die Aufgabe des Modells (Nachweis, was berechenbar ist) nicht relevant ist. Der Befehlssatz der Registermaschine ist minimalistisch:

- →INC i p: erhöht den Wert von Register i um den Wert 1 und fährt mit Befehl Nummer p fort
- →DEC i p: erniedrigt den Wert von Register i um den Wert 1, falls der Wert im Register größer als 0 ist, und fährt mit Befehl Nummer p fort
- IF i p q: Wenn Register i den Wert 0 hat, wird mit Befehl p fortgesetzt, sonst mit Befehl q.

Die Minimaschine als Registermaschine

Bei einer gängigen Erweiterung der Registermaschine sind die Register nur noch zum Speichern der Daten vorgesehen (entsprechen dem Arbeitsspeicher des von-Neumann-Konzepts), gerechnet wird ausschließlich in einem speziellen Register (dem Akkumulator). Der Befehlssatz wird hier deutlich erweitert, um die Programmierung einfacher zu machen. An der Nachweisbarkeit der Berechnungsmöglichkeiten ändert sich dadurch aber nichts, da alle neuen Befehle durch eine Folge der drei ursprünglichen Befehle ersetzt werden können. Die Minimaschine entspricht diesem erweiterten Modell.

Der Befehlssatz der Minimaschine

Der Befehlssatz der Minimaschine, d. h. die Menge aller verfügbaren Befehle, ist möglichst einfach gehalten. Jeder **Maschinenbefehl** besteht aus dem **Operator** (Opcode) und dem **Operanden** (Adressteil), der den zu verarbeitenden Wert oder die Speicheradresse des Wertes angibt; Ziel ist der **Akkumulator** (Ausnahme: beim Befehl STORE ist der Adressteil die Zieladresse und der Akkumulator die Quelle).

Es gibt vier typische Gruppen von Befehlen:

- **Transportbefehle** transportieren Werte vom und zum Akkumulator: LOAD, STORE.
- **Arithmetikbefehle** führen eine Rechenoperation mit dem Wert im Akkumulator und dem Wert einer Speicherzelle durch: ADD, SUB, MUL, DIV, MOD.
- → 2.5 **Sprungbefehle** erlauben, abhängig von Bedingungen, den sequenziellen Ablauf zu verändern. Der Operand ist hier die Adresse des auszuführenden Befehls, falls die Sprungbedingung erfüllt ist.
- **Steuerbefehle** führen weitere Funktionen aus: HOLD, NOOP.

Kleines Programm als Beispiel für typische Befehle:

Opcode Adressteil

```
LOAD    100    #Lädt den Wert aus Speicherzelle 100 in den Akkumulator.
ADD     101    #Addiert den Wert aus Speicherzelle 101 zum Wert im Akkumulator.
MOD     102    #Berechnet den Rest bei der Division des Werts im Akkumulator
                durch den Wert in Speicherzelle 102.
STORE   103    #Speichert den Wert aus dem Akkumulator in Speicherzelle 103.
HOLD           #Beendet die Programmausführung.
```

Assemblerprogramme erlauben es, Speicheradressen mit Namen zu bezeichnen (**symbolische Adressierung**). Der Name wird zu Beginn einer Zeile vereinbart und kann dann überall verwendet werden, wo eine Speicheradresse stehen kann. Das Programm auf der vorigen Seite hat unter Ausnutzung der symbolischen Adressierung die Form:

```
    LOAD    a     #Lädt den Wert aus Speicherzelle a in den Akkumulator.
    ADD     b
    MOD     c
    STORE   d
    HOLD
a:  WORD    25    #Bindet den Namen a an die folgende Speicherzelle und
                   belegt sie mit dem Wert 25.
b:  WORD    17
c:  WORD    5
d:  WORD    0
```

Die Speicherplätze mit den Namen a, b, c und d werden direkt hinter dem Befehl HOLD reserviert.

Eine **Registermaschine** ist ein Computermodell bestehend aus beliebig vielen Registern zum Speichern von Daten und einem Programm aus einer Folge von Maschinenbefehlen, die mit den Daten in den Registern arbeiten.
Ein **Maschinenbefehl** einer einfachen Maschine besteht aus einem **Operator** (Opcode) und dem zum Befehl gehörigen **Operanden** (Adresse oder Wert).
Typische Gruppen von Befehlen sind **Transportbefehle**, **arithmetische Befehle**, **Sprungbefehle** und **Steuerbefehle**.
Für Adressen von Speicherzellen können Namen vergeben werden (**symbolische Adressierung**).
Die Minimaschine ist eine einfache Computeremulation mit einem beispielhaften Befehlssatz und typischen Abläufen im Prozessor. Sie entspricht dem von-Neumann-Konzept und erfüllt die Vorgaben einer Registermaschine.

Aufgaben

1 Einfache mathematische Berechnungen mit der Minimaschine umsetzen

Setzen Sie die folgenden Berechnungen mit der Minimaschine um. [xxx] bedeutet dabei, den Inhalt der Speicherzelle mit der Adresse xxx zu verwenden; Term → [yyy] bedeutet, dass der Wert des Terms in der Speicherzelle mit der Adresse yyy abgelegt werden soll. Assemblieren Sie das Programm anschließend und führen Sie es für verschiedene Werte in den Speicherzellen aus.

a [100] – [101] + [102] → [103].

b [100] + [101] · [102] → [103]. Beachten Sie bei der Umsetzung die Regel „Punkt vor Strich".

c [100] + 2 · [101] + 3 · [102] + 4 · [103] → [104]
Tipp: Legen Sie die konstanten Werte in geeigneten Speicherzellen ab.

d Implementieren Sie ein Programm „Ganzzahldivision": Der Dividend soll in Zelle 100, der Divisor in Zelle 101 gespeichert sein. Am Ende des Programms soll das Ergebnis der Ganzzahldivision in Zelle 102, der Rest in Zelle 103 sein.
→ 2.10
Tipp: Sie können den Befehl MOD verwenden.

e Erstellen Sie ein Programm, das den Inhalt von zwei Speicherzellen vertauscht.

f Für Schnelle: Lösen Sie die Teilaufgabe d) ohne Verwendung des Befehls MOD.

g Für ganz Schnelle: Lösen Sie die Teilaufgabe c) ohne Verwendung von zusätzlichen Speicherzellen.
Tipp: Sie müssen auf den Befehl MUL verzichten.

2 Fehlersuche

Djamila möchte ein kleines Maschinensprachenprogramm schreiben, das eine in der Speicherzelle 100 gegebene Länge der Einheit Meter in Zentimeter umrechnet und das Ergebnis in der Speicherzelle 102 ablegt.

a Öffnen Sie die Datei umrechnen.mia und assemblieren Sie das darin enthaltene Programm. Sie bekommen mehrere Fehlermeldungen angezeigt. Erläutern Sie diese Fehlermeldungen und beheben Sie die Ursache, bis sich das Programm fehlerfrei assemblieren lässt.

b Führen Sie das Programm für verschiedene Testwerte aus. Sie werden feststellen, dass die Ergebniswerte nicht korrekt sind. Um den Fehler zu finden, können Sie das Programm z. B. im Einzelschrittmodus ausführen und die Wirkung jedes einzelnen Befehls kontrollieren. Korrigieren Sie das Programm anschließend.

3 Komplexe Terme mit der Minimaschine umsetzen

Setzen Sie die Berechnung folgender Terme mit Hilfe der Minimaschine um. Ordnen Sie den Platzhaltern Speicherzellen mittels symbolischer Adressierung zu und speichern Sie das Ergebnis in einer Speicherzelle mit einem Namen Ihrer Wahl.

i (a + b) / c

ii a + (b – c) * d

iii a – (b + c) * (b – c)

iv $a^2 + b^2$

4 von-Neumann-Prinzip

a Nennen Sie die Komponenten/Funktionseinheiten eines von-Neumann-Rechners.

b Erklären Sie, warum es von Vorteil ist, dass die Zellen des Arbeitsspeichers alle die gleiche Größe haben.

c In den Zellen des Arbeitsspeichers werden u. a. auch Zelladressen gespeichert. Berechnen Sie die größtmögliche Zelladresse, wenn pro Zelle 4 Bit zur Verfügung stehen.

d Öffnen Sie das Programm fehler.mia und führen Sie es in Einzelschritten aus. Beobachten Sie, an welcher Stelle Zwischenergebnisse gespeichert werden, und beschreiben Sie, welche Folge dies hat.

e Die Ursache des Programmabbruchs von Teilaufgabe d) liegt in einem Punkt des von-Neumann-Konzepts. Nennen Sie diesen Punkt. Stellen Sie dem offensichtlichen Nachteil eines Programmabbruchs Vorteile gegenüber.

5 Quaderberechnungen

a Gegeben ist ein Quader mit den Seitenlängen a, b und c. Erstellen Sie ein Programm für die Minimaschine, welches sowohl das Volumen als auch die Oberfläche des Quaders berechnet.

b Erstellen Sie ein ähnliches Programm, das die Teilaufgabe a) für einen Würfel der Seitenlänge a löst.

c Für Schnelle: Anstatt zur Lösung von b) ein neues Programm zu schreiben, kann man auch das Programm aus Teilaufgabe a) um drei Befehle zu Beginn erweitern, um das gleiche Resultat zu erhalten. Schreiben Sie dieses Programm.

6 Krumme Sachen

Die Berechnung der Inhalte ebener, krummlinig begrenzter Flächen oder Volumina bzw. Oberflächeninhalte gekrümmter Körper mit Hilfe der Minimaschine scheint auf den ersten Blick nicht möglich, da die Minimaschine nicht über die Möglichkeit verfügt, mit Kommazahlen zu rechnen. Wenn man aber davon ausgeht, dass die angegebenen Längen nur auf ganze Zahlen gerundete Messwerte sind, kann man π in geeigneter Näherung durch den Bruch 314/100 darstellen und somit die gekrümmten Flächen oder Körper in hinreichender Näherung berechnen.

a Erstellen Sie ein Programm für die Minimaschine, das
- i Fläche und Umfang eines Kreises mit Radius r berechnet,
- ii Volumen und Oberfläche einer Kugel mit Radius r berechnet und
- iii Volumen und Oberfläche eines Kegels mit Grundkreisradius r und Höhe h berechnet.

b Für Schnelle: Das Programm aus a iii) enthält bei „Standardimplementierung" zwei Ganzzahldivisionen. Ändern Sie das Programm so ab, dass nur eine Division am Ende nötig ist. Vergleichen Sie beide Versionen und geben Sie begründet an, welche der beiden Versionen verwendet werden sollte.

7 Forschungsauftrag: ROM

Bei den meisten Computern gibt es zusätzlich einen Arbeitsspeicher mit der Bezeichnung ROM (read only memory). Recherchieren Sie die Besonderheiten dieses Speichertyps im Internet. Geben Sie an, wodurch sich diese Art von Speicher von einem RAM unterscheidet und wie ein Prozessor auf ein ROM zugreifen kann. Geben Sie weiter Beispiele an, für welche Aufgaben ein ROM zur Speicherung von Programmen und Daten in einem Computer benutzt wird und wieso diese Aufgaben nicht mit einem RAM erfüllbar sind.

3.3 Maschinenbefehle im Detail: Der Befehlszyklus

Die Minimaschine hat – wie jeder übliche Prozessor – mehrere Möglichkeiten, den Operanden eines Befehls zu interpretieren.

a Öffnen Sie die Datei programm_a.mia und führen Sie das Programm im Einzelschrittmodus aus. Beobachten Sie, was sich durch die Ausführung der Befehle in der CPU-Anzeige ändert, und erklären Sie, was die Befehle LOADI 5 bzw. ADD $3 bewirken.

b Ändern Sie den Befehl STORE 100 zu STORE $100 und assemblieren Sie erneut. Erklären Sie die entstehende Fehlermeldung und begründen Sie, warum sie zu erwarten war.

c Öffnen Sie die Datei programm_c.mia und führen Sie das Programm schrittweise aus. Beobachten Sie, was sich durch die Ausführung der Befehle im Speicher ändert, und erklären Sie insbesondere die Bedeutung des Befehls STORE (100).

Die Abarbeitung der Befehle bei der Minimaschine erfolgt in einem für Prozessoren typischen Zyklus. Mit dem Knopf Mikroschritt werden die einzelnen Phasen bei der Abarbeitung eines Befehls angezeigt.

d Assemblieren Sie erneut die Datei programm_a.mia und führen Sie das Programm in Mikroschritten aus. Geben Sie für jeden Befehl an, welche Mikroschritte durchlaufen werden und was diese Schritte bedeuten.

e Assemblieren Sie erneut die Datei programm_c.mia und führen Sie das Programm in Mikroschritten aus. Geben Sie für den Befehl STORE (100) an, welcher neue Mikroschritt auftritt und was dieser Mikroschritt leistet.

f Für Schnelle: Ändern Sie das Programm so ab, dass der Wert 1 nicht in Speicherzelle 110, sondern in Speicherzelle 111 abgelegt wird.

Adressierungsarten

Der Operand eines Befehls kann drei Bedeutungen haben.

- In den meisten Fällen ist der Operand die Adresse einer Speicherzelle, aus der der zu verarbeitende Wert geholt wird oder in die der Wert geschrieben wird (**direkte Adressierung**).
- Bei allen Befehlen, die den Akkumulator verändern, kann der Operand unmittelbar (engl. immediate) verwendet werden (**unmittelbare Adressierung**). Dem Operanden wird bei der Minimaschine dazu das Symbol „$“ vorangestellt (z. B. LOAD $5 lädt unmittelbar die Zahl 5 in den Akkumulator). Alternativ kann ein Befehl mit dem Namenszusatz „I“ (Immediate-Befehl) verwendet werden (z. B. LOADI 5).
- Wird der Adressteil in Klammern gesetzt (z. B. LOAD (100)), wird der Inhalt der angegebenen Speicherzelle als Adresse für die anzusprechende Speicherzelle interpretiert (indirekte Adressierung). Wenn z. B. das Speicherelement mit der Adresse 100 den Wert 150 enthält, so wird durch den Befehl LOAD (100) der Wert der Speicherzelle mit der Adresse 150 in den Akkumulator geladen.

Der Befehlszyklus

Alle Befehle einer Maschinensprache werden durch den Prozessor nach dem gleichen Schema ausgeführt (Maschinenbefehlsgrundzyklus). Den Ablauf dieses Zyklus kann man grob in drei Phasen einteilen, die üblicherweise mit den englischen Begriffen FETCH, DECODE und EXECUTE bezeichnet werden. Die Beschreibungen der einzelnen Phasen geben hier den genauen Ablauf bei der Minimaschine wieder. In der Veranschaulichung, auch für die folgenden Bildreihen, werden die Speicherinhalte in Dezimalschreibweise dargestellt, weil das für uns Menschen leichter lesbar ist.

Die folgende Bildreihe zeigt den Befehlszyklus für den Befehl „LOAD 100“, welcher bekanntlich den Akkumulator mit dem Wert lädt, der in der Speicherzelle mit der Adresse 100 abgelegt ist.

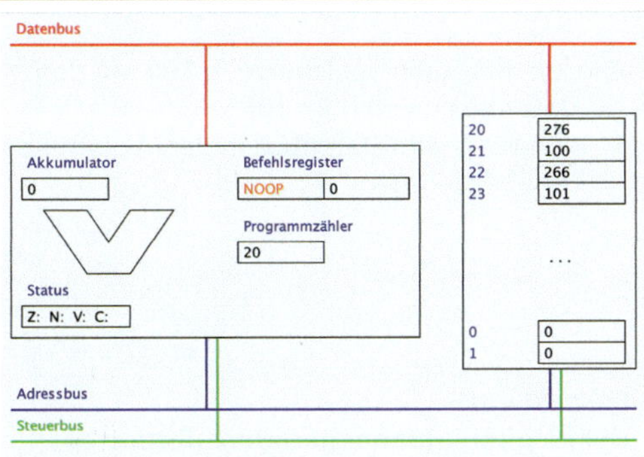

Ausgangszustand
Der Programmzähler hat den Wert 20.
Der Speicher enthält Maschinenbefehle und Zahlenwerte.
Das Befehlsregister zeigt den zuletzt ausgeführten Befehl (NOOP für NO OPeration).

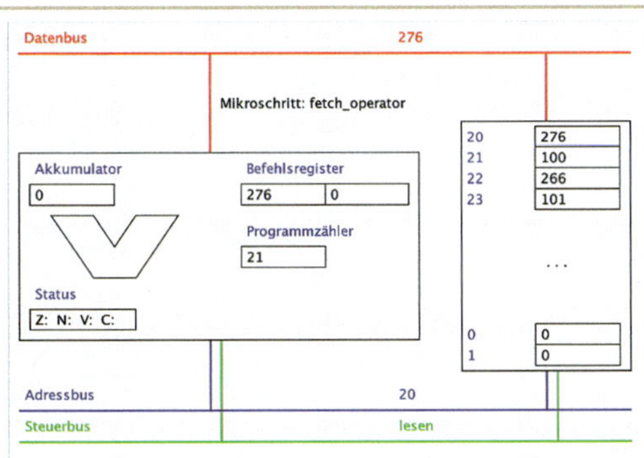

FETCH-Phase 1. Teil: operator

1 den Inhalt des Programmzählers auf den Adressbus legen (hier 20)
2 den Inhalt der Speicherzelle an der Adresse 20 auf den Datenbus legen (hier 276)
3 den Datenbusinhalt als Opcode des Maschinenbefehls im Befehlsregister ablegen
4 den Programmzähler um 1 erhöhen

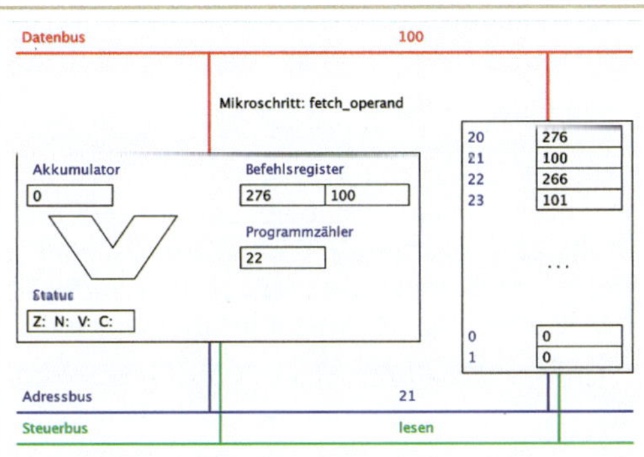

FETCH-Phase 2. Teil: operand

1 den Inhalt des Programmzählers auf den Adressbus legen (hier 21)
2 den Inhalt der Speicherzelle 21 auf den Datenbus legen (hier 100)
3 den Operandenteil des Maschinenbefehls im Befehlsregister ablegen
4 den Befehlszähler um 1 erhöhen

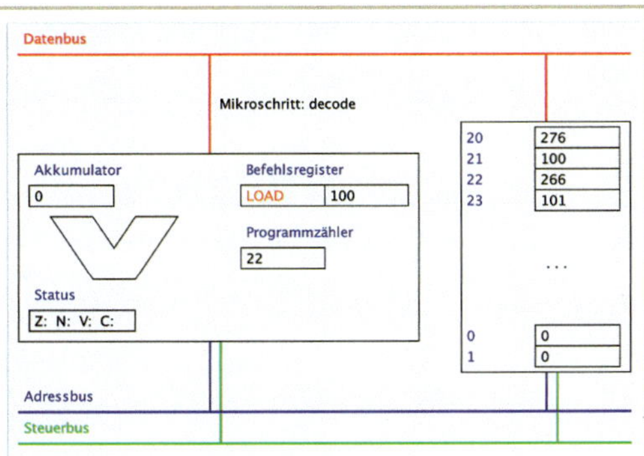

DECODE-Phase

1 den Befehl decodieren
Die Zahl 276 steht für den Befehl LOAD.
Das Steuerwerk organisiert aufgrund des Maschinenbefehls die Schaltung der anderen Bauteile.

Abbildung 1

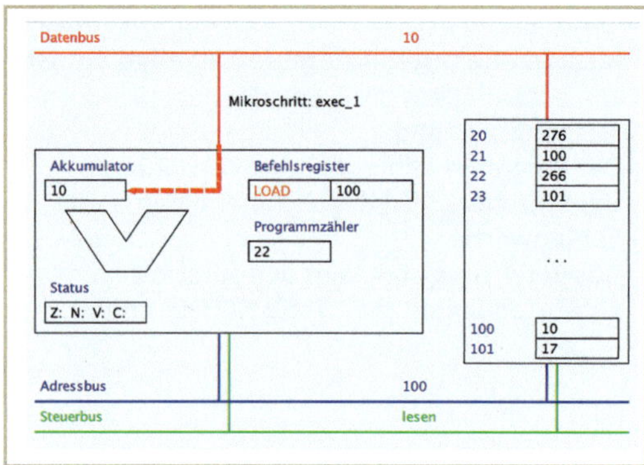

EXECUTE-Phase

1. die Adresse 100 vom Operandenteil des Maschinenbefehls auf den Adressbus legen
2. den Inhalt der Speicherzelle 100 auf den Datenbus legen (hier 10)
3. den Wert vom Datenbus in den Akkumulator übernehmen

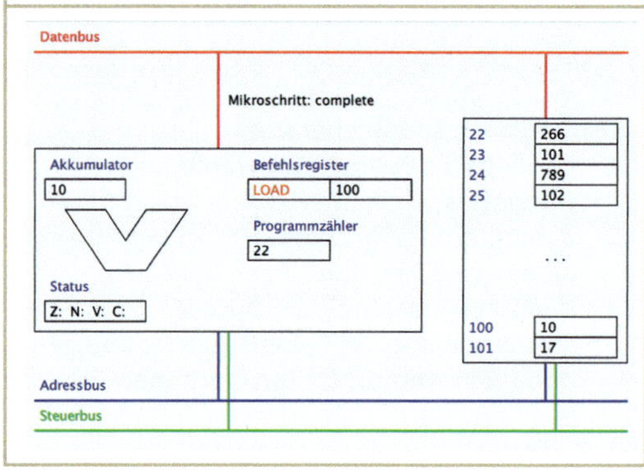

Endzustand

Der Akkumulator hat nach Ausführung des vorigen Befehls den Inhalt 10.

Dieser Zustand ist auch der Ausgangszustand für den nächsten Befehl.

Abbildung 2

Im Anschluss wird nun der Befehl ADD 101 ausgeführt; dadurch wird der Wert in Speicherzelle 101 zum Inhalt des Akkumulators addiert. Da FETCH- und DECODE-Phase genau analog zum vorigen Befehl sind, werden sie nur zusammengefasst dargestellt.

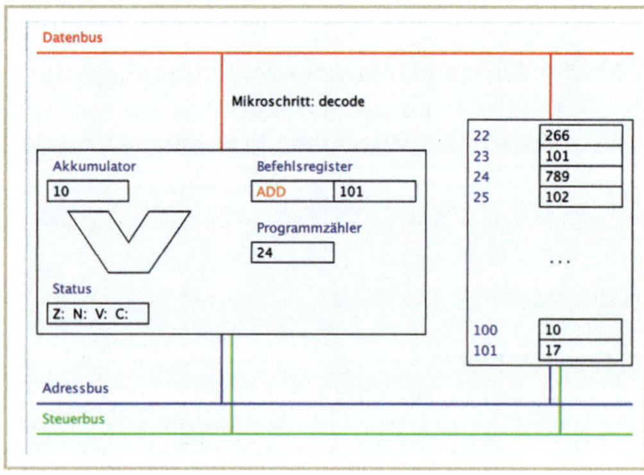

FETCH-Phase operator: operand

Der nächste Maschinenbefehl an der Speicherstelle 22 (Progammzählerinhalt) wird in das Befehlsregister geladen; Ablauf siehe vorheriges Beispiel. Der Befehlszähler steht am Ende der FETCH-Phase auf 24.

DECODE-Phase

Den Befehl decodieren.

Die Zahl 266 steht für den Maschinenbefehl ADD.

Abbildung 3

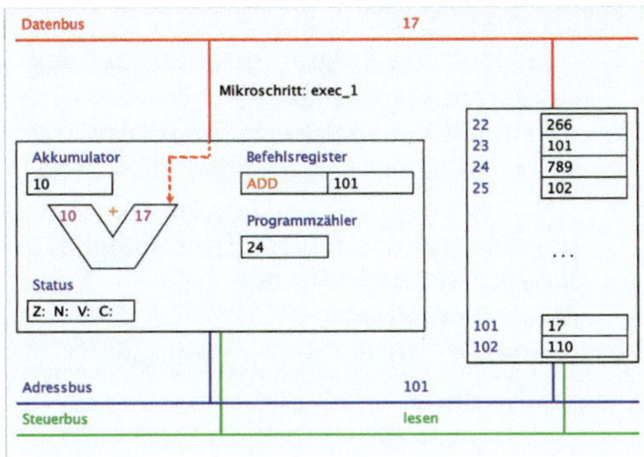

EXECUTE-Phase
Das Steuerwerk organisiert die zusätzlichen Schaltungen von Bus und ALU.

1 den ersten Operanden aus dem Akkumulator entnehmen und an der ALU bereitstellen (hier 10)
2 Adresse aus dem zweiten Teil des Maschinenbefehls (im Befehlsregister) auf den Adressbus legen (hier 101)
3 Inhalt der Speicherzelle 101 auf den Datenbus legen (hier 17)
4 Wert auf dem Datenbus als zweiten Operanden an der ALU bereitstellen (hier 17)

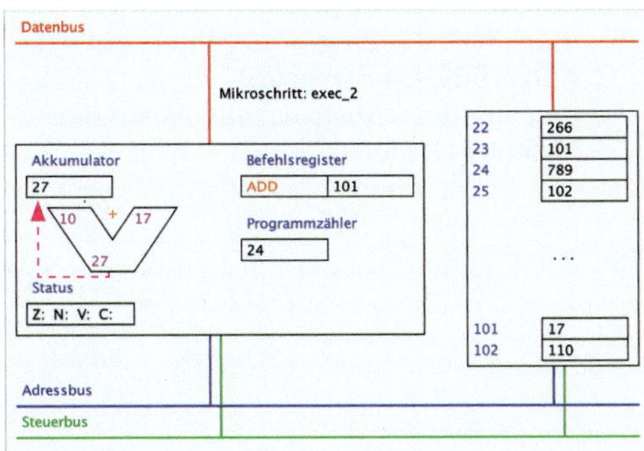

EXECUTE-Phase

5 ALU führt Addition durch, Ergebnis (hier 27) steht am Ende der ALU bereit
6 das Ergebnis in den Akkumulator übertragen

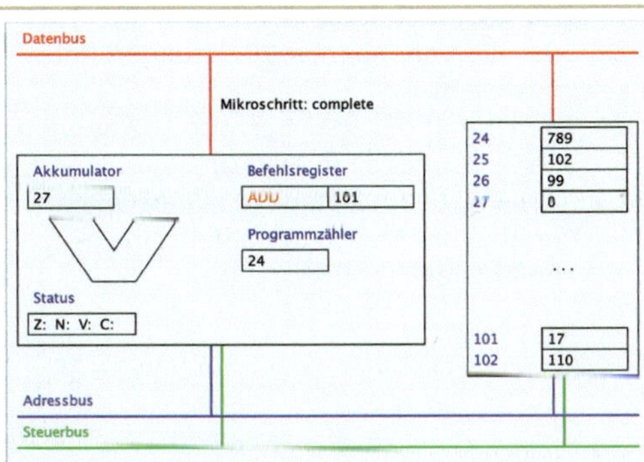

Endzustand
Der Akkumulator hat nach Ausführung des vorigen Befehls den Inhalt 27.
Dieser Zustand ist auch der Ausgangszustand für den nächsten Befehl.

Abbildung 4

Zum Abschluss wird nun der Befehl STORE (102) ausgeführt; dadurch wird der Wert im Akkumulator in der Speicherzelle gespeichert, deren Adresse in Speicherzelle 102 steht.

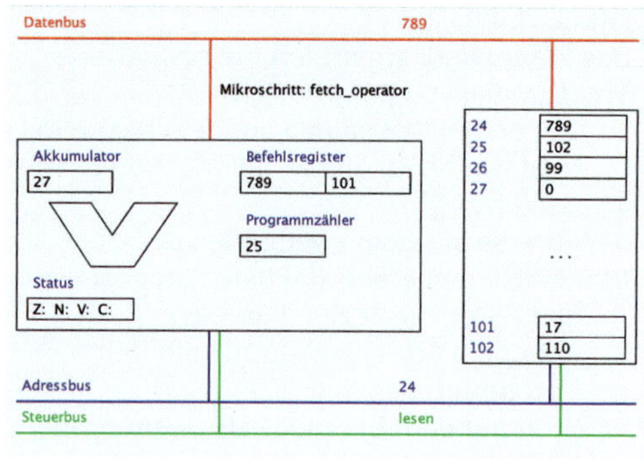

FETCH-Phase 1. Teil: operator

1 den Inhalt des Programmzählers auf den Adressbus legen (hier 24)
2 den Inhalt der Speicherzelle an der Adresse 24 auf den Datenbus legen (hier 789)
3 Datenbusinhalt als Opcode des Maschinenbefehls im Befehlsregister ablegen; die Zahl 789 steht für den Maschinenbefehl
4 den Programmzähler um 1 erhöhen

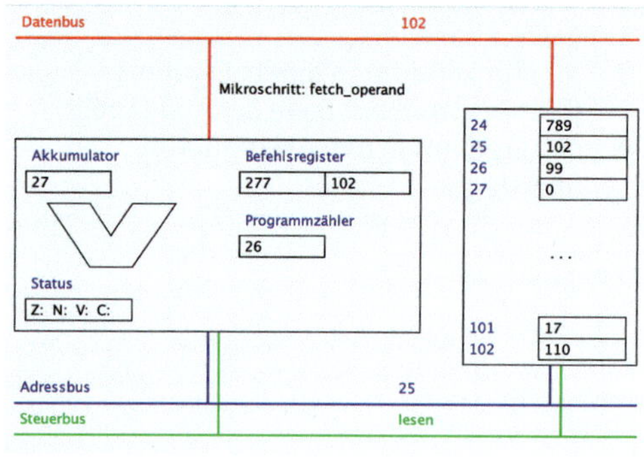

FETCH-Phase 2.Teil: operand

5 den Inhalt des Programmzählers auf den Adressbus legen (hier 25)
6 den Inhalt der Speicherzelle 25 auf den Datenbus legen
7 den Operandenteil des Maschinenbefehls im Befehlsregister ablegen
8 den Programmzähler um 1 erhöhen

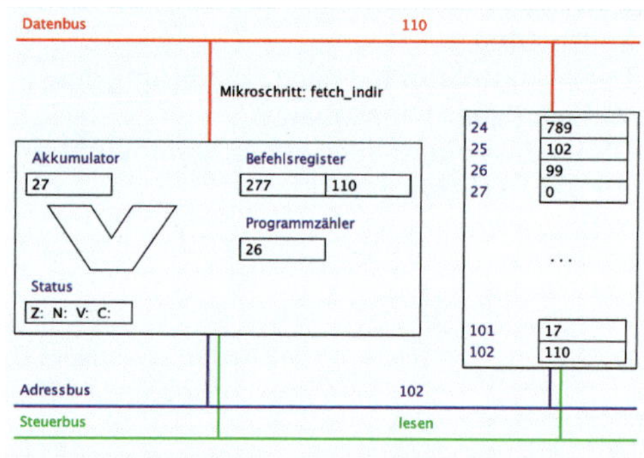

FETCH-Phase 3. Teil: indirect

9 den Operanden (hier 102) auf den Adressbus legen
10 den Inhalt der Speicherzelle 102 auf den Datenbus legen (hier 110)
11 den Wert vom Datenbus in den Operandenteil des Maschinenbefehls im Befehlsregister übernehmen

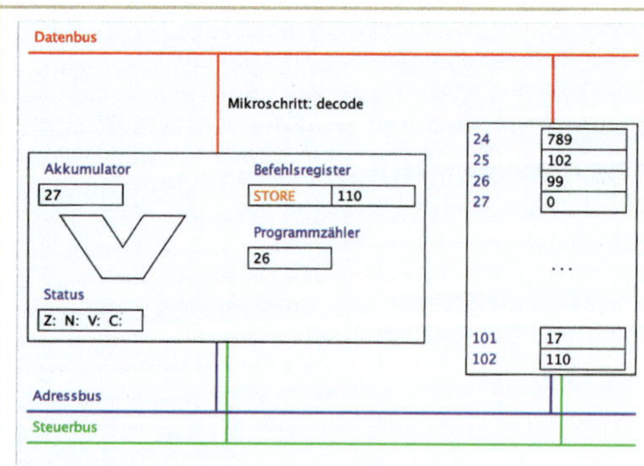

DECODE-Phase

1 den Befehl decodieren
Das Steuerwerk organisiert aufgrund des Maschinenbefehls die Schaltung der anderen Bauteile.

Abbildung 5

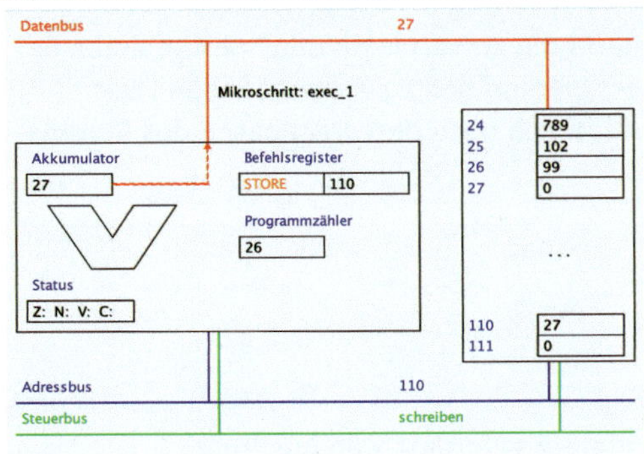

EXECUTE

1 den Inhalt des Akkumulators auf den Datenbus legen (hier 27)

2 die Adresse 110 aus dem Operandenteil des Maschinenbefehls auf den Adressbus legen und am Steuerbus das Signal „Schreiben" anlegen

3 den Wert auf dem Datenbus in die adressierte Zelle übernehmen

Abbildung 6

Übersicht über den Befehlszyklus

FETCH-Phase, 1. Teil: operator

Befehl holen: Einlesen des Maschinenbefehls (Operationskennung) aus der Speicherzelle, deren Adresse im Befehlszähler steht; die Operationskennung wird im Befehlsregister abgelegt; Weiterschalten des Befehlszählers um 1

FETCH-Phase, 2. Teil: operand

Befehl vervollständigen: Operand laden und im Befehlsregister ergänzen; Weiterschalten des Befehlszählers um 1

FETCH-Phase, 3. Teil: indirect

bei indirekter Adressierung den Wert der durch den bisherigen Operanden bezeichneten Speicherzelle laden und den Operanden im Befehlsregister durch diesen Wert ersetzen

DECODE-Phase

Analysieren des Maschinenbefehls durch Entschlüsselung des Operationscodes und Vorbereiten von Steuerwerk und Rechenwerk für die Ausführung des Befehls

EXECUTE-Phase

Ausführen des Befehls in aufeinanderfolgenden Schritten; die Schritte werden je nach Bedarf des Befehls ausgeführt. Hier ist der Ablauf für einen Arithmetikbefehl dargestellt:

- Operanden holen: Holen des Operanden aus dem Speicher; Bereitstellung des Operanden und des Akkumulatorinhalts an den Eingängen der ALU
- Befehl ausführen: Der Prozessor führt in der ALU die entsprechende Berechnung durch.
- Rückschreiben: Das Ergebnis der Berechnung wird in den Akkumulator übertragen.

Je nach Prozessorarchitektur kann die EXECUTE-Phase weiter unterteilt sein. Bei der Minimaschine wird bei den meisten Befehlen in der EXECUTE-Phase nur der erste Schritt benötigt. Die Schritte zwei und drei werden nur ausgeführt, wenn zur Abarbeitung des Befehls die ALU benötigt wird.

Bei den verschiedenen Prozessortypen kann die Reihenfolge der Phasen leicht variieren; so kann z. B. die DECODE-Phase auch schon nach dem 1. Teil der FETCH-Phase erfolgen. Bei modernen Prozessoren werden zudem in der Regel mehrere Befehle parallel abgearbeitet (Pipelining). Während der aktuelle Befehl in der EXECUTE-Phase ist, ist der nächste Befehl bereits in der DECODE-Phase und der übernächste Befehl in der FETCH-Phase.
Zu Beginn der Programmausführung muss der Befehlszähler auf die Anfangsadresse des Programms gesetzt werden. Das Steuerwerk des Prozessors wiederholt den Befehlszyklus so lange, bis ein bestimmter Befehl (bei der Minimaschine HOLD) den Ablauf stoppt.

Bei **direkter Adressierung** bezeichnet der Operand die zu verwendende Speicherzelle. Bei der **unmittelbaren Adressierung** bezeichnet der Operand den zu verwendenden Wert.
Die Befehle werden durch den Prozessor grundsätzlich nach den drei Phasen des **Befehlszyklus** abgearbeitet: **FETCH**, **DECODE**, **EXECUTE**.

Aufgaben

1 Terme vereinfachen

a In der Aufgabe 1 im Kapitel 2.2 war unter anderem gefordert, den Ausdruck
[100] + 2 · [101] + 3 · [102] + 4 · [103] → [104]
in Maschinensprache umzusetzen. Vereinfachen Sie mit Hilfe der unmittelbaren Adressierung Ihre Lösung.

b Auch bei den Lösungen der Aufgaben 5 und 6 von Kapitel 2.2 sind mit Hilfe der Immediate-Befehle Vereinfachungen möglich. Setzen Sie diese Vereinfachungen um.

2 Der Steuerbus

Über den Steuerbus kommuniziert die CPU mit den anderen Komponenten des Computers. Bei der Minimaschine werden exemplarisch die beiden Signale „lesen" und „schreiben" angezeigt. Ein weiteres wichtiges Signal ist „Daten bereit", mit dem der Speicher melden kann, dass die geforderten Daten auf dem Datenbus liegen (bei „lesen") oder in den Speicher geschrieben sind („schreiben").

a Beim Lesen muss zuerst die Adresse angegeben werden, dann werden die Daten auf den Datenbus gelegt und später werden sie gelesen. Geben Sie an, wann die oben beschriebenen Signale gesetzt und wieder gelöscht werden müssen. Geben Sie auch an, welche Einheit die Signale setzt bzw. löscht.

b Beim Schreiben muss zuerst die Adresse angegeben werden, dann werden die Daten auf den Datenbus gelegt und schließlich werden sie in den Speicher geschrieben. Geben Sie an, wann die oben beschriebenen Signale gesetzt und wieder gelöscht werden müssen. Geben Sie auch an, welche Einheit die Signale setzt bzw. löscht.

3 Befehlszyklus

90	0	0	0
100	4	7	0
110	100	101	0
120	0	0	0
130	0	0	0
140	0	0	0
150	0	0	0

Abbildung 7

Für die folgenden Teilaufgaben hat der Speicher die Vorbelegung wie im Screenshot (Abb. 7) zu sehen.

a Führen Sie die Befehle LOAD 100, LOADI 4 und LOAD (110) im Mikroschrittmodus aus. Notieren Sie für jeden Befehl die Phasen im Befehlszyklus, den Wert des Akkumulators am Ende jeder Phase, die Werte auf Adress- bzw. Datenbus sowie eventuelle Signale auf dem Datenbus. Nennen Sie die wesentlichen Unterschiede zwischen den drei Befehlsformen.

b Führen Sie nun die Befehle ADD 101, ADDI 7 und ADD (111) im Mikroschrittmodus aus. Notieren Sie für jeden Befehl die Phasen im Befehlszyklus, den Wert des Akkumulators am Ende jeder Phase, die Werte auf Adress- bzw. Datenbus sowie eventuelle Signale auf dem Datenbus. Nennen Sie die wesentlichen Unterschiede zwischen den drei Befehlsformen.

c Geben Sie die wesentlichen Unterschiede zwischen den entsprechenden Befehlen aus den Teilaufgaben a) und b) an (LOAD vs. ADD, LOADI vs. ADDI, LOAD () vs. ADD ()).

d Die Befehle LOAD und STORE haben den gleichen Ablauf im Befehlszyklus. Erläutern Sie gemäß der Tabelle im Lehrtext, worin genau sich die Ausführung der Befehle unterscheidet, und verifizieren Sie Ihre Vermutung durch Ausführen eines STORE-Befehls.

***4 Rudimentäre Felder**

Basis für Felder ist die Speicherung der Feldelemente in aufeinanderfolgenden Speicherzellen. Im Folgenden wird ein Feld f mit 10 Elementen betrachtet, das im Bild ab Speicherzelle 100 angelegt ist. Die Indexwerte laufen von 0 bis 9.

80	0	0	0	0	0	0	0	0	0	0
90	0	0	0	0	0	0	0	0	0	0
100	0	0	0	0	0	0	0	0	0	0
110	0	0	0	0	0	0	0	0	0	0
120	0	0	0	0	0	0	0	0	0	0
130	0	0	0	0	0	0	0	0	0	0

Speicherzellen mit den Feldelementen

Abbildung 8

a Schreiben Sie ein Programm, das die Adresse des fünften Feldelements berechnet; das Ergebnis soll im Akkumulator bleiben.

b Ein Indexwert ist in einer Zelle mit dem Namen i abgelegt. Entwickeln Sie ein Programm, welches das i-te Feldelement ausliest und in der Speicherzelle res ablegt.
Tipp: Nutzen Sie Teilaufgabe a) und die indirekte Adressierung.

c Entwerfen Sie ein zweites Programm, welches den Wert in der Speicherzelle wert an der i-ten Position im Feld ablegt.

d Ein zweiter Indexwert wird mit j bezeichnet. Entwerfen Sie ein Programm, das die beiden Feldelemente an den Stellen i und j miteinander vertauscht. Testen Sie auch für den Sonderfall i = j.

e Begründen Sie, warum auch bei Hochsprachen sehr oft Feldindizes ab 0 zählen. Geben Sie insbesondere an, was Sie bei den obigen Programmen verändern müssten, wenn der Indexwert von 1 bis 10 laufen würde.

f Für Schnelle: Geben Sie an, wie die Teilaufgaben a) bis d) abgeändert werden müssen, wenn ein Feldelement nicht eine, sondern zwei Speicherzellen belegt. Setzen Sie Ihre Überlegungen um und testen Sie.

5 Forschungsauftrag: Weitere Adressierungsarten

Für die folgenden Teilaufgaben wird, soweit möglich, die Notation der Maschinensprache der Minimaschine verwendet. A bezeichnet dabei den Akkumulator.

a Recherchieren Sie im Internet nach weiteren, im Lehrtext nicht genannten Adressierungsarten und deren Schreibweisen.

b Erläutern Sie auf der Basis Ihrer Recherche aus a), welche Adressierungsart der Befehl LOAD (A) nutzt.

c Erläutern Sie auf der Basis Ihrer Recherche aus a), welche Adressierungsart der Befehl LOAD 100(A) nutzt.

d Erläutern Sie den Bestandteil autoincrement/autodecrement bei einer Adressierungsart.

e Erläutern Sie, was die Adressierungsart des Befehls LOAD @100(A) bedeutet.
Tipp: Sie können unter „PDP-11 instruction set“ oder „VAX-11 instruction set“ suchen.

3.4 Darstellung ganzer Zahlen: Das Binärsystem

Im Gegensatz zur Registermaschine haben reale Computer in ihren Registern und Speicherzellen nur Platz für begrenzt große Zahlen. Wird dieser Zahlenbereich bei Rechenoperationen überschritten, entstehen fehlerhafte Ergebniswerte.

a Das Programm in der Datei programm_a.mia addiert die Werte in den Speicherzellen 100 und 101 und legt das Ergebnis in Speicherzelle 102 ab. Assemblieren Sie das Programm und testen Sie es mit Zahlen kleiner als 10 000.

b Addieren Sie nun die Zahlen 25 000 und 10 000. Vergleichen Sie das Ergebnis mit dem erwarteten Wert und stellen Sie eine Vermutung auf, welches Problem hinter dem fehlerhaften Ergebnis steckt.

c Bestimmen Sie den größten Zahlenwert, der als Ergebnis einer Addition auftreten kann, durch Ausprobieren. Erhöhen Sie dazu z. B. den zweiten Summanden ab 5 000 zuerst in 1000-er-Schritten, dann in 100-er-Schritten usw., bis Sie genau sagen können, was der größte korrekte Summenwert ist. Verändern Sie nun auch den ersten Summanden, um zu zeigen, dass die Grenze nicht von einem Summanden abhängt, sondern immer beim gleichen Summenwert erreicht wird.

d Zeigen Sie nun durch Addition geeigneter negativer Zahlen, dass auch eine Untergrenze für die Summen existiert, und bestimmen Sie diese Grenze.

e Für Schnelle: Geben Sie Ober- und Untergrenze in zwei nebeneinander liegende Speicherzellen ein und lassen Sie sich die Speicherwerte hexadezimal anzeigen (Werkzeug-Menü). Stellen Sie einen Zusammenhang zwischen den beiden Werten her.

Das Binärsystem (Zweiersystem)

Im von-Neumann-Konzept ist klar ausgesagt, dass das „natürliche" Zahlensystem für Computer das Binärsystem ist, da dieses nur zwei Zahlenwerte benötigt (0 und 1 geschrieben), die genau durch die Schaltzustände „an" und „aus" dargestellt werden können.

Für die Umrechnung in das Dezimalsystem werden nur die Stellenwerte des 2-er-Systems benötigt:

$11\,010_2 = 1 \cdot 2^4 + 1 \cdot 2^3 + 0 \cdot 2^2 + 1 \cdot 2^1 + 0 \cdot 2^0 = 16 + 8 + 2 = 26_{10}$

$21_{10} = 1 \cdot 2^4 + 0 \cdot 2^3 + 1 \cdot 2^2 + 0 \cdot 2^1 + 1 \cdot 2^0 = 10\,101_2$

→carry: Übertrag

Das Rechnen im Binärsystem ist einfach. Bei der Addition zweier Stellen gilt: „0 + 0 ergibt 0, 0 + 1 ergibt 1, 1 + 0 ergibt 1, 1 + 1 ergibt 0 und **Übertrag** (→carry) 1 zur nächsthöheren Stelle". Für die Subtraktion gilt: „0 – 0 ergibt 0, 1 – 0 ergibt 1, 0 – 1 ergibt 1 und Übertrag (carry) 1 zur nächsthöheren Stelle, 1 – 1 ergibt 0";

Beispiele:

$$\begin{array}{rr} & 2\;1 \\ + & 5 \\ \hline & 2\;6 \end{array} \qquad \begin{array}{rl} & 1\;0\;1\;0\;1_2 \\ + & 0\;0\;1\;0\;1_2 \\ & \;\;\;\;{\scriptstyle 1}\;\;\;\;{\scriptstyle 1} \\ \hline & 1\;1\;0\;1\;0_2 \end{array} \qquad \begin{array}{rr} & 2\;1 \\ - & 3 \\ \hline & 1\;8 \end{array} \qquad \begin{array}{rl} & 1\;0\;1\;0\;1_2 \\ - & 0\;0\;0\;1\;1_2 \\ & \;\;\;\;\;\;\;\;{\scriptstyle 1} \\ \hline & 1\;0\;0\;1\;0_2 \end{array}$$

Bleibt nach dem Berechnen der größten verfügbaren Stelle ein Übertrag, so lässt sich das Ergebnis mit den vorhandenen Stellen nicht darstellen, das gespeicherte Ergebnis ist nicht korrekt. Computer verwenden typischerweise Speicherzellen mit 8 Binärziffern; in einer Speicherzelle können also natürliche Zahlen im Bereich 0 bis 255 gespeichert werden. Um größere Zahlen speichern und verarbeiten zu können, werden mehrere Speicherzellen zusammengefasst. Bei heutigen Computern sind es in der Regel 8 Speicherzellen oder 64 Binärstellen (64 Bit), damit sind natürliche Zahlen von 0 bis 18 446 744 073 709 551 615 (= $2^{64} - 1$) darstellbar. Bei der Minimaschine haben die Speicherzellen 16 Bit, d. h. es können Zahlen von 0 bis 65 535 dargestellt werden.

Darstellung negativer Zahlen

Um mit ganzen Zahlen rechnen zu können, muss mit Hilfe der vorhandenen Binärstellen festgelegt werden, woran eine negative Zahl in Binärdarstellung erkannt werden kann und wie dann das Bitmuster zu interpretieren ist.

Ein erster Ansatz war: Eine negative Zahl ist das invertierte Bitmuster der entsprechenden positiven Zahl; das erste Bit gibt das Vorzeichen an.

Beispiel für eine mit 8 Bit dargestellte Zahl: $26_{10} = 00011010_2 \rightarrow -26_{10} = 11100101_2$

Dieses sogenannte Einerkomplement ist zwar einfach zu bilden, hat aber mehrere Schwachstellen. So gibt es zwei Darstellungen für die Zahl Null: $0_{10} = 00000000_2$, $-0_{10} = 11111111_2$. Auch müssen beim Rechnen zuerst die Beträge der Operanden gebildet werden.

Einfacher in der Handhabung ist das **Zweierkomplement**. Es wird gebildet, indem man die Zahl invertiert und dann noch 1 addiert.

Beispiele:

Ausgangszahl		invertierte Ausgangszahl	Zweierkomplement der Ausgangszahl
26_{10}	$= 00011010_2$	11100101	$11100110_2 = -26$
1_{10}	$= 00000001_2$	11111110	$11111111_2 = -1_{10}$
0_{10}	$= 00000000_2$	11111111	$00000000_2 = 0_{10}$
-1_{10}	$= 11111111_2$	00000000	$00000001_2 = 1_{10}$

Im Zweierkomplement ist die Darstellung der 0 eindeutig. Zudem sind für das Rechnen keine Sonderregeln nötig; alle Rechenarten können direkt ausgeführt werden.

21	00010101_2	5	00000101_2
+ (− 5)	$+\ 11111011_2$	− 18	$-\ 00010010_2$
16	00010000_2	− 13	11110011_2

Es muss nur geprüft werden, ob der vorhandene Wertebereich zum Darstellen des Ergebnisses ausreicht; ist dies nicht der Fall, spricht man von **Überlauf**. Für die Addition gilt: Ein Überlauf kann nur eintreten, wenn beide Summanden gleiches Vorzeichen haben. Ein solcher Überlauf ist daran zu erkennen, dass das Ergebnis ein anderes Vorzeichen hat als die beiden Summanden.

Darstellung im Hexadezimalsystem

Die binäre Schreibweise von Zahlen führt zu sehr langen Zeichenketten; möchte man z. B. bei systemnaher Programmierung mit der Computerdarstellung von Werten arbeiten, muss man bei heutigen Computern jeweils 64 Zeichen betrachten. Deshalb werden in der Regel 4 Binärziffern zu einer Hexadezimalziffer zusammengefasst:

$00010101_2 = 15_{16}$ $\quad$ $11111011_2 = FB_{16}$

Statt 64 Ziffern werden dann nur noch 16 Ziffern zur Anzeige benötigt.

Zahlen werden im Computer im Binärsystem gespeichert. Die begrenzte Anzahl an Binärstellen begrenzt den darstellbaren Zahlenbereich.

Ein **Überlauf** entsteht, wenn das Ergebnis einer Rechenoperation nicht mehr im zur Verfügung stehenden Zahlenbereich dargestellt werden kann.

Ein **Übertrag** zur nächsthöheren Stelle entsteht bei der Addition der Binärziffern 1 + 1 bzw. bei der Subtraktion der Binärziffern 0 − 1.

Für die Codierung ganzer Zahlen wird heutzutage das **Zweierkomplement** verwendet.

Lösungssalat

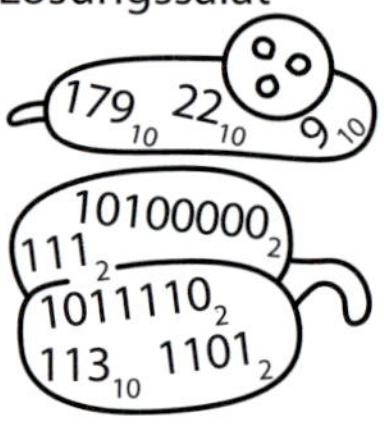

Aufgaben

1 Startklar – Umrechnungen natürlicher Zahlen

Für diese Aufgabe wird mit natürlichen Zahlen ohne Stellenbegrenzung gerechnet.

a Wandeln Sie ins Dezimalsystem um: 1001_2, 10110_2, 1110001_2, 10110011_2.

b Wandeln Sie ins Binärsystem um: 7_{10}, 13_{10}, 94_{10}, 160_{10}.

c Für Schnelle: Stellen Sie im Hexadezimalsystem dar: 1001_2, 10110_2, 1110001_2, 10110011_2.

2 Darstellung endlicher Zahlenmengen

In einer Speicherzelle sind nur endlich viele Werte darstellbar, aus Zahlenpfeil oder Zahlengerade werden dann Strecken. Diese Strecken werden oft zu einem Zahlenkreis gebogen, wie in Abbildung 1 für vorzeichenbehaftete Zahlen bei Verwendung des Zweierkomplements in Speicherzellen mit 4 Bit dargestellt ist.

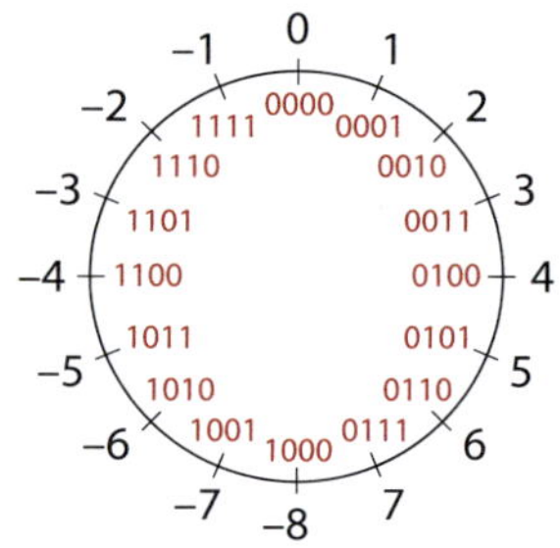

Abbildung 1

a Stellen Sie in einem analog gebildeten Kreis die vorzeichenlos interpretierten Zahlen dar, die in Speicherzellen mit 4 Bit gespeichert werden können.

b Begründen Sie, warum es Sinn macht, die Strecken zu Kreisen zusammen zu biegen.
Tipp: Addieren Sie zu jeder Zahl den Wert 1.

c Geben Sie an, wie Sie an diesen Kreisen erkennen können, wann bei einer Addition oder Subtraktion Überlauf auftritt.

d Für Schnelle: Erstellen Sie den Zahlenkreis für Speicherzellen mit 4 Bit, wenn für die Darstellung der negativen Zahlen das Einerkomplement verwendet wird.

3 Rechnen mit natürlichen Binärzahlen

Für diese Aufgabe wird mit natürlichen Zahlen ohne Stellenbegrenzung gerechnet. Führen Sie die Rechnungen im Binärsystem durch und überprüfen Sie das Ergebnis durch Berechnung im Dezimalsystem.
Tipp: Sie können die Operanden auch untereinanderschreiben.

a $101_2 + 1001_2$

b $11010001_2 + 111001_2$

c $10011110_2 - 1100010_2$

d Geben Sie begründet an, welches dieser Ergebnisse sich nicht in einer Speicherzelle mit 8 Ziffern darstellen lässt.

4 Überlauf

Franz fragt: „Warum gilt für die Addition, dass ein Überlauf nur eintreten kann, wenn beide Summanden gleiches Vorzeichen haben? Wenn ich zur Zahl –1 etwas addiere, muss ich den Summanden doch nur groß genug machen, dann gibt es auch einen Überlauf."
Helfen Sie Franz, indem Sie den Sachverhalt erklären.

5 Darstellung negativer Zahlen

Beschreiben Sie den Unterschied zwischen Einer- und Zweierkomplement und nennen Sie Vorteile des Zweierkomplements.

6 Umrechnungen negativer Zahlen

Bei dieser Aufgabe wird mit ganzen Zahlen gearbeitet, die mit 8 Binärziffern dargestellt werden.

Tipp: Zum Umwandeln können nur positive Zahlen verwendet werden; bilden Sie an geeigneter Stelle das Zweierkomplement.

a Wandeln Sie ins Dezimalsystem um: 11111001_2, 11110001_2, 10110110_2, 10110011_2.

b Wandeln Sie ins Binärsystem um: -5_{10}, -31_{10}, -76_{10}, -200_{10}.

7 Rechnen mit ganzen Binärzahlen

Für diese Aufgabe wird mit ganzen Zahlen gerechnet, die mit 8 Binärziffern dargestellt werden. Führen Sie die Rechnungen im Binärsystem durch und überprüfen Sie das Ergebnis durch Berechnung im Dezimalsystem. Schreiben Sie die Operanden untereinander und notieren Sie die Überträge.

a $01010101_2 + 11111001_2$

b $11010001_2 + 00111001_2$

c $00011110_2 - 01100010_2$

d $10010111_2 + 10100100_2$

e Geben Sie begründet an, welches dieser Ergebnisse sich nicht in einer Speicherzelle mit 8 Binärziffern darstellen lässt.

8 Rechnen lassen

Das gegebene Rechenblatt addiert 4-stellige Binärzahlen.

a Testen Sie mit den Termen 2 + 3, 8 + 5 und 12 + (-5), indem Sie die Zahlen ins Binärsystem umwandeln und dann eingeben.

b Erweitern Sie das Rechenblatt zur Addition 8-stelliger Binärzahlen. Tipp: Nutzen Sie Copy-Paste.

c Lösen Sie mit dem Ergebnis von b) die in Aufgabe 7 gestellten Rechnungen und beantworten Sie auch die Teilaufgabe 7e) mit Hilfe des Resultats aus dem Rechenblatt.

9 Forschungsauftrag: Addieren längerer Zahlen

Wenn der auf einer Maschine verfügbare Zahlenbereich zu klein ist, kann man zumindest Addition und Subtraktion durch Verwendung des Übertrags auf das n-fache der verfügbaren Bitanzahl ausbauen.

a Wandeln Sie zunächst die beiden Summanden der Summe $01010101_2 + 11111001_2$

i mit vorzeichenloser Interpretation und

ii mit vorzeichenbehafteter Interpretation

ins Dezimalsystem um.

b Berechnen Sie den Wert der binären Summe und wandeln Sie das Ergebnis ebenfalls mit vorzeichenloser und vorzeichenbehafteter Interpretation ins Dezimalsystem um. Verifizieren Sie die Korrektheit beider Ergebnisse.

c Stellen Sie die in b) gebildete Summe mit zwei Zahlen von jeweils 4 Bit dar ($0101_2 + 1001_2$ für die niederwertigen Bits und $0101_2 + 1111_2$ für die höherwertigen Bits). Verifizieren Sie, dass Sie ein korrektes Resultat erhalten, wenn Sie die beiden Ergebnisteile wieder zu einer Zahl zusammenfügen.

d Bilden Sie in gleicher Weise die Summe $01010101_2 + 11111011_2$. Verifizieren Sie, dass diesmal ein falsches Resultat erzeugt wird. Geben Sie begründet an, warum das so ist und was getan werden müsste, um ein korrektes Resultat zu erhalten. Testen Sie Ihre Überlegung durch Nachrechnen.

e Die Minimaschine besitzt einen Befehl LOADC, der den Wert des Übertrags (carry) bei der vorangegangenen Rechenoperation in den Akkumulator lädt (0 für „kein Überlauf", 1 für „Überlauf"). Erstellen Sie damit ein Programm, welches zwei 32-stellige Zahlen korrekt addiert.

3.5 Bedingungen: Formulieren & Flags zur Auswertung nutzen

Abbildung 1

```
LOADI xxx
SUBI 100
```

Laden Sie zum Testen konkrete Beispielwerte.

```
JMPNP 8
ADDI 10
HOLD
```

Eine Spielerin hat am Ende eines Levels eine bestimmte Punktzahl erreicht. Damit sie weiterspielen darf, sind mindestens 100 Punkte nötig. Auf Assemblerebene können für so eine Überprüfung sogenannte Flags, hier das N- und Z-Flag, verwendet werden.

a Übernehmen Sie die beiden oberen Befehle links in die Minimaschine. Dort werden im Status u. a. Z- und N-Flag angezeigt. Erschließen Sie sich deren jeweilige Bedeutung, indem Sie die erreichte Punktzahl xxx systematisch variieren. Erklären Sie dann, inwiefern die beiden Flags für Vergleiche mit 100 genutzt werden können.

b Ersetzen Sie den Befehl SUBI durch den Befehl CMPI (Compare). Arbeiten Sie (z. B. im Mikroschrittmodus) Gemeinsamkeiten und Unterschiede der beiden Befehle heraus.

Falls die Gesamtpunktzahl über 150 liegt, erhält man im Spiel noch 10 Punkte Bonus.

c Passen Sie den bisherigen Quellcode für einen Vergleich mit dem Wert 150 an. Ergänzen Sie anschließend die drei unteren Befehle links. Finden Sie heraus, welcher Befehl an Speicheradresse 8 steht, und erklären Sie die Wirkung des Befehls „**JuMP** on **N**ot **P**ositive".

d Für Schnelle: Setzen Sie in einem neuen Programm um: Nur falls „Punktestand <= 100" gilt, werden 10 Punkte abgezogen.

Damit Quellcode einer Hochsprache wie Java oder Python vom Prozessor ausgeführt werden kann, müssen sämtliche Hochsprachenbefehle in Maschinenbefehle eines Prozessors übertragen werden können. Kontrollstrukturen wie die Wiederholung mit Bedingung oder die einseitige bedingte Anweisung im Beispiel rechts erfordern, dass Bedingungen, die in Hochsprachen etwa mit einem Vergleichsoperator formuliert werden, auf Maschinenebene umgesetzt werden.

```
falls warenkorbwert > 160 dann
        RabattAbziehen()
endefalls
VersandAddieren()
```

Erst die Bedingung umsetzen und auswerten ...

„Vergleich mit 0" schließt folgende Beziehungen zu 0 ein:
>0, >=0,
<0, <=0,
=0, !=0

Ein Prozessor ermöglicht den Vergleich des Akkumulatorinhalts mit 0. Um diese Fähigkeit für einen Vergleich mit anderen Werten zu nutzen, kann der Vergleichswert zunächst vom Akkumulatorinhalt subtrahiert werden. Ein Vergleich mit 0 liefert dann dasselbe Ergebnis wie die Auswertung der ursprünglichen Bedingung. Beispiele für drei Warenkorbwerte:

`LOADI 177` `SUBI 160`	`LOADI 160` `SUBI 160`	`LOADI 32` `SUBI 160`
Akkumulator: 17 > 0	Akkumulator: 0 = 0	Akkumulator: –128 < 0
→ Warenkorbwert > 160	→ Warenkorbwert = 160	→ Warenkorbwert < 160

→engl. flag: Markierung, Merker

Da Vergleiche des Akkumulatorinhalts mit 0 häufig notwendig sind, „merken" sich heutige Prozessoren die Information, ob der Akkumulatorinhalt größer, gleich oder kleiner als Null ist. Dafür wird ein spezielles Register, das **Statusregister**, genutzt. Es enthält dazu einzelne Bits als Statusindikatoren (sog. →**Flags**), die entweder gesetzt sind oder nicht. Das gesetzte **Zero-Flag** (Z) zeigt an, dass der Akkumulator den Wert 0 enthält, das gesetzte **Negative-Flag** (N), dass der Wert im Akkumulator negativ ist. Am Ende jeder Operation, die den Akkumulatorinhalt verändert hat, werden alle Flags neu gesetzt. Für obige Beispiele ergeben sich folgende Zustände der genannten Flags:

Z:☐ N:☐	Z:▣ N:☐	Z:☐ N:▣

Ergebnis positiv → Rabatt gewähren! (erstes Beispiel)

Ergebnis nicht positiv → Rabatt nicht gewähren! (zweites und drittes Beispiel)

... und dann zu den passenden Befehlen springen

Nur bei einem positiven Ergebnis soll die Befehlssequenz des Dann-Teils ausgeführt und ein Rabatt abgezogen werden. Ansonsten muss gleich die Sequenz nach dem Dann-Teil abgearbeitet werden, in welcher der Versand addiert wird. Die Befehle des Dann-Teils müssen dazu – abhängig von der ausgewerteten Bedingung, die nun durch die Zustände der Flags repräsentiert wird – übersprungen werden.

Dazu muss der bisher bekannte Befehlssatz um bedingte Sprungbefehle erweitert werden. Bei der Ausführung eines bedingten Sprungbefehls werden die jeweils zugehörigen Flags automatisch überprüft; sind sie entsprechend gesetzt, wird der bedingte Sprung ausgeführt, indem der Programmzähler auf die als Operand angegebene Adresse gesetzt wird.

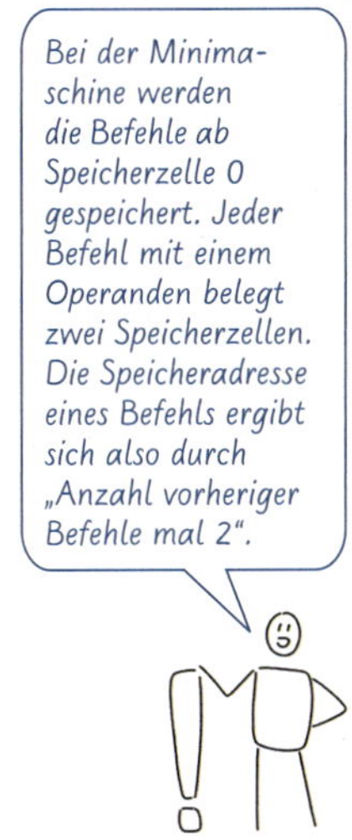

„JuMP on Not Positive": Falls Z- oder N-Flag gesetzt, dann springe zum Befehl an Speicheradresse 12 (dort steht der erste Befehl nach dem Dann-Teil).

```
falls warenkorbwert > 160 dann
    RabattAbziehen()
endefalls
VersandAddieren()
```

Sprung, wenn Bedingung nicht erfüllt ist

```
LOAD 100        # Warenkorbwert
SUBI 160
JMPNP 12
LOAD 100        # Warenkorbwert
SUBI 20         # Rabatt
STORE 100
LOAD 100        # Warenkorbwert
ADDI 5          # Versandkosten
STORE 100       # Gesamtpreis
```

Neben JMPNP existieren noch weitere bedingte Sprungbefehle, die nach dem gleichen Prinzip arbeiten und zu Sprüngen abhängig von Z- und N-Flag führen. Eine vollständige Übersicht findet sich in Kapitel 2.10. → 2.10

Vereinfachung 1: Sprungmarken statt Speicheradressen als Sprungziele

Sich auszurechnen, in welcher Speicherzelle der erste Befehl nach dem Dann-Teil steht, ist mühsam. Zudem müssten solche Adressangaben im Quellcode jedes Mal angepasst werden, wenn in den Zeilen zuvor Befehle ergänzt oder entfernt würden, da sich die Speicheradresse des Sprungzielbefehls dann verändern würde. Um solche Schwierigkeiten zu vermeiden, kann symbolische Adressierung zur Festlegung von Sprungmarken genutzt werden:

Eine **Marke** (Label) dient als eindeutiger Bezeichner für eine Stelle im Assemblercode. Statt zu einer bestimmten Speicheradresse kann zur gewünschten Marke gesprungen werden. Der Assembler berechnet die richtige Adresse der Speicherzelle für die Marke beim Übersetzen in das Maschinenprogramm und setzt diese Adresse anstelle der Marke ein.

```
          LOAD 100
          SUBI 160
          JMPNP versand
          LOAD 100
          SUBI 20
          STORE 100
versand:  LOAD 100
          ADDI 5
          STORE 100
```

Vereinfachung 2: Den Akkuwert beibehalten

Bevor im Beispiel der Rabatt abgezogen wird, musste der Warenkorbwert bisher erneut aus dem Speicher geladen werden: Die Umsetzung des Vergleichs mit dem SUB-Befehl hat den Warenkorbwert im Akkumulator verändert und damit unbrauchbar gemacht. Um dieses Problem zu vermeiden, existiert der Compare-Befehl (CMP). Er bestimmt genauso wie SUB den Wert der Differenz „Akkumulatorinhalt – Argument" und setzt auf Basis des Ergebnisses die Flags – allerdings wird bei CMP nur intern gerechnet und das Ergebnis nicht wie bei SUB in den Akkumulator zurückgeschrieben; der Wert dort bleibt somit erhalten.

```
             LOAD 100        # Warenkorbwert
             CMPI 160
             JMPNP gesamtpreis
             SUBI 20         # Rabatt
gesamtpreis: ADDI 5  # Versandkosten
             STORE 100       # Gesamtpreis
```

Der Code wird dank des Compare-Befehls merklich kürzer!

Weitere Flags: Überlauf versus Übertrag

Der Prozessor „weiß" nicht, ob die Bitmuster, mit denen er rechnet, vorzeichenlose oder vorzeichenbehaftete Werte repräsentieren. In beiden Fällen können Rechenoperationen zu Ergebnissen führen, die nicht mehr im jeweiligen Wertebereich liegen; der Akkumulator stellt dann kein korrektes Ergebnis dar. Entsprechend sind weitere Flags notwendig, die solche Überschreitungen des Wertebereichs anzeigen.

Das Overflow(V)-Flag zeigt einen Überlauf bei einer Interpretation der beiden Operanden als ganze Zahlen an. Das Carry(C)-Flag zeigt einen Überlauf bei einer Interpretation als natürliche Zahlen an.

Um eine Bedingung in Assemblercode umzusetzen, wird der Vergleichswert vom Akkumulatorinhalt subtrahiert. War der Inhalt größer (gleich, kleiner) als der Vergleichswert, ist das Ergebnis nun größer (gleich, kleiner) Null. Die Auswertung der Bedingung ist an den Statusbits im **Statusregister** ersichtlich, die nach einer Operation gesetzt werden: Das **Zero-Flag** beim Ergebnis Null, das **Negative-Flag** bei einem negativen Ergebnis.

Um Befehle abhängig von einer Bedingung auszuführen, sind bedingte Sprungbefehle notwendig. Dazu können Speicheradressen von Befehlen mit **Marken** beschrieben und diese Marken als Sprungziele angegeben werden. Overflow- und Carry-Flag zeigen an, dass ein Ergebnis den Wertebereich überschritten hat.

Aufgaben

1 Flag-Übersicht

a Geben Sie für jedes der Flags Z, N (Für Schnelle: V, C) an, ...
- ... welche Bedeutung es hat.
- ... ob es für Werte aus einem vorzeichenlosen bzw. vorzeichenbehafteten Wertebereich Gültigkeit hat.

b Für Schnelle: Geben Sie für jedes Flag jeweils eine Addition zweier Binärzahlen an, die das Setzen des Flags verursacht. Beschränken Sie sich exemplarisch auf vierstellige Binärzahlen.

2 Flags und bedingte Sprünge abhängig vom Vorzeichen

Es wird jeweils der angegebene Assemblerbefehl ausgeführt. Geben Sie jeweils an, ...
- ... welche Flags des Statusregisters gesetzt werden.
- ... welche der bedingten Sprungbefehle des Modellrechners einen Sprung auslösen würden.

a `LOADI 0` b `LOADI -5` c `LOADI 17`

3 Springen, wenn eine Bedingung nicht erfüllt ist

Setzen Sie die Hochsprachenbedingungen jeweils in Assemblercode um. Überlegen Sie dann systematisch, für welche Werte die Bedingung nicht erfüllt ist und welche gesetzten Flags dies anzeigen. Bei einer nichterfüllten Bedingung soll zu einer Marke gesprungen werden. Geben Sie dafür noch den passenden Sprungbefehl an.

a anzahl > 150 b anzahl < 300 c anzahl >= 400
d anzahl == 75 e anzahl <= 500 f anzahl != 200

4 Fehler vermeiden

Das vorliegende Assemblerprogramm überprüft, ob für den eingegebenen Wert die Aussage „ist durch 3 teilbar“ gilt. Das Ergebnis der Prüfung soll als Zahl 1 für „Aussage wahr“ und als Zahl 0 für „Aussage falsch“ gespeichert werden.

```
LOADI <wert>
STORE 100
MODI 3
JMPNZ ?
LOADI 1
STORE 101
HOLD
```

a Geben Sie zuerst die Speicheradresse des Sprungziel-Befehls beim abgebildeten Programm an.

b Analysieren Sie den Quellcode und beschreiben Sie kurz (z. B. in Pseudocode), wie der Algorithmus arbeitet.

Julian stellt fest, dass Werte im Speicher bei einer erneuten Programmausführung nicht gelöscht werden. Daher steht nach Tests mit den Werten 33 bzw. 34 in Speicherzelle 101 immer noch der Wert 1. Um dies zu korrigieren, ergänzt er vor dem bisherigen Programm noch die beiden nebenstehenden Befehle.

```
LOADI 0
STORE 101
```

c Beschreiben Sie den Fehler, den Julian dadurch verursacht, und wie dieser behoben werden kann.

5 Snake

Übersetzen Sie den gegebenen Pseudocodeausschnitt zum Spiel Snake jeweils in ein Assemblerprogramm. Verwenden Sie symbolische Adressierung.
Überprüfen Sie Ihre Algorithmen für verschiedenartige Eingabewerte.

a *Die Schlange soll wieder links erscheinen, sobald sie den rechten Bildschirmrand überschritten hat.*

```
xPos = xPos + 1
falls xPos > 800 dann
    xPos = 0
endefalls
```

b *Am Levelende wird überprüft, ob mehr als drei Äpfel eingesammelt wurden, und ggf. die Anzahl der Leben erhöht.*

```
falls äpfel > 3 dann
    leben = leben + 1
endefalls
äpfel = 0
```

c *Die Schlange soll wieder unten erscheinen, sobald sie den oberen Bildschirmrand überschritten hat.*

```
yPos = yPos - 1
falls yPos <= 0 dann
    yPos = 550
endefalls
```

6 Betrag bilden

Erstellen Sie ein Assemblerprogramm, das den Betrag einer Zahl, die in der Speicherzelle 100 steht, bestimmt und in Speicherzelle 101 ablegt.
Tipp: Entwickeln Sie den Algorithmus vorab in Pseudocode auf Hochsprachenebene.

7 Quellcode optimieren

Das gegebene Programm erhöht eine Wohnungsmiete für das nächste Kalenderjahr um 50 €, falls eine Grenze von 950 € noch nicht erreicht wurde. Anschließend wird zur Miete noch eine Nebenkostenpauschale addiert.

a Geben Sie die Speicheradresse des Sprungzielbefehls beim abgebildeten Programm an.

b Vereinfachen Sie die Sprungzielangabe durch Verwendung einer Marke und verkürzen Sie dann den Quellcode durch Verwendung eines Vergleichsbefehls.

```
LOAD 100   # aktuelle Miete
SUBI 950
JMPNN ?
LOAD 100
ADDI 50
STORE 100
LOAD 100
ADDI 250   # Nebenkosten
STORE 100
HOLD
```

8 Unnötiger Aufwand

Geben Sie Vereinfachungen für die gegebenen Sequenzen an, die dasselbe bewirken. Testen Sie Ihre Lösungsideen bei Bedarf mit der Minimaschine.

a
```
JMPZ gesamtpreis
JMPP gesamtpreis
```

b
```
CMPI 220
SUBI 220
```

c
```
CMPI 0
```

d Für Schnelle:
```
LOAD 100
DIVI 7
MULI 7
STORE 101
LOAD 100
SUB 101
```

9 Teilbarkeit

Es soll überprüft werden, ob für eine Zahl die Aussage „ist gerade" gilt. Das Ergebnis der Prüfung soll als Zahl 1 für „Aussage wahr" und als Zahl 0 für „Aussage falsch" gespeichert werden. Erstellen Sie ein entsprechendes Assemblerprogramm und verwenden Sie den Befehl MOD.

Tipp: Entwickeln Sie den Algorithmus vorab in Pseudocode auf Hochsprachenebene.

10 Forschungsauftrag: Flag-Setzen auf Bitebene

Ermitteln Sie zu zweit, wie ein Prozessor an den Bitmustern des Ergebniswerts einer Operation „erkennen" kann, ob ...

a ... das Zero-Flag gesetzt werden muss.

b ... das Negative-Flag gesetzt werden muss.

Finden Sie durch Recherche außerdem heraus, wie ein Prozessor bei der Addition zweier Operanden „erkennen" kann, ob ...

c ... das Overflow-Flag gesetzt werden muss.

d ... das Carry-Flag gesetzt werden muss.

3.6 Bedingte Anweisungen: Bedingte und unbedingte Sprünge

Bei einem Computerspiel droht am Levelende Punktabzug, wenn man weniger als 150 Punkte eingesammelt hat; ansonsten erhält man einen Bonus. Ein entsprechender Algorithmus ist bereits im Assemblercode rechts umgesetzt.

a Vollziehen Sie die Wirkungsweise des gegebenen Quellcodes nach und geben Sie den passenden Pseudocode dazu an.

b Für die Marken wurden keine sprechenden Bezeichner gewählt. Benennen Sie die Stellen im Sachkontext passend.

c Hat man am Levelende mindestens fünf Pilze gesammelt (Speicherzelle 100), erhält man ein Extraleben (Speicherzelle 101), ansonsten wird ein Leben abgezogen. Setzen Sie ein entsprechendes Programm in der Minimaschine um.

Laden Sie zum Testen konkrete Beispielwerte.

```
   LOADI ?
   CMPI 150
   JMPN y
x: ADDI 20
   JMP z
y: SUBI 10
z: HOLD
```

Bei einer Sonderaktion im Onlinekaufhaus wird ein Rabatt angerechnet, wenn man teuer genug einkauft. Die Versandkosten werden nur bei einem geringeren Warenkorbwert erhoben.

```
falls warenkorbwert > 160 dann
    RabattAbziehen()
sonst
    VersandAddieren()
endefalls
...
```

Nachfolgend wird (im Flussdiagramm) dargestellt, welche Abläufe bei der Abarbeitung der zweiseitigen bedingten Anweisung einer Hochsprache wie z. B. Java oder Python automatisch umgesetzt werden:

Zu Beginn wird die Bedingung ausgewertet.

Ergibt die Auswertung FALSCH, wird die Dann-Sequenz übersprungen und die nachfolgende Sonst-Sequenz ausgeführt.

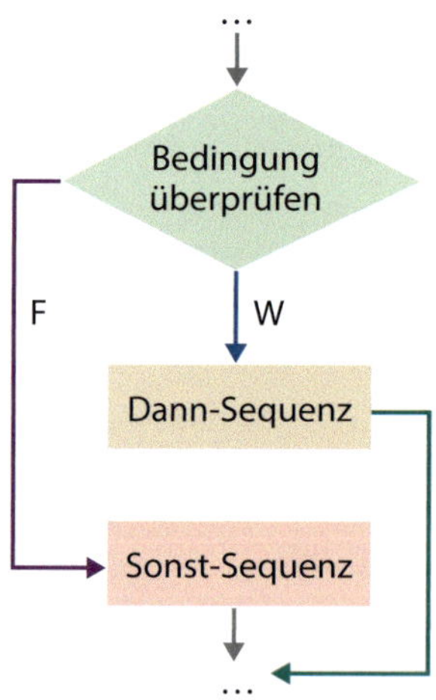

Ergibt die Auswertung WAHR, wird die Dann-Sequenz ausgeführt.

Nach Ausführung der Dann-Sequenz springt die Ausführung des Programms immer hinter das Ende der bedingten Anweisung.

Abbildung 1

Eine zweiseitige bedingte Anweisung enthält daher immer zwei Sprünge:

- Einen Sprung zur Sonst-Sequenz, falls die Auswertung der Bedingung FALSCH ergibt, und
- einen Sprung nach Ausführung der Dann-Sequenz hinter das Ende der bedingten Anweisung.

Zweiseitige bedingte Anweisung in Maschinensprache

In Maschinensprache müssen diese beiden Sprünge explizit angegeben werden. Der Sprung zum Sonst-Teil erfolgt nur, wenn die Bedingung **nicht** erfüllt ist (bedingter Sprung). Wurde der Dann-Teil ausgeführt, muss der sich anschließende Sonst-Teil immer übersprungen werden. Der Sprung am Ende des Dann-Teils ist also an keine Bedingung geknüpft: es handelt sich um einen **unbedingten Sprung**.

bedingter Sprung zum Sonst-Teil

unbedingter Sprung hinter den Sonst-Teil

```
                      LOAD 100                # Warenkorbwert
                      CMPI 160
                      JMPNP versand
                      SUBI 10                 # Sonderrabatt
                      JMP endeSonderaktion
          versand:    ADDI 5                  # Versandkosten
endeSonderaktion:     ...
```

Einseitige bedingte Anweisung

Aus dem Vorkapitel ist bereits bekannt, dass für die Umsetzung einer einseitigen bedingten Anweisung ein bedingter Sprungbefehl genügt. Ein unbedingter Sprungbefehl ist dabei nicht erforderlich.

Verknüpfte Bedingungen

In einem Großhandel erhält man Rabatt, wenn die Anzahl der gekauften Artikel über 15 liegt oder ein Gesamtpreis von 300 € überschritten wird:

```
falls anzahl > 15 oder gesamtpreis > 300 dann
    gesamtpreis = gesamtpreis - 20
endefalls
```

Das Diagramm illustriert die Grundstrategie für die Umsetzung (beliebig vieler) mit ODER verknüpfter Bedingungen:

- Überprüfe nacheinander alle Bedingungen.
- Sobald eine Bedingung (außer der letzten) erfüllt ist, muss zum Dann-Teil gesprungen werden.
- Ist auch die letzte Bedingung nicht erfüllt, springe hinter den Dann-Teil.

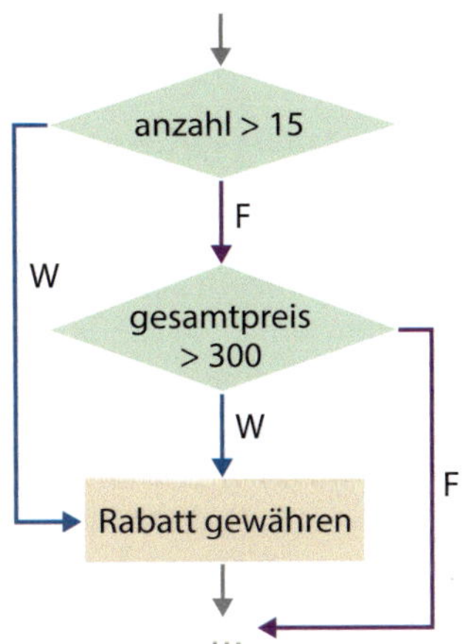

Abbildung 2

In einem anderen Großhandel müssen für einen Rabatt sowohl die gekaufte Artikelanzahl als auch der Gesamtpreis entsprechend hoch sein:

```
falls anzahl > 15 und gesamtpreis > 300 dann
    gesamtpreis = gesamtpreis - 20
endefalls
```

Grundstrategie bei (beliebig vielen) mit UND verknüpften Bedingungen:

- Überprüfe nacheinander alle Bedingungen.
- Sobald eine Bedingung nicht erfüllt ist, springe hinter den Dann-Teil. (Sind alle Bedingungen erfüllt, wird der Dann-Teil automatisch erreicht.)

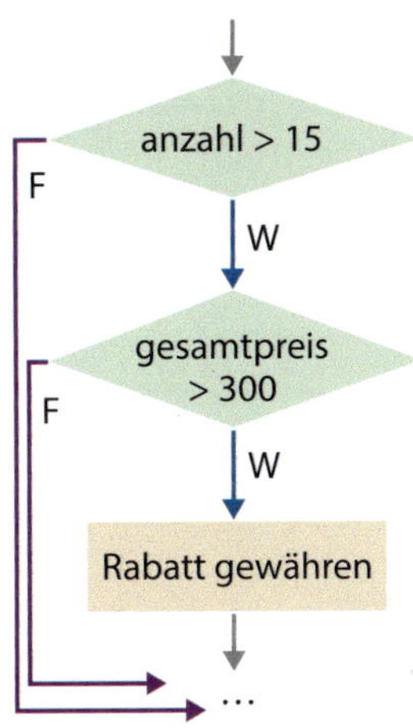

Abbildung 3

Verknüpfte Bedingungen erfordern in Assemblercode so viele Sprünge, wie Einzelbedingungen existieren.

Für die Umsetzung einer zweiseitigen bedingten Anweisung in Assemblercode sind zwei Sprünge notwendig:
- ein bedingter Sprung zum Sonst-Teil, wenn die Bedingung nicht erfüllt ist,
- ein **unbedingter Sprung** am Ende des Dann-Teils hinter das Ende der zweiseitigen bedingten Anweisung.

Bei einer einseitigen bedingten Anweisung entfällt der unbedingte Sprung.
Verknüpfte Bedingungen erfordern in Assemblercode so viele Sprünge, wie Einzelbedingungen existieren.

Aufgaben

1 Einseitige bedingte Anweisung

a Geben Sie das Beispiel zur einseitigen bedingten Anweisung aus dem Lehrtext des Vorkapitels in Ihr Simulationsprogramm ein.

b Erweitern Sie das Programm aus a) um folgende Vorgaben: Die Grenze für den Rabatt steht in Speicherzelle 102, die Höhe des Rabatts in 103.

2 Zwei Zahlen sortieren

Die zwei Zahlen in den Speicherzellen 100 und 101 sollen sortiert werden.

a Die kleinere Zahl soll in Speicherzelle 102, die größere in 103 abgelegt werden.
Formulieren Sie zunächst einen kurzen Pseudocode für den Algorithmus und setzen Sie ihn dann in Assemblercode um.

b Die kleinere Zahl soll in Speicherzelle 100 und die größere in Speicherzelle 101 abgelegt werden (also in denselben Speicherzellen wie die Ausgangszahlen).
Formulieren Sie einen kurzen Pseudocode und reflektieren Sie, inwiefern die Veränderung in der Aufgabenstellung die verwendete Kontrollstruktur beeinflusst.
Setzen Sie Ihren Algorithmus dann in Assemblercode um.

3 Drei Zahlen sortieren

Formulieren Sie bei den folgenden Teilaufgaben jeweils zunächst einen Pseudocode für den entsprechenden Algorithmus und setzen Sie diesen dann in Assemblercode um.

a Es soll das Maximum von drei hintereinander im Speicher liegenden Zahlen bestimmt und in einer weiteren Zelle ausgegeben werden.

b Sortieren Sie drei im Speicher hintereinander liegende Zahlen in aufsteigender Reihenfolge. (Das Ergebnis befindet sich in denselben Zellen wie die Ausgangswerte.)

4 Debugg die Intervallüberprüfung!

Max hat die rechtsstehende Assemblersequenz programmiert, mit der überprüft werden kann, ob eine Zahl, die man in Speicherzelle 100 einträgt, im Intervall [Untergrenze; Obergrenze] liegt. Die Grenzen müssen in die Zellen 101 bzw. 102 eingetragen werden. Sein Quellcode erweist sich beim ersten Testen allerdings als fehlerhaft.

```
LOADI 0
STORE 103
LOAD 100
CMP 101
JMPN 17
CMP 102
JMPNN 17
LOADI 1
STORE 103
HOLD
```

a Vollziehen Sie den Algorithmus, den Max umsetzen wollte, nach und stellen Sie ihn in Pseudocode dar. Beschreiben Sie auch, was die Ausgabe in Speicherzelle 103 bedeuten soll.

b Führen Sie den Code aus. Dabei kommt es zu einem Laufzeitfehler. Ermitteln Sie (z. B. im Einzelschrittmodus) die Ursache und korrigieren Sie den Code.

c Finden und verbessern Sie den Semantikfehler im Programm. Hinweis: Testen Sie die Sequenz dazu ausführlich für die Intervallgrenzen.

5 Rabatt im Großhandel

Im Lehrtext finden sich zwei Beispiele zu verknüpften Bedingungen mit UND bzw. mit ODER. Die jeweiligen Flussdiagramme illustrieren, wie die Algorithmen in Assemblercode umgesetzt werden können. Implementieren Sie das Lehrtextbeispiel mit ...

a ... ODER.

b ... UND.

Beide Beispiele können um die dritte Bedingung „Rabatt, falls es November ist“ erweitert werden (monat = 11). Erweitern Sie zunächst die Flussdiagramme und dann Ihren Assemblercode für eine Verknüpfung mit der zusätzlichen Bedingung beim ...

c ... ersten Beispiel mit ODER.

d ... zweiten Beispiel mit UND.

6 Verknüpfte Bedingungen in Spielszenarien

a Zeichnen Sie zum Pseudocode der folgenden Szenarien jeweils ein Flussdiagramm. Erstellen Sie dann den entsprechenden Assemblercode und testen Sie Ihre Lösung.

i Hat eine Spielfigur den sichtbaren Bereich des Spielfensters verlassen, wird ein Leben abgezogen:

```
falls xPos < 0 oder xPos > 800 dann
    LebenAbziehen()
endefalls
```

ii Einen Bonus erhält am Levelende, wer mehr als fünf Leben besitzt und mindestens einen Pilz aufgesammelt hat:

```
falls anzahlLeben > 5 und anzahlPilze >= 1 dann
    BonusAnrechnen()
endefalls
```

b Für Schnelle: Erweitern Sie den Assemblercode zu i) so, dass ein Leben auch dann abgezogen wird, wenn die y-Position nicht im Intervall [0; 550] liegt.

3.7 Zweimal springen: Wiederholung mit Eingangsbedingung

a Das in der Vorlage gegebene Programm ist in der Hochsprache der Minimaschine formuliert. Analysieren Sie es und beschreiben Sie dessen Funktionsweise. Überprüfen Sie Ihre Beschreibung, indem Sie das Programm übersetzen und ausführen.

b Lassen Sie sich den Assemblertext anzeigen (Werkzeuge → Assemblertext anzeigen) und erklären Sie, wie die Wiederholung mit Bedingung hier umgesetzt wird.

c Erklären Sie die Wirkung des nebenstehenden Struktogramms und setzen Sie den Algorithmus in Maschinensprache um.

d Für Schnelle: Geben Sie jeweils ein Programm an, das die gleiche Wirkung erzielt, aber sehr viel kürzer ist.

```
faktor1 = 21
faktor2 = 6
ergebnis = 0
hilf = 0
wiederhole solange faktor1 > hilf
    ergebnis = ergebnis + faktor2
    hilf = hilf + 1
```

Abbildung 1

Berechnung einer Summe

Bei einem Turnier soll jeder gegen jeden spielen. Um den Zeitaufwand des Turniers abschätzen zu können, wird die Anzahl der Spiele ausgerechnet. Bei n Spielern spielt der erste Spieler n – 1 Partien. Der zweite Spieler hat schon gegen den ersten gespielt und muss noch n – 2 Spiele absolvieren. Mithilfe der Summe aller Zahlen von 1 bis zum Endwert n – 1 kann daher die Anzahl der Spiele ermittelt werden.

Die Berechnung wird mithilfe der Wiederholung mit Bedingung umgesetzt. Mit der bedingten Wiederholung kann eine Sequenz so lange wiederholt werden, wie eine Bedingung erfüllt ist.

```
wiederhole solange summand <= endwert
        summe = summe + summand
        summand = summand + 1
endewiederhole
```

Wiederholung mit Bedingung

Wiederholungen mit zusammengesetzten Bedingungen werden in Aufgabe 5 behandelt.

Zu Beginn jedes Durchlaufes wird die Bedingung ausgewertet.

Ist die Bedingung FALSCH, wird die zu wiederholende Sequenz übersprungen und das Programm nach Ende der Wiederholung fortgesetzt.

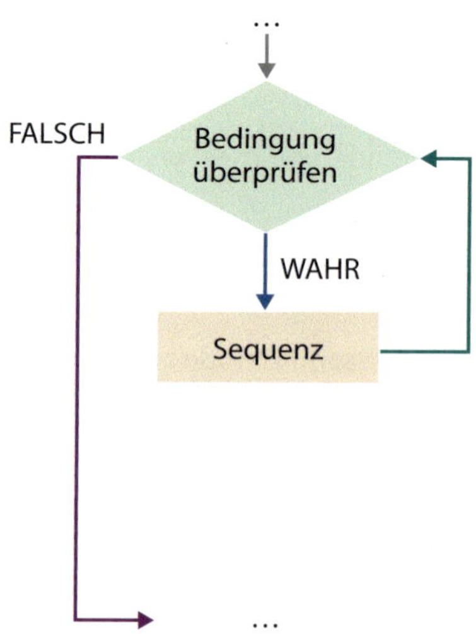

Ergibt die Auswertung WAHR, so wird die Wiederholung „betreten“, die Sequenz wird ausgeführt.

Nach Ausführung der zu wiederholenden Sequenz springt die Ausführung des Programms wieder zum Beginn der Wiederholung und zur Überprüfung der Bedingung.

Abbildung 2

Eine bedingte Wiederholung mit einer einfachen Bedingung enthält daher immer zwei Sprünge: Einen Sprung ans Ende der Wiederholung, falls die Bedingung FALSCH ist, und einen unbedingten Sprung nach der Ausführung der zu wiederholenden Sequenz an den Anfang der Wiederholung zur Bedingung.

Wiederholung mit Bedingung in Maschinensprache

In Maschinensprache müssen diese beiden Sprünge explizit mitangegeben werden:

1) Ergibt die Auswertung der Bedingung FALSCH, wird hinter die Wiederholung gesprungen (bedingter Sprung).
2) Am Ende der zu wiederholenden Sequenz muss an den Anfang der Wiederholung gesprungen werden (unbedingter Sprung).

Der Endwert soll in Speicherzelle 101 liegen, das Ergebnis soll in Speicherzelle 102 abgelegt werden. Der aktuelle Summand wird in Zelle 100 gespeichert.

```
          LOADI 1        # 1 als ersten Summanden laden und   } ggf. Vorbelegung
          STORE 100      # in Speicherzelle 100 ablegen.      } von Variablen

wiederh:  CMP 101        # summand <= endwert                 } Bedingung auswerten
          JMPP weiter    # Erst, wenn der Summand größer      } bedingter Sprung
                         # als der Endwert ist, wird          } hinter die Wieder-
                         # kein Z-/N-Flag gesetzt.            } holung
          LOAD 102                                            } zu wiederholende
          ADD 100                                             } Sequenz
          STORE 102      # summe = summe + summand            }
          LOAD 100                                            }
          ADDI 1                                              }
          STORE 100      # summand = summand + 1              }
          JMP wiederh    # Zum Anfang der Wiederholung springen. } unbedingter Sprung an den Anfang
weiter:   HOLD
```

Die Wiederholung mit einer Anfangsbedingung wird in Maschinensprache über zwei Sprünge umgesetzt:

- einen bedingten Sprung am Anfang der Wiederholung, um hinter die Wiederholung zu springen, falls die Bedingung NICHT erfüllt ist,
- und einen unbedingten Sprung am Ende der Wiederholung zum Anfang der Wiederholung und zur Bedingung.

Aufgaben

1 Für Schnellchecker – hast du's schon kapiert?

a Erklären Sie, wie viele und welche Sprünge für die Wiederholung mit Bedingung in Maschinensprache notwendig sind.

b Geben Sie an, wie folgende Bedingungen in Maschinensprache umgesetzt werden:
i x >= 10 ii x < 4

c Erklären Sie anhand eines Beispiels, ob folgende Aussage richtig ist: Anstatt die Bedingung in Maschinensprache zu negieren, kann man auch einfach beim Vergleich die Ungleichung umdrehen. Also statt x >= 10, einfach 10 <= x überprüfen.

2 Division ohne DIV
In der Einstiegsaufgabe wird die Multiplikation ohne den Befehl MUL umgesetzt. Realisieren Sie analog dazu in einem Programm die Division zweier Zahlen durch wiederholte Subtraktion und ohne Verwendung des Befehls DIV.

3 Debugge die Fakultät!
Das gegebene Programm soll die Fakultät einer Zahl n in Speicherzelle 100 berechnen und das Ergebnis in Zelle 101 ablegen.

a Das Programm enthält einige Syntaxfehler, die das korrekte Assemblieren verhindern. Identifizieren und verbessern Sie diese.
b Beim Ausführen des Programms erscheint eine Fehlermeldung. Analysieren Sie mit dem Ausführen von Einzelschritten, welches Problem auftritt, und verbessern Sie diesen Laufzeitfehler.
c Führen Sie das Programm mit unterschiedlichen Werten für n aus. Finden und verbessern Sie den Semantikfehler im Programm.

4 Echter Assemblercode – Quelltext dechiffrieren
Herr Schlaukopf programmiert mit seinen Schülerinnen und Schülern in Java. Bei einem praktischen Leistungsnachweis gibt ein Schüler versehentlich nur den Bytecode ab. Er beharrt aber darauf, dass er alles richtig hat und daher die Note 1 verdient hat. Um die Aussage des Schülers zu verifizieren, hat Herr Schlaukopf die Abgabedatei disassembliert, also den Bytecode in für Menschen lesbare Maschinensprache übersetzt. Helfen Sie Herrn Schlaukopf, den Inhalt des Programms herauszufinden. Er erinnert sich noch, dass die beiden Befehle in Zeile 0 (iconst_1) und Zeile 1 (istore_1) bedeuten, dass die Zahl 1 in einer Variablen gespeichert wird.

Abbildung 3

a Geben Sie die ersten beiden Zeilen in einer Hochsprache an und notieren Sie auch Zeile 2–5 in einer Hochsprache.
b In Zeile 6 und 7 wird jeweils ein Wert aus einer Adresse aus dem Speicher geladen. Geben Sie an, welcher Wert geladen wird.
c Stellen Sie eine Vermutung darüber auf, was der Befehl `if_icmpgt 22` bedeutet.
d Analysieren Sie den weiteren Quelltext zeilenweise und notieren Sie das Programm in Hochsprache. Geben Sie an, was das Programm bewirkt.
e Für Schnelle: Bei dem Programm handelt es sich um ein Java-Programm. Mit dem Befehl `javap -c` kann jede .class-Datei disassembliert werden. Testen Sie dies mit einem Programm Ihrer Wahl.

5 Wiederholung mit zusammengesetzten Bedingungen
Im Lehrtext wurden nur Wiederholungen mit einfachen Bedingungen behandelt. Eine Bedingung kann aber auch aus mehreren Vergleichen bzw. Bedingungen bestehen, die durch logische Operatoren miteinander verknüpft sind. Da es für das Turnier nur eine begrenzte Zeit gibt, sollen maximal 100 Spiele zugelassen werden. Die Bedingung für die Berechnung der Summe wird daher erweitert: summand <= endwert **UND** summe <= 100
a Zeichnen Sie analog zum Lehrtext das passende Diagramm für die Wiederholung mit dieser zusammengesetzten Bedingung. Beachten Sie dabei, dass auf Maschinenebene nur jeweils ein Vergleich ausgewertet werden kann.
b Formulieren Sie den Algorithmus für die Berechnung der Summe mit dieser Bedingung in Maschinensprache.
c Verknüpfen Sie die beiden Vergleiche mit ODER und setzen Sie a) und b) damit um. Geben Sie zudem an, welche Bedeutung die Bedingung jetzt hat.

6 Selbstfahrendes Auto

Abbildung 4

Ein selbstfahrendes Auto soll so lange fahren (also seine x-Position um 1 erhöhen), bis es vor einer Wand steht. Zur Vereinfachung soll die Situation in einer Dimension modelliert werden (siehe Abbildung rechts).

a Schreiben Sie ein Programm, welches das Auto so lange fahren lässt, bis es direkt vor der Wand steht. Die aktuelle x-Position soll also so lange um 1 erhöht werden, bis die Position der Wand in Zelle 101 erreicht ist. Testen Sie das Programm mit verschiedenen Startwerten für die x-Position des Autos und der Wand.

b Das Auto soll nur dann nach rechts fahren, wenn die Fahrtrichtung auch nach rechts zeigt. Erweitern Sie das Programm dahingehend, dass nur gefahren wird, wenn das Auto nach rechts zeigt und die Wand noch nicht erreicht ist. Die Fahrtrichtung soll in Zelle 102 abgelegt werden: 0 bedeutet, das Auto zeigt nach links, 1 nach rechts. Testen Sie wieder mit unterschiedlichen Werten.

c Erklären Sie, warum es sich bei dieser Aufgabe um ein rein akademisches Beispiel handelt, die Aufgabenstellung also wenig Realweltbezug hat. Geben Sie dazu ein Programm an, das die Endposition des Autos in Abhängigkeit der Position der Wand und der Fahrtrichtung direkt angibt.

7 Summe von Quadratzahlen

$$\sum_{k=1}^{n} k^2$$

a Entwickeln Sie ein Programm, das die Summe aller Quadratzahlen bis zu einem bestimmten Endwert n berechnet. Testen Sie Ihr Programm für n = 4 und n = 5.

b Berechnen Sie, bis zu welchem n die Summe der Quadratzahlen bei vorzeichenbehafteter Zahlendarstellung mit einem 16-Bit-Modellrechner berechnet werden kann, ohne dass es einen Überlauf gibt.

c Modifizieren Sie das Programm aus a) so, dass die maximale Summe der Quadratzahlen berechnet werden kann.

d Berechnen Sie, bis zu welchem n die Summe der Quadratzahlen bei vorzeichenloser Zahlendarstellung mit einem 16-Bit-Modellrechner berechnet werden kann, ohne dass es einen Übertrag gibt.

e Modifizieren Sie das Programm aus c) so, dass die maximale Summe der Quadratzahlen mit vorzeichenloser Zahlendarstellung berechnet werden kann. Stellen Sie den Speicher der Minimaschine dazu auf vorzeichenlose Darstellung.

8 Primzahlen mit Endbedingung

a Diskutieren Sie, ob die Berechnung einer Summe im Lehrtext mit einer Wiederholung mit Endbedingung umsetzbar ist, und notieren Sie das Programm, sofern möglich.

b Schreiben Sie auf Basis der folgenden Aussagen ein Programm in der Assemblersprache, das bestimmt, ob eine Zahl größer 3 keine Primzahl ist. Lösungsansatz:
„Eine natürliche Zahl ist Primzahl, wenn sie nur durch 1 und sich selbst teilbar ist."
„Eine natürliche Zahl ist durch eine andere teilbar, wenn bei der Ganzzahldivision dieser Zahlen der Rest 0 entsteht."
Finden Sie einen Teiler der Zahl. Testen Sie hierzu mit Teilern, die bei 1 beginnen und fortwährend um 1 erhöht werden. Verwenden Sie dabei eine Wiederholung mit einer Endbedingung statt einer Anfangsbedingung. Die zu untersuchende Zahl befindet sich in Speicherzelle 100. Die Speicherzelle 101 nimmt den Teiler auf, der zu Beginn auf 1 gesetzt wird. Geben Sie an, woran man bei Ihrem Algorithmus erkennen kann, ob ein Teiler gefunden wurde oder nicht. In der Speicherzelle 102 soll am Ende 1 stehen, wenn es sich bei der zu untersuchenden Zahl um eine Primzahl handelt, sonst 0.

3.8 Bedingung mit Zählvariable: Zählwiederholung

Im vorgegebenen Programm wird eine Zählwiederholung verwendet.

a Geben Sie an, in welcher Speicherzelle die Zählvariable gespeichert ist, in welchen Schritten und bis zu welchem Wert sie hochgezählt wird.

b Führen Sie das Programm aus und formulieren Sie eine Vermutung über dessen Wirkung. Verwenden Sie bei Bedarf Einzelschritte bei der Ausführung.

c Verifizieren Sie Ihre Vermutung aus b), indem Sie die Zahlen ändern. Erklären Sie insbesondere auch den Wert der Speicherzelle 103.

d Modifizieren Sie das Programm so, dass die Zählvariable von oben nach unten gezählt wird.

e Für Schnelle: Formulieren Sie den Algorithmus aus dem Programm in einer höheren Sprache oder in Pseudoquelltext.

Berechnung einer Summe

Es soll erneut der Algorithmus zur Berechnung einer Summe umgesetzt werden, dieses Mal jedoch mit einer Zählwiederholung. Bei dieser Form der Wiederholung wird eine lokale Zählvariable mitgeführt, welche für jeden Durchlauf hoch- oder heruntergezählt wird und angibt, zum wievielten Mal eine zu wiederholende Sequenz ausgeführt wird.

Zählwiederholung in höheren Programmiersprachen

In höheren Programmiersprachen wie Python oder Java hat die Zählwiederholung folgende Form:

Python
```
for i in range(1, endwert+1):
        summe = summe + i
```

Java
```
for(int i = 1; i <= endwert; i = i+1)
{
        summe = summe + i;
}
```

Die Bedingung wird bei der Zählwiederholung stets durch einen Vergleich der Zählvariable mit dem gewünschten Endwert formuliert. In manchen Programmiersprachen ist sie auf den ersten Blick nicht als Bedingung erkennbar (z. B. in Python). Je nach Hochsprache werden zusätzlich zwei Schritte mehr oder weniger implizit durchgeführt:

1) Die Zählvariable wird deklariert und initialisiert.
2) Die Zählvariable wird am Ende jedes Durchlaufes um 1 erhöht.

in Python kaum bzw. nicht sichtbar

Wie bei der Wiederholung mit Bedingung gibt es auch hier beim Übersetzen in Maschinensprache wieder zwei Sprünge: Einen Sprung nach dem Überprüfen der Bedingung und einen Sprung vom Ende der zu wiederholenden Sequenz an den Anfang der Wiederholung.

Zählwiederholung durch Wiederholung mit Bedingung ausdrücken

Jede Zählwiederholung kann auch als Wiederholung mit Bedingung formuliert werden. Dazu müssen neben der Bedingung noch die beiden genannten Schritte umgesetzt werden.

Python
```
i = 1
while i <= endwert:
        summe = summe + i
        i = i+1
```

Java
```
int i = 1;
while(i <= endwert)
{
        summe = summe + i;
        i = i+1;
}
```

Zählwiederholung in Maschinensprache

Auf diese Weise lässt sich die Zählwiederholung auch in Maschinensprache umsetzen. Der Endwert soll wieder in Speicherzelle 101 liegen, das Ergebnis soll in Speicherzelle 102 abgelegt werden. Der aktuelle Summand wird hier nicht benötigt, da er durch die Zählvariable ersetzt werden kann. Diese soll in Zelle 100 gespeichert werden.

Für bestimmte Kontexte ist es sinnvoll und notwendig, die Zählvariable herunterzuzählen oder um mehr als eins zu erhöhen. Aufgabe 3 und 2d) behandeln solche Fälle.

```
            LOADI 1
            STORE 100        # i = 1
wiederh:    CMP 101          # i <= endwert

            JMPP weiter      # Ist die Zählvariable größer als der
                             # Endwert, wird kein Z-/N-Flag gesetzt.

            LOAD 102
            ADD 100
            STORE 102        # summe = summe + i
            LOAD 100
            ADDI 1
            STORE 100        # i = i + 1

            JMP wiederh      # Zum Anfang der Wiederholung springen.

weiter:     HOLD
```

- LOADI 1 / STORE 100: *Zählvariable initialisieren*
- CMP 101: *Bedingung auswerten*
- JMPP weiter: *bedingter Sprung hinter die Wiederholung*
- LOAD 102 / ADD 100 / STORE 102: *zu wiederholende Sequenz*
- LOAD 100 / ADDI 1 / STORE 100: *Zählvariable erhöhen*
- JMP wiederh: *unbedingter Sprung an den Anfang*

Die Zählwiederholung wird in Maschinensprache wie die Wiederholung mit Bedingung über zwei Sprünge umgesetzt:
- einen bedingten Sprung am Anfang der Wiederholung, um hinter die Wiederholung zu springen, falls die Bedingung NICHT erfüllt ist,
- und einen unbedingten Sprung am Ende der Wiederholung zum Anfang der Wiederholung und zur Bedingung.

Zusätzlich muss die Zählvariable in einer Speicherzelle abgelegt werden. Am Ende jeder Wiederholung muss die Zählvariable erhöht (oder verringert) werden. Die Bedingung wird durch Vergleich der Zählvariable mit einem Endwert formuliert.

Aufgaben

1 Für Schnellchecker – hast du's schon kapiert?

a Erklären Sie, wie viele und welche Sprünge für die Zählwiederholung in Maschinensprache notwendig sind.

b Geben Sie an, welche weiteren Schritte notwendig sind, um die Zählwiederholung umzusetzen.

c Erklären Sie, wie die Bedingung i <= 10 in Maschinensprache umgesetzt wird.

2 Unterschiedliche Summen

a Übertragen Sie das Programm zur Berechnung der Summe aus dem Lehrtext in Ihr Simulationsprogramm. Erweitern Sie es um die symbolische Adressierung für i, summe und endwert. Testen Sie es für die Summe von 1 bis 15 bzw. die Summe von 3 bis 17.

b Optimieren Sie das Programm aus a) für den Fall „Summe von 1 bis n", wobei n eine gegebene Zahl ist. Verwenden Sie möglichst wenige Befehle. Testen Sie für n = 160.

c Erstellen Sie ein Assemblerprogramm, das die Summe von 1 bis n nach der „Gauß-Formel" Summe = n · (n + 1) / 2 berechnet.

d Es soll die Summe aller geraden Zahlen von 2 bis n berechnet werden. Schreiben Sie hierzu ein Assemblerprogramm. Tipp: Sie müssen die Zählvariable nicht um eins erhöhen.

e Für Schnelle: Modifizieren Sie das Programm aus d) so, dass es die Summe aller ungeraden Zahlen berechnet.

3 Countdown – Zählvariable herunterzählen

Anstatt die Zählvariable von 0 (oder 1) bis zu einem bestimmten Endwert hochzuzählen, kann man sie auch vom Endwert herunterzählen.

a Schreiben Sie das Programm aus dem Lehrtext in einer Hochsprache so auf, dass die Zählvariable heruntergezählt wird.

b Setzen Sie das Programm aus a) in Maschinensprache um und testen Sie es mit verschiedenen Werten. Verwenden Sie symbolische Adressierung zum Festlegen der Variablen.

c Der CMP-Befehl zum Vergleichen einer Zahl aus dem Akkumulator mit einer anderen ist letztlich nichts anderes als eine interne Subtraktion der beiden Zahlen und ein anschließender Vergleich mit 0. Beim Herunterzählen der Zählvariablen ist es möglich, die Zählwiederholung mit weniger Anweisungen zu implementieren. Analysieren Sie das gegebene Programm und vergleichen Sie es mit dem Programm aus dem Lehrtext und Ihrem Programm aus b).

d Diskutieren Sie, ob auch in einer höheren Programmiersprache das Herunterzählen der Zählvariablen einen Laufzeitvorteil aufgrund von weniger Befehlen auf Maschinenebene bringt.

4 Debugge den Mittelwert!

Das gegebene Programm soll den Mittelwert einer Zahlenreihe von einem bestimmten Anfangswert bis zu einer Zahl n berechnen. Der Anfangswert soll in Speicherzelle 100 liegen, der Endwert in 101, das Ergebnis soll in Zelle 102 abgespeichert werden.

a Das Programm enthält einige Syntaxfehler, die das korrekte Assemblieren verhindern. Identifizieren und verbessern Sie diese.

b Beim Ausführen des Programms erscheint eine Fehlermeldung. Analysieren Sie mit dem Ausführen von Einzelschritten, welches Problem auftritt, und verbessern Sie diesen Laufzeitfehler.

c Führen Sie das Programm mit unterschiedlichen Start- und Endwerten aus. Finden und verbessern Sie den Semantikfehler im Programm.

d Für Schnelle: Aktuell wird beim Berechnen des Mittelwerts nur eine Ganzzahldivision ausgeführt. Modifizieren Sie das Programm so, dass die erste Nachkommastelle des Mittelwerts in Zelle 103 abgelegt wird.

5 Echter Assemblercode – Javaquelltext dechiffrieren

Herr Schlaukopf und Frau Kluge streiten sich über ein paar Sachverhalte rund um die Programmierung in Java.

- **a** Frau Kluge behauptet, dass auf Maschinenebene bei der Zählwiederholung die Zählvariable bereits beim Eintritt in die Wiederholung um eins erhöht wird, kurz nachdem die Bedingung ausgewertet worden ist. Überprüfen Sie die Behauptung, indem Sie den disassemblierten Javaquelltext zum Lehrtextbeispiel Summenberechnung bis zu einem Endwert von 5 analysieren.
- **b** Herr Schlaukopf behauptet, auf Maschinenebene setzt Java die Zählwiederholung zur Berechnung der Summe durchaus anders um als in der Variante mit der bedingten Wiederholung. Analysieren Sie erneut den disassemblierten Quelltext, um die Behauptung zu widerlegen oder zu bestätigen.
- **c** Anstelle der Zuweisung i = i+1 bietet die Programmiersprache Java die Abkürzung i++. Die beiden Streithähne sind sich uneins, ob die Abkürzung auf Maschinenebene etwas bewirkt. Vergleichen Sie den disassemblierten Quelltext mit der Variante der Summe aus a) und lösen Sie den Streitpunkt auf.

Abbildung 1

6 Zweierpotenz

- **a** Entwickeln Sie ein Programm, das die Potenz mit Basis 2 für einen beliebigen Exponenten n berechnet. Verwenden Sie symbolische Adressierung, um den Exponenten und das Ergebnis als Variablen zu definieren.
- **b** Berechnen Sie, bis zu welchem n das Programm bei vorzeichenbehafteter Zahlendarstellung mit einem 16-Bit-Modellrechner berechnet werden kann, ohne dass es einen Überlauf gibt.
- **c** Modifizieren Sie das Programm aus a) so, dass die maximale Potenz berechnet werden kann.
- **d** Berechnen Sie, bis zu welchem n die Potenz bei vorzeichenloser Zahlendarstellung mit einem 16-Bit-Modellrechner berechnet werden kann, ohne dass es einen Überlauf gibt.
- **e** Modifizieren Sie das Programm aus c) so, dass die maximale Potenz mit vorzeichenloser Zahlendarstellung berechnet werden kann. Stellen Sie den Speicher der Minimaschine dazu auf vorzeichenlose Darstellung.
- **f** Für Schnelle: Entwickeln Sie ein Programm, das die Potenz mit einer beliebigen Basis (und beliebigen Exponenten) berechnet.

7 Forschungsauftrag: Zählwiederholung vs. Wiederholung mit Bedingung

- **a** Im Lehrtext haben Sie die Berechnung der Summe in Maschinensprache mit Zählwiederholung und Wiederholung mit Bedingung gesehen. Vergleichen Sie beide Programme hinsichtlich ihrer Länge und Komplexität. Erläutern Sie, welcher Wiederholungsvariante Sie für die Berechnung der Summe den Vorzug geben würden. Beziehen Sie ggf. auch die Ergebnisse aus Aufgabe 3 mit ein.
- **b** Erklären Sie an folgendem Beispiel, warum jede Zählwiederholung in eine Wiederholung mit Bedingung umgewandelt werden kann, dies aber umgekehrt nicht gilt.

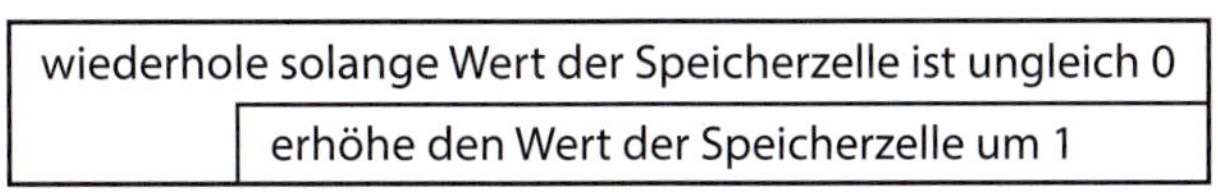

Abbildung 2

- **c** Formulieren Sie die Berechnung der Summe aus dem Lehrtext in der Hochsprache der Minimaschine, einmal mit bedingter Wiederholung, einmal mit Zählwiederholung. Lassen Sie sich den Assemblertext anzeigen und vergleichen Sie die beiden Texte. Erklären Sie, worin der Unterschied der beiden Wiederholungsarten liegt.

3.9 Üben: Felddurchlauf und weitere Vertiefung

a Geben Sie in die Speicherzellen 110 bis 119 beliebige Zahlen ein. Lassen Sie anschließend das vorgegebene Programm laufen und beschreiben Sie dessen Wirkung. Achten Sie dabei darauf, dass Sie den Speicher auf eine Darstellung mit Vorzeichen eingestellt haben.

b Das Programm setzt eine Zählwiederholung um. Geben Sie an, in welcher Zelle die Zählvariable gespeichert ist. Erklären Sie die Werte der Zellen 101, 102 und 103 und geben Sie an, bis zu welchem Wert die Zählvariable gezählt wird.

c An zwei Stellen wird indirekte Adressierung eingesetzt. Lassen Sie das Programm schrittweise ausführen und erklären Sie sich gegenseitig, wozu die indirekte Adressierung verwendet wird. Tipp: Verwenden Sie ggf. den Mikroschritt-Modus, um die indirekte Adressierung genau nachzuvollziehen.

d Modifizieren Sie das Programm so, dass die Summe der Zahlen in 110 bis 119 berechnet und in Zelle 120 abgelegt wird.

Der Reihe nach

In einer Hochsprache ist die Zählwiederholung eng mit dem Durchlauf von Feldern verknüpft: Über die Zählvariable kann man nacheinander jedes Feldelement ansprechen. Folgender Algorithmus quadriert jedes Feldelement:

```
zähle i von 0 bis feld.LängeGeben() - 1 schritt 1
       feld.ElementGeben(i).quadrieren()
endezähle
```

Auch auf Maschinenebene ist es oft sinnvoll und notwendig, nicht nur den Wert einer einzelnen Speicherzelle zu bearbeiten, sondern die Werte einer ganzen Reihe von hintereinander folgenden Zellen. Hierzu muss die Startadresse der Reihe und die Länge der Reihe bekannt sein. Damit kann die Adresse der aktuellen Speicherzelle berechnet und die Zählwiederholung im Pseudotext wie folgt formuliert werden:

```
zähle i von 0 bis länge - 1 schritt 1
       hilfsadresse = startadresse + i
       Wert in Speicherzelle an der Stelle hilfsadresse quadrieren
endezähle
```

Berechnung der Hilfsadresse und indirekte Ansprache

Damit die Speicherzellen in Maschinensprache nacheinander angesprochen werden können, ist die indirekte Adressierung notwendig. Zu Beginn der Wiederholung hat i den Wert 0. Die Hilfsadresse berechnet sich durch Startadresse + i, hier also 120 + 0 = 120.

Mit LOAD (103) kann der Inhalt der Zelle 120 in den Akkumulator geladen werden. Für die nächste Wiederholung wird i um eins erhöht, die Hilfsadressenberechnung ergibt folglich 121 und die nächste Zelle in der Reihe kann angesprochen werden. Bei jeder Wiederholung wird die Zählvariable und somit die Hilfsadresse schrittweise erhöht und es können nacheinander alle Zellen angesprochen werden.

	0	1	2	3
100	0	120	5	120
110	13	42	2	6
120	3	0	0	0

Zählvariable i (100/0) – Startadresse (100/1) – Länge (100/2) – Hilfsadresse (100/3) – Anfang der Reihe (120/0)

Auf Hochsprachenebene gilt für die Abbruchbedingung i <= länge – 1. Da bei einer Zählwiederholung auf Maschinenebene ein Sprung genau dann erfolgt, wenn die Bedingung nicht erfüllt ist, ergibt sich als Sprungbedingung i > länge – 1, die umgekehrte Bedingung. Durch eine einfache Umformung der Ungleichung (Addition von eins auf beiden Seiten) wird daraus i >= länge.

Felddurchlauf in Maschinensprache

Damit kann der Durchlauf durch eine Reihe von Speicherzellen in Maschinensprache mit der Zählwiederholung formuliert werden. Die Startadresse soll dabei in Zelle 101, die Länge in 102 gespeichert sein:

```
           LOADI 0                                              } Zählvariable initialisieren
           STORE 100     # i = 0

wiederh:   CMP 102       # i <= länge - 1                       } Bedingung auswerten

           JMPNN weiter  # Ist die Zählvariable größer          } bedingter
                         # oder gleich der Länge, wird das        Sprung hinter
                         # Negative-Flag nicht gesetzt.           die Wieder-
                                                                  holung

           ADD    101                                           } Hilfsadresse
           STORE 103     # hilfsadresse = startadresse + i        berechnen

           LOAD (103)                                           } zu wieder-
           MUL (103)                                              holende
           STORE (103)   # feld.ElementGeben(i).quadrieren()      Sequenz

           LOAD 100                                             } Zählvariable erhöhen
           ADDI 1
           STORE 100     # i = i + 1

           JMP wiederh   # Zum Anfang der Wiederholung          } unbedingter
                         # springen.                              Sprung an den
                                                                  Anfang
weiter:    HOLD
```

Die Zählwiederholung kann in Maschinensprache dazu verwendet werden, eine Reihe von Speicherzellen nacheinander zu durchlaufen und deren Werte ggf. zu modifizieren bzw. für Berechnungen zu verwenden. Dazu muss die indirekte Adressierung eingesetzt werden.

Aufgaben

1 Für Schnellchecker – hast du's schon kapiert?

a Die Speicherzellen von Zelle 312 bis 331 sollen nacheinander durchlaufen werden. Erklären Sie, wie die Hilfsadresse berechnet werden kann, und führen Sie die Rechnung exemplarisch an zwei Werten durch.

b Die Speicherzelle 120 enthält den Wert 5. Geben Sie an, welcher Wert jeweils durch den Befehl LOAD (120) und LOAD 120 in den Akkumulator geladen wird.

c In Hochsprachen wird oft von i = 0 bis i < Länge des Feldes wiederholt. Erklären Sie, warum man auf Maschinenebene neben der Länge des Feldes zusätzlich die Startadresse des Feldes benötigt.

2 Spicker

Erstellen Sie eine systematische Übersicht, wie die Kontrollstrukturen in Maschinensprache umgesetzt werden. Notieren Sie sich dazu, wie viele und welche Sprünge benötigt werden, wie Bedingungen formuliert werden, usw.

3 Qualitätslabel

a Erklären Sie, warum beim Programm aus der Vorlage die Label teilweise ungünstig gewählt worden sind.

b Finden Sie passendere Label.

4 Copy and Paste

Copy and Paste verwenden wir im alltäglichen Umgang mit dem Computer ständig. In dieser Aufgabe erlangen Sie eine Ahnung davon, was ein Computer auf Maschinenebene umsetzen muss, um eine einfache Zahlenreihe zu kopieren. Die Vorlage enthält bereits ein Programm, das eine Reihe von Speicherzellen ab Zelle 102 kopiert, deren Werte nicht 0 sind.

a Testen Sie das Programm, indem Sie zunächst einige Zahlen in die Zellen ab 102 schreiben und das Programm dann ausführen.

b Führen Sie das Programm im Einzelschrittmodus aus und erklären Sie sich gegenseitig jeden Schritt. Achten Sie dabei besonders auf die indirekte Adressierung.

c Modifizieren Sie das Programm so, dass eine Zahlenreihe bis zu einer bestimmten Zahl (z. B. –1) kopiert wird.

d Für Schnelle: Modifizieren Sie das Programm weiter, so dass in einer Speicherzelle der Anfang der Zahlenreihe angegeben wird.

5 Prüfsummenberechnung

Mit sogenannten Prüfsummen lässt sich die Integrität von Daten überprüfen. Es können also Fehler erkannt werden, die z. B. beim Übertragen von Daten passiert sind.

a Ein sehr einfaches Prüfsummenverfahren ist es, die Quersumme aus einer Reihe von Zahlen zu berechnen. Setzen Sie ein Programm um, das die Quersumme einer Reihe von zehn einstelligen Zahlen berechnet, die im Speicher in aufeinander folgenden Zellen abgelegt sind. Testen Sie mit unterschiedlichen Zahlenfolgen.

b Erklären Sie an einem Beispiel, warum die Quersumme keine absolute Garantie bieten kann, einen Fehler zu entdecken.

c Alle Bücher werden mit der eindeutigen Internationalen Standardbuchnummer (ISBN) ausgezeichnet. Seit 2007 werden nur noch ISBNs im Format ISBN-13 vergeben. Die letzte Ziffer jeder ISBN-13 ist eine Prüfziffer. Informieren Sie sich darüber, wie die Prüfziffer gebildet wird, und implementieren Sie einen Algorithmus zur Berechnung derselben. Testen Sie Ihr Programm mit der ISBN eines Buches.

d Für Schnelle: Informieren Sie sich über die Prüfsummenberechnung bei IBANs und stellen Sie Ihre Ergebnisse dem Kurs vor.

6 Cäsar-Verschlüsselung

Setzen Sie ein Programm um, das für eine beliebig lange Zeichenkette im Speicher die Cäsar-Verschlüsselung anwendet. Diese Verschlüsselungsmethode „verschiebt" jedes Zeichen um einen bestimmten Wert im Alphabet. Die Zeichen sollen als ASCII-Code im Speicher abgelegt sein. Verwenden Sie ausschließlich Großbuchstaben. Die Verschiebung erfolgt dabei zyklisch: Wird z. B. bei einer Verschiebung um fünf Zeichen schon nach zwei Zeichen das Ende des Alphabets erreicht, werden die übrigen drei Zeichen vom Anfang des Alphabets weitergezählt.

Buchstabe	ASCII-Code
A	65
B	66
...	...
Z	90

7 Wiederholung im Überlauf

a Erklären Sie, warum folgender Algorithmus bei vorzeichenbehafteter Zahlendarstellung zu einer Endloswiederholung führt. Maximalwert soll dabei für den Maximalwert des für i verwendeten Datentypen stehen.
Tipp: Überlegen Sie, was am Ende der Wiederholung mit i passiert, wenn der Maximalwert bereits erreicht ist.

```
zähle i von 0 bis Maximalwert Schritt 1
        falls i == 0 dann
            Gib „Start" aus
        endefalls
endezähle
```

b Falls Sie Java als Hochsprache verwenden, implementieren Sie den Algorithmus und testen Sie ihn. Falls Sie Python verwenden, erklären Sie, warum er in Python nicht umsetzbar ist bzw. nicht in eine Endloswiederholung mündet. Sollten Sie eine andere Hochsprache verwenden, testen Sie den Algorithmus dort.

c Setzen Sie den Algorithmus in Maschinensprache um. Überlegen Sie sich dazu den Maximalwert für die vorzeichenbehaftete Darstellung. Statt der Ausgabe von „Start" können Sie in einer Speicherzelle eine Zahl hochzählen.

d Modifizieren Sie das Programm mithilfe des Überlauf-Flags so, dass eine Endloswiederholung verhindert wird.

e Für Schnelle: Erklären Sie, wie sich der Algorithmus bei vorzeichenloser Zahlendarstellung verhält und wie eine Endloswiederholung hier verhindert werden kann.

8 CO_2-Messung (aus Abitur 2020)

In allen Klassenzimmern auf dem Schulcampus befinden sich Sensoren, die den CO_2-Gehalt der Raumluft messen. Die Auswertung der Messdaten erfolgt durch eine Registermaschine [...].

Die Registermaschine steuert eine Warnampel, die je nach CO_2-Konzentration unterschiedlich leuchtet. Dazu verwendet sie den jeweils aktuellen Sensormesswert (eine natürliche Zahl größer oder gleich 100, die in Speicherzelle 202 hinterlegt ist), rechnet diesen gemäß den Angaben des Sensorherstellers in die CO_2-Konzentration um und legt das Ergebnis in Speicherzelle 203

sowie den neuen Farbcode der Ampel (0 für grün, 1 für gelb, 2 für rot) in Speicherzelle 201 ab. Das Struktogramm (s. Abbildung 1) beschreibt den Programmablauf:
Setzen Sie dieses Struktogramm in ein Programm für die gegebene Registermaschine um.

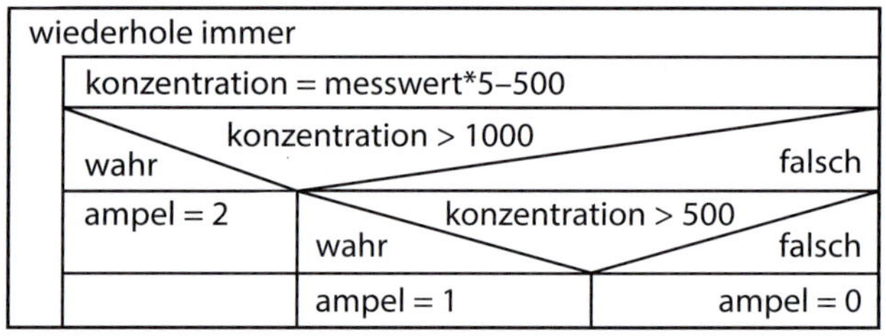

Abbildung 1

9 Potenzfunktion (aus Abitur 2020)
Diese Aufgabe basiert auf dem gegebenen Befehlssatz einer Registermaschine (*siehe Vorlage zum Download*).

a Gegeben ist das folgende Programm für die Registermaschine:

```
1: load 300
2: jmpnn 4
3: muli -1
4: store 301
5: hold
```

Stellen Sie den zugrunde liegenden Algorithmus graphisch dar (z. B. durch ein Struktogramm). Bezeichnen Sie dabei den in Speicherzelle 300 abgelegten Wert mit x und den berechneten Wert in Speicherzelle 301 mit y. Geben Sie zudem die Bedeutung von y an.

Folgender Algorithmus berechnet zu einer ganzzahligen Basis und einem nichtnegativen ganzzahligen Exponenten die Potenz:

```
Methode potenz(basis, exponent)
    wenn exponent gleich 0
            gib 1 zurück
    sonst
            wenn exponent gerade
                    gib potenz(basis*basis, exponent/2) zurück
            sonst
                    gib potenz(basis, exponent - 1)*basis zurück
            endeWenn
    endeWenn
endeMethode
```

b Stellen Sie die Berechnung der Potenz für den Methodenaufruf potenz(2, 5) schrittweise dar. Geben Sie zudem an, wie sich die Zahl der rekursiven Aufrufe verändert, wenn ein positiver Exponent verdoppelt wird.

c Übertragen Sie diesen Algorithmus in ein Programm für eine Registermaschine mit dem oben genannten Befehlssatz. Machen Sie deutlich, in welchen Speicherzellen die Werte von Basis, Exponent und Ergebnis abgelegt werden.

10 Rekursion auf Maschinenebene (aus Abitur 2021)

Gegeben ist folgende rekursive Methode m. Der Parameter z steht für eine beliebige nichtnegative ganze Zahl. Hinweis: Der Operator / liefert den ganzzahligen Anteil der ganzzahligen Division, der Operator % deren Rest.

```
Methode m(z)
  wenn z<10 dann
    gib z zurück
  sonst
    gib (z%10)+m(z/10) zurück
  endeWenn
endeMethode
```

a Geben Sie jeweils die Aufrufsequenz der Methodenaufrufe m(3) und m(752) an und beschreiben Sie allgemein die Bedeutung des Rückgabewerts von m.

b Beschreiben Sie, wie sich eine Vergrößerung von z auf die Anzahl der rekursiven Methodenaufrufe auswirkt, und treffen Sie eine Aussage über das Laufzeitverhalten von m in Abhängigkeit von z.

Die folgende Teilaufgabe basiert auf dem gegebenen Befehlssatz einer Registermaschine (siehe Vorlage zum Download).

c Setzen Sie die Methode m in ein Programm für die gegebene Registermaschine um.

11 ggT

Informieren Sie sich über den euklidischen Algorithmus zur Bestimmung des größten gemeinsamen Teilers zweier Zahlen a und b, kurz ggT(a; b). Bei diesem Beispiel soll nur die nichtrekursive Form verwendet werden.

a Machen Sie sich mit dem Algorithmus vertraut und berechnen Sie ohne Programmhilfe nach diesem Verfahren ggT(27; 6), ggT(336; 16) und ggT(103; 9).

b Schreiben Sie ein Assemblerprogramm zu diesem Algorithmus.

c Übertragen Sie den Assemblercode in Ihr Simulationsprogramm und starten Sie den Programmablauf. Testen Sie die drei Fälle aus a).

12 Portable Bitmap

Beim Bildformat Portable Bitmap (pbm) werden Bilder durch Zahlenwerte codiert. In der einfachsten Form steht 0 für weiß und 1 für schwarz.

a Öffnen Sie die Datei mit einem Texteditor. Geben Sie an, welche Werte in der zweiten Zeile angegeben sind und welcher Buchstabe abgebildet ist. Überprüfen Sie Ihre Aussage, indem Sie das Bild mit einem Bildbearbeitungsprogramm (z. B. Gimp) öffnen.

b Geben Sie die Bildwerte (ab Zeile 3) händisch in den Speicher der Minimaschine ein. Schreiben Sie ein Programm, welches das Bild invertiert, also alles weiß in schwarz umwandelt und umgekehrt. Verwenden Sie eine geschachtelte Zählwiederholung und eine bedingte Anweisung. Testen Sie, indem Sie die Werte aus dem Speicher wieder in einen Texteditor kopieren und die Datei mit der Endung .pbm abspeichern. Vergessen Sie dabei nicht, einen Kopf wie in der Vorlagendatei hinzuzufügen.

c Für Schnelle: Informieren Sie sich, wie mit Portable Bitmap Graustufen und farbige Bilder dargestellt werden können. „Zeichnen" Sie ein einfaches Bild im Texteditor. Überlegen Sie sich dann passende Aufgabenstellungen zur Manipulation der Bilder über ein Programm auf Maschinenebene.

13 Forschungsauftrag: Minimalbefehlssatz

a Diskutieren Sie, ob mit der Minimaschine alles, was berechenbar ist, berechnet werden kann.

b Geben Sie einen möglichst minimalen, aber vollständigen Befehlssatz für die Minimaschine an, also eine Menge von Befehlen, mit welchen alle Berechnungen durchgeführt und alle behandelten Kontrollstrukturen umgesetzt werden können.

3.10 Grundbausteine einer CPU: Logikgatter

Auf Hardwareebene bestehen Computer aus Digitalelektronik, die mit WAHR und FALSCH arbeitet. Im Rechenblatt Schaltung wird auf diese Art die Summe zweier 4-stelliger natürlicher Binärzahlen berechnet.

a Geben Sie verschiedene Werte für den ersten und zweiten Summanden ein und verifizieren Sie das Ergebnis durch Nachrechnen im Dezimalsystem.

b Nennen Sie für die letzte Stelle (Spalte I) die Bedingungen, unter denen im Ergebnis eine 1 erscheinen muss. Überprüfen Sie Ihre Überlegungen anhand der Formel in Zelle I11.

c Geben Sie die Bedeutung des Werts der Zelle I12 an. Nutzen Sie dazu die Formel in Zelle I12.

d Die Berechnung wird ab der zweiten Stelle aufwendiger, da neben den beiden Summanden auch noch der Übertrag aus der Vorstelle mit einbezogen werden muss. In den Spalten G und H ist dies auf verschiedene Weise gelöst. Nennen Sie die wesentlichen Unterschiede.

e Für Schnelle: Ergänzen Sie nach links zu einer Addition von 8-stelligen Binärzahlen. Tipp: Nutzen Sie Copy-Paste.

f Für ganz Schnelle: Versuchen Sie nach dem gleichen Muster die Subtraktion zweier 4(8)-stelliger Binärzahlen umzusetzen.

Von oben nach unten

Bisher wurde untersucht, wie sich in einer Hochsprache formulierte Programme in Maschinensprache übertragen lassen. Der nächste, tiefer gehende, Schritt ist nun, zu untersuchen, wie in der CPU die Ausführung der Maschinenbefehle unter Beachtung der Vorgaben des von-Neumann-Konzepts (digitaler Ansatz, es wird also mit Binärzahlen gerechnet) elektronisch durchgeführt wird. Ein typisches Beispiel dafür ist die elektronische Umsetzung der grundlegenden Rechenoperationen, speziell der Addition.

Rechnen mit Binärzahlen – eine logische Sache

Die möglichen Ergebnisse bei der Addition zweier Binärziffern lassen sich übersichtlich darstellen (Abbildung 1). Eine Besonderheit ist die Summe 1 + 1. Hier ergibt sich auf der aktuellen Stelle die Ziffer 0 und es entsteht ein Übertrag mit dem Wert 1 auf die nächste Stelle.

Summand1 \ Summand2	0	1
0	0	1
1	1	10

Abbildung 1

Um diese Tabelle mit elektronischen Schaltungen umsetzen zu können, muss man die Binärziffern als logische Werte (WAHR für 1 und FALSCH für 0) interpretieren, da nur die logischen Operationen durch elektronische Schaltungen darstellbar sind.

Die Werte von Ergebniswert an dieser Stelle (Ergebnisstelle) und Übertrag lassen sich als logische Terme einfach darstellen. Ein Übertrag entsteht, wenn beide Summanden den Wert WAHR haben:
Übertrag = Summand1 UND Summand2.

Die Ergebnisstelle ist genau dann WAHR, wenn entweder Summand1 WAHR ist und Summand2 FALSCH (= NICHT WAHR) oder umgekehrt.

Ergebnisstelle = (Summand1 UND NICHT Summand2) ODER (NICHT Summand1 UND Summand2).

Elektronische Logik

Der nächste und letzte Schritt ist nun, die logischen Funktionen elektronisch umzusetzen. Dafür werden Transistoren eingesetzt, günstige elektronische Bauteile, die es in vielen Bauformen gibt. Ein Transistor ist ein elektronisches Bauteil mit zwei Eingängen (Kollektor und Steuereingang/ Basis) und einem Ausgang (Emitter).

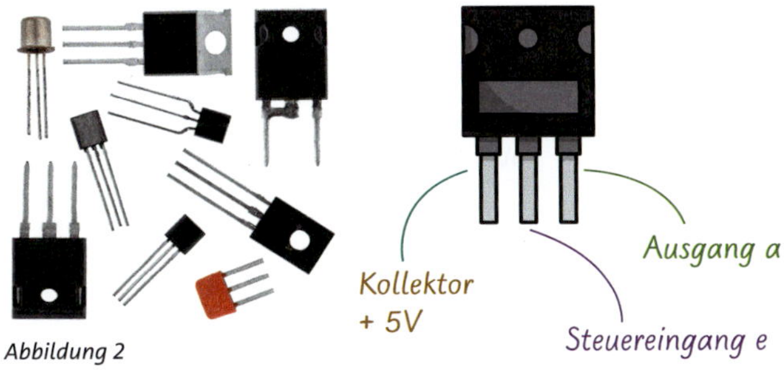

Abbildung 2

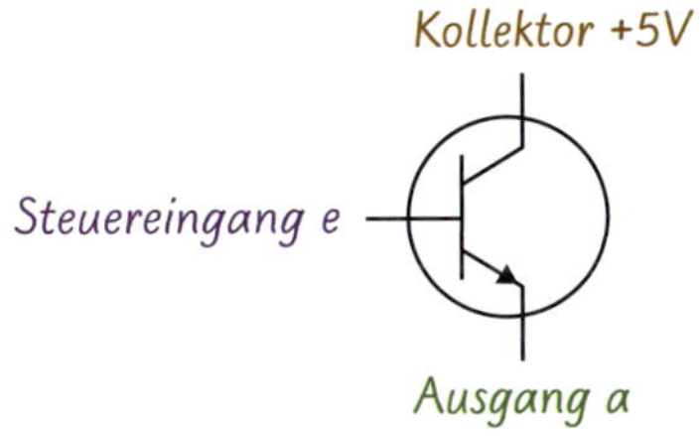

Abbildung 3, symbolische Darstellung

Am Kollektor wird eine Spannung von z. B. +5 V angelegt. Wird am Steuereingang e ebenfalls +5 V angelegt, so sind Kollektor und Ausgang verbunden und man misst am Ausgang ebenfalls +5 V. Bei 0 V am Steuereingang ist die Verbindung zwischen Kollektor und Ausgang unterbrochen. Der Transistor kann so als elektronischer Schalter genutzt werden, der genau dann +5 V am Ausgang liefert, falls beim Steuereingang +5 V anliegt.

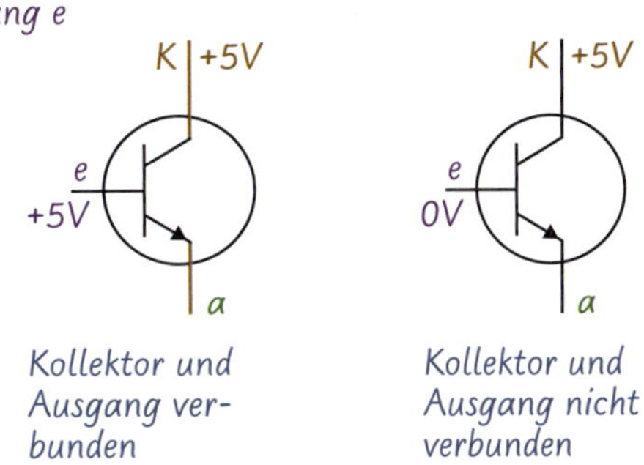

Abbildung 4

Die logischen Operationen lassen sich unter diesen Bedingungen mit Transistoren einfach realisieren. Die UND-Funktion kann am einfachsten aus zwei hintereinander geschalteten Transistoren bestehen, die beide Spannung (WAHR) am Steuereingang brauchen, um die rot markierten Leiterbahnen zu verbinden. Dadurch liegt am Ausgang a dann die Spannung +5 V an. Ist mindestens einer der beiden Transistoren gesperrt, liegt am Ausgang a die Spannung 0 V an. Die ODER-Funktion besteht aus zwei parallel geschalteten Transistoren; eine leitende Verbindung zum Ausgang ist hergestellt, wenn mindestens an einem Steuereingang Spannung (WAHR) anliegt, sonst hat der Ausgang die Spannung 0V. Die Widerstände verhindern einen Kurzschluss.

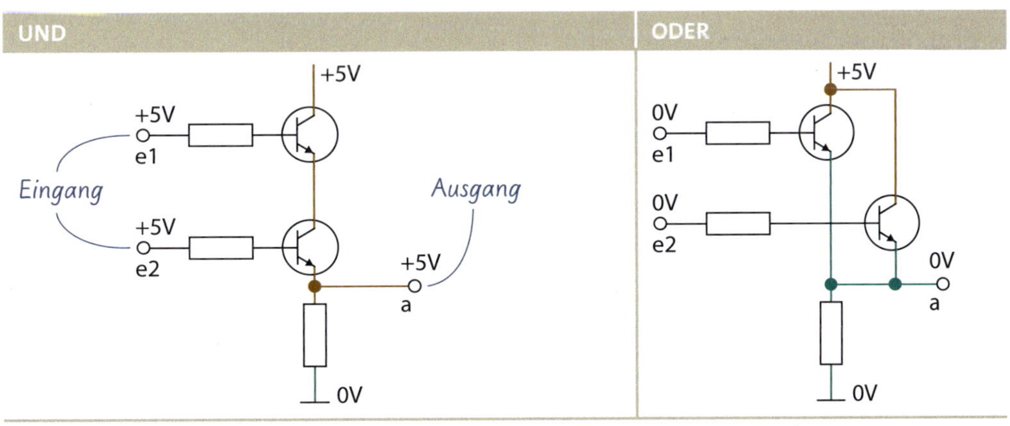

Abbildung 5

Liegen am Eingang 0 V an (d. h. „Leitung zu 0 V unterbrochen"), misst man am Ausgang der NICHT-Schaltung 5 V. Liegen dagegen am Steuereingang (oder wie bei der NICHTUND-Schaltung an beiden Steuereingängen) 5 V an, so ist der Ausgang mit den 0 V am Emitter des Transistors verbunden und hat so ebenfalls 0 V. Der obere Widerstand verhindert einen Kurzschluss.

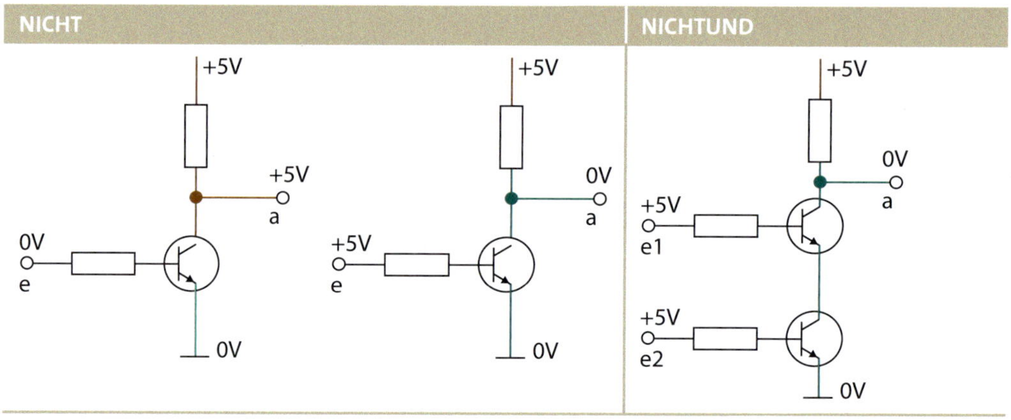

Abbildung 6

Für die Logikgatter gibt es verschiedene Darstellungen, hier wird DIN EN (IEC) 60617-12 verwendet.

Diese Grundfunktionen werden **logische Gatter** genannt. Sie haben eigene Schaltsymbole und es gibt sie als fertige Bauteile zu kaufen.

Funktion	UND	ODER	NICHT
Gattersymbol	e1, e2 – & – a	e1, e2 – ≥1 – a	e – 1 –o a

Abbildung 7

Stellenweise addieren
Die oben erarbeiteten logischen Terme für Ergebnisstelle und Übertrag bei Addition einer Stelle lassen sich mittels der Gatter leicht als Schaltung umsetzen. Diese Schaltung nennt sich **Halbaddierer**.

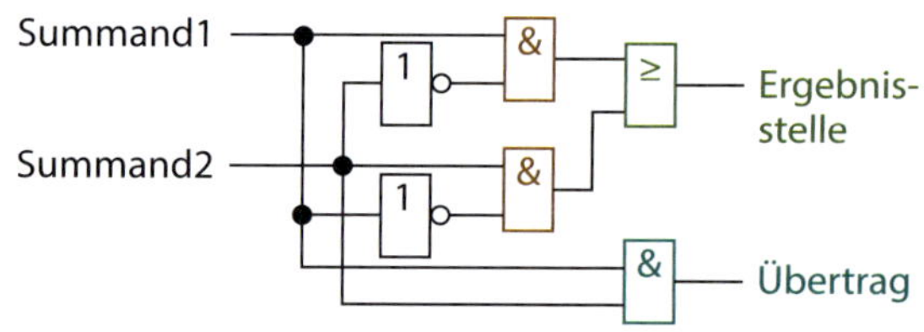

Abbildung 8

Beim Addieren zweier Zahlen kann so aber nur die niederwertigste Stelle berechnet werden. Für weitere Stellen benötigt man den Übertrag der jeweils vorigen Stelle. Das geht mit zwei Halbaddierern. Der erste (braun) summiert die beiden Summanden, der zweite (grün) addiert dazu noch den Übertrag der vorigen Stelle. Ein Überlauf ist das logische ODER der Überläufe der beiden Teiladditionen (blau). Er entsteht, wenn eine der beiden Additionen überläuft. Diese Schaltung nennt man **Volladdierer**.

Erproben Sie das Beschriebene immer gleich praktisch anhand der Aufgaben 3 und 4.

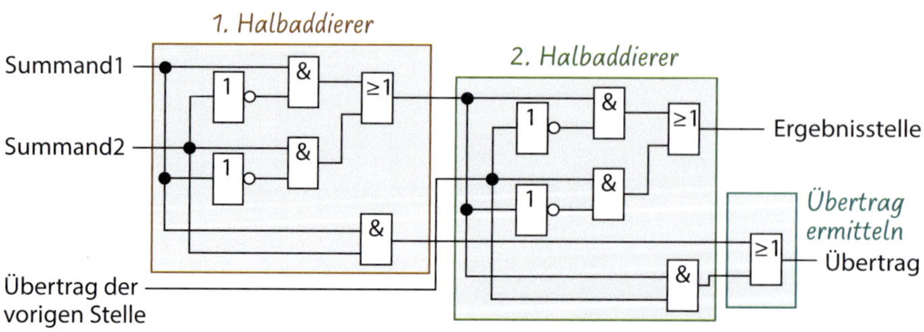

Abbildung 9

Addierwerk für n-stellige Binärzahlen

Um zwei n-stellige Binärzahlen zu addieren, benötigt man einen Halbaddierer für die niederwertigste Stelle. Alle weiteren Stellen werden mit Volladdierern berechnet. Der Überlauf der höchstwertigen Stelle gibt an, ob die gesamte Operation einen Überlauf erzeugt hat. Eine solche Schaltung wird als **Addierwerk**, genauer als Paralleladdierwerk (alle Stellen werden gleichzeitig berechnet) bezeichnet.

Logikgatter sind elektronische Schaltungen, welche logischen Funktionen entsprechen. Typische Logikgatter sind NICHT, UND sowie ODER.
Ein **Halbaddierer** ist eine logische Schaltung, welche die Summe zweier Binärziffern in Form von Ergebniswert und Überlauf ermittelt.
Ein **Volladdierer** ist eine logische Schaltung, welche die Summe zweier Binärziffern und eines möglichen Überlaufs der vorigen Stelle in Form von Ergebniswert und Überlauf ermittelt.
Ein **Addierwerk** für n-stellige Binärzahlen besteht aus einem Halbaddierer und n – 1 Volladdierern.

Aufgaben

1 Gattersimulation

Mit dem Programm Logiksimulation lassen sich Schaltungen mit Logikgattern aufbauen und simulieren.

a Erstellen Sie eine einfache Schaltung aus einem Eingang, einem NICHT-Gatter und einem Ausgang. Den Hilfe-Text können Sie mit dem Knopf „H“ oder dem Menüpunkt Datei → Hilfe anzeigen lassen.

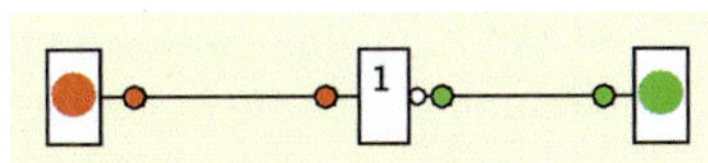

Abbildung 10

b Erstellen Sie auf die gleiche Art eine Schaltung aus zwei Eingängen, einem UND-Gatter und einem Ausgang. Verifizieren Sie, dass für alle Kombinationen der Eingangswerte auch die geforderten Ausgangswerte angezeigt werden.

c Für Schnelle: Das Simulationsprogramm stellt noch weitere Gatter zur Verfügung. Stellen Sie auf Basis Ihrer Symbole Vermutungen auf, was diese Gatter leisten. Überprüfen Sie Ihre Vermutung durch die Simulation. Geben Sie den Gattern passende Namen.

2 Weitere Gatter

Neben NICHT-, UND- und ODER-Gatter gibt es noch weitere Logikschaltungen.

Funktion	XODER	NICHTUND	NICHTODER	XNICHTODER
Gattersymbol	e1, e2 → [=1] → a	e1, e2 → [&]o → a	e1, e2 → [≥1]o → a	e1, e2 → [=1]o → a

Abbildung 11

a Das Exklusiv-Oder-Gatter (XODER) setzt das Entweder-Oder um. Stellen Sie in einer Tabelle die Ergebniswerte abhängig von den Eingangswerten dar und geben Sie den Unterschied zur ODER-Funktion an.

b Die drei Gatter NICHTUND, NICHTODER und XNICHTODER negieren den Ausgabewert der zugrunde liegenden Gatter UND, ODER und XODER. Stellen Sie auch für diese Gatter in einer Tabelle die Ergebniswerte abhängig von den Eingangswerten dar.

c Legen Sie alle vier Gatter in einem Simulationsprojekt an und verifizieren Sie damit die von Ihnen in den Teilaufgaben a) und b) erstellten Tabellen.

3 Halbaddierer

a Erstellen Sie den Halbaddierer (siehe Lehrtext) als Schaltung mit Logikgattern. Testen Sie für alle vier möglichen Eingangskombinationen die korrekten Ausgabewerte.

b Mit Hilfe von XODER-Gattern (siehe Aufgabe 2) kann der Halbaddierer vereinfacht werden. Begründen Sie, dass diese Schaltung korrekt ist.

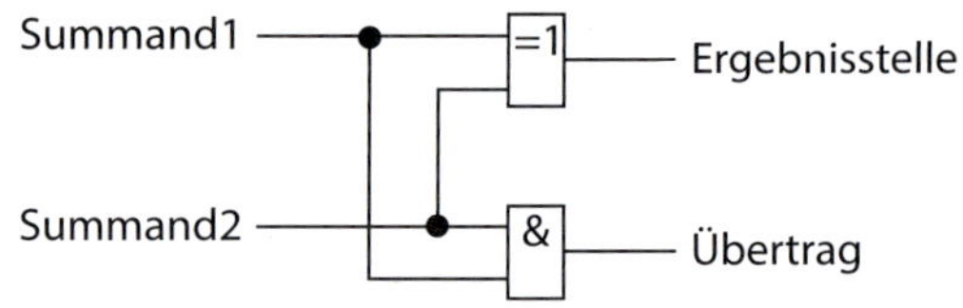

Abbildung 12

c Setzen Sie Ihre Schaltung aus b) mit dem Programm Logiksimulation im gleichen Dokument um, in dem Sie die Schaltung in a) erstellt haben. Nutzen Sie die gleichen Eingänge. Verifizieren Sie für alle vier möglichen Eingangskombinationen, dass beide Addierwerke das gleiche Resultat ergeben.

4 Volladdierer

a Erstellen Sie den im Lehrtext beschriebenen Volladdierer als Schaltung mit Logikgatter. Testen Sie für alle acht möglichen Kombinationen aus Eingangswerten, ob Ihre Schaltung jeweils das korrekte Ergebnis erzeugt.

b Für Schnelle: Mit Hilfe weiterer Gattertypen kann der Volladdierer vereinfacht werden. Entwerfen Sie eine einfachere Schaltung, setzen Sie diese im gleichen Projekt wie a) um und verifizieren Sie, dass beide Schaltungen für jede mögliche Eingangskombination das gleiche Resultat liefern.

5 Addition von Binärzahlen

a Erstellen Sie aus einem Halbaddierer und drei Volladdierern eine Schaltung, welche zwei vierstellige Binärzahlen addieren kann. Setzen Sie Ihre Schaltung mit der Logiksimulation um und testen Sie mit verschiedenen geeigneten Zahlen (Summanden kleiner 8).

b Zeigen Sie durch Nachrechnen, dass diese Schaltung sowohl für vorzeichenlose Zahlen als auch für nach dem 2-er-Komplement gebildete vorzeichenbehaftete Zahlen korrekte Ergebnisse liefert.

c Ihre Schaltung aus a) liefert bereits das Carry-Flag zur Anzeige des Überlaufs bei vorzeichenloser Arithmetik. Ergänzen Sie Ihre Schaltung aus a) so, dass auch der Überlauf bei vorzeichenbehafteter Arithmetik (V-Flag) angezeigt wird. Tipp: Ein Überlauf bei vorzeichenbehafteter Arithmetik tritt dann auf, wenn beide Summanden das gleiche Vorzeichen haben und das Ergebnis ein davon verschiedenes Vorzeichen.

6 Ein Flip-Flop merkt sich Werte

Eine Flip-Flop-Schaltung hat zwei Eingänge e1 und e2, die normalerweise mit FALSCH angesteuert werden, sowie zwei Ausgänge a1 und a2. Wird ein Eingang kurzzeitig auf WAHR gesetzt, wird auch der zugehörige Ausgang auf WAHR gesetzt, der andere Ausgang auf FALSCH. Dieser Zustand bleibt bestehen, auch wenn der Eingang wieder auf FALSCH gesetzt wird. Auf diese Art „merkt" sich ein Flip-Flop, welcher Eingang zuletzt auf WAHR gesetzt war. Solche Bausteine werden z. B. benötigt, um die Register einer CPU zu realisieren.

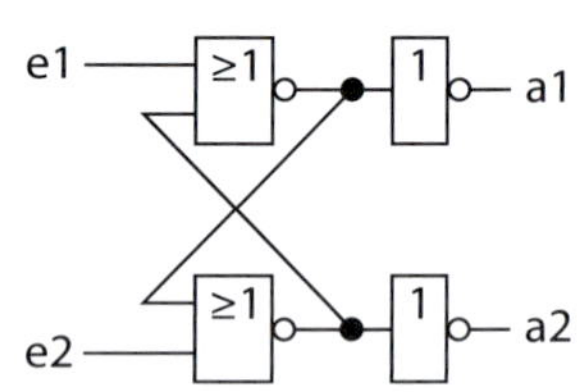

Abbildung 13

a Setzen Sie die rechts oben gegebene Flip-Flop-Schaltung mit der Logiksimulation um und testen Sie das beschriebene Verhalten.

b Für Schnelle: Um im Akkumulator eingesetzt werden zu können, benötigt das Flip-Flop noch eine zusätzliche Eingangsschaltung. Der vom Datenbus kommende Wert muss mit Hilfe eines NICHT-Gatters so auf die beiden Eingänge verteilt werden, dass der eine Eingang immer das Gegenteil des anderen Eingangs erhält. Allerdings muss durch weitere Gatter gesichert werden, dass die Werte vom Adressbus nur durchgelassen werden, wenn ein „Jetzt-sind-die-Werte-gültig"-Signal an einem Steuereingang liegt. Das „Jetzt-sind-die-Werte-gültig"-Signal erhält der Prozessor vom Steuerbus. Ergänzen Sie das Flip-Flop durch diese Zusatzschaltung und testen Sie.

7 Addier- und Subtrahierwerk

In realen Computern werden Addition und Subtraktion nicht in zwei verschiedenen Schaltwerken durchgeführt, sondern es wird ausgenutzt, dass eine Subtraktion auch als Addition mit dem Inversen des Subtrahenden durchgeführt werden kann: $x - y = x + (-y)$.

a Die Schaltung in Abbildung 14 setzt diese Idee für 4-stellige Binärzahlen um. Die Umschaltung erfolgt mit der Eingabe „+/– Umschalter" (WAHR für Subtraktion).

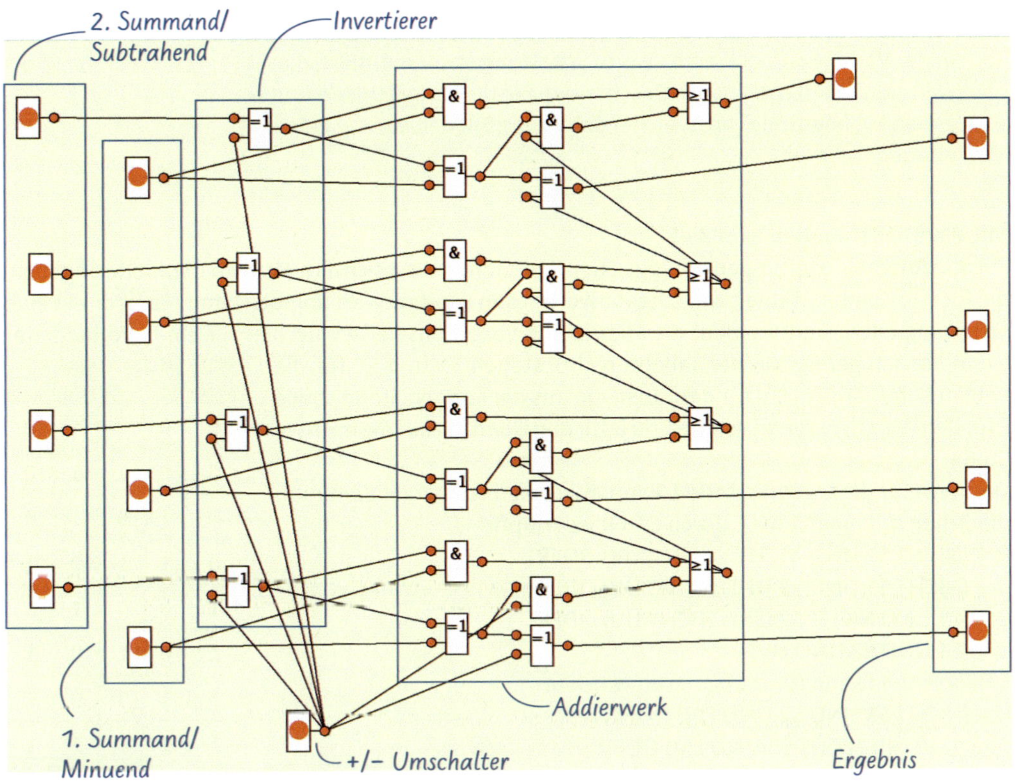

Abbildung 14

Testen Sie die Schaltung mit den Termen 5 + 4 und 5 – 4 für vorzeichenlose Arithmetik sowie 5 + (–2) und 6 – 7 für vorzeichenbehaftete Arithmetik.

b Beschreiben Sie, wie die Invertierung schaltungstechnisch realisiert ist. Gehen Sie darauf ein, warum auch für die niederwertigste Stelle ein Volladdierer verwendet wird.

c Die aus den bisherigen Schaltungen übernommene Überlaufanzeige für vorzeichenlose Arithmetik (C-Flag) funktioniert für Additionen korrekt, für Subtraktionen dagegen nicht. Belegen Sie durch geeignete Beispiele, dass bei der Subtraktion genau das Gegenteil des korrekten Ergebnisses angezeigt wird, und ergänzen Sie die Schaltung entsprechend.

d Für Schnelle: Zum Anzeigen eines Überlaufs für vorzeichenbehaftete Arithmetik wird das V-Flag benötigt. Begründen Sie dazu die Aussage: Überlauf kann bei der Addition nur auftreten, wenn beide Summanden das gleiche Vorzeichen haben. Die Rechnung ist übergelaufen, wenn das Ergebnis ein anderes Vorzeichen hat als die beiden Summanden. Ergänzen Sie die Schaltung entsprechend.

3.11 Universelle logische Funktion: Die disjunktive Normalform

Der Überlauf bei der ganzzahligen Addition kann nur vorkommen, wenn die beiden Summanden gleiches Vorzeichen haben (VZ1 = VZ2). Die Rechnung ist dann übergelaufen, wenn das Ergebnis ein anderes Vorzeichen hat (VZE ≠ VZ1). Die Schaltung für das V-Flag kann einfach aus der nebenstehenden Wahrheitstabelle entwickelt werden.

a Für das V-Flag gilt:
V = (NICHT VZ1 UND NICHT VZ2 UND VZE) ODER ... .
Vervollständigen Sie den Term für V.

b Öffnen Sie die Vorlage und verifizieren Sie Ihre Lösungen aus a).

c In der Vorlage ist noch eine zweite Schaltung implementiert, die weitere Gattertypen nutzt. Beschreiben Sie die Unterschiede und geben Sie begründet an, welcher Schaltung Sie den Vorzug geben würden.

VZ1	VZ2	VZE	V
0	0	0	0
0	0	1	1
0	1	0	0
0	1	1	0
1	0	0	0
1	0	1	0
1	1	0	1
1	1	1	0

Mit Wahrheitstabellen zum Ziel

Für alle Aufgabenstellungen mit logischen Funktionen lässt sich eine Wahrheitstabelle angeben, die für alle Kombinationen von Eingabewerten den Ergebniswert angibt. Daraus kann direkt eine Schaltung entwickelt werden; die allgemeine Vorgehensweise wird hier für einen Volladdierer exemplarisch gezeigt. In der Tabelle rechts stehen S1 und S2 für die beiden Summanden, ÜV für den Übertrag aus der vorigen Stelle sowie E für den Wert der Ergebnisstelle und Ü für den Übertrag auf die nächste Stelle.

S1	S2	ÜV	E	Ü
0	0	0	0	0
0	0	1	1	0
0	1	0	1	0
0	1	1	0	1
1	0	0	1	0
1	0	1	0	1
1	1	0	0	1
1	1	1	1	1

Der Term für die Ergebnisstelle E kann abgelesen werden, indem man die Zeilen mit einer 1 bei E durch ODER verknüpft:

E = (NICHT S1 UND NICHT S2 UND ÜV) ODER
(NICHT S1 UND S2 UND NICHT ÜV) ODER
(S1 UND NICHT S2 UND NICHT ÜV) ODER
(S1 UND S2 UND ÜV)

Entsprechend kann für Ü abgelesen werden:

Ü = (NICHT S1 UND S2 UND ÜV) ODER
(S1 UND NICHT S2 UND ÜV) ODER
(S1 UND S2 UND NICHT ÜV) ODER
(S1 UND S2 UND ÜV)

Beide Terme haben die gleiche Grundstruktur. Der Gesamtterm ist eine ODER-Verknüpfung (nicht-ausschließende Disjunktion) beliebig vieler Operanden. Jeder dieser Operanden besteht aus einer UND-Verknüpfung von Termen, die entweder nur Eingangswerte sind oder die Verneinung von Eingangswerten; alle Eingangswerte müssen vorkommen.

Ein logischer Term dieser Struktur, der sich so aus jeder Wahrheitstabelle bilden lässt, heißt aufgrund der ODER-Verknüpfung **disjunktive Normalform**. Die Operanden der ODER-Verknüpfung nennt man **Minterme** (Minimalterme), weil sie nur bei genau einer Belegung der Eingangswerte den Wert 1 ergeben.

disjunktive Normalform

(e1 UND NICHT e2 UND ... UND en) ODER ... ODER (e1 UND ... UND NICHT en)

alle Eingangswerte — *Minterm* — *Minterm*

Es geht aber besser

Mit Hilfe der disjunktiven Normalform lässt sich zu jeder Aufgabenstellung systematisch und mit einfachen Schritten eine Schaltung entwickeln. Wird die Schaltung für die Ergebnisstelle E nach der disjunktiven Normalform aufgebaut, ist sie sehr umfangreich.

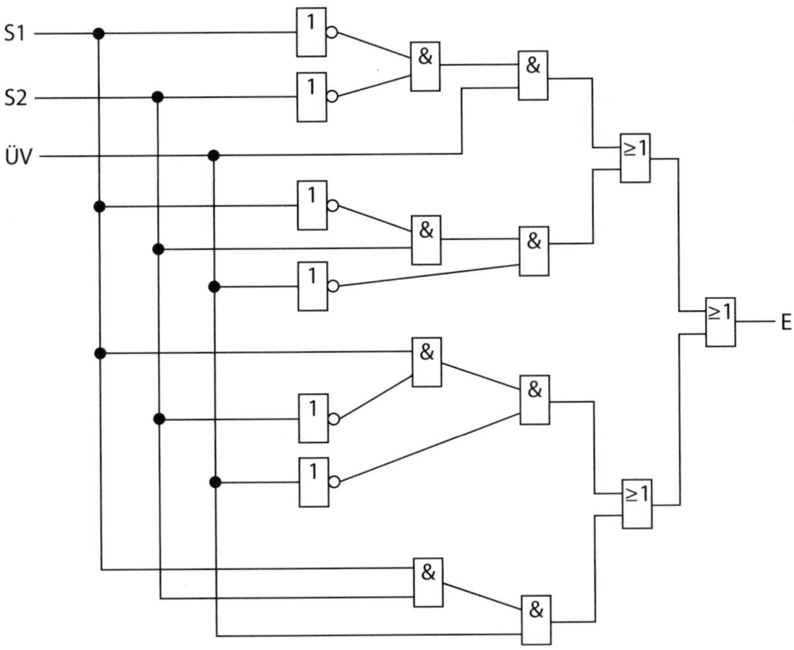

Abbildung 1

Unter Verwendung von XODER-Gattern ist die Schaltung wesentlich einfacher. Fast jede disjunktive Normalform lässt sich zu einem Funktionsterm umformen, der weniger Gatter zur Umsetzung benötigt; hierfür gibt es aber keinen systematischen Weg.

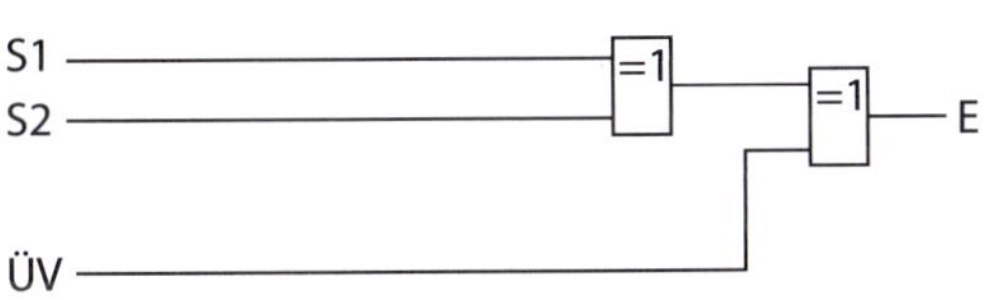

Abbildung 2

Die **disjunktive Normalform** einer logischen Funktion besteht aus einer ODER-Verknüpfung ihrer Minterme. Ein **Minterm** ist die UND-Verknüpfung der eventuell negierten Eingangswerte; alle Eingangswerte müssen vorkommen.
Die disjunktive Normalform lässt sich direkt aus der Wahrheitstabelle ablesen.
Aus der disjunktiven Normalform lässt sich in einfachen Schritten eine Schaltung entwickeln.
Die disjunktive Normalform ist in der Regel nicht die einfachste Form einer logischen Funktion.

Aufgaben

1 Einfache Gatter

Geben Sie für die folgenden einfachen Gatter (in Klammern die englischen Begriffe) die Wahrheitstabelle an und leiten Sie daraus die disjunktive Normalform ab.

a NICHTUND (NAND)
b NICHTODER (NOR)
c XODER (XOR)
d XNICHTODER (XNOR)

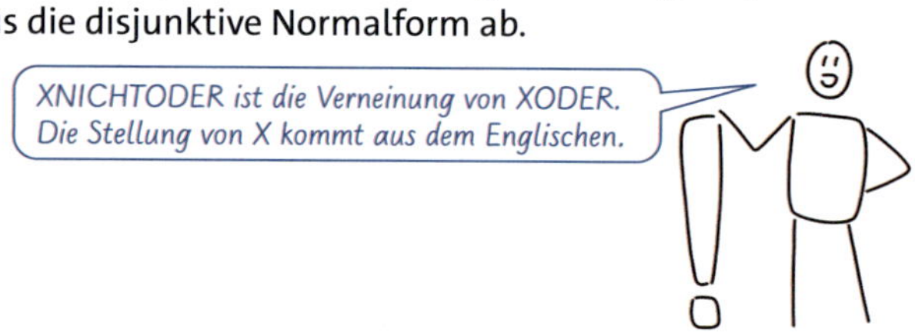

2 Halbaddierer

a Stellen Sie für einen Halbaddierer die Wahrheitstabelle auf. Sie können wie im Lehrtext für den Volladdierer E und Ü in dieselbe Tabelle eintragen.
b Erstellen Sie aus der Wahrheitstabelle die disjunktive Normalform für E und Ü.
c Erstellen Sie für Ihre Lösung aus b) die Schaltung im Simulationsprogramm. Verifizieren Sie durch Eingabe aller Möglichkeiten, dass Ihre Schaltung die Wahrheitstabelle aus a) erzeugt.
d Für Schnelle: Vereinfachen Sie Ihre Schaltung aus c) möglichst weit.

3 Aufzugtür

Eine Aufzugtür soll sich schließen, wenn der Aufzug in einem anderen Stock angefordert wird oder wenn eine Zeitvorgabe für das Offen-Sein abgelaufen ist. Die Tür darf sich aber nicht schließen, wenn sich eine Person oder ein Gegenstand in der Lichtschranke der Tür befindet.

a Erstellen Sie eine Wahrheitstabelle für die logische Funktion, welche genau dann WAHR liefert, wenn sich die Tür schließen kann.
b Erstellen Sie aus der Wahrheitstabelle die disjunktive Normalform.
c Implementieren Sie Ihre Lösung aus b) und weisen Sie durch Erzeugen der Wahrheitstabelle dieser Schaltung nach, dass Ihre Lösung korrekt ist.
d Für Schnelle: Vereinfachen Sie Ihre Schaltung aus c) soweit möglich.

4 Volladdierer

Im Lehrtext wurde für den Volladdierer auch die disjunktive Normalform für die Berechnung des Überlaufs aufgestellt.

a Implementieren Sie diese Schaltung im Simulationsprogramm und weisen Sie durch Erstellen der Wahrheitstabelle nach, dass die Schaltung korrekt ist.
b Vereinfachen Sie diese Schaltung soweit möglich.

5 Primzahlen finden

Gegeben ist eine Zahl in 4-stelliger Binärdarstellung (ohne Vorzeichen).

a Erstellen Sie eine Wahrheitstabelle für eine logische Funktion mit den vier Parametern S1, S2, S3 und S4 (den vier Stellen der Zahl), welche genau dann WAHR ergibt, wenn die betreffende Zahl eine Primzahl ist.
b Überführen Sie die Wahrheitstabelle aus a) in eine logische Funktion in disjunktiver Normalform.
c Implementieren Sie die Funktion aus b) und überprüfen Sie durch Eingabe aller darstellbaren Zahlen, ob Ihre Lösung korrekt ist.
d Geben Sie eine einfache Möglichkeit an, Ihre Lösung in eine neue Funktion abzuändern, welche WAHR liefert, wenn keine Primzahl eingegeben wurde.

6 Subtrahierschaltungen

a Entwerfen Sie mit Hilfe der disjunktiven Normalform eine Schaltung mit Logikgattern, die zwei Binärziffern voneinander subtrahiert. Als Ausgänge sollen wie beim Halbaddierer der Wert der Ergebnisstelle und ein möglicher Übertrag angezeigt werden. Setzen Sie diese Schaltung mit der Logiksimulation um und testen Sie anschließend.

b Für Schnelle: Um lange Zahlen subtrahieren zu können, muss bei allen Stellen außer der Niederwertigsten ein möglicher Übertrag der Vorgängerstelle berücksichtigt werden. Entwerfen Sie unter Nutzung der disjunktiven Normalform eine geeignete Schaltung. Setzen Sie Ihre Schaltung mit der Logiksimulation um und testen Sie diese.

c Für ganz Schnelle: Auch die Subtrahierschaltung kann mit Hilfe weiterer Gattertypen vereinfacht werden. Entwerfen Sie eine einfachere Schaltung, setzen Sie sie im gleichen Projekt wie b) um und verifizieren Sie, dass beide Schaltungen für jede mögliche Eingangskombination das gleiche Resultat liefern.

7 Alarmanlage

Eine Alarmanlage löst den Alarm (A) aus, wenn eine der Lichtschranken ausgelöst wurde (E1) oder einer der Alarmtaster gedrückt wurde (E2). Dazu muss aber das Anlagengehäuse geschlossen sein (E3) und die Wartungstaste (E4) darf nicht gedrückt sein.

a Erstellen Sie gemäß der Angaben eine geeignete Schaltung für die Alarmanlage.

b Erstellen Sie eine Wahrheitstabelle für die logische Funktion, welche WAHR liefert, wenn der Alarm ausgelöst wird.

c Erstellen Sie aus der Wahrheitstabelle die disjunktive Normalform.

d Leiten Sie aus der Wahrheitstabelle von c) eine entsprechende Schaltung ab.

e Setzen Sie beide Schaltungen mit der Logiksimulation im gleichen Dokument um und zeigen Sie durch Vergleiche der Ausgangswerte für alle Eingangswerte, dass die Schaltungen gleiches leisten.

3.12 Stromsparende Lösung: NAND-Gatter

Öffnen Sie die Schaltungsdatei. Sie enthält zwei Schaltungen, die nur aus NICHTUND-Gattern aufgebaut sind und jeweils ein Gatter simulieren.

a Stellen Sie für beide Schaltungen die Wahrheitstabelle auf. Begründen Sie daraus, welches Gatter jeweils dargestellt wird.

b Ergänzen Sie eine weitere Schaltung nur aus NICHTUND-Gattern, die ein NICHT-Gatter realisiert.

c Geben Sie Gründe an, warum es sinnvoll sein kann, Schaltungen nur aus einer einzigen Gatterform aufzubauen.

Mehr ist manchmal einfacher

Nicht immer ist das Ziel, eine Schaltung mit möglichst wenigen Gattern (also möglichst „einfach“) aufzubauen. Die technische Realisierung der verschiedenen Gatterarten ist unterschiedlich komplex. Gerade bei der Chipherstellung ist es wichtig, eine einfache und zugleich stromsparende Schaltung zu erstellen. Das NICHTUND-Gatter erfüllt beide Forderungen zugleich. Daher wird es sehr gern verwendet, auch wenn dadurch insgesamt mehr Gatter gebraucht werden.

Mit NICHTUND geht alles

→ 3.11

Die NICHTUND-Gatter haben noch einen weiteren Vorteil. Mit ihnen lassen sich alle anderen Gatter und damit alle logischen Funktionen herstellen. Sie bilden allein ein **vollständiges Logiksystem**. Im vorigen Kapitel haben Sie bereits ein anderes vollständiges Logiksystem kennen gelernt: Mit den Funktionen NICHT, UND und ODER lässt sich auch jede disjunktive Normalform und damit jede logische Funktion darstellen.

Es hätte genügt zu zeigen, dass NICHT, UND sowie ODER darstellbar sind, da diese schon ein vollständiges System bilden.

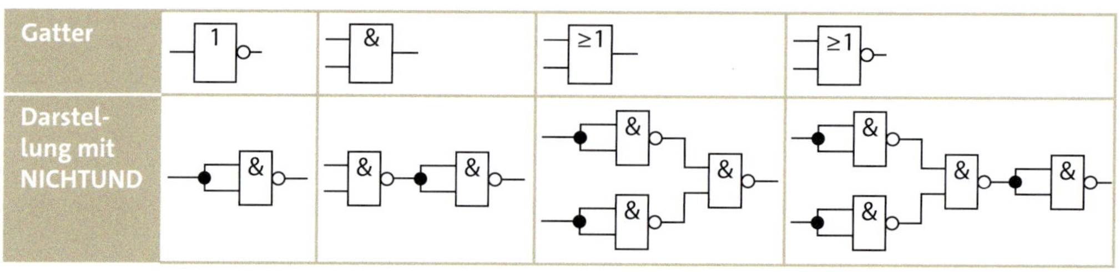

Abbildung 1

Die Darstellungen der XODER- und XNICHTODER-Gatter sind etwas aufwendiger.

Testen Sie parallel mit dem Simulationsprogramm.

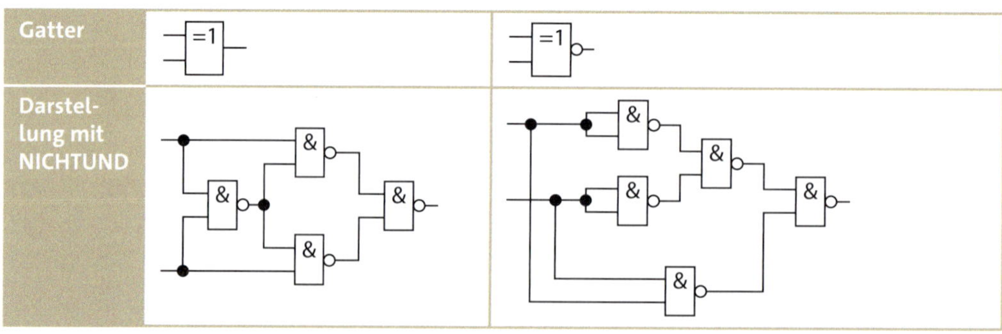

Abbildung 2

Disjunktive Normalform und NICHTUND-Gatter

Die disjunktive Normalform einer logischen Funktion lässt sich sehr einfach zu einer Darstellung umformen, welche direkt mit NICHTUND-Gattern umgesetzt werden kann.
Für die Ergebnisstelle eines Volladdierers wurde im letzten Kapitel die rechts angegebene logische Funktion in disjunktiver Normalform aus der Wahrheitstabelle abgelesen.

E = (NICHT S1 UND NICHT S2 UND ÜV) ODER
(NICHT S1 UND S2 UND NICHT ÜV) ODER
(S1 UND NICHT S2 UND NICHT ÜV) ODER
(S1 UND S2 UND ÜV)

Zur Vorbereitung wird im ersten Schritt ein mathematischer Trick angewendet: Wenn man dem Ergebnis 2-mal die NICHT-Funktion voranstellt, hat man nichts verändert (siehe rechts).

E = NICHT (NICHT (
(NICHT S1 UND NICHT S2 UND ÜV) ODER
(NICHT S1 UND S2 UND NICHT ÜV) ODER
(S1 UND NICHT S2 UND NICHT ÜV) ODER
(S1 UND S2 UND ÜV)
))

Der zweite Schritt besteht aus der Anwendung einer für logische Aussagen gültigen Regel: Die Negation einer ODER-Verknüpfung ist die UND-Verknüpfung der Negation der ODER-Terme (NICHT (A ODER B) = (NICHT A) UND (NICHT B)).

bisheriger Term	Term nach Anwendung der Regel
E = NICHT(NICHT((NICHT S1 UND NICHT S2 UND ÜV) ODER (NICHT S1 UND S2 UND NICHT ÜV) ODER (S1 UND NICHT S2 UND NICHT ÜV) ODER (S1 UND S2 UND ÜV)))	E = NICHT((NICHT (NICHT S1 UND NICHT S2 UND ÜV)) UND (NICHT (NICHT S1 UND S2 UND NICHT ÜV)) UND (NICHT (S1 UND NICHT S2 UND NICHT ÜV)) UND (NICHT (S1 UND S2 UND ÜV)))

Damit ist die Umformung fertig. Alle über die grün markierten UNDs verbundenen Terme sind zu NICHTUND-Termen geworden, diese sind wiederum über NICHTUND zur Gesamtfunktion verbunden. Diese Terme können direkt mit NICHTUND-Gattern umgesetzt werden. Die NICHT-Funktionen innerhalb der Minterme werden durch je ein NICHTUND-Gatter realisiert.

Noch mehr vollständige Systeme

Auch die NICHTODER- Funktion bildet ein vollständiges System.
NICHT-Funktion: NICHT(A) → NICHTODER(A, A)
ODER Funktion: ODER(A, B) → NICHTODER(NICHTODER(A, B), (NICHTODER(A, B)))
UND-Funktion: UND(A, B) → NICHTODER(NICHTODER(A, A), (NICHTODER(B, B)))
Allerdings werden NICHTODER-Gatter in der Praxis nicht als vollständiges System genutzt. Zum einen sind die Schaltungen für NICHTODER-Gatter aufwendiger und benötigen mehr Strom als NICHTUND-Gatter, zum anderen ist die Herleitung aus der Wahrheitstabelle nicht so einfach.

Ein **vollständiges logisches System** ist eine Gruppe logischer Funktionen, mit denen sich alle anderen logischen Funktionen darstellen lassen.
Die Funktionen NICHT, UND und ODER bilden ein vollständiges logisches System.
Die **NICHTUND-Funktion** ist ebenfalls ein vollständiges logisches System. Da sie einfach und stromsparend zu realisieren ist, wird sie insbesondere auf elektronischen Chips zur Darstellung für andere Funktionen verwendet.

Aufgaben

1 Schaltungen testen
Implementieren Sie die Schaltungen für die Funktionen XODER und XNICHTODER wie im Lehrtext angegeben mit NICHTUND-Gattern. Erstellen Sie die Wahrheitstabelle der beiden Schaltungen und zeigen Sie damit, dass diese Umsetzungen korrekt sind.

2 Aufzugtür mit NICHTUND-Gattern
Eine Aufzugtür soll sich schließen, wenn der Aufzug in einem anderen Stock angefordert wird oder wenn eine Zeitvorgabe für das Offen-Sein abgelaufen ist. Die Tür darf sich aber nicht schließen, wenn sich eine Person oder ein Gegenstand in der Lichtschranke der Tür befindet.

- a Erstellen Sie eine Wahrheitstabelle für die logische Funktion, welche genau dann WAHR liefert, wenn sich die Tür schließen kann.
- b Erstellen Sie aus der Wahrheitstabelle die disjunktive Normalform.
- c Formen Sie Ihr Ergebnis aus b) so um, dass es für die Umsetzung mit NICHTUND-Gattern geeignet ist.
- d Implementieren Sie nach der Darstellung von c) eine Schaltung mit NICHTUND-Gattern und weisen Sie durch die Wahrheitstabelle dieser Schaltung nach, dass Ihre Lösung korrekt ist.

3 NICHTUND in der Praxis: Halbaddierer
Ein Halbaddierer soll mit NICHTUND-Gattern aufgebaut werden.

- a Stellen Sie in der in Kapitel 3.10 entworfenen Schaltung (siehe rechts) jedes Gatter mit NICHTUND-Gattern dar. Setzen Sie diese Schaltung in der Logiksimulation um und verifizieren Sie, dass die Schaltung die korrekte Wahrheitstabelle liefert.

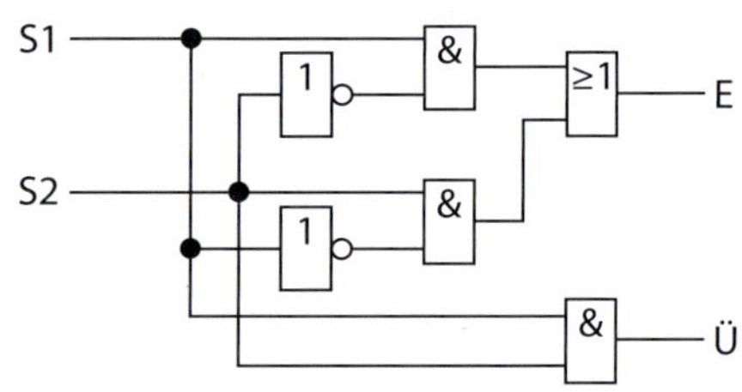

Abbildung 3

- b Leiten Sie aus der Wahrheitstabelle die disjunktiven Normalformen für Ergebnisstelle und Übertrag ab. Formen Sie diese logischen Funktionen wie im Lehrtext angegeben so um, dass sie direkt mit NICHTUND-Gattern umgesetzt werden können. Erstellen Sie die zugehörige Schaltung in der Logiksimulation und überprüfen Sie die Korrektheit.
- c Vergleichen Sie beide Schaltungen und geben Sie begründet an, welche Sie verwenden würden.

S1	S2	E	Ü
0	0	0	0
0	1	1	0
1	0	1	0
1	1	0	1

4 Flip-Flop mit NICHTUND

- a Stellen Sie die in der gegebenen Flip-Flop-Schaltung vorkommenden NICHTODER-Gatter mit NICHTUND-Gattern dar und implementieren Sie diese Variante in der Logiksimulation. Verifizieren Sie, dass Ihre Schaltung das gewünschte Verhalten zeigt.
- b Recherchieren Sie im Internet eine einfachere Alternative zu Ihrer Schaltung. Implementieren Sie auch diese Schaltung und zeigen Sie durch Test deren Korrektheit.

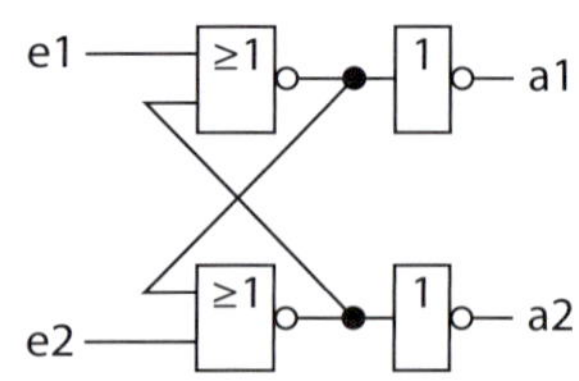

Abbildung 4

5 Für Schnelle: Volladdierer mit NICHTUND

Ein Volladdierer soll mit NICHTUND-Gattern aufgebaut werden.

S1	S2	ÜV	E	Ü
0	0	0	0	0
0	0	1	1	0
0	1	0	1	0
0	1	1	0	1
1	0	0	1	0
1	0	1	0	1
1	1	0	0	1
1	1	1	1	1

a Leiten Sie aus der Wahrheitstabelle die disjunktive Normalform für den Übertrag ab und formen Sie diese logische Funktion wie im Lehrtext angegeben so um, dass sie direkt mit NICHTUND-Gattern umgesetzt werden kann.

b Erstellen Sie die Schaltung des Volladdierers in der Logiksimulation. Nutzen Sie dabei die bereits im Lehrtext vorbereitete Funktion für die Ergebnisstelle. Überprüfen Sie die Korrektheit ihrer Schaltung.

c Eine einfache Schaltung für die Ergebnisstelle ist:

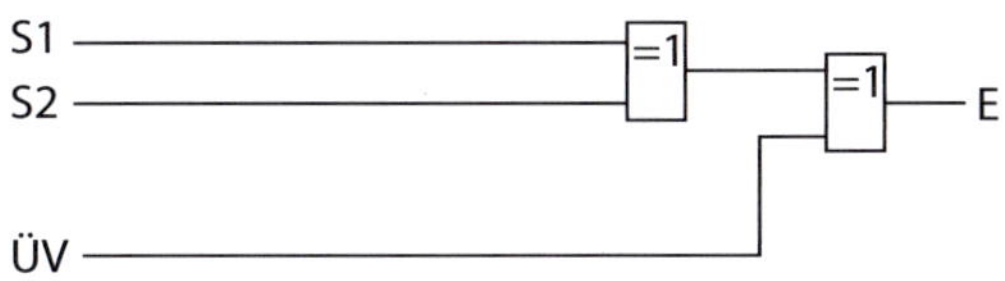

Abbildung 5

Stellen Sie die XODER-Gatter dieser Schaltung mit NICHTUND-Gattern dar. Vergleichen Sie die Komplexität der beiden Schaltungen.

d Recherchieren Sie im Internet zu Volladdiererschaltungen mit NICHTUND-Gattern. Vergleichen Sie die gefundenen Schaltungen mit den bisher gezeigten Lösungen.

6 Alarmanlage mit NICHTUND

Eine Alarmanlage löst den Alarm (A) aus, wenn eine der Lichtschranken ausgelöst wurde (E1) oder einer der Alarmtaster gedrückt wurde (E2). Dazu muss aber das Anlagengehäuse geschlossen sein (E3) und die Wartungstaste (E4) darf nicht gedrückt sein.

a Erstellen Sie eine Wahrheitstabelle für die logische Funktion, welche WAHR liefert, wenn der Alarm ausgelöst wird, oder übernehmen Sie Ihre Lösung der Aufgabe 7b) des vorigen Kapitels, wenn Sie diese Aufgabe behandelt haben.

b Erstellen Sie aus der Wahrheitstabelle die disjunktive Normalform und formen Sie diese so um, dass sie für die Umsetzung mit NICHTUND-Gattern geeignet ist.

c Implementieren Sie mit der Logiksimulation nach der Darstellung von b) eine Schaltung mit NICHTUND-Gattern und testen Sie mit allen Fällen, in denen ein Alarm ausgelöst werden soll, sowie mindestens einem weiteren Fall. Begründen Sie, dass das Überprüfen aller Eingangswertkombinationen mit zunehmender Zahl der Eingänge nicht mehr sinnvoll durchgeführt werden kann.

3.13 Alles auf einen Blick: Befehlsübersicht der Minimaschine

Folgende Tabellen enthalten die Befehle der Minimaschine geordnet nach Funktionsgruppen.

Speicherbefehle

LOAD adresse	Kopiert den Wert von der angegebenen Adresse in den Akkumulator.
LOADI zahl	Lädt die angegebene Zahl in den Akkumulator; negative Werte sind möglich, Adressen sind nicht zulässig.
STORE adresse	Kopiert den Wert im Akkumulator an die angegebene Adresse.

Arithmetikbefehle

ADD adresse	Addiert den Wert von der angegebenen Adresse zum Akkumulator.
SUB adresse	Subtrahiert den Wert der angegebenen Adresse vom Akkumulator.
MUL adresse	Multipliziert den Wert von der angegebenen Adresse zum Akkumulator.
DIV adresse	Dividiert den Wert im Akkumulator durch den Wert der angegebenen Adresse (ganzzahlige Division).
MOD adresse	Speichert den Rest bei der Ganzzahldivision des Akkumulators durch den Wert der angegebenen Adresse in den Akkumulator.
CMP adresse	Vergleicht den Wert der angegebenen Adresse mit dem Akkumulator durch eine Subtraktion, ohne den Akkumulator zu verändern, und setzt Zero- und Negativflag entsprechend.
ADDI zahl	Addiert den angegebenen Wert zum Akkumulator.
SUBI zahl	Subtrahiert den angegebenen Wert vom Akkumulator.
MULI zahl	Multipliziert den angegebenen Wert zum Akkumulator.
DIVI zahl	Dividiert den Wert im Akkumulator durch den angegebenen Wert (ganzzahlige Division).
MODI zahl	Dividiert den Wert im Akkumulator durch den angegebenen Wert und speichert den Rest im Akkumulator.
CMPI zahl	Vergleicht den angegebenen Wert mit dem Akkumulator durch eine Subtraktion und setzt Zero- und Negative-Flag entsprechend.

Sprungbefehle

JMPP adresse	Springt zur angegebenen Adresse, wenn das Ergebnis der letzten Operation positiv (> 0) war, d. h. weder N-Flag noch Z-Flag ist gesetzt.
JMPNN adresse	Springt zur angegebenen Adresse, wenn das Ergebnis der letzten Operation nicht negativ (≥ 0) war, d. h. das N-Flag ist nicht gesetzt.
JMPN adresse	Springt zur angegebenen Adresse, wenn das Ergebnis der letzten Operation negativ (< 0) war, d. h. das N-Flag ist gesetzt.
JMPNP adresse	Springt zur angegebenen Adresse, wenn das Ergebnis der letzten Operation nicht positiv (≤ 0) war, d. h. das N-Flag oder das Z-Flag ist gesetzt.
JMPZ adresse	Springt zur angegebenen Adresse, wenn das Ergebnis der letzten Operation null (= 0) war, d. h. das Z-Flag ist gesetzt.
JMPNZ adresse	Springt zur angegebenen Adresse, wenn das Ergebnis der letzten Operation nicht null (≠ 0) war, d. h. das Z-Flag ist nicht gesetzt.
JMPV adresse	Springt zur angegebenen Adresse, wenn die letzte Operation einen vorzeichenbehafteten Überlauf verursacht hat, d. h. das V-Flag ist gesetzt.

JMPC adresse	Springt zur angegebenen Adresse, wenn die letzte Operation einen vorzeichenlosen Überlauf verursacht hat, d. h. das C-Flag ist gesetzt.
JMP adresse	Springt zur angegebenen Adresse.

Alternative Notation der Sprungbefehle

JGT adresse	Springt zur angegebenen Adresse, wenn das Ergebnis der letzten Operation positiv (> 0) war, d. h. weder N- noch Z-Flag sind gesetzt.
JGE adresse	Springt zur angegebenen Adresse, wenn das Ergebnis der letzten Operation nicht negativ (≥ 0) war, d. h. das N-Flag ist nicht gesetzt.
JLT adresse	Springt zur angegebenen Adresse, wenn das Ergebnis der letzten Operation negativ (< 0) war, d. h. das N-Flag ist gesetzt.
JLE adresse	Springt zur angegebenen Adresse, wenn das Ergebnis der letzten Operation nicht positiv (≤ 0) war, d. h. das N-Flag oder das Z-Flag ist gesetzt.
JEQ adresse	Springt zur angegebenen Adresse, wenn das Ergebnis der letzten Operation null (= 0) war, d. h. das Z-Flag ist gesetzt.
JNE adresse	Springt zur angegebenen Adresse, wenn das Ergebnis der letzten Operation nicht null (≠ 0) war, d. h. das Z-Flag ist nicht gesetzt.
JOV adresse	Springt zur angegebenen Adresse, wenn die letzte Operation einen vorzeichenbehafteten Überlauf verursacht hat, d. h. das V-Flag ist gesetzt.
JOC adresse	Springt zur angegebenen Adresse, wenn die letzte Operation einen vorzeichenlosen Überlauf verursacht hat, d. h. das C-Flag ist gesetzt.

Sonstige Befehle

HOLD	Hält den Prozessor an. Dieser Befehl hat keine Adresse.
RESET	Setzt den Prozessor auf den Startzustand zurück. Dieser Befehl hat keine Adresse.
NOOP	Tut einfach nichts (NO OPeration). Dieser Befehl hat keine Adresse.
LOADC	Lädt den Wert des Carry-Flags in den Akkumulator (1 für WAHR, 0 für FALSE). Dieser Befehl hat keine Adresse.

Setzen der Flags

Alle Befehle, die den Akkumulatorinhalt verändern (LOAD, ADD, SUB, MUL, DIV), sowie der Befehl CMP mit nicht gespeichertem Ergebnis setzen die Flags im Statusregister wie folgt:

Z: Der Wert im Akkumulator ist 0.

N: Der Wert im Akkumulator ist kleiner 0 (bei vorzeichenbehafteter Interpretation).

V: Der Akkumulator ist übergelaufen (bei vorzeichenbehafteter Interpretation).

C: Der Akkumulator ist übergelaufen (bei vorzeichenloser Interpretation).

Teste dich selbst

T1 Richtig oder falsch?

Beurteilen Sie, ob folgende Aussagen richtig oder falsch sind. Begründen Sie Ihre Meinung bei falschen Aussagen und geben Sie eine berichtigte Aussage an:

a Steuer- und Rechenwerk sind Bestandteile des Arbeitsspeichers.
b ALU ist die Abkürzung für Akkumulator.
c Bei indirekter Adressierung bezeichnet der Operand eine Speicherzelle, in der die Adresse der Speicherzelle steht, die den gewünschten Wert enthält.
d Macht man zwei Menschen gleichzeitig ein Kompliment, so nennt man dies Zweierkomplement.
e Die Zählwiederholung kann in Maschinensprache nicht umgesetzt werden.
f Die logischen Gatter UND, ODER und NICHT bilden das einzige vollständige logische System.
g Ein Halbaddierer addiert die Hälfte zweier Zahlen.
h Die disjunktive Normalform einer logischen Funktion besteht aus ODER-Verknüpfungen ihrer Minterme.

T2 Ich check's, dank deiner Hilfe!

Sie wollen einem Mitschüler bei der Vorbereitung auf die Informatik-Schulaufgabe helfen. Erklären Sie ihm dazu die folgenden Begriffe: Registermaschine, Prozessor, Arbeitsspeicher, Maschinenbefehl, Befehlszyklus, Halbaddierer, Volladdierer, disjunktive Normalform, Minterm

T3 Algorithmus in Maschinensprache

Gegeben ist folgender Algorithmus:

```
zahl = … // beliebige Zahl
ergebnis = 0
wiederhole solange zahl > 0
  rest = zahl modulo 10
  ergebnis = ergebnis + rest
  zahl = zahl / 10 // Ganzzahldivision
endewiederhole
```

a Führen Sie den Algorithmus mit einer beliebigen dreistelligen Zahl auf Papier aus und erklären Sie allgemein das Ergebnis.
b Setzen Sie die Berechnung in Maschinensprache um.

T4 Stegreifvortrag

Arbeiten Sie zu zweit. Ein Teammitglied weist dem anderen zwei der untenstehenden Begriffe zu. Stellen Sie einen Timer auf zwei Minuten. Das Teammitglied, welches Begriffe bekommen hat, muss einen Stegreifvortrag halten, in welchem beide Begriffe möglichst sinnvoll verknüpft werden. Wiederholen Sie die gegenseitige Zuweisung mehrmals.

Logikgatter   vollständiges logisches System   Minterm

Halbaddierer   NICHTUND-Funktion   Volladdierer

disjunktive Normalform   Zweierkomplement

T5 Logische Gatter

Das Einfahrttor eines Fabrikhofs geht auf, wenn der Fahrer oder die Fahrerin eine geeignete Chipkarte an das Lesegerät hält oder der Pfortendienst auf die Öffnen-Taste drückt. In beiden Fällen darf aber die Nachtsperre nicht aktiviert sein.

a Erstellen Sie eine geeignete Gatterschaltung mit den drei Eingängen ChipkarteOk(E1), ÖffnentasteGedrückt(E2) und NachtsperreAktiv(E3) zum Öffnen des Tores(Ö).

b Erstellen Sie eine Wahrheitstabelle für die genannten Eingänge und den Ausgang Ö.

c Überführen Sie die Wahrheitstabelle aus b) in einen logischen Term in disjunktiver Normalform und zeichnen Sie die zu diesem Term gehörende Gatterschaltung.

d Vergleichen Sie die Schaltungen aus a) und c) und geben Sie begründet an, welche Schaltung Sie verwenden würden.

T6 Algorithmus (aus Abitur 2019)

Auf eine gegebene natürliche Zahl n wird folgender Algorithmus angewendet:

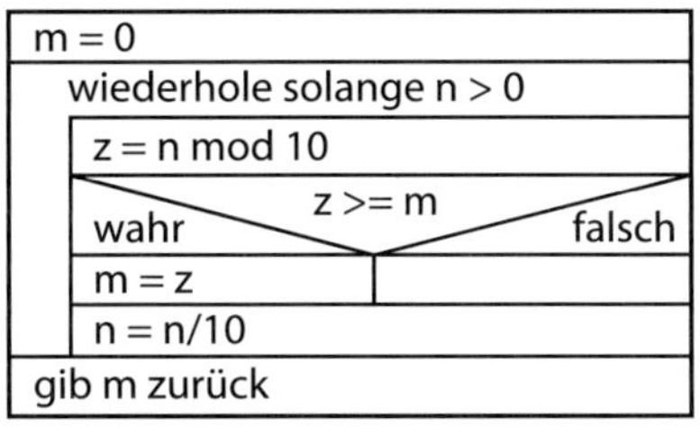

Abbildung 1

Hinweis: Der Operator „/“ liefert das Ergebnis der ganzzahligen Division ohne Rest, der Operator „mod“ den Rest der ganzzahligen Division. Beispielsweise gilt: 317/10 = 31 und 317 mod 10 = 7.

a Stellen Sie für n = 243 tabellarisch dar, welche Werte die Variablen n, z und m im Laufe der Abarbeitung des Algorithmus annehmen, und beschreiben Sie allgemein die Bedeutung des Rückgabewerts.

b Schreiben Sie ein Programm für die Registermaschine mit nebenstehendem Befehlssatz, das den gegebenen Algorithmus umsetzt. Verwenden Sie für die Variablen n, z und m die Speicherzellen 100, 101 und 102. Gehen Sie insbesondere davon aus, dass der Wert für n bereits in Speicherzelle 100 gespeichert ist. → 3.13

T7 Collatz-Problem (aus Abitur 2019)

Das Collatz-Problem ist ein immer noch ungelöstes Problem der Mathematik. Dabei geht es um Zahlenfolgen, die nach folgendem Algorithmus gebildet werden, wobei der Eingabewert n eine natürliche Zahl größer 0 ist:

collatzfolge(n)

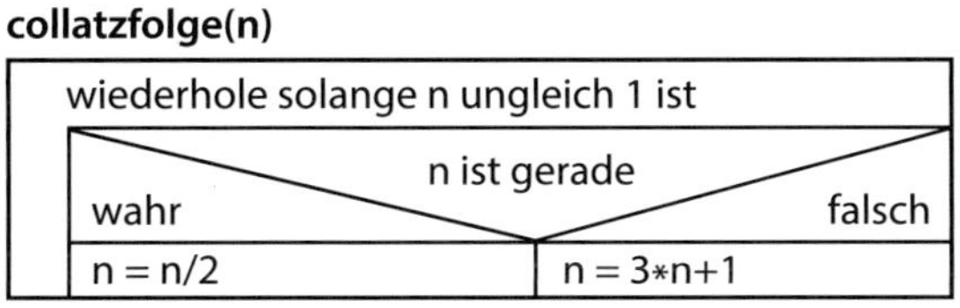

Abbildung 2

Obwohl der Algorithmus sehr einfach ist, ist bis heute ungeklärt, ob er tatsächlich bei jedem beliebigen Startwert von n nach endlich vielen Durchläufen der Wiederholung terminiert.

a Geben Sie die Zahlenfolge an, die man mit dem Startwert 7 erhält, wenn n nach jedem Durchlauf der Wiederholung ausgegeben wird.

b Beschreiben Sie, wie man mithilfe der ganzzahligen Division ohne Rest prüfen kann, ob eine Zahl a durch eine andere Zahl b teilbar ist.

→ 3.13

c [...] Geben Sie ein Programm für die Registermaschine an, das den gegebenen Algorithmus collatzfolge(n) umsetzt, wobei zusätzlich die Anzahl der Durchläufe der Wiederholung bestimmt werden soll. Der Startwert für n steht am Anfang bereits in Speicherzelle 100.

T8 Algorithmus (aus Abitur 2018)

[...]

a Beschreiben Sie einen möglichen Befehlszyklus einer Registermaschine am Beispiel des Maschinenbefehls sub 100.

b Nennen Sie die Besonderheit des Speichers in der Von-Neumann-Architektur.

c Gegeben ist folgendes Programm:

```
0: load 100
2: cmp 101
4: jmpnn 12
6: load 101
8: store 102
10: jmp 14
12: store 102
14: hold
```

[...]

Geben Sie an, was das Programm in Abhängigkeit von den Startwerten in den Speicherzellen 100 und 101 leistet.

Gegeben ist folgendes Struktogramm für die Methode $c(n)$ für natürliche Zahlen $n \geq 3$.

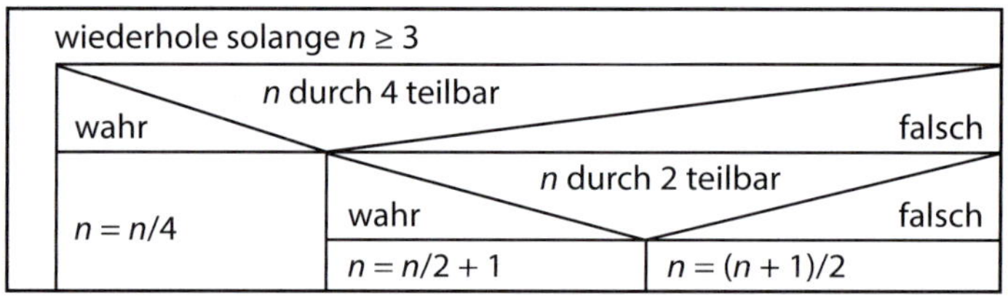

Abbildung 3

d Übertragen Sie diesen Algorithmus der Methode *c* in ein Programm für die gegebene Registermaschine. Machen Sie auch die Speicherzelle deutlich, in der der Wert der Variablen n zu Beginn und am Ende des Programms steht.

e Versehentlich wurde die Bedingung n ≥ 3 bei der Implementierung des Algorithmus durch n ≥ 2 ersetzt. Erläutern Sie kurz, welches Problem bei der Ausführung des Programms auftreten kann.

Zusammenfassung

Von-Neumann-Prinzip als Grundlage für den Aufbau moderner Rechner

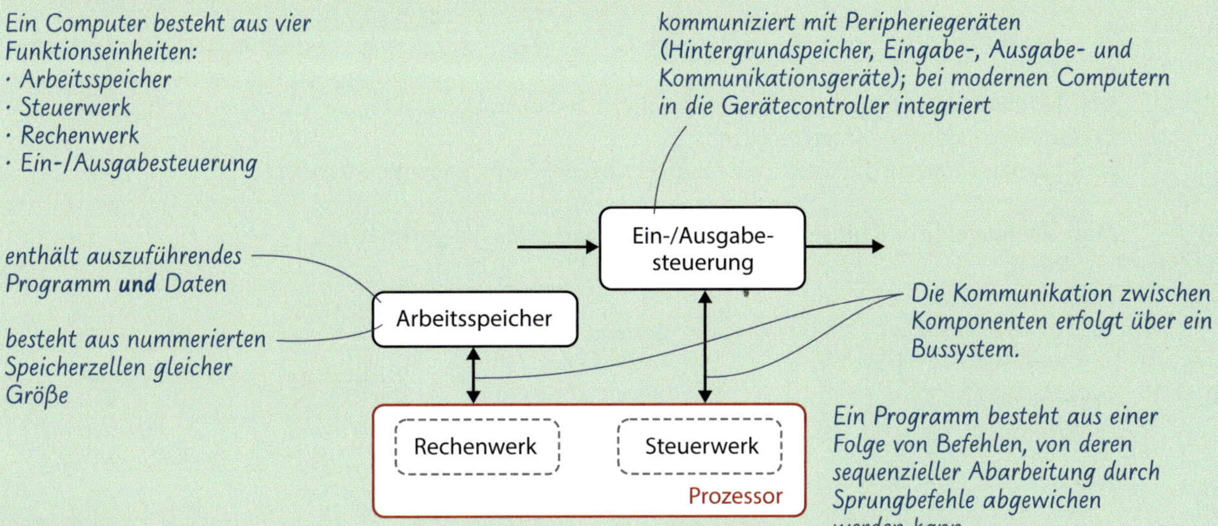

Abbildung 1

Durch das von-Neumann-Prinzip ist der Rechner unabhängig von der zu bearbeitenden Aufgabe.

Registermaschine als Nachweis für die Berechenbarkeit

- Das theoretische Konzept der Registermaschine wurde entwickelt, um nachzuweisen, dass die nach dem von-Neumann Modell gebauten Computer alles, was berechenbar ist, auch wirklich – zumindest prinzipiell – berechnen können.
- Die Registermaschine ist ein Computermodell bestehend aus n Registern zum Speichern von Daten und einem Programm aus einer Folge von Maschinenbefehlen, die mit den Daten in den Registern arbeiten.
- Die Minimaschine ist ein Emulationsprogramm, welches diesem Prinzip entspricht. Sie erfüllt auch die Forderungen des von-Neumann-Konzepts.

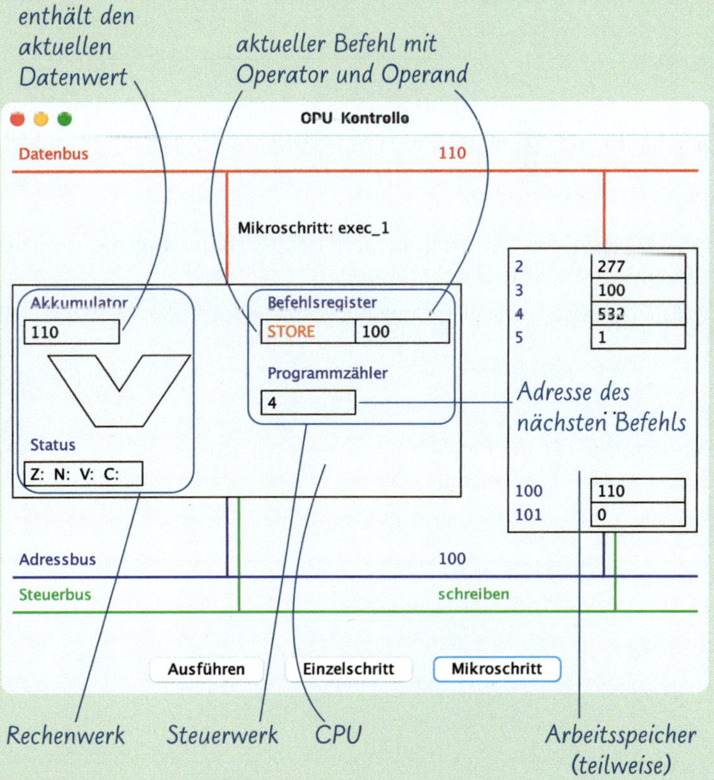

Abbildung 2

Darstellung ganzer Zahlen

Zahlen werden für den Computer im Binärsystem dargestellt. Das **Zweierkomplement** ist eine praktikable Möglichkeit zur Darstellung ganzer Zahlen. Es wird in zwei Schritten gebildet:

$26_{10} = 00011010_2$ —*Zahl invertieren*→ 11100101_2 —*eins addieren*→ $11100110_2 = -26_{10}$

Ein **Überlauf** entsteht, wenn das Ergebnis einer Rechenoperation nicht mehr im zur Verfügung stehenden Zahlenbereich dargestellt werden kann.
Ein **Übertrag** zur nächsthöheren Stelle entsteht bei der Addition der Binärziffern 1 + 1.

Maschinenbefehle und Umsetzung von Bedingungen in Maschinensprache

Befehle bestehen aus Operator (Opcode) und Operand (Adresse oder Wert).

```
falls warenkorbwert > 160 dann
    RabattAbziehen()
endefalls
VersandAddieren()
```

Bedingungen werden durch Subtraktion umgesetzt und mit Flags (Zero, Negative) ausgewertet.

```
LOAD korb
SUBI 160
JMPNP 12
LOAD korb
SUBI 20
STORE korb
LOAD korb
ADDI 5
STORE korb
HOLD

korb: WORD 25
```

direkte Adressierung (JMPNP 12)

unmittelbare Adressierung (SUBI 20)

typische Befehlsgruppen:
arithmetische Befehle (ADDI 5)
Transportbefehle (STORE korb)
Steuerbefehle (HOLD)

Für Adressen von Speicherzellen können Namen vergeben werden (symbolische Adressierung). (korb: WORD 25)

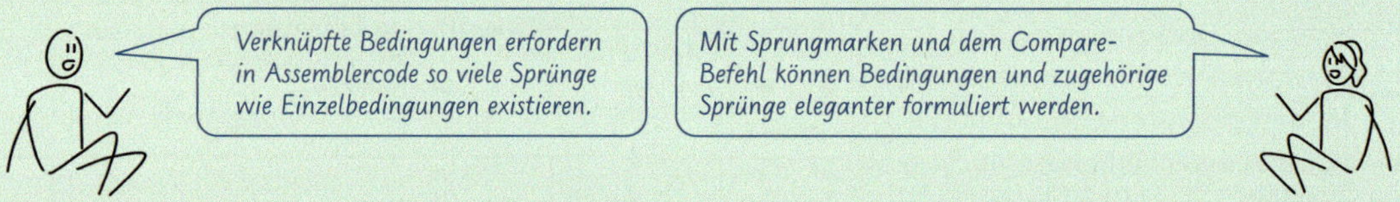

Bei der indirekten Adressierung wird der Inhalt der angegebenen Speicherzelle als Adresse für eine anzusprechende Speicherzelle interpretiert.

Nach Ausführung eines Befehls zeigt der **Befehlszähler** auf die Speicheradresse des nächsten auszuführenden Befehls. Jeder Befehl wird nach folgendem Befehlszyklus abgearbeitet:

- FETCH-Phase, 1. Teil: operator — *Einlesen des Opcodes aus der Speicherzelle, die der Befehlszähler angibt, Befehlszähler um 1 erhöhen*
- FETCH-Phase, 2. Teil: operand — *Befehl um Operanden vervollständigen, Befehlszähler um 1 erhöhen.*
- FETCH-Phase, 3. Teil: indirect — *Nur bei indirekter Adressierung: Wert der Speicherzelle als Operand laden, deren Adresse durch den aktuellen Operanden gegeben ist.*
- DECODE-Phase — *Opcode entschlüsseln*
- EXECUTE-Phase — *Befehl ausführen*

Kontrollstrukturen in Maschinensprache

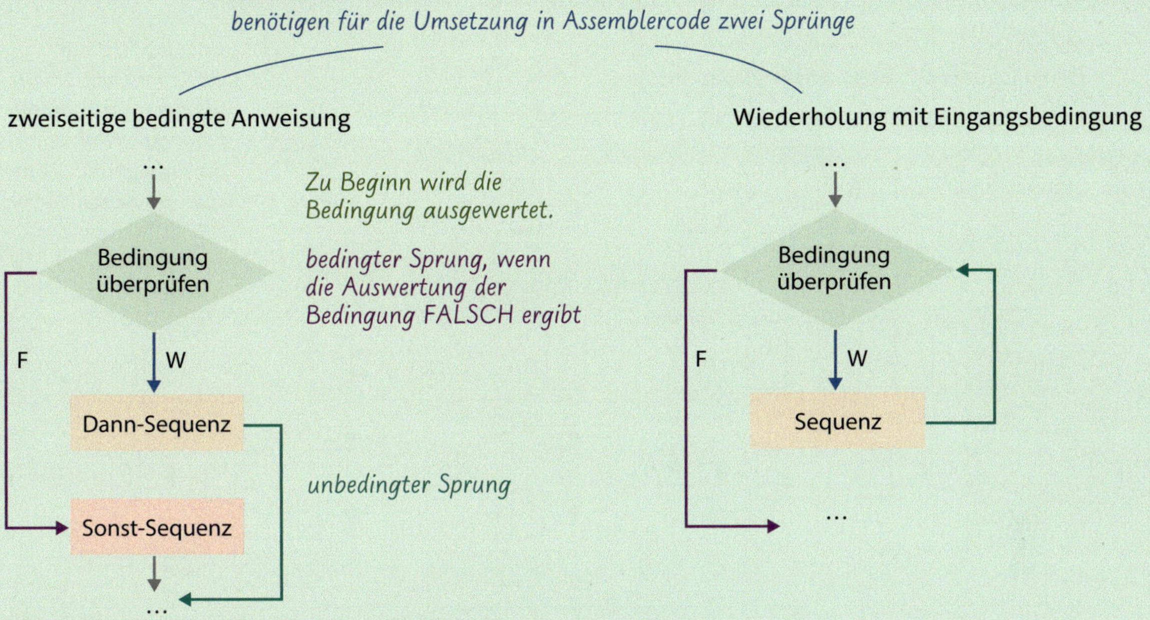

Abbildung 3

Zählwiederholung

Die Zählwiederholung kann wie eine Wiederholung mit Eingangsbedingung umgesetzt werden, bei der die Bedingung durch einen Vergleich der Zählvariable umgesetzt wird. Zusätzlich müssen die beiden Schritte erfolgen:

1) Die Zählvariable wird deklariert und initialisiert.
2) Die Zählvariable wird am Ende jedes Durchlaufes um 1 erhöht.

Die Zählwiederholung kann in Maschinensprache dazu verwendet werden, eine Reihe von Speicherzellen nacheinander zu durchlaufen und deren Werte ggf. zu modifizieren bzw. für Berechnungen zu verwenden. Dazu muss die indirekte Adressierung eingesetzt werden.

```
zähle i von 0 bis länge - 1 Schritt 1
       hilfsadresse = startadresse + i
       Wert in Speicherzelle an der Stelle hilfsadresse quadrieren
endezähle
```

Logische Gatter

Logikgatter sind elektronische Schaltungen, welche logischen Funktionen entsprechen.

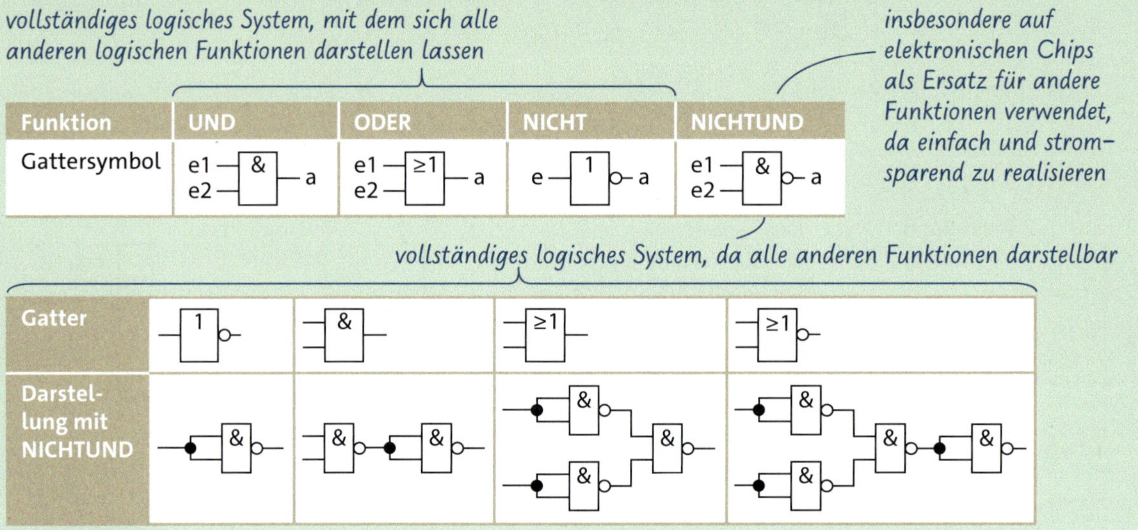

Abbildung 4

Halbaddierer, Volladdierer und Addierwerk

Halbaddierer berechnen die Summe zweier Binärziffern in Form von Ergebniswert und Überlauf.

Volladdierer zum Berechnen der Summe zweier Binärziffern und eines möglichen Überlaufs der vorherigen Stelle in Form von Ergebniswert

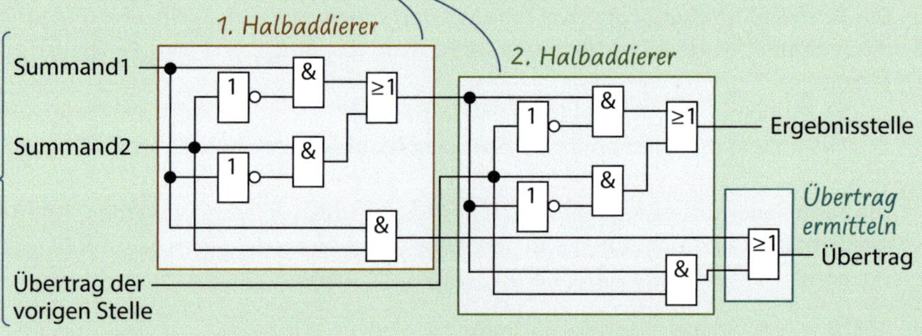

Abbildung 5

Ein Addierwerk für n-stellige Binärzahlen besteht aus einem Halbaddierer und n – 1 Volladdierern.

Disjunktive Normalform

Die disjunktive Normalform entsteht durch die Verknüpfung der Minterme mit ODER.

S1	S2	ÜV	E	Ü
0	0	0	0	0
0	0	1	1	0
0	1	0	1	0
0	1	1	0	1
1	0	0	1	0
1	0	1	0	1
1	1	0	0	1
1	1	1	1	1

Die disjunktive Normalform lässt sich direkt aus der Wahrheitstabelle ablesen. →

alle Eingangswerte

E = (NICHT S1 UND NICHT S2 UND ÜV)
ODER
(NICHT S1 UND S2 UND NICHT ÜV)
ODER
(S1 UND NICHT S2 UND NICHT ÜV)
ODER
(S1 UND S2 UND ÜV)

Minterme (UND-Verknüpfung eventuell negierter Eingangswerte)

Zum Weiterlesen

L4 Historie der Computer

Mittlerweile ist durch Vervollständigung der Fakten klar, welcher Computer „der Erste" im heutigen Sinn gewesen ist: der Computer Z3 von Konrad Zuse. Hinter der Entstehung der Computer steckt aber eine lange Reihe von Ideen und Entwicklungen.

In der folgenden Historie werden die wichtigen Meilensteine verfolgt: Ausgehend von den mechanischen Rechenmaschinen, den programmgesteuerten Rechenautomaten, der Entwicklung elektronischer Rechenmaschinen bis hin zu der neuesten Generation der modernen Computer.

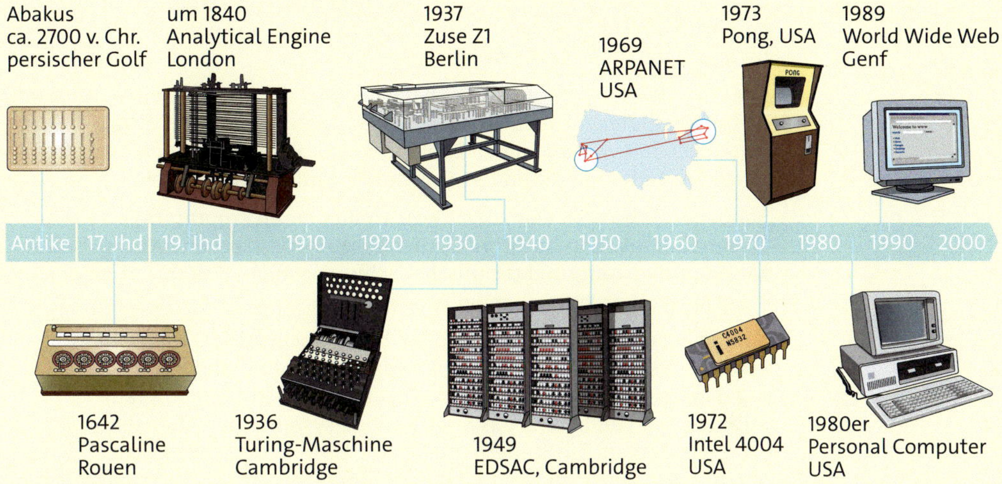

Abbildung 1

Mechanische Rechenmaschinen

Schon immer sind die Menschen bestrebt gewesen, sich durch technische Geräte die Arbeit zu erleichtern. Mit dem Aufkommen der Naturwissenschaften und des Handels stieg der Bedarf an Berechnungen jeder Art stark an und somit der Wunsch nach „Rechenknechten".

1623	Der Tübinger Professor Wilhelm Schickard konstruiert eine zahnradgetriebene Rechenmaschine für sechsstellige Addition, Subtraktion, Multiplikation und Division mit automatischem Zehnerübertrag. Zur Darstellung der Ziffern wurden Zählräder verwendet, auf deren Umfang zehn Zähne die Ziffern 0 bis 9 repräsentierten.	 *Rechenmaschine von Schickard (Nachbau)*
1642	Der französische Mathematiker Blaise Pascal stellt in Paris seine Rechenmaschine „Pascaline" für sechsstellige Addition und Subtraktion mit automatischem Zehnerübertrag vor.	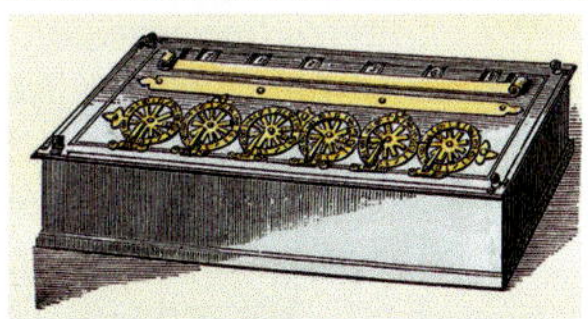 *Rechenmaschine von Pascal*
1673	Gottfried Wilhelm von Leibniz entwickelt eine Rechenmaschine, die, als Erweiterung der Maschine von Pascal, zusätzlich Multiplikation und Division beherrscht.	
1700 – 1900	Mechanischen Rechenmaschinen werden fortwährend verbessert und teilweise serienmäßig in großen Stückzahlen produziert.	

Abbildung 2

Kennzeichen all dieser Maschinen war, dass der Mensch durch Vorwärts- und Rückwärtsdrehen und durch Schieben von Walzen und Stangen den Rechenvorgang durchführte.

Mechanische Rechenautomaten mit Programmsteuerung

Ein automatisch ablaufender Prozess benötigt eine Programmsteuerung. Erste Formen benutzten Stiftwalzen, wie sie heute noch bei alten Musikautomaten auf Volksfesten zu sehen sind. Später kamen Lochkarten und Lochstreifen als Träger der Programmsteuerung zum Einsatz.

1728	Der französische Seidenweber Falcon baut einen Webstuhl, der von Holzblättchen mit Lochkombinationen automatisch gesteuert wird.	
1805	Der Franzose Jacquard verbessert diese Erfindung und stellt einen mechanischen Webstuhl vor, der durch Endlos-Lochstreifen gesteuert wird. Auf diese Weise ließen sich komplizierte Webmuster in gleichbleibender Qualität herstellen.	
1822	Der englische Mathematiker Babbage beginnt mit dem Bau einer „Differenzmaschine". Weit von einem Computer zur Lösung allgemeiner Aufgaben entfernt, ist sie ein sehr spezialisierter Uhrwerkmechanismus mit vielen Zahnrädern zur Berechnung der Werte von Polynomfunktionen durch wiederholte Additionen. Das Gerät wurde nie vollendet.	
1833	Babbage konzipierte, seiner Zeit weit voraus, einen programmgesteuerten „analytischen Rechenautomaten" in Zahnradtechnik. Zur Steuerung des Rechenvorgangs sollten Lochkarten zum Einsatz kommen. Aufgrund technischer Schwierigkeiten (50000 Zahnräder auf 1000 Achsen) konnte diese Maschine nicht vollendet werden.	
1936	Konrad Zuse entwickelt von 1936 bis 1938, in vollständig mechanischer Bauweise, den ersten programmgesteuerten, frei programmierbaren Rechenautomaten. Er wird durch Lochstreifen programmiert, verwendet bereits das binäre Zahlensystem und beherrscht rationale Zahlen. Die Steuerung erfolgte mittels unterschiedlich geschlitzter Bleche, durch die Stahlstifte führten. Der Rechner war aufgrund mechanischer Mängel nicht voll einsatzfähig.	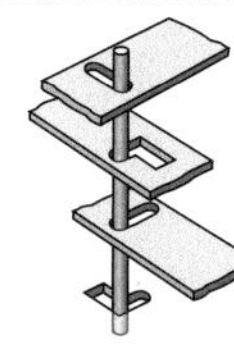 *Schlitzbleche der Zuse Z1*

Abbildung 3

Elektrische Rechenautomaten mit Programmsteuerung

Mitte des 19. Jahrhunderts beginnt mit der Entwicklung der Fernsprechtechnik hin zu Selbstwahl und automatischer Vermittlung der Aufstieg der Elektromechanik: Relais, Schrittschaltwerke und -wähler werden weiterentwickelt und finden weite Verbreitung.

1941	Konrad Zuse stellt nach 5-jähriger Bauzeit komplett funktionsfähigen digitalen Rechenautomaten Z3 vor, realisiert in Relaistechnik. Dieses wandschrankgroße Gerät bestand aus 1400 Relais im Speicherwerk (64 Zahlen mit 22 Bit Speicherbreite) und 600 Relais im Rechenwerk. Das Programm wurde über einen gelochten Filmstreifen eingelesen. Intern arbeitete der Rechner mit Gleitkommadarstellung und schaffte eine Addition in 0,8 Sekunden sowie eine Multiplikation in 3 Sekunden.	 *Nachbau der Z3*
1944	Inbetriebnahme von MARK I, des von Howard Aiken entwickelten ersten programmgesteuerten Rechners der USA. MARK I ähnelte im Aufbau stark der „analytical engine" von Babbage und arbeitete mit Relais als Schaltelementen und Lochkarten als Datenträgern. Im Gegensatz zur Z3 war MARK I ein Riese: seine Frontfläche war 16 m lang und 2,5 m hoch, er hatte ein Gewicht von 3,5 t, bestand aus 700 000 Einzelteilen, darunter 3000 Kugellagern für die elektrisch angetriebenen Zahnräder und 80 km Leitungsdraht. Für eine Addition 23-stelliger Zahlen wurden 0,1 Sekunden, für die Multiplikation 6 Sekunden und für die Division 11 Sekunden benötigt.  *MARK I*	

Abbildung 4

Elektronische Rechenmaschinen

Seit der Erfindung der Elektronenröhre und der →Flipflop-Schaltung war eine Speicherung und Durchführung von Berechnungen rein elektronisch, ohne mechanische Bauteile, möglich. Die Vorteile der Vakuumröhren waren im ersten Moment bestechend, schließlich hatten sie Schaltzeiten, die nur bei einem Tausendstel der Relais-Schaltzeit lagen. Andererseits erfordern Elektronenröhren eine aufwendige Stromversorgung mit Heizspannung und Anodenspannung, sind kompliziert im Herstellungsprozess (Vakuum im Glaskolben), entwickeln enorme Temperaturen und haben nur eine kurze Lebensdauer.

Durch die Erfindung des Transistors konnten in den Folgejahren die enorme Energiemengen verbrauchenden und anfälligen Elektronenröhren abgelöst werden. Wegen der niedrigen Betriebsspannung und vergleichsweise fast unbegrenzter Lebensdauer wurde der Transistor zum bevorzugten Steuer- und Schaltelement in der Elektronik.

Die Entwicklung der ersten integrierten Schaltungen (mehrere Transistoren auf einem Bauteil) ab 1960 bedeutete einen weiteren riesigen Sprung in der Steigerung der technischen Leistungsfähigkeit der Computer.

→Flipflop: elektronische Schaltung, die zwei stabile Zustände einnehmen und diese speichern kann.

1. Generation: Elektronenröhren als Schaltelemente

1945	Die erste vollelektronische Großrechenanlage ENIAC (Electronical Numerical Integrator And Computer) wird fertiggestellt. ENIAC füllte einen ganzen Saal, hatte ein Gewicht von 30 t, ca. 18000 Elektronenröhren, 7200 Dioden, 1500 Relais, verbrauchte 174 kW und schaffte 5000 Additionen pro Sekunde. Die Elektronenröhren waren sehr anfällig und selten war es möglich, größere Berechnungen am Stück durchzuführen. ENIAC wurde programmiert, indem man die einzelnen Komponenten mit Kabeln verband und die gewünschten Operationen auf Drehschaltern einstellte (siehe Bediener in der Mitte der Abbildung). ENIAC diente anfangs der US-Armee zur Berechnung der Flugbahnen von Geschossen.	 *ENIAC*

Abbildung 5

2. Generation: Halbleiterschaltkreise (Transistoren, Dioden)

1951	Der erste nichtmilitärische Computer UNIVAC auf Transistorbasis wird fertiggestellt. Es beginnt der serienmäßige Bau von Universalrechnern für Handel und Industrie (Preis damals 1 Mio. $). Die Zentraleinheit bestand aus 5600 Röhren, 18000 Halbleiterdioden und 300 Relais. Für die Addition benötigte UNIVAC 0,5 Millisekunden, für die Multiplikation 1,8 Millisekunden und für die Division 3,6 Millisekunden.	
1955	Der erste vollständig mit Transistoren realisierte Rechner TRADIC wird fertiggestellt.	
1956	Die Technische Universität München entwickelt und baut den Großrechner PERM (Programmgesteuerte Elektronische Rechenanlage München).	
1957	Die Rechenanlage „2002" der Firma Siemens kommt als erster in Serie hergestellter volltransistorisierter Computer auf den Markt.	
1961	IBM ist führender Hersteller von Computern für den Büroeinsatz. 1964 stellt IBM die Serie „System/360 Family of Business Mainframe Computers" vor. Die Computer befanden sich damals in separaten Rechnerräumen und konnten nur von Spezialistinnen und Spezialisten bedient werden, die Aufträge entgegennahmen und die Ergebnisausdrucke später bei dem Auftraggeber ablieferten.	 *IBM Mainframe*

Abbildung 6

3. Generation: salzkorngroße Transistoren; teilweise integrierte Schaltkreise; Steigerung der Rechengeschwindigkeit bei gleichzeitiger Abnahme des Raumbedarfs

ab 1961	Die Firma Digital Equipment Corporation (DEC) bringt „Minicomputer“ auf den Markt. Der erste Minicomputer PDP-1 spielte eine entscheidende Rolle, weil er die erste Maschine war, die Menschen in Echtzeit benutzen konnten. Anstatt einen Tag zu warten, bis man seine stapelweise verarbeiteten Ergebnisse erhielt, ließ sich der PDP-1 über eine Tastatur programmieren und mit Daten versorgen. Die Ergebnisse bekam man sofort durch Ausdrucke mit einer elektrischen Schreibmaschine oder durch eine Bildschirmanzeige.	
1962	Douglas Engelbart erfindet die erste Maus, die er „X-Y-Positions-Anzeiger für ein Bildschirmsystem“ nannte. 1963 erhält Engelbart dafür ein Patent. Vermutlich kam ihm aber Telefunken gut 2 Monate zuvor mit der Rollkugel „RKS 100-86 (optionale Ergänzung zum SIG 100)“.	 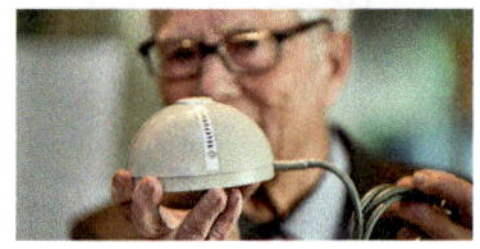
1968	Die Firma Hewlett-Packard stellt einen Tischrechner her, der als erster technisch-wissenschaftlicher und programmierbarer Tischrechner gilt.	
1969	Die Firma Telefunken bringt mit dem TR440 den für lange Zeit schnellsten, in Europa entwickelten Rechner heraus.	
1970	Mit der PDP-11 bringt DEC den ersten Computer auf den Markt, der statt spezieller Ein- / Ausgabebefehle die Peripheriegeräte über Speicheradressen direkt anspricht (memory mapped io).	

Abbildung 7

Computer mit integrierten Schaltkreisen

Mit der Einführung integrierter Schaltkreise in Miniaturform nimmt die vierte Computergeneration ihren Anfang. Es folgt 1971 die Entwicklung der ersten Mikroprozessoren, z. B. Intel 4004 mit 4-Bit-Datenbus: Auf einem Siliziumplättchen von 6 mm Kantenlänge konnte die Funktionalität von 2300 Transistoren realisiert werden, die mit einem Takt von 200 kHz arbeiten. Die Integration von Schaltelementen auf einem Chip hat in den folgenden Jahren bis heute stets zugenommen. 2009 sind Mikroprozessoren im Einsatz mit 500 Millionen Transistoren auf einem Chip, die mit einem Arbeitstakt von 3 GHz arbeiten, 2022 sind es ca. 20 Milliarden Transistoren mit einem Arbeitstakt von bis zu 10 GHz.

4. Generation: überwiegend hochintegrierte Schaltkreise

1973	In den USA beginnt die Serienproduktion von Taschenrechnern.	
1977	Mit dem Apple II und dem Commodore PET beginnt der Einsatz und Siegeszug von Arbeitsplatzrechnern (Personal Computer PC) in fast allen Lebensbereichen. Weitere Anbieter folgen, unter anderem 1981 IBM mit dem PC 5150. Dieses Modell steht für den Begriff „PC“, fixiert die Hardwarearchitektur für „kompatible“ Rechner (Quasi-Standard), sowie als Betriebssystem MS-DOS. Das Grundmodell kostete $ 2880, hatte 64 kByte Speicher und eine 5.25“-Floppy-Disk mit 160 kByte Kapazität. Als Prozessor kam ein Intel 8088 mit 4,77 MHz Arbeitstakt zum Einsatz.	 *Apple II*   *IBM PC und 5.25“-Floppy-Disk*

Abbildung 8

5. Generation: höchstintegrierte Schaltkreise; mehrere Prozessoren auf einem Chip; Zusammenschaltung vieler Einzelprozessoren

Je nach Anwendungsbereich zeigen sich unterschiedliche Entwicklungen.

ab 1985	Rasante Entwicklung bei den PCs für den Heim- und Büroarbeitsplatz: immer kleiner, preiswerter und leistungsfähiger; grafische Bedienoberflächen erleichtern dem Benutzer das Arbeiten; Entwicklung diverser Peripheriegeräte und hochauflösender Grafiken bis hin zum Multimedia-Einsatz. Tragbare Computer (Laptops) für den mobilen Einsatz werden selbstverständlich und zunehmend kompakter. Großrechner für die Industrie, Banken und Verwaltung: Arbeitsspeicher im Terabyte-Bereich; Systeme von etlichen Festplattenlaufwerken und Bandkassettenwechslern mit vielen Terabyte Kapazität; von vielen Arbeitsplätzen wird auf gemeinsame Daten zugegriffen.
	Höchstleistungsrechner für extrem aufwendige Berechnungen in Wissenschaft und Technik: Anwendungsbereiche sind Simulationen für die Wetter- und Klimaforschung bzw. -vorhersage, Geophysik, Raumfahrt und für die Automobilindustrie. Die Rechner bestehen meist aus Tausenden von Einzelprozessoren. Die Leistungsfähigkeit gibt man in FLOPS an. Zum Beispiel: BlueGene/L, IBM, 65536 Prozessoren, 478,2 Tera-FLOPS ($\approx 1 \times 10^{12}$ Gleitkomma-Rechnungen pro Sekunde). Zur Unterbringung dieser Superrechner sind ganze Hallen erforderlich.  *BlueGene/L Supercomputer*
1999	Das schwedische Unternehmen Ericsson prägt den Begriff des Smartphones.
2001	Die ersten Tablet-PCs erscheinen unter verschiedenen Namen.
2007	Mit der Einführung des iPhone startet der Siegeszug der Smartphones; heute sind die meisten verkauften Mobiltelefone Smartphones.
2010	Mit der Einführung des iPad kommt der Durchbruch der Tablets; zahlreiche Hersteller folgen.

Abbildung 9

6. Generation: Hängt davon ab, was Sie zur Computerentwicklung beitragen werden.

L5 Das von-Neumann-Prinzip

Grundlage für die Arbeitsweise der meisten heute gebräuchlichen Computer ist das von-Neumann-Prinzip. Im Jahr 1946 ersannen John von Neumann, Arthur W. Burks und Herman H. Goldstine ein Konzept für die Funktionsweise eines Rechners, das für die Computerentwicklung wegweisend war und ist. Sie veröffentlichten es in der Dokumentation „Preliminary Discussion of the Logical design of an Electronic Computing Instrument“. Die Tragweite dieser Aussagen kann man am besten am Originaldokument erahnen, das im Folgenden auszugsweise wiedergegeben wird.

Abbildung 10

1. Principal components of the machine

1.1. Inasmuch as the completed device will be a general-purpose computing machine it should contain certain main organs relating to arithmetic, memory-storage, control and connection with the human operator. It is intended that the machine be fully automatic in character, i.e. independent of the human operator after the computation starts.

1.2. It is evident that the machine must be capable of storing in some manner not only the digital information needed in a given computation such as boundary values, tables of functions […] and also the intermediate results of the computation […], but also the instructions which govern the actual routine to be performed on the numerical data. In a special-purpose machine these instructions are an integral part of the device and constitute a part of its design structure. For an all-purpose machine it must be

possible to instruct the device to carry out any computation that can be formulated in numerical terms. Hence there must be some organ capable of storing these program orders. There must, moreover, be a unit which can understand these instructions and order their execution.
1.3. Conceptually we have discussed above two different forms of memory: storage of numbers and storage of orders. If, however, the orders to the machine are reduced to a numerical code and if the machine can in some fashion distinguish a number from an order, the memory organ can be used to store both numbers and orders.
1.4. If the memory for orders is merely a storage organ there must exist an organ which can automatically execute the orders stored in the memory. We shall call this organ the Control.
1.5. Inasmuch as the device is to be a computing machine there must be an arithmetic organ in it which can perform certain of the elementary arithmetic operations. There will be, therefore, a unit capable of adding, subtracting, multiplying and dividing.
The operations that the machine will view as elementary are clearly those which are wired into the machine. To illustrate, the operation of multiplication could be eliminated from the device as an elementary process if one were willing to view it as a properly ordered series of additions. Similar remarks apply to division. In general, the inner economy of the arithmetic unit is determined by a compromise between the desire for speed of operation – a non-elementary operation will generally take a long time to perform since it is constituted of a series of orders given by the control – and the desire for simplicity, or cheapness, of the machine.
1.6. Lastly there must exist devices, the input and output organ, whereby the human operator and the machine can communicate with each other. [...]

2. First remarks on the memory

2.1. It is clear that the size of the memory is a critical consideration in the design of a satisfactory general-purpose computing machine.
2.2. [...] Not only must the memory have sufficient room to store these intermediate data but there must be provisions whereby these data can later be removed. This process of removing data from the memory and of replacing them with new information must, of course, be done quite automatically under the direction of the control.
2.3. [...] We consequently plan on a fully automatic electronic storage facility of about 4,000 numbers of 40 binary digits each. [...]

3. First remarks on the control and code

[...]
3.2. There must certainly be instructions for performing the fundamental arithmetic operations. [...]
3.3. It must be possible to transfer data from the memory to the arithmetic organ and back again. In transferring information from the arithmetic organ back into the memory there are two types we must distinguish: Transfers of numbers as such and transfers of numbers which are parts of orders. [...]

To summarize, transfers into the memory will be of two sorts:
Total substitutions, whereby the quantity previously stored is cleared out and replaced by a new number. Partial substitutions in which that part of an order containing a memory location-number.– we assume the various positions in the memory are enumerated serially by memory location-numbers – is replaced by a new memory location-number.
3.4. It is clear that one must be able to get numbers from any part of the memory at any time. The treatment in the case of orders can, however, be more methodical since one can at least partially arrange the control instructions in a linear sequence. Consequently the control will be so constructed that it will normally proceed from place n in the memory to place (n + 1) for its next instruction.
3.5. The utility of an automatic computer lies in the possibility of using a given sequence of instructions repeatedly, the number of times it is iterated being either preassigned or dependent upon the results of the computation. When the iteration is completed a different sequence of orders is to be followed, so we must, in most cases, give two parallel trains of orders preceded by an instruction as to which routine is to be followed. This choice can be made to depend upon the sign of a number (zero being reckoned as plus for machine purposes). Consequently, we introduce an order (the conditional transfer order) which will, depending on the sign of a given number, cause the proper one of two routines to be executed.
[…]
3.6. Finally we need orders which will integrate the input-output devices with the machine.
[…]

5. The arithmetic organ

[…]
5.2. In a discussion of the arithmetical organs of a computing machine one is naturally led to a consideration of the number system to be adopted. In spite of the longstanding tradition of building digital machines in the decimal system, we feel strongly in favor of the binary system for our device. Our fundamental unit of memory is naturally adapted to the binary system since we do not attempt to measure gradations of charge at a particular point in the Selectron (Anmerkung: The Selectron is an electron tube digital memory device. Described as a Selective Storage Electrostatic Memory Tube it stores multiple two-state bits which can be selected, written, and read by bi-level control voltages applied to internal electrodes.) but are content to distinguish two states. The flip-flop again is truly a binary device. On magnetic wires or tapes and in acoustic delay line memories one is also content to recognize the presence or absence of a pulse or (if a carrier frequency is used) of a pulse train, or of the sign of a pulse. … The use of the binary system is therefore somewhat more economical of equipment than is the decimal.
[…]

6. The control

6.1. It has already been stated that the computer will contain an organ, called the control, which can automatically execute the orders stored in the Selectrons. Actually, for a reason stated in 6.3, the orders for this computer are less than half as long as a forty binary digit number, and hence the orders are stored in the Selectron memory in pairs.

Let us consider the routine that the control performs in directing a computation. The control must know the location in the Selectron memory of the pair of orders to be executed. It must direct the Selectrons to transmit this pair of orders to the Selectron register and then to itself. It must then direct the execution of the operation specified in the first of the two orders. Among these orders we can immediately describe two major types: An order of the first type begins by causing the transfer of the number, which is stored at a specified memory location, from the Selectrons to the Selectron register. Next, it causes the arithmetical unit to perform some arithmetical operations on this number (usually in conjunction with another number which is already in the arithmetical unit), and to retain the resulting number in the arithmetical unit. The second type order causes the transfer of the number, which is held in the arithmetical unit, into the Selectron register, and from there to a specified memory location in the Selectrons. (It may also be that this latter operation will permit a direct transfer from the arithmetical unit into the Selectrons.)

[...]

6.2. It is clear from what has just been stated that the control must have a means of switching to a specified location in the Selectron memory, for withdrawing both numbers for the computation and pairs of orders. Since the Selectron memory (as tentatively planned) will hold 2^{12} = 4,096 forty-digit words (a word is either a number or a pair of orders), a twelve-digit binary number suffices to identify a memory location. Hence a switching mechanism is required which will, on receiving a twelve-digit binary number, select the corresponding memory location.

[...]

6.3. Since most computer operations involve at least one number located in the Selectron memory, it is reasonable to adopt a code in which twelve binary digits of every order are assigned to the specification of a Selectron location. In those orders which do not require a number to be taken out of or into the Selectrons these digit positions will not be used.

[...]

6.4. Let us consider next the process of transferring a pair of orders from the Selectrons to the control. These orders first go into SR (Anmerkung: Selectron Register). The order which is to be used next may be transferred directly into FR (Anmerkung: Function Table Register). The second order of the pair must be removed from SR (since SR may be used when the first order is executed), but cannot as yet be placed in FR. Hence a temporary storage is provided for it. The storage means is called the Control Register, CR, and consists of 20 (or possibly 18) flip-flops, capable of receiving a number from SR and transmitting a number to FR.

As already stated (6.1), the control must know the location of the pair of orders it is to get from the Selectron memory. Normally this location will be the one following the location of the two orders just executed. That is, until it receives an order to do otherwise, the control will take its orders from the Selectrons in sequence. Hence the order location may be remembered in a twelve stage binary counter (one capable of counting 2^{12}) to which one unit is added whenever a pair of orders is executed. This counter is called the Control Counter, CC.

The details of the process of obtaining a pair of orders from the Selectron are thus as follows: The contents of CC are copied into FR, the proper Selectron location is selected, and the contents of the Selectrons are transferred to SR. FR is then cleared, and the contents of SR are transferred to it and CR. CC is advanced by one unit so the control will be prepared to select the next pair of orders from the memory. (There is, however, an exception from this last rule for the so-called transfer orders, cf. 3.5. This may feed CC in a different manner, cf. the next paragraph below.) First the order in FR is executed and then the order in CR is transferred to FR and executed. It should be noted that all these operations are directed by the control itself – not only the operations specified in the control words sent to FR, but also the automatic operations required to get the correct orders there.

L6 Quantencomputer

Trotz ihrer enormen Leistungsfähigkeit gibt es Aufgaben, bei denen herkömmliche Computer an ihre Grenzen stoßen. Dazu gehört unter anderem die exakte Simulation von Molekülen, das Zerlegen einer Zahl in ihre Primfaktoren oder das Finden der optimalen Lösung komplexer logistischer Fragestellungen, beispielsweise um Fahrgemeinschaften unter den Nutzern einer Ridesharing-App zu bilden. Quantencomputer haben jedoch das Potenzial, einige dieser Probleme zu lösen, deren Bewältigung die Leistung selbst der größten →Supercomputer übersteigt.

→Supercomputer sind besonders leistungsfähige Computer, deren Leistung die von Notebooks, Smartphones oder Desktoprechnern um ein Vielfaches übersteigt.

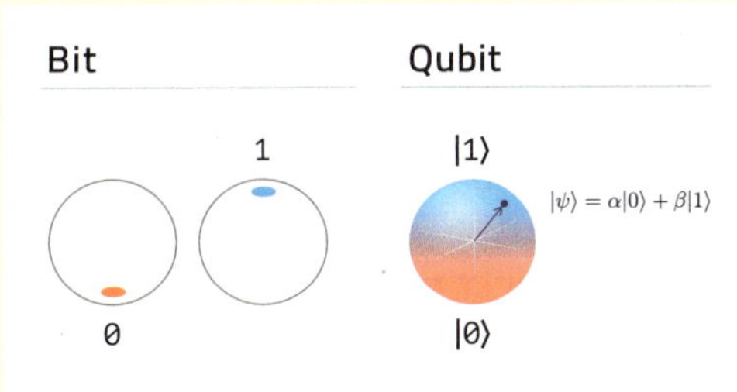

Abbildung 11

Anders als herkömmliche Computer arbeiten Quantencomputer nicht mit Bits, sondern nutzen sogenannte Quantenbits (Qubits), um Informationen zu speichern und zu verarbeiten. Während ein Bit immer entweder im Zustand 0 oder im Zustand 1 ist, kann ein Qubit auch in einer sogenannten Superposition aus 0 und 1 sein. Das Qubit befindet sich dann in beiden Zuständen gleichzeitig. Erst bei einer Messung steht sein konkreter Zustand fest: Mit einer bestimmten Wahrscheinlichkeit wird das Qubit als 0 bzw. 1 gemessen. Genauso wie die Bits klassischer Computer mithilfe von Gattern manipuliert werden können, kann der Zustand eines Qubits und damit auch die Wahrscheinlichkeit, 0 bzw. 1 zu messen, mittels spezieller Quantengatter verändert werden.

Der Vorteil von Quantencomputern gegenüber herkömmlichen Computern ergibt sich im Zusammenspiel mehrerer Qubits. Während ein einzelnes Qubit in einer Superposition aus zwei Zuständen (0 und 1) sein kann, können zwei Qubits bereits in einer Superposition aus vier (00, 01, 10 und 11) und drei Qubits in einer Superposition aus acht (000, 001, ..., 111) Zuständen sein. Jedes weitere Qubit verdoppelt also die Anzahl der gleichzeitig darstellbaren Zustände. Für die gleiche Informationsmenge benötigt ein Quantencomputer also wesentlich weniger Qubits als ein herkömmlicher Computer Bits. Die Speicherung einer Superposition eines 36-Qubit Quantencomputers würde deshalb auf herkömmlichen Computersystemen bereits 1 TB Speicher benötigen. Mit 300 Qubits ließe sich sogar eine Superposition aus 2^{300} Zuständen bilden – die möglichen Superpositionen mit einem herkömmlichen Computer abzubilden, ist ob der enormen Menge (ist größer als die Anzahl der Atome im Universum) unmöglich.

Es ist aber nicht nur die Superposition, die Quantencomputer besonders macht: Mehrere Qubits können miteinander verschränkt werden. Zwei Qubits sind dann verschränkt, wenn der Zustand des einen Qubits vom Zustand des anderen abhängt. Zum Beispiel handelt es sich bei einer Superposition aus 00 und 11 um einen verschränkten Zustand: Die Messung des ersten Qubits legt automatisch den Zustand des zweiten Qubits fest. Eine Superposition aus 00 und 01 ist hingegen kein verschränkter Zustand, da das erste Qubit stets als 0 gemessen wird, egal wie das Messergebnis des zweiten Qubits ausfällt.

Durch Superposition und Verschränkung kann ein Quantencomputer mit 4 Qubits beispielsweise jede beliebige Kombination der (oder auch alle) Zustände 0000 bis 1111 gleichzeitig darstellen. Ein herkömmlicher Computer mit 4 Bit befindet sich zu einer Zeit jedoch stets nur in einem einzigen Zustand wie etwa 0110.

Möchte man Probleme auf einem Quantencomputer lösen, kann man auf all diesen Zuständen gleichzeitig operieren. Gemessen werden kann aber nur einer dieser Zustände. Daher benötigt man spezielle Algorithmen, die gewünschte Ergebnisse (etwa das Ergebnis einer Molekülsimulation oder die optimale Lösung für das Bilden von Fahrgemeinschaften) wahrscheinlicher und ungewünschte Ergebnisse unwahrscheinlicher machen. Dazu müssen geschickte Kombinationen von Quantengattern gefunden werden, um die Wahrscheinlichkeit zu verändern, mit der bestimmte Zustände gemessen werden. Die richtigen Algorithmen vorausgesetzt, ließen sich so bestimmte Aufgaben, deren Bewältigung für herkömmliche Supercomputer kaum oder nicht möglich ist, deutlich schneller oder sogar erstmals lösen. Für Quantencomputer existiert mit dem Algorithmus von Shor beispielsweise ein Verfahren, das die Faktorisierung einer Zahl in ihre Primfaktoren deutlich beschleunigen könnte – ein Problem, das aktuell Basis für viele der eingesetzten Verschlüsselungsverfahren ist.

Eine der Herausforderungen in der technischen Realisierung von Quantencomputern ist, dass die physische Realisierung eines Qubits sehr empfindlich ist: Nicht nur Messungen verändern den Zustand, auch Umgebungseinflüsse können zu einer Zustandsänderung führen. Qubits müssen also extrem gut von ihrer Umwelt isoliert werden. Um dennoch mit einem Quantencomputer rechnen zu können, müssen die Qubits aber auch gezielt kontrolliert werden können. Um das zu erreichen, können verschiedene Technologien eingesetzt werden. Eine dieser Technologien sind supraleitende Chips. Hierbei werden für den Chip Materialien genutzt, die (bei entsprechend starker Kühlung) widerstandslos Strom leiten. Dazu wird der Quantenprozessor in einem Kryostaten genannten Kühlsystem auf Temperaturen von 10 mK (-273,14 °C) heruntergekühlt (siehe Bild). Die Qubits können über kleine Leiterschleifen auf dem Chip mit Durchmessern von unter 1 mm umgesetzt werden, deren Verhalten realen Atomen ähnelt und die wie diese verschiedene Energieniveaus aufweisen. Für Rechnungen relevant sind jedoch nur die untersten beiden Energieniveaus, die man als 0 und 1 interpretiert. Diese „künstlichen Atome" werden nicht über herkömmliche Schaltungen gesteuert, sondern über Gatter auf Basis von Mikrowellenpulsen. Anders als bei herkömmlichen Computern gibt es aber (bisher) nicht „die eine" Architektur und so können Qubits neben supraleitenden Schaltkreisen beispielsweise auch durch von Lasern fixierte Ionen oder Photonen (Lichtteilchen) realisiert werden.

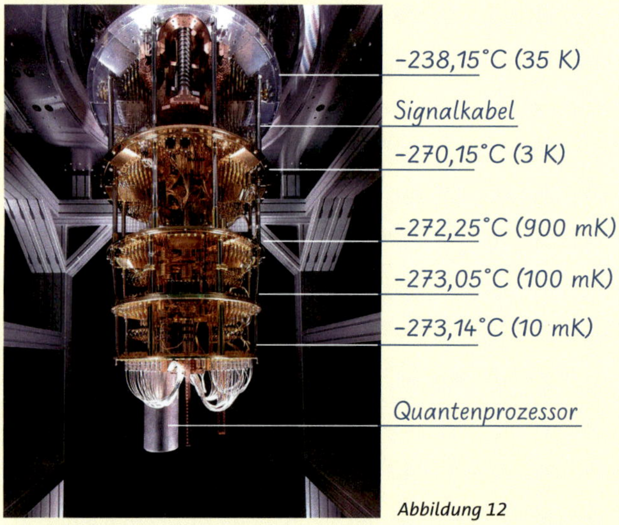

Abbildung 12

4 Nebenläufigkeit und Threads

In diesem Kapitel werden Sie ...

... eine große Aufgabe in mehrere parallele Teilaufgaben zerlegen.

... die Effizienz von Abläufen mit geeigneten Strategien steigern.

... Strategien zum Verhindern von Verklemmungen kennenlernen.

4.1 Nebenläufigkeit: Prozesse und Threads

Viele Aufgaben lassen sich allein oder im Team erledigen, wobei sich durch das gemeinsame Arbeiten sowohl Chancen als auch Herausforderungen ergeben können.

a Im Diagramm in Abbildung 1 wird für drei Aktivitäten jeweils skizziert, wie die für die Aktivität benötigte Zeit von der Teamgröße abhängt. Ordnen Sie die Verläufe je einer der folgenden Aktivitäten zu und begründen Sie Ihre Zuordnung kurz:
- i Backen eines Apfelkuchens
- ii Aufbacken einer Pizza
- iii Lösen von 100 Kopfrechenaufgaben

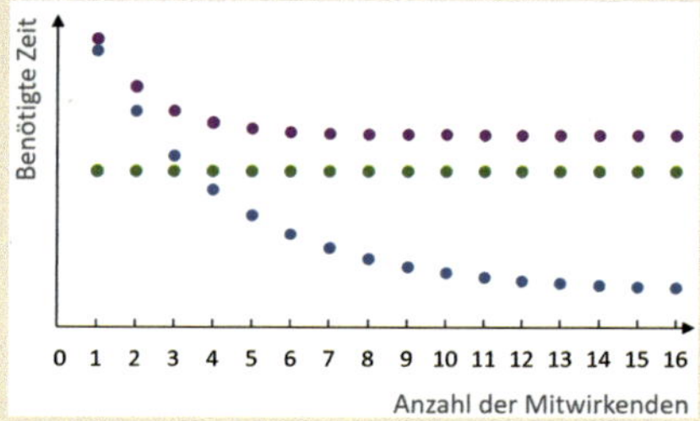

Abbildung 1

b Nennen Sie weitere Aktivitäten, welche dem grünen Kurvenverlauf im Diagramm zugeordnet werden können, und erläutern Sie jeweils, weshalb sich bei diesen Aktivitäten die benötigte Zeit durch eine Vergrößerung des Teams nicht verkürzt.

c Diskutieren Sie: Gibt es auch Aktivitäten, bei denen die benötigte Zeit mit steigender Teamgröße ansteigt? Was könnte hierfür die Ursache sein?

Parallelisierung ermöglicht Höchstleistungen

Die Vorteile von Parallelisierung begegnen uns in vielen Situationen des Alltags. So kann ein Gruppenprojekt in der Schule schneller abgeschlossen werden, wenn alle Mitglieder parallel an der Fertigstellung arbeiten, und Tageszeitungen können nur deshalb rechtzeitig erscheinen, weil viele Redakteurinnen und Redakteure gleichzeitig Artikel verfassen. Auch die enorme Rechenleistung vieler heutiger Computer kommt erst durch Parallelisierung zustande. Eine moderne CPU besteht in der Regel aus mehreren weitgehend unabhängigen Rechenkernen (engl. „Cores", siehe Abbildung 2), die parallel Befehle abarbeiten können. Bei der Beschreibung von Computern oder Smartphones wird deshalb heutzutage oft die Anzahl der Rechenkerne als wichtiges Leistungsmerkmal hervorgehoben.

Abbildung 2

Nebenläufigkeit ermöglicht parallele Ausführung von Programmteilen

Viele Programmiersprachen arbeiten den Programmcode standardmäßig sequenziell ab. Das Leistungspotential einer parallelen Abarbeitung ist nur mit expliziten Vorgaben beim Programmieren nutzbar. Ein Programm mit mehreren Teileinheiten, die potentiell parallel abgearbeitet werden, also „nebeneinander ablaufen", wird **nebenläufig** genannt. Dies bietet einige Vorteile: Grafische Benutzeroberflächen werden z. B. oft nebenläufig in einem unabhängigen Ausführungsstrang umgesetzt, damit sie flüssig bedienbar bleiben, wenn das Programm im Hintergrund andere Aufgaben ausführt. Rechenintensive Anwendungen sollten wenn möglich nebenläufig implementiert werden, damit sie bei der Ausführung möglichst alle Rechenkerne der CPU nutzen können. In der Praxis sind viele Problemstellungen jedoch nicht beliebig parallelisierbar. Zwei Berechnungen können z. B. nicht parallel laufen, wenn die erste Berechnung das Ergebnis der zweiten benötigt. Zugriffe auf bestimmte Ressourcen sind oft nicht parallel möglich; ein Drucker kann z. B. stets nur einen Druckauftrag gleichzeitig ausführen. Eine zentrale Herausforderung beim Entwickeln nebenläufiger Programme ist es daher, die einzelnen Ausführungsstränge geeignet aufeinander abzustimmen und, wenn erforderlich, auch aufeinander warten zu lassen.

Parallele Programmierung mit Threads

Beim Programmstart auf einem modernen Computer richtet das Betriebssystem zunächst einen sogenannten **Prozess** ein, in dem die Ausführung des Programms und dessen Ressourcen verwaltet werden. Jeder Prozess erhält dabei einen eigenen Speicherbereich, in dem z. B. Variableninhalte und das Programm selbst abgelegt werden. Prozesse sind weitgehend unabhängig voneinander, was schnell zum Problem werden kann, wenn z. B. Zwischenergebnisse ausgetauscht werden sollen. Nebenläufigkeit kann daher auch innerhalb eines Prozesses über sogenannte →**Threads** realisiert werden. Ein Thread definiert dabei eine Ausführungsreihenfolge von Programmbefehlen. Standardmäßig existiert je Prozess zunächst nur ein Thread. Wenn das Programm keine weiteren Threads erzeugt, werden alle im Programmcode vorgegebenen Befehle sequenziell, d. h. nacheinander, abgearbeitet. Mittlerweile ermöglichen jedoch viele Programmiersprachen, zusätzliche Threads zu definieren, sodass das Programm in mehrere parallel ausführbare Einheiten aufgeteilt werden kann. Da diese Threads alle zum gleichen Prozess gehören, können sie den zum Prozess gehörenden Speicherbereich gemeinsam nutzen.

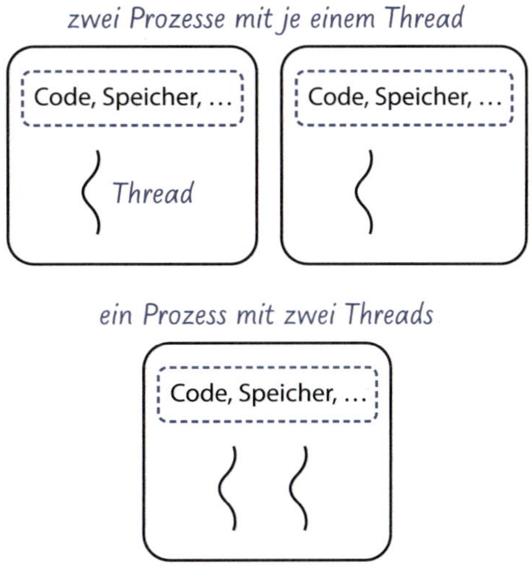

Abbildung 3

→engl. „Faden", im Deutschen manchmal auch „leichtgewichtiger Prozess"

Eigene Threads erzeugen

Je nach verwendeter Programmiersprache gibt es verschiedene Mechanismen, um mehrere Threads in einem Programm anzulegen und zu starten. Ein weit verbreitetes →Paradigma ist aber die Spezialisierung einer von der Programmierumgebung vorgegebenen Klasse THREAD. Die Ausführung eines auf diese Weise definierten Threads wird durch Aufrufen einer geerbten *Starten*()-Methode angestoßen. Im Thread wird daraufhin eine in der Klasse THREAD vorgegebene Methode (*Arbeiten* im Klassendiagramm) aufgerufen. Durch Überschreiben dieser Methode kann somit eigener Programmcode innerhalb des Threads ausgeführt werden. Nachdem ein Thread erzeugt und gestartet wurde, läuft er eigenständig, bis die Ausführung der überschriebenen Methode abgeschlossen ist. Die Zuteilung von Rechenzeit an die verschiedenen Threads übernimmt dabei in der Regel das Betriebssystem.

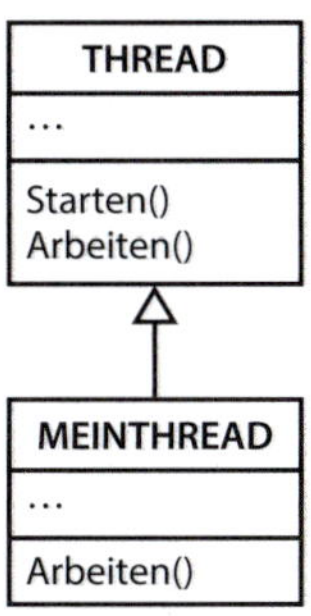

Abbildung 4

→grundsätzliche Denkweise/Vorgehensweise

Java
```
class MeinThread extends Thread {
 @Override public void run() {
    …
  }
}
…
MeinThread t1 = new MeinThread();
t1.start();
```

Python
```
import threading

class MeinThread(threading.Thread):
    def run(self):
        …

t1 = MeinThread()
t1.start()
```

Swift
```
class MeinThread: Thread {
    override func main() {
        …
    }
}

let t1 = MeinThread()
t1.start()
```

Nebenläufige Programme bestehen aus mehreren Ausführungssträngen, welche parallel ausgeführt werden können. Innerhalb eines Prozesses kann Nebenläufigkeit über **Threads** implementiert werden. Moderne Rechner arbeiten mit mehreren Rechenkernen, sodass mehrere Threads gleichzeitig ausgeführt werden können. Viele Algorithmen lassen sich jedoch aufgrund interner Abhängigkeiten nicht beliebig parallelisieren.

Aufgaben

1 Ein einfaches nebenläufiges Programm selbst programmieren

In dieser Aufgabe soll ein einfaches nebenläufiges Programm entwickelt werden, bei dessen Ausführung zwei Threads per Textausgabe miteinander „Ping Pong" spielen. Hierfür sollen zwei Unterklassen THREADPING und THREADPONG der Klasse THREAD angelegt werden. Wird ein Thread der Klasse THREADPING gestartet, soll dieser zehnmal hintereinander das Wort „Ping" auf der Konsole als Text ausgeben. Auf die gleiche Weise soll ein Thread der Klasse THREADPONG zehnmal das Wort „Pong" ausgeben.

a Zeichnen Sie ein Klassendiagramm für das oben beschriebene Szenario.

b Implementieren Sie nun das beschriebene Programm. Dabei soll nach dem Start des Programms je ein Thread der Klasse THREADPING und THREADPONG angelegt und gestartet werden.

c Testen Sie Ihr Programm aus Teilaufgabe b) mehrfach und vergleichen Sie jeweils die Textausgabe. Beschreiben Sie Ihre Beobachtungen und geben Sie eine mögliche Erklärung für deren Zustandekommen an.

2 Effiziente Lagerarbeit

Starten Sie die Programmausführung, während derer zwei Lageristen nacheinander je eine Kiste an die rechte Wand schieben. Gestalten Sie das Programm dann unter Nutzung von Threads nebenläufig, so dass die beiden ihre Arbeit gleichzeitig erledigen können.

3 Mehr Threads = mehr Leistungsfähigkeit?

Mittels des bereitgestellten Programms kann die Leistungsfähigkeit eines Rechners untersucht werden. Das Programm bearbeitet hierfür 500 voneinander unabhängige aufwendige Berechnungen und misst die benötigte Zeit. Als Parameter kann beim Start des Programms festgelegt werden, mit wie vielen Threads das Programm arbeiten soll.

a Lassen Sie das Programm mit 1, 2, 4, 8, 16, 32, 64, 128, 256 Threads arbeiten und notieren Sie sich die benötigte Zeit. Tragen Sie die Werte anschließend in ein Koordinatensystem ein (x-Achse: Threadanzahl, y-Achse: benötigte Zeit).

b Interpretieren Sie den Werteverlauf im Koordinatensystem aus a) und stellen Sie basierend darauf eine Hypothese über die im Rechner verfügbare Anzahl an Rechenkernen auf.

c Überprüfen Sie Ihre Hypothese aus b), indem Sie die tatsächliche Anzahl der im verwendeten Computer vorhandenen Rechenkerne recherchieren, z. B. durch einen Blick in die vom Betriebssystem bereitgestellten Systeminformationen. Bei Verwendung von schuleigenen Computern kann Ihnen ggf. auch Ihre Lehrkraft eine entsprechende Auskunft geben.

4 Teamarbeit in der Schule

Im Rahmen einer Gruppenarbeit soll ein Referat zum Thema Nebenläufigkeit vorbereitet und mithilfe geeigneter Visualisierungen präsentiert werden. Die Gruppe besteht dabei aus fünf Personen.

- **a** Diskutieren Sie in Kleingruppen, wie sich diese Aufgabe sinnvoll auf die fünf Teammitglieder aufteilen lässt, sodass diese anschließend möglichst parallel arbeiten können.
- **b** Skizzieren Sie einen möglichst optimalen Arbeitsplan, der in fünf Spalten die jeweiligen Tätigkeiten der einzelnen Gruppenmitglieder in chronologischer Reihenfolge aufführt. Markieren Sie ebenfalls in diesem Plan, an welcher Stelle es zu Wartezeiten für ein Gruppenmitglied kommen kann, z. B. weil zunächst auf die Vorarbeit eines anderen Gruppenmitgliedes gewartet werden muss, bevor die nächste Aufgabe begonnen werden kann.
- **c** Ein Mitglied der Fünfergruppe behauptet: „Wenn wir zehn Personen in der Gruppe wären, dann wären wir doppelt so schnell fertig!" Diskutieren Sie diese Aussage; beziehen Sie dabei auch Ihre persönlichen Erfahrungen mit Gruppenarbeiten mit ein.

5 Parallelität beim Waffeln backen

Die SMV möchte in der großen Pause Waffeln verkaufen. Da die Waffeln frisch sein sollen und vor der Pause Unterricht ist, haben die beteiligten Schülerinnen und Schüler lediglich 15 Minuten Zeit, um den Waffelteig anzurühren, die Waffeln zu backen und zu verkaufen. Einige SMV-Mitglieder machen sich daher Sorgen, dass sie dem zu erwartenden Ansturm nicht gewachsen sein könnten, da bestimmt 60 Schülerinnen und Schüler eine Waffel kaufen wollen. Für das Herstellen von 60 Waffeln muss zunächst der Teig angerührt werden. Hierfür besitzt die SMV leider nur eine einzige Rührmaschine, sodass das Anrühren einer Portion Teig für 30 Waffeln stets 5 Minuten dauert. Danach wird der Teig auf die vorhandenen Waffelbäckerinnen und Waffelbäcker verteilt, welche parallel mit dem Backen der Waffeln beginnen. Pro Waffel müssen dann noch zwei Minuten Backzeit eingeplant werden.

- **a** Ermitteln Sie rechnerisch, mit wie vielen Waffeleisen die SMV arbeiten müsste, um innerhalb der 15 Minuten Pause insgesamt 60 Waffeln zu produzieren.
- **b** Erläutern Sie, in welchem Maße sich die Waffelproduktion durch folgende Maßnahmen steigern lässt (jeweils für sich betrachtet):
  - i Anschaffung eines zweiten Rührgerätes bei gleicher Waffeleisenanzahl wie bei a)
  - ii Verwendung eines Fertigteiges aus der Flasche, der nicht angerührt werden muss
  - iii Verdoppelung der Waffeleisenanzahl im Vergleich zu a).

6 Forschungsauftrag: Top 500 Supercomputer

Zweimal im Jahr wird eine „Top 500"-Liste der weltweit leistungsstärksten Supercomputer veröffentlicht.

- **a** Informieren Sie sich im Internet, für welche Zwecke derartige Supercomputer weltweit im Einsatz sind.
- **b** Recherchieren Sie für den aktuell weltweit erstplatzierten sowie für den bestplatzierten deutschen Supercomputer, wie viele Rechenkerne insgesamt in diesen verbaut sind, und vergleichen Sie diese Zahl mit aktuell verfügbaren Computern und Smartphones im Privatbereich.

4.2 Wechselseitiger Ausschluss

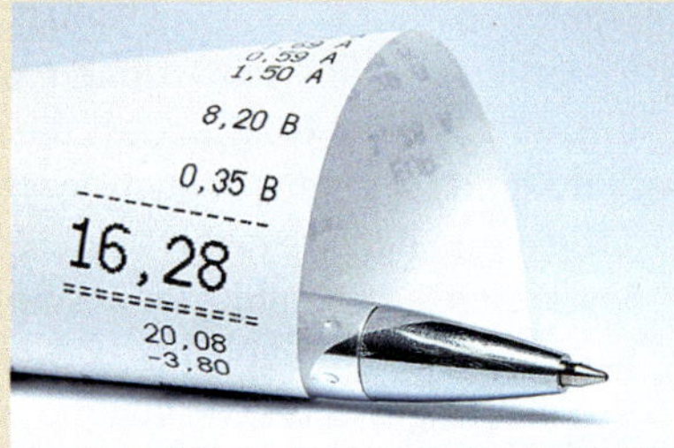

Abbildung 1

Die SMV möchte einen Schulball veranstalten und dafür Getränke, Snacks und Dekorationsartikel einkaufen. Das verfügbare Budget beträgt 500 Euro. Der Kassenwart schlägt für einen möglichst effizienten Ablauf folgendes Vorgehen vor:

- Der Einkauf wird auf mehrere SMV-Mitglieder aufgeteilt (ein Mitglied kauft Getränke, ein anderes Mitglied die Snacks usw.).
- Damit das Budget nicht überschritten wird, müssen sich alle einkaufenden Mitglieder zunächst beim Kassenwart erkundigen, wie viel Geld noch übrig ist, bevor sie zu ihrem Einkauf aufbrechen.
- Nach der Rückkehr reichen die Einkäufer ihre Quittung beim Kassenwart ein und erhalten ihre Auslagen erstattet. Das Restbudget verringert sich entsprechend.

Gesagt getan! Doch es stellt sich heraus, dass die Einkäufer das Budget von 500 Euro bei weitem überschritten haben, obwohl sich alle an das vereinbarte Vorgehen gehalten haben.

a Erläutern Sie, wie es zu der Budgetüberschreitung kommen konnte.
b Stellen Sie einen möglichen Verlauf, der zur Budgetüberschreitung führt, als Sequenzdiagramm dar. Dieses soll neben dem Kassenwart zwei Einkäufer enthalten.
c Diskutieren Sie verschiedene Möglichkeiten, wie das Verfahren angepasst werden könnte, um eine Budgetüberschreitung vollständig auszuschließen.

Signale sorgen bei der Eisenbahn für Sicherheit

Abbildung 2

Im Alltag kennt man nebenläufige Abläufe z. B. von der Eisenbahn. Im Schienennetz bewegen sich zur gleichen Zeit viele verschiedene Züge weitgehend unabhängig voneinander. Um Unfälle zu vermeiden, muss jedoch sichergestellt werden, dass ein Streckenabschnitt nur von einem Zug gleichzeitig befahren wird. Dafür kommen Signale entlang der Bahnstrecke zum Einsatz, welche die Einfahrt in einen Streckenabschnitt nur dann gestatten, wenn dort noch kein Zug fährt. Nach der Einfahrt eines Zuges schalten die Signale deshalb auf Rot und zwingen so alle eventuell folgenden Züge zum Warten, bis der erste Zug den Streckenabschnitt wieder verlassen hat. Erst dann wird das Signal auf Grün zurückgesetzt, sodass der nächste Zug in den Abschnitt einfahren kann.

Synchronisation von Threads und Prozessen

Auch bei nebenläufigen Programmen kommt es häufig vor, dass etwa bestimmte Ressourcen nur von einem Thread gleichzeitig genutzt werden können. Ein Beispiel hierfür ist die in Smartphones verbaute Hauptkamera. Würden mehrere Threads gleichzeitig auf die Kamera zugreifen, könnte es schnell passieren, dass ein Thread der Kamera den Befehl zum Hereinzoomen gibt, während zeitgleich ein anderer Thread den Befehl zum Herauszoomen gibt. Aber auch beim unkontrollierten nebenläufigen Zugriff auf gemeinsam genutzte Speicherinhalte kann es zu Problemen kommen, wie das folgende Beispiel einer vereinfachten Bankkontoverwaltung zeigt. Die Klasse BANKKONTO fungiert dabei als Schnittstelle zur Datenbank mit den Kontoinformationen, während die Interaktion mit Kunden an einem Bankterminal in der Klasse GELDAUTOMAT realisiert wird. Um eine möglichst flüssige Bedienung zu ermöglichen, wird dabei jeder Methodenaufruf in einem eigenen Thread abgewickelt.

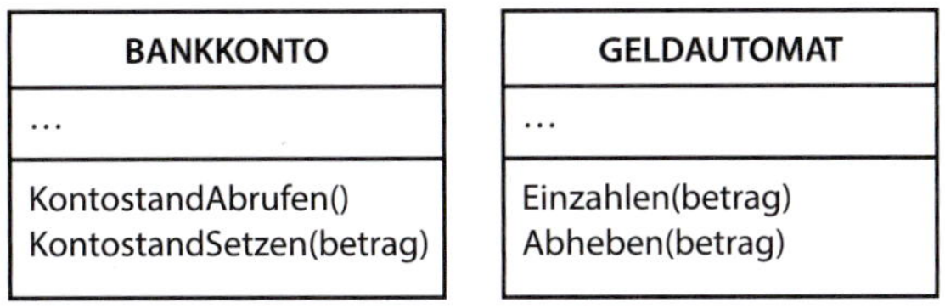

Abbildung 3

```
methode Abheben(betrag)
  kontostand = bank.KontostandAbrufen()
  falls kontoststand >= betrag
    bank.KontostandSetzen(kontostand - betrag)
    // Geld auszahlen
  endefalls
endemethode
```

Betrachtet man das auf einem zentralen Bankserver verwaltete gemeinsame Bankkonto eines Paars mit einem Kontostand von 100 Euro, dessen Inhaber beide gleichzeitig an zwei Geldautomaten 75 Euro abheben möchten, kann es zu folgendem zeitlichen Ablauf kommen:

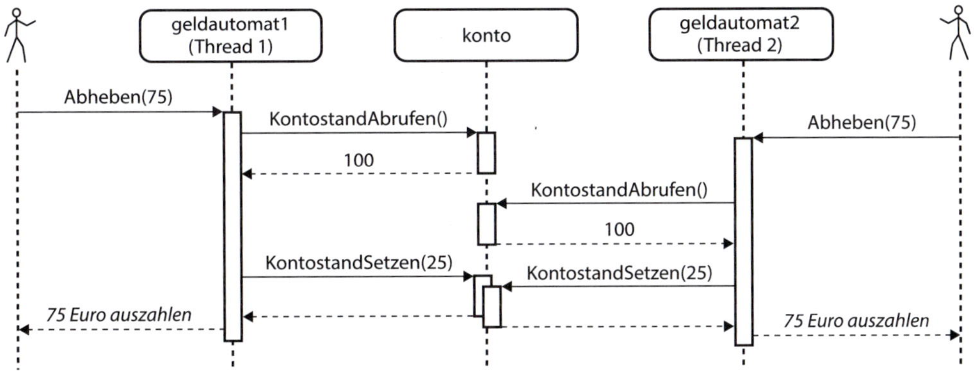

Abbildung 4

Um solche Fehler zu verhindern, muss man sicherstellen, dass die Methode *Abheben* stets nur von einem Thread gleichzeitig durchlaufen wird. Solche Abschnitte im Programmcode, die stets nur von einem Thread gleichzeitig durchlaufen werden dürfen, werden als **kritische Abschnitte** bezeichnet. Für diese Abschnitte muss jeweils ein Verfahren zum **wechselseitigen Ausschluss** der Threads implementiert werden, welches ähnlich wie die Signale bei der Bahn sicherstellt, dass während der Ausführung des kritischen Abschnittes durch einen Thread alle weiteren Threads vorübergehend von der Ausführung dieses Abschnittes ausgeschlossen werden.

Absprachen allein genügen nicht

Bereits in den 60er-Jahren des vergangenen Jahrhunderts wurde nach Lösungen für das Problem der Synchronisation nebenläufiger Abläufe gesucht. Erste Ansätze basierten auf „Absprachen", d. h. gemeinsam genutzten Variablen, die signalisierten, ob ein kritischer Abschnitt aktuell frei oder benutzt ist. Leider ist dieses Verfahren nicht sicher, da zwischen dem Test auf Benutzbarkeit und dem Sperren des Abschnittes für andere Zeit vergeht. So ist es möglich, dass ein Thread feststellt, dass ein kritischer Abschnitt aktuell frei ist, ehe er ihn aber für andere sperren kann, stellt ein anderer Thread ebenfalls fest, dass der Abschnitt frei ist. Daraufhin arbeiten beide Threads verbotenerweise gleichzeitig innerhalb des kritischen Abschnitts. →Dijkstra konnte zeigen, dass eine Lösung des Synchronisationsproblems auf Programmebene unmöglich ist; dazu ist eine Unterstützung durch den Prozessor nötig. Das Betriebssystem muss spezielle Methoden zur Synchronisation bereitstellen, welche selbst →atomar sind. Dies bedeutet, dass diese Methoden stets nur als Ganzes von genau einem Thread gleichzeitig ausgeführt werden können.

→Edsger Wybe Dijkstra; niederländischer Informatiker, 1930–2002

→von altgr. atomos: unteilbar

→gr. sema: Zeichen, gr. pherein: tragen; in etwa „Zeichenträger“. Auch klassische Bahnsignale werden historisch als Semaphore bezeichnet und im Spanischen bezeichnet „semáforo“ eine Verkehrsampel.

Das Prinzip dieser Nutzungsmethoden (sog. →Semaphorprinzip) funktioniert wie digitale Bahnsignale.

Monitore vereinfachen den wechselseitigen Ausschluss

Häufig beschränken sich **kritische Abschnitte** jedoch nicht nur auf einen eng eingrenzbaren Teil des Programmcodes wie etwa eine Methode. Bei der bereits als Beispiel angeführten Klasse GELDAUTOMAT bilden beispielsweise die Methoden *Abheben* und *Einzahlen* pro Konto einen gemeinsamen kritischen Abschnitt, da nicht nur zwei parallel ausgeführte Abhebungen von einem Konto zu Fehlern führen können, sondern ebenso die parallele Ausführung einer Abhebung und einer Einzahlung. Eine zentrale Herausforderung beim Entwickeln nebenläufiger Programme ist es daher, alle kritischen Abschnitte als solche zu identifizieren und entsprechend abzusichern.

Viele Programmiersprachen bieten hierfür sogenannte **Monitore** an. Dabei werden die zu sichernden Codeabschnitte lediglich mit einer speziellen Markierung versehen, um diese als kritische Abschnitte zu kennzeichnen. Sämtliche so markierten Codeabschnitte bilden damit pro Objekt einen gemeinsamen kritischen Abschnitt. Während der Programmausführung wird die Synchronisation der Threads dann automatisch im Hintergrund durchgeführt und sichergestellt, dass stets höchstens ein Thread irgendeinen der entsprechend markierten Codeabschnitte durchläuft.

Python
```
import threading
lock = threading.Lock()
...
with lock:
    # kritischer Abschnitt
```

Swift
```
let monitor = NSCondition()
...
monitor.lock()
    // kritischer Abschnitt
monitor.unlock()
```

Java
```
...
synchronized {
    // kritischer Abschnitt
}
```

Markierung eines kritischen Abschnitts

Häufig werden dabei mehrere Methoden einer Klasse über den gleichen Monitor abgesichert, sodass für ein Objekt der Klasse alle diese Methoden einen gemeinsamen kritischen Abschnitt bilden.

Abschnitte im Programmcode, die stets nur von maximal einem Thread gleichzeitig durchlaufen werden dürfen, werden **kritische Abschnitte** genannt. Für diese Abschnitte muss der **wechselseitige Ausschluss** z. B. durch **Monitore** sichergestellt werden.

Aufgaben

1 Die Bankkontoverwaltung

Betrachten Sie das Beispiel der Bankkontoverwaltung auf S. 202–203.

a Wie im Lehrtext erwähnt, kann es auch zu einem inkonsistenten Datenbestand kommen, falls gleichzeitig die Methoden *Abheben* und *Einzahlen* für ein Konto aufgerufen werden. Zeichnen Sie ein Sequenzdiagramm für einen solchen fehlerhaften Ablauf und beschreiben Sie anhand des Diagramms, weshalb es dabei zu einem inkorrekten Kontostand kommt.

b Diskutieren Sie, inwieweit ein korrekter nebenläufiger Aufruf der Methoden *Abheben* und *Einzahlen* auch gewährleistet werden könnte, indem unmittelbar vor dem Aufruf von *KontostandSetzen* der aktuelle Kontostand noch einmal mittels *KontostandAbrufen* geprüft wird.

2 Monitore zur Threadsynchronisation einsetzen

In dem zu dieser Aufgabe bereitgestellten Programm wird eine Wetterstation simuliert. Das Programm arbeitet dabei mit mehreren Threads, wobei jede erfasste Messgröße (Temperatur, Luftdruck usw.) von einem eigenen Thread erfasst und als Text ausgegeben wird.

a Identifizieren Sie alle kritischen Abschnitte im vorgegebenen Programmcode.

b Ergänzen Sie den Programmcode sinnvoll, damit fehlerhafte Ausgaben zukünftig vermieden werden. Verwenden Sie zur Synchronisation der Threads das Monitorkonzept.

3 Nebenläufigkeit bei Datenbanken

Datenbankserver erlauben in der Regel mehreren Nutzern den nebenläufigen lesenden und schreibenden Zugriff auf ihre Datenbestände.

a Erläutern Sie an einem selbst gewählten Beispiel, wie es durch den nebenläufigen Zugriff zweier Nutzer zu inkonsistenten Daten in einer Datenbanktabelle kommen kann.

b Erklären Sie, wie die in a) genannten Inkonsistenzen durch das Prinzip des wechselseitigen Ausschlusses verhindert werden könnten.

c Wechselseitiger Ausschluss kann auf Datenbankebene, Tabellenebene oder auch Datensatzebene realisiert werden, wobei sichergestellt wird, dass entweder die komplette Datenbank, einzelne Tabellen oder einzelne Datensätze einer Tabelle nur von einem Nutzer gleichzeitig genutzt werden können. Beurteilen Sie, welche Art von wechselseitigem Ausschluss für die erfolgreiche Ausführung der folgenden Operationen mindestens gewährleistet sein muss:

i Anlegen einer neuen Tabelle

ii Ändern des Wertes eines Attributs in einem Datensatz, das nicht Teil eines Schlüssels ist

iii Ändern des Wertes eines Primärschlüsselattributs in einem Datensatz

iv Einfügen eines neuen Datensatzes in einer Tabelle

d Diskutieren Sie, inwiefern es beim parallelen Zugriff auf eine Datenbanktabelle zu Inkonsistenzen kommen kann, wenn Datensätze ausschließlich gelesen und hinzugefügt, aber nie verändert oder gelöscht werden. Gehen Sie dabei davon aus, dass das Einfügen eines Datensatzes atomar erfolgt.

e Für Schnelle: Viele Datenbanksysteme verzichten auf das Erzwingen eines vollständigen wechselseitigen Ausschlusses und arbeiten stattdessen mit voneinander isolierten „Transaktionen". Recherchieren Sie die Funktionsweise dieser Transaktionsisolation und diskutieren Sie Vor- und Nachteile dieses Vorgehens im Vergleich zu einem strikten wechselseitigen Ausschluss, bei dem stets nur ein Nutzer zeitgleich Zugriff auf eine Datenbank oder Teile davon erlangen kann.

4 Ist ein wechselseitiger Ausschluss immer notwendig?

Ein nebenläufiges Programm besteht aus zehn Threads und einer von allen Threads gemeinsam genutzten Variable. Die Lese- und Schreibzugriffe auf die Variable erfolgen für sich genommen atomar. Diskutieren und beurteilen Sie in Kleingruppen, in welchen der folgenden Fälle darüber hinaus ein wechselseitiger Ausschluss zur Vermeidung inkonsistenter Daten benötigt wird:

i Alle Threads greifen stets nur lesend auf die gemeinsame Variable zu.
ii Nur genau ein Thread greift lesend und schreibend auf die Variable zu, alle übrigen Threads lesen den Variableninhalt nur.
iii Neun Threads greifen nur schreibend (niemals lesend) auf die Variable zu; der zehnte Thread greift lesend und schreibend auf die Variable zu.
iv Fünf Threads greifen nur schreibend (niemals lesend) auf die Variable zu; die übrigen fünf Threads greifen hingegen nur lesend auf die Variable zu.
v Alle Threads greifen sowohl lesend als auch schreibend auf die Variable zu.

5 Synchronisation mittels einer einfachen Variable

Lena hat versucht, den Zugriff auf den kritischen Abschnitt mit Hilfe einer Booleschen Variablen zu koordinieren:

```
attribut istFrei: WAHRHEITSWERT = WAHR
...
methode KontostandVerzinsen(zinssatz)
        falls istFrei dann
            istFrei = FALSCH
            kontostand = kontostand * (1 + zinssatz)
            istFrei = WAHR
        endefalls
endemethode
```

Trotzdem liefert ihr Programm immer wieder falsche Ergebnisse.
Erläutern Sie unter Angabe eines Sequenzdiagramms, warum Lenas Konzept nicht funktioniert.

6 Der Paketdienst (aus Abitur 2017)

Ein auf Paketversand spezialisiertes Unternehmen hat flächendeckend an verschiedenen Orten Paketstationen aufgestellt. [...] Der Paketdienst bietet die Möglichkeit, dass auch ein Privatkunde fertig adressierte und frankierte Pakete zulässiger Größe in der Paketstation ablegen kann, die dann von einem Mitarbeiter abgeholt werden. Hierzu muss der Kunde im Voraus ein Ablagefach der Paketstation online reservieren. Auf dem hierfür verwendeten Server des Paketdienstes wird dies durch folgenden Algorithmus abgewickelt:

```
falls in der Paketstation noch ein Ablagefach frei ist
dann
    nimm die Reservierungen an
    verringere die Zahl der freien Ablagefächer um eins
    weise ein freies Ablagefach zu
endefalls
```

Die Anzahl der reservierbaren Ablagefächer in einer konkreten Paketstation beträgt 15. Erläutern Sie, wie es geschehen kann, dass der Server mehr als 15 Reservierungen gleichzeitig gespeichert hat, und stellen Sie eine Maßnahme dar, dies zu verhindern.

7 Der Ticketverkauf

Eine Eventagentur verkauft Tickets für eine Konzertveranstaltung über einen Online-Shop, der jeden Bestellvorgang in einem eigenständigen Thread abwickelt. Im Konzertsaal gilt freie Platzwahl, aber es muss sichergestellt werden, dass keinesfalls mehr Tickets verkauft werden, als Plätze vorhanden sind.

a Gehen Sie zunächst davon aus, dass keinerlei Maßnahmen zur Synchronisation der Verkaufsvorgänge ergriffen wurden. Spielen Sie in Kleingruppen einen Ablauf als Rollenspiel nach, bei dem es zu einer Überbuchung kommt.

b Geben Sie basierend auf a) an, welche Teile des Online-Shopsystems einen kritischen Abschnitt bilden.

c Bisher konnten Tickets im Online-Shop nur direkt in einem Schritt gekauft werden. Nun soll stattdessen ein Warenkorbsystem eingeführt werden. Nachdem ein Ticket in den Warenkorb gelegt wurde, ist es maximal 15 min für den jeweiligen Kunden reserviert. Wird der Kauf in dieser Zeit nicht abgeschlossen, endet die Reservierung automatisch und das Ticket wird aus dem Warenkorb wieder entfernt. Im Shop wird dies intern durch die Methoden *TicketReservieren*, *TicketkaufAbschliessen* und *ReservierungStornieren* abgebildet. Beurteilen Sie begründet, welche dieser Methoden einen kritischen Abschnitt enthalten.

8 Debugging

Fehlfunktionen in Softwareprodukten, die auf eine unzureichende oder inkorrekte Synchronisation nebenläufiger Abläufe zurückzuführen sind, gelten als besonders schwer auffindbar.

a Erklären Sie allgemein, wie es dazu kommen kann, dass ein nebenläufiges Programm im produktiven Einsatz fehlerhaft funktioniert, obwohl es während einer vorangegangenen Testphase keinerlei Fehlfunktion zeigte.

b Erstellen Sie gemeinsam in Kleingruppen eine Checkliste mit konkreten Handlungsempfehlungen für die Arbeit mit nebenläufigem Programmcode, damit Fehler im Code bestmöglich vermieden werden können. Beziehen Sie in Ihre Überlegungen neben der unmittelbaren Arbeit mit dem Programmcode auch die Aspekte Modellierung und Visualisierung mit ein.

c Um „auf Nummer sicher zu gehen“, dass es nicht zu Fehlern durch unzureichende Threadsynchronisation kommt, schlägt eine Kollegin bei einem Softwareprojekt vor, einfach alle nebenläufigen Methoden sicherheitshalber durch einen Monitor zu schützen. Erläutern Sie, weshalb dies in der Regel keine gute Idee ist.

4.3 Eine gemeinsame Ressource: Effiziente Synchronisierung

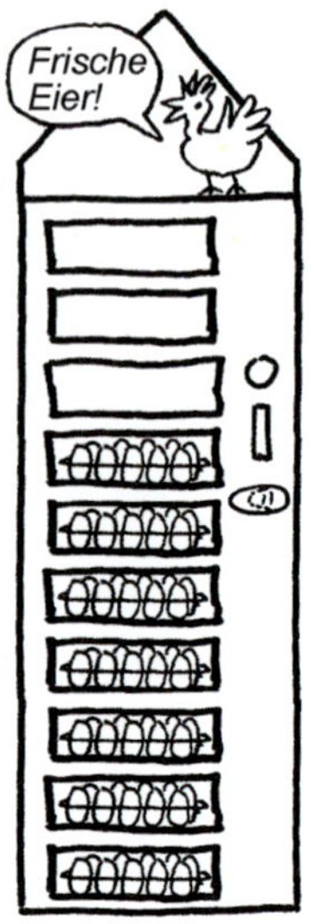

Abbildung 1

Ein kleiner Eierautomat auf dem Lande fasst zehn Eierkartons. Um ihre Buchhaltung zu vereinfachen, befüllt die Landwirtin den Automaten nur, wenn er ganz leer ist. Da sie aber auch oft anderweitig beschäftigt ist, kann sie das Gerät nicht ständig kontrollieren. Der Kunde Leo braucht sehr häufig einen Karton Eier zum Backen; findet er den Automaten leer vor, kommt er oft mehrmals täglich wieder, bis der Automat endlich wieder befüllt wurde.

- **a** Beschreiben Sie, wie die Abläufe beim Eierautomaten unter den gegebenen Voraussetzungen optimiert werden könnten.
- **b** Im vorliegenden Projekt wurde die beschriebene Situation implementiert. Erstellen Sie ein Objekt der Klasse LANDLEBEN und bestimmen Sie auf Basis einer Momentaufnahme ein ungefähres Verhältnis von Befüllungen der Bäuerin zu Eierholbesuchen von Leo.
- **c** In der Klasse BESSERER_EIERAUTOMAT ist ein verbessertes Verfahren in der Methode *Befuellen*() bereits umgesetzt. Analysieren Sie die Implementierung und ergänzen Sie auch in *EierHolen*() eine entsprechende Strategie an den markierten Stellen. Passen Sie den Objekttyp in LANDLEBEN an und testen und bewerten Sie dann Ihre Lösung.
- **d** Für Schnelle: Im Winter kann die Bäuerin den Automaten häufiger kontrollieren, während Leo dann deutlich weniger backt. Setzen Sie dies durch Modifikation der Zeiten um, testen Sie erst mit einem normalen, dann mit einem besseren Eierautomaten und überprüfen Sie, ob Ihre Lösung auch in diesem umgekehrten Szenario funktioniert.

Schwierigkeiten bei der gemeinsamen Nutzung einer Ressource
In den bisher betrachteten Fällen wie z. B. beim gemeinsamen Konto genügte es, den Zugriff nebenläufiger Threads auf die gemeinsam genutzte Ressource durch den Einsatz von Monitoren zu koordinieren: Hatte ein Thread den Zugriff auf den kritischen Abschnitt erhalten, konnte er die Ressource immer unmittelbar nutzen, seine Aufgabe erledigen und dann den kritischen Abschnitt wieder verlassen; der Zustand der gemeinsam genutzten Ressource war dabei unerheblich. Dadurch traten für die Threads weder nennenswerte Wartezeiten auf noch waren logistische Überlegungen zu ihrer Zugriffsreihenfolge erforderlich. Im Folgenden werden nun Problemklassen illustriert, bei denen diese Aspekte eine Rolle spielen.

Erzeuger-Verbraucher-Probleme: Ressourcenzustand verursacht Wartezeiten
Ein Roboter füllt Kisten und legt sie dann auf einem Zwischenspeicherplatz ab. Ein zweiter Roboter holt die Kisten von diesem Zwischenspeicherplatz und ordnet sie in ein Regallager ein. Während der erste Roboter mit gleichbleibender Geschwindigkeit arbeitet, benötigt der zweite Roboter mal mehr, mal weniger Zeit, je nach Entfernung der Lagerplätze für die Kisten. Auf den Zwischenspeicherplatz darf immer nur ein Roboter zugreifen, damit sie sich nicht gegenseitig beschädigen. Die beschriebene Situation wird allgemein als **Erzeuger-Verbraucher-Problem** bezeichnet und ist eine beispielhafte Beschreibung von Problemen, bei denen sich erzeugende und verbrauchende Threads einen gemeinsamen Zwischenspeicher teilen.

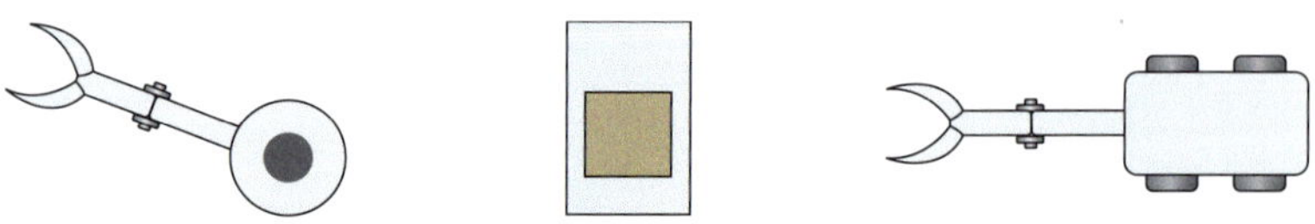

Roboter 1 (Erzeuger) *Zwischenspeicher mit Ware* *Roboter 2 (Verbraucher)*

Abbildung 2

Das zugehörige Sequenzdiagramm spiegelt die Nebenläufigkeit beim Zugriff auf den Zwischenspeicher wider:

Werden die Methoden *Ablegen* und *Holen* als Monitor erklärt, scheint das Problem auf den ersten Blick behoben, *Ablegen* und *Holen* wechseln sich einfach ab:

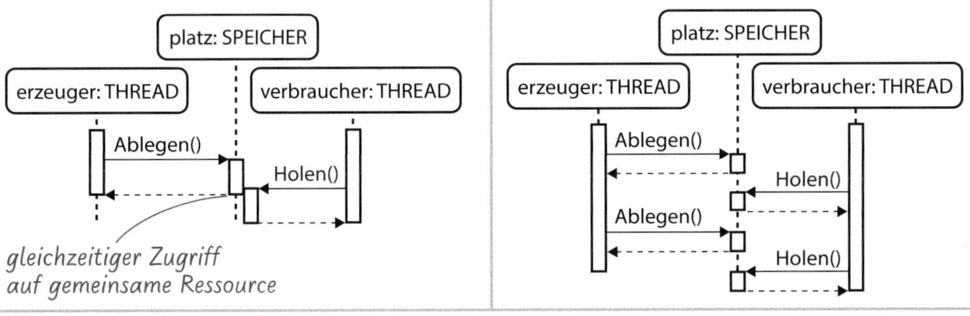

Abbildung 3

Da aber beide Roboter unterschiedlich schnell arbeiten, kann es zum Beispiel passieren, dass der Erzeuger Kiste 5 schon verpackt hat, noch ehe der Verbraucher Kiste 4 abholen konnte. Der Erzeuger kann dann Kiste 5 nicht ablegen, da der Platz ja noch besetzt ist. Er kann aber auch nicht einfach mit dem Arm über Kiste 4 warten, da sonst der Verbraucher diese Kiste nicht abholen kann.

Lösung durch Absprachen

Der Erzeuger kann nun einfach den Arm zurückziehen, etwas warten und später immer wieder aktiv versuchen, den Monitor zu betreten (**aktives Warten**/busy waiting). Das Problem ist damit sicher gelöst, aber mit unnötig viel Aufwand: Sind die Wartezeitintervalle kurz, muss es der Erzeuger unter Umständen öfter versuchen, bis er die Kiste ablegen kann, und er hindert bei diesen Versuchen vielleicht sogar den Verbraucher am Abholen. Sind die Wartezeitintervalle lang, vergeudet der Erzeuger Arbeitszeit. Ähnliches gilt für den Verbraucher. Viel effizienter ist es, wenn der Verbraucher dem Erzeuger mitteilen kann, dass er jetzt die Kiste abgeholt hat und damit der Ablageplatz wieder frei ist. Eine Erweiterung des Monitorkonzeptes um zwei Methoden ermöglicht diese Kommunikation. Beide Methoden können nur innerhalb von Monitoren verwendet werden.

Warten()	Der Thread gibt den Monitor frei und wird in eine Warteschlange für diesen Monitor eingereiht.
Benachrichtigen()	Das Betriebssystem wählt einen beliebigen der auf den aktuellen Monitor wartenden Threads aus. Sobald der aktive Thread den Monitor endgültig verlassen hat, bekommt der benachrichtigte Thread Zugriff auf den Monitor.

Damit kann der Erzeuger nun, wenn der Platz belegt ist, genau so lange warten, bis der Verbraucher sagt, dass der Platz frei ist, und umgekehrt (**passives Warten**). Das Vorgehen ist hinsichtlich einer Minimierung von „Betreteversuchen" und Wartezeiten maximal effizient. Die Klassen ERZEUGER, VERBRAUCHER und SPEICHER haben folgendes typisches Aussehen:

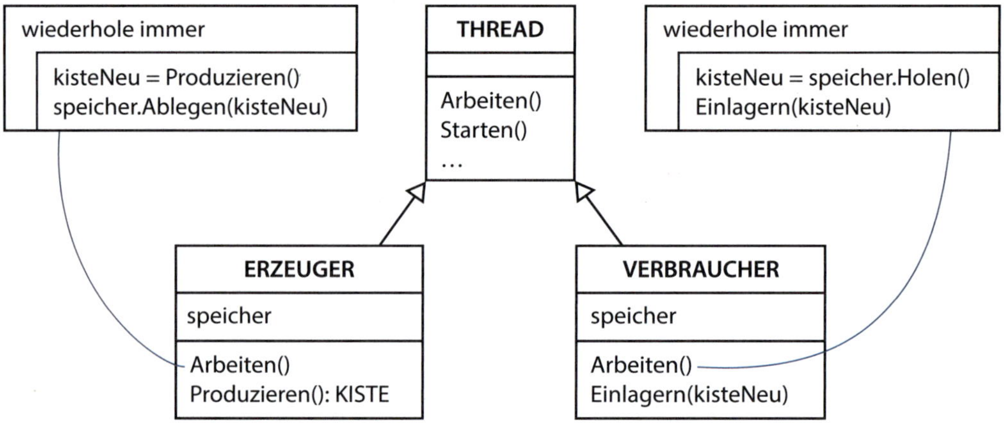

Abbildung 4

Nachdem der Thread bereits Zugriff auf den Monitor erhalten hat, muss er abhängig vom Zustand der gemeinsamen Ressource entscheiden, ob er den Monitor wieder freigibt.

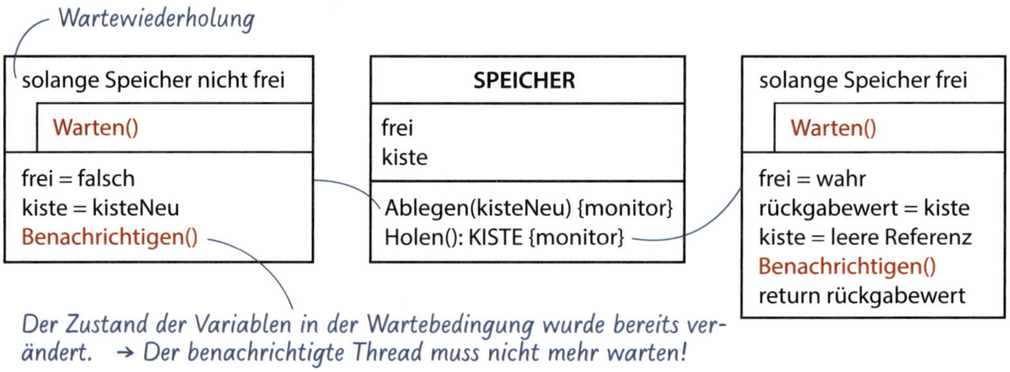

Abbildung 5

Java	Python	Swift
	`import threading`	`let monitor = NSCondition()`
`synchronized … {`	`lock = threading.Condition()`	`...`
`try {wait();}`	`...`	`monitor.lock`
`catch (…){ }`	`with lock:`	`monitor.wait()`
`…`	`lock.wait()`	`...`
`notify();`	`...`	`monitor.signal()`
`}`	`lock.notify()`	`monitor.unlock`

Erzeuger-Verbraucher-Probleme sind Beispiele für Synchronisationsprobleme, bei denen es vom Zustand der gemeinsam genutzten Ressource abhängt, ob ein Thread seine Aufgabe erledigen kann. Innerhalb eines Monitors kann der Zugriff durch Absprachen koordiniert werden (**passives Warten**): Die Methoden ***Warten*** und ***Benachrichtigen*** (bzw. *AlleBenachrichtigen*) realisieren die Kommunikation zwischen den Threads. So wird eine permanente Neuüberprüfung des Ressourcenzustands (**aktives Warten**) vermieden.

Aufgaben

1 Richtig oder falsch?
Entscheiden Sie zu jeder Aussage, ob sie richtig oder falsch ist. Begründen und berichtigen Sie bei falschen Aussagen.

a Sobald ein Thread beim Erzeuger-Verbraucher-Problem Zugriff auf den Monitor erhalten hat, kann er seine Aufgabe erledigen.
b Passives Warten bedeutet, regelmäßig zu versuchen, den Monitor zu betreten.
c Beim Aufruf von *Benachrichtigen*() erhält der erste Thread in der Warteschlange sofort Zugriff auf den Monitor.

2 Warten im Alltag
Illustrieren Sie die Strategien „Aktives Warten“ und „Passives Warten“ erst im Sachkontext eines Pakets, das Sie sehnlichst erwarten, und erklären Sie die Konzepte dann allgemein.

3 Firmenkonto
Eine kleine Firma hat für ihr Firmenkonto keinen Dispokredit: Es dürfen also nur Abhebungen vorgenommen werden, die den Kontostand nicht unter Null sinken lassen.
In einer vereinfachten Simulation könnten Einzahlungen und Abhebungen mit Hilfe von Threads umgesetzt und das Konto als gemeinsam genutzte Ressource mit synchronisierten Zugriffsmethoden implementiert werden.
Erarbeiten Sie in Vierergruppen ein kurzes Rollenspiel, das die Abläufe bei zufälligen Ein- und Auszahlungsvorgängen darstellt. Mögliche Rollenverteilung: Einzahler, Auszahler, Konto, Moderator der Abläufe

4 Boote am Chiemsee
Ein hochfrequentierter Steg am Chiemsee bietet 10 Liegeplätze für Boote. Diese müssen vor dem Anlegen per App reserviert und beim Ablegen wieder freigegeben werden. Dazu stehen Methoden in der Klasse STEGVERWALTUNG zur Verfügung, die die Boote intern in einem Feld verwaltet.

a Ermitteln Sie anhand des Quellcodes, weshalb es zu Inkonsistenzen bei der Liegeplatzvergabe kommen kann. Stellen Sie das Problem in einem Sequenzdiagramm dar. Geben Sie dann eine Verbesserung des Quellcodes an, die das Problem behebt.
b Häufig sind alle Plätze belegt und die Reservierungsmethode muss auf einen freien Platz warten. Erklären Sie anhand des Quellcodes, mit welcher Strategie dies bisher umgesetzt wurde und warum die vorliegende Umsetzung nach Ihrer Verbesserung aus a) nicht mehr funktioniert.

Abbildung 6

c Setzen Sie eine andere Wartestrategie um, die weniger ressourcenintensiv ist.

5 Erzeuger-Verbraucher-Problem

Im vorliegenden Projekt ist das Erzeuger-Verbraucher-Problem implementiert. In den Klassen ERZEUGER und VERBRAUCHER wird das Produzieren bzw. Einlagern in Millisekundenschritten simuliert.

a Der Zugriff von Erzeuger und Verbraucher auf die gemeinsame Ressource wurde im Projekt bereits synchronisiert. Benennen und erklären Sie das Konzept, das dabei umgesetzt wurde.

b Betrachten Sie die grafische Darstellung im Vorlagenprojekt.

  i Erklären Sie anhand der grafischen Darstellung, welche Strategie zum Warten auf einen freien Ablageplatz im Projekt verwendet wird.

  ii Verifizieren Sie Ihre Vermutung anhand des Quellcodes. Erklären Sie, warum die Strategie ungünstig ist. Begründen Sie auch, warum für die Umsetzung ein Rückgabewert der Methode *Ablegen*() notwendig ist.

  iii Ergänzen Sie eine Variable zum Mitzählen der Vergleiche in den Methoden von SPEICHER und geben Sie deren Wert aus.

c Verbessern Sie den Quellcode in einer Kopie des Projekts: Sorgen Sie dafür, dass die Threads passiv warten. Vergleichen Sie dann – für eine etwa gleich große Zeitspanne – die vorherige Anzahl von Vergleichen mit der jetzigen.

Arbeiten Sie im Folgenden in der Projektvorlage ohne grafische Darstellung.

d Zählen Sie mit einer Variablen, wie häufig *Warten*() vom Erzeuger- bzw. Verbraucherthread aufgerufen wird. Erweitern Sie dann die Anzahl der verfügbaren Ablegeplätze in SPEICHER mit Hilfe eines Felds auf 10 und vergleichen Sie die Variablenwerte für eine etwa gleich große Zeitspanne. Erklären Sie Ihre Beobachtung.

e Erweitern Sie auf fünf Erzeuger und fünf Verbraucher. Vergessen Sie nicht, die Benachrichtigung in den Methoden von SPEICHER anzupassen. Vergleichen Sie die Werte Ihrer Variablen zum Zählen der Vergleiche bzw. *Warten*-Aufrufe und ordnen Sie Ihre Beobachtung ein.

f Für Schnelle: Implementieren Sie in einer Kopie des Projekts eine Umsetzung mit Semaphoren. Die Zugriffsversuche beim aktiven Warten sollen mit einem Zeitabstand von 100 ms erfolgen.

6 Parkverbot

In der Innenstadt gibt es eine beliebte Stelle im Parkverbot, die Platz für ein einzelnes Fahrzeug bietet. Für schnelle Erledigungen werden Fahrzeuge dort häufig bis zu fünf Minuten abgestellt. Ist der Platz gerade besetzt, hat es sich etabliert, einmal um den Block zu fahren und es dann erneut zu probieren. Im Folgenden soll der beschriebene Parkverkehr mit Threads simuliert werden.

Abbildung 7

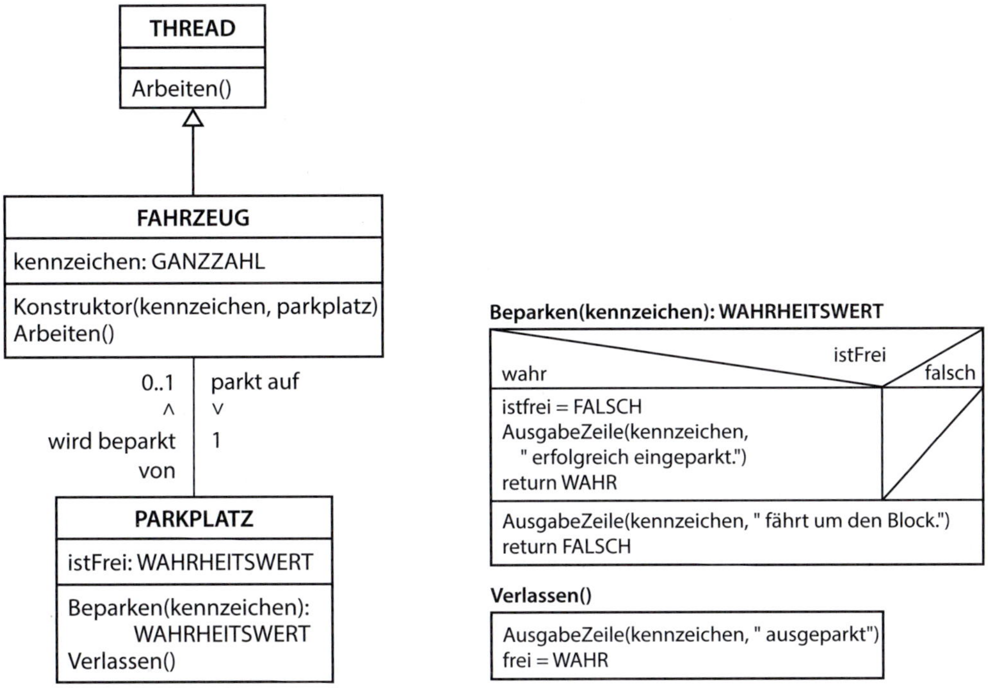

Abbildung 8

a Erstellen Sie eine Programmsimulation für das im Text beschriebene Szenario auf Basis des gegebenen Klassendiagramms und der Struktogramme. Erstellen Sie auch eine Rahmenklasse, die zehn Fahrzeugthreads erstellt und startet. Der Einfachheit halber sollen diese zehn Fahrzeuge immer wieder ein- und ausparken.

b Vergleichen Sie Ihr Programm mit der zur Verfügung gestellten Lösung und korrigieren Sie gegebenenfalls. Führen Sie dann die Lösungssimulation aus und begründen Sie anhand der Ausgaben, dass die Lösung noch einen Fehler enthält. Erklären Sie, warum der Fehler z. B. mit einem Monitor vermieden werden kann, und verbessern Sie den Quellcode entsprechend. Testen Sie erneut.

c Diskutieren Sie zu zweit, ob die Situation einer Ihnen bekannten Problemklasse zugeordnet werden kann.

d Mehrmals um den Block zu fahren ist aufwändig und nicht ökologisch. Verbessern Sie das Programm, indem Sie die Strategie „Passives Warten“ für die Threads umsetzen. Diskutieren Sie zu zweit, ob sich diese auch auf den Sachkontext der Parkplatzsuche übertragen lässt.

e Anton hat sowohl in *Beparken* als auch in *Verlassen* den Aufruf der Methode *Benachrichtigen*() vergessen. Treffen Sie eine Voraussage, welche Ausgabe bei seinem Programm zu erwarten ist, und überprüfen Sie Ihre Lösung dann.

7 Forschungsauftrag: spurious wakeups

Der Pseudocode im Lehrtext zum passiven Warten verwendet eine Wartewiederholung. Diskutieren Sie zu zweit, ob eine bedingte Anweisung nicht ausreichend wäre. Recherchieren Sie dann zum Begriff „spurious wakeups“ und besprechen Sie sich erneut.

4.4 Mehrere gemeinsame Ressourcen: Deadlocks verhindern

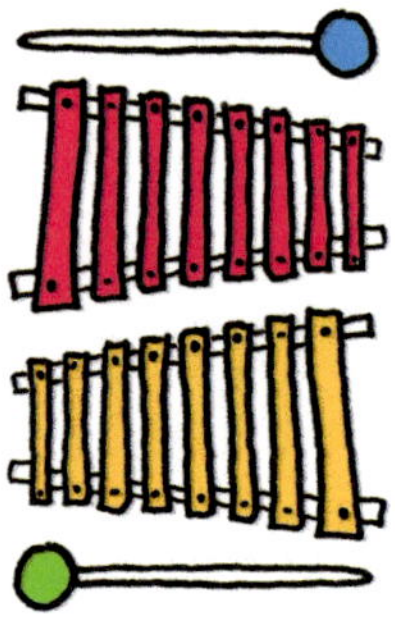

Abbildung 1

Die Kinder Jakob, Matilda und Ina wollen musizieren. Jedes Kind möchte eine Weile mit einem Xylophon und einem Schlegel spielen. Insgesamt sind zwei verschiedenfarbige Xylophone und zwei verschiedenfarbige Schlegel verfügbar. Alle versuchen gleichzeitig, sich die benötigten Gegenstände zu sichern. Hat ein Kind einen Gegenstand mit seiner Wunschfarbe ins Auge gefasst, gibt es sich auch nicht mit einem andersfarbigen gleichartigen Gegenstand zufrieden.

a Beschreiben Sie auf Basis des angegebenen Graphenteils eine Aufteilung der Gegenstände, in der es zu einer festgefahrenen Situation durch eine gegenseitige Blockade kommen kann. Übertragen Sie den Graphen in Ihr Heft und vervollständigen Sie ihn dann entsprechend Ihrer Beschreibung.

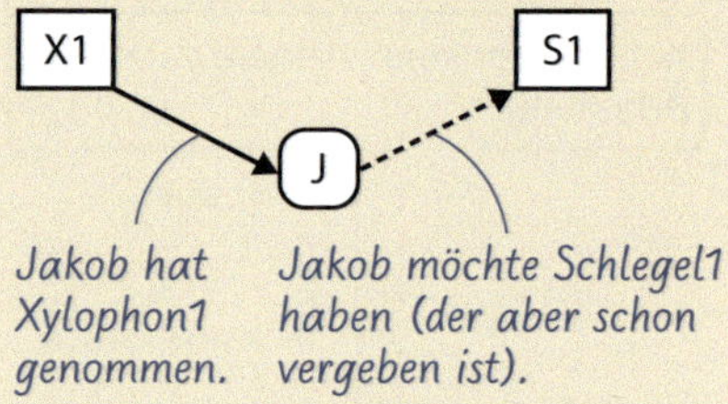

b Erklären Sie, woran man die gegenseitige Blockade in Ihrem Graphen erkennen kann.

c Formulieren Sie eine einfache Regel, bei deren Einhaltung ein solches Problem nicht auftreten kann.

Schwierigkeiten bei der gemeinsamen Nutzung mehrerer Ressourcen

Christian und Sarah wollen am Samstagvormittag zum Mountainbiken. Zu dieser Zeit sind die Plätze im Zubringerbus aber schon fast ausgebucht: Es steht nur noch ein Sitzplatz und ein Fahrradplatz zur Verfügung. Christian legt in der App des lokalen Busunternehmens den Fahrradplatz in seinen Warenkorb und dann den Sitzplatz. Sarah geht genau andersherum vor. Als beide gleichzeitig auf „kostenpflichtig bestellen" tippen, werden auf dem zentralen Buchungsserver zwei Buchungsthreads gestartet: Christians Thread reserviert zunächst sein erstes Warenkorbelement, den Fahrradplatz; Sarahs Thread reserviert den Sitzplatz. Damit sind alle Plätze belegt; die beiden Threads können aber ihre Arbeit nicht beenden, da sie nun darauf warten, den jeweils anderen Platz im Warenkorb buchen zu können. Da sie die Reservierung des ersten Platzes auch nicht wieder aufgeben, blockieren sich die Threads gegenseitig. Solche Probleme, die nur entstehen können, wenn parallele Prozesse mehrere Ressourcen/Betriebsmittel gemeinsam nutzen, werden anschaulich mit dem **Problem der speisenden Philosophen** beschrieben.

Die speisenden Philosophen

Fünf Philosophen sitzen um einen Tisch, der wie in der Abbildung gedeckt ist. Für das Essen gilt:

- Ein Philosoph benötigt zwei Gabeln, um das servierte Gericht zu verspeisen.
- Ein hungriger Philosoph greift zuerst zur linken Gabel, dann zur rechten, isst und legt einmal aufgenommene Gabeln erst nach beendeter Mahlzeit wieder ab.
- Liegt eine benötigte Gabel nicht an ihrem Platz, wartet ein Philosoph stoisch, bis sie wieder verfügbar ist.

Abbildung 2

So lange nicht alle Philosophen gleichzeitig zu essen beginnen wollen, führt das Verfahren nur zu gelegentlichen Wartezeiten. Greifen aber alle Philosophen im selben Augenblick zum Besteck, nimmt jeder Philosoph zunächst die links liegende Gabel auf. Dadurch werden allen die rechts liegenden Gabeln durch ihren Nachbarn weggenommen. Da keiner die aufgenommene Gabel wieder ablegt, solange er nicht gegessen hat, blockieren sich die Philosophen gegenseitig und werden verhungern.

Ein **Betriebsmittelzuteilungsgraph** (Abbildung 3) visualisiert, welche Threads (die speisenden Philosophen) welche Ressourcen (die Gabeln) belegen bzw. angefordert haben, und entlarvt die Konstellation als eine **zyklische Wartesituation**, in der jeder beteiligte Thread auf die Freigabe von Betriebsmitteln wartet, die bereits von einem anderen Thread exklusiv belegt werden: Eine **Verklemmung (Deadlock)** ist entstanden.

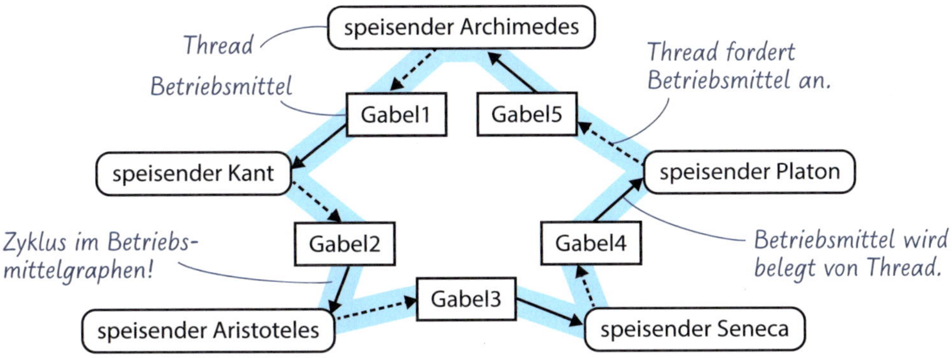

Abbildung 3

Voraussetzungen für Verklemmungen

Das Beispiel erfüllt alle vier Voraussetzungen, die für eine Verklemmungssituation gegeben sein müssen. Sie werden als →**Coffman-Bedingungen** bezeichnet:

→formuliert 1971 von Coffman, Elphick und Shoshani

1. **Wechselseitiger Ausschluss (mutual exclusion):** Jedes Betriebsmittel wird entweder von genau einem Thread belegt oder es ist verfügbar.
2. **Halten und Warten (hold and wait):** Ein Thread, der bereits Betriebsmittel belegt, kann weitere Betriebsmittel anfordern.
3. **Ununterbrechbarkeit (non-preemption):** Die von einem Thread belegten Betriebsmittel können nicht von außen entzogen werden; der Thread selbst muss sie freigeben.
4. **Zyklisches Warten (cyclic waiting):** Es gibt eine zyklische Kette von Threads, von denen jeder ein Betriebsmittel angefordert hat, das vom nächsten Thread der Kette belegt ist.

Voraussetzung 4 kann nur eintreten, wenn die Bedingungen 1–3 erfüllt sind.

Verklemmungen von vornherein verhindern

Bevor aus Coffmans Analyse der Verklemmungsvoraussetzungen auf breiter Front Konsequenzen gezogen wurden, waren Verklemmungen keine Seltenheit: In einem typischen Firmenbüro der Siebzigerjahre gab es häufig Terminals, von denen aus der Zugriff auf den gemeinsam genutzten →Magnetband-Speicher eines Zentralrechners möglich war. Es konnte dann etwa passieren, dass ein Mitarbeiter von einem Terminal aus eine Datei vom Magnetband drucken wollte; das Druckprogramm reservierte den Drucker, um anschließend die gewünschte Datei zu öffnen. Eine Kollegin hatte das Magnetband allerdings schon exklusiv belegt, weil sie an einer anderen darauf gespeicherten Datei gearbeitet hatte, die sie nun im Texteditor ausdrucken wollte.

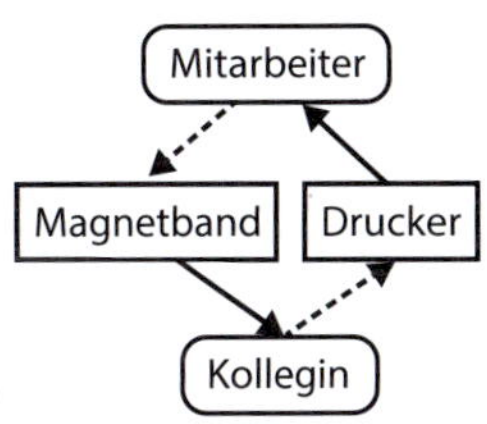

Abbildung 4

→Magnetband: historischer Datenträger, auf den nur exklusiv zugegriffen werden kann

Mittlerweile existieren Verklemmungen wie im Beispiel nicht mehr. Die Exklusivität des Druckerzugriffs wird heutzutage durch Druckerwarteschlangen aufgehoben, welche jedem Thread „seinen eigenen" virtuellen Drucker bieten. Die Strategie verfolgt die Grundidee, dafür zu sorgen, dass einzelne Coffman-Bedingungen (und damit auch alle vier gleichzeitig) nie erfüllt sind; in diesem Beispiel wird Coffman-Bedingung 1 außer Kraft gesetzt. Auch andere Verklemmungen treten so gut wie gar nicht mehr auf; auf Basis der Coffman-Bedingungen hat man allgemeine Strategien entwickelt, um potenzielle Verklemmungssituationen zu verhindern. Je nach Programmsituation muss nur noch analysiert werden, welche der Bedingungen am besten außer Kraft gesetzt werden kann:

- „Halten und Warten" kann vermieden werden, indem jeder Thread alle möglicherweise benötigten Betriebsmittel gleich zu Beginn anfordert. Er bekommt sie dann „auf einmal" zugeteilt, wenn alle gleichzeitig frei sind.
  Das schränkt die gewünschte Parallelität aber deutlich ein.
  Eine gängige Variante ist, alle für einen Teilschritt benötigen Ressourcen auf einmal anzufordern und sie dann nacheinander möglichst schnell wieder freizugeben. Komplexere Methoden erlauben zwar prinzipiell höhere Parallelität, werden aber in der Regel wegen des höheren Verwaltungsaufwands nicht eingesetzt.
  Alternativ kann die Anforderung einer weiteren Ressource nach einer gewissen Wartezeit abgebrochen und belegte Ressourcen zwischenzeitlich wieder freigegeben werden, bevor diese erneut angefordert werden.

> Man darf Gabeln nicht einzeln aufnehmen, sondern nur die linke und rechte Gabel gleichzeitig.

- Zyklisches Warten kann nicht auftreten, wenn für die Betriebsmittel vorab eine lineare Ordnung festgelegt wird: Ein Betriebsmittel B_j kann nach einem bereits belegten Betriebsmittel B_i nur dann beansprucht werden, wenn $j > i$ gilt.

> Die Gabeln werden durchnummeriert. Ein Philosoph darf seine zweite Gabel nur aufnehmen, wenn ihre Nummer größer als die seiner ersten Gabel ist. (Ansonsten muss er die vorige wieder ablegen.)

- Anstelle einer kategorischen „Ununterbrechbarkeit" kann ein kontrollierter Betriebsmittelentzug von außen erlaubt werden. Dabei muss der aktuelle Zustand der entzogenen Ressource gesichert werden können, damit eine spätere Wiederherstellung für eine Threadfortsetzung möglich ist. Dies ist z. B. für Speicherbereiche oder den Prozessor möglich, allerdings nicht für eine **ununterbrechbare Ressource** wie z. B. einen Drucker: Die Unterbrechung geht bei ununterbrechbaren Ressourcen immer mit einem Verlust der bisher geleisteten Arbeit einher – beim Abbruch eines Druckvorgangs wird zumindest die aktuelle Seite nur teilbedruckt.

> Einem auf die zweite Gabel wartenden Philosophen darf die erste Gabel vorübergehend weggenommen werden!

Beim gemeinsamen Zugriff auf mehrere Ressourcen kann es zu einer **Verklemmung** kommen, wenn alle beteiligten Threads zur Ausführung Ressourcen benötigen, die einer der anderen Threads bereits belegt. Der **Betriebsmittelzuteilungsgraph** enthält dann einen Zyklus. Zur Verhinderung kann von vornherein dafür gesorgt werden, dass mindestens eine der vier **Coffman-Bedingungen** für Verklemmungen nicht erfüllt ist: wechselseitiger Ausschluss, Halten und Warten, Ununterbrechbarkeit und zyklisches Warten. Wird einem Thread eine **ununterbrechbare Ressource** entzogen, geht die bis dahin geleistete Arbeit verloren.

Aufgaben

1 Richtig oder falsch?
Entscheiden Sie zu jeder Aussage, ob sie richtig oder falsch ist. Begründen und berichtigen Sie bei falschen Aussagen.
- a Damit eine Verklemmung zustande kommen kann, benötigt man mindestens zwei Threads und eine Ressource.
- b Eine Verklemmung kann durch gute Synchronisation vermieden werden.
- c Beim Erzeuger-Verbraucher-Problem kann es zu einer Verklemmung kommen.
- d Zur präventiven Verhinderung von Verklemmungen müssen alle vier Coffman-Bedingungen erfüllt sein.
- e Als ununterbrechbare Ressource wird ein Betriebsmittel bezeichnet, das einem Prozess nicht entzogen werden kann.

2 Xylophon
Reflektieren Sie Ihre Lösung von Teilaufgabe c) der Einstiegsaufgabe: Welche Coffman-Bedingung wird bei der von Ihnen vorgeschlagenen Strategie verletzt? Formulieren Sie dann im Sachkontext zwei alternative Regeln, die eine Verklemmung verhindern, indem sie jeweils eine andere Coffman-Bedingung verletzen.

3 Verkehrssituationen
In den vorliegenden Verkehrssituationen in Abbildung 5 wollen die Fahrzeuge in Richtung der Pfeile fahren. Es gelten die Verkehrsregeln „Rechts vor Links" und „Linksabbieger müssen den Gegenverkehr abwarten".

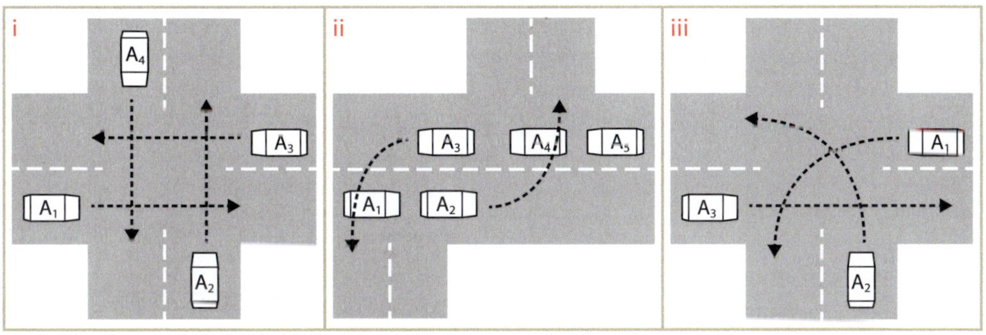

Abbildung 5

- a Erklären Sie, warum es in den dargestellten Verkehrssituationen jeweils zu einer Verklemmung gekommen ist.
- b Formulieren Sie jeweils Maßnahmen, die eine solche Verklemmung verhindern würden, ohne die Fahrtmöglichkeiten der Verkehrsteilnehmenden einzuschränken.
- c Ordnen Sie den dargestellten Betriebsmittelzuteilungsgraphen (Abbildung 6) einer der Verkehrssituationen zu. Begründen Sie Ihre Zuordnung und erklären Sie, worum es sich bei den Betriebsmitteln B1, B2, B3 und B4 handelt.

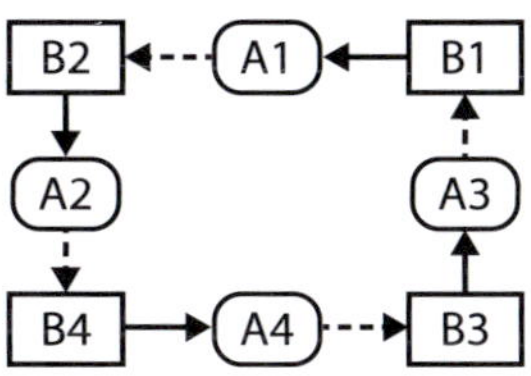

Abbildung 6

4 Campingurlaub

Beim gemeinsamen Kochen im Campingurlaub benötigt Lucia das Sieb zum Salatwaschen und den Mörser für die Kräutersoße. Zumindest das Schälmesser hat sie sich für die Gurken bereits gesichert. Roman nutzt gerade den Topf zum Nudelkochen und will zum Abgießen ebenfalls das Sieb. Für die Gewürzpaste seiner Vorspeise hat er den Mörser in Gebrauch. Giulia bräuchte den Topf für die Soße, außerdem hätte sie gerne den Schäler für die Karotten. Justus nutzt gerade das Sieb, um darin gespültes Essgeschirr abtropfen zu lassen.

a Erklären Sie auf Basis eines Betriebsmittelgraphen, ob die Clique verhungern muss, falls niemand bereit ist, einmal erlangte Küchengeräte vor Erledigung all seiner Aufgaben wieder herzugeben.

b Geben Sie eine „minimalinvasive" Veränderung der Aufgabenstellung an, so dass niemand aus der Gruppe seine Kochaufgabe erledigen kann.

5 Baustelle (aus Abitur 2016)

Eine zweispurige Straße für zwei Richtungen ist im Baustellenbereich auf eine Spur verengt. In der Mitte des Baustellenbereichs wird der einspurige Bereich durch eine zweispurige Ausweichstelle unterbrochen. Die Einfahrt in die einspurigen Teilbereiche wird durch insgesamt vier Ampeln A1 bis A4 gesteuert (siehe Abbildung 7).

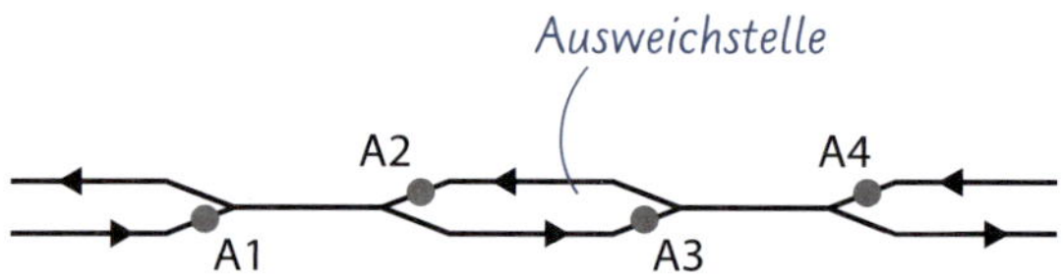

Abbildung 7

Die Ampel A1 kann erst dann auf grün schalten, wenn A2 rot zeigt; umgekehrt kann A2 erst dann auf grün schalten, wenn A1 rot zeigt. Entsprechendes gilt für A3 und A4. Die Ampeln arbeiten in wechselnden zeitlich getakteten Rot- und Grünphasen, zusätzlich unterstützt durch Sensoren. Dadurch wird sichergestellt, dass eine Ampel nur dann auf grün schaltet, wenn der unmittelbar folgende einspurige Bereich völlig frei ist.

Geben Sie an, was man in der Informatik allgemein unter Verklemmung versteht, und führen Sie an einem Beispiel aus, dass die genannten Regeln der Ampelsteuerung nicht ausreichen, um eine Verklemmungssituation in diesem Straßenabschnitt zu verhindern.

6 Philosophenproblem

a Testen Sie den Ablauf beim Problem der speisenden Philosophen zu zweit: Erstellen Sie im vorliegenden Projekt jeweils ein Objekt der Klasse SPEISENDE_PHILOSOPHEN und stoppen Sie jeweils die Zeit, bis es zu einer Verklemmung kommt. Erklären Sie sich gegenseitig auf Basis der gemessenen Zeiten, warum es sich um eine Race Condition (vgl. Sprechblase) und keinen algorithmischen Fehler handelt. Verkleinern Sie dann für zukünftige Tests das Zeitintervall für die zufallsgesteuerte Essenszeit deutlich, indem Sie die Wartezeit in PHILOSOPH z. B. auf 10 ms verkürzen.

Im Folgenden soll die Verklemmung verhindert werden, indem Coffman-Bedingung 4 („Zyklisches Warten") verletzt wird: Die notwendige lineare Betriebsmittelordnung kann durch die Indizes der Gabeln im Feld ausgedrückt werden. Diese werden bereits als id einer Gabel gespeichert.

Das Struktogramm zeigt eine Umsetzung der Strategie:

PhilosophenLineareOrdnung

```
...
gabelLinks.Aufnehmen(tellerfarbe)
gabelRechts.IdGeben() > gabelLinks.IdGeben()
  wahr:
    gabelRechts.Aufnehmen(tellerfarbe)
  falsch:
    gabelLinks.Ablegen()
    gabelRechts.Aufnehmen(tellerfarbe)
    gabelLinks.Aufnehmen(tellerfarbe)
...
```

Abbildung 8

b Stellen Sie das Philosophenproblem in einer Dreiergruppe nach und setzen Sie dabei die Strategie aus dem Struktogramm um. Erklären Sie dann, für welche(n) Philosophen sich dadurch eine veränderte Vorgehensweise bei der Gabelaufnahme ergibt.

c Setzen Sie die Strategie in der Methode *Arbeiten* um. Beobachten Sie das veränderte Programmverhalten.

In einer Kopie des Projekts soll nun eine weitere Strategie zur Verhinderung der Verklemmung umgesetzt werden, die die Coffman-Bedingung 2 („Halten und Warten") verletzt. Die dazu im Lehrtext formulierte Strategie würde einen größeren Umbau des Projekts erfordern. Daher wird eine andere Variante implementiert, bei welcher der Wartevorgang auf die zweite Gabel nach einer begrenzten Zeitspanne abgebrochen wird. Dazu muss ein Philosoph nach Aufnahme der ersten Gabel für die zweite Gabel eine neue Methode *AufnehmenVersuchen*(*eigeneFarbe*): WAHRHEITSWERT aufrufen.

synchronisierte Methode AufnehmenVersuchen(eigeneFarbe): WAHRHEITSWERT

```
n = 0
solange n < 100
  NICHT inBenutzung
    wahr:
      inBenutzung = WAHR
      FarbeSetzen(eigeneFarbe)
      return WAHR
    falsch:
      Warten(10)
      n = n + 1
return FALSCH
```

Abbildung 9

d Vollziehen Sie zu zweit die Arbeitsweise der neuen Methode anhand des Pseudocodes nach.

e Liefert der Methodenaufruf von *AufnehmenVersuchen* den Wert WAHR zurück, kann der Philosoph essen und legt anschließend die zuletzt aufgenommene Gabel wieder ab; in jedem Fall muss er dann auch die zuerst aufgenommene Gabel wieder ablegen. Setzen Sie die Methode in der Klasse GABEL um und nehmen Sie auch die beschriebenen Anpassungen in der Klasse PHILOSOPH vor. Testen Sie!

Teste dich selbst

T1 Richtig oder falsch?

Beurteilen Sie, ob folgende Aussagen richtig oder falsch sind. Begründen Sie Ihre Meinung bei falschen Aussagen und geben Sie eine berichtigte Aussage an:

a Ein nebenläufiges Programm besteht aus mehreren Ausführungssträngen, die immer parallel ausgeführt werden.

b Ein kritischer Abschnitt darf stets nur von einem Thread gleichzeitig durchlaufen werden.

c Beim aktiven Warten versucht ein Thread permanent, einen geschützten Codeabschnitt zu betreten.

d Bei der gemeinsamen Nutzung eines Speicherplatzes durch einen Erzeuger und einen Verbraucher besteht die Gefahr einer Verklemmung.

e Hat ein Thread *Warten*() aufgerufen und einen Monitor freigegeben, wird er automatisch wieder aktiv, wenn der Monitor wieder frei ist.

f Eine Verklemmung kann verhindert werden, indem man dafür sorgt, dass die vier Coffman-Bedingungen nicht erfüllt sind.

T2 Ich check's, dank deiner Hilfe!

Ferdi hat im Unterricht nicht gut aufgepasst und braucht dringend Ihre Nachhilfe vor der alles entscheidenden letzten Prüfung.

a Helfen Sie ihm, indem Sie ihm die folgenden Begriffe bzw. Konzepte erklären und zudem an einem Beispiel aus Ihrer Programmiersprache zeigen, wie man damit umgeht (am bestem am Rechner, nicht auf Papier!):
Thread, Monitor, Warten und Benachrichtigen

b Erläutern Sie ihm zusätzlich Strategien, um Verklemmungen zu verhindern.

T3 Schwierigkeiten beim Tabletverleih

Der Wahlkurs Programmieren hat für die Schule ein System entwickelt, mit dem der Verleih von Schultablets verwaltet werden kann. Schülerinnen oder Schüler können bei Bedarf bei einem Mitglied des Verleihteams anfragen; im Verwaltungsprogramm wird dann ein eigener Programmthread auf dem Schulserver gestartet und die passende Methode (*GerätAusleihen*(*gerät*) oder *GerätZurückgeben*(*gerät*)) aufgerufen.

In einer ersten Testversion der Software haben die beiden Methoden einer Klasse GERÄTEVERWALTUNG das folgende Aussehen:

methode GerätAusleihen(gerät): WAHRHEITSWERT

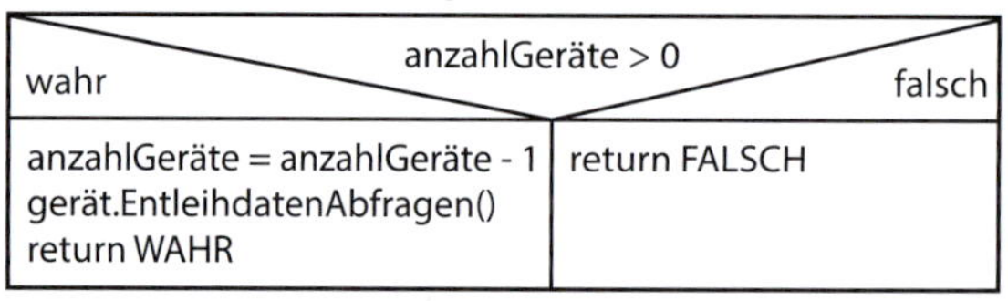

Abbildung 1

methode GerätZurückgeben(gerät)

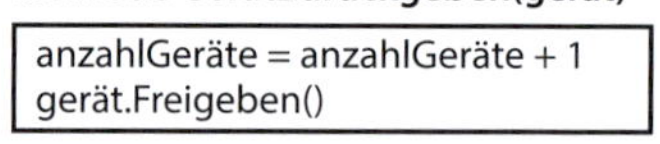

Abbildung 2

a Begründen Sie unter Angabe eines Beispielszenarios im Sachkontext, warum es hierbei zu Fehlern kommen kann.

b Geben Sie eine Verbesserung für den dargestellten Programmcode an, so dass der Fehler aus a) nicht mehr auftreten kann.

Nach dem Aufruf von *GerätAusleihen* müssen Mitglieder des Verleihteams alle Daten der Schülerinnen bzw. Schüler in eine Eingabemaske eintragen. Erst dann wird die Methode erfolgreich beendet. Gerade zu Schuljahresbeginn, wenn viele Geräte verliehen werden sollen, kann es dabei zu Wartezeiten der Threads kommen.

c Geben Sie an, durch welche Umstrukturierung Sie eine bessere Parallelisierung erreichen könnten.

Ist eine der Methoden in Ausführung, müssen andere Threads aufgrund der Verbesserung in b) warten. Das Struktogramm zeigt die Umsetzung einer Wartestrategie:

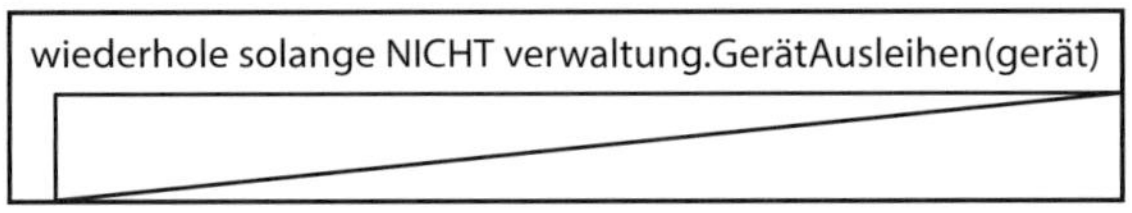

Abbildung 3

d Erklären Sie, welche Wartestrategie umgesetzt wurde, und bewerten Sie diese.

e Geben Sie Pseudocode für eine ressourcenschonendere Wartestrategie an.

Nach ersten Testläufen und Verbesserungen wurde das Programm erweitert: Zusätzlich zu Tablets sollen nun auch Tabletstifte verliehen werden. Alle gewünschten Geräte werden in einen virtuellen Warenkorb gelegt; Ein Verleihvorgang ist dann abgeschlossen, wenn mit jedem Gerät in der Reihenfolge des Hinzufügens zum Warenkorb die Methode *GerätAusleihen* aufgerufen wurde.

f Beschreiben Sie eine Situation, in der es bei dieser Umsetzung zu einer Verklemmung kommen kann, und illustrieren Sie diese mit einem geeigneten Graphen.

g Nennen Sie erst allgemein Mechanismen, mit denen eine Verklemmung verhindert werden kann, und formulieren Sie dann eine Umsetzungsstrategie im Sachkontext.

Zusammenfassung

Nebenläufige Programme bestehen aus mehreren Ausführungssträngen, welche parallel ausgeführt werden können. Eine einfache Möglichkeit, um dies zu erreichen, ist das Erzeugen mehrerer **Threads** innerhalb eines Prozesses.
Viele Programmiersprachen stellen hierfür eine Klasse THREAD bereit, deren *Arbeiten*()-Methode in einer Unterklasse individuell überschrieben werden kann. Einmal gestartet, werden die Threads unabhängig voneinander ausgeführt. Dies ermöglicht es, rechenintensive Aufgaben auf mehrere parallel arbeitende Rechenkerne zu verteilen. Auch werden Benutzeroberflächen häufig in einen separaten Thread ausgelagert, damit diese auch dann auf Benutzereingaben reagieren können, wenn das Programm im Hintergrund andere Aufgaben ausführt.

ein Prozess mit zwei Threads

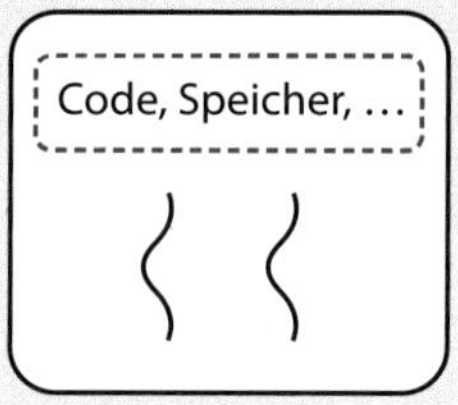

Abbildung 1

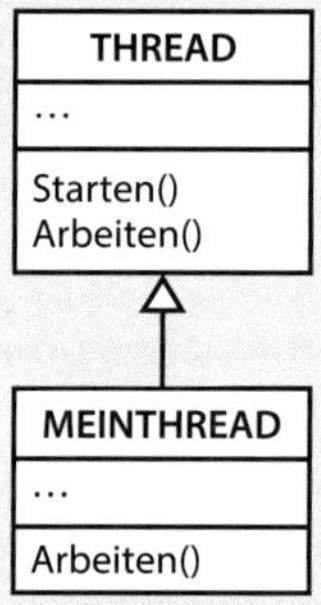

Abbildung 2

Darf ein bestimmter Teilabschnitt eines nebenläufigen Programms nur von einem Thread gleichzeitig durchlaufen werden, wird dies als **kritischer Abschnitt** bezeichnet. Der dann erforderliche **wechselseitige Ausschluss** kann mittels des in einigen Programmiersprachen verfügbaren **Monitorkonzepts** realisiert werden. Dabei werden kritische Abschnitte im Programmcode besonders markiert, die Umsetzung des wechselseitigen Ausschlusses erfolgt dann im Hintergrund.

Monitorkonzept:

Java
```
...
synchronized {
   // kritischer Abschnitt
}
```

Python
```
import threading
lock = threading.Lock()
...
with lock:
   # kritischer Abschnitt
```

Swift
```
let monitor = NSCondition()
...
monitor.lock()
   // kritischer Abschnitt
monitor.unlock()
```

Das **Erzeuger-Verbraucher-Problem** ist ein Beispiel für ein Synchronisationsproblem, bei dem es vom Zustand der gemeinsam genutzten Ressource abhängt, ob ein Thread seine Aufgabe erledigen kann. Innerhalb eines Monitors kann der Zugriff durch Absprachen koordiniert werden (**passives Warten**): Die Methoden ***Warten*** und ***Benachrichtigen*** (bzw. *AlleBenachrichtigen*) realisieren die Kommunikation zwischen den Threads. So wird eine permanente Neuüberprüfung des Ressourcenzustands (**aktives Warten**) vermieden.

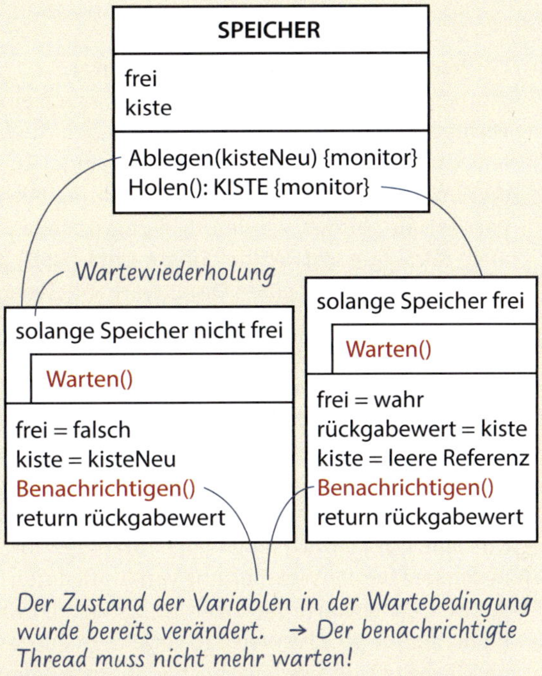

Abbildung 3

Beim gemeinsamen Zugriff auf mehrere Ressourcen kann es zu einer **Verklemmung** kommen, wenn alle beteiligten Threads zur Ausführung Ressourcen benötigen, die einer der anderen Threads bereits belegt. Der **Betriebsmittelzuteilungsgraph** enthält dann einen Zyklus. Zur Verhinderung kann von vornherein dafür gesorgt werden, dass mindestens eine der vier **Coffman-Bedingungen** für Verklemmungen nicht erfüllt ist: wechselseitiger Ausschluss, Halten und Warten, Ununterbrechbarkeit und Zyklisches Warten. Wird einem Thread eine **ununterbrechbare Ressource** entzogen, geht die bis dahin geleistete Arbeit verloren.

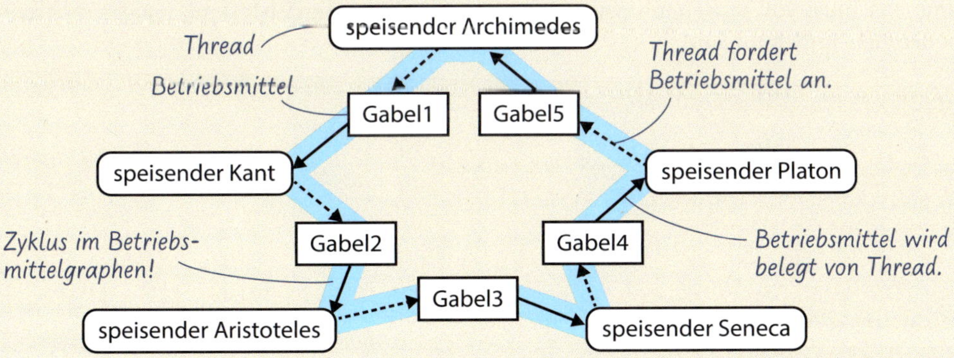

Abbildung 4

Zum Weiterlesen

L7 Verschiedene Formen der Parallelität

Startet man ein nebenläufiges Programm auf einem Rechner, welcher nur über einen Rechenkern verfügt, so müssen sich die verschiedenen Ausführungsstränge (Threads) den Rechenkern „teilen", indem sie vom Scheduler nacheinander Rechenzeit zugewiesen bekommen. Man spricht in diesem Fall von Pseudoparallelität, da die Befehlsfolgen der einzelnen Threads nicht wirklich parallel ausgeführt werden. Die zugrundeliegende Hardwarearchitektur wird fachsprachlich auch als **Single Instruction, Single Data (SISD)** bezeichnet, da zu jedem Zeitpunkt nur eine Recheninstruktion auf einen Datenwert angewendet werden kann. Für Spezialanwendungen insbesondere im Bereich der Raumfahrt und der kritischen Infrastruktur, wo Fehler katastrophale Folgen haben können, kommen vereinzelt auch Architekturen nach dem Prinzip **Multiple Instruction, Single Data (MISD)** zum Einsatz, bei der die Verarbeitung eines Datenwertes gleich mehrfach von verschiedenen Rechnern durchgeführt wird. Hieraus ergibt sich zwar kein Geschwindigkeitsvorteil; ein Abgleich der Ergebnisse erlaubt dafür das Erkennen hardwarebedingter Rechenfehler.

Während MISD-Systeme im Alltag kaum eine Rolle spielen, wird das Prinzip **Single Instruction, Multiple Data (SIMD)** hingegen heutzutage von einer Vielzahl von Prozessoren unterstützt. Insbesondere bei der Verarbeitung von Grafikdaten kommt es häufig vor, dass eine Rechenoperation auf viele Datenwerte gleichzeitig angewendet werden muss, etwa um sämtliche Pixeldaten eines Bildes auf die gleiche Weise zu verändern. Prozessoren für derartige Anwendungen wurden deshalb bereits früh um entsprechende Instruktionen erweitert, die Verarbeitungsoperationen in einem Schritt auf gleich mehrere Datenwerte anwenden können. Auch die Prozessoren in Grafikkarten unterscheiden sich von den Prozessoren, welche als Hauptprozessor (CPU) in Computern eingesetzt werden, in erster Linie darin, dass ihre Architektur auf die parallele Anwendung von einfachen Rechenoperationen auf eine Vielzahl von Werten spezialisiert ist.

Neben diesen SIMD-Erweiterungen sind heute auch im Privatbereich Computer mit mehreren Rechenkernen Standard. Es können also je nach Anzahl der Rechenkerne mehrere Recheninstruktionen echt parallel ausgeführt werden. Da die Rechenkerne in der Regel zusätzlich die oben genannten SIMD-Befehle beherrschen, spricht man nun von **Multiple Instruction, Multiple Data (MIMD)**. Moderne Supercomputer treiben dieses Prinzip oft auf die Spitze, indem sie als Zusammenschluss von tausenden Einzelrechnern (sog. Computercluster) mit jeweils mehreren Rechenkernen aufgebaut sind.

L8 Kooperative Threads

Der Grundansatz kooperativer (nicht-präemptiver) Threads ist, dass jeder Thread so lange arbeitet, bis er seine Aufgabe erledigt hat, und dann bestimmt, welcher Thread als nächster weiterarbeitet.
Obwohl es bei diesem Konzept nicht möglich ist, bei mehreren verfügbaren Prozessoren Threads parallel ablaufen zu lassen, ist dieses Konzept für viele Modellierungssituationen gut geeignet, weil es bei diesem Konzept keine Synchronisierungsprobleme gibt und weil beim Debuggen alle Situationen einfach reproduzierbar sind. Auch benötigen kooperative Threads keinerlei Unterstützung des Betriebssystems.
Ein typisches Beispiel für kooperative Threads ist in der Programmiersprache Modula-2 realisiert; die Threads werden hier als Koroutinen bezeichnet, um diese auch vom Namen her von präemptiven Threads abzugrenzen. Als Beispiel für die Verwendung dieses Konzepts dient hier eine Mehrspielerversion eines Fantasy-Abenteuer-Spiels.

Vorhandene Sprachmittel

COROUTINE	Datentyp für die Referenz auf eine Koroutine
NEWCOROUTINE (	Methode zum Erzeugen einer neuen Koroutine
procBody: PROC;	parameterlose Rahmenmethode
workspace: ADDRESS;	niedrigste Adresse des vorgesehenen Stackbereichs
size: CARDINAL;	Größe des Stackbereichs
VAR cr: COROUTINE;	In die hier übergebene Variable wird die Referenz auf die neue Koroutine zurückgegeben.
initprotection: PROTECTION);	Prioritätsangabe
TRANSFER (	wechselt zur einer anderen Koroutine
VAR from: COROUTINE	In die hier übergebene Variable wird die Referenz auf die aktuelle Koroutine zurückgegeben.
to: COROUTINE);	Referenz auf die Koroutine, die jetzt ausgeführt werden soll
COROUTINEDONE (	gibt Verwaltungsressourcen der Koroutine frei
cr: COROUTINE);	freizugebende Koroutine
CURRENT (): COROUTINE;	meldet die aktuelle Koroutine

Umsetzung im Abenteuerspiel

Die Nutzung der Koroutinen für das Spiel ist einfach:

- Jedem Spieler wird eine eigene Koroutine zugeordnet, so dass jeder Spieler seinen eigenen, von anderen abgegrenzten Zustand verwaltet.
- Jede Spielerkoroutine gibt den Prozessor an die Hauptkoroutine ab, wenn sie auf eine Eingabe warten muss.
- Die Hauptkoroutine richtet zunächst die Spielerkoroutinen ein und startet sie. Dann holt sie eine Eingabe nach der anderen und gibt den Prozessor an die der Eingabe zugeordnete Koroutine ab. Diese Wiederholung wird erst beendet, wenn ein Spieler das Spielziel erreicht hat.

Durch diesen Mechanismus kann jeder Spieler die Kontrolle an einer beliebig tiefen Aufrufverschachtelung abgeben und an dieser Stelle wieder fortsetzen. Alle Aktionen zwischen zwei TRANSFER-Aufrufen werden garantiert an einem Stück ausgeführt. Daher müssen keinerlei Vorkehrungen getroffen werden, um zwischenzeitlich inkonsistente Datenzustände vor anderen Zugriffen abzusichern.

Anlegen des Stackbereichs und der Koroutinen für jeden Spieler

Die Spieler sind in einer verketteten Liste verwaltet. Diese Liste wird für alle Spieler durchlaufen.

```
PROCEDURE SpielerRoutinenAnlegen;
BEGIN
   aktSpieler := erster;
   WHILE aktSpieler <> EMPTY DO
      (* Anlegen des Stackbereichs *)
      NEW (stackPointer[aktSpieler.spielerNummer]);
      (* Anlegen der Koroutine *)
      NEWCOROUTINE (SpielerProcess,
          stackPointer [aktSpieler.spielerNummer],
          stackGröße, aktSpieler.spielerProc);
      (* Start der Koroutine *)
      TRANSFER (mainProc, aktSpieler.spielerProc);
      (* Nach der Initialisierung wartet die Spielerkoroutine
         Auf die erste Eingabe und gibt daher den
         Prozessor wieder an die Hauptkoroutine ab.
       *)
       aktSpieler := aktSpieler.naechster;
   END(*WHILE*);
END SpielerRoutinenAnlegen;
```

Eingabeaufforderung eines Spielers für eine ganze Zahl

Für jede Art der gewünschten Eingabe ruft der Spieler eine passende Methode auf. Der Eingabedialog wird nur am Computer des aktuellen Spielers angezeigt. Die Eingabe wird über das Netzwerk an alle Mitspieler verteilt, so dass alle beteiligten Programm synchron laufen.

```
PROCEDURE GetZahl (VAR param: CARDINAL; text: ARRAY OF CHAR);
BEGIN
    (* Der Eingabedialog wird gezeigt *)
    GetNumDialog(text);
    (* Der Spieler wird als "wartend auf Eingabe" markiert *)
    INCL (aktSpieler. spielerSignale, eaWartend);
    (* Prozessor wird an die Hauptroutine abgegeben *)
    TRANSFER (aktSpieler. spielerProc, mainProc);
    (* Eine Eingabe für den Spieler ist gekommen.
       Daher gibt die Hauptkoroutine den Prozessor wieder an
       Die Spielerkoroutine ab.
    *)
    param := eingabe[aktSpieler.spielerNummer].nummer;
END GetZahl;
```

Betriebssystem in Modula-2

Das Koroutionenkonzept von Modula-2 enthält zusätzliche Methoden, die es ermöglichen, dass auch durch externe Ereignisse (Interrupts) zu einer Koroutine transferiert wird. Dadurch ist es möglich, auch Betriebssysteme in Modula-2 zu schreiben.

Das bekannteste Beispiel ist das Betriebssystem Medos-2, das auf der an der ETH Zürich entwickelten Grafikworkstation Lilith eingesetzt wurde.

5 Laufzeit von Algorithmen – Komplexität

Nach diesem Kapitel können Sie ...

... die Laufzeit von Algorithmen aus deren Struktur abschätzen.

... verschiedene Lösungsstrategien erklären und bei neuen Aufgabenstellungen einsetzen.

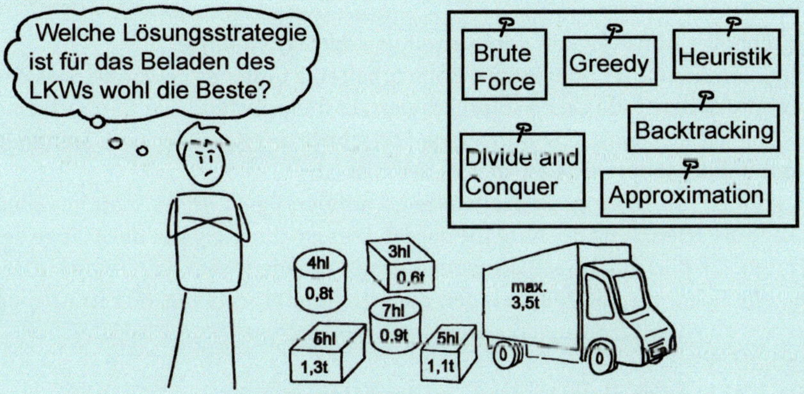

... bei zu hohem Zeitaufwand auf Näherungslösungen ausweichen.

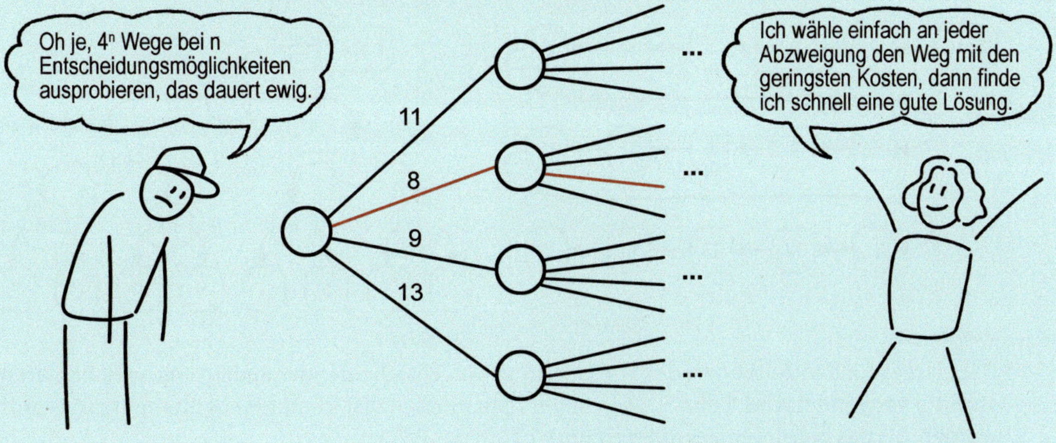

5.1 Laufzeit von Algorithmen: Bedarf messen

Um ein Passwort zu knacken, kann man versuchen, ob für das Passwort ein bekannter Name, ein Datum, ein Wörterbuchbegriff oder ähnliches verwendet wurde. Wenn damit kein Erfolg erzielt wird, kann man als letztes Mittel alle möglichen Zeichenfolgen durchprobieren. Mit dem gegebenen Projekt können Sie – am besten zu zweit oder in Kleingruppenarbeit – die Programmlaufzeit für das Durchprobieren aller möglichen Passwörter mit unterschiedlich großen Zeichensätzen und unterschiedlichen Passwortlängen ermitteln.

a Bestimmen Sie die Laufzeit für Passwortlängen von 3, 4, 5, 6 und 7 Zeichen bei 26 Zeichen für jede Stelle. Wiederholen Sie die Messung 4-mal und tragen Sie den Durchschnitt der Ergebnisse für jede Zeichenzahl in die gegebene Tabelle ein.

b Wiederholen Sie die Messung für 52 und 78 Zeichen pro Stelle für die Passwortlängen von 3, 4, 5 und 6 Zeichen. Tragen Sie die Ergebnisse in die Tabelle aus Teilaufgabe a) ein.

c Überlegen Sie, wie viele Möglichkeiten es für ein Passwort der Länge von n Zeichen geben kann, wenn für jede Stelle 52 verschiedene Zeichen möglich sind. Stellen Sie weiter eine Vermutung auf, wie schnell der Zeitbedarf mit zunehmender Passwortlänge steigt, und schätzen Sie ab, bei welcher Passwortlänge das Ergebnis nicht mehr sinnvoll abgewartet werden kann.

d Für Schnelle: Betrachten Sie den Quellcode der Methode *NächsteStelleTesten*. Geben Sie eine begründete Vermutung an, warum das Programm nicht abgebrochen wird, sobald das Passwort gefunden worden ist.

Nicht immer geht es schnell – Abhängigkeit der Laufzeit von der Datenmenge

Wenn man heutzutage am Computer oder Smartphone arbeitet, ist man es gewohnt, dass das Gerät auf jeden Tastendruck bzw. jede Geste sofort reagiert. Löst ein Tastendruck dennoch eine länger andauernde Tätigkeit aus, wird z. B. durch eine Fortschrittsanzeige oder eine drehende Figur angezeigt, dass mit einer längeren Wartezeit zu rechnen ist.

Um vorhersagen zu können, ob so eine Tätigkeitsanzeige notwendig ist, muss man in vielen Fällen wissen, wie lange die Erledigung der Aufgabe dauert. Dies ist abhängig von der Menge der zu verarbeitenden Daten. Ein Bild mit 1,6 MB aus dem Internet zu laden, geht heutzutage in der Regel schnell genug, ein Video mit 160 MB zu laden dauert 100-mal so lange, hier muss man dem Benutzer ggf. schon eine Wartezeit signalisieren.

Immer wieder Suchen – Abhängigkeit der Laufzeit von der Datenstruktur

Eine sehr häufige Aufgabe ist das Suchen von Objekten mit einem festgelegten Schlüsselattribut in Listen oder Bäumen, z. B. das Suchen von Ergebnissen in einem Suchmaschinenindex.

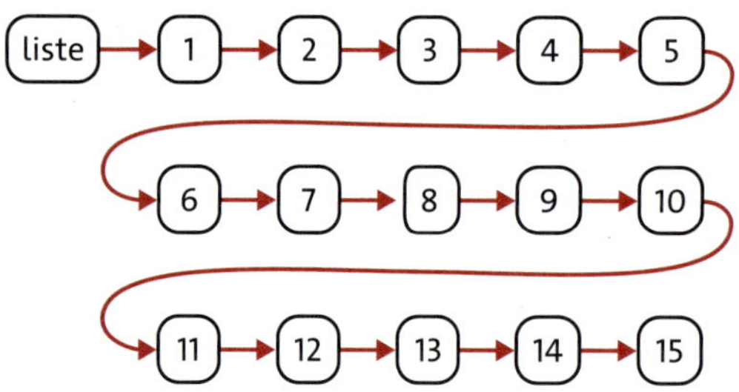

Abbildung 1

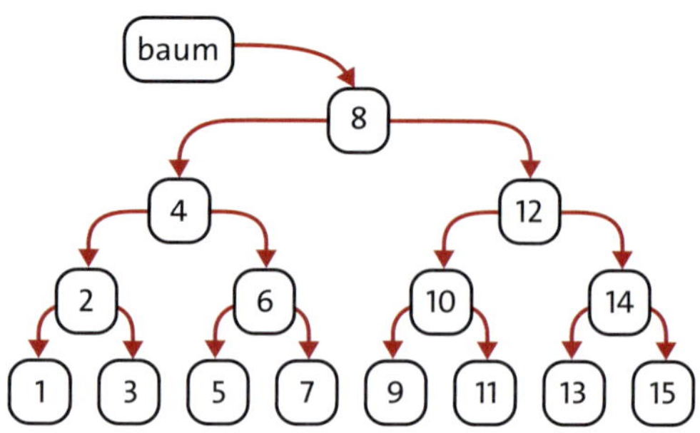

Abbildung 2

Dabei ist es für den Zeitbedarf des Suchvorgangs von entscheidender Bedeutung, welche Datenstruktur verwendet wird. Beim Suchen in der Liste müssen fast immer mehr Elemente überprüft werden, als das bei einem geordneten Binärbaum der Fall ist.

Um den Zeitbedarf für das Suchen in einer Liste zu bestimmen, ist es sinnvoll, die Zeit für sehr viele Suchvorgänge zu messen und daraus den Durchschnitt zu bilden, da das Wort an einer beliebigen Stelle steht. Das gleiche gilt für das Suchen in einem Baum.

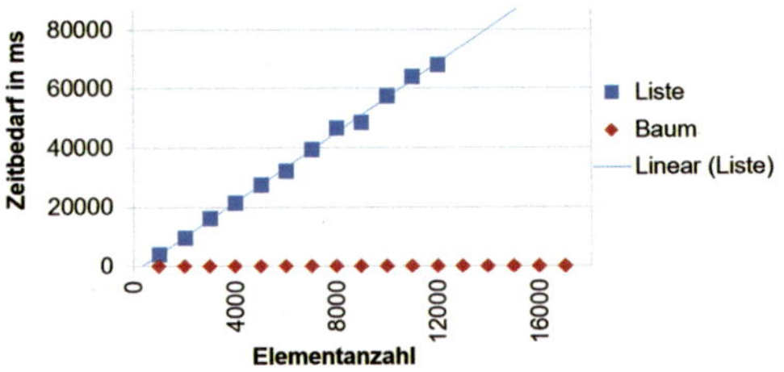

Abbildung 3

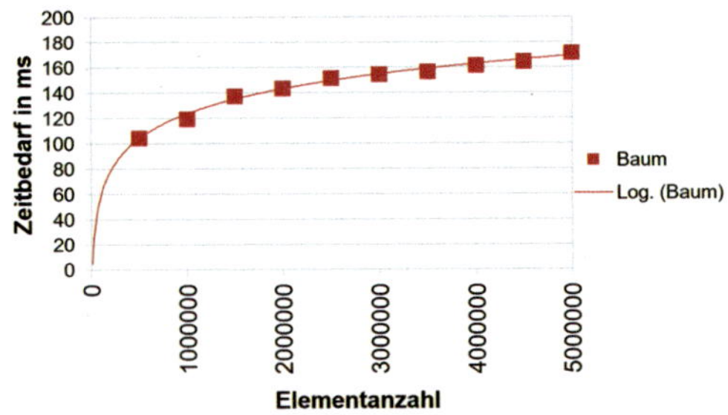

Abbildung 4

Abbildung 3 zeigt das Ergebnis der Messung für die Suche in einer Liste und einem Baum. Nach rechts ist die Anzahl n der Elemente in der Liste bzw. dem Baum angetragen, nach oben die Suchzeit in Millisekunden. In diesem Bild kann man anhand der Trendlinie gut erkennen, dass die Suchzeit für die Liste proportional zur Anzahl n ihrer Elemente wächst: Suchzeit ~ n. Abbildung 4 zeigt nochmals die Messergebnisse für den Baum, allerdings für viel größere Datenmengen. Man erkennt zuerst einen schnellen Anstieg, später steigt die Kurve kaum noch. Man kann daher vermuten, dass die benötigte Suchzeit logarithmisch mit der Anzahl n der Elemente im Baum zunimmt: Suchzeit ~ log(n). Diese Vermutung wird durch die Trendlinie bestätigt; sie leuchtet auch ein, wenn man bedenkt, dass sich die Höhe eines Baumes mit n Elementen mit log(n) berechnet.

Schnell kürzeste Wege finden – Abhängigkeit der Laufzeit vom Verfahren

Navigationsgeräte oder Kartenapps auf dem Smartphone finden trotz der Verwendung sehr großer Karten die kürzeste Fahrtstrecke sehr schnell. Zur Modellierung der Karten wird die Datenstruktur Graph verwendet. Die beiden Diagramme (s. Abbildung 5 und Abbildung 6) zeigen das Laufzeitverhalten bei der Wegesuche mit den bekannten Graphenalgorithmen.

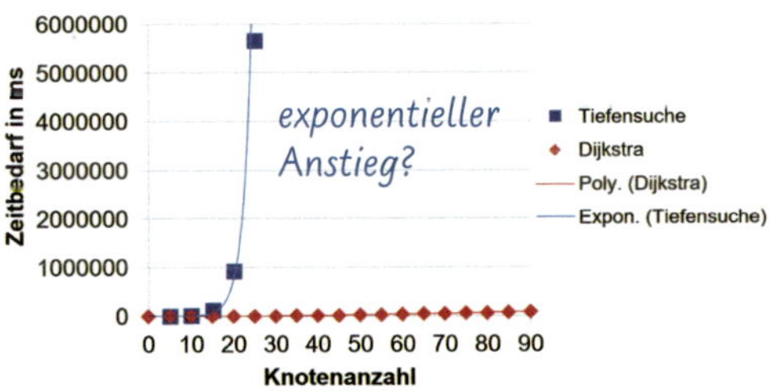

Tiefensuche und Dijkstra-Algorithmus im Vergleich (Poly.: Polynomiell; Expon.: Exponentiell)
Abbildung 5

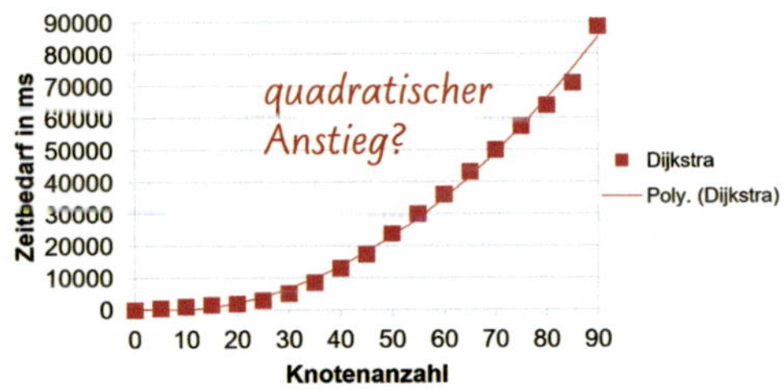

Dijkstra mit gestreckter Zeitbedarf-Achse (Poly.: Polynomiell)
Abbildung 6

Bei der Tiefensuche fällt auf, dass der Zeitbedarf ab einer bestimmten Knotenanzahl extrem schnell ansteigt. Hier lässt sich vermuten, dass die Laufzeit exponentiell mit der Knotenanzahl n zunimmt, also: Zeit ~ e^n. Der Dijkstra-Algorithmus ist wesentlich schneller. Zeigt man nur diese Messwerte an (s. Abbildung 6), kann man dann vermuten, dass die Laufzeit proportional zum Quadrat der Knotenanzahl n zunimmt: Zeit ~ n^2. Die Trendlinie bestätigt diese Vermutung.

Hoher Zeitaufwand ist nicht immer schlecht

Seit die Menschen das Schützen von Daten mit Passwörtern erfunden haben, wird auch versucht, diese zu knacken. Ein gutes Passwort ist weder ein Name noch ein Geburtsdatum, sondern eine willkürliche Zeichenfolge. Hier bleibt nur noch, alle Möglichkeiten durchzuprobieren. Dieses Vorgehen „mit brachialer Gewalt" hat den Fachnamen **Brute Force**. Es setzt voraus, dass genügend Rechenleistung zur Verfügung steht, um alle Möglichkeiten in einer akzeptablen Zeit durchzuprobieren.

→ L9

Abbildung 7 zeigt auch hier, dass ab einer bestimmten Passwortlänge n der Zeitbedarf für das Durchprobieren massiv steigt. Ein exponentieller Anstieg des Zeitbedarfs liegt deshalb nahe. Eine Darstellung mit logarithmisch skalierter y-Achse macht diesen Zusammenhang deutlich sichtbar: In Abbildung 8 ergeben sich näherungsweise Geraden. Weil es bei einem Alphabet mit a Zeichen und einer Passwortlänge n genau a^n Möglichkeiten für ein Passwort gibt, lässt sich die Vermutung aus der Grafik bestätigen.

Im Gegensatz zur Situation bei der Tiefensuche ist die sehr große Laufzeit bei langen Passwörtern durchaus erwünscht: Es ist mit herkömmlichen Computern nicht möglich, lange Passwörter durch systematisches Durchprobieren in vertretbarer Zeit zu knacken.

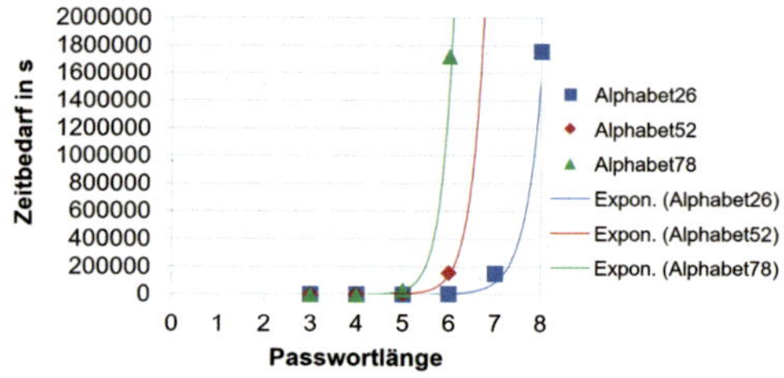

Abbildung 7

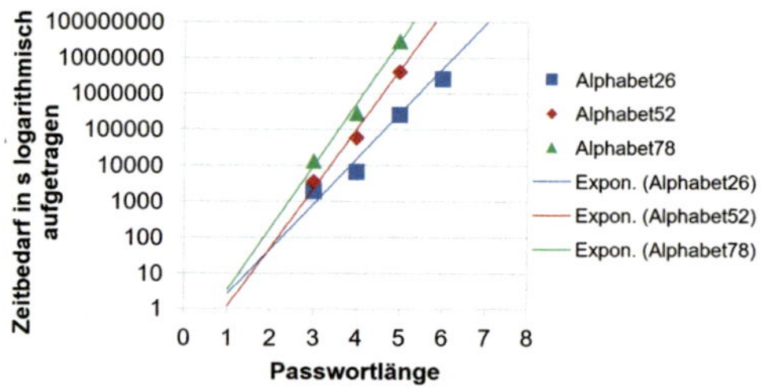

exponentieller Anstieg, da hier eine Gerade

Abbildung 8

Der **Laufzeitaufwand** beschreibt, wie die Laufzeit von der Anzahl n der zu bearbeitenden Daten abhängt. Typische Laufzeitbedarfe sind:

Zeit ~ log(n)	logarithmischer Zeitbedarf
Zeit ~ n	linearer Zeitbedarf
Zeit ~ n^2	quadratischer Zeitbedarf
Zeit ~ e^n	exponentieller Zeitbedarf

Neben der Datenmenge n haben sowohl die Datenstruktur als auch das Lösungsverfahren einen Einfluss auf die Laufzeit, die experimentell durch **Zeitmessungen** bestimmt werden kann.

Ein Verfahren, das systematisch alle Möglichkeiten ausprobiert, heißt **Brute-Force-Methode**. Lange Passwörter aus einem möglichst großen Zeichenvorrat sind durch einen hohen Laufzeitaufwand bei einer Brute-Force-Attacke geschützt.

Aufgaben

1 Laufzeiten messen

In den gegebenen Projekten sind verschiedene Algorithmen zusammen mit einer Laufzeitmessung implementiert. Führen Sie die angegebenen Messungen für alle Projekte in Ihrem Kurs arbeitsteilig durch.

a Führen Sie die folgenden Messungen durch und fassen Sie die Ergebnisse in einem für den Kurs gemeinsamen Dokument zusammen:
- Suche in Liste und Baum für Anzahlen von 1 000 bis 15 000 Elementen in Schritten von 1000 Elementen,
- kürzeste Wege finden mit Dijkstra-Verfahren mit Knotenanzahlen von 20 bis 200 Knoten in Schritten von 20 Knoten.

b Tragen Sie die durchschnittlichen Ergebnisse des Kurses geeignet in ein Tabellenkalkulationsprogramm ein und lassen Sie sich die zugehörigen Diagramme zusammen mit geeigneten Trendlinien und gegebenenfalls logarithmischen Skalen anzeigen.

c Diskutieren Sie die erstellten Diagramme in Bezug auf Messgenauigkeit, Toleranzen und erkennbare Kurvenformen.

2 Passwortsicherheit

Immer wieder wird in Medien berichtet, dass Hacker Listen verschlüsselter Passwörter von Online-Diensten kopieren konnten. Mit den Kopien ist es den Hackern möglich „in Ruhe" zu versuchen, die Passwörter zu entschlüsseln. Ein moderner Computer braucht für den Vergleich zweier Passwortkandidaten ca. 8 Nanosekunden ($8 \cdot 10^{-9}$ Sekunden).

a Berechnen Sie, wie viele Möglichkeiten es für ein Passwort mit 78 möglichen Zeichen für jede Stelle und 8, 9 bzw. 10 Stellen gibt. Berechnen Sie weiter, wie viel Zeit jeweils benötigt wird, um alle möglichen Passwörter durchzuprobieren. Begründen Sie mithilfe der Ergebnisse der Berechnung, wie sicher diese Passwörter sind.

b Ein Großcomputer stelle für diese Aufgabe 1000 Prozessoren bereit, die parallel genutzt werden können. Bewerten Sie Ihre Ergebnisse aus a) auf dieser Basis neu und erstellen Sie daraus eine Empfehlung, wie lang Passwörter sein sollten, wenn als Zeichenvorrat Groß- und Kleinbuchstaben, Ziffern und Sonderzeichen genutzt werden können. Vergleichen Sie Ihre Empfehlung mit im Internet recherchierbaren Empfehlungen.

3 Forschungsauftrag: Bessere Auswertungsmethoden

Geraden sind in einem Diagramm sehr leicht zu erkennen und nachzuweisen. Für Potenzfunktionen und Exponentialfunktionen gibt es einfache Mechanismen, um die Darstellung so umzuformen, dass im Graphen ebenfalls Geraden entstehen:
- Bei Vermutung einer Exponentialfunktion ($Zeit(n) = a^n$) wird für die y-Achse eine logarithmische Skala verwendet.
- Bei Vermutung einer Potenzfunktion ($Zeit(n) = n^a$) wird für beide Achsen eine logarithmische Skala verwendet.

a Recherchieren Sie die genaue Verwendung logarithmischer bzw. doppelt logarithmischer Skalen.

b Tabellenkalkulationsprogramme erlauben die Verwendung logarithmischer Skalen für die y-Achse. Für die x-Achse muss manchmal eine logarithmische Skala selbst erstellt werden, z. B. indem man für jeden Wert der x-Achse das Doppelte seines Vorgängerwerts verwendet. Überprüfen Sie mit dieser Methode, ob bei den in Frage kommenden Verfahren der Zeitbedarf für große Datenmengen richtig abgeschätzt wurde.

4 Forschungsauftrag: Zeit relevanter Operationen

Erstellen Sie ein Programm, bei dem die Zeiten für je 100 000 Zeichenkettenvergleiche (string1 < string2), Zahlvergleiche (int1 < int2) und Zuweisungen (int1 = int2) gemessen werden. Begründen Sie mit diesen Ergebnissen, warum die Zeichenkettenvergleiche die relevanten Operationen sind.

5.2 Laufzeitaufwand berechnen: Schritte bestimmen

Beim Durchsuchen von Feldern kann viel Zeit gespart werden, wenn die in dem Feld verwalteten Daten sortiert sind.

a Erzeugen Sie ein Objekt der Klasse TESTSUCHE und führen Sie die Methode *DurchschnittsTest* mit Elementanzahlen von 1 000 bis 15 000 in Schritten von 1 000 aus. Stellen Sie den Laufzeitbedarf in Abhängigkeit von der Elementzahl in einem gemeinsamen Punktediagramm mit Trendlinien dar.

b Bei der Messung der Laufzeit für das unsortierte Feld wird eine weitere Zahl ausgegeben. Analysieren Sie den Quelltext der Methode *UnsortierteSucheDurchführen* und geben Sie die Bedeutung der zweiten Zahl an. Stellen Sie auch eine Vermutung auf, wie der Wert der zweiten Zahl mit der Anzahl der Feldelemente zusammenhängt.

c Ergänzen Sie die Methode *SortierteSucheDurchführen* so, dass auch hier eine entsprechende zweite Zahl ausgegeben wird, wie bei der Methode *UnsortierteSucheDurchführen*.

d Wiederholen Sie die Messung von a); tragen Sie aber diesmal die Entwicklung der beiden anderen Zahlen in ein gemeinsames Punktediagramm mit Trendlinien ein. Vergleichen Sie dieses Diagramm mit dem Diagramm aus a) mit Hinblick auf Genauigkeit. Vergleichen Sie die Diagramme auch mit den Diagrammen zur Suche in Liste bzw. Baum.

Zählen ist besser als Messen

Um eine Abschätzung des Laufzeitaufwands im Hinblick auf die Verwendbarkeit von Algorithmen zu bekommen, genügen Laufzeitmessungen. Sollen Algorithmen verbessert oder untersucht werden, wie sie sich unter bestimmten Zusatzbedingungen an die zu verarbeitenden Daten (z. B. Daten sind sortiert oder nicht) verhalten, müssen diese Algorithmen genau analysiert werden. Die entscheidende Frage ist, welche Operationen bestimmend für die Laufzeit sind und wie oft diese ausgeführt werden.

Beim Suchen eines Elements in einer Liste, einem Baum oder einem Feld ist das Vergleichen des Schlüsselwerts diese zentrale Operation, da das Vergleichen zweier Zeichenketten aufgrund der mehrfachen Speicherzugriffe und der mehrfachen Einzelvergleiche deutlich aufwendiger ist als der Schritt von einem Element zum nächsten (einfaches Erhöhen der Indexvariablen). Beim Suchen des kürzesten Wegs in einem Graphen ist entscheidend, wie oft Knoten bearbeitet werden. An diesen Stellen lassen sich Zähler ins Programm einbauen, um den Laufzeitaufwand genauer zu bestimmen.

Algorithmen unter die Lupe nehmen

Das Zählen von Operationen während des Programmablaufs ist exakter als Laufzeitmessungen. Es ist in der Regel aber auch zufälligen Schwankungen unterworfen. So kann ein zu suchender Knoten gleich neben dem Startknoten sein oder in einem entfernten Bereich des Graphen. Daher ist es am besten, den Zeitbedarf direkt aus der Struktur des Algorithmus zu ermitteln; dadurch ist das Ergebnis universell gültig.

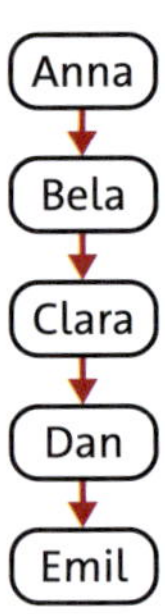

Abbildung 1

Beim Suchen eines Wertes in einer Liste mit n Elementen ist die zentrale Operation der Vergleich des zu suchenden Schlüsselwertes mit dem Schlüsselwert jedes Elements. Diese Anzahl, und damit die Suchzeit, hängt offensichtlich von der Position des Werts in der Liste ab:

- Steht der Wert am Anfang der Liste, ist nur ein Vergleich nötig (im Beispiel Anna).
- Steht der Wert am Ende, so sind n Vergleiche notwendig (im Beispiel Emil).
- Für jeden Wert dazwischen entspricht die Anzahl der Vergleiche der Position in der Liste.

Der günstigste Fall wird als **Best Case** bezeichnet. Den ungünstigsten Fall nennt man **Worst Case**. Da diese beiden Fälle sowie alle dazwischen liegenden Fälle gleich wahrscheinlich sind, werden

im Durchschnitt (**Average Case**) etwa n/2 Vergleiche benötigt. Das bedeutet, dass der Zeitbedarf für die Suche in einer Liste im Durchschnitt proportional zur Anzahl n der Listenelemente ist.
Bei der Suche in einem sortierten Binärbaum mit n Elementen ist ebenfalls der Vergleich des zu suchenden Schlüsselwertes mit dem Schlüsselwert eines Elements die entscheidende Operation. Best Case ist hier wieder, dass das gesuchte Element mit einem Vergleich gefunden wird – das bedeutet beim Baum, dass es die Wurzel ist. Worst Case ist hier, dass das gesuchte Element ein Blatt ist. Dann sind, abhängig davon, wie gleichmäßig der Baum aufgebaut ist, ungefähr $\log_2(n)$ Vergleiche notwendig. Da etwa die Hälfte der Elemente in Blättern gespeichert ist und eine genauere Abschätzung deswegen schwierig wird, begnügt man sich hier mit der Erkenntnis, dass der Zeitbedarf für die Suche in einem balancierten Binärbaum proportional zu $\log_2(n)$ ist.

Sortieren unterschiedlich schnell – Berechnen der Anzahl entscheidender Operationen
Das Sortieren von Datensätzen nach verschiedenen Kriterien ist eine der häufigsten Aufgaben bei Verwaltungstätigkeiten und in kaufmännischen Bereichen. So müssen die Schülerdaten einer Schulverwaltungssoftware nach Klassen und anschließend nach Namen sortiert werden, wenn eine Klassenliste gedruckt werden soll; will man dagegen die Anzahl der erforderlichen Schulbusse für bestimmte Wohnorte berechnen, so benötigt man eine Sortierung nach Gemeinden.
Bei Sortieralgorithmen ist wie bei der Suche der Vergleich der zu sortierenden Werte die laufzeitbestimmende Operation.
Eine einfache und bekannte Variante, Daten eines Felds zu sortieren, ist das **Sortieren durch Auswahl (SelectionSort)**, bei dem immer das kleinste Element aus dem ursprünglichen Feld ausgewählt und an das sortierte Feld angefügt wird. Beispiel ist das Sortieren von Spielkarten:

unsortiertes Feld	sortiertes Feld	Beschreibung	Anzahl der Vergleiche
		Beginnend bei der ersten Karte, der Sieben, wird das unsortierte Feld von n Elementen nach dem kleinsten Feldelement durchsucht. Dabei merkt man sich das bisher kleinste Feldelement (zunächst die Sieben, später die Sechs) und vergleicht es mit dem aktuellen Feldelement. Also sind zur Bestimmung des Minimums n – 1 Vergleiche erforderlich. Danach wird die kleinste Karte aus dem unsortierten Feld entfernt und im Zielfeld abgelegt.	n – 1 (hier 3)
		Auch beim zweiten Durchgang werden alle Feldelemente untersucht. Die Sieben als nunmehr kleinste Karte wird ins sortierte Feld transportiert.	n – 1
		Der Vorgang wiederholt sich, bis schließlich das unsortierte Feld leer und das sortierte Feld komplett ist.	n – 1
			n – 1
			n – 1

Abbildung 2

Jeder Felddurchlauf besteht aus n – 1 Vergleichen; es werden n Durchläufe benötigt. Daher sind insgesamt $n \cdot (n-1) = n^2 - n$ Vergleiche nötig. Für große n ist n viel kleiner als n^2. Daher ist n^2 entscheidend für den Zeitaufwand: Er wächst quadratisch mit der Anzahl n der Elemente. Dieser Aufwand ist unabhängig von den Daten, d. h. für ein schon sortiertes Feld wird genau so viel Laufzeit benötigt wie für ein umgekehrt sortiertes Feld oder ein Feld mit zufälligen Daten. Worst Case, Average Case und Best Case sind also gleich. In der Praxis wird das Verfahren noch optimiert, was aber den grundsätzlichen Zeitbedarf nicht verbessert; er wächst weiter mit n^2.

→bubble (engl.: Blase) und sort (engl.: sortieren)

Beim Sortieralgorithmus →**BubbleSort** werden bei jedem Felddurchlauf benachbarte Elemente vertauscht, wenn sie in der falschen Reihenfolge stehen (das linke Element ist größer als das rechte). Nach spätestens n Durchläufen ist das Feld sortiert. Der Algorithmus hat seinen Namen daher, dass große Feldelemente wie Blasen „nach oben" zu den höheren Feldindizes (also im Bild nach rechts, z. B. „8") steigen. Er wird für ein Feld daten mit n Elementen durch das Struktogramm (s. Abbildung 4) beschrieben. Die innere Wiederholung geht das Feld vom kleinsten zum größten Index durch und vertauscht jeweils falsch stehende Nachbarelemente. Dabei werden n – 1 Vergleiche benötigt. Der ganze Vorgang wird n-mal wiederholt; dann ist sicher jedes Element an seinen Platz gewandert. Der Laufzeitbedarf ist also auch hier $n \cdot (n-1) = n^2 - n$.

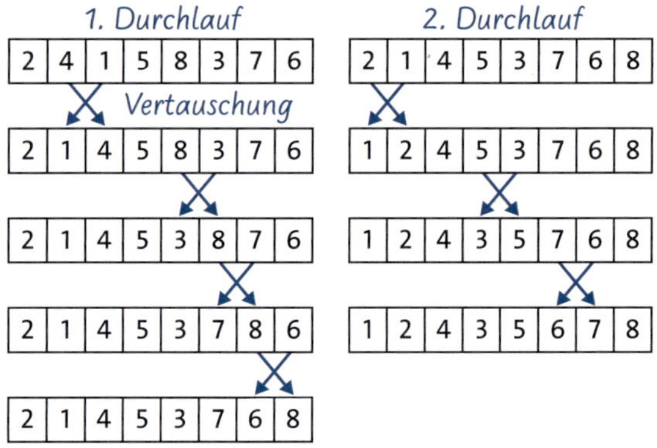

Abbildung 3

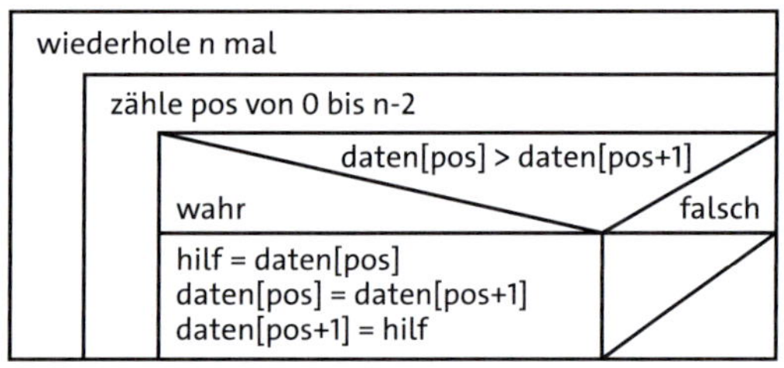

Abbildung 4

Wie beim Sortieren durch Auswahl ist die Anzahl der Vergleiche unabhängig von den Daten, Worst Case, Average Case und Best Case sind also auch hier gleich.
Im Beispiel kann man sehen, dass das Feld bereits nach dem dritten Durchlauf sortiert ist; es werden gar keine acht Durchläufe benötigt. In der Praxis wiederholt man daher nicht immer n-mal, sondern beendet, wenn bei einem Durchlauf keine Vertauschungen mehr notwendig sind. Dann gilt:

- Best Case: Das Feld ist schon sortiert, bereits im ersten Durchlauf wurden keine Vertauschungen benötigt. Dazu sind $1 \cdot (n-1)$ Vergleiche nötig.
- Worst Case: Der kleinste Wert ist im Feldelement mit dem höchsten Index gespeichert. Es werden daher n Durchläufe benötigt, bis dieser Wert beim Element mit dem kleinsten Index angekommen ist. Es sind $n \cdot (n-1)$ Vergleiche nötig.
- Average Case: Es werden zwischen 1 und n Durchläufe benötigt, im Schnitt $\frac{n}{2}$. Die Laufzeit ist mit $\frac{n}{2} \cdot (n-1) = \frac{n^2}{2} - \frac{n}{2}$ zwar kürzer als ohne die Optimierung, aber der Zeitaufwand hängt weiterhin von n^2 ab.

MergeSort

Bei →**MergeSort** wird das Feld zunächst rekursiv durch Halbieren in immer kleinere Teilfelder zerlegt, bis diese die Länge 1 haben und somit jeweils sortiert sind. Bei der Rückkehr aus der Rekursion werden dann jeweils die sortierten Teilfelder zusammengemischt.
Das Aufteilen ergibt $\log_2(n)$ Teilungsstufen. Das Mischen benötigt zwischen $\frac{n}{2} - 1$ und $n-1$ Vergleiche pro Teilungsstufe, weil jeweils die ganze Feldlänge bearbeitet werden muss. Das sind im Mittel also $\frac{3}{4} \cdot n - 1$ pro Teilungsstufe. Der Gesamtaufwand ist daher $\left(\frac{3}{4} \cdot n - 1\right) \cdot \log_2(n)$.

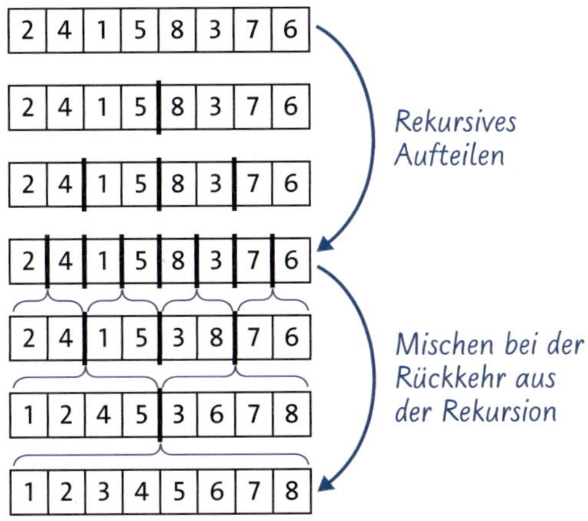

Abbildung 5

→merge (engl.: mischen)

Unterschiede auch bei der Wegesuche

Nicht nur bei Sortieralgorithmen kann man die Abhängigkeit der Laufzeit von der Datenmenge abschätzen. Bei der Tiefensuche bestimmt der Besuch der Knoten die Zeit, wenn die Anzahl k der Kanten pro Knoten klein gegenüber der Gesamtzahl n der Knoten ist. Wenn von jedem Knoten etwa a Kanten abgehen und im Schnitt $\frac{n}{2}$ Knoten besucht werden, ehe ein neuer Weg gefunden ist bzw. verworfen werden kann, ist die Anzahl aller Knotenbesuche $a^{\frac{n}{2}}$. Also steigt der Zeitbedarf exponentiell mit der Knotenanzahl n an.

Der Wert für große n ist wichtig

Kleine Datenmengen können schnell verarbeitet werden. Erst die Verarbeitung großer Datenmengen kostet viel Rechenzeit. Bei großen Datenmengen, also bei großen Werten für die Elementanzahl n, ist der genaue Aufbau der Zeitbedarfsfunktion Zeit(n) aber nicht mehr relevant. Für große n bestimmt nur noch der am schnellsten wachsende Summand das Verhalten einer Funktion.
Um dieses Verhalten bei großen n schnell und präzise zu beschreiben, wurde die →**Landau-Notation** entwickelt. Sie verzichtet auch noch auf die Angabe konstanter Faktoren des am schnellsten wachsenden Terms und gibt nur noch die zu Grunde liegende Funktion an. Diese Angabe wird auch (Zeit-)**Komplexität** oder **Laufzeitordnung** von Algorithmen genannt.

→Edmund Landau, deutscher Mathematiker

O(1)	konstanter Zeitbedarf
O(log(n))	logarithmischer Zeitbedarf
O(n)	linearer Zeitbedarf
$O(n \cdot \log(n))$	linear-logarithmischer Zeitbedarf
$O(n^2)$	quadratischer Zeitbedarf
$O(e^n)$	exponentieller Zeitbedarf

Diese unterschiedlichen Zeitbedarfe nennt man auch **Komplexitätsklassen**.
Beispiele:
- Suchen in einer Liste: Zeit ~ n, die Laufzeitordnung ist O(n).
- Suchen im geordneten Binärbaum: Zeit ~ $\log_2(n)$, die Laufzeitordnung ist O(log(n)).
  Eine Basis wird nicht angegeben, da der Wechsel der Basis nur ein konstanter Faktor ist.
- SelectionSort: Zeit ~ $n^2 - n \Rightarrow n^2$ ist der am schnellsten wachsende Term, daher ist die Laufzeitordnung $O(n^2)$.

- BubbleSort: Zeit ~ $\frac{n^2}{2} - \frac{n}{2} \Rightarrow \frac{n^2}{2}$ ist der am schnellsten wachsende Term, daher ist die Laufzeitordnung $O(n^2)$.
- MergeSort: Zeit ~ $n \cdot \log_2(n) \Rightarrow$ Laufzeitordnung daher $O(n \cdot \log(n))$
- Tiefensuche: Zeit ~ $a^{\frac{n}{2}}$, Wechsel der Basis und der Faktor im Exponenten sind Konstanten, daher ist die Laufzeitordnung $O(e^n)$.

Der Laufzeitaufwand kann durch Zählen zentraler Operationen wie Vergleiche innerhalb von Wiederholungen und rekursiver Aufrufe berechnet werden.
Die Art, wie die Daten vorliegen, hat auch einen Einfluss auf die Laufzeit (z. B. vorsortiert bei einem Sortierverfahren). Man unterscheidet zwischen folgenden Fällen:
- **Best Case**: der günstigste Fall mit der kürzesten Laufzeit
- **Worst Case**: der ungünstigste Fall mit der längsten Laufzeit
- **Average Case**: der Fall mit der durchschnittlichen Laufzeit

Die **Landau-Notation** beschreibt den prinzipiellen Laufzeitbedarf für große Datenmengen.

Aufgaben

1 Operationen zählen
Das Projekt stellt die Sortierverfahren SelectionSort, BubbleSort und MergeSort sowie einen Zufallsgenerator für die Vorbesetzung der zu sortierenden Felder bereit.
- **a** Ergänzen Sie in allen drei Sortierverfahren je einen Zähler für die Anzahl relevanter Operationen (Vergleiche) und geben Sie den Wert dieses Zählers am Ende jedes Sortierlaufs aus.
- **b** Sortieren Sie mit diesen Verfahren Felder mit Anzahlen von 2 000 bis 14 000 Elementen in Schritten von 2 000 Elementen. Tragen Sie die Ergebnisse geeignet in ein Tabellenkalkulationsprogramm ein und lassen Sie sich die zugehörigen Diagramme einschließlich geeigneter Trendlinien anzeigen.
- **c** Verifizieren Sie die im Lehrtext hergeleiteten Laufzeitbedarfe. Begründen Sie auch mögliche Abweichungen von den theoretischen Werten.

2 Sortierverfahren erläutern
- **a** Erläutern Sie das Sortierverfahren BubbleSort anhand eines Feldes der Länge 10 mit selbst gewählten Werten.
- **b** Erläutern Sie das Sortierverfahren MergeSort anhand eines Feldes der Länge 10 mit selbst gewählten Werten. Gehen Sie insbesondere darauf ein, wie Sie berücksichtigen, dass die Feldlänge keine 2er-Potenz ist.

3 Sortieren durch direktes Einfügen
Häufig werden im Alltag Karten, Namenslisten usw. sortiert, indem man jeweils den obersten Wert aus dem ganzen Stapel nimmt und in den bereits sortierten Teil einfügt. Beim Sortieren eines Feldes kann auf die Verwendung eines zweiten Feldes verzichtet werden. Da die Anzahl der zu sortierenden Werte sich ja nicht ändert, teilt man das Feld gedanklich in zwei Teile. Der Teil mit den niedrigen Indizes enthält die schon sortierten Werte, der Teil mit den hohen Indizes den noch unsortierten Rest. Mit jedem einsortierten Wert wächst der sortierte Teil um ein Element, der unsortierte nimmt um ein Element ab.

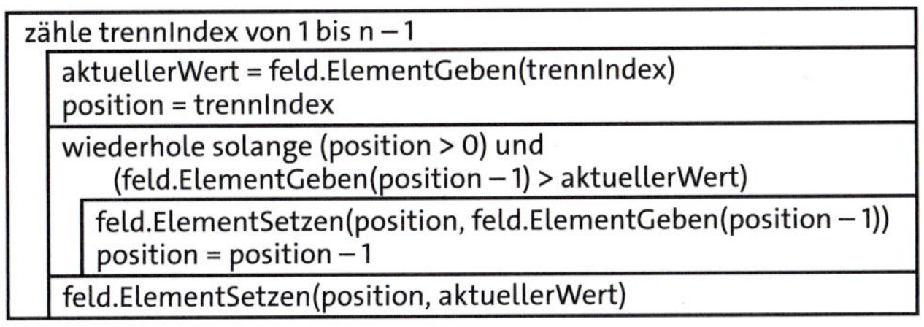

Abbildung 6

Das Struktogramm beschreibt den Sortiervorgang für ein Feld der Länge n. Der Trennindex trennt zwischen dem sortierten und nicht sortierten Teil. Das Attribut position ist der Index, bei dem gerade geschaut wird, ob das aktuelle Element eingefügt werden muss.

a Vollziehen Sie den Algorithmus an einem Feld der Länge 6 mit Werten Ihrer Wahl nach.

b Bestimmen Sie aus der Struktur des Algorithmus dessen durchschnittlichen Laufzeitbedarf in Abhängigkeit von der Feldlänge n.

c Geben Sie Szenarien für Best Case und Worst Case an und geben Sie auch dafür den Laufzeitbedarf an.

4 Suchen in Feldern

Für die folgenden Teilaufgaben ist feld ein Feld mit n Elementen von Zeichenketten, gesuchterWert ist die zu suchende Zeichenkette.

a In einem unsortierten Feld müssen alle Feldelemente durchlaufen werden, bis der gesuchte Wert gefunden ist oder das Ende des Feldes erreicht wurde. Das Struktogramm (s. Abbildung 7) beschreibt den Suchvorgang.
Geben Sie für den Fall, dass der gesuchte Wert im Feld vorhanden ist, die Laufzeit für Best Case und Worst Case in Abhängigkeit von n an.
Ermitteln Sie daraus die Laufzeit für Average Case in Abhängigkeit von n.

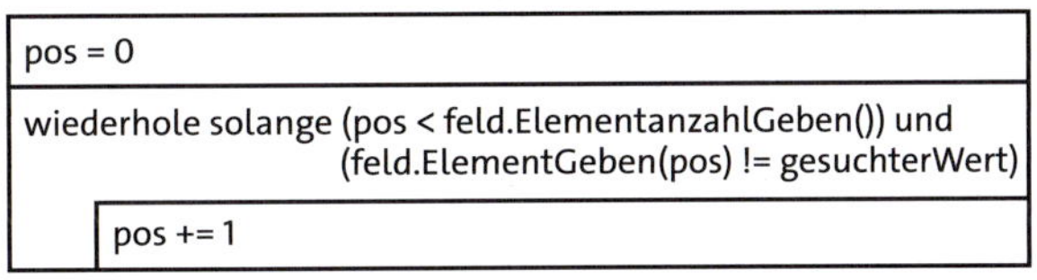

Abbildung 7

b Sind die Werte im Feld sortiert, so kann man die sogenannte Suche durch Bisektion verwenden. Die verwendete Methode *Vergleichen(gesucht)* der Klasse ZEICHENKETTE liefert 0, wenn die Zeichenkette mit der Zeichenkette gesucht übereinstimmt, -1, wenn die Zeichenkette lexikografisch kleiner als die Zeichenkette gesucht ist, und 1 sonst.
Die Suche wird dann durch das Struktogramm (s. Abbildung 8) beschrieben. Geben Sie für den Fall, dass der gesuchte Wert im Feld vorhanden ist, die Laufzeit für Best Case und Worst Case in Abhängigkeit von n an. Begründen Sie, warum für den Average Case die Laufzeit für den Worst Case angegeben wird.

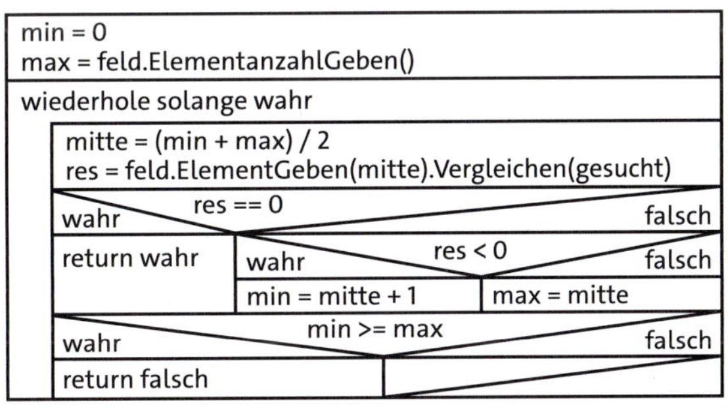

Abbildung 8

c Für Schnelle: Berechnen Sie den Average Case für a) und b) neu unter der Annahme, dass nur die Hälfte der zu suchenden Werte im Feld vorhanden ist.

5 BubbleSort verbessern: ShakerSort

a Im Lehrtext wurde bereits angegeben, dass bei BubbleSort das zu sortierende Feld nicht notwendig n mal durchlaufen werden muss, sondern dass der Sortiervorgang beendet ist, wenn keine Vertauschung mehr stattgefunden hat. Da außerdem nach dem ersten Durchlauf der größte Wert sicher den höchsten Index erhalten hat, kann man beim zweiten Durchlauf die Wiederholung bereits bei Index n – 3 beenden, beim 3. Durchlauf bei n – 4 usw. Erstellen Sie ein Struktogramm, das diese beiden Verbesserungen enthält, und geben Sie für die optimierte Version den Laufzeitbedarf im Worst Case in Abhängigkeit von n an.

→engl. shake: schütteln

b Das Hauptproblem von BubbleSort ist, dass kleine Werte nur sehr langsam zu den niedrigen Indizes wandern. Daher wird bei der Variante →ShakerSort das Feld im Wechsel einmal von links nach rechts und einmal von rechts nach links durchlaufen. Diese zweite Bewegung führt die kleinen Werte sofort zu den niedrigen Indizes; nach dem ersten Durchlauf ist der kleinste Wert sicher beim Index 0 angelangt.
Ergänzen Sie Ihr Struktogramm aus a) um diesen Zusatz. Geben Sie für diese weiter optimierte Version den Laufzeitbedarf im Worst Case in Abhängigkeit von n an.

c Erstellen Sie ein Programm, das ein Feld einmal mit der unoptimierten Version von BubbleSort und einmal mit ShakerSort sortiert. Dabei soll in beiden Versionen die Anzahl der jeweils benötigten Vergleiche ausgegeben werden. Begründen Sie, dass der damit ermittelte Average-Case-Laufzeitbedarf mit dem im Lehrtext angegebenen bzw. in a) berechneten Worst-Case-Laufzeitbedarf zusammenpasst.

6 Tiefensuche analysieren

Der Algorithmus der Tiefensuche in Pseudocode:

```
methode KnotenBesuchen(aktuell: GANZZAHL)
    besuchteKnoten.Hinzufügen(aktuell)
    zähle nummer von 0 bis knoten.ElementanzahlGeben() - 1
        falls (matrix.ElementGeben(aktuell).ElementGeben(nummer) > 0) UND
              (NICHT besuchteKnoten.Enthält(nummer))
        dann
              KnotenBesuchen(nummer)
        endefalls
    endezähle
endemethode
```

a Begründen Sie, warum es bei der Tiefensuche zur Bestimmung des kürzesten Weges in der bisher beschriebenen Form keinen Einfluss auf die Laufzeit hat, ob der Zielknoten Z nur eine Kante vom Startknoten S entfernt ist oder ob er „am anderen Ende“ des Graphen liegt.

b Um die Laufzeit zu verbessern, kann man die Verfolgung eines Weges abbrechen, wenn die aktuelle Weglänge bereits größer ist als die Länge eines schon gefundenen Wegs zum Ziel. Geben Sie unter dieser Annahme die Best-Case-Situation und die Worst-Case-Situation für die Ermittlung des kürzesten Wegs von S nach Z an.

7 Laufzeitbedarf des Dijkstra-Algorithmus

Der Kernteil des Dijkstra-Algorithmus ist durch das folgende Struktogramm gegeben:

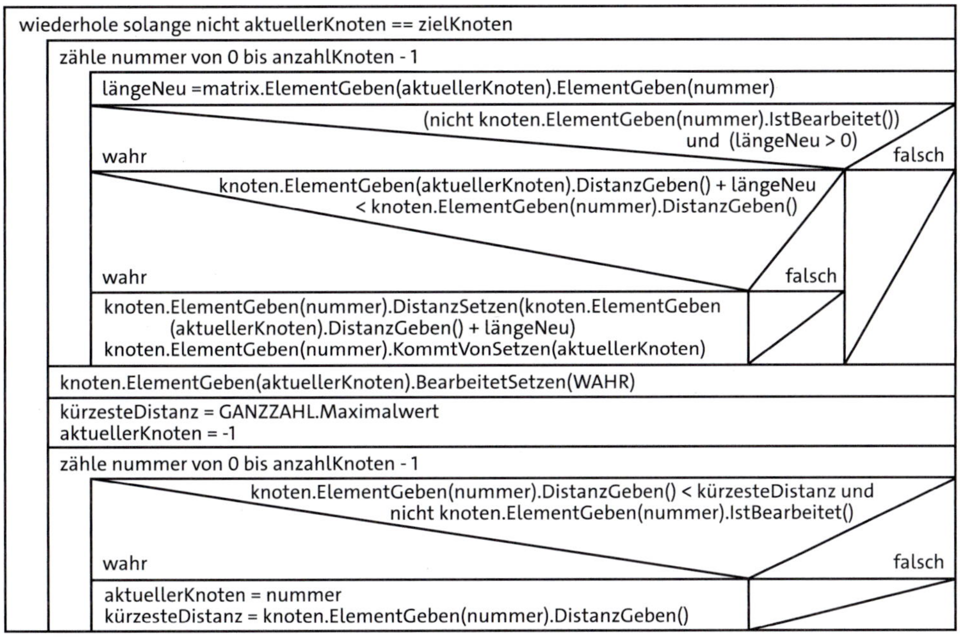

Abbildung 9

Die für den Zeitbedarf wesentlichen Operationen sind die Sequenzen innerhalb der beiden inneren Wiederholungen.

a Geben Sie an, wie der Zeitbedarf dieser beiden Teile von der Anzahl der Knoten (Attribut: anzahlKnoten) jeweils abhängt und wie sich diese beiden Anteile ohne Problem zusammenfassen lassen.

b Geben Sie die Anzahl der Durchläufe der äußeren Wiederholung für Best Case, Worst Case und Average Case an.

c Fassen Sie die Ergebnisse von a) und b) zum Laufzeitbedarf für den Dijkstra-Algorithmus für den Average Case zusammen. Geben Sie auch die Laufzeitordnung an.

8 Listen und Bäume im Vergleich

a Geben Sie für die drei typischen Operationen Suchen, Einfügen und Löschen eines Elements den durchschnittlichen Laufzeitbedarf in Liste und Baum in Abhängigkeit von der Elementanzahl n an. Gehen Sie dabei davon aus, dass der Baum balanciert ist.

b Forschungsauftrag: Vor allem beim Löschen eines Elements geraten Bäume oft aus der Balance. Das Ausbalancieren hat die Laufzeitordnung $O(n \cdot \log(n))$. Begründen Sie damit, dass bei häufigen Löschoperationen oft Listen den Bäumen vorgezogen werden.

9 Forschungsauftrag: Landau-Notation

Recherchieren Sie im Internet, welche weiteren Symbole außer O() bei der Landau-Notation noch verwendet werden, und geben Sie an, welche Aussagen zum Wachstumsverhalten der Zeitbedarfsfunktion damit im Detail gemacht werden.

5.3 Verschiedene Lösungen: Algorithmen vergleichen

Worträtsel

(nach der Aufgabe „Wörter aufräumen“ des 39. Bundeswettbewerbs Informatik, Runde 1)

Opa Jürgen blättert in einer Zeitschrift und findet ein Rätsel. Es ist eine Liste von Wörtern gegeben, die in die richtige Reihenfolge gebracht werden sollen, so dass sie einen sinnvollen Satz oder eine lustige Geschichte ergeben. Satzzeichen, Leerzeichen zwischen Wörtern sowie einige Buchstaben sind schon vorgegeben. Diese Art von Rätsel sind so gestellt, dass es nur eine richtige Lösung gibt.

> **Wörterrätsel**
>
> _h _ _, _a_ _ _r _ _ _e _ _b_ _ _!
>
> arbeit – eine – für – je – oh – was

„Oh je, was für eine Arbeit!“, sagt Opa Jürgen. „Kein Problem“, erwidert seine Enkelin Lotta. „Der Computer kann es doch für uns machen.“

Helfen Sie den beiden und planen Sie entsprechend der folgenden Teilaufgaben ein Programm, das einen Lückentext und eine Liste von Wörtern einliest und anschließend den vervollständigten Text ausgibt.

a Vertiefen Sie Ihr Verständnis für die Aufgabenstellung, indem Sie selbst zwei solche Rätsel erstellen: Eines soll, wie in der Aufgabenstellung zugesichert, eindeutig lösbar sein, das andere nicht.

b Entwickeln Sie als groben Plan eine Struktur für eine Lösung, indem Sie die Aufgabe in mehrere, möglichst kleine Teilaufgaben zerlegen. Beschreiben Sie die Zielsetzung jeder Teilaufgabe durch einen Satz, Lösungsstrategien sind **nicht** gefordert.

c Lottas Bruder Leo schlägt als Lösungsstrategie für eine Teilaufgabe folgendes vor: „Man könnte doch alle möglichen Kombinationen der gegebenen Wörter bilden und in einer Liste speichern. Dann müsste man nur nacheinander jede dieser Kombinationen mit dem Lückentext vergleichen, bis die richtige Wortkombination gefunden ist.“ Erklären Sie Leo durch Betrachtung der Zeitkomplexität für die Wortanzahlen 10, 20 und allgemein n, dass seine Lösungsstrategie zeitkritisch ist.

Abb. 1 zeigt die Teilschritte aus der Einstiegsaufgabe. Im Team könnte man sogar parallel arbeiten.

Lösungsstrategien

Häufig gibt es mehrere Wege, die zu einer Lösung führen. Das gilt für Aufgaben aus der Schule genauso wie für Aufträge an Handwerksbetriebe und natürlich auch für Aufgaben, die durch ein Programm gelöst werden sollen. Sie haben in Ihrem Informatikunterricht bereits verschiedene Algorithmen zur Lösung typischer Aufgaben kennen gelernt. Dieses Kapitel hat das Ziel, übergreifende Lösungsansätze zu systematisieren. Dies soll Ihnen helfen, für zukünftige Aufgabenstellungen über eine Palette an Lösungsstrategien zu verfügen, aus der Sie geeignete auswählen, kombinieren bzw. problembezogen adaptieren können.

Divide and Conquer

Es ist leichter, kleine Aufgaben zu bearbeiten als große komplexe. Deshalb ist folgende als →divide and conquer bezeichnete Lösungsstrategie häufig hilfreich:

→ englisch für „teile und herrsche“

- Zerlegung des Gesamtproblems in kleinere Probleme (divide)
- Lösung dieser Teilprobleme (conquer)
- Zusammensetzung der Gesamtlösung aus den Teillösungen (combine)

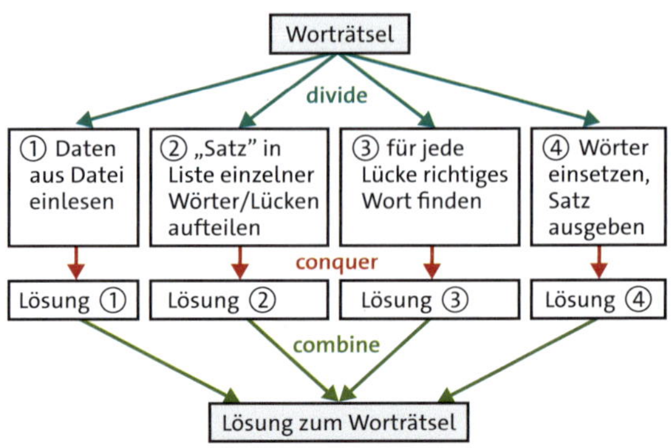

Abbildung 1

Noch deutlicher wird der Mehrwert dieser Lösungsstrategie bei der Rekursion, die ein typisches Beispiel für „Divide and Conquer" ist:

- Das Zerlegen erfolgt sogar in Teilprobleme der gleichen Art (Rekursionsschritt).
- Gelöst wird das Problem, wenn es so einfach ist, dass eine direkte Lösung möglich ist (Rekursionsende).
- Das Zusammensetzen erfolgt im Rekursionsschritt nach Beendigung der rekursiven Methodenaufrufe.

Abbildung 2 visualisiert das rekursive Vorgehen bei Merge-Sort.

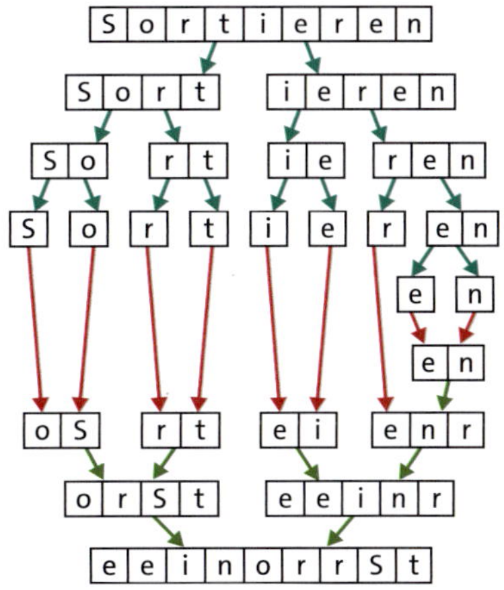

Abbildung 2

Brute Force

Bei einer geringen Datenmenge kann das systematische Ausprobieren aller Möglichkeiten zum Ziel führen. Dagegen ist der Zeitaufwand bei mittleren und großen Datenmengen in der Regel zu hoch, genauso wie beim Knacken von Passwörtern.
Möchte man bei dem Worträtsel alle möglichen Kombinationen von den n zu verteilenden Wörtern bestimmen, gibt es für das erste Wort n Möglichkeiten, für das zweite Wort (n – 1) Möglichkeiten usw. Die Zeitkomplexität ist O(n!), weil
$n \cdot (n-1) \cdot (n-2) \cdot ... \cdot 1 = n!$ ergibt. Dies ist noch schlechter als eine exponentielle Laufzeit, wie Abbildung 3 exemplarisch für die Basis 2 zeigt.

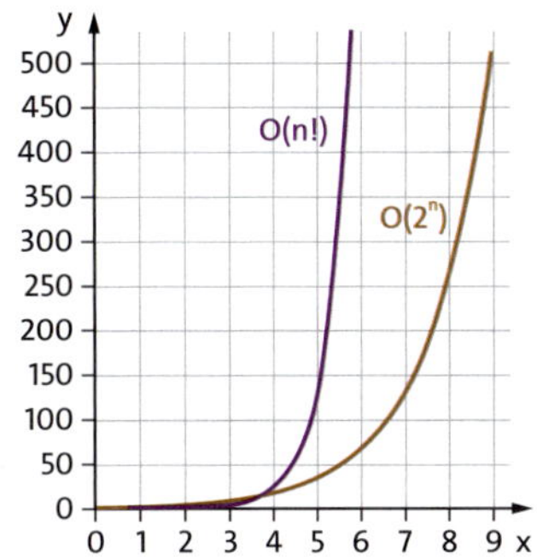

Abbildung 3

Bei Irrwegen schnell abbrechen – Trial-and-Error-Ansatz

Für das Teilproblem „Wörter zuordnen", bei dem für jede Lücke das richtige Wort gefunden werden soll, ist mit Blick auf längere Sätze das Zuordnen von Wortkandidaten zu Lücken zielführend. Bei einer Anzahl n von Lücken gibt es bei dem Rätsel auch n Wörter, die zu verteilen sind. Über geschachtelte Wiederholungsanweisungen jeweils mit einer Anzahl von n kann man die Kandidaten bestimmen. Dies hat eine Komplexität von $O(n^2)$.

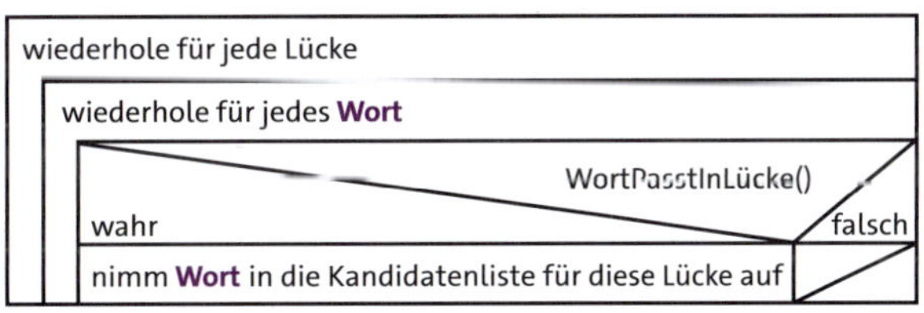

Abbildung 4

Für die Überprüfung, ob das Wort in die Lücke passt, ist noch eine weitere Wiederholungsanweisung nötig, die Zeichen für Zeichen vergleicht. Die Zeichenanzahl der Wörter ist bei vielen Wörtern, d. h. bei großem n, nicht zeitbestimmend, der Zeitaufwand bleibt daher insgesamt von der Ordnung $O(n^2)$.
Bei großen Datenmengen machen sich auch kleine Optimierungen in der Berechnungsdauer bemerkbar. In diesem Beispiel ist es sinnvoll, vor dem Vergleich der einzelnen Zeichen die Längen des Wortkandidaten und der Lücke zu vergleichen: Sind diese verschieden, kann auf den Zeichenvergleich verzichtet werden. Somit wird für jede der n^2 Möglichkeiten ein Versuch gestartet. Dieser wird jedoch sofort abgebrochen, wenn die Längen nicht übereinstimmen, weil das ein Irrweg ist.

Greedy-Algorithmen

Folgende Listen zeigen ein Zwischenergebnis für ein Wörterrätsel direkt nach dem Bestimmen der Wortkandidaten:

lücken	
0	____
1	___s____
2	__n_
3	___
4	_e_
5	___e__
6	__e___

wörter	
0	gleich
1	dem
2	sind
3	vor
4	Menschen
5	alle
6	Gesetz

wortkandidatenFürLücke	
0	[2,5]
1	[4]
2	[2]
3	[1,3]
4	[1]
5	[6]
6	[0]

Für die Lücke mit dem Index 0 sind die Wörter mit den Indizes 2 und 5 mögliche Kandidaten.

Abbildung 5

Für das Beispiel in der Einstiegsaufgabe funktioniert der Algorithmus.

Um nun aus den Kandidaten auszuwählen, wäre es möglich, immer das erste noch nicht vergebene Wort einzufügen. Zum Zeitpunkt der Auswahl führt das zu einem Mehrwert, weil eine Lücke geschlossen wird. Im Beispiel oben führt dieses Vorgehen aber insgesamt in eine Sackgasse: Nachdem die Wörter mit den Indizes 2 („sind") und 4 („Menschen") für die ersten beiden Lücken gewählt wurden, steht das einzige, für die Lücke mit dem Index 2 passende Wort „sind" nicht mehr zur Verfügung.

→engl. greedy: gierig

Verfahren, die schrittweise den Folgezustand so auswählen, dass zum Zeitpunkt der Wahl ein Optimum erreicht wird, nennt man →Greedy-Algorithmen. Die Strategie basiert auf der Aussicht, dass das lokale Optimum am Ende der Verarbeitung auch zu einem globalen Optimum, also zu einer idealen Gesamtlösung des Problems führt. Dies ist jedoch häufig nicht der Fall.
Greedy-Algorithmen sind oft schnell und insbesondere dann leicht anzuwenden, wenn Zustände einfach bewertet werden können. Meist ist eine solche Bewertung nötig, um das Optimum zu finden. In dem Beispiel oben ist jeder Wortkandidat ein Optimum, weil dadurch eine Lücke geschlossen wird: gierig wird einfach der erste mögliche Index genommen.
Da insgesamt alle n Lücken gefüllt werden müssen, ist die Zeitkomplexität O(n).
Ein Beispiel, bei dem die gierige Lösungsstrategie auch immer zur besten Lösung führt, ist der Algorithmus von Dijkstra für die Suche nach dem kürzesten Pfad in einem Graphen: In jedem Schritt wird als nächster Zwischenknoten derjenige unbesuchte Knoten gewählt, der den geringsten Weg zum Startknoten hat. Eine Bewertung des Optimums erfolgt hier anhand des Abstands zum Startknoten.

Backtracking – kombiniert „Divide and Conquer" mit Rekursionsenden bei Irrwegen

Mit Hilfe des Backtracking-Verfahrens können systematisch alle Lösungen einer gegebenen Situation rekursiv gesucht werden. Dabei versucht man, in geeigneten Schritten auf die Lösung zuzugehen. Sobald man erkennt, dass ein Weg nicht mehr weitergeführt werden kann, geht man unter Ausnutzung der Rekursion auf der eigenen Spur zurück, bis ein neuer Weg in Richtung Lösung möglich ist.

LösungskandidatenAuswählen(GANZZAHL lückenindex)

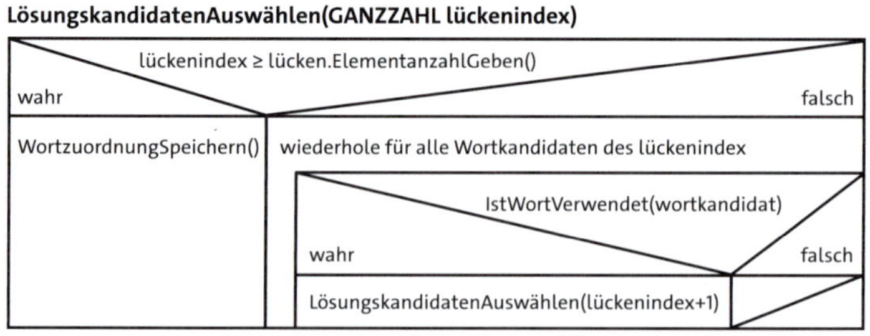

Abbildung 6

Bei der Auswahl der Lösungskandidaten beim Worträtsel ist der Rekursionsschritt, den Lückenindex zu erhöhen. Das Rekursionsende ist erreicht, wenn der Lückenindex die Anzahl der Lücken erreicht – dann wurden alle Lücken gefüllt. Im Rekursionsschritt geht man alle Kandidaten durch, die noch nicht verwendet wurden. Landet man in einer Sackgasse, so endet dieser eine konkrete Methodenaufruf und der Ablauf wird automatisch an der richtigen Stelle weitergeführt.

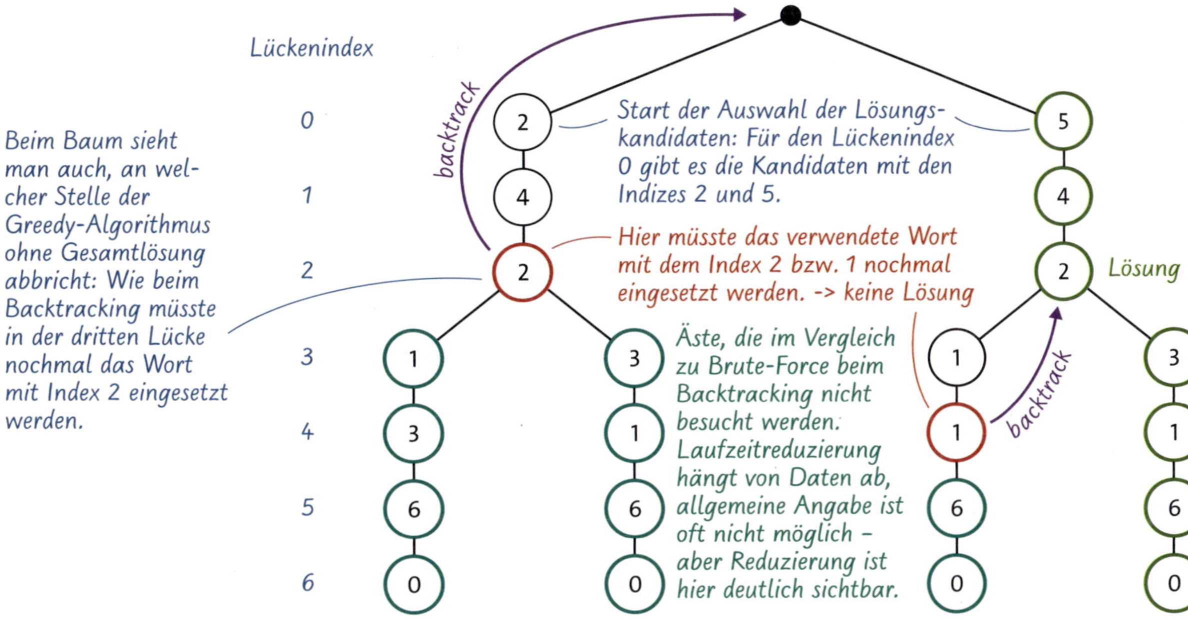

Abbildung 7

Gesamtbetrachtung

Damit der Zeitaufwand der Gesamtlösung betrachtet werden kann, muss für jedes Teilproblem der Zeitaufwand untersucht werden. Die zwei schwierigsten Schritte der Lösung wurden oben ausführlich dargestellt. Für die Gesamtlösung werden noch drei weitere kleinere, hier nicht ausgeführte Schritte benötigt. Die Tabelle gibt einen Überblick über den Zeitaufwand aller Schritte. Am schwierigsten ist eine Abschätzung des Backtrackings: Die Anzahl der Äste ist das Produkt der Anzahlen möglicher Wortkandidaten, hier 2 · 1 · 1 · 2 · 1 · 1 · 1 (siehe Abbildung 5). Im Best Case ist dies 1, im Worst Case kann dies mit n abgeschätzt werden. Jeder Ast enthält n Knoten, so dass dies multipliziert miteinander eine Abschätzung von O(n²) ergibt. Da beim Backtracking nicht alle Knoten besucht werden, ist dies eine Abschätzung nach oben.

Zeitaufwand bei einem Satz, der aus n Wörtern bzw. z Zeichen besteht	
Daten aus Datei einlesen	O(z)
„Satz“ in Liste einzelner Wörter/Lücken aufteilen (eine Wiederholungsanweisung)	O(z)
Für jede Lücke Wortkandidaten bestimmen (zwei geschachtelte Wiederholungsanweisung mit Optimierung)	$O(n^2)$
Korrektes Wort aus den Wortkandidaten der Lücke zuordnen (Backtracking)	$O(n^2)$
Wörter einsetzen, Satz ausgeben	O(n)
Gesamt	**$O(n^2)$**

Nummernmerker (nach Aufgabe 2 aus dem 38. BWINF, Runde 1)
Sarahs Mutter seufzt: „Puh, in diesem Formular muss ich schon wieder meine Mitgliedsnummer angeben. Jetzt muss ich sie suchen, ich kann mir solche Nummern einfach nicht gut merken!"
„Ich merke mir lange Nummern immer so, dass ich sie in kürzere Blöcke aufteile", sagt Sarah. „Die Blöcke merke ich mir dann als Zahl. Wenn's geht, sollen sie daher nicht mit Null anfangen. Meine Telefonnummer 01713920042 merke ich mir zum Beispiel so:
0171 - 39 - 200 - 42."
Planen Sie entsprechend der folgenden Teilaufgaben ein Programm, das eine Nummer, also eine Folge von Ziffern, einliest und sie so in Blöcke aufteilt, dass gilt:

i Jeder Block hat höchstens vier, aber mindestens zwei Ziffern.
ii Die Anzahl der Blöcke, die mit einer Null beginnen, ist minimal.

a Vertiefen Sie Ihr Verständnis für die Aufgabenstellung, indem Sie für die Nummer 20000345 drei korrekte Lösungen angeben und eine, die die zweite Bedingung verletzt.
b Beschreiben Sie einen Greedy-Algorithmus als Lösungsansatz für die Aufgabe. Überprüfen Sie, ob die Telefonnummer von Sarah und die Nummer aus a) damit korrekt aufgeteilt werden. Geben Sie eine zusätzliche Nummer an, bei der der Greedy-Algorithmus keine optimale Lösung liefert.
c Beschreiben Sie einen Divide-and-Conquer-Lösungsansatz – zuerst nur das grobe Prinzip in zwei bis drei Sätzen, dann genauer durch ein Struktogramm oder Pseudocode.
d Schätzen Sie die Ordnung des Zeitaufwands für die Lösungsansätze in b) und c) ab.

Codierungswechsel bieten Chancen
Für die maschinelle Analyse von Sachverhalten müssen die Daten geeignet gespeichert werden: Bei der Wahl von W-Seminaren mit einem Erst- und Zweitwunsch kann man die zum Wunsch passende Priorität in eine Tabelle eintragen.

Name	E	Inf	Mu	Ph	...
Alles Erkan		1	2		
Purna Anna		2		1	
Ter Lee	2	1			
...	...	...	...	...	...

Möchte man aber für die Seminarwahl kontrollieren, ob alle Schülerinnen mit je einem Erst- und Zweitwunsch korrekt gewählt haben, ist eine alternative Codierung hilfreich: Trägt man bei der Seminarwahl den Erstwunsch mit 100 und den Zweitwunsch mit 1 ein, so ist über einfache Summenbildungen in den Zeilen eine Kontrolle der vollständigen Wahl möglich. Über die Summen in den Spalten ist zusätzlich die Verteilung von Erst- zu Zweitwünschen pro Seminar erkennbar.

Name	E	Inf	Mu	Ph	...	Check
Alles Erkan		100	1			101
Purna Anna		1		100		101
Ter Lee	1	100				101
...	...	...	...	...	...	...
Summe	506	1208	311	607		8888

12 Erst- und 8 Zweitwünsche reichen, um ein Informatik-Seminar einzurichten.

Für alle 88 Schülerinnen ist je ein Erst- und ein Zweitwunsch erfasst.

Bereits gelöste Aufgabenstellungen nutzen
Bei der Einstiegsaufgabe „Nummernmerker" ist es naheliegend, die Nummer als Text zu speichern – führende Nullen sind damit einfach möglich. Alternativ kann man die einzelnen Ziffern als Knoten eines Graphen speichern. Dies ist deutlich aufwendiger, hat aber den Vorteil, dass die Anforderung „Jeder Block muss zwischen 2 und 4 Ziffern lang sein." in Kanten codiert werden kann:

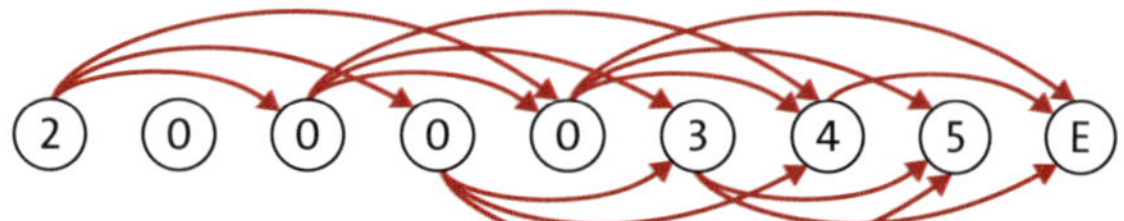

Abbildung 8

Von der ersten Ziffer gehen Kanten nur zur dritten, vierten und fünften Ziffer: Es sind genau die Ziffern, bei denen entsprechend der Anforderung der nächste Block beginnen darf. Weitere Kanten werden nach dem gleichen Prinzip ergänzt. Nach den Knoten für die Ziffern muss noch ein zusätzlicher Knoten für das gültige Ende eingefügt werden.
Gerade für Graphen gibt es zahlreiche Algorithmen, die man nutzen kann – egal ob als Whitebox, wenn man eine Aufgabestellung dazu schon einmal gelöst hat, oder als Blackbox z. B. in Form einer Bibliotheksfunktion. In den letzten beiden Schuljahren wurden als Graphen-Algorithmen bereits der Djikstra-Algorithmus zur Suche des kürzesten Pfades zwischen einem Start- und Zielknoten sowie die Breiten- und Tiefensuche entwickelt.
In dem Graphen zur Aufgabe „Nummernmerker" lässt sich der Djikstra-Algorithmus nutzen, wenn man auch die zweite Anforderung codiert: Da möglichst wenige Blöcke mit der Ziffer 0 beginnen sollen, müssen Kanten, die bei einer Ziffer 0 enden, ein hohes Gewicht wie z. B. 100 im Sinne von Kosten haben. Kanten, die nicht bei einer 0 enden, sollen dagegen „billig" sein, was durch das Kantengewicht 1 umgesetzt werden kann. Mit dieser Vorarbeit löst der kürzeste Pfad vom Knoten der ersten Ziffer zum Endknoten die Aufgabe, weil eine zulässige Aufteilung in Blöcke mit möglichst wenigen Nullen am Blockanfang über die besuchten Knoten markiert wird. Aus den Kosten des kürzesten Pfades lässt sich sogar bestimmen, wie oft die Ziffer 0 am Anfang eines Blocks steht.

Kanten mit Gewicht 100
Kanten mit Gewicht 1

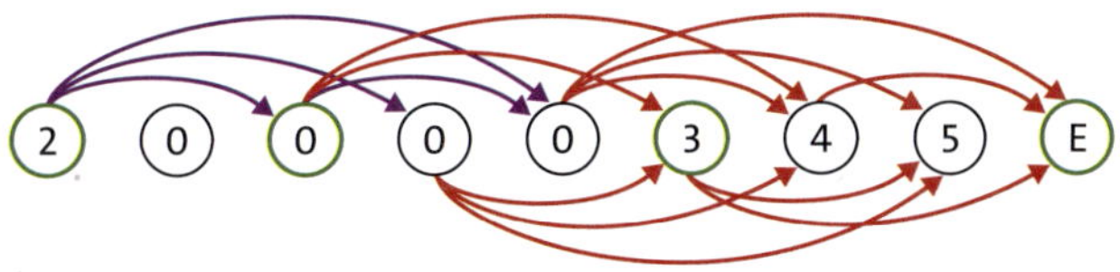

Die Pfadlänge von 102 zeigt, dass ein Block mit einer 0 beginnt, zwei nicht.

Die besuchten Knoten beim kürzesten Pfad sind jeweils der Anfang eines Blocks. Eine Lösung ist 20 – 000 – 345.

Abbildung 9

Dieser vielleicht überraschende Weg zur Lösung der Aufgabe „Nummernmerker" zeigt, dass es sich lohnen kann, eine Aufgabe auf ein anderes Problem mit bekannter Lösung zurückzuführen. Der Aufwand der Transformation, hier die Codierung der Aufgabenstellung in einen Graphen, wird dadurch belohnt, dass man im Anschluss eine bekannte Lösung einfach verwenden kann.
Der Laufzeitaufwand von Dijkstra bei einem Graphen mit n Knoten ist $O(n \cdot \log(n))$. Der Aufwand, die Knoten zu erstellen, ist $O(n)$. Da von jedem Knoten maximal drei Kanten ausgehen, ist $O(n)$ auch die Komplexität für das Erstellen der Kanten. Damit ergibt sich insgesamt ein Laufzeitaufwand von $O(n \cdot \log(n))$.

Bei der Suche nach Algorithmen zu einer Aufgabenstellung gibt es Lösungsstrategien, die immer wieder zum Einsatz kommen, beispielsweise

- **Brute-Force** – systematisches Ausprobieren aller Möglichkeiten
- **Greedy** – in jedem Schritt ein lokales Optimum erreichen
- **Divide and Conquer** – Gesamtproblem zerlegen (teilen), die kleinen Teilprobleme lösen (herrschen) und die Teillösungen zur Gesamtlösung zusammensetzen
- **Backtracking** – über Rekursion auf die Lösung zugehen und bei Irrwegen unter Ausnutzung der Rekursion auf der eigenen Spur zurückgehen, bis ein neuer Weg in Richtung Lösung möglich ist
- **Zurückführen auf ein gelöstes Problem** – beispielsweise durch geeignete Codierung eine Aufgabe auf ein Problem übertragen, zu dem es bereits eine Lösung gibt

Oft gibt es mehrere verschiedene Lösungsansätze zu einer Aufgabenstellung. Die Analyse der Laufzeitbetrachtung kann bei der Bewertung unterschiedlicher Lösungsansätze helfen.

Aufgaben

1 Wörter zuordnen

In der Vorlage finden Sie zwei Lösungen und vier Beispielrätsel zur Einstiegsaufgabe.

- **a** Führen Sie die Brute-Force-Methode mit den Beispielrätseln 1 und 3 durch. Erklären Sie die Fehlermeldung beim Programmabbruch (ggf. mit Recherche).
- **b** Analysieren Sie den Quelltext der Vorlage von Lottas Lösung. Bei ihr sind bisher nur die Schritte „Einlesen der Datei" und „Zerlegung der Sätze in Wörterlisten" umgesetzt.
- **c** Implementieren Sie die Methode *WortkandidatenBestimmen*(), welche im Lehrtext beschrieben wurde. Testen Sie an den vier Beispielrätseln in der Vorlage.
- **d** Programmieren Sie mit dem im Lehrtext beschriebenen Greedy-Algorithmus die Auswahl der korrekten Wörter für jede Lücke. Dokumentieren Sie für jedes Beispielrätsel, ob der Algorithmus zum Ziel führt.
- **e** Setzen Sie nun den Backtracking-Algorithmus aus dem Lehrtext um.

2 Lösungsstrategien und Codierung

- **a** „Wenn beim Wandern in den Bergen ein Gewitter aufzieht und die Sicht schon schlecht ist, dann gehe ich immer zu dem niedrigsten sichtbaren Punkt. Dort angekommen wiederhole ich dieses Vorgehen."
  Ordnen Sie dieses Verfahren einer Lösungsstrategie zu und begründen Sie Ihre Wahl.
- **b** Beschreiben Sie knapp den Algorithmus der Tiefensuche in der Datenstruktur Graph. Ordnen Sie diesem Algorithmus eine oder mehrere Lösungsstrategien zu.
- **c** Beschreiben und begründen Sie, wie die im Lehrtext beschriebenen Codierungen für folgende Fälle geändert werden müssen.
  - i Wünsche für die Seminarwahl, wenn im Jahrgang 120 Schülerinnen sind
  - ii Kantengewichte bei der Aufgabe Nummernmerker bei Nummern mit 200 Ziffern

3 Gesundheitsdaten auswerten

Wearables sind Physical-Computing-Systeme, die direkt am Körper getragen werden. Viele Wearables können Gesundheitsdaten wie die Herzfrequenz oder den Blutdruck messen. Über Apps können diese Daten gespeichert und ausgewertet werden. Im folgenden Beispiel wird minütlich die Abweichung des Pulses von einem zuvor (manuell) festgelegten Normwert in einem Feld gespeichert. Am Ende des Tages erstellt die App verschiedene Statistiken; unter anderem wird dabei auch der Zeitraum mit der größten Summe der Pulsabweichungen ermittelt:

Summe = 2 (über 3, -2, 1) Summe = 7 (über 2, 4, -1, 2)

...	...	3	-2	1	-3	2	4	-1	2	...

- **a** Beschreiben Sie einen Algorithmus nach dem Brute-Force-Prinzip zur Bestimmung des Zeitabschnitts mit der größten Summe und ordnen Sie eine Zeitkomplexität zu.
- **b** Beurteilen Sie, ob über einen Greedy-Algorithmus der Abschnitt mit der größten Summe gefunden werden kann.
- **c** Eine effiziente Lösungsstrategie für das vorliegende Problem ist das Prinzip „Divide and Conquer". Formulieren Sie einen passenden Algorithmus zunächst in Pseudocode.
- **d** Implementieren Sie den Algorithmus aus c) und überprüfen Sie, ob sich für die gegebenen Datenreihen die korrekten Werte ergeben.
- **e** Bestimmen Sie zu den Lösungsstrategien dieser Aufgabe den Zeitaufwand.

4 Zu gute Auftragslage bei einem Start-up

Ein Start-up im Bereich 3D-Druck von Medizinprodukten wie Implantaten und Prothesen hat eine neue Technik entwickelt, die sehr gefragt ist. Eine neue Fertigungshalle und die Konfiguration neuer Drucker werden aber wegen Lieferengpässen erst in vier Monaten fertig sein. Bis dahin muss die Firma sehr genau planen, welche Aufträge Sie annimmt: Dabei ist der Firmenleitung wichtig, dass einerseits keine Kunden verärgert werden, d. h. zugesagte Aufträge pünktlich erledigt werden. Andererseits soll der Ertrag maximiert werden, weil die neuen Investitionen hohe Kosten verursachen. Aktuell werden die nächsten 10 Werktage geplant. Die nebenstehende Tabelle zeigt Zeitaufwand und Gewinn für die aktuellen Kundenanfragen. Unterstützen Sie das Unternehmen, indem Sie einen Algorithmus zur optimalen Auswahl planen.

Zeitaufwand	Gewinn
2 Tage	1 000
5 Tage	10 000
2 Tage	1 000
3 Tage	7 000
2 Tage	1 000
5 Tage	10 000
8 Tage	13 000

a Beschreiben Sie einen Brute-Force-Algorithmus und bestimmen Sie dessen Zeitkomplexität.

b Eine andere Strategie ist, die Anzahl der Aufträge zu maximieren. Formulieren Sie dazu einen Greedy-Algorithmus und nennen Sie die Zeitkomplexität. Notieren Sie auch die konkrete Auftragsauswahl für das Beispiel oben.

c Beschreiben Sie einen alternativen Greedy-Algorithmus, der den Gewinn maximiert. Geben Sie wiederum die Zeitkomplexität und das Ergebnis für das Beispiel an.

d Die Strategien in b) und c) liefern nicht das optimale Ergebnis. Bestimmen Sie das optimale Ergebnis und beschreiben Sie knapp Ihren Lösungsweg.

e Recherchieren Sie, auf welches gelöste Problem sich diese Aufgabenstellung zurückführen lässt. Recherchieren Sie weiterhin eine Implementierung zu dem gelösten Problem und analysieren Sie diese, indem Sie den Quelltext ausführlich kommentieren und für die zentralen Schritte ein Struktogramm zeichnen.

f Adaptieren Sie die recherchierte Implementierung aus e) so, dass Sie diese mit den Beispieldaten aus der Aufgabenstellung testen können.

5 Pflichtbewusst Termine an der Uni wahrnehmen

Im Informatikstudium lernen Sie das „maximum independent set“ und Lösungsverfahren dazu kennen: Dabei werden für Graphen maximale Mengen von Knoten gesucht, von denen keine Knoten durch eine Kante verbunden sind (siehe Beispiel in Abbildung 10). Im ersten Semester gibt es einen uni-internen Aktionstag, u. a. mit Informationen zu Auslandsstudienaufenthalten und Schnupperangebote der Sportfakultät. Da Sie sich sehr für beides interessieren, möchten Sie eine Auswahl von Veranstaltungen so treffen, dass sie möglichst viele Termine wahrnehmen können.

Beschreiben Sie, wie Sie Ihr Problem dadurch lösen könnten, dass Sie es auf das eingangs beschriebene Graphenproblem „maximum independent set“ zurückführen.

Veranstaltungen Aktionstag:
- 09.00-10.00 Uhr: Studieren in Seoul
- 09.30-11.00 Uhr: Ultimate Frisbee
- 10.00-12.00 Uhr: Studying USA
- 09.45-10.45 Uhr: Beachvolleyball
- 11.00-12.00 Uhr: Studieren Down Under
- 11.30-12.30 Uhr: Badminton
- 12.15-12.45 Uhr: Fitnessraum Workout
- 12.30-13.30 Uhr: Power Yoga

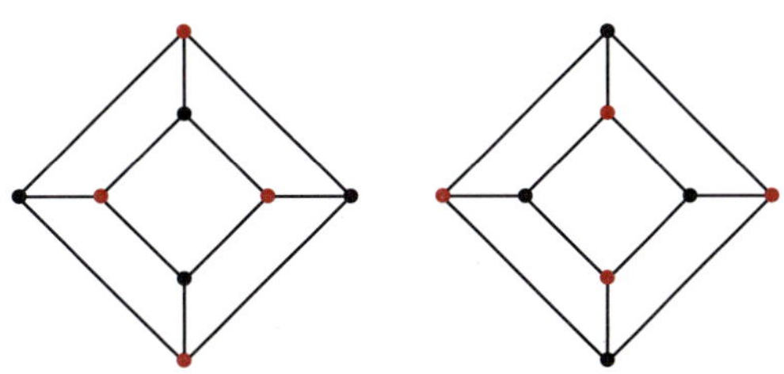

Abbildung 10

5.4 Umgang mit komplexen Problemen: Lösungen annähern

Zwischen Flughafen und Hotel möchte Christine im Urlaub gleich ein Museum besuchen, darf aber nur eine Tasche mit maximal 3 kg Inhalt mit in die Ausstellungsräume nehmen und muss den Rest an der Garderobe lassen. Da sie der Gepäckaufbewahrung nicht vertraut, möchte sie die Gegenstände für ihre Tasche so auswählen, dass sie möglichst viel Wert bei sich trägt. Dafür hat sie ihre wichtigsten Besitztümer gewogen und ihren Wert notiert.

Nummer	Objekt	Wert (€)	Gewicht (g)
1	Drohne	700	500
2	E-Reader	250	200
3	Kamera	800	850
4	Kopfhörer	250	180
5	Laptop	1400	1200
6	Parfüm	80	150
7	Power Bank	80	100
8	Smartphone	400	220
9	Sonnenbrille	300	90
10	Tablet	450	450

Um die optimale Lösung (Gegenstände 2, 4, 5, 7, 8, 9) zu finden, müsste Christine alle Lösungen durchprobieren.
Da dies zu lange dauern würde, wählt sie einen anderen Weg: Sie bestimmt für jeden Gegenstand seinen sog. Profitabilitätsindex als Quotient aus Wert und Gewicht. Dann befüllt sie die Tasche so weit wie möglich mit möglichst profitablen Objekten – passt eines nicht mehr hinein, wird es übersprungen.

a Führen Sie das Verfahren zu zweit durch. Nutzen Sie das vorbereitete Tabellenkalkulationsdokument.

b Entscheiden Sie zu zweit begründet, ob es sich bei dem Verfahren um einen Greedy-Algorithmus handelt. Bewerten Sie dann die Lösungsstrategie und nennen Sie für Ihre Bewertung zentrale Kriterien. Hinweis: Der Algorithmus für eine optimale Lösung hat den Laufzeitaufwand $O(e^n)$.

c Für Schnelle: Der beschriebene Anwendungsfall ist eine Erscheinungsform des sog. Rucksackproblems (s. Band 2, Kap. 6.2). Recherchieren Sie und beschreiben Sie das Problem.

Das Problem des Handlungsreisenden
Ein Handlungsreisender muss eine bestimmte Menge von Orten besuchen. Um Ressourcen zu sparen, soll die Route als Rundreise so geplant werden, dass jeder Ort nur einmal besucht wird und die Gesamtstrecke möglichst kurz ist.

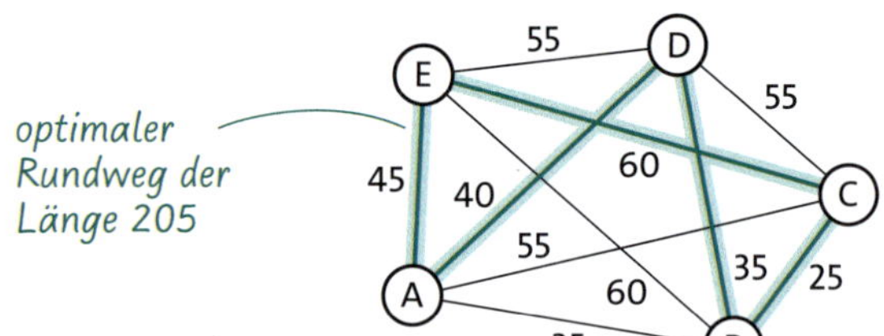

Abbildung 1

Gewalt ist keine Lösung
Die Brute-Force-Methode liefert eine Optimallösung: Zunächst müssen dafür alle möglichen Rundwege ermittelt und dann der kürzeste ausgewählt werden. Von einem Startknoten aus gibt es bei einem vollständigen Graphen mit n Knoten für die Wahl der ersten Zwischenstation (n – 1) Möglichkeiten, für das nächste Teilziel bleiben in jedem der vorigen Fälle (n – 2) Orte, von dort aus jeweils (n – 3) usw., so dass sich insgesamt (n – 1)! mögliche Rundreiserouten mit festgelegter Reiserichtung ergeben. Die Hälfte davon entspricht der Anzahl der Rundwege, da die Reiserichtung bei der Betrachtung eines Rundwegs keine Rolle spielt. Die Brute-Force-Methode mit ihrer Komplexität O(n!) ist daher bereits bei einer geringen Knotenanzahl unbrauchbar: Schon für 10 Knoten existieren über 180 000 mögliche Rundreisen, bei 16 Knoten mehr als 650 Milliarden!

Für das Problem des Handlungsreisenden und viele weitere Fragestellungen wie z. B. das Rucksackproblem (vgl. Einstiegsaufgabe) sind aber keine Algorithmen bekannt, die eine optimale Lösung mit vertretbarem Zeitaufwand liefern könnten. In solchen Fällen ist es daher sinnvoll, stattdessen brauchbare Näherungslösungen zu nutzen, die zeiteffizienter ermittelt werden können.

Einfach und schnell: heuristische Verfahren

Der intuitive Ansatz, zur Ermittlung einer Rundreise von einem Knoten aus immer zum nächstgelegenen noch unbesuchten Nachbarknoten zu reisen, folgt dem Greedy-Prinzip, da in jedem Schritt die aktuell optimale Teillösung gewählt wird. Dadurch fehlt dem Verfahren zwar der „Blick auf's Ganze", trotzdem kann es durchaus brauchbare Ergebnisse liefern: Im vorliegenden Fall ergibt sich beim Start in A eine Gesamtlänge von 215.

Dabei ist die Zeitkomplexität des Verfahrens deutlich geringer als die von Brute Force: Für die Auswahl des ersten Zwischenstopps müssen hier (n – 1) Kanten berücksichtigt werden, dazu kommen im nächsten Schritt (n – 2) Kanten usw. Da jeweils nur der kürzeste Weg verfolgt wird, ergibt sich für die Anzahl der Operationen die Kantensumme

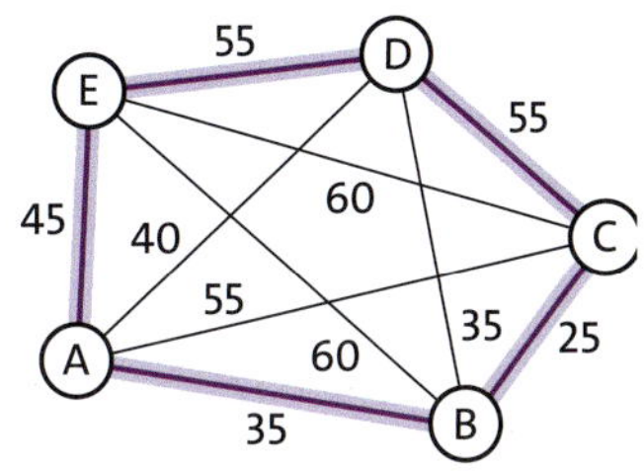

Abbildung 2

$$(n-1) + (n-2) + \ldots + 2 + 1 = \sum_{i=1}^{n-1} i = \frac{(n-1)n}{2} = \frac{1}{2}(n^2 - n)$$

und damit eine quadratische Laufzeit – eine deutliche Verbesserung!

Das vorgestellte Verfahren heißt Nächster-Nachbar-Heuristik. Eine →**Heuristik** ist eine Näherungsstrategie und wird häufig bei Problemen mit hoher Zeitkomplexität eingesetzt, bei denen man auf ein optimales Ergebnis ggf. Monate oder Jahre warten müsste.

→von gr. heurisko: ich finde, s. a. „Heureka!"

In der Regel berücksichtigen die Strategien nicht alle vorhandenen Informationen und liefern aufgrund dessen keine optimalen, aber erfahrungsgemäß durchaus brauchbare Ergebnisse; insbesondere werden sie dadurch schneller. Beim Problem des Handlungsreisenden sind beispielsweise alle Entfernungen von Vornherein bekannt, die Heuristik beachtet in jedem Schritt aber nur die Distanzen zu direkt benachbarten Knoten. In anderen Anwendungsfällen liegen zentrale Informationen von Vornherein gar nicht erst vor: Beispielsweise ist das Erkennen eines neuen Computervirus schwierig, weil noch niemand weiß, wie er sich verhält. Auch dafür werden Heuristiken gemäß den Strategien in der Sprechblase entwickelt. Die Güte des Ergebnisses einer Heuristik kann aber nie berechnet oder vorhergesagt werden.

Strategien zur Entwicklung von Heuristiken sind z. B. eine genaue Problemanalyse, Nutzung von Erfahrungen mit der Lösung anderer Aufgabenstellungen, intelligentes und intuitives Raten sowie gezieltes Ausprobieren, Testen und Nachjustieren.

Vorhersehbar gute Lösungen in akzeptabler Zeit: Approximationen

Bereits durch die Wahl des Startpunkts kann die Ergebnisgüte der Nächster-Nachbar-Heuristik allerdings stark variieren. Benötigt man von Vornherein eine Garantie für eine bestimmte Ergebnisqualität, kann das folgende Verfahren angewendet werden. Dafür wird ein spezieller Teilgraph benötigt, ...

- ... der zusammenhängend und zyklenfrei ist.
  ⇒ Somit erfüllt er die Eigenschaften eines Baums.
- ... der alle Knoten enthält.
  ⇒ Damit „spannt er ein Gerüst für den ganzen Graphen auf".
- ... dessen Kantensumme minimal ist.

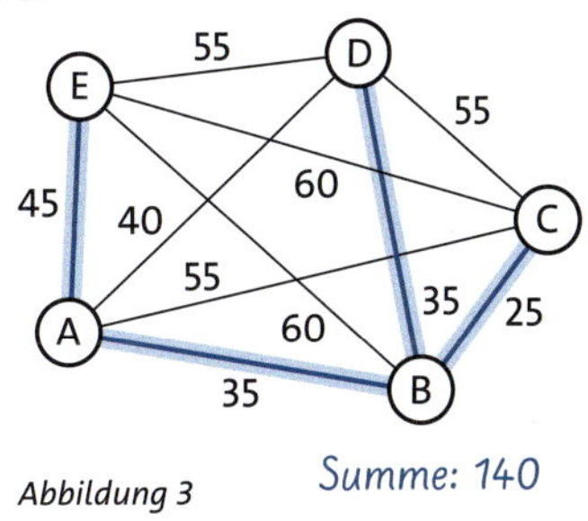

Abbildung 3

Aufgrund dieser Eigenschaften wird ein solcher Teilgraph als Spannbaum und mit der letzten Eigenschaft als minimaler Spannbaum bezeichnet.

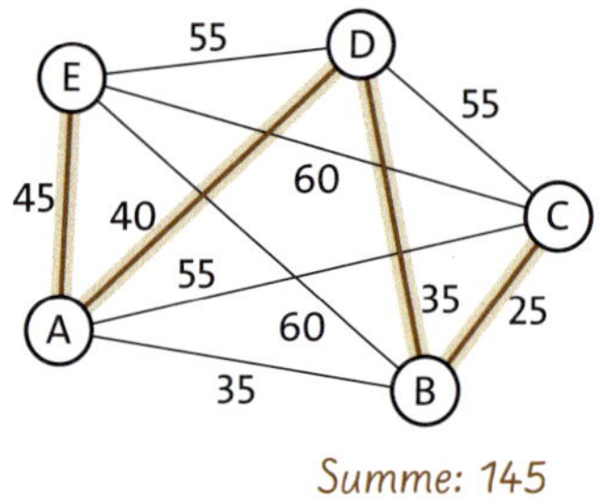

Abbildung 4

Dessen Kantensumme ist kürzer als der kürzeste Rundweg: Würde man vom kürzesten Rundweg eine beliebige Kante entfernen (z. B. CE in Abbildung 1), entstünde ein (allgemeiner) Spannbaum, da er einerseits noch immer mit allen Knoten ein „Graphengerüst" bilden würde und andererseits eine Baumstruktur hätte. Da der minimale Spannbaum per Definition der Spannbaum mit der geringsten Kantensumme ist, wäre die Kantensumme des allgemeinen Spannbaums keinesfalls kleiner. Da dem allgemeinen Spannbaum zum kürzesten Rundweg auch noch die vorher entfernte Kante fehlt, ist der kürzeste Rundweg sicher länger als die Kantensumme des minimalen Spannbaums:

minimaler Spannbaum ≤ entstandener Spannbaum < kürzester Rundweg

per Definition ein Spannbaum mit der geringsten Kantensumme

Zum kürzesten Rundweg fehlt ihm hier eine Kante.

Würde man nun beschließen, die Handlungsreise von einem beliebigen Knoten des minimalen Spannbaums aus zu starten (im Beispiel von A aus) und immer entlang des Spannbaums zu reisen, dann würde jede Kante zweimal besucht werden, nämlich jeweils auf dem Hin- und auf dem Rückweg. Die Route wäre damit doppelt so lang wie die Kantensumme des Baums, hier 280.

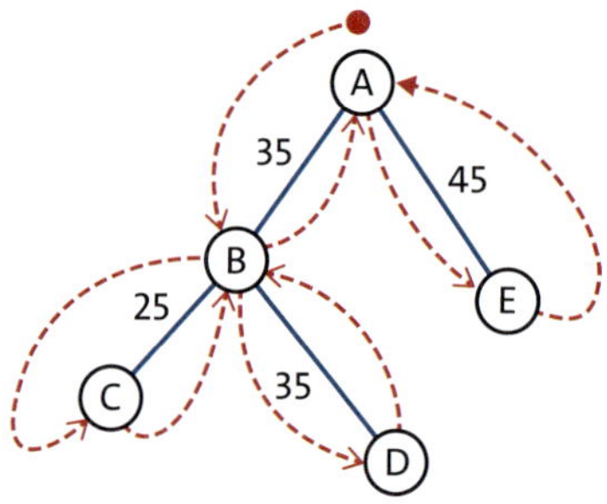

Abbildung 5

Da ja die Kantensumme des minimalen Spannbaums sicher kürzer als die optimale Rundreise ist, kann man allgemeingültig folgern, dass das Reisen entlang des minimalen Spannbaums (jede Kante zweimal!) sicher kleiner als die zweifache Länge des idealen Rundwegs ist.

Damit ist allerdings noch kein Rundweg gefunden, da hier alle Orte außer jenen in den Blattknoten zweifach besucht wurden. Zur Ermittlung der idealen Rundreise müssen bereits besuchte Orte übersprungen werden: Statt der Umwege wird dann jeweils der direkte Weg zum nächsten unbesuchten Ort in der Reisefolge entlang des minimalen Spannbaums gewählt. Im vorliegenden Fall ergibt sich damit beim Start in A dieselbe Route wie bei der Greedy-Heuristik: A-B-C-D-E-A.

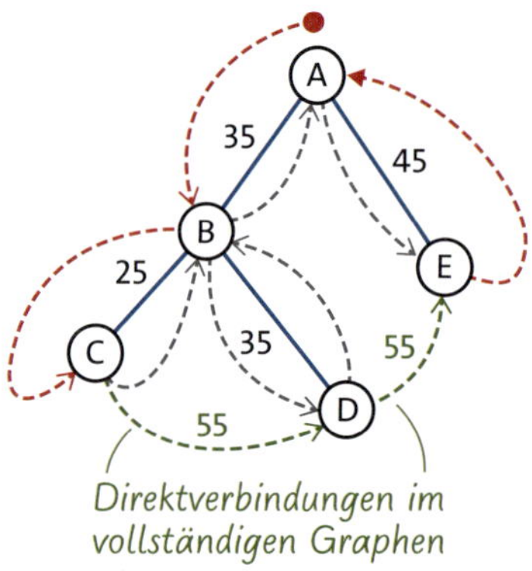

Abbildung 6

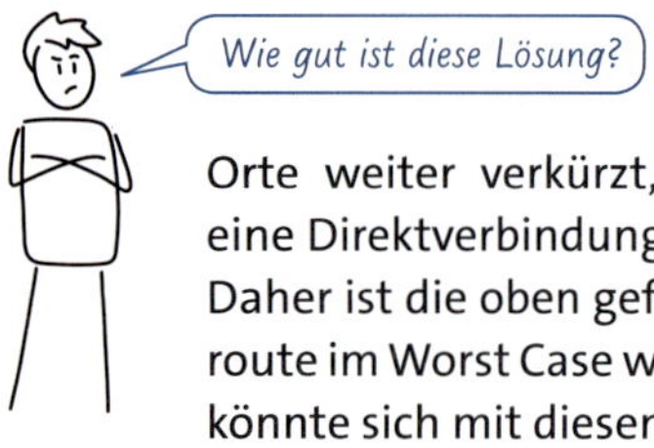

Die Route wird durch das Überspringen einzelner Orte weiter verkürzt, da gemäß Voraussetzung eine Direktverbindung niemals länger ist als ein Umweg über einen anderen Knoten. Daher ist die oben gefundene allgemeingültige Abschätzung für die Länge der Reiseroute im Worst Case weiterhin gültig. Nach unten existiert keine Schranke, theoretisch könnte sich mit diesem Verfahren auch die ideale Rundreise ergeben:

Länge idealer Rundweg ≤ Länge ermittelter Rundweg < 2 · Länge idealer Rundweg

Obergrenze für die Abweichung von der Ideallösung

Auf diese Weise hat man eine Lösung durch ein →**Approximationsverfahren** gefunden. Approximationen sind Näherungsverfahren, die auf eine möglichst optimale Lösung zielen. Sie grenzen sich von Heuristiken dadurch ab, dass für die Approximationsergebnisse auf Basis von vorher gemachten Abschätzungen eine bestimmte Güte garantiert werden kann.

→lat. approximare: annähern

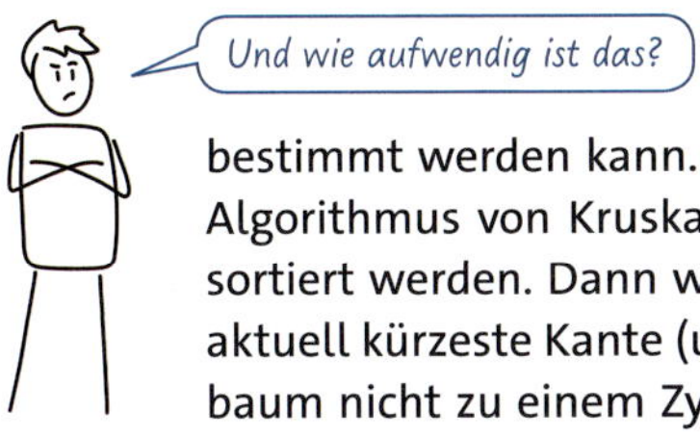

Der Aufwand für diese Routenermittlung ist davon abhängig, wie effizient der minimale Spannbaum des Graphen bestimmt werden kann. Dafür existieren verschiedene Verfahren, beispielsweise der Algorithmus von Kruskal. Dabei müssen alle Kanten zunächst nach ihrem Gewicht sortiert werden. Dann wird der zunächst leere minimale Spannbaum immer um die aktuell kürzeste Kante (und deren zugehörige Knoten) ergänzt, sofern dies im Spannbaum nicht zu einem Zyklus führt (ansonsten wird die Kante übersprungen), bis ein zusammenhängender Graph mit allen Knoten entstanden ist. Abschließend muss der Baum zur Ermittlung der Route noch einmal durchlaufen werden.

Weiter oben wurde bereits die Gesamtanzahl k der Kanten eines vollständigen Graphen mit n Knoten als $k = 0{,}5(n^2 - n)$ bestimmt. Im Folgenden wird daher die Größenordnung von k vereinfacht durch n^2 abgeschätzt. Die Sortierung der Kanten hat z. B. mit MergeSort den Zeitaufwand $O(k \cdot \log(k)) = O(n^2 \cdot \log(n^2)) = O(n^2 \cdot 2\log(n)) = O(n^2 \cdot \log(n))$. Der Aufwand für die Überprüfung auf Zyklenfreiheit ist bei der Wahl einer geeigneten Datenstruktur geringer. Bei der abschließenden Traversierung des minimalen Spannbaums wird jede Baumkante zweimal durchlaufen; sie kann daher mit $O(n)$ abgeschätzt werden. Insgesamt wird die Komplexität von Kruskals Algorithmus also durch den Sortieraufwand bestimmt: Die Approximation liegt damit in $O(n^2 \cdot \log(n))$.

Optimale Lösungen zu Aufgabenstellungen wie dem **Problem des Handlungsreisenden** oder dem Rucksackproblem sind wegen ihrer hohen Komplexität nicht mit vertretbarem Zeitaufwand lösbar. Alternative Verfahren zum zeiteffizienten Finden von Näherungslösungen sind:

- **Heuristiken:** Verfahren, die mit begrenzten Informationen erfahrungsgemäß gute Ergebnisse liefern; die Ergebnisgüte kann im Vorhinein nicht abgeschätzt werden.
- **Approximationsverfahren**: Verfahren, die so konstruiert werden, dass für ihr Ergebnis eine bestimmte Güte mathematisch garantiert werden kann.

Aufgaben

1 Brute Force beim Problem des Handlungsreisenden

Ein Rechner benötigt für die Ermittlung einer Route und deren Länge in einem vollständigen Graphen mit 20 Knoten eine Mikrosekunde. Bestimmen Sie, wie lange ein Rechner bei einem reinen Brute-Force-Verfahren braucht, um die optimale Route bei einem Graphen mit 20 Knoten zu ermitteln.

2 Anwendungsfälle des Problems des Handlungsreisenden

Das Problem des Handlungsreisenden ist für verschiedenste Bereiche hochgradig relevant. Recherchieren Sie folgende Anwendungsfälle und erklären Sie diese jeweils kurz:

a Herstellung von Leiterplatten
b Genomsequenzierung
c Design von Telekommunikationsnetzen

3 Heuristiken für das Problem des Handlungsreisenden

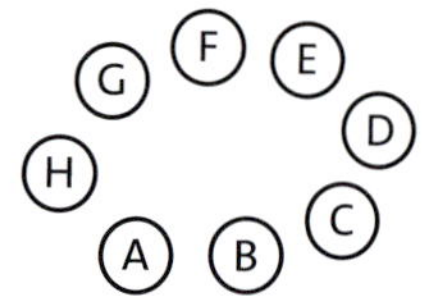

Abbildung 7

a Führen Sie das im Lehrtext beschriebene Heuristikverfahren für den Graphen im Lehrtext zweimal mit je einem anderen Startknoten durch; interpretieren Sie die Ergebnisse.

b Der gegebene Graph beschreibt die korrekte geographische Lage von acht Orten, wobei jeder Ort von überall erreichbar ist. (Auf die 28 Kanten wurde der Übersichtlichkeit halber verzichtet.) Geben Sie begründet an, von welcher Güte das Ergebnis der im Lehrtext vorgestellte Heuristik beim Start in A ist.

c Modifizieren Sie den gegebenen Graphen durch Verlagerung eines Orts so, dass das Ergebnis bei Anwendung der Heuristik deutlich schlechter wird. Erklären Sie Ihre Modifikation knapp.

d Recherchieren Sie, nach welchem Prinzip die Heuristik-Variante „all nearest neighbours" arbeitet, und begründen Sie deren Komplexitätsklasse $O(n^3)$.

4 Näherungen des Problems des Handlungsreisenden implementieren

Im vorgegebenen Projekt ist bereits die Datenstruktur Graph implementiert. Die Kanten werden darin in einer Adjazenzmatrix verwaltet. In den Methoden von BEISPIEL wird der Lehrtextgraph bzw. ein Graph mit deutschen Städten aus einer Datenbank geladen.

a Machen Sie sich mit den beiden Graphen vertraut, indem Sie die Methoden der Klasse BEISPIEL ausführen. Verschaffen Sie sich außerdem einen Überblick über die vorhandenen Methoden der Klasse GRAPH.

b Setzen Sie in GRAPH die im Lehrtext vorgestellte Heuristik in der Methode *NächsterNachbar(start: ZEICHENKETTE)* um. Die Methode soll die Knotenbezeichner in der Reihenfolge, in der sie besucht werden, auf der Konsole ausgeben.
Durchsuchen Sie hierfür in einer Wiederholung für den jeweils aktuellen Knoten die entsprechende Zeile bzw. Spalte der Matrix nach der als nächstes zu wählenden kürzesten Verbindung. Speichern sie dazu beim Durchlaufen das jeweils aktuelle Minimum. Fügen Sie das Ziel einer gefundenen Verbindung einer Liste hinzu. Geben Sie am Ende die Route und deren Gesamtlänge aus. Testen Sie für beide Graphen und verschiedene Startknoten.

Für die Implementierung der Approximation mit Hilfe des Algorithmus von Kruskal müssen drei zentrale Schritte in den folgenden drei Teilaufgaben umgesetzt werden.

c **aufsteigendes Sortieren der Kanten:** Ergänzen Sie eine Methode, die eine gegebene Kantenliste effizient sortiert und zurückgibt. Nutzen Sie z. B. Ihre MergeSort-Implementierung aus Kapitel 4.2.

d **Erstellen des minimalen Spannbaums:** Der minimale Spannbaum besteht zu Beginn aus sämtlichen Knoten ohne jegliche Kanten. Nun werden nacheinander die aufsteigend nach Gewicht sortierten Kanten überprüft: Dem Spannbaum wird jeweils eine aktuell kürzeste Kante hinzugefügt, solange sich dadurch kein Zyklus ergibt. Um dies effizient zu überprüfen, kann eine sog. Union-Find-Datenstruktur eingesetzt werden. Darin werden alle Knoten, die aufgrund bereits hinzugefügter Kanten schon zusammenhängen, als Teilbäume verwaltet. (Anfangs sind alle Knoten einelementige Teilbäume.) Um zu überprüfen, ob die aktuelle Kante beim Hinzufügen einen Zyklus erzeugen würde, muss man nur wissen, ob sich ihre beiden Knoten bereits im selben Teilbaum befinden, also dieselbe Wurzel haben oder nicht. Falls ja, entstünde ein Zyklus. Nur, wenn dies nicht der Fall ist, wird die Kante dem Spannbaum hinzugefügt. In der Union-Find-Datenstruktur wird dann die Wurzel des einen Teilbaums an die Wurzel des anderen Teilbaums gehängt.

Im folgenden Beispiel wurden bisher alle vier kürzesten Kanten des Graphen dem entstehenden Spannbaum und der Union-Find-Datenstruktur hinzugefügt:

Graph:

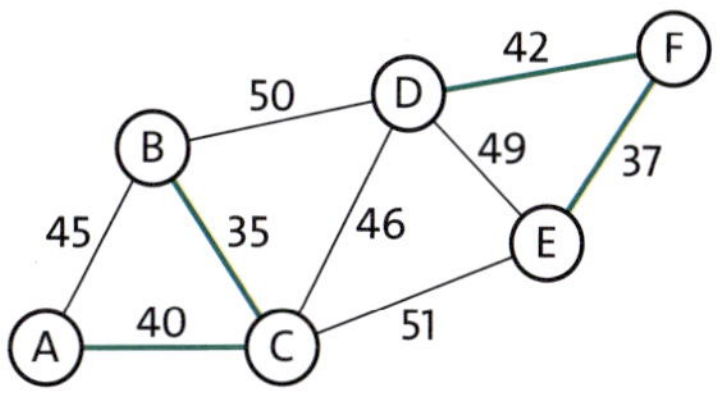

Abbildung 8

zugehörige Union-Find-Datenstruktur:

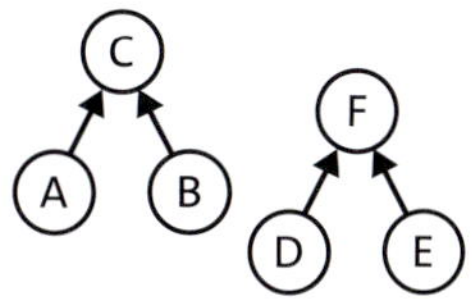

Abbildung 9

aufsteigend sortierte Kanten:
BC (35)
EF (37)
AC (40)
DF (42)
AB (45)
CD (46)
DE (49)
...

Nun werden die kürzesten der verbleibenden Kanten überprüft:

Schritt 5: Kante AB überprüfen
(Teilbaumwurzel von A) = C = (Teilbaumwurzel von B)
-> Hinzufügen von AB zum Spannbaum würde einen Zyklus erzeugen.
-> AB wird dem Spannbaum nicht hinzugefügt.

Schritt 6: Kante CD überprüfen
(Teilbaumwurzel von C) = C ≠ F = (Teilbaumwurzel von D)
-> Hinzufügen von CD zum Spannbaum erzeugt keinen Zyklus.
-> CD wird dem Spannbaum hinzugefügt.
-> Union-Find-Datenstruktur wird aktualisiert: Teilbaumwurzel von D (also F) wird an Teilbaumwurzel von C (also C) gehängt (oder umgekehrt).

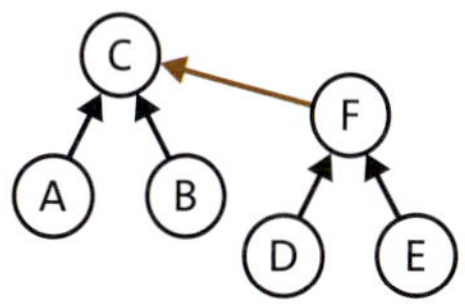

Abbildung 10

In der Implementierung sind die folgenden beiden Methoden bereits gegeben:

- *Finden(knoten: KNOTEN)* -> *KNOTEN* liefert zu einem Knoten die Wurzel seines aktuellen Teilbaums.
- *Vereinigen(k1: KNOTEN, k2: KNOTEN)* führt die Teilbäume der gegebenen Knoten zusammen.

Die Methode *MinSpannbaumMitKruskal()* -> *LISTE<KNOTEN>* in GRAPH soll einen minimalen Spannbaum nach dem beschriebenen Verfahren ermitteln und als Kantenliste zurückgeben. Setzen Sie die Methode um und nutzen Sie dabei die bereits implementierte Hilfsmethode *MatrixZuKantenliste()* -> *LISTE<KNOTEN>*, die die Adjazenzmatrix des Graphen in eine Liste von Kanten umwandelt. Testen Sie für die beiden gegebenen Graphen.

e **Baumtraversierung zur Routenermittlung:** Eine Methode *PreorderGeben(minSpannbaum)* -> *LISTE<KNOTEN>* ist bereits implementiert: Diese erhält die Kantenliste des minimalen Spannbaums, ermittelt (rekursiv mittels Tiefendurchlauf) eine Preorder-Reihenfolge der Knoten des minimalen Spannbaums und gibt eine entsprechende Liste zurück. Nutzen Sie die Methode, um in einer Methode *ApproximationMitKruskal()* die ermittelte Rundtour auszugeben, und bestimmen Sie mit Hilfe der Adjazenzmatrix auch die Länge des Rundwegs.

f Für Schnelle: Die vorgestellte Implementierung der Union-Find-Datenstruktur lässt bisher Optimierungen außer Acht: Das Durchhangeln durch die Teilbäume der Union-Find-Datenstruktur zur rekursiven Ermittlung der jeweiligen Teilbaumwurzel wird wesentlich effizienter, wenn die Teilbäume so niedrig wie möglich sind. Um dies zu erreichen, können beim Zusammenfügen verschiedene Heuristiken verwendet werden. Beispielsweise kann immer die Wurzel des niedrigeren Teilbaums als Kindknoten der Wurzel des höheren

Teilbaums hinzugefügt werden und nicht umgekehrt (Heuristik „union by rank“). Zudem ist es möglich, die Teilbäume beim Durchlaufen in ihrer Höhe zu reduzieren (Heuristik „Pfadkompression“).
Recherchieren Sie geeignete Verfahren und optimieren Sie damit die Implementierung von *Vereinigen*.

5 Einflussnahme in sozialen Netzwerken: Die minimale Knotenüberdeckung

Betreiber eines sozialen Netzwerks verkaufen gezielte Werbung; Werbende müssen dabei für die Anzahl von Usern bezahlen, denen ihre Werbung angezeigt wird. Ein besonderes Aktionsangebot ist die Vorauswahl einer möglichst geringen Menge von Usern durch die Betreiber derart, dass mindestens einer von jeweils zwei befreundeten Usern des gesamten Netzwerks erreicht wird. Man geht davon aus, dass die vermittelte Werbebotschaft häufig über die Freundschaftsbeziehungen weitergegeben wird. So soll möglichst effizient Einfluss auf alle Mitglieder genommen werden, obwohl die Werbung nur einem Teil der User angezeigt wird.
Modelliert man User durch Knoten und Freundschaften durch Kanten, heißt die beschriebene Teilmenge von Usern bzw. Knoten minimale Überdeckung des Graphen.
Da die Ermittlung einer minimalen Überdeckung sehr aufwendig ist, wird häufig ein einfaches Näherungsverfahren verwendet. Die Kanten des Graphen müssen dafür in einer Liste vorliegen:

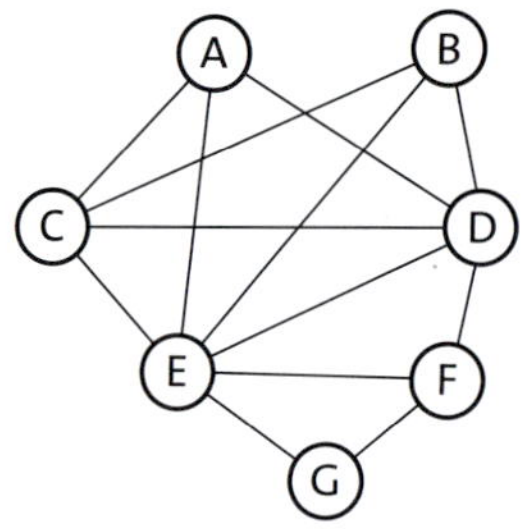

Abbildung 11

initialisiere die leere Knotenliste überdeckung	
wiederhole, solange die Kantenliste nicht leer ist	
	wähle eine beliebige Kante
	füge deren beide Knoten K_1 und K_2 zu überdeckung hinzu
	entferne alle Kanten aus der Kantenliste, die von K_1 oder K_2 ausgehen

Abbildung 12

a Führen Sie das Verfahren für den gegebenen Graphen durch. Beurteilen Sie begründet, ob es mehrere Lösungen geben kann.

b Hinter dem Verfahren steckt die folgende Überlegung: „Wenn man immer jeweils beide Knoten einer Kante berücksichtigt, kann man für jeden Teilschritt die Anzahl der entfernten Kanten maximieren.“
Erklären Sie auf dieser Basis, um was für eine Art von Algorithmus es sich handelt.

c Entwickeln Sie einen alternativen Approximationsalgorithmus, indem Sie noch die Wiederholungsanweisung und den zweiten Schritt innerhalb der Wiederholung formulieren. Erläutern Sie Ihr Verfahren knapp und führen Sie es für den gegebenen Graphen durch.

initialisiere die leere Knotenliste überdeckung	
Wiederholungsanweisung	
	wähle einen beliebigen der Knoten mit der höchsten Anzahl ausgehender Kanten und füge ihn zu überdeckung hinzu
	zweiter Schritt innerhalb der Wiederholung

Abbildung 13

6 Luftballons (nach BWINF 2016)

Wie kommen in jede Packung immer gleich viele Luftballons? Das ist gar nicht so einfach! Gegenstand dieser Aufgabe ist eine einfache Luftballonverpackungsmaschine (LVM). Sie hat 10 Speicherfächer sowie ein Ausgabefach und unterstützt folgende Operationen:

- `FACH(i)`: Entleert das i-te Speicherfach in das Ausgabefach und füllt das Speicherfach mit einer wechselnden Anzahl von Luftballons neu.
- `VERPACKEN()`: Entleert das Ausgabefach und verpackt die darin enthaltenen Luftballons.

Abbildung 14

Jede Packung soll möglichst 20 Luftballons enthalten. Weniger Ballons würden zu Reklamationen führen; mehr Ballons sind kostenträchtig, aber notfalls akzeptabel.

Speicherfächer

1	2	3	4	5	6	7	8	9	10
5	3	8	3	6	2	8	4	2	2
		↓			↓	↓		↓	

Ausgabefach

Abbildung 15

In Abbildung 15 ist ein Beispiel einer Situation mit den 10 gefüllten Speicherfächern abgebildet. Durch die Operationen
`FACH(6), FACH(7), FACH(9), FACH(3), VERPACKEN()`
werden genau 2 + 8 + 2 + 8 = 20 Luftballons verpackt.

Gesucht ist ein Programm, das eine LVM simuliert und so steuert, dass jede Packung mindestens 20 und möglichst genau 20 Luftballons enthält.
Gehen Sie davon aus, dass zu Beginn alle Fächer leer sind. Simulieren Sie die Operation FACH(i) mit Hilfe einer Füllfolge, das ist eine Folge von Zahlen: Die nächste noch nicht benutzte Zahl in dieser Folge gibt an, mit wie vielen Ballons das i-te Fach nach dem Entleeren neu gefüllt wird. Beispiel-Füllfolgen stehen als Textdateien zur Verfügung. Ihre Simulation soll für jedes Beispiel die durchgeführten Operationen, die Zahl der produzierten Packungen sowie die Zahl der insgesamt verbrauchten Ballons übersichtlich ausgeben.

a Begründen Sie, warum bei dieser Aufgabe eine Heuristik angewendet werden muss.

b Setzen Sie eine Simulation der LVM um. Konzentrieren Sie sich auf eine möglichst gute Näherungslösung, verzichten Sie auf graphische Darstellungen.

c Beschreiben Sie in Textform Ihren Lösungsansatz und begründen Sie, warum er aus Ihrer Sicht eine gute Näherung ist.

7 Forschungsauftrag: Bundeswettbewerb Informatik Runde 1

Bearbeiten Sie eine Aufgabe des aktuellen Bundeswettbewerbs. **Beginnen** Sie mit einer Planung zu Lösungsstrategie, Datenstruktur/Codierung und Zeitkomplexität und implementieren Sie erst **danach**. Erstellen Sie neben dem Quelltext eine Dokumentation bestehend aus ...

- ... einer allgemeinen Lösungsidee (enthält keine programmiersprachlichen Aspekte),
- ... zentralen Aspekten der Implementierung,
- ... einer Abschätzung des Zeitaufwands und
- ... ausreichend vielen Testfällen, idealerweise jeweils mit einer kurzen Beschreibung, welche Zielsetzung(en) dieser Fall im Kontext der Aufgabenstellung hat.

Teste dich selbst

T1 Richtig oder falsch?

Beurteilen Sie, ob folgende Aussagen richtig oder falsch sind. Begründen Sie Ihre Meinung bei falschen Aussagen und geben Sie eine berichtigte Aussage an.

- a Einfache Sortierverfahren haben einen quadratischen Zeitbedarf.
- b Suche in einem Binärbaum hat linearen Zeitbedarf.
- c Die Sicherheit eines Passworts hängt im Wesentlichen von der Größe des Alphabets ab.
- d Von Best Case zu Worst Case sinkt der Laufzeitaufwand.
- e Polynomialer Zeitaufwand ist schlechter als exponentieller Zeitaufwand.
- f Backtracking ist durch das Abbrechen von Irrwegen immer schneller als andere Algorithmen.
- g Jede Lösungsstrategie „Divide and Conquer" verwendet Rekursion.
- h Sowohl Heuristiken als auch Approximationen sind Näherungsverfahren.
- i Heuristiken grenzen sich insofern von Approximationen ab, als bei Heuristiken bereits vor der Anwendung die Güte der Lösung vorhergesagt werden kann.
- j Beim Problem des Handlungsreisenden geht es darum, auf möglichst kurzen Wegen von einem Ort zum nächsten zu gelangen.

T2 Ich check's, dank deiner Hilfe!

Ferdi war lange krank und möchte den Anschluss an den aktuellen Stoff wieder erlangen.

- a Helfen Sie ihm, indem Sie ihm folgende Begriffe/Aspekte anhand eines selbstgewählten Beispiels erklären:
  Bestimmung des Laufzeitaufwands experimentell bzw. durch Zählen zentraler Operationen, typische Laufzeitbedarfe, Worst-, Best-, Average-Case, Landau-Notation, Brute Force, Divide and Conquer, Greedy-Algorithmus, Backtracking, Heuristik, Approximation.
- b Konkrete Algorithmen und typische Problemstellungen waren in dem Kapitel auch sehr wichtig. Beschreiben Sie Ferdi folgende Algorithmen und nennen ihm die Zeitkomplexität dazu: zwei unterschiedliche Sortierverfahren, Tiefensuche, Algorithmen zur Lösung des Handlungsreisenden-Problems und des Rucksack-Problems
  (Falls dies schon Beispiele in a) waren, ist die Aufgabe bereits erledigt.)

T3 Urlaubsfahrt (nach 38. Bundeswettbewerb Informatik Runde 1)

Die Eltern von Justin, Esra, Julia und Vincent machen mit ihnen eine lange Urlaubsreise quer durch Europa mit einem Wohnmobil. Während der langen Fahrt müssen sie immer wieder halten, um zu tanken.

Justin sagt: „Lasst uns darauf achten, nicht so teuer zu tanken." Esra dagegen möchte möglichst schnell ankommen und meint: „Wir sind lange unterwegs. Ich möchte daher nicht oft anhalten; so groß sind die Preisunterschiede beim Diesel nun auch wieder nicht. Lass uns jedes Mal volltanken, dann kommen wir schneller an."

Nach einiger Diskussion macht Julia den Vorschlag: „Wir machen es so: Wir tanken nur so oft, wie es unbedingt nötig ist; dafür suchen wir uns aber die günstigsten Tankstellen raus." Vincent hat in der Zwischenzeit mittels einer App auf seinem Smartphone alle auf der Reiseroute liegenden Tankstellen mit ihren Entfernungen und Preisen für Diesel herausgefunden.

Unterstützen Sie die drei beim Erstellen eines Programms, das den Verbrauch, die Tankgröße, die anfängliche Füllung des Tanks, die Länge der zu fahrenden Strecke und eine Liste von

Tankstellen mit jeweiligen Entfernungen und Preisen einliest und berechnet, an welchen Tankstellen getankt werden soll und jeweils wie viel Diesel. Es muss unbedingt so selten wie möglich getankt werden, selbst wenn häufigeres Tanken billiger sein könnte. Die Anzahl der Tankvorgänge muss also minimal sein, und sie sollen so geplant werden, dass insgesamt möglichst wenig Geld ausgegeben wird. Der Tank darf am Ziel leer sein.

a Beschreiben Sie mindestens zwei Lösungsstrategien oder eine Lösungsstrategie mit Optimierungen und schätzen Sie jeweils den Zeitaufwand dazu ab.

b Implementieren Sie die Ihrer Meinung nach beste Lösungsstrategie.

T4 Problem des Handlungsreisenden

a Geben Sie an, wie viele Routen bestimmt werden müssten, damit man für den gegebenen Graphen sicher die optimale Rundreise ermittelt. Nennen Sie das zugehörige Verfahren und ordnen Sie ein, ob dessen Anwendung sinnvoll ist.

b Ermitteln Sie eine Lösung mit Hilfe der Nächster-Nachbar-Heuristik.

c Reflektieren Sie die Herleitung der Obergrenze für die Ergebnisqualität bei der im Lehrtext beschriebenen Approximation des Problems des Handlungsreisenden. Notieren Sie die einzelnen Schritte und Begründungen stichpunktartig und erklären Sie die Approximation anschließend Ihrer Nachbarin/Ihrem Nachbarn.
Beispiel:

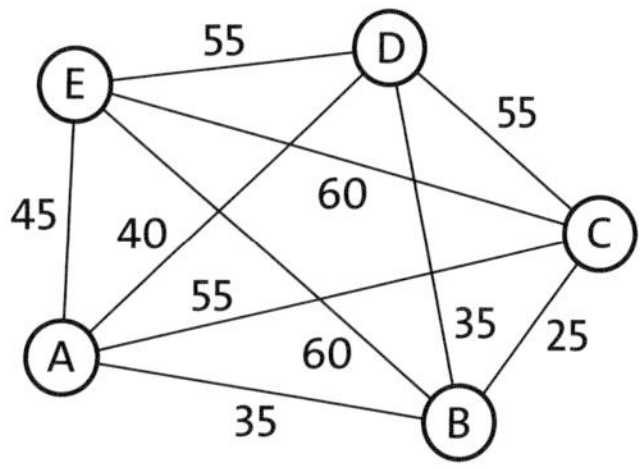

Abbildung 1

1. Minimalen Spannbaum erstellen
2. Idealer Rundweg abzüglich einer Kante ist ein Spannbaum; seine Kantensumme ist ...

Abbildung 2

d Führen Sie die Approximation durch.

Zusammenfassung

Laufzeitaufwand experimentell messen

Der **Laufzeitaufwand** beschreibt, wie die Laufzeit von der Anzahl n der zu bearbeitenden Daten abhängt. Typische Laufzeitbedarfe sind:

- Zeit ~ log(n): logarithmischer Zeitbedarf
- Zeit ~ n: linearer Zeitbedarf
- Zeit ~ n^2: quadratischer Zeitbedarf
- Zeit ~ e^n: exponentieller Zeitbedarf

Neben der Datenmenge n haben sowohl die Datenstruktur als auch das Lösungsverfahren einen Einfluss auf die Laufzeit, die experimentell durch **Zeitmessungen** bestimmt werden kann.
Ein Verfahren, das systematisch alle Möglichkeiten ausprobiert, heißt **Brute-Force-Verfahren**. Lange Passwörter aus einem möglichst großen Zeichenvorrat sind durch einen hohen Laufzeitaufwand bei einer Brute-Force-Attacke geschützt.

Laufzeitaufwand abhängig von der Datenmenge abschätzen

Der Laufzeitaufwand kann durch **Zählen zentraler Operationen** wie Vergleiche innerhalb von Wiederholungen und rekursiver Aufrufe berechnet werden.
Die Art, wie die Daten vorliegen, hat auch einen Einfluss auf die Laufzeit (z. B. vorsortiert bei einem Sortierverfahren). Man unterscheidet zwischen folgenden Fällen:

- **Best Case**: der günstigste Fall mit der kürzesten Laufzeit
- **Worst Case**: der ungünstigste Fall mit der längsten Laufzeit
- **Average Case**: der Fall mit der durchschnittlichen Laufzeit

Die **Landau-Notation** beschreibt den prinzipiellen Laufzeitbedarf für große Datenmengen.

Allgemeine Lösungsstrategien

Bei der Suche nach Algorithmen zu einer Aufgabenstellung gibt es Lösungsstrategien, die immer wieder zum Einsatz kommen, beispielsweise

- **Brute-Force** – systematisches Ausprobieren aller Möglichkeiten,
- **Greedy** – in jedem Schritt ein lokales Optimum erreichen,
- **Divide and Conquer** – Gesamtproblem zerlegen (teilen), die kleinen Teilprobleme lösen (herrschen) und die Teillösungen zur Gesamtlösung zusammensetzen,
- **Backtracking** – Über Rekursion auf die Lösung zugehen und bei Irrwegen unter Ausnützung der Rekursion auf der eigenen Spur zurückgehen, bis ein neuer Weg in Richtung Lösung möglich ist, oder
- **Zurückführen auf ein gelöstes Problem** – beispielsweise durch geeignete Codierung eine Aufgabe auf ein Problem übertragen, zu dem es bereits eine Lösung gibt.

Oft gibt es mehrere verschiedene Lösungsansätze zu einer Aufgabenstellung. Die Analyse der Laufzeitbetrachtung kann bei der Bewertung unterschiedlicher Lösungsansätze helfen.

Näherungsverfahren

Aufgabenstellungen wie das **Problem des Handlungsreisenden** oder dem Rucksackproblem sind wegen ihrer hohen Komplexität mit vertretbarem Zeitaufwand nicht optimal lösbar. Alternative Verfahren zum zeiteffizienten Finden von Näherungslösungen sind:

- **Heuristiken:** Verfahren, die mit begrenzten Informationen erfahrungsgemäß gute Ergebnisse liefern; die Ergebnisgüte kann im Vorhinein nicht abgeschätzt werden.
- **Approximationsverfahren**: Verfahren, die so konstruiert werden, dass für ihr Ergebnis eine bestimmte Güte mathematisch garantiert werden kann

Zum Weiterlesen

L9 Auswertung von Messreihen

Die Fragestellung „Welche Funktion gehört zu einer aufgenommenen Messreihe?“ ist so alt wie die messende Physik. Messreihen beinhalten immer Ungenauigkeiten, sei es, dass wie in der Physik die Messwerte mit Messfehlern behaftet sind, sei es – wie bei den Beispielen im Lehrtext – dass die Messwerte mit statistischen Schwankungen behaftet sind.

Am einfachsten sind Messreihen auszuwerten, die zu linearen Funktionen gehören, weil Geradengleichungen nur zwei Parameter haben und ein Maß für die Genauigkeit leicht berechnet werden kann. Daher wird auch immer versucht, andere funktionale Zusammenhänge auf lineare Funktionen abzubilden.

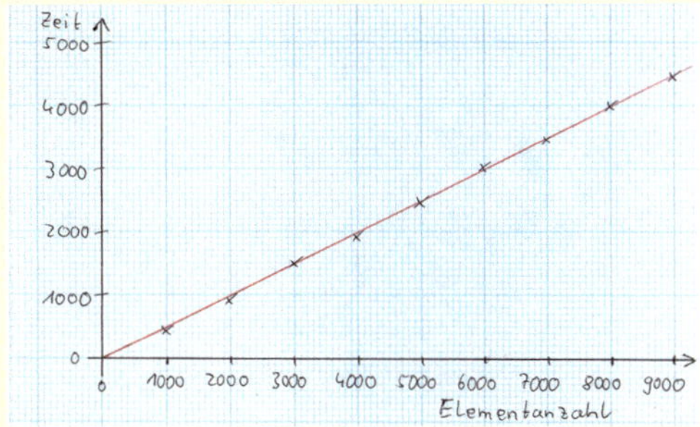

Abbildung 1 – Suche in einer Liste

Grafische Auswertung

Ein erster Ansatz ist, die Messreihe in ein Koordinatensystem einzutragen. Bei linearen Zusammenhängen lassen sich Näherungsgeraden hier leicht erkennen. Auch andere funktionale Zusammenhänge können vermutet werden. Zur Überprüfung wichtiger Klassen von Funktionen gibt es spezielle Koordinatensysteme mit logarithmisch eingetragenen Koordinatenlinien.

Um zu überprüfen, ob ein gemessener Verlauf einer Logarithmusfunktion entspricht, trägt man die Werte in ein Koordinatensystem ein, dessen Rechtswertachse einen logarithmischen Verlauf hat. Der Graph muss dann eine Gerade sein (s. Abbildung 2 – Suche in einem Baum).

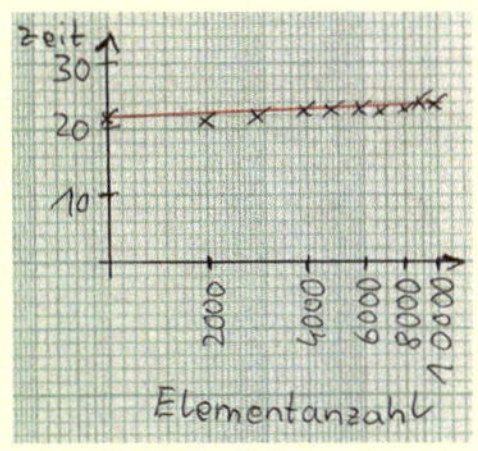

Abbildung 2 – Suche in einem Baum

Wird ein exponentieller Verlauf vermutet, trägt man die Werte in ein Koordinatensystem ein, dessen Hochwertachse einen logarithmischen Verlauf hat.

Aus $y = a^x$ und $\log(y) = \log(a^x) = x \cdot \log(a)$ folgt dann, dass der Graph wieder eine Gerade ist, deren Steigung dem Logarithmus der Basis a entspricht (s. Abbildung 3 – Wegesuche mit Tiefensuche).

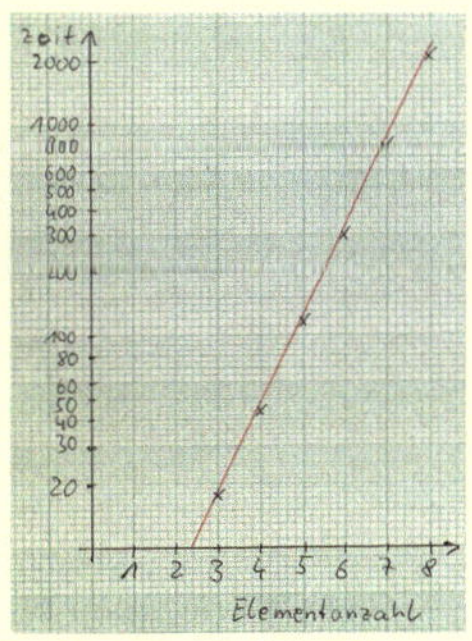

Abbildung 3 – Wegesuche mit Tiefensuche

Um eine Messreihe auf Zugehörigkeit zu einer Potenzfunktion zu überprüfen, kann ein Koordinatensystem verwendet werden, das auf beiden Achsen logarithmisch unterteilt ist.

Aus $y = x^a$ folgt dann $\log(y) = \log(x^a) = a \cdot \log(x)$. Das bedeutet, dass hier der Graph eine Gerade ist, deren Steigung den Exponenten der Funktion angibt (s. Abbildung 4 – Wegesuche mit Dijkstra).

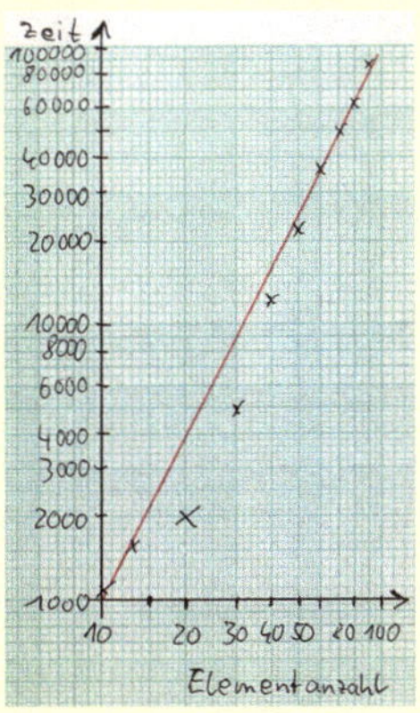

Abbildung 4 – Wegesuche mit Dijkstra

Auswertung mit Rechenblättern

Seit dem Aufkommen von Tabellenkalkulationsprogrammen kann die Auswertung von Messreihen wesentlich einfacher und zielgerichteter erfolgen. Die Vorgehensweise ist im Prinzip gleichgeblieben. Zunächst lässt man sich die Messreihe in einem Liniendiagramm anzeigen. Wenn sich bereits ein funktionaler Zusammenhang erkennen lässt, kann man das Diagramm durch eine geeignete Trendlinie (Regressionskurve) ergänzen. Die Trendlinie ist eine Funktion, die möglichst wenig von den Messwerten abweicht. Typischerweise stellen Rechenblätter lineare, logarithmische, exponentielle oder polynomiale Trendlinien zur Verfügung.

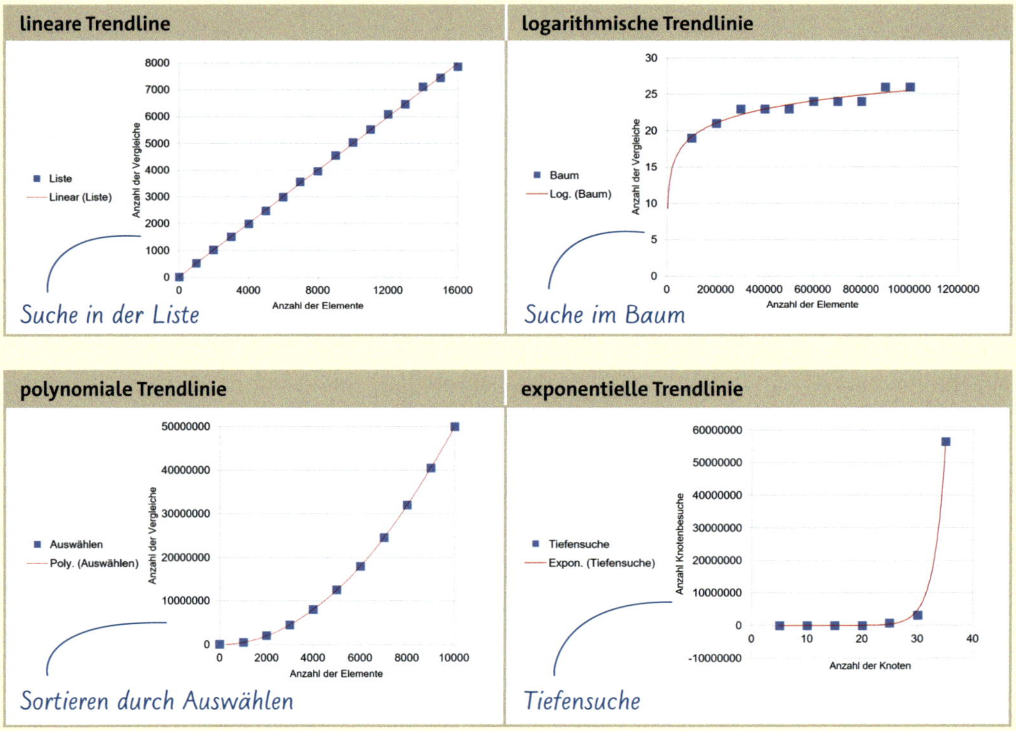

Abbildung 5

Für eine genauere Überprüfung der vermuteten Kurvenform wendet man neben einfacher und doppelter logarithmischer Darstellung der Achsen auch die Umkehrfunktion des vermuteten Kurvenverlaufs auf die Werte der Hochwertachse an. Damit ergibt sich bei korrekter Vermutung ein linearer Verlauf.

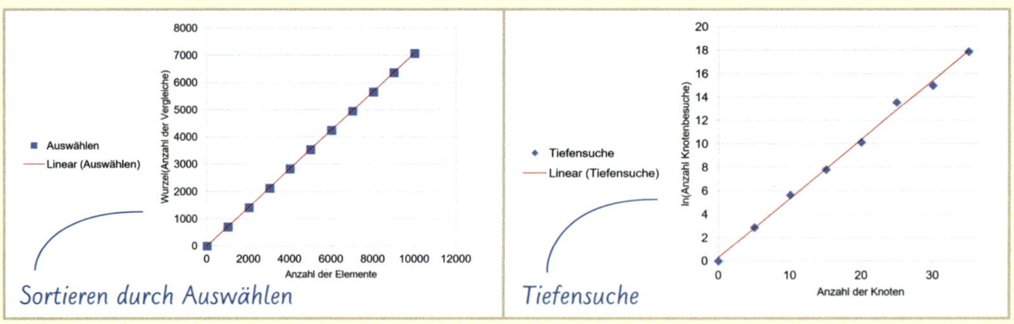

Abbildung 6

Bei polynomialem Verlauf lässt sich aus der Steigung m der damit erzeugten Trendlinie sogar der Vorfaktor bestimmen:

$y = a \cdot x^2 \Rightarrow \sqrt{y} = \sqrt{a \cdot x^2} = \sqrt{a} \cdot \sqrt{x^2} = \sqrt{a} \cdot x$, also $a = m^2$

6 Berechenbarkeit

In diesem Kapitel erfahren Sie, ...

... wie man den endlichen erkennenden Automaten durch wenige Änderungen zu einem universellen Rechner umbaut.

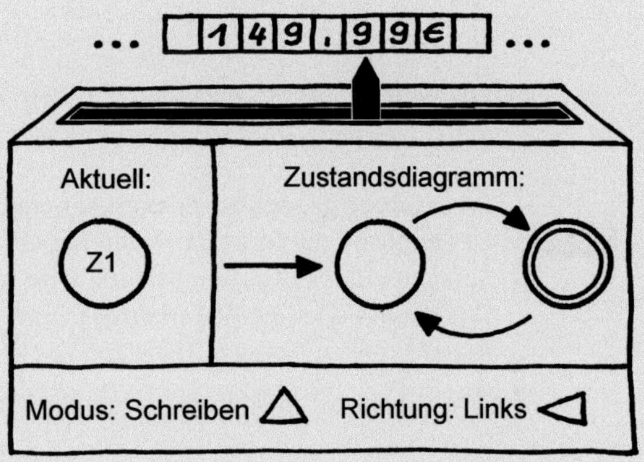

... wie sich Entscheidungsprobleme in Komplexitätsklassen einordnen lassen und welche Bedeutung diese Einordnung für Anwendungen im Alltag hat.

... warum man nicht für jedes Programm voraussagen kann, ob die Verarbeitung jemals zu einem Ende kommen wird.

6.1 Die Turingmaschine: Ein abstraktes Rechnermodell

Die Vorlage enthält eine „Maschine", die auf dem Prinzip eines endlichen Automaten aufbaut, aber weitere Fähigkeiten hat.

a Testen Sie in Partnerarbeit die Maschine mit den Eingabeworten xx, xxx und xxxxx und geben Sie an, inwieweit die Maschine als „Verdoppler" bezeichnet werden kann.

b Beschreiben Sie, welche erweiterten Fähigkeiten die Maschine gegenüber einem endlichen Automaten hat.

c Verbessern Sie die Maschine so, dass am Ende alle Zeichen y und z durch jeweils ein x ersetzt werden und auch das leere Wort sinnvoll behandelt wird.

Erweiterung gegenüber dem erkennenden endlichen Automaten

→ 2.6

Der endliche Automat hat einen begrenzten Einsatzbereich im Erkennen bestimmter formaler Sprachen. Das Automatenmodell wird nun zu einem allgemeineren Rechnermodell erweitert. Das neue Modell heißt **Turingmaschine**, benannt nach seinem Erfinder, dem Informatikpionier Alan Mathison Turing (1912 – 1954).

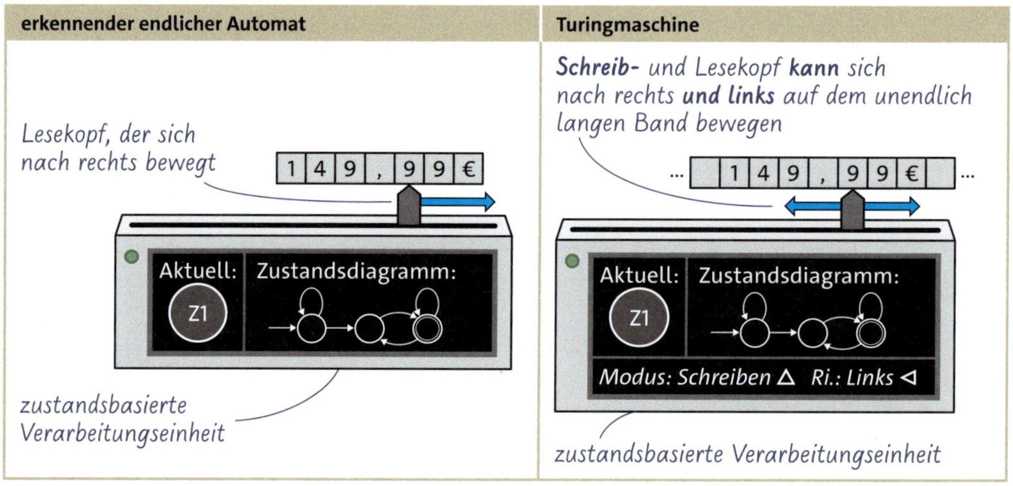

Abbildung 1

Die wichtigsten Ergänzungen hin zur Turingmaschine sind folgende:

- Der endliche Automat hat ein **Band** (die Eingabezeichenkette), das nur einmal von links nach rechts gelesen wird. Bei jedem Schritt bewegt sich der Lesekopf um ein Feld weiter. Der Kopf der Turingmaschine dagegen kann sich auf dem Band in beide Richtungen (L, R) bewegen, er kann aber auch an der Position verbleiben (N).
- Das Band der Turingmaschine ist in beiden Richtungen unendlich lang.
- Die Turingmaschine kann nicht nur vom Band lesen, sondern auch auf das Band schreiben. Dabei muss sie sich nicht auf die Zeichen des Eingabealphabets beschränken, sondern kann auch zusätzliche Hilfszeichen verwenden.

Definition der Turingmaschine anhand eines Beispiels erklärt

Nach dieser informellen Gegenüberstellung mit dem endlichen Automaten erfolgt nun eine formelle Definition anhand des folgenden Beispiels. Auf einem unendlich langen Speicherband befinden sich Speicherzellen, die jeweils ein Zeichen speichern können. Auf dem Band befindet sich eine Binärzahl, die nach rechts gespiegelt werden soll, d. h. aus der Anfangsbelegung 110 soll am Ende 110011 werden. Dabei steht der Schreib- und Lesekopf zu Beginn grundsätzlich über dem ersten Zeichen der Zeichenfolge.

Die Turingmaschine besteht aus den folgenden Elementen:
- Einem **Leerzeichen**, hier zur besseren Erkennbarkeit als _ dargestellt, das leere Zellen auf dem unendlich langen Band markiert.
- Einem endlichen **Eingabealphabet** E für die Benutzereingabe, hier E = {0; 1}.
- Einem **Bandalphabet** B, das neben dem Leerzeichen und dem Eingabealphabet auch weitere Zeichen umfasst, die zur Bearbeitung verwendet werden, hier: B = {_; 0; 1; o; i}.

Die Idee des Verfahrens ist wie folgt:

⓪ Die Maschine geht zunächst zum ersten Leerzeichen nach der Zeichenkette. Dabei ersetzt sie jede 0 durch ein o und jede 1 durch ein i, um deutlich zu machen, dass diese Zeichen noch bearbeitet werden müssen. Steht sie über dem ersten Leerzeichen rechts, so geht sie ein Zeichen zurück und steht über dem letzten Zeichen des Wortes.

① Ein i in der aktuellen Speicherzelle wird durch eine 1 ersetzt, ein o durch eine 0, um zu kennzeichnen, dass dieses Zeichen nun gespiegelt wird.

② Der Schreib-/Lesekopf geht nach rechts bis zum ersten Leerzeichen und ersetzt dieses dann durch das gleiche Zeichen, das in Schritt (1) auf das Band geschrieben wurde.

③ ⓐ Die Maschine geht nach links über alle Ziffern 0 und 1 hinweg.
ⓑ Wird danach ein o oder i erreicht, folgt wieder Schritt (1).
ⓒ Gibt es kein solches Zeichen, wird also ein Leerzeichen gelesen, ist die Spiegelung abgeschlossen. Es folgt Schritt (4).

④ Die Spiegelung ist durchgeführt, der Endzustand ist erreicht. Die Maschine stoppt.

Dieses Verfahren kann in einem Zustandsübergangsdiagramm wie folgt dargestellt werden:

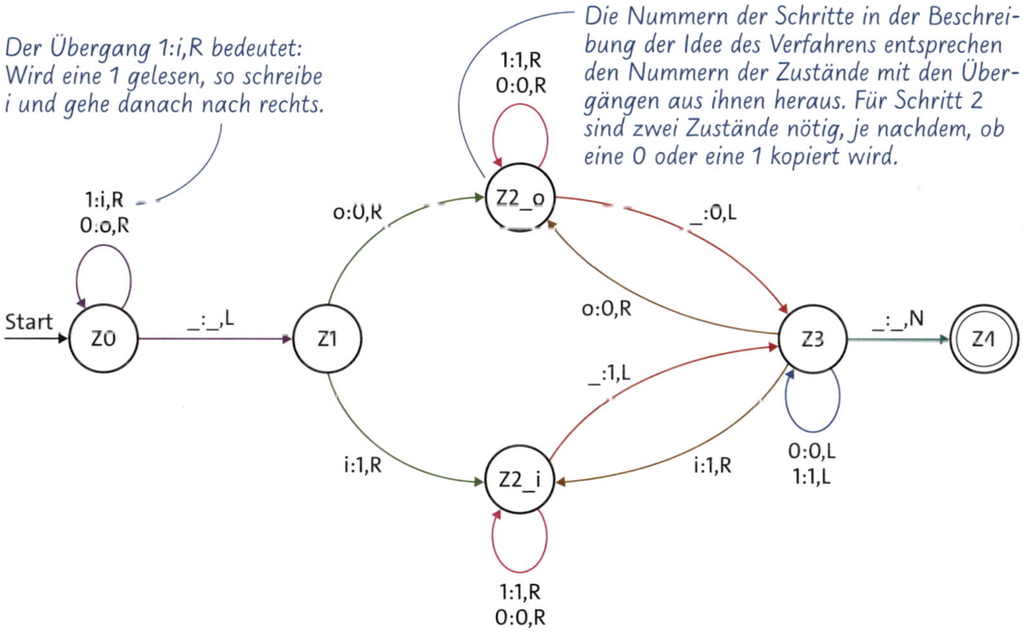

Abbildung 2

Die Liste der Bestandteile des Automaten kann, wie im Beispiel erkennbar, wie folgt fortgesetzt werden. Neben Leerzeichen, Eingabe- und Bandalphabet benötigt man
- eine **Menge Z von Zuständen,**
- einen **Startzustand** S aus Z,
- eine **Menge F von Endzuständen**, bei denen die Maschine stoppt, als Teilmenge von Z
- sowie eine **Menge Ü von Zustandsübergängen**, die für jedes mögliche Paar aus Zustand und Zeichen des Bandalphabets den Folgezustand, das zu schreibende Zeichen und die Bewegungsrichtung des Schreib-/Lesekopfes (L, R bzw. N) liefern.

Alternative Darstellungen der Turingmaschine

Neben der grafischen Darstellung als Zustandsübergangsdiagramm (siehe Abbildung 2) finden sich in der Literatur und in Anwendungsprogrammen weitere Varianten zur Darstellung der Zustandsübergänge.

Üblich ist z. B. auch die Darstellung in Form einer Matrix, bei der nach rechts die Zeichen des Bandalphabets angetragen werden und nach unten die Zustände, wobei die Endzustände vernachlässigt werden, da es von diesen ausgehend keine Übergänge gibt. In den Zellen werden dann nacheinander das zu schreibende Zeichen, die Bewegung des Schreib-/Lesekopfes und der Folgezustand notiert. Für obige Aufgabe ergibt sich damit folgende Matrix:

Zeichen (Spalten), *Zustand* (Zeilen)

	0	1	o	i	_
Z0	o, R, Z0	i, R, Z0			_, L, Z1
Z1			0, R, Z2_o	1, R, Z2_i	
Z2_o	0, R, Z2_o	1, R, Z2_o			0, L, Z3
Z2_i	0, R, Z2_i	1, R, Z2_i			1, L, Z3
Z3	0, L, Z3	1, L, Z3	0, R, Z2_o	1, R, Z2_i	_, N, Z4

Eine weitere häufig anzutreffende Darstellung der Zustandsübergänge ist eine Tabelle:

aktueller Zustand	gelesenes Zeichen		schreibe Symbol	Bewegung	Folgezustand
Z0	0	→	o	R	Z0
Z0	1	→	i	R	Z0
Z0	_	→	_	L	Z1
Z1	o	→	0	R	Z2_o
Z1	i	→	1	R	Z2_i
Z2_o	0	→	0	R	Z2_o
Z2_o	1	→	1	R	Z2_o
Z2_o	_	→	0	L	Z3
Z2_i	0	→	0	R	Z2_i
Z2_i	1	→	1	R	Z2_o
Z2_i	_	→	1	L	Z3
Z3	0	→	0	L	Z3
Z3	1	→	1	L	Z3
Z3	o	→	0	R	Z2_o
Z3	i	→	1	R	Z2_i
Z3	_	→	_	N	Z4

Eine **Turingmaschine** als allgemeines Rechnermodell ist definiert durch ...

... das **Bandalphabet** B, das aus dem **Leerzeichen**, dem **Eingabealphabet** E und weiteren möglichen Zeichen besteht,

... eine Menge Z von **Zuständen**, die eine Teilmenge F von **Endzuständen** umfasst, sowie

... eine Menge Ü von **Zustandsübergängen**, die jedem möglichen Paar (Zustand, aktZeichen) ein Tripel (ZeichenNeu, Richtung, Folgezustand) zuordnen.

Aufgaben

1 Murmelband (aus Informatik-Biber 2021)

Der Biber spielt gerne mit dem Murmelband. Das Band hat Felder, und darauf können Murmeln liegen, und zwar höchstens eine Murmel pro Feld. Der Biber läuft auf dem Band von links nach rechts. Dabei trägt er manche Murmeln auf andere Felder. Er kann aber immer nur eine Murmel tragen. Wenn der Biber auf ein Feld mit einer Murmel kommt, ...

... und keine Murmel trägt, dann hebt er die Murmel auf, trägt sie zum nächsten freien Feld und legt sie dort ab.

Abbildung 3

... und schon eine Murmel trägt, dann trägt er sie weiter zum nächsten freien Feld und legt sie dort ab.

Abbildung 4

Heute liegen drei Murmeln so auf dem Murmelband:

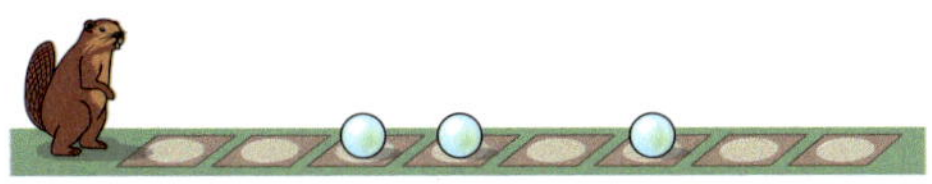

Abbildung 5

Wie liegen die Murmeln, nachdem der Biber das rechte Ende des Murmelbandes erreicht hat?

2 Rollenspiel

Im Download finden Sie Materialien und eine Anleitung, um sich selbst in Zweierteams in die Arbeitsweise der Turingmaschine hineinzuversetzen und den Arbeitsprozess Schritt für Schritt zu durchlaufen. Führen Sie dieses Rollenspiel durch!

3 Immer wieder das Gleiche

a Analysieren Sie die vorgegebene Turingmaschine mit dem Eingabealphabet {x} für die Vorbelegung xxx und stellen Sie eine Vermutung auf, was die Turingmaschine leistet.

b Setzen Sie die Turingmaschine in einem Simulationsprogramm um.

c Vergleichen Sie mit der Lösung der Einstiegsaufgabe, die dasselbe leistet: Welche verschiedenen Strategien werden verfolgt? Begründen Sie, welche Strategie günstiger erscheint.

d Übersetzen Sie die Turingmaschine in die anderen im Kapitel vorgestellten Darstellungsformen.

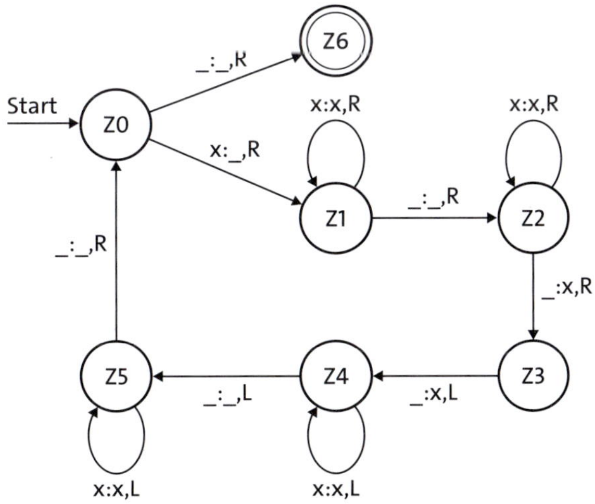

Abbildung 6

Zusatz: Entwickeln Sie eine passende Turingmaschine und setzen Sie diese in einer Simulationsumgebung um!

4 Nachricht aus Bibirien (Informatik-Biber 2014)

Im weit entfernten Bibirien werden die – ohnehin nur aus den Buchstaben A, B und C bestehenden – Zeitungsmeldungen gelegentlich vom Nachrichtenamt „korrigiert". Die drei Korrektoren des Amtes lesen eine Nachricht jeweils von links nach rechts und suchen dabei nach bestimmten Buchstabenmustern:

1. Der Unterkorrektor sucht nach der Folge ABC. Wenn er die Folge findet, ersetzt er sie durch BC und fängt mit der geänderten Nachricht wieder von vorne an. Findet er die Folge nicht, gibt er die Nachricht an den Hauptkorrektor weiter.
2. Der Hauptkorrektor sucht nach der Folge BC. Wenn er die Folge findet, ersetzt er sie durch B und gibt die geänderte Nachricht an den Unterkorrektor zurück. Findet er die Folge nicht, gibt er die Nachricht an den Chefkorrektor weiter.
3. Der Chefkorrektor sucht nach der Folge BB. Wenn er die Folge findet, ersetzt er sie durch B und gibt die geänderte Nachricht an den Unterkorrektor zurück. Findet er die Folge nicht, ist die Korrektur zu Ende.

Drei der folgenden Nachrichten bestehen am Ende der Korrektur nur noch aus einem Buchstaben B. Nur eine NICHT – welche?

i AAABCB ii ABCABC
iii ABABCB iv ABCCCC

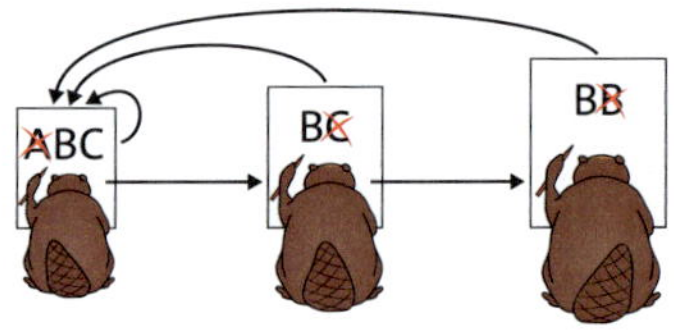

Abbildung 7

5 Meine eigene Turingmaschine

Entwickeln Sie selbst eine Turingmaschine zu einem der folgenden Probleme. Setzen Sie diese im Anschluss in einer Simulationsumgebung um und testen Sie mit unterschiedlichen Eingabewörtern. Vergleichen Sie mit den Lösungen anderer, inwieweit Sie unterschiedliche Ansätze verfolgt haben:

a Verdoppler mit Eingabealphabet {a; b}, z. B. ab ↦ abba
b Invertierer: 1101 ↦ 0010
c Sortierer: 101101 ↦ 001111
d Verschieber: _abba_ ↦ _ _abba
e Heranschieber: abb_ _ ba ↦ _ _ abbba

6 Fehlerhafte Turingmaschine

Die Turingmaschine „Nullenlöscher" soll aus einer gegebenen Folge von Nullen und Einsen alle Nullen löschen und die Einsen zusammenschieben (z. B. 101101 ↦ 1111). Begründen Sie, weshalb die Maschine für diese Zahlenfolge korrekt arbeitet, allgemein jedoch nicht. Entwickeln Sie einen korrekt arbeitenden „Nullenlöscher".

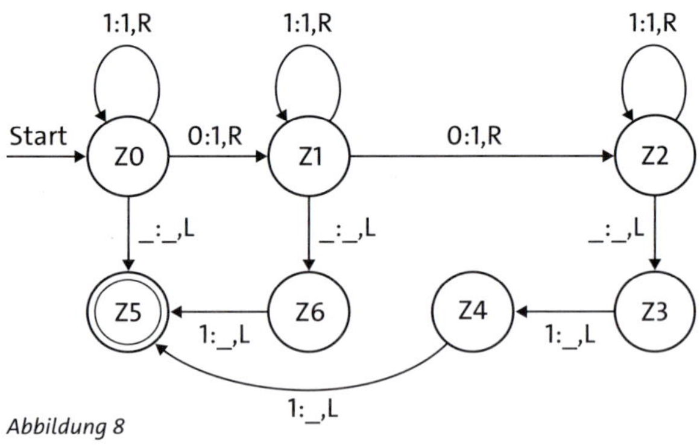

Abbildung 8

7 Fleißiger Biber (Informatik-Biber 2012)

Biber Gump ist sehr fleißig. Biber Alan hat ihn darum angestellt, eine Reihe von Behältern mit Vorräten zu füllen. Jeder Behälter kann entweder „leer" oder „voll" sein. Anfangs sind alle Behälter „leer" und Gump steht vor einem von ihnen. Alan hat Gump angewiesen, auf welche Weise er die Behälter füllen soll. Welche Anweisung er jeweils ausführt, hängt erstens davon ab, ob der Behälter, vor dem er steht, „leer" oder „voll" ist. Und zweitens von Gumps Stimmung – die ist entweder „easy" oder „cool".

Eine Anweisung sagt Gump, sich zum nächsten Behälter „links" oder „rechts" zu bewegen und „easy" oder „cool" zu sein – oder mit der Arbeit zu „STOPPEN". Steht Gump vor einem „leeren" Behälter, macht er ihn „voll", bevor er sich gemäß der Anweisung weiter bewegt. Alan hat die Anweisungen in eine Tabelle geschrieben.

Gump startet in der Stimmung „easy". Wie viele Behälter sind „voll", wenn Gump STOPPT?

Behälter/Stimmung	easy	cool
leer	(rechts, cool)	(links, easy)
voll	(links, cool)	STOPPEN

8 Noch mehr fleißige Biber (Fortsetzung von Aufgabe 7)

Das Busy-Beaver-Spiel wurde 1962 vom ungarischen Informatiker Tibor Radó entwickelt. Ziel ist es, ein Programm für eine Turingmaschine mit einer vorgegebenen Anzahl an Zuständen – der Endzustand wird dabei nicht mitgezählt – zu finden, das eine möglichst große Anzahl an Einsen auf ein Band schreibt und nach endlich vielen Schritten stoppt. Vor Start des Programms stehen auf dem Band nur Leerzeichen (Bandalphabet B = {0_; 1}).

Die Tabelle in Aufgabe 7 zeigt den Busy Beaver mit zwei Zuständen, wobei der leere bzw. volle Behälter den Werten 0 bzw. 1 auf dem Band entspricht.

a Wandeln Sie die Tabelle in ein Zustandsübergangsdiagramm um. Entwickeln Sie einen weiteren Kandidaten für einen Busy Beaver mit zwei Zuständen und prüfen Sie, wie viele Einsen er auf das Band schreibt.

b Der fleißigste Biber im Kurs: Entwickeln Sie (ohne Spicken im Internet!) einen Kandidaten für einen Busy Beaver mit drei Zuständen. Es gibt dafür über 16 Millionen Möglichkeiten. Vergleichen Sie im Kurs, welcher Kandidat die meisten Einsen notiert. Recherchieren Sie im Anschluss den bestmöglichen Biber und verifizieren Sie in einer Simulationsumgebung, dass dieser sechs Einsen auf das Band schreibt.

c Die Anzahl der Busy-Beaver-Kandidaten für n Zustände lässt sich mit folgenden Angaben berechnen: In jeder Situation gibt es zwei mögliche Zeichen, die auf das Band geschrieben werden können, zwei mögliche Bewegungsrichtungen und n + 1 mögliche Folgezustände (einschließlich Endzustand). Es gibt 2n mögliche Situationen, die beschrieben werden durch Zustand und aktuelles Zeichen auf dem Band. Bestimmen Sie mit Mitteln der Stochastik, wie viele Kandidaten es für n allgemein gibt, und berechnen Sie konkrete Werte für n = 1, 2, 3, ... mit einem Tabellenkalkulationsprogramm.

d Recherchieren Sie, für welche Werte von n der Busy Beaver definitiv feststeht und wie dies bewiesen wurde. Testen Sie diese Biber in einem Simulationsprogramm. Begründen Sie, weshalb es so schwer ist, den Nachweis für größere Werte von n zu erbringen.

9 Forschungsauftrag: Implementierung der Turingmaschine

In Kapitel 2.5 haben Sie ein Programm für einen endlichen Automaten entwickelt. Entwickeln Sie analog ein Programm einer konkreten Turingmaschine. Beschreiben Sie vorab Unterschiede in Datenstruktur und Implementierung.

→ 2.5

6.2 Turing-erkennbare Sprachen: Zeichenketten überprüfen

Relative Zellbezüge in Tabellenkalkulationsprogrammen haben die Form „B7", wobei B als Spaltenbezeichner dient und die 7 die Zeile kennzeichnet. Absolute Bezüge erkennt man am vorangestellten $, z. B. $B7, B7, B$7. Vereinfachend wird davon ausgegangen, dass es nur die einstelligen Spaltenbezeichner A, B, C und maximal zweistellige Zeilenbezeichner bestehend aus den Ziffern 1 und 2 (also 1, 2, 11, ...) gibt.

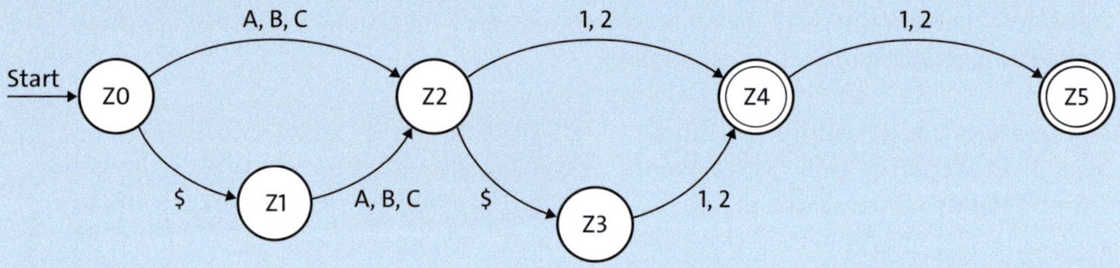

Abbildung 1

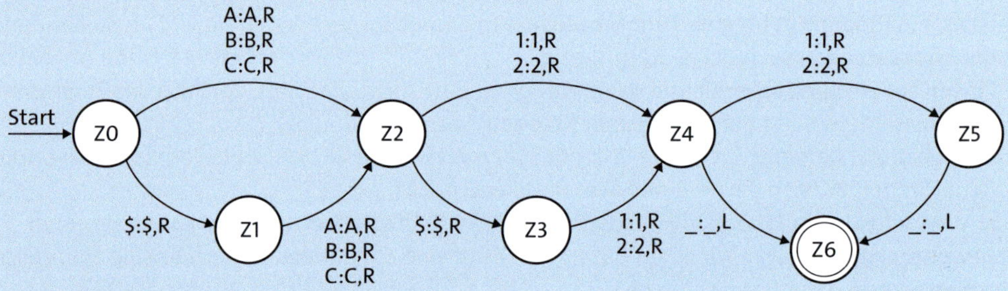

Abbildung 2

a Überprüfen Sie anhand des Wortes $A2 manuell, ob sowohl der endliche Automat als auch die Turingmaschine das Wort als Teil der Sprache klassifizieren.

b Überprüfen Sie anhand weiterer selbstgewählter zulässiger und unzulässiger Wörter der Sprache, ob diese in der Simulation richtig klassifiziert werden, und vergleichen Sie die Verarbeitung.

c Formulieren Sie Gemeinsamkeiten und Unterschiede in der grafischen Darstellung.

d Für Schnelle: Überlegen Sie sich Ansätze für ein Verfahren, um zu einem gegebenen endlichen Automaten eine Turingmaschine zu entwickeln, die das gleiche leistet.

Turingmaschine – mächtiger als ein endlicher Automat?

Auf den ersten Blick scheint die Antwort auf die Frage, ob das Konzept der Turingmaschine mächtiger ist als das Konzept endlicher erkennender Automaten, offensichtlich. Schließlich hat die Turingmaschine erweiterte Funktionen: Sie kann sich auch nach links bewegen, stehen bleiben und sie kann das Band nicht nur lesen, sondern auch darauf schreiben. Dennoch bedarf diese Frage einer genaueren Betrachtung, schließlich könnte es sein, dass die erweitere Funktionalität nettes Beiwerk ohne echten Mehrwert ist; im Extremfall könnte dies die Funktionalität sogar einschränken.

Die Frage lässt sich aufteilen in zwei Teilfragen, die im Anschluss beantwortet werden:

- Gibt es zu jedem endlichen Automaten eine Turingmaschine, die das Gleiche leistet?
- Gibt es Turingmaschinen, die auch nicht reguläre Sprachen erkennen?

Die Turingmaschine kann mindestens so viel

Die Frage, ob es zu jedem erkennenden Automaten eine Turingmaschine gibt, die das gleiche leistet, kann bejaht werden, wenn es ein allgemeines Verfahren zur Umwandlung eines solchen Automaten in eine Turingmaschine gibt. Am Beispiel eines Automaten, der durch fünf teilbare positive natürliche Zahlen erkennt, lässt sich ein solches Verfahren beschreiben:

- Behalte die bestehenden Zustände bei.
- Bei jedem Zustandsübergang wird zusätzlich die Information an die Turingmaschine ergänzt, dass das gelesene Zeichen auch wieder zurückgeschrieben wird und sich der Schreib-/Lesekopf danach nach rechts bewegt.
- Ein neuer Endzustand wird ergänzt. Von jedem bisherigen Endzustand gibt es einen Übergang (_:_,L) in den neuen Endzustand nach Überprüfung der Zeichenkette, damit die Turingmaschine beim letzten Zeichen stoppt.

Die so konstruierte Turingmaschine hat damit die abgebildete Form.

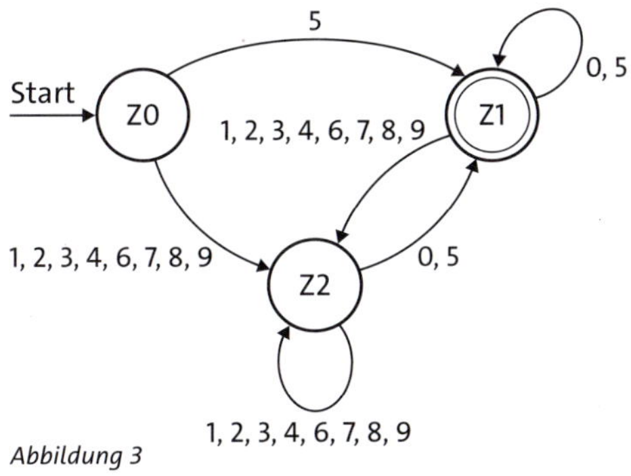

Abbildung 3

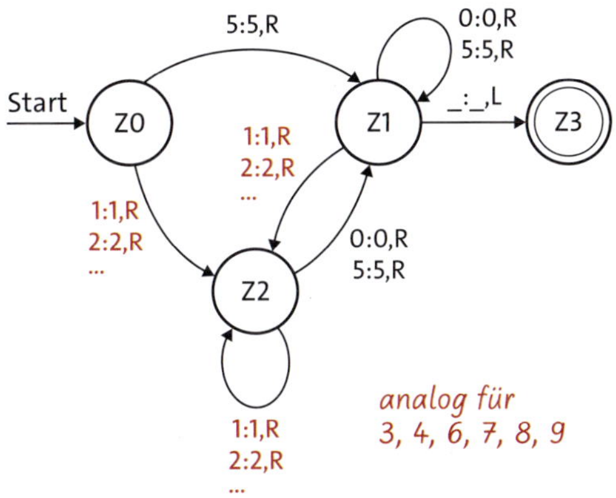

Abbildung 4

Die Turingmaschine kann echt mehr

Um zu zeigen, dass die Turingmaschine mächtiger ist im Erkennen von Sprachen, muss gezeigt werden, dass es mindestens eine Sprache gibt, die von einer Turingmaschine, aber nicht von einem endlichen Automaten erkannt werden kann. Bereits aus Kapitel 2.6 ist bekannt, dass Klammerausdrücke der Form ((...)) keine regulären Sprachen bilden und deshalb nicht von einem endlichen Automaten erkannt werden können.

→ 2.6

Die Grundidee einer entsprechenden Turingmaschine ist einfach: Der Schreib-/Lesekopf pendelt zwischen der ersten öffnenden und der letzten schließenden Klammer des Wortes und löscht diese Zeichen paarweise. Ist das Band am Ende leer, so ist das Wort ein korrekter Ausdruck der Sprache und die Maschine stoppt. Die Turingmaschine (s. Abbildung 5) setzt diese Überlegung um.

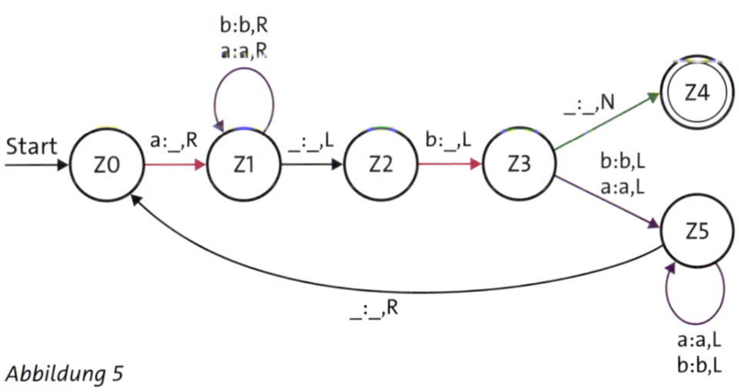

Abbildung 5

Alle Sprachen, die von einer Turingmaschine erkannt werden, werden als **Turing-erkennbar** bezeichnet.

Turingmaschinen können wie endliche Automaten zum Erkennen von Zeichenketten einer formalen Sprache genutzt werden. Sie erkennen nicht nur reguläre Sprachen, sondern auch weitere Sprachen (z. B. Klammerausdrücke). Solche Sprachen heißen **Turing-erkennbar.**

Aufgaben

1 Zahlen lesen und erkennen

a Setzen Sie die Turingmaschine aus dem Lehrtext zur Prüfung auf Teilbarkeit durch 5 in einem Simulationsprogramm um und testen Sie.

b Formulieren Sie eine Strategie zum Erkennen von Zahlen, die durch 50 teilbar sind. Entwickeln Sie daraus eine Turingmaschine für die Teilbarkeit durch 50.

c Entwickeln Sie eine Turingmaschine, die Binärzahlen erkennt, welche durch zwei teilbar sind.

2 Sag mal aaaaaaaa!

Gegeben ist die folgende Turingmaschine.

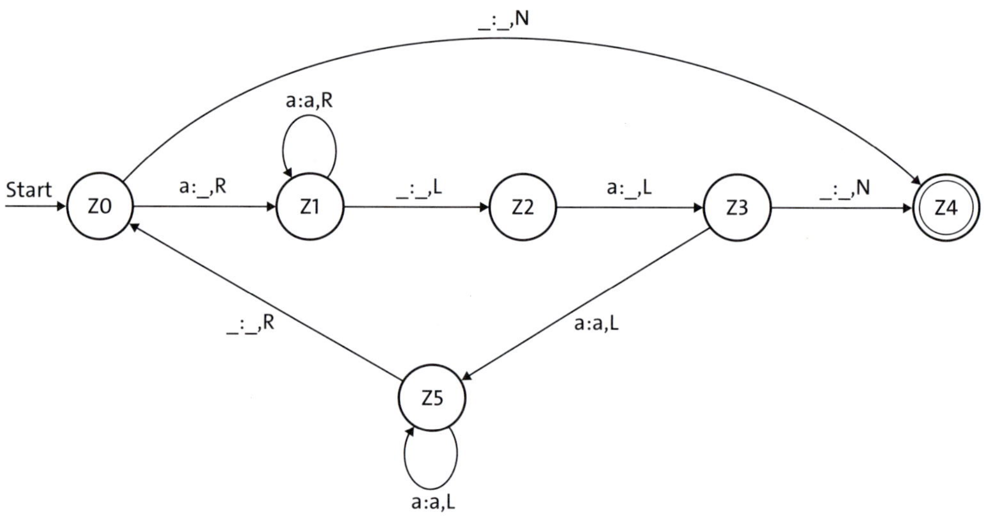

Abbildung 6

a Geben Sie das Eingabealphabet und das Bandalphabet an.

b Überprüfen Sie, ob die folgenden Ausdrücke Elemente der Sprache sind, die durch die Turingmaschine definiert ist:

- leeres Wort
- a
- aa
- aaaaa
- aaaaaa

Geben Sie allgemein an, welche Sprache durch die Turingmaschine definiert ist.

c Begründen Sie, weshalb der endliche Automat (s. Abbildung 7) die gleiche Sprache erkennt.

d Wandeln Sie den Automaten aus c) wie im Lehrtext beschrieben in eine Turingmaschine um.

e Beschreiben und vergleichen Sie die Verfahren der Turingmaschinen aus a) und d).

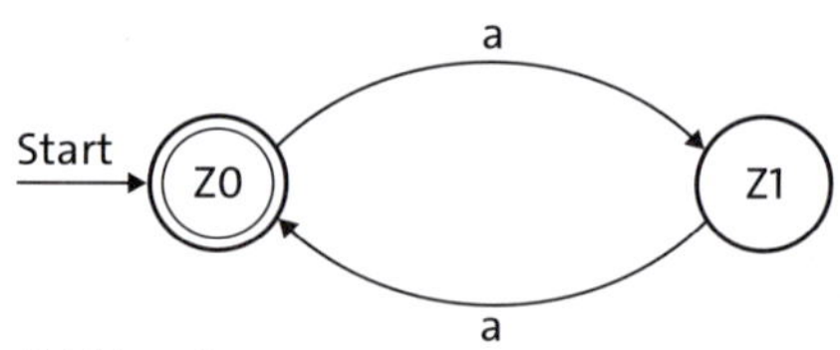

Abbildung 7

3 Mächtiger als der Kellerautomat

→ L2

In „Zum Weiterlesen" wurde der Kellerautomat vorgestellt, der mächtiger als der endliche Automat ist und ebenso wie die Turingmaschine die Sprache der Klammerausdrücke $L = \{a^n b^n | n \in \mathbb{N}\}$ – die Klammersymbole wurden der Lesbarkeit wegen durch a und b ersetzt – erkennen kann. Der Kellerautomat scheitert aber an der Aufgabe, die Sprache $\{a^n b^n c^n | n \in \mathbb{N}\}$ zu erkennen.

Formulieren Sie eine Strategie für die Turingmaschine und setzen Sie diese in einer Simulation um; zeigen Sie dadurch, dass die Turingmaschine wiederum mächtiger ist als der Kellerautomat.

Tipp: Abbildung 8 deutet ein mögliches Vorgehen an. Drehen Sie das Buch um, wenn Sie nicht weiterkommen.

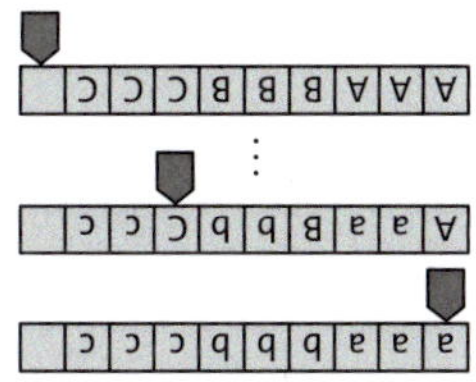

Abbildung 8

4 O Genie, der Herr ehre dein Ego!

Palindrome sind Zeichenketten, die von vorne wie von hinten gelesen – wie das Beispiel in der Überschrift – identisch sind. Entwickeln Sie eine Turingmaschine, die Palindrome wie z. B. abaabaaba über dem Eingabealphabet $E = \{a; b\}$ erkennt, und testen Sie in einer Simulationsumgebung.

5 Turing-Maschinenbau

Entwerfen Sie eine Turingmaschine über dem Eingabealphabet $E = \{0; 1\}$ zu den folgenden Problemstellungen und testen Sie diese anschließend in einer Simulationsumgebung. Begründen Sie, ob es auch einen endlichen Automaten gibt, der die Sprache erkennt, und skizzieren Sie diesen gegebenenfalls.

a Sprache der Wörter, die mit „11" beginnen
b Sprache der Wörter, die mit „11" enden
c Sprache der Wörter, die mit „11" beginnen und mit „11" enden
d Sprache der Wörter, bei denen sich 1 und 0 immer abwechseln
e Sprache der Wörter, die eine gerade Anzahl an Einsen enthalten
f Sprache der Wörter, die eine gerade Anzahl an Nullen und Einsen enthalten
g $\{0^n 1^n 0^n 1^n | n \in \mathbb{N}\}$

6 Forschungsauftrag: Vergleich mit Kellerautomaten

Begründen Sie (ggf. nach Recherche), weshalb jede Turingmaschine auch durch einen Kellerautomaten mit zwei Kellerspeichern realisiert werden kann.

7 Forschungsauftrag: Alan Turing

a Informieren Sie sich über Leben und Werk von Alan Turing. Fertigen Sie eine Zusammenstellung zu den verschiedenen Beiträgen von Turing zum Fach Informatik an.

b Der Spielfilm „The Imitation Game" beschäftigt sich mit Leben und Werk von Alan Turing. Betrachten Sie den Film und finden Sie heraus, welche Aspekte unvollständig bzw. nicht korrekt dargestellt sind.

Abbildung 9

6.3 Turing-Berechenbarkeit: Die Maschine als Rechner

Die Turingmaschine (s. Abbildung 1) empfängt Zeichenketten über dem Eingabealphabet $E = \{0;1\}$. Die dargestellte Zeichenkette kann als Binärzahl interpretiert werden.

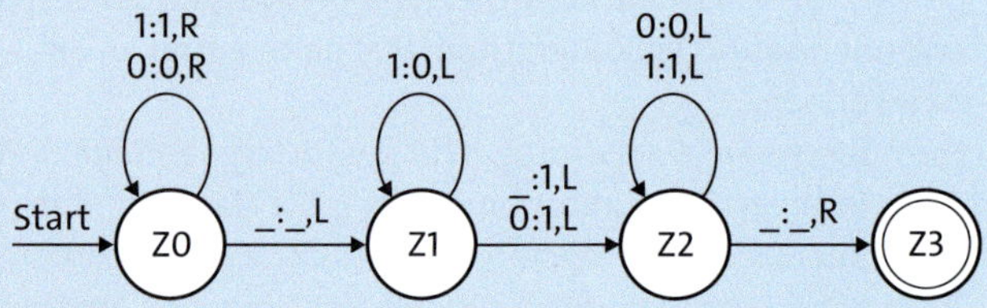

Abbildung 1

a Erproben Sie von Hand, was nach Bearbeitung der Zeichenketten 0, 101 und 111 auf dem Band steht, und überprüfen Sie Ihr Ergebnis in einem Simulationsprogramm. Stellen Sie eine Vermutung an, was die Turingmaschine berechnet, und begründen Sie diese.

b Entwickeln Sie eine Turingmaschine, die zu einer gegebenen Binärzahl 2 addiert.

Rechnen im Unärsystem

Die Turingmaschine kann alles, auch rechnen! Für viele Berechnungen wie Addition und Subtraktion ist dabei das **Unärsystem** besonders einfach anzuwenden. Im Unärsystem hat jeder Strich die Wertigkeit 1, die Zahl 6 wird beispielsweise durch IIIIII repräsentiert. Wie Aufgabe 2 zeigt, gibt es Turingmaschinen, die die Umrechnung in beide Richtungen erlauben, d. h. jede Lösung im „primitiven" Unärsystem liefert auch eine Lösung im „geläufigeren" Binärsystem und umgekehrt.

Beispiel: Berechnung der Funktion mit zwei Eingabewerten $f: \mathbb{N} \times \mathbb{N} \mapsto \mathbb{N}$, $(x, y) \mapsto |x - y|$

Um den Betrag der Differenz zweier unär codierter natürlicher Zahlen zu berechnen, die auf dem Band durch ein Leerzeichen getrennt sind (z. B. |||_||), lässt sich ein einfaches Verfahren festlegen, bei dem nacheinander paarweise die äußeren beiden Striche entfernt werden:

- Lösche wiederholt bei der linken Zahl den Strich ganz links und bei der rechten Zahl den Strich ganz rechts.
- Wenn links vom trennenden Leerzeichen kein Strich mehr ist, gehe zum übernächsten Zeichen rechts und stoppe.
- Wenn rechts vom Leerzeichen kein Strich mehr ist, gehe ein Zeichen nach links und ergänze einen Strich für den zuvor bei der linken Zahl zu viel entfernten Strich. Positioniere auf das letzte Zeichen der Zahl und stoppe.

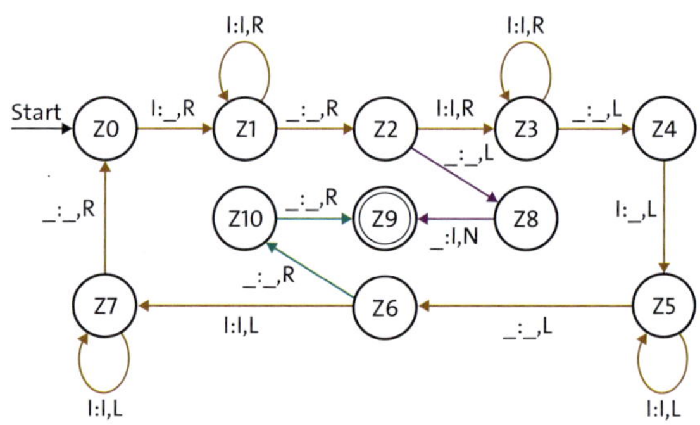

Abbildung 2

Allgemein heißt jede Funktion $f: \mathbb{N}^k \mapsto \mathbb{N}$ mit k Eingabewerten, für die eine passende Turingmaschine angegeben werden kann, **Turing-berechenbar**. Beispielsweise ist die Inkrement-Funktion $f: \mathbb{N} \mapsto \mathbb{N}, x \mapsto x + 1$ aus der Einstiegsaufgabe Turing-berechenbar, ebenso wie der im Lehrtext beschriebene Betrag der Differenz zweier Zahlen.

Jede Funktion $f: \mathbb{N}^k \mapsto \mathbb{N}$ mit k Eingabewerten ($k \in \mathbb{N}$), für die eine passende Turingmaschine angegeben werden kann, heißt **Turing-berechenbar.**

Aufgaben

1 Binärzahlen verdoppeln und halbieren

a Geben Sie an, worin sich zwei Binärzahlen unterscheiden, wenn die eine Zahl doppelt so groß ist wie die andere. Falls Sie dies nicht wissen, berechnen Sie einige Beispiele, um den Zusammenhang zu erkennen.

b Entwickeln Sie mit dem Wissen aus a) eine Turingmaschine, die eine Zahl in Binärdarstellung verdoppelt. Testen Sie diese in einer Simulationsumgebung.

c Entwickeln Sie analog eine Turingmaschine für die Ganzzahldivision durch 2.

d Erweitern Sie die Maschine aus c) so, dass zusätzlich der Divisionsrest nach einem trennenden Leerzeichen angegeben wird.

2 Unärsystem und Binärsystem ineinander umwandeln

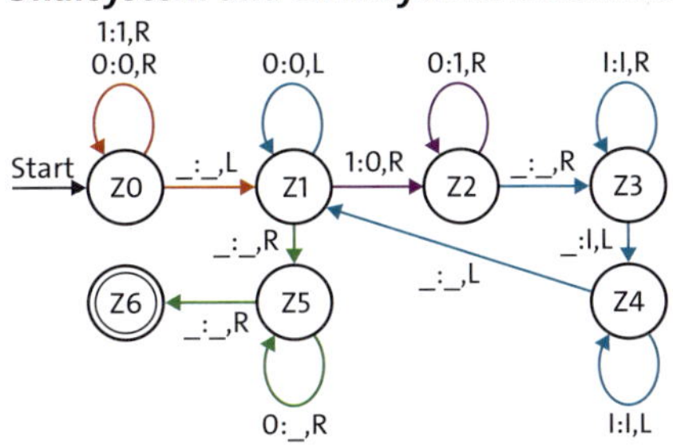

Abbildung 3, Turingmaschine A

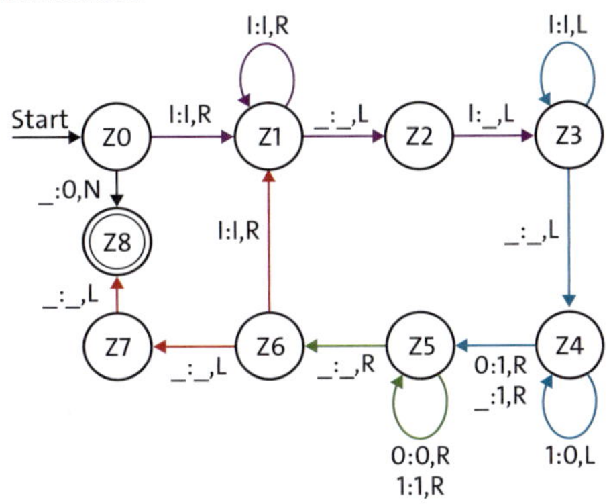

Abbildung 4, Turingmaschine B

Die beiden Automaten A und B beschreiben zwei Turingmaschinen zur Umwandlung zwischen Unär- und Binärsystem.

a Ordnen Sie den Automaten die passende Richtung der Umwandlung zu. Testen Sie danach zur Überprüfung in einer Simulationsumgebung.

b Beschreiben Sie die Arbeitsweise der beiden Maschinen A und B. Nutzen Sie zur Gliederung jeweils die verschiedenen Farben der Zustandsübergänge.

c Beschreiben Sie das Prinzip einer Turingmaschine, die die binäre Addition auf eine unäre Addition zurückführt und das Ergebnis als Binärzahl ausgibt.

d (umfangreich) Setzen Sie die Maschine aus c) um.

3 Turingmaschine lernt rechnen

Konstruieren Sie eine Turingmaschine für die folgenden Problemstellungen. Setzen Sie das Modell in einer Simulationsumgebung um und testen Sie:

a unäre Ganzzahldivision durch 2

b unäre Ganzzahldivision durch 3

c unäre Multiplikation

d Dekrement einer natürlichen Zahl ($f(n) = n - 1$) in Binärdarstellung

e binäre Addition durch fortlaufendes Inkrementieren der einen und Dekrementieren der anderen Zahl

f binäre Addition nach dem üblichen Stellenwertverfahren

g unäre Addition

h Vergleichen Sie die verschiedenen Verfahren zur Addition hinsichtlich ihrer Komplexität in Aufbau und Ablaufdauer.

6.4 Algorithmen definieren: Berechnungsmodelle

Algorithmen sind ein zentrales Konzept in der Informatik. Was sich hinter diesem Begriff verbirgt, wird in dieser Aufgabe etwas genauer betrachtet.

a Definieren Sie den Begriff „Algorithmus“ in Ihren eigenen Worten und ohne vorherige Recherche im Internet oder Lehrtext dieses Kapitels.

b Führen Sie die folgenden Anweisungen mit einem Stift aus. Es zählt der erste Versuch - Korrigieren, Radieren oder neu Beginnen sind nicht erlaubt!

1. Zeichnen Sie einen Strich nach oben.
2. Zeichnen Sie einen Strich nach unten links.
3. Zeichnen Sie einen Strich nach rechts.
4. Zeichnen Sie einen Strich nach links oben.
5. Zeichnen Sie einen Strich nach rechts.
6. Zeichnen Sie einen Strich nach links unten.
7. Zeichnen Sie einen Strich nach unten.

c Tauschen Sie sich in Kleingruppen aus:

- i Vergleichen Sie zunächst Ihre Zeichnungen aus b), finden Sie Unterschiede und begründen Sie, weshalb es trotz gleicher Anweisungen zu diesen Unterschieden bei der Umsetzung gekommen ist.
- ii Besprechen Sie anschließend Ihre Lösungen zu Teilaufgabe a) und erarbeiten Sie gemeinsam eine optimierte Definition des Begriffs „Algorithmus“.
- iii Diskutieren Sie, inwiefern es sich gemäß Ihrer Definition bei der Anweisungsfolge aus b) um einen Algorithmus handelt.

d Beurteilen Sie: Für das Problem „Sechs Richtige im Lotto tippen“ kann ein Algorithmus formuliert werden.

Probleme lösen mit Algorithmen

Viele Probleme in Alltag, Wissenschaft und Technik treten nicht nur einmalig auf (z. B. Planung von Routen oder Terminen, Bildverarbeitung, Maschinensteuerung). Um die Lösung für ein solches Problem nicht jedes Mal neu entwickeln zu müssen, ist es daher hilfreich, die Schritte zur Lösung des Problems so zu dokumentieren, dass sie zu einem späteren Zeitpunkt oder von anderen Personen nachvollzogen werden können. Der Begriff **Algorithmus** bezeichnet eine solche exakt formulierte Vorgehensweise zum Lösen einer Aufgabenstellung in endlich vielen, ausführbaren und eindeutig beschriebenen Einzelschritten. Man kann also sagen: Kennt man einen Algorithmus zur Lösung eines Problems, kann man das Problem grundsätzlich lösen. Die **Berechenbarkeitstheorie** befasst sich mit genau dieser Fragestellung, ob ein Problem lösbar ist oder nicht. Dabei gilt: Ein Problem, eine Aufgabe oder eine mathematische Funktion wird **berechenbar** genannt, wenn dafür ein geeigneter Algorithmus formuliert werden kann.

Vom „Human Computer“ zur modernen universellen Rechenmaschine

→engl. computer: Rechner

In der ersten Hälfte des 20. Jh. – zur Zeit Alan Turings – steckte die Entwicklung der Computer, wie wir sie heute kennen, noch in den Kinderschuhen. Der Begriff →Computer bezeichnete damals Menschen, deren Beruf es war, mehr oder weniger komplizierte Berechnungen händisch auszuführen, da es hierfür noch keine passenden oder hinreichend effizienten Maschinen gab. Allgemein werden Probleme, die von einem Menschen berechnet werden können, als **intuitiv berechenbar** bezeichnet.

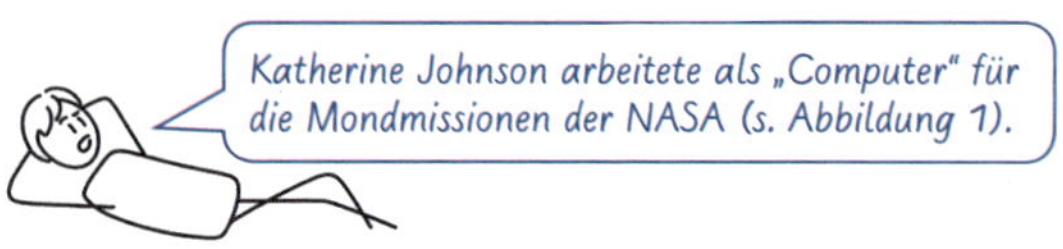

Abbildung 1

Intuitiv berechenbar = Turing-berechenbar?

Auch bei der Konzeption der nach ihm benannten Turingmaschine ließ sich Alan Turing von einem solchen „Human-Computer“ inspirieren, der einzelne Rechenoperationen Schritt für Schritt nach einer klaren Vorgabe ausführt. Dabei stehen ihm Stift und Papier zur Verfügung, mittels derer er beim Rechnen benötigte Werte lesen und Notizen aufschreiben kann. Unklar bleibt dabei jedoch, ob eine Turingmaschine grundsätzlich die gleichen Rechenfähigkeiten besitzt wie ein „menschlicher Computer“, d. h. ob gilt:

$$\text{Turing-berechenbar} \stackrel{?}{=} \text{intuitiv berechenbar}$$

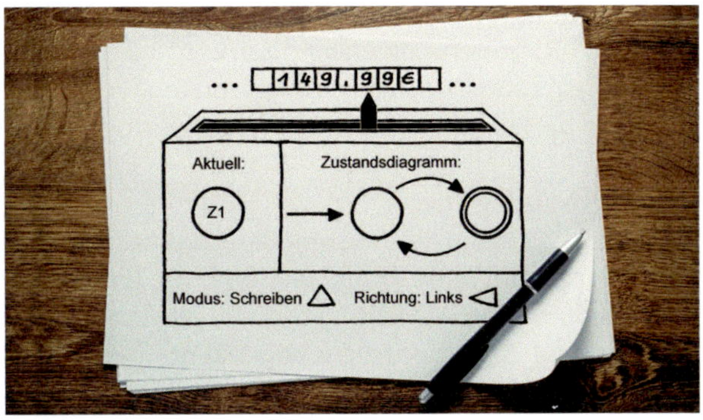

Abbildung 2

Es ist offensichtlich, dass alle Turing-berechenbaren Probleme auch intuitiv berechenbar sind, da ein Mensch stets „mit Stift und Papier“ eine Turingmaschine simulieren und damit jedes Turing-berechenbare Problem lösen kann. Die umgekehrte Fragestellung „Sind alle intuitiv berechenbaren Probleme auch Turing-berechenbar?“ ist hingegen mathematisch nicht beweisbar, da der Begriff „intuitiv berechenbar“ nicht formal präzise definiert werden kann.

Alternative Berechnungsmodelle

Die unterschiedlichen formalen Systeme von Regeln, die festlegen, wie ein Algorithmus formuliert werden kann, werden **Berechnungsmodelle** genannt. Ein solches Berechnungsmodell ist z. B. die Programmierung einer Turingmaschine oder Registermaschine. Anstelle von Turing- oder Registermaschinen werden Algorithmen jedoch häufig mittels Programm- oder Pseudocode definiert, der sich an modernen Programmiersprachen orientiert. Im Kontext der Berechenbarkeitstheorie stellt sich dabei die Frage, ob diese Berechnungsmodelle ebenfalls **Turing-vollständig** sind, d. h., ob mit ihnen für alle Turing-berechenbaren Probleme ebenfalls ein Algorithmus formuliert werden kann.

LOOP-Berechenbarkeit

Eine sehr einfache modellhafte Programmiersprache ist die Sprache „LOOP“, die lediglich Sequenzen aus Zuweisungen und Wiederholungen mit fester Anzahl der folgenden Form erlaubt:

- Zuweisungen mit Addition oder Subtraktion einer Konstanten:

```
variable1 = variable2 + konstante
variable1 = variable2 - konstante
```

- Wiederholungen mit fester Anzahl (Zählwiederholungen):

```
wiederhole x mal
    ...
endewiederhole
```

Allein mit dieser sehr beschränkten Menge an Operationen und Programmstrukturen kann bereits eine Vielzahl unterschiedlicher Algorithmen definiert werden. Es gibt jedoch auch Problemstellungen, die zwar Turing-berechenbar, nicht aber LOOP-berechenbar sind (vgl. Aufgabe 6). Die Programmiersprache „LOOP“ ist damit nicht Turing-vollständig.

Ein Beispiel für eine Turing-berechenbare, aber nicht LOOP-berechenbare Funktion ist die sog. Ackermann-Funktion, siehe dazu auch Aufgabe 6.

WHILE-Berechenbarkeit

Erweitert man die Programmiersprache „LOOP“ so, dass zusätzlich auch bedingte Wiederholungen der Form

```
wiederhole solange x ≠ 0
        ...
endewiederhole
```

erlaubt sind, so erhält man die Programmiersprache „WHILE“, für welche im Gegensatz zu „LOOP“ die Turing-Vollständigkeit mathematisch bewiesen werden kann. Bereits die wenigen zugelassenen Programmoperationen und Kontrollstrukturen der Sprache „WHILE“ genügen somit, um für jedes Turing-berechenbare Problem einen Lösungsalgorithmus zu formulieren. Dies gilt damit natürlich nicht nur für die theoretisch konstruierte Sprache „WHILE“, sondern auch für die meisten der heutzutage tatsächlich eingesetzten Programmiersprachen, da diese ebenfalls mindestens über die Funktionalität von „WHILE“ verfügen.

Die Church-Turing-These

Bis heute sind keine alternativen Berechnungsmodelle gefunden worden, welche mehr Fähigkeiten besitzen als eine Turingmaschine, also Probleme lösen können, die nicht Turing-berechenbar sind. Somit spricht vieles dafür, dass alle intuitiv berechenbaren Probleme auch Turing-berechenbar sind. Dies führte zur sogenannten →**Church-Turing-These**, wonach die Menge der intuitiv berechenbaren Probleme mit der Menge der Turing-berechenbaren Probleme übereinstimmt. Akzeptiert man die Gültigkeit dieser These, folgt daraus auch, dass nicht nur Turingmaschinen alle intuitiv berechenbaren Probleme lösen können, sondern dass hierzu auch sämtliche anderen Rechnersysteme in der Lage sind, sofern gezeigt werden kann, dass ihre zugrundeliegenden Berechnungsmodelle Turing-vollständig sind.

→Benannt nach Alan Turing und Alonzo Church, der wie Turing maßgebliche Beiträge zur Berechenbarkeitstheorie leistete.

Ein **Algorithmus** ist eine exakt formulierte Vorgehensweise zum Lösen einer Aufgabenstellung in endlich vielen, ausführbaren und eindeutig beschriebenen Einzelschritten. Die formalen Systeme, mit denen Algorithmen definiert werden können, werden **Berechnungsmodelle** genannt; ein Beispiel für ein solches System ist die Turingmaschine.

Auch wenn es sich mathematisch nicht beweisen lässt, spricht vieles für die sogenannte **Church-Turing-These**. Diese besagt, dass die Menge der intuitiv berechenbaren Problemstellungen mit der Menge der Turing-berechenbaren übereinstimmt. Indirekt gilt dies damit auch für alle anderen **Turing-vollständigen** Berechnungsmodelle wie Registermaschinen oder **WHILE-Programme**.

Aufgaben

1 Komplexere Funktionalitäten mit „LOOP“ und „WHILE“

Per Definition erlauben die Programmiersprachen „LOOP“ und „WHILE“ nur sehr wenige Operatoren und Kontrollstrukturen. Dennoch können damit auch kompliziertere Aufgaben algorithmisch dargestellt werden, was nun an einigen Beispielen demonstriert werden soll.

- **a** Zeigen Sie zunächst, dass LOOP ⊂ WHILE gilt, indem Sie eine Umwandlungsvorschrift angeben, mit der jedes „LOOP“-Programm in ein funktionell identisches „WHILE“-Programm umgewandelt werden kann.

Dank dieser Teilmengenbeziehung genügt es, die in den Teilaufgaben c) bis f) geforderten Funktionalitäten für die Sprache „LOOP“ zu zeigen; es folgt dann automatisch, dass diese mittels der in dieser Teilaufgabe entwickelten Umwandlungsvorschrift auch in der Programmiersprache „WHILE“ umgesetzt werden können.

- **b** Diskutieren Sie: Unter Annahme der Church-Turing-These ist der Beweis aus Teilaufgabe a) eigentlich unnötig.
- **c** Verfassen Sie ein „LOOP“-Programm, welches die Addition zweier beliebiger ganzer Zahlen umsetzt. Die Summanden seien hierfür in den Variablen summand1 und summand2 gespeichert, das Ergebnis soll am Ende in der Variablen summe vorliegen.
- **d** Verfassen Sie ein „LOOP“-Programm, das die Multiplikation zweier beliebiger positiver ganzer Zahlen umsetzt. Sie dürfen hierfür auf das Ergebnis aus Teilaufgabe c) zurückgreifen. Die Faktoren seien auch hier anfangs in den Variablen faktor1 und faktor2 gespeichert und das Ergebnis soll am Programmende in der Variablen produkt vorliegen.
- **e** Beschreiben Sie, welches „Problem“ auftritt, wenn auch negative ganze Zahlen als Eingabewerte für die Addition bzw. Multiplikation aus den Teilaufgaben c) und d) zugelassen werden würden. Erläutern Sie zudem, wie diesem Problem sinnvoll begegnet werden könnte, damit auch die Addition und Multiplikation negativer ganzer Zahlen möglich wird.
- **f** Für Schnelle. Setzen Sie den unten gezeigten Algorithmus als „LOOP“-Programm um. Sie dürfen dabei davon ausgehen, dass sämtliche Variablen nur nichtnegative ganze Zahlen enthalten. Formulieren Sie anschließend eine allgemeine Regel für die Darstellung von bedingten Anweisungen in der Sprache „LOOP“.

```
falls x1 == 5 dann
        x2 = 42
sonst
        x2 = 23
endefalls
```

2 Nicht nur Matheprobleme sind berechenbar

Auch wenn das Wort „Berechenbarkeit“ zunächst den Anschein erwecken mag, dass es dabei allein um die Verarbeitung von Zahlen geht, so sind damit Algorithmen für sämtliche Formen der Datenverarbeitung gemeint.

- **a** Beschreiben Sie zunächst, wie eine Turingmaschine Buchstaben bzw. Zeichenketten allgemein verarbeiten kann. Geben Sie dafür verschiedene Codierungsmöglichkeiten an, um diese Zeichenketten auf dem Band der Turingmaschine abzuspeichern.
- **b** Skizzieren Sie aufbauend auf Teilaufgabe a) grob, wie eine Turingmaschine den Verschlüsselungsprozess der Caesar-Verschlüsselung umsetzen kann. (Recherchieren Sie den Algorithmus der Caesar-Verschlüsselung falls notwendig eigenständig).
- **c** Beurteilen Sie, inwiefern auch das unberechtigte „Knacken“ der Caesar-Verschlüsselung ein berechenbares Problem ist.

3 Die Sprache „GOTO"

Ähnlich zu den Sprachen „LOOP" und „WHILE" kann auch eine Sprache „GOTO" definiert werden, welche neben Zuweisungen mit Addition oder Subtraktion einer Konstanten (vgl. „LOOP") lediglich die folgenden Kontrollstrukturen umfasst:

`springe zu Position x`	(springt zu einer beliebigen Position x im Programmcode und setzt die Ausführung ab dieser Position fort)

`falls variable1 == konstante1`
`dann springe zu Position x`
`endefalls`
	(bedingter Sprung)

`stop`	(beendet die Ausführung des Programms)

a Beweisen Sie, dass die Programmiersprache „GOTO" die gleiche Berechnungskraft besitzt wie die Turing-vollständige Programmiersprache „WHILE". Sie müssen hierfür zeigen, dass
   i jedes „WHILE"-Programm durch ein entsprechendes „GOTO"-Programm ausgedrückt werden kann und
   ii jedes „GOTO"-Programm in ein „WHILE"-Programm mit gleicher Funktionalität umgewandelt werden kann.

   Hinweis: Der Beweis für i) ist vergleichsweise leicht zu erbringen. Der Beweis für ii) ist demgegenüber nicht ganz so naheliegend. Beraten Sie sich ggf. in Kleingruppen und recherchieren Sie die Beweisidee, falls notwendig.

b Diskutieren Sie die Richtigkeit folgender Aussagen:
   i Jedes „GOTO"-Programm ist ein Algorithmus.
   ii Jeder Algorithmus kann als „GOTO"-Programm formuliert werden.

c Entwerfen Sie analog zu Aufgabe 1 entsprechenden Programmcode der Sprache „GOTO" für die Addition und Multiplikation zweier natürlicher Zahlen.

d Für Schnelle: Im Gegensatz zu Zählwiederholungen und bedingten Wiederholungen findet die Kontrollstruktur `springe zu ...` in modernen Programmiersprachen nur selten Verwendung. Erläutern Sie mögliche Gründe hierfür.

4 Ist Robot Karol Turing-vollständig?

Als Einstieg in das Thema Algorithmik und zum Erlernen grundlegender Programmierkompetenzen kann Robot Karol verwendet werden. Dabei handelt es sich um eine stark vereinfachte Programmierumgebung für den virtuellen Roboter „Karol".

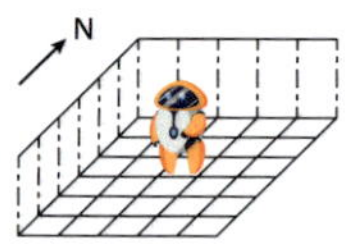

Abbildung 3

a Machen Sie sich (erneut) mit der Programmiersprache für Robot Karol vertraut, z. B. indem Sie die entsprechende Hilfefunktion/Dokumentation der Karol-Programmierumgebung konsultieren. Fassen Sie anschließend zusammen, welche Befehle und Kontrollstrukturen die Karol-Programmiersprache unterstützt.

b Beweisen oder widerlegen Sie: Die Karol-Programmiersprache ist Turing-vollständig.

c Für Schnelle: Implementieren Sie ein Karol-Programm, welches die Addition zweier Zahlen umsetzt. Beschreiben Sie hierfür vorab, wie Ein- und Ausgabewerte geeignet codiert werden können, und testen Sie Ihr Programm mit verschiedenen selbst gewählten Beispielwerten.

5 Ist jede Berechnungsvorschrift auch ein Algorithmus?

Um aus dem Radius oder Durchmesser eines Kreises dessen Flächeninhalt zu berechnen, wird die Zahl π benötigt. In der Praxis wird hier mit einem gerundeten Wert wie etwa 3,14 gerechnet, tatsächlich besitzt die Zahl π jedoch mehr als zwei Nachkommastellen.

a Recherchieren Sie, wie der Wert von π mathematisch genau bestimmt werden kann.

b Setzen Sie die von Ihnen in Teilaufgabe a) gefundene Berechnungsvorschrift in einer Turing-vollständigen Programmiersprache (z. B. Java, Swift oder Python) um.

c Beurteilen Sie, inwieweit folgende Aussagen zutreffen:

i Die Berechnungsvorschrift aus a) erfüllt die Definition eines Algorithmus.

ii Die Bestimmung von π ist ein Turing-berechenbares Problem.

d Der Ausdruck „Quadratur des Kreises" hat seinen Ursprung in der Geometrie, findet sich aber seit langem auch in der Alltagssprache. Finden Sie heraus, was sich hinter diesem Ausdruck verbirgt, und folgern Sie aus den vorhergehenden Teilaufgaben, inwieweit modernen Computern die Quadratur des Kreises gelingen kann.

6 Berechenbarkeit der Ackermann-Funktion

Die →Ackermann-Funktion a ist eine mathematische Funktion mit zwei Parametern, welche wie nebenstehend definiert werden kann:

$$a(n, x) = \begin{cases} x + 1 & \text{falls } n = 0 \\ a(n-1, 1) & \text{falls } n > 0 \text{ und } x = 0 \\ a(n-1, a(n, x-1)) & \text{falls } n > 0 \text{ und } x > 0 \end{cases}$$

→benannt nach dem deutschen Mathematiker Wilhelm Ackermann (1896–1962)

a Versuchen Sie, für n, x ∈ {0, 1, ..., 5} eine Matrix für die Funktionswerte der Ackermann-Funktion zu erstellen, und erläutern Sie kurz, welches Problem dabei auftritt.

n \ x	0	1	2	...
0	a(0,0)	a(0,1)	...	
1	a(1,0)	a(1,1)	...	
2	...	...	...	
...				

b Für die Werte n ∈ {1, ..., 4} lässt sich die Ackermann-Funktion wie unten dargestellt umformen. Beschreiben Sie, wie sich die Berechnung des Funktionswertes mit größer werdendem n verändert (dies setzt sich auch für größere n in analoger Weise fort), und leiten Sie daraus eine allgemeine Aussage ab, wie viele Zählwiederholungen (in Abhängigkeit von n) ein „LOOP"-Programm mindestens enthalten muss, um alle möglichen Funktionswerte für a(n, ...) zu berechnen.

$a(1, x) = x + 2$
$a(2, x) = 2x + 3$
$a(3, x) = 2^{x+3} - 3$
$a(4, x) = 2^{2^{\cdot^{\cdot^{2}}}} - 3$

insgesamt x + 3 Zweien

c Begründen Sie, ...

i ... dass die Ackermann-Funktion nicht „LOOP"-berechenbar ist. (Verwenden Sie hierfür Ihre Erkenntnisse aus Teilaufgabe b).)

ii ... dass die Ackermann-Funktion „WHILE"-berechenbar ist. (Sie dürfen hierfür die Gültigkeit der Church-Turing-These voraussetzen.)

7 Forschungsauftrag: Weitere Berechnungsmodelle

Neben den bereits genannten Berechnungsmodellen gibt es auch noch viele weitere.

a Informieren Sie sich über weitere bekannte Berechnungsmodelle, wählen Sie (ggf. in Kleingruppen) eines davon aus und stellen Sie es dem Kurs vor. Achten Sie dabei insbesondere darauf, dass Ihre Präsentation für möglichst alle Kursmitglieder verständlich ist (z. B. indem Sie die Bedeutung bisher nicht eingeführter Fachbegriffe oder mathematischer Notationen in Ihrer Präsentation entsprechend erklären).

b Visualisieren Sie die Beziehung zwischen den Mengen der LOOP- und WHILE-berechenbaren Probleme sowie der mit dem von Ihnen in a) gewählten Berechnungsmodell berechenbaren Probleme auf geeignete Weise (z. B. mit einem Venn-Diagramm).

6.5 Das Millennium-Problem: P vs. NP

Abbildung 1

Ein Fahrkartenautomat gibt Wechselgeld in Form von Münzen zurück. Falls im Automaten nicht ausreichend Münzen vorhanden sind, kann es jedoch auch passieren, dass kein passendes Wechselgeld herausgegeben werden kann. In diesem Fall soll man die Möglichkeit erhalten, den Kauf abzubrechen. Es wird somit ein Algorithmus benötigt, welcher den Füllstand des Münzspeichers sowie den Gesamtwert des benötigten Wechselgeldes als Eingaben erhält und als Ausgabe eine Entscheidung fällt, ob die Herausgabe des benötigten Betrages mit den vorhandenen Münzen möglich ist.

a Geben Sie eine intuitive Einschätzung ab, von welchen Faktoren die Laufzeitkomplexität des gesuchten Algorithmus maßgeblich abhängt.

b Entwickeln Sie einen passenden Algorithmus in einer Programmiersprache Ihrer Wahl.

c Um Geldverlust durch Fehlfunktionen des Automaten möglichst zu verhindern, überprüft ein zweites System im Automaten die Berechnungen des Hauptcontrollers. Implementieren Sie hierfür einen Algorithmus, welcher als Eingabe eine Münzmenge sowie einen Wechselgeldbetrag erhält und basierend darauf überprüft, ob der Gesamtwert der Münzmenge dem Wechselgeldbetrag entspricht.

d Beurteilen und vergleichen Sie die Laufzeitkomplexität Ihrer Programme aus b) und c).

e Die Entscheidung, ob es in einer vorgegebenen Zahlenmenge eine Untermenge gibt, deren Elementsumme genau eine ebenfalls gegebene Zielsumme ergibt, ist in der Informatik als „SUBSET-SUM-Problem" bekannt. Finden und beschreiben Sie verschiedene weitere Alltagsszenarien, bei denen dieses Problem auftritt.

Nur ein Teil aller berechenbaren Probleme ist auch effizient lösbar: Komplexitätsklasse P

→ 5.1
→ 5.4

Viele Problemstellungen, wie das Problem des Handlungsreisenden oder das Knacken von Passwörtern sind grundsätzlich berechenbar, aber wegen ihrer hohen Komplexität nicht mit vertretbarem Zeitaufwand lösbar. Für die Praxis ist es somit wichtig, dass ein Problem nicht nur berechenbar, sondern auch effizient berechenbar ist. Im Allgemeinen hat sich dabei die Auffassung etabliert, dass ein Problem effizient lösbar ist, sofern ein entsprechender Lösungsalgorithmus mit maximal polynomieller Laufzeitkomplexität existiert. Dabei wird zwischen sog. **Entscheidungsproblemen**, die nur mit „ja" oder „nein" beantwortet werden können, und allgemeinen **Such- und Optimierungsproblemen** differenziert. Für die folgenden Einordnungen werden zunächst nur Entscheidungsprobleme betrachtet. Die Menge aller Entscheidungsprobleme, für die ein effizienter (Polynomialzeit-)Algorithmus existiert, wird als **Komplexitätsklasse P** bezeichnet. Das **Sortierproblem** (formuliert als Entscheidungsproblem: „Ist eine Wertefolge sortiert?") kann beispielsweise dieser Komplexitätsklasse zugerechnet werden, da zur Entscheidung die Wertefolge nur einmalig durchlaufen werden muss, die Laufzeit also mit O(n) polynomial ist.

Die Klasse NP

Neben dem unmittelbaren Berechnen einer Entscheidung ist bei vielen Such- und Optimierungsproblemen auch das Überprüfen einer bereits vorliegenden (potenziellen) Lösung von Bedeutung. Indirekt ergibt sich hieraus dann wieder ein Entscheidungsproblem der Form: „Ist die vorgelegte Lösung korrekt?“. Probleme, für die eine solche Überprüfung effizient, d. h. in Polynomialzeit, möglich ist, werden der **Komplexitätsklasse NP** zugeordnet. → 5.4 Formuliert man beispielsweise das **Handlungsreisendenproblem** als Entscheidungsproblem („Gibt es eine Rundroute, die eine vorgegebene Maximallänge nicht überschreitet?“), so liegt dieses in NP, da für einen vorgegebenen Pfad leicht (d. h. in Polynomialzeit) überprüft werden kann, ob dieser eine Rundroute über alle Knoten bildet und dabei die Maximallänge nicht überschreitet. Auch das in der Einstiegsaufgabe genannte SUBSET-SUM-Problem (eine Abwandlung des **Rucksackproblems**) liegt → 5.4 demnach in NP.

P $\stackrel{?}{=}$ NP

Nach derzeitigem Stand der Wissenschaft lässt sich für viele augenscheinlich „schwierige“ Probleme lediglich mit Sicherheit sagen, dass diese in NP liegen, da entsprechende Algorithmen existieren, um eine vorgegebene Lösung effizient auf Korrektheit zu prüfen. Für die Lösung der ursprünglichen Entscheidungsprobleme ist hingegen bisher kein effizienter Algorithmus bekannt, es ist also unklar, ob sie auch in P liegen. Es bleibt aber nicht ausgeschlossen, dass auch für diese Probleme Lösungsalgorithmen mit polynomieller Laufzeitkomplexität existieren, die lediglich bis dato noch nicht entdeckt wurden. Mathematisch ausgedrückt könnte somit möglicherweise **P = NP** gelten. Ob dies zutrifft, ist eine der wichtigsten noch ungelösten Fragestellungen der theoretischen Informatik.

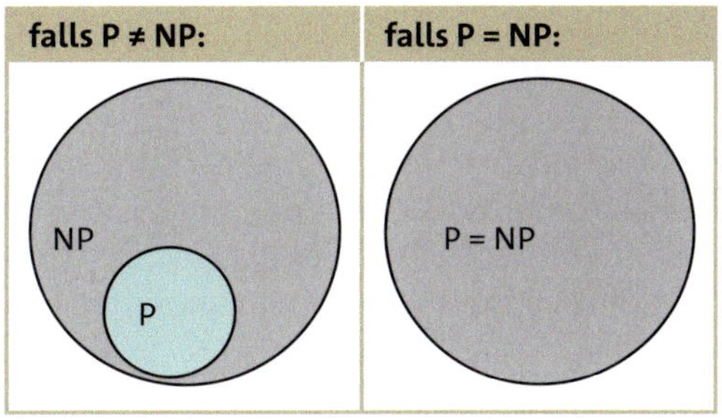

Abbildung 2

Polynomielle Reduktion

Eine wichtige Problemlösestrategie in der Informatik ist die Reduktion auf bereits Bekanntes. → 5.3 Dies kann auch genutzt werden, um die mögliche Laufzeitkomplexität von Entscheidungsproblemen einzugrenzen. Kennt man beispielsweise bereits einen Algorithmus mit polynomieller Laufzeit für das Entscheidungsproblem A: „Ist eine Zahlenfolge aufsteigend sortiert?“ (vgl. Aufgabe 1), lässt sich das Problem B: „Ist eine Zahlenfolge nicht absteigend sortiert?“ ebenfalls sicher in polynomieller Laufzeit lösen, indem man:

1) die ursprüngliche Zahlenfolge invertiert (d. h. ihre Reihenfolge umkehrt),
2) entscheidet, ob diese invertierte Zahlenfolge aufsteigend sortiert ist,
3) die Antwort aus 2) negiert (d. h. aus „ja“ wird „nein“ und umgekehrt).

Allgemein besteht eine solche Reduktion in der Regel aus einem vorbereitenden Schritt, bei dem das eigentlich zu lösende Problem zu einer Eingabe für ein bereits bekanntes Problem umgeformt wird. Anschließend kann das bereits bekannte Problem für diese Eingabe gelöst werden und die Ausgabe dann ggf. noch so umgeformt werden, dass sie eine Lösung für das ursprüngliche Problem darstellt. Sofern die Schritte 1 und 3 in maximal polynomieller Laufzeit umsetzbar sind, nennt man dieses Vorgehen **polynomielle Reduktion**. Von Bedeutung ist dies insbesondere bei der Frage, ob P $\stackrel{?}{=}$ NP gilt.

Die schwersten Probleme in NP

Auch wenn ein formaler Beweis fehlt, deutet vieles darauf hin, dass P ≠ NP gilt, d. h., dass es Probleme in NP gibt, für die kein effizienter Lösungsalgorithmus mit polynomieller Laufzeitkomplexität existiert.

Eine besondere Rolle nehmen dabei sogenannte **NP-vollständige** Probleme ein. Vereinfacht ausgedrückt handelt es sich dabei um die Menge der schwersten Probleme in NP. Für jedes einzelne dieser NP-vollständigen Probleme kann bewiesen werden, dass alle anderen Probleme aus NP auf dieses Problem **polynomiell reduzierbar** sind. Folglich kann ein Algorithmus für ein NP-vollständiges Problem stets so umgebaut werden, dass mit ihm in maximal polynomiellem Mehraufwand auch jedes beliebige andere Problem aus NP gelöst werden kann. Sollte somit jemals auch nur für ein einziges NP-vollständiges Problem, wie z. B. für SUBSET SUM, ein effizienter Lösungsalgorithmus mit polynomieller Laufzeitkomplexität gefunden werden, könnten damit auch alle anderen Probleme aus NP mit polynomiellem Aufwand gelöst werden. Dadurch wäre automatisch auch P = NP bewiesen. Dass dies trotz intensiver jahrzehntelanger Bemühungen bisher nicht gelungen ist, kann als Indikator dafür gewertet werden, dass P ≠ NP gilt.

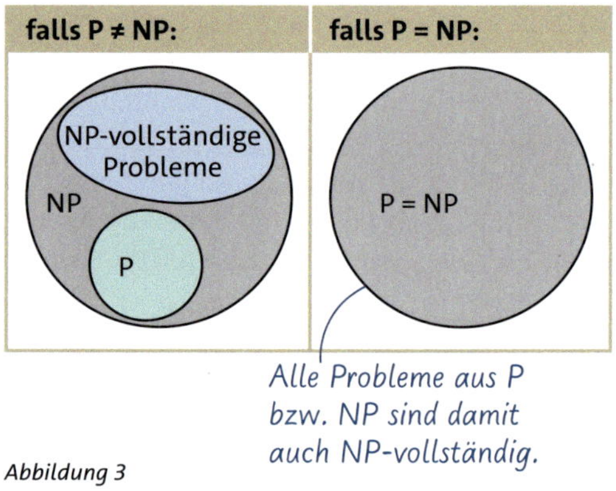

Abbildung 3

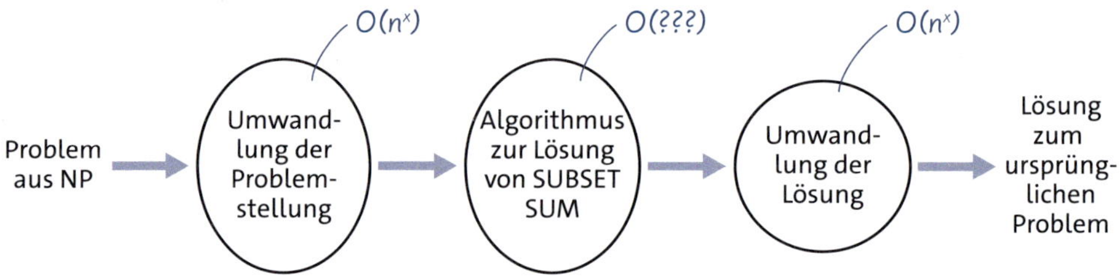

Abbildung 4

Was wäre, wenn ...

Die Tatsache, dass es Probleme in NP gibt, die – *vermutlich* – nicht in P liegen, für die es also – *vermutlich* – keinen effizienten Lösungsalgorithmus gibt, kann je nach Anwendungskontext auch von Vorteil sein. Die Sicherheit vieler Verschlüsselungsverfahren beruht beispielsweise darauf, dass das Berechnen des Klartextes aus einem gegebenen Geheimtext ohne Kenntnis des passenden Schlüssels extrem zeitaufwändig ist. Würde nun ein effizienter Algorithmus für ein beliebiges NP-vollständiges Problem gefunden, würden damit auch viele heutzutage weit verbreitete Verschlüsselungsverfahren auf einen Schlag nutzlos, da deren Sicherheit indirekt maßgeblich von NP-vollständigen Entscheidungsproblemen abhängt.

Entscheidungsprobleme, für die ein Lösungsalgorithmus mit maximal polynomieller Laufzeit existiert, werden in der **Komplexitätsklasse P** zusammengefasst. Probleme, für die eine vorgegebene Lösung mit polynomieller Laufzeitkomplexität überprüft werden kann, werden der **Komplexitätsklasse NP** zugeordnet. Es ist bis dato nicht abschließend geklärt, ob **P = NP** gilt. Falls ja, hätte dies weitreichende Folgen, z. B. für die Sicherheit vieler Verschlüsselungsverfahren. Die schwersten Probleme aus NP werden **NP-vollständig** genannt. Gelingt es, einen effizienten Lösungsalgorithmus für ein einziges NP-vollständiges Problem zu finden, könnten damit auch alle anderen Probleme aus NP effizient gelöst werden, da alle anderen Probleme auf dieses Problem **polynomiell reduziert** werden können.

Aufgaben

1 Beweis: P ⊆ NP

Die Frage, ob alle Probleme aus P auch in NP liegen, ist ein Teilaspekt der allgemeineren Fragestellung, ob P = NP gilt.

a Begründen Sie allein aus den Definitionen für P und NP (vgl. Lehrtext), dass gelten muss: P ⊆ NP.

b Implementieren Sie beispielhaft ein Programm, welches eine vorgegebene Lösung für das Sortierproblem in Polynomialzeit auf Korrektheit überprüft. Verwenden Sie als Eingabedaten Felder von Zahlen oder Buchstaben und geben Sie die Laufzeitkomplexität Ihres Programms möglichst genau in Abhängigkeit von der Feldlänge n in Landau-Notation an.

c Beschreiben Sie unter Verwendung mathematischer Fachnotation, welcher weitere Teilaspekt (neben Teilaufgabe a) zu beweisen oder widerlegen ist, um $P \stackrel{?}{=} NP$ zu klären.

2 Das SAT-Problem

Ein wichtiges Problem in der Informatik ist das Erfüllbarkeitsproblem der Aussagenlogik, kurz →SAT. Bei diesem Entscheidungsproblem geht es um die Beantwortung der Frage, ob eine vorgegebene logische Funktion erfüllbar ist, d. h., ob sich eine Variablenbelegung finden lässt, für welche die Formel insgesamt WAHR ergibt.

→engl. satisfiability: Erfüllbarkeit

Beispiel: Die Funktion E = x UND NICHT y ist erfüllbar mit x = WAHR und y = FALSCH.

a Arbeiten Sie in Dreiergruppen, wobei jedes Gruppenmitglied eine der folgenden Aufgaben übernimmt. Wechseln Sie die Aufgabenverteilung nach einigen Runden.
- Gruppenmitglied 1 denkt sich eine beliebige, nicht zu komplexe logische Funktion aus.
- Gruppenmitglied 2 prüft deren Erfüllbarkeit und gibt, falls möglich, eine erfüllende Variablenbelegung an.
- Gruppenmitglied 3 überprüft, ob eine von Gruppenmitglied 2 vorgelegte Variablenbelegung korrekt ist.

b Diskutieren Sie gemeinsam, inwieweit Sie das SAT-Problem in den Komplexitätsklassen P und/oder NP vermuten würden, und recherchieren Sie anschließend den aktuell akzeptierten Forschungsstand zu dieser Fragestellung.

3 Das Cliquenproblem

Der Begriffe „Clique" bezeichnet in der Graphentheorie eine Knotenmenge aus einem Graphen, bei der alle in der Menge enthaltenen Knoten paarweise durch Kanten verbunden sind. Das Cliquenproblem (CLIQUE) befasst sich dabei mit der Frage, ob ein gegebener Graph eine Clique mit mindestens x Knoten enthält.

a Zeichnen Sie den abgebildeten Beispielgraphen auf Papier oder einem Tablet nach und markieren Sie in Ihrer Zeichnung alle Cliquen der Größe 3.

b Beschreiben Sie allgemein, mit welchen Datenstrukturen die Information über Knoten und Kanten eines Graphen in einer Programmiersprache Ihrer Wahl dargestellt werden kann.

c Skizzieren Sie einen Algorithmus für CLIQUE (z. B. in Pseudocode) und beurteilen Sie, wie oft die Datenstrukturen aus a) dabei durchlaufen werden müssen. Folgern Sie hieraus schließlich die Laufzeitkomplexität Ihres Algorithmus in Abhängigkeit von der Knoten- und Kantenanzahl des Graphen.

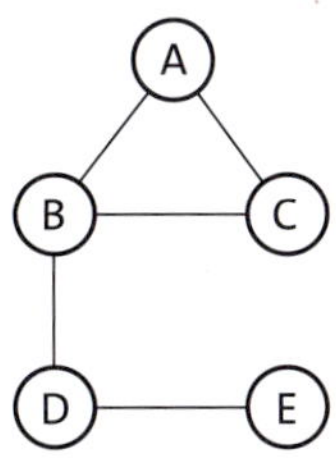

Abbildung 5

d Als Komplementgraph zu einem gegebenen Graphen G bezeichnet man einen Graphen G' mit identischer Knotenmenge wie G, in dem genau dann eine Kante zwischen zwei Knoten existiert, wenn diese im ursprünglichen Graphen G nicht mit einer direkten Kante verbunden sind. Zeichnen Sie den Komplementgraphen zum abgebildeten Graphen.

e Das Graphenstabilitätsproblem (INDEPENDENT SET) ist NP-vollständig. Dabei muss entschieden werden, ob ein Graph eine →unabhängige Menge mit einer vorgegebenen Mindestgröße enthält. Eine unabhängige Menge ist definiert als eine Teilmenge der Knoten des gegebenen Graphen, wobei für alle in der Teilmenge enthaltenen Knoten gilt, dass keine direkte Kante zu einem anderen Knoten der Teilmenge existiert. Geben Sie einen Algorithmus mit polynomieller Laufzeitkomplexität als Pseudocode an, welcher INDEPENDENT SET entscheidet. Sie dürfen dabei als Teil Ihres Algorithmus auf einen bereits existierenden (hypothetischen) Algorithmus zurückgreifen, welcher CLIQUE in Polynomialzeit entscheidet.
Tipp: Verwenden Sie zur Lösung die Beziehung zwischen einem Graphen und seinem Komplementgraphen, betrachten Sie hierfür Ihre Lösungen zu a) und d).

→unabhängige Menge = engl. independent set; Im Deutschen wird hierfür gelegentlich auch die Bezeichnung „stabile Menge“ verwendet.

f Erklären Sie in Ihren eigenen Worten, weshalb durch das Vorgehen in Teilaufgabe e) bewiesen wird, dass neben INDEPENDENT SET auch CLIQUE NP-vollständig ist.

g Für Schnelle: Recherchieren Sie, wie das SAT-Problem aus Aufgabe 2 auf CLIQUE polynomial reduziert werden kann.

4 Nichtdeterministische Algorithmen

Eine alternative, gleichwertige Definition für die Komplexitätsklasse NP lautet: „NP enthält genau die Probleme, welche mit einer nichtdeterministischen Turingmaschine in Polynomialzeit entschieden werden können.“

a Informieren Sie sich über den Unterschied zwischen (normalen) deterministischen und nichtdeterministischen Turingmaschinen und erklären Sie in Ihren eigenen Worten, wie nichtdeterministische Turingmaschinen jedes Problem aus NP in Polynomialzeit lösen können.

b Diskutieren Sie, inwieweit nichtdeterministische Turingmaschinen real umgesetzt werden können.

c Für Schnelle: Beschreiben Sie, wie die Funktionsweise einer nichtdeterministischen Turingmaschine mit einer deterministischen Turingmaschine simuliert werden kann, und erläutern Sie, weshalb aus der Möglichkeit der gegenseitigen Simulation nicht zwingend P = NP folgt.

5 Typische Problemstellungen in der Informatik

Beschreiben Sie jedes der folgenden Probleme in maximal zwei Sätzen und veranschaulichen Sie, falls einfach möglich, mit einem kleinen Beispiel. Recherchieren Sie selbstständig, falls notwendig.

Rucksack-, Cliquen-, Handlungsreisenden-, Graphenfärbungsproblem, SUBSET SUM, SAT, INDEPENDENT SET.

6 Optimale Stundenpläne für die Oberstufe

Bei der Erstellung eines Stundenplans für die Oberstufe müssen alle angebotenen Kurse auf verschiedene Zeitslots verteilt werden. In der Praxis müssen dabei verschiedene Rahmenbedingungen berücksichtigt werden. Im Folgenden soll als Vereinfachung zunächst nur von einzelnen Unterrichtsstunden (keine Doppelstunden o. ä.) ausgegangen werden. Dabei muss jedoch sichergestellt werden, dass keine Lehrkraft und kein Schüler in einem Zeitslot (Schulstunde) mehr als einen Kurs hat. Um derartige Belegungskonflikte erkennen und vermeiden zu können, kann das Problem als Graph modelliert werden. Dabei wird jede Unterrichtsstunde der zu verteilenden Kurse durch einen Knoten repräsentiert und es existiert genau dann eine Kante zwischen zwei Knoten, wenn es eine nichtleere Schnittmenge bei den Kursbeteiligten (Lehrkraft/Schüler) gibt und die betroffenen zwei Unterrichtsstunden also nicht zeitgleich stattfinden dürfen.

	Mo	Di	Mi	Do	Fr
1.	Sport 1 Sport 2	Mathe 2 Deutsch 1	Chemie 2 Physik 1	Inf 1 Physik 2	
2.	Sport 1 Sport 2	Chemie 2 Inf 1			
3.	Bio 1 Inf 2				
4.					
5.					
6.					

Noch zu verteilen:	Inf 1 Geo 1 Bio 1	Deutsch 2 Chemie 1 Inf 2	Mathe 1 Inf 1 ...

a Beschränkt man die Anzahl der möglichen Zeitslots nicht, ist das Erstellen eines gültigen Stundenplanes trivial möglich. Beschreiben Sie einen möglichst einfachen Algorithmus für die Zuordnung von Unterrichtsstunden zu Zeitslots, bei der die oben genannten Bedingungen eingehalten werden. Beurteilen Sie anschließend die Praxistauglichkeit Ihres Algorithmus.

b Entwickeln Sie einen entsprechenden Algorithmus, welcher anhand der Adjazenzmatrix des Graphen in Polynomialzeit überprüft, ob sämtliche Unterrichtsstunden konfliktfrei in nur einen einzigen Zeitslot gelegt werden können.

c Das Entscheidungsproblem aus b) ist offensichtlich praxisfern. Viele Schülerinnen und Schüler wünschen sich jedoch einen Stundenplan ohne Nachmittagsunterricht. In der Regel stünden somit dann noch $5 \times 6 = 30$ Zeitslots für die Verteilung der Unterrichtsstunden zur Verfügung. Zeigen Sie auf geeignete Weise, dass das Entscheidungsproblem „Ist eine Verteilung von n Unterrichtsstunden auf 30 Zeitslots ohne Belegungskonflikte möglich?" der Komplexitätsklasse NP zuzuordnen ist.

d Informieren Sie sich über das sogenannte Graphenfärbungsproblem k-VERTEX-COLOR und beweisen Sie darauf aufbauend, dass das Entscheidungsproblem aus c) NP-vollständig ist. Tipp: Überlegen Sie, welcher Aspekt der Stundenplanung durch die Farbe eines Knotens repräsentiert werden kann.

e Nach bisherigem Kenntnisstand bzw. sofern $P \neq NP$ gilt, gibt es für NP-vollständige Probleme keine Algorithmen, die signifikant schneller zu einer Lösung kommen, als es beim Durchprobieren aller möglichen Lösungen der Fall wäre. Finden Sie heraus, wie viele Oberstufenstunden an Ihrer Schule im Stundenplan verteilt werden müssen (oder verwenden Sie eine realistische Schätzung). Berechnen Sie auf dieser Grundlage, wie viele Möglichkeiten es gibt, diese Stunden auf 30 Zeitslots zu verteilen. Berechnen Sie ferner, wie viel Zeit für die Beantwortung der Frage „Ist ein Oberstufenstundenplan ohne Nachmittagsunterricht möglich?" benötigt wird, falls ein Computer die einzelnen Lösungskandidaten in je einer Millisekunde auf Konfliktfreiheit prüfen kann.

f Diskutieren Sie, inwieweit Ihre Erkenntnisse aus den vorherigen Teilaufgaben Praxisrelevanz für den Schulalltag besitzen.

6.6 Programmterminierung vorhersagen: Das Halteproblem

Selina und Helen führen einen mathematischen Disput:

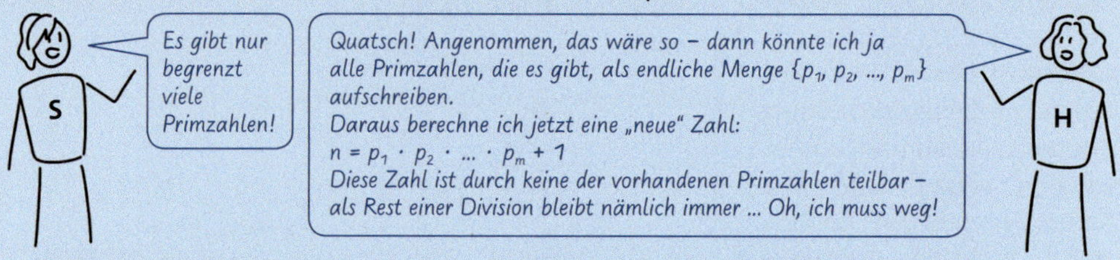

a Führen Sie Helens abgebrochenen Satz zu Ende und begründen Sie, welche Eigenschaft die konstruierte Zahl n hat.

b Begründen Sie mit Hilfe der Zahl n, dass Selinas ursprüngliche Annahme falsch gewesen sein muss.

c Formulieren Sie, was Helen damit bewiesen hat, und folgern Sie aus dem Beispiel, warum das gezeigte Verfahren als Widerspruchsbeweis bezeichnet wird und wie ein solcher Widerspruchsbeweis prinzipiell durchgeführt wird.

„Es gibt einen Barbier in Sevilla, der alle Männer von Sevilla rasiert, die sich nicht selbst rasieren. Rasiert sich der Barbier selbst oder nicht?"

d Zeigen Sie auf Basis der beiden Antwortmöglichkeiten mit je einem Widerspruchsbeweis, dass die Behauptung über den Barbier widersprüchlich (ein Paradoxon) ist.

Wunsch: Eine universelle Programmterminierungsüberprüfungsmaschine

```
methode FakultätGeben(n: NAT_ZAHL) -> NAT_ZAHL
    fakultät: NAT_ZAHL
    fakultät = 1
    wiederhole solange n > 1
        fakultät = fakultät * n
    endewiederhole
    return fakultät
endemethode
```

In der abgebildeten Methode zur Berechnung der Fakultät ist dem Programmierer ein Fehler unterlaufen: Er hat in der Wiederholung die Anweisung vergessen, den Wert von n in jedem Wiederholungsschritt um 1 zu verringern. Dadurch bleibt die Bedingung der Wiederholung immer erfüllt – die Wiederholung läuft prinzipiell endlos weiter. Solange die erwartete Laufzeit des Programms recht kurz ist, wird so eine Fehlfunktion recht schnell bemerkt; ist der Programmcode so überschaubar wie im Beispiel, ist auch der Fehler einfach zu finden. Enthalten aber komplexere Projekte eine unbeabsichtigte Endloswiederholung, ist die Lage nicht mehr so klar: Während der Programmausführung beginnt man irgendwann, sich die Frage zu stellen, ob man sie abbrechen oder doch noch etwas warten sollte. Entscheidet man sich falsch, kostet das in jedem Fall Zeit: Sowohl, wenn man auf die Terminierung einer Endloswiederholung wartet, als auch, falls mit dem Programm doch alles in Ordnung ist – denn dann muss man die Ausführung (nach einer erfolglosen Fehlersuche) wiederholen. Im Kontext professioneller Softwareentwicklung sind solche Entscheidungen ggf. auch mit hohen Kosten verbunden. Ein Testprogramm, das vorab prüfen könnte, ob ein beliebiges Programm irgendwann zu einem Ende kommt, wäre hier von größtem Nutzen!

Die Fragestellung, ob ein Programm P für eine Eingabe E nach endlich vielen Schritten anhält (terminiert), heißt **Halteproblem**. Diese Frage kann ein Algorithmus für manche konkreten Programme und ihre Eingaben durchaus beantworten. Alan Turing konnte aber bereits 1936 beweisen, dass ein allgemeingültiger Algorithmus, der die Fragestellung für alle möglichen Programme und Eingaben beantworten kann, nicht existiert. Das Halteproblem ist also unentscheidbar.

Formalisierung mit Turingmaschinen

Gemäß der Church-Turing-These sind alle intuitiv berechenbaren Probleme auch Turing-berechenbar. Damit er den Beweis des Halteproblems in einem formalisierten Rahmen führen konnte, formulierte Turing die Fragestellung nach einem solchen Algorithmus auf Basis von Turingmaschinen: Gibt es eine Turingmaschine H, mit der überprüft werden kann, ob eine übergebene Turingmaschine mit vorgegebener Bandbelegung bei der Verarbeitung ihrer Eingabedaten anhält oder nicht?

Es ist möglich, die Verarbeitung einer Eingabe durch eine Turingmaschine mit Hilfe einer zweiten Turingmaschine nachzustellen. Turingmaschinen können gemäß festgelegten Regeln als endliche Zeichenketten codiert werden. Erhält eine zweite Turingmaschine die codierte Turingmaschine inklusive deren Eingabezeichenkette, kann sie die Arbeitsweise der codierten Turingmaschine Schritt für Schritt abbilden. Kommt die codierte Turingmaschine zum Ende der Verarbeitung, hält auch die zweite Turingmaschine. Die Aufgabe, die sich aus obiger Fragestellung ergibt, ist allerdings komplexer: Die Turingmaschine H soll entscheiden können, ob die codiert übergebene Turingmaschine für ihre Eingabe halten wird, ohne dass der Ablauf tatsächlich nachgestellt wird – denn genau das könnte ja zu einer Endloswiederholung führen!

Konzept des Widerspruchsbeweises

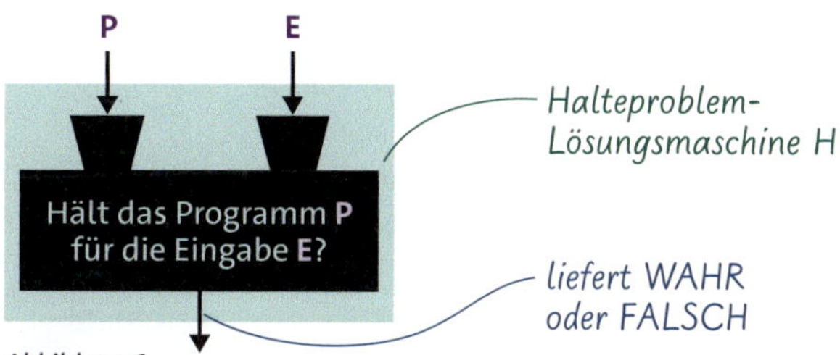

Abbildung 1

Um zu zeigen, dass eine solche Maschine nicht existieren kann, führte Turing einen Widerspruchsbeweis. Hierbei ging er zunächst davon aus, dass es eine solche Halteproblem-Lösungsmaschine gäbe. Um den Anspruch auf Allgemeingültigkeit aufrecht zu erhalten, betrachtete er die Maschine als Blackbox und stellte an sie nur die Minimalanforderung, die eine solche Maschine zwangsläufig gemäß der obenstehenden Fragestellung erfüllen muss: Zwei Eingänge für ein Programm P und seine Eingabe E sowie einen Ausgang für einen Wahrheitswert. Falls P für E irgendwann anhält, liefert die Maschine WAHR, falls P niemals anhält, liefert sie FALSCH.

Sein Ziel war es nun, unter Verwendung der Halteproblem-Lösungsmaschine für wenigstens eine einzige Kombination aus P und E einen Widerspruch zu erzeugen. Denn dann wäre klar, dass es eine solche allgemeine Maschine nicht geben konnte.

Erzeugung des Widerspruchs

Zunächst entwickelte er zur Erzeugung des Widerspruchs eine Widerspruchsmaschine W mit einem Eingang für ein Programm P. Ein Verteiler sorgt dafür, dass das eingegebene Programm, die codierte Turingmaschine, von der integrierten Halteproblem-Lösungsmaschine H auf sich selbst angewendet wird. (Da die codierte Turingmaschine nur eine gewöhnliche Zeichenkette ist, kann sie wie jede Zeichenkette auch als eine Programmeingabe verarbeitet werden.) Am Ende ergänzte Turing noch eine einfache Logik, die vom Ausgabewert von H abhängt:

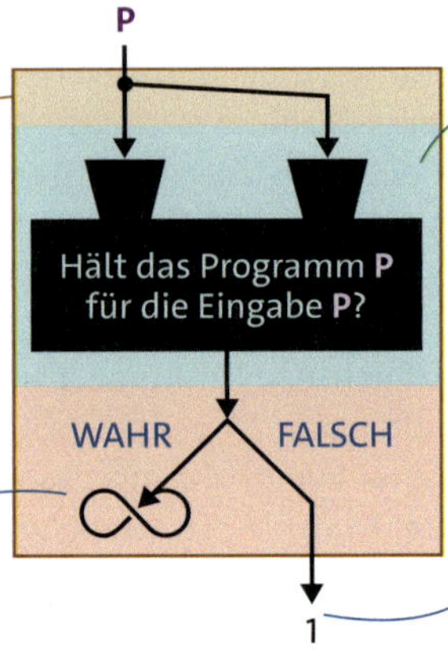

Abbildung 2

Der Sinn und die Genialität dieser Konstruktion erschließt sich erst im letzten Schritt von Turings Beweisführung, in welchem sich die Widerspruchsmaschine W selbst als Eingabe erhält. Durch den Verteiler erhält die integrierte Halteproblemlösungsmaschine die Aufgabe, zu überprüfen, ob W für W hält. Bei der Verarbeitung können dann zwei Fälle unterschieden werden:

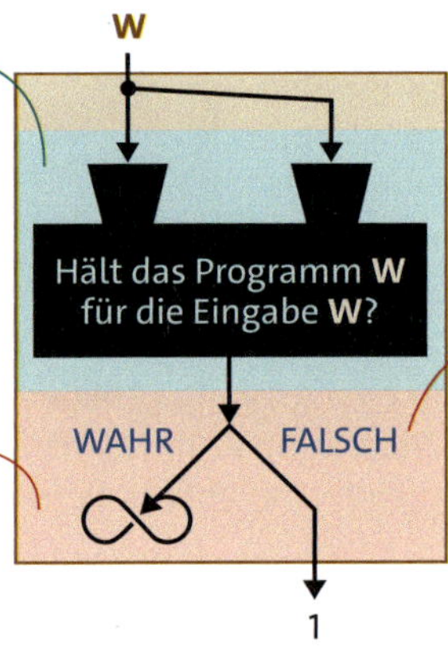

Abbildung 3

In beiden Fällen steht das Verhalten von W bei Eingabe von W im Widerspruch zu dem Ergebnis, das die Halteproblem-Lösungsmaschine für das Programm W bei Eingabe W ermittelt. Daraus folgt, dass die ursprüngliche Annahme, dass eine solche Halteproblem-Lösungsmaschine existiert, falsch sein muss. Es kann also keine Turingmaschine und damit keinen Algorithmus geben, der für beliebige Programme entscheiden kann, ob sie für ihre Eingaben terminieren oder nicht. Das Halteproblem ist unentscheidbar: Es existiert keine allgemeine Möglichkeit, die Berechenbarkeit einer Lösung vorherzusagen.

Bedeutung des Halteproblems

Aus dem Halteproblem lassen sich für die Praxis beispielsweise Grenzen für Softwareentwicklungsdisziplinen wie Softwareverifikation (Sicherstellung, dass eine Software die erwarteten Anforderungen erfüllt) und Programmanalyse (aus dem Programmverhalten Erkenntnisse über seine Struktur gewinnen) ableiten. Auch die Leistungsfähigkeit von Antivirensoftware ist dadurch beschränkt: Wenn es schon nicht möglich ist festzustellen, ob ein Programm anhält, kann das Verhalten (bösartiger) Software erst recht nicht anhand des Quellcodes automatisiert prognostiziert werden.

In der theoretischen Informatik wird das Halteproblem auch für Beweise der Unentscheidbarkeit anderer Probleme genutzt: Dadurch, dass die Unentscheidbarkeit des Halteproblems vergleichsweise einfach zu zeigen ist, gilt das Halteproblem als Prototyp eines unentscheidbaren Problems. Die Unentscheidbarkeit anderer Probleme wird häufig gezeigt, indem das Halteproblem auf diese reduziert wird.
Nicht zuletzt prägt Turings Beweis der Unentscheidbarkeit des Halteproblems unsere Vorstellung davon aus, was Algorithmen auf Basis der theoretischen Grundlagen von Computern leisten können und wo die Grenzen des Berechenbaren liegen.

Das **Halteproblem** beschreibt die Fragestellung, ob ein Programm P für eine Eingabe E nach endlich vielen Schritten anhält.
Alan Turing zeigte durch einen Widerspruchsbeweis, dass es keinen Algorithmus gibt, der die Fragestellung für alle möglichen Programme und Eingaben beantworten kann. Das Halteproblem ist somit unentscheidbar.

Aufgaben

1 Richtig oder falsch?
Beurteilen Sie, ob folgende Aussagen richtig oder falsch sind. Begründen Sie jeweils knapp Ihre Meinung. Geben Sie bei falschen Aussagen eine berichtigte an:
- **a** Das Halteproblem ist die Fragestellung, ob es einen allgemeingültigen Algorithmus gibt, der ausgibt, ob ein Programm P für eine Eingabe E nach endlich vielen Schritten anhält oder nicht.
- **b** Unentscheidbarkeit des Halteproblems bedeutet, dass es keinen allgemeingültigen Algorithmus gibt, der das Halteproblem löst.
- **c** Für manche Programme und Eingaben können Algorithmen existieren, die die Programme auf Terminierung prüfen können.
- **d** Ein Widerspruchsbeweis führt eine korrekte Annahme ad absurdum.

2 Heterologisch oder nicht?
Das Adjektiv „heterologisch" bezeichnet Wörter, die nicht selbst die durch das Wort beschriebene Eigenschaft besitzen. „fremdsprachig" ist in diesem Sinne heterologisch, da das Wort keiner Fremdsprache entstammt. Das Gegenteil wird als „autologisch" bezeichnet.
- **a** Nennen und erklären Sie mindestens zwei weitere Beispiele für heterologische Wörter.
- **b** Versuchen Sie dann, das Wort heterologisch selbst in die Klasse der heterologischen oder autologischen Wörter einzuordnen.
- **c** Begründen Sie die Widersprüchlichkeit von Pinocchios Äußerung (dessen Nase bekanntermaßen genau dann wächst, wenn er lügt).
- **d** Für Schnelle: In b) wird die sog. Grelling-Nelson-Antinomie betrachtet. Recherchieren Sie die Russellsche Antinomie und deren Zusammenhang zur Grelling-Nelson-Antinomie.

Abbildung 4

3 Das Halteproblem im Pseudocode

Vertiefen Sie Ihr Verständnis für Turings Widerspruchsbeweis des Halteproblems, indem Sie die beiden im Lehrtext vorgestellten Maschinen in Pseudocode-Darstellung übertragen. Nehmen Sie das gegebene Methodengerüst als Grundlage.

zu prüfendes Programm und dessen Eingabe, z. B. als Zeichenkette codiert.

```
methode HalteproblemLösen(programm, eingabe)-> WAHRHEITSWERT
  falls programm(eingabe) terminiert dann
  ...
endemethode
```

interpretiert als Programmcode

4 Die Collatz-Funktion

Von der abgebildeten – nach dem Mathematiker Lothar Collatz benannten – rekursiv definierten Funktion ist bis heute nicht bekannt, ob die Berechnung für alle natürlichen Zahlen terminiert. Da man noch immer keine Eingabezahl n gefunden hat, für die sich nicht der Rückgabewert 1 ergibt, lautet die Collatz-Vermutung, dass dies für jegliche Eingabe der Fall ist.

```
methode Collatz(n: NAT_ZAHL)-> NAT_ZAHL
    falls n == 1 dann
        return 1
    sonst
        falls n gerade dann
            return Collatz(n/2)
        sonst
            return Collatz(3n+1)
        endefalls
    endefalls
endemethode
```

a Berechnen Sie von Hand die Werte für die Eingaben n = 1, 2 und 3.

b Erklären Sie mit Fachbegriffen, warum man bei Programmterminierung immer das Ergebnis 1 erhält.

c Implementieren Sie die Funktion und testen Sie Ihr Programm für verschiedene natürliche Zahlen.

d Ergänzen Sie die Methode so, dass die rekursiven Aufrufe protokolliert werden. Testen Sie und überprüfen Sie, ob eine Systematik zu erkennen ist.

e Gehen Sie davon aus, dass das Halteproblem lösbar wäre, und erklären Sie, ob damit die Collatz-Vermutung bewiesen oder widerlegt werden könnte.

5 Die Goldbach'sche Vermutung

Nach dem Mathematiker Christian Goldbach (1690 – 1746) ist die folgende bekannte Vermutung benannt: Jede gerade natürliche Zahl größer als zwei lässt sich als Summe zweier Primzahlen darstellen. Die Behauptung ist bis heute nicht bewiesen oder widerlegt.

a Zeigen Sie von Hand, dass die Vermutung für die geraden Zahlen von 4 bis 14 gilt.

Mithilfe der folgenden Funktion kann überprüft werden, ob eine natürliche Zahl eine Primzahl ist:

```
methode IstPrimGeben(n: NAT_ZAHL)-> WAHRHEITSWERT
    falls n == 2 dann
        return WAHR
    sonst
        var prim: WAHRHEITSWERT
        prim = WAHR
        var i: GANZZAHL
        i = 2
        wiederhole solange prim und i <= Wurzel(n)
            falls n modulo i == 0 dann
                prim = FALSCH
            sonst
                i = i + 1
            endefalls
        endewiederhole
        return prim
    endefalls
endemethode
```

b Erklären Sie die Funktionsweise der obigen Methode, implementieren und testen Sie diese.

c Entwickeln Sie eine Methode *GoldbachTesten(n: NAT_ZAHL)*, die für eine einzelne gerade natürliche Zahl n testet, ob sie der Goldbachvermutung genügt, und die zugehörigen Primzahlen gegebenenfalls ausgibt. Testen Sie Ihre Implementierung!

d Überlegen Sie, welche Laufzeitordnung die Methode *GoldbachTesten* hat. Überprüfen Sie Ihre Vermutung für große Eingabewerte.

e Erklären Sie begründet, ob die Methoden aus b) und c) terminieren, also ob die Goldbach-Eigenschaft für jede gerade natürliche Zahl entscheidbar ist.

6 Forschungsauftrag: Terminierungsbeweise

Informieren Sie sich in geeigneten Büchern oder auf geeigneten Webseiten über einfache Terminierungsbeweise und stellen Sie einfache Beispiele zusammen.

Teste dich selbst

T1 Ich check's, dank deiner Hilfe!
Ferdi hat im Unterricht nicht gut aufgepasst und braucht dringend Ihre Nachhilfe vor der alles entscheidenden letzten Prüfung. Helfen Sie ihm, indem Sie ihm folgende Begriffe/Aspekte anhand eines selbstgewählten Beispiels erklären:
Bestandteile der Turingmaschine, Turing-Berechenbarkeit, P-vs.-NP-Problem, Polynomielle Reduktion, Unentscheidbarkeit

T2 ISBN (aus Illustrierende Prüfungsaufgaben für die schriftliche Abiturprüfung in Bayern ab 2026, erhöhtes Anforderungsniveau)
Die internationale Standardbuchnummer, kurz ISBN, dient der eindeutigen Kennzeichnung von Büchern. Einer ihrer Bestandteile ist die ein- bis fünfstellige Gruppennummer, die eine Kennzahl für den Sprachbereich ist. Die zulässigen Bereiche, in denen die Gruppennummer liegen kann, sind in folgender Übersicht dargestellt:
- einstellige Gruppennummern: 0 – 5 und 7
- zweistellige Gruppennummern: 80 – 94
- dreistellige Gruppennummern: 600 – 649 und 950 – 989
- vierstellige Gruppennummern: 9900 – 9989
- fünfstellige Gruppennummern: 99900 – 99999

Die Menge aller zulässigen Gruppennummern wird als Sprache L über dem Alphabet E = {0; 1; ...; 9} aufgefasst.

a Geben Sie das Zustandsübergangsdiagramm eines endlichen, erkennenden Automaten an, der genau die Gruppennummern der Sprache L akzeptiert.

b Geben Sie die Produktionsregeln einer formalen Grammatik an, mit denen L erzeugt werden kann.

c Es sollen nun ohne Einschränkung Nummern beliebiger Länge aus den Ziffern 0 bis 9 betrachtet werden. Nach jeder Nummer sollen so viele Zeichen _ angefügt werden, wie die Nummer Ziffern hat.
Die Menge der so gebildeten Wörter bildet die formale Sprache L*. Zu L* gehören z. B. 3_ und 028___.
Geben Sie eine Turingmaschine an, die genau dann terminiert, wenn ein Wort der Sprache L* auf dem Band liegt.

T3 Richtig oder falsch?
Beurteilen Sie, ob die folgenden Aussagen richtig oder falsch sind, und berichtigen Sie die falschen Aussagen.

a Der nebenstehend abgebildete Pseudocode definiert einen Algorithmus.

```
x = 0
wiederhole solange x ≥ 0
  x = x + 1
endewiederhole
gib den Wert von x aus
```

b Programmiersprachen wie Java, Python oder Swift stellen Berechnungsmodelle dar.

c Jede Programmiersprache, die bedingte Wiederholungen erlaubt, ist Turing-vollständig.

d Die Church-Turing-These besagt, dass jedes Problem mit einer Turingmaschine gelöst werden kann.

T4 Effiziente Algorithmen

Bei einer Online-Auktionsplattform können Kaufinteressenten Gebote abgeben. Nach Ende der Auktionszeit gewinnt dann das höchste eingegangene Gebot.

a Formulieren Sie einen möglichst effizienten Algorithmus (als Pseudocode oder in einer Programmiersprache Ihrer Wahl), welcher das Entscheidungsproblem „Hat mein Gebot gewonnen?" löst. Als Eingabe stehen hierfür der eigene Gebotsbetrag sowie eine chronologisch nach Gebotseingang sortierte Liste mit den Beträgen aller eingegangenen Gebote zur Verfügung. Es darf davon ausgegangen werden, dass kein Gebotsbetrag mehrfach auftritt.

b Charakterisieren Sie die Laufzeitkomplexität Ihres Algorithmus, indem Sie ihn einer oder mehreren Komplexitätsklassen zuordnen. Begründen Sie Ihre Zuordnung jeweils kurz.

T5 Die Komplexitätsklassen P und NP

In einem Banktresor werden unterschiedliche Münzen gelagert. Jede Münze hat einen definierten Wert und ein bestimmtes Gewicht, wobei schwerere Münzen nicht zwingend wertvoller sind als leichtere. Eine Diebin plant einen Einbruch in den Banktresor. Sie kann dabei jedoch maximal 50 kg Münzen tragen und ist nur bereit, das Risiko des Einbruchs einzugehen, wenn sie dabei mindestens Münzen im Wert von einer Million Euro erbeuten kann.

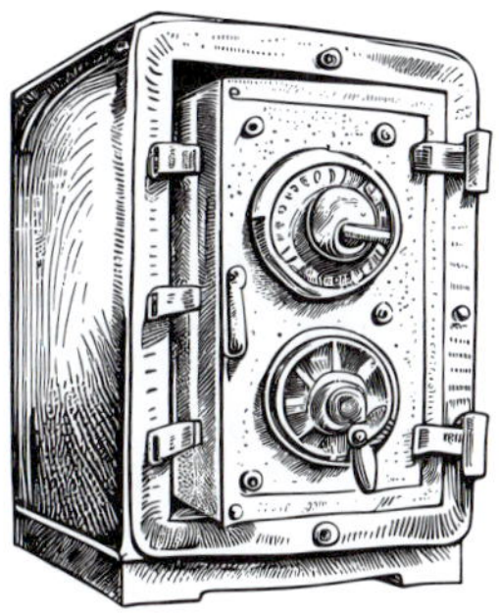

Abbildung 1

a Formulieren Sie das Entscheidungsproblem, vor welchem die Diebin steht.

b Geben Sie eine Definition der Komplexitätsklasse NP an und zeigen Sie, dass das Entscheidungsproblem aus Teilaufgabe a) zu dieser Klasse gehört.

c Zeigen Sie durch eine geeignete Reduktion, dass mit einem Polynomialzeitalgorithmus für das Entscheidungsproblem aus a) auch das SUBSET-SUM-Problem (vgl. Kapitel 6.5, Einstiegsaufgabe, Teil e) in Polynomialzeit gelöst werden könnte.

d Erklären Sie anhand verschiedener selbst gewählter Beispiele, welche weitreichenden Konsequenzen es hätte, falls ein Algorithmus mit polynomieller Laufzeit für das Entscheidungsproblem aus a) gefunden würde.

T6 Das Halteproblem

a Formulieren Sie das Halteproblem.

b Erläutern Sie knapp das Konzept eines Widerspruchsbeweises.

c Ergänzen Sie die gegebene Zeichnung in Ihrem Heft und begründen Sie anhand dieser mit Hilfe eines Widerspruchsbeweises, dass das Halteproblem unentscheidbar ist.

d Nennen Sie drei Bereiche, für die der Beweis der Unentscheidbarkeit des Halteproblems bedeutsam ist.

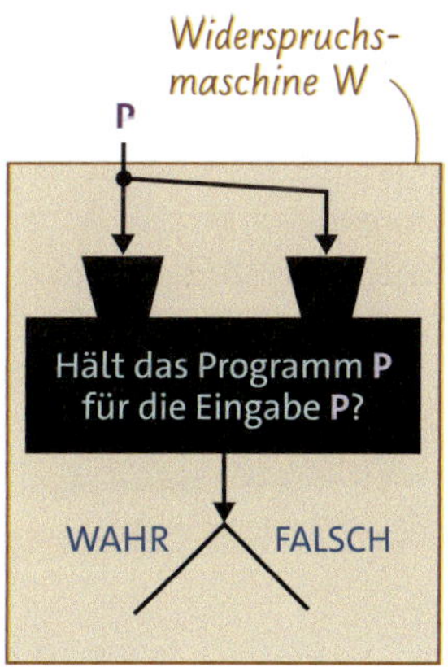

Abbildung 2

Zusammenfassung

Eine **Turingmaschine** als allgemeines Rechnermodell ist definiert durch ...
... das **Bandalphabet B**, das aus dem **Leerzeichen**, dem **Eingabealphabet E** und weiteren möglichen Zeichen besteht,
... eine Menge von **Zuständen Z,** die eine Teilmenge von **Endzuständen F** umfasst, sowie
... eine Menge von **Zustandsübergängen Ü**, die jedem möglichen Paar (Zustand, aktZeichen) ein Tripel (ZeichenNeu, Richtung, Folgezustand) zuordnet.

Turingmaschinen können wie endliche Automaten zum Erkennen von Zeichenketten einer formalen Sprache genutzt werden. Sie erkennen nicht nur reguläre Sprachen, sondern auch weitere Sprachen (z. B. Klammerausdrücke). Solche Sprachen heißen **Turing-erkennbar.**

Turingmaschinen können auch als Rechenautomaten genutzt werden. Jede Funktion f: $\mathbb{N}^k \mapsto \mathbb{N}$ mit k Eingabewerten ($k \in \mathbb{N}$), für die eine passende Turingmaschine angegeben werden kann, heißt **Turing-berechenbar**.

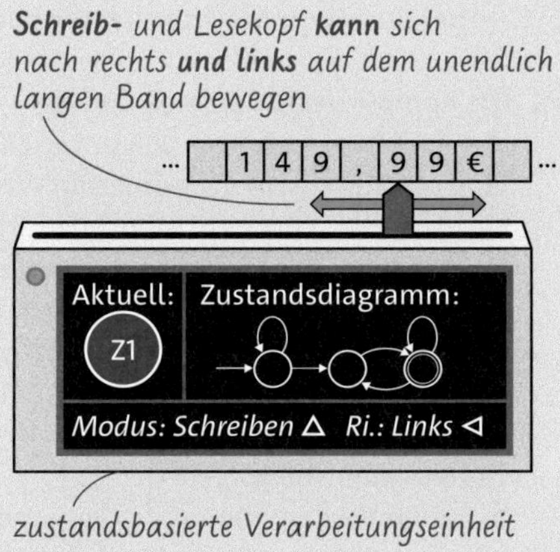

Abbildung 1

Ein **Algorithmus** ist eine exakt formulierte Vorgehensweise zum Lösen einer Aufgabenstellung in endlich vielen, ausführbaren und eindeutig beschriebenen Einzelschritten. Mit **Berechnungsmodellen** können Algorithmen formal definiert werden. Turingmaschinen sind hierfür ein wichtiges Beispiel, da sich nach der **Church-Turing-These** alle intuitiv berechenbaren Probleme auch mit einer Turingmaschine lösen lassen. Neben dem weitgehend theoretischen Konstrukt der Turingmaschinen existieren jedoch auch viele weitere **Turing-vollständige** Berechnungsmodelle, darunter viele Programmiersprachen, auf die sich die Church-Turing-These somit indirekt übertragen lässt.

Entscheidungsprobleme sind Probleme, für die es nur zwei mögliche Lösungen gibt, in der Regel „ja“ oder „nein“. Entscheidungsprobleme, die sich mit polynomiellem Laufzeitaufwand lösen lassen, werden der **Komplexitätsklasse P** zugeordnet. In der Praxis bezeichnet man diese Probleme daher auch als „effizient lösbar“. Die **Komplexitätsklasse NP** enthält alle Entscheidungsprobleme, für die ein vorgelegter Beweis mit polynomiellem Laufzeitaufwand verifiziert werden kann. Alle Probleme aus P liegen ebenfalls in NP, da man hier den Beweis leicht verifizieren kann, indem man die Lösung selbst berechnet. Ob es jedoch auch Probleme aus NP gibt, die nicht in P liegen, oder ob P = NP gilt, ist eines der wichtigsten bisher ungelösten Probleme der Informatik.

Durch das Prinzip der **polynomiellen Reduktion** kann ein Lösungsalgorithmus für ein Entscheidungsproblem zu einem Lösungsalgorithmus für ein anderes Entscheidungsproblem umgewandelt werden, wobei die Umwandlung polynomiellen Laufzeitaufwand nicht überschreiten darf. In der Klasse NP gibt es sogenannte **NP-vollständige** Probleme. Damit sind Probleme aus NP gemeint, auf die jedes andere Problem aus NP polynomiell reduziert werden kann. Würde somit ein effizienter Lösungsalgorithmus mit polynomiellem Laufzeitaufwand für nur ein einziges NP-vollständiges Problem gefunden werden, könnten damit auch alle anderen Probleme aus NP mit polynomiellem Aufwand gelöst werden und P = NP wäre bewiesen. Da dies trotz unzähliger Versuche bisher nicht gelungen ist, spricht vieles für P ≠ NP.

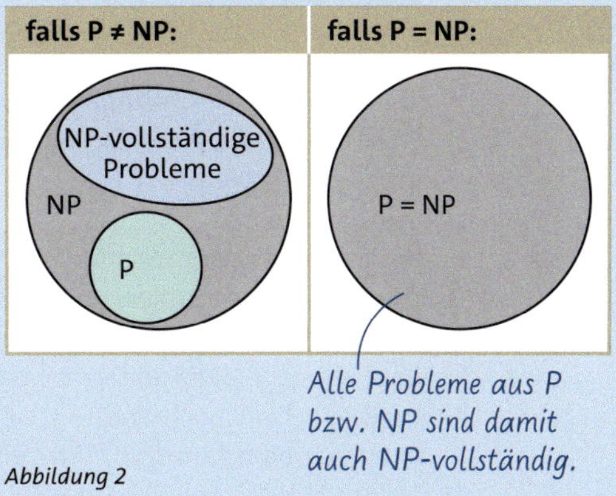

Abbildung 2

Sollte wider Erwarten doch ein effizienter Algorithmus für NP-vollständige Probleme gefunden werden, würden dadurch auch viele heute verwendete Verschlüsselungsverfahren auf einen Schlag wertlos, da bei vielen dieser Verfahren das Entschlüsseln ohne Besitz des Schlüssels auf NP-vollständige Probleme zurückgeführt werden kann und P = NP somit auch bedeuten würde, dass diese Verfahren mit nur polynomiellem Aufwand gebrochen werden könnten.

Das **Halteproblem** beschreibt die Fragestellung, ob ein Programm P für eine Eingabe E nach endlich vielen Schritten anhält.
Alan Turing zeigte durch einen Widerspruchsbeweis, dass es keinen Algorithmus gibt, der die Fragestellung für alle möglichen Programme und Eingaben beantworten kann. Das Halteproblem ist somit unentscheidbar. Aus der Unentscheidbarkeit des Halteproblems folgen praktische Grenzen für automatisierte Programmanalysen, z. B. ist dadurch auch die Leistungsfähigkeit von Antivirensoftware beschränkt.

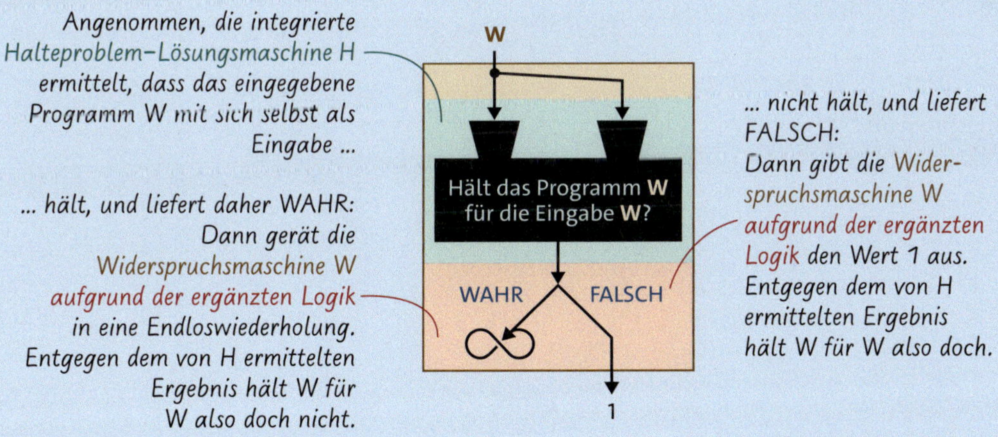

Abbildung 3

Zum Weiterlesen

L10 Varianten der Turingmaschine

Neben der klassischen Turingmaschine gibt es Varianten, die in bestimmten Problemstellungen effizienter arbeiten.

Mehrband-Turingmaschine

Die Mehrband-Turingmaschine nutzt parallel mehrere Bänder. Dies vereinfacht bestimmte Problemstellungen, wie z. B. die Addition zweier Binärzahlen, da die häufigen Transportbefehle („Lies ganz rechts ein Zeichen, schreibe dann ganz links ein Zeichen") wegfallen.

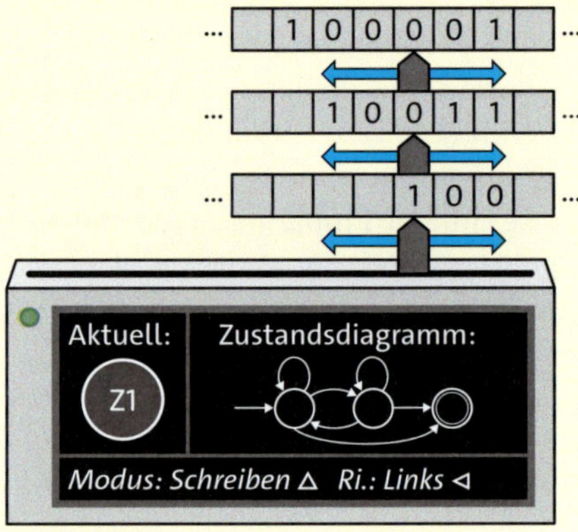

Abbildung 1

Die binäre Addition kann damit auf drei Zustände reduziert werden und wird dadurch wesentlich übersichtlicher:

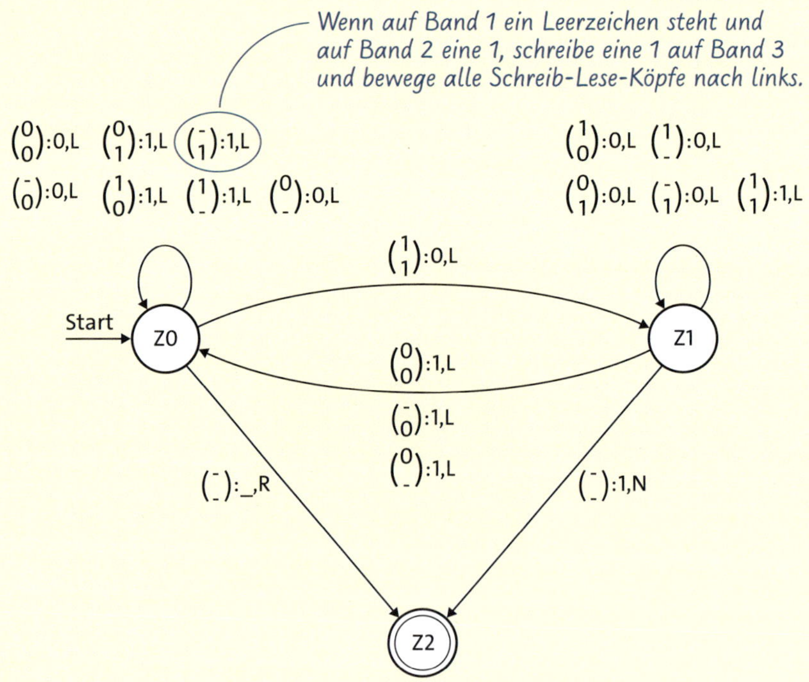

Abbildung 2

Offensichtlich arbeitet diese Mehrband-Turingmaschine effizienter als eine vergleichbare Einband-Turingmaschine. Es kann jedoch gezeigt werden, dass jedes Problem, das sich mit einer Mehrband-Turingmaschine lösen lässt, auch mit einer Einband-Turingmaschine gelöst werden kann. Dabei kann ein auf der Mehrbandmaschine in Polynomialzeit lösbares Problem auch auf der Einbandmaschine in Polynomialzeit gelöst werden; der Grad des Polynoms nimmt dabei allerdings häufig zu.

Zweidimensionale Turingmaschine

Eine weitere Verallgemeinerung der Turingmaschine kann realisiert werden, indem man das eindimensionale Band ersetzt durch eine zweidimensionale Welt, auf der sich der Schreib-Lese-Kopf schrittweise in die vier Himmelsrichtungen bewegen lässt. Auch hier gilt wieder, dass sich alle Probleme auf eine eindimensionale Turingmaschine zurückführen lassen und dass sich manche Probleme zwar einfacher, aber innerhalb der gleichen Komplexitätsklasse lösen lassen.

Mit zweidimensionalen Turingmaschinen lassen sich auch zelluläre Automaten beschreiben, die aus regelmäßig angeordneten Zellen bestehen, die in Wechselwirkung mit Nachbarzellen stehen. Nach John von Neumann sind diese unter anderem geeignet für Fragestellungen der biologischen Organisation und Selbstreproduktion. Ein bekannter zellulärer Automat ist etwa Langtons Ameise, die durch eine simple Turingmaschine mit nur einem Zustand realisiert werden kann. Um eine grafische Ausgabe zu erhalten, werden in den Speicherzellen nicht die Werte 0 bzw. 1, sondern die Farbwerte weiß bzw. schwarz gespeichert. Die Ameise bewegt sich in jedem Schritt um eine Zelle vorwärts; L und R kennzeichnen also nicht die Bewegungs-, sondern die Drehrichtung.

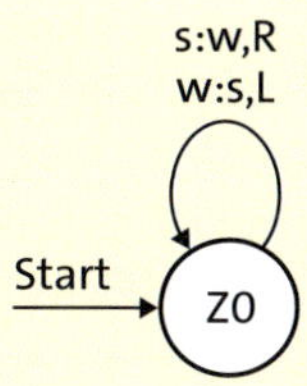

Abbildung 3

Abbildung 4

Während sich in den ersten ca. 500 Schritten durchaus regelmäßige Strukturen erkennen lassen, ergibt sich danach ein chaotisches Bild. Nach ca. 12 500 Schritten beginnt wieder der Bau einer regelmäßigen Struktur („Ameisenstraße“).

Aufgabe

Im Downloadangebot finden Sie einen Link zur Simulation. Untersuchen Sie die Simulation. Variieren Sie diese und entwickeln Sie einen eigenen zellulären Automaten.

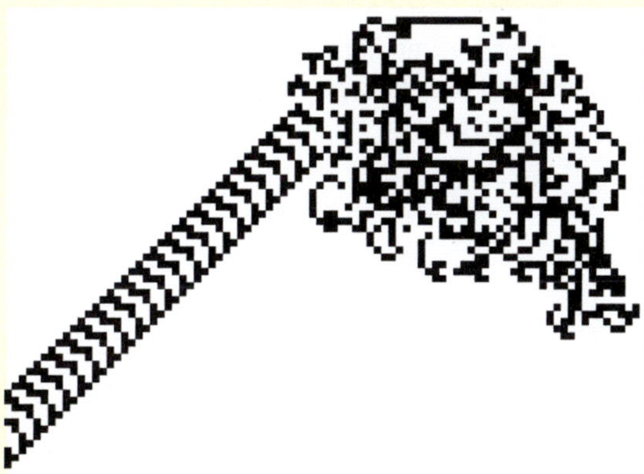

Abbildung 5

L11 Das Entscheidungsproblem und der Gödel'sche Unvollständigkeitssatz

→David Hilbert (1862 – 1942), deutscher Mathematiker

Bis ins letzte Jahrhundert haben Mathematiker geglaubt, dass jede mathematische Fragestellung exakt beantwortbar sei. So forderte →David Hilbert im Jahr 1922:

Abbildung 6

Das ist es aber, was ich verlange: es soll in mathematischen Angelegenheiten prinzipiell keine Zweifel, es soll keine Halbwahrheiten und auch nicht Wahrheiten von prinzipiell verschiedener Art geben können ...

Er präzisierte diese Forderung nach Widerspruchsfreiheit der Mathematik im Jahr 1928 im sogenannten Entscheidungsproblem:

Das Entscheidungsproblem ist gelöst, wenn man ein Verfahren kennt, das bei einem [beliebigen] vorgelegten logischen Ausdruck durch endlich viele Operationen die Entscheidung über die Allgemeingültigkeit bzw. Erfüllbarkeit erlaubt. Die Lösung des Entscheidungsproblems ist für die Theorie aller Gebiete, deren Sätze überhaupt einer logischen Entwickelbarkeit aus endlich vielen Axiomen fähig sind, von grundsätzlicher Wichtigkeit.

Hilbert stellte damit die fundamentale Frage, ob es möglich ist, alle mathematischen Fragestellungen mit einem allgemeingültigen Algorithmus eindeutig zu beantworten. Mit anderen Worten: Gibt es eine Methode, mit der sich alle Aussagen einer formalen Sprache beweisen oder widerlegen lassen? Eine Lösung dieses Problems hätte zur Folge gehabt, dass man ein Programm entwickeln könnte, das alle formalisierten Aussagen, und damit auch alle mathematischen Sätze, beweisen oder widerlegen könnte.

→Kurt Gödel (1906 – 1978), österreichischer Logiker, Mathematiker und Philosoph

1931 veröffentlichte der österreichische Mathematiker →Kurt Gödel den Beweis seines als „Gödel'scher Unvollständigkeitssatz" bekannten Theorems. Er konnte zeigen, dass in einem formalen System wahre Aussagen existieren, die innerhalb dieses Systems nicht als gültig bewiesen werden können – kein konsistentes formales System kann seine eigene Konsistenz beweisen. Dies zerstörte Hilberts Hoffnung, eine in sich vollständig konsistente Grundlage der Mathematik zu schaffen.

Abbildung 7

→Alan Turing (1912 – 1954), britischer Logiker, Mathematiker und Informatiker

Die Existenz eines allgemeingültigen Entscheidungsverfahrens wie von Hilbert gefordert hätte auch zur Folge gehabt, dass damit das Halteproblem hätte gelöst werden können. →Alan Turing erkannte 1936, dass die Unentscheidbarkeit des Halteproblems auch das Entscheidungsproblem als nicht lösbar entlarvte.

Abbildung 8

7 Informationssicherheit

In diesem Kapitel werden Sie ...

... die wichtigsten Schutzziele der Informationssicherheit kennenlernen.

... die wichtigsten Maßnahmen kennenlernen, um IT-Systeme zu schützen.

... IT-Systeme hinsichtlich ihrer Sicherheit analysieren.

7.1 Schwachstellen analysieren: Gefahren für IT-Systeme

Insolvenz wegen Serverausfalls

Nach fast 60 Jahren muss ein mittelständischer Küchenhersteller Insolvenz anmelden. Grund für die Insolvenz ist ein vorausgegangener Totalausfall der Server. Dies führte zu solch großen Datenverlusten, dass die Produktion in der Folge gestoppt werden musste. Eine Wiederaufnahme war nicht mehr möglich.

- **a** Finden Sie durch eine Recherche heraus, ob der Zeitungsartikel auf einer wahren Begebenheit beruht und ob solche Vorfälle öfter auftreten.
- **b** Eine mögliche Ursache für den Serverausfall könnte ein Hackerangriff gewesen sein. Recherchieren Sie die Höhe der Schadenssumme, welche der deutschen Wirtschaft im letzten Jahr durch IT-Angriffe entstanden ist.
- **c** Sammeln Sie weitere Szenarien, die zum Serverausfall geführt haben könnten.
- **d** Ergänzen Sie die Sammlung aus c) um weitere Gefahren für IT-Systeme. Finden Sie Oberbegriffe und ordnen Sie diesen die Szenarien und Gefahren zu.
- **e** Für Schnelle: Überlegen Sie, welche persönlichen und psychologischen Konsequenzen das im Zeitungsartikel beschriebene Szenario für die Mitarbeiter mit sich bringen kann.

Gefahren für IT-Systeme

Jährlich entsteht der deutschen Wirtschaft ein Schaden in Höhe von mehreren Milliarden Euro durch Angriffe auf IT-Systeme. Teilweise geraten Unternehmen sogar an den Rand der Insolvenz. Dabei ist ein Hackerangriff längst nicht die einzige Gefahr für IT-Systeme. Auch ein Stromausfall oder ein kleiner Bedienfehler können fatale Folgen haben. Um ein IT-System zu schützen, gilt es zunächst, die möglichen Gefahren und Angriffspunkte zu identifizieren, um dann geeignete Maßnahmen zu ergreifen. Die folgende Mindmap (Abbildung 1) stellt mögliche Gefährdungen übersichtlich dar.

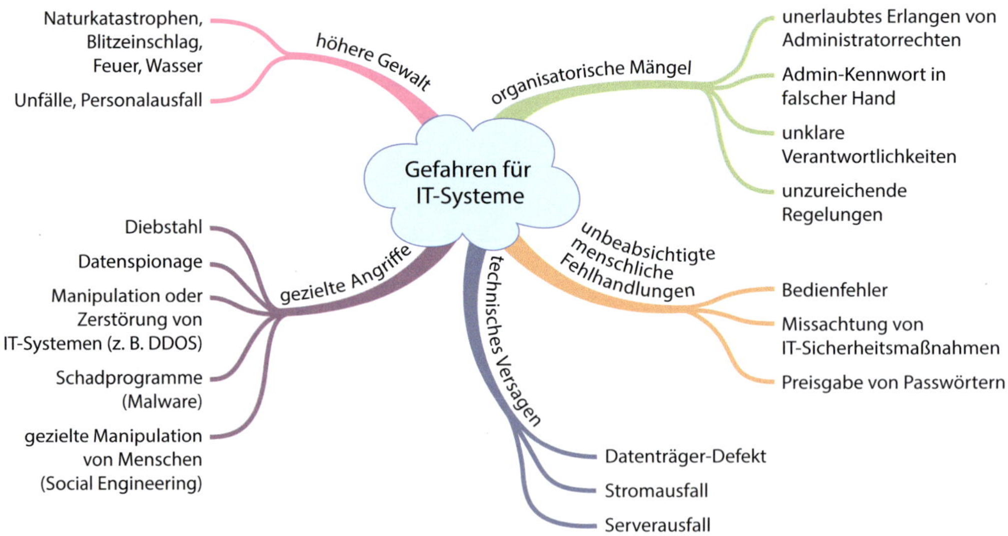

Abbildung 1

Die Bandbreite möglicher Gefahren ist immens, unterscheidet sich aber auch je nach System. Für ein im Krankenhaus eingesetztes System, das die Beatmung der Patientinnen und Patienten sicherstellt, gibt es andere Gefahren als für eine Messenger-Anwendung.

Schutzziele

Aufgrund der enormen Bedeutung von Informatiksystemen und Daten gilt es, deren Verfügbarkeit zu garantieren und Missbrauch zu verhindern. Um die Gefahren zu minimieren, versuchen die Betreiber von IT-Systemen die vier Schutzziele **Vertraulichkeit**, **Integrität**, **Verfügbarkeit** und **Authentizität** zu erreichen.

- Vertraulichkeit
  Egal ob Nutzerdaten eines sozialen Netzwerks, relevante Ergebnisse eines streng geheimen Forschungsprogramms oder Akten einer Anwaltskanzlei: Meistens gibt es Daten und Dienste, die nur für ausgewählte Personen (auch innerhalb eines Unternehmens) bestimmt sind. Vertraulichkeit ist dann gegeben, wenn nur berechtige Personen Zugriff auf bestimmte Daten und Dienste haben.
- Integrität
  IT-Systeme verwalten viele wichtige Informationen wie Kontostände, Lagerbestände oder Schulnoten. Natürlich sollte niemand in der Lage sein, diese Daten heimlich zu verändern. Integrität ist gewährleistet, wenn die auf IT-Systemen gespeicherten Daten nicht unbemerkt verändert werden können, also die Korrektheit der Daten und damit die korrekte Funktionsweise von IT-Systemen gewährleistet ist.
- Verfügbarkeit
  Fällt eine Anwendung aus, die zur Beatmung schwerkranker Patientinnen und Patienten eingesetzt wird, könnte das schwere gesundheitliche Schäden zur Folge haben. Daher ist es wichtig, die Verfügbarkeit von IT-Systemen so sicherzustellen, dass Daten oder Dienste dann abgerufen werden können, wenn sie benötigt werden. Verfügbarkeit impliziert jedoch nicht, dass alle IT-Systeme zu jeder Zeit verfügbar sein müssen. Vielmehr ergeben sich je nach Anwendungsfall verschiedene Anforderungen an die Verfügbarkeit: Das Bestellsystem eines Restaurants muss lediglich während der Geschäftszeiten verfügbar sein, die lebenserhaltenden Systeme eines Krankenhauses müssen hingegen zu jeder Zeit verfügbar und vor Ausfällen geschützt sein.
- Authentizität
  Gerade im Internet ist sicherzustellen, dass man z. B. als Kunde mit der „echten" Bank kommuniziert. Phishing-Webseiten versuchen sich häufig als Webseiten von Banken oder anderen Firmen auszugeben, um so an Daten zu gelangen und Schaden anzurichten. Auch bei Messenger-Diensten sollte niemand in der Lage sein, sich einfach als jemand anderes auszugeben. Damit Authentizität gewährleistet ist, müssen Nutzende in der Lage sein, den Ursprung bzw. die Echtheit von Daten oder von Diensten zu verifizieren bzw. zu prüfen.

Gezielte Angriffe, **technisches Versagen**, **organisatorische Mängel** oder **menschliche Fehlhandlungen** stellen eine enorme Gefahr für IT-Systeme dar. Neben großen wirtschaftlichen Schäden können auch persönliche Schäden (z. B. Verlust des Arbeitsplatzes) entstehen. Daher ist es wichtig, diese Systeme zu schützen und so **Vertraulichkeit**, **Integrität**, **Verfügbarkeit** und **Authentizität** zu gewährleisten.

Aufgaben

1 Opfer von IT-Sicherheitsvorfällen

Kennen Sie jemanden in Ihrem Freundes- und Bekanntenkreis, der bereits von einem IT-Sicherheitsvorfall betroffen war (oder waren Sie vielleicht persönlich betroffen)? Falls nicht, recherchieren Sie einen Vorfall, bei dem Privatpersonen betroffen waren, und beantworten Sie die Fragen anhand dieses Vorfalls. Bewahren Sie dabei die Anonymität der betroffenen Person.

- **a** Ordnen Sie den Vorfall der Mindmap auf S. 260 zu.
- **b** Ordnen Sie die Folgen auf einer Skala von 1–6 zu (6 bedeutet fatale Folgen) und erläutern Sie die Zuordnung.
- **c** Reflektieren Sie gemeinsam, welche Schutzmaßnahmen den Vorfall verhindern hätten können.

2 Gefährdungslage in Deutschland

Das Bundesamt für Sicherheit in der Informationstechnik (BSI) veröffentlicht jährlich einen Bericht zur Lage der IT-Sicherheit in Deutschland. Analysieren und vergleichen Sie den aktuellsten Bericht mit einem mindestens fünf Jahre alten Bericht. Folgende Aufgabenstellungen helfen dabei:

- **a** Geben Sie die Gefahren an, welche der aktuelle Bericht auflistet, und ordnen Sie diese den Kategorien der Mindmap auf S. 260 zu.
- **b** Finden Sie heraus, welche Gefahren im aktuellen und älteren Bericht genannt werden, welche nur in der Vergangenheit eine Rolle spielten und welche neu im Vergleich zum alten Bericht sind.
- **c** Der Bericht nennt konkrete Vorfälle. Analysieren Sie einen Vorfall hinsichtlich der Erreichung bzw. Nicht-Erreichung der vier Schutzziele.

3 Phishing-E-Mails

Mit Phishing-E-Mails versuchen Cyberkriminelle ihre Opfer auf eine fingierte Webseite zu locken und zur Eingabe sensibler Informationen zu bewegen. Dabei greifen Angreifende in die psychologische Trickkiste und spielen bewusst mit menschlichen Emotionen, wenn in Phishing-E-Mails Dringlichkeit suggeriert oder eine Drohkulisse möglicher negativer Konsequenzen aufgebaut wird.

- **a** Bei der E-Mail in Abbildung 2 handelt es sich um eine Phishing-Nachricht. Geben Sie zwei Gründe an, warum diese E-Mail verdächtig ist.
- **b** Recherchieren Sie nach Beispielen von Phishing-E-Mails und notieren Sie sich übliche Tricks, die Ihnen in diesen E-Mails begegnen.
- **c** Sie sollen die Mitarbeiterinnen und Mitarbeiter der Infohausener Maschinen GmbH im Rahmen eines Security-Awareness-Programms für Phishing-E-Mails sensibilisieren. Versetzen Sie sich dazu in die Rolle eines Cyberkriminellen und entwickeln Sie selbst eine Phishing-E-Mail.

> Von: Jakob <jakob@statd.infohausen.de>
> An: stefan@stadt.infohausen.de
>
> Hallo Stefan,
>
> könntest du noch schnell die folgende Präsentation freigeben:
> http://www.statd.infohausen.de
> Brauche sie dringend (!) für ein Kundengespräch!
>
> Jakob

Abbildung 2

4 Gefahren für IT-Systeme

Als Betreiberin bzw. Betreiber eines IT-Systems ist eine regelmäßige Gefahrenanalyse wichtiger Teil der Sicherheitsstrategie. Wählen Sie eines der gegebenen IT-Systeme aus:

- Smartphone-App, die Zugriff auf den Vertretungsplan ermöglicht
- Börse zum An- und Verkauf von Kryptowährungen
- Smart-Home-System, das Türen, Fenster, Heizungen und Lichter steuert
- Web-Mail-Anbieter
- Internetknotenpunkt
- System zur Verwaltung von Kundenkontakten und Bestellungen
- Versionsverwaltungssystem eines Videospieleherstellers

a Analysieren Sie das gewählte IT-System hinsichtlich möglicher Schwachstellen und Gefahren.
b Priorisieren Sie die Bedeutung der vier Schutzziele in Bezug auf Ihr gewähltes IT-System. Recherchieren Sie dazu gegebenenfalls.
c Skizzieren Sie die möglichen Folgen beim Eintreten eines Unglücksfalls.
d Erstellen Sie eine kurze Präsentation und stellen Sie Ihre Untersuchungsergebnisse anschließend dem Kurs vor.

5 Schutzziele in der Schule

a In den IT-Systemen der Schule werden viele vertrauliche und personenbezogene Daten von Schülerinnen und Schülern, Eltern und Lehrkräften gespeichert. Geben Sie für jedes Schutzziel ein Beispielszenario an, das die Wichtigkeit dieses Ziels verdeutlicht. Gehen Sie dabei insbesondere auf den Datenschutz ein.
b Erläutern Sie, warum sich Lehrkräfte Gedanken über das Erreichen der Schutzziele auf privaten wie dienstlichen Geräten machen sollten.

6 Analyse verschiedener Angriffsszenarien

Beschreiben Sie den Ablauf folgender Angriffsszenarien arbeitsteilig. Recherchieren Sie dazu ggf. im Internet. Stellen Sie Ihre Ergebnisse anschließend der Gruppe vor. Gehen Sie dabei auf die „Funktionsweise" des Szenarios ein und geben Sie ein Beispiel für einen konkreten Vorfall an. Erläutern Sie zudem, welche Auswirkungen ein Angriff haben kann.

a Schadsoftware wie Viren, Trojanische Pferde (Trojaner)
b Ransomware
c Drive-by-Exploits
d Botnetze
e Identitätsdiebstahl
f Denial-of-Service (DoS) bzw. Distributed Denial-of-Service (DDoS)
g Advanced Persistent Threats
h Kennwortangriffe
i Man-in-the-Middle-Attacke
j Social Engineering

7 Forschungsauftrag: Websites hacken

Um die eigenen Abwehrfähigkeiten zu üben, gibt es im Internet verschiedene Cybersecurity-, sog. „Capture the Flag"-Übungen. Suchen Sie nach solchen Aufgaben und versuchen Sie diese zu lösen.

7.2 Systeme schützen: Maßnahmen der IT-Sicherheit

Die Insolvenz des mittelständischen Küchenherstellers durch den Serverausfall (s. Einstiegsaufgabe vorheriges Kapitel) war vermeidbar. Medienberichten zufolge war der Crash auf einen Stromausfall zurückzuführen.

a Sammeln und diskutieren Sie Ideen, welche Vorkehrungen der Hersteller hätte treffen können, um den Serverausfall zu verhindern.
b Nennen Sie Maßnahmen, welche – im Vorfeld getroffen – geholfen hätten, die Systeme nach dem Ausfall wieder instand zu setzen.
c Ein Angriffstyp, mit dem viele Unternehmen zu kämpfen haben, ist ein Ransomware-Angriff. Dabei wird versucht, von der angegriffenen Firma ein Lösegeld für die Daten, die von den Kriminellen verschlüsselt worden sind, zu erpressen. Geben Sie Maßnahmen an, welche diesen Angriff verhindern könnten. Recherchieren Sie ggf. im Internet.
d Erläutern Sie, ob die zu b) notierten Maßnahmen auch bei Ransomware hilfreich sind.

Schutzziele erreichen – Maßnahmen ergreifen
Um die Gefahren für IT-Systeme zu minimieren und die Schutzziele zu erreichen, sollten verschiedene Maßnahmen getroffen werden. Man unterscheidet dabei zwischen **technischen, physischen** und **organisatorischen Maßnahmen**.

Technische Maßnahmen
Bei vielen gezielten Angriffen wird versucht, Schwachstellen in der Software aufzuspüren und auszunutzen. Die dadurch erreichten Auswirkungen technischen Versagens lassen sich durch geeignete Maßnahmen minimieren: **Antivirensoftware** und **Firewall** sind obligatorisch, aber immer noch nicht selbstverständlich. Spamfilter reduzieren die Gefahr, dass Schadsoftware über E-Mails und unachtsame Nutzer in das System gelangen kann. Die **Sandbox** stellt ein weiteres Konzept zum Schutz gegen Schadsoftware dar: Sie ist eine abgeschirmte Umgebung, in der Software getestet werden kann, ohne dass es Auswirkungen auf das System gibt.
Verschlüsselung erschwert es Angreifenden, an vertrauliche Informationen zu gelangen. Durch regelmäßige Daten- und Systemsicherungen (**Backups**) kann ein System bei irreparablen Schäden wieder in den letzten funktionierenden Zustand gebracht werden. Auch die Dokumentation von Zugriffen (z. B. über Logfiles) kann helfen, einen Vorfall im Nachgang besser aufzuarbeiten.
Ausgiebiges Testen von neuer Soft- und Hardware (z. B. USB-Stick-Checker) ist eine weitere Maßnahme, die präventiv getroffen werden kann. Wichtig ist zudem, das verwendete Betriebssystem und die Software stets auf dem aktuellen Stand zu halten (Updates), um behobene Sicherheitslücken zu schließen.

Physische Maßnahmen
Kriminelle versuchen aber nicht nur über Lücken in der Software auf IT-Systeme zuzugreifen, Angriffe können auch mit einem Einbruch in die Gebäude beginnen. Daneben können Elementarereignisse wie Starkregen oder Erdbeben, eindringender Staub oder Überhitzung weitere Gefahren darstellen. Physische Maßnahmen sollen IT-Systeme sowohl vor dem Zugriff fremder Personen als auch vor Umwelteinflüssen wie eindringendem Wasser oder Schadstoffen schützen. Bauliche Maßnahmen wie Kühlung, Staubfilter oder allgemeine Brandschutzvorkehrungen verringern die Gefahren von Umwelteinflüssen. Die Unterbringung von Geräten in abgeschlossenen Räumen bzw. Schränken und die Nutzung von Zutrittskontrollsystemen kann zudem auch ein Schutz gegen unerwünschte Eindringlinge oder Vandalismus sein. Zusätzliche Überwachungsmaßnahmen (z. B. Kameraüberwachung) können die Sicherheit erhöhen, stehen aber immer im

Spannungsfeld mit dem Datenschutz. Vor technischem Versagen wie einem Stromausfall können beispielsweise Notstromaggregate schützen. Nach einem **Hardwareausfall** können Backup-Systeme den Zustand vor dem Ausfall wiederherstellen.

Organisatorische Maßnahmen
Viele Gefahren lassen sich zudem auch durch organisatorische Maßnahmen reduzieren. **Richtlinien** für mobiles Arbeiten oder für den Umgang mit Gästen im Büro und **Passwortregeln** sind wichtige Bestandteile eines Sicherheitskonzepts. Ein Notfallplan (z. B. bei höherer Gewalt) hilft im Fall der Fälle, schnell reagieren zu können.
Auch die regelmäßige Überprüfung der räumlichen Gegebenheiten (etwa der Bausubstanz, Feuerlöscher etc.), aber auch der technischen Maßnahmen (z. B. durch →Pentests) sollte Teil der organisatorischen Maßnahmen sein. Um die Mitarbeiterinnen und Mitarbeiter in die Sicherheitsstrategie mit einzubeziehen, sie für diese Gefahren zu sensibilisieren und über notwendige Aktionen (z. B. Meldung verdächtiger Aktivitäten) zu informieren, helfen kontinuierliche Trainings und Weiterbildungen, auch Security-Awareness-Programme genannt.

→Kurzform von Penetrationstest: intensive Sicherheitstests eines Systems, um Sicherheitslücken aufzudecken

Der Traum des vollkommenen Schutzes
Bei allen ergriffenen Maßnahmen muss ein Unternehmen stets Aufwand und Kosten der Sicherheitsmaßnahmen (z. B. regelmäßige Pentests und Security-Awareness-Schulungen) gegen die Risiken abwägen. Auch wenn alle Sicherheitsmaßnahmen in einem Unternehmen umgesetzt werden, wird ein vollständiger Schutz der IT-Systeme nie erreichbar sein. Bis eine gerade erst entdeckte Sicherheitslücke (eine sog. Zero-Day-Lücke) behoben ist, haben Kriminelle genügend Zeit, die Lücke auszunutzen. Eine 100-%-Sicherheit wird man auch deshalb nie erreichen, da mit Social Engineering die Schwachstelle Mensch ausgenutzt werden kann.

Zum Schutz von IT-Systemen können verschiedene Maßnahmen getroffen werden. Man unterscheidet dabei **physische** Maßnahmen (z. B. Zugangskontrolle), **technische** Maßnahmen (z. B. Virensoftware, Verschlüsselung, Backups) und **organisatorische** Maßnahmen (z. B. Richtlinien, Passwortregeln).
Ein absolut sicheres System kann und wird es aus technischen, wirtschaftlichen und menschlichen Gründen nicht geben.

Aufgaben

1 Maßnahmen gegen verschiedene Angriffsszenarien
Erarbeiten Sie arbeitsteilig, welche Maßnahmen gegen die Angriffsszenarien aus Aufgabe 6 in Kapitel 7.1 getroffen werden können. Stellen Sie Ihre Ergebnisse anschließend dem Kurs vor.

2 Passwortmanager
- **a** Informieren Sie sich über Passwortmanager.
- **b** Beschreiben Sie Vor- und Nachteile von Passwortmanagern.
- **c** Erläutern Sie andere Möglichkeiten, um sichere Passwörter zu generieren und sich diese zu merken.
- **d** Überprüfen Sie Ihre Passwörter hinsichtlich der Sicherheit und passen Sie diese an. Verwenden Sie ggf. einen Passwortmanager.

3 Ransomware und mehr – Geld her!

Abbildung 1

a Die bekannteste Form von Schadsoftware ist Ransomware, die gespeicherte Daten unleserlich macht. Die Angreifenden fordern dann Lösegeld, damit die Daten wieder „entschlüsselt" werden. Recherchieren Sie mindestens zwei solcher Ransomware-Angriffe. Beschreiben Sie den Ablauf und die Auswirkungen der Angriffe.

b Nennen Sie technische und organisatorische Maßnahmen gegen Ransomware.

c Kriminelle erpressen die Opfer auch mit Schweige- und Schutzgeld. Erklären Sie, für welches Schweigen und für welchen Schutz bezahlt werden soll.

d Diskutieren Sie, ob es sinnvoll ist, Geld an kriminelle Hacker zu zahlen. Beziehen Sie sich in Ihrer Diskussion auf Ihre recherchierten Ransomware-Angriffe aus Aufgabe a).

4 Schutzmechanismen im digitalen Alltag

Beantworten Sie die folgenden Fragen ehrlich und reflektieren Sie am Ende, ob Sie den Schutz Ihrer persönlichen Daten erhöhen können. Sollten Sie auf eine der Fragen keine Antwort wissen, überprüfen bzw. recherchieren Sie, bis Sie die Antwort haben.

a Haben Sie auf Ihrem Handy einen Virenscanner installiert?

b Gibt es in Ihrem Heimnetzwerk eine Firewall?

c Führen Sie Softwareaktualisierungen unmittelbar und regelmäßig durch?

d Verwendet der von Ihnen genutzte Messenger eine Ende-zu-Ende-Verschlüsselung?

e Beträgt die Standardlänge Ihrer Kennwörter über zehn Zeichen und enthalten sie Sonderzeichen?

f Verwenden Sie ein Kennwort mehrfach?

g Machen Sie regelmäßige Backups Ihrer Daten?

h Haben Sie in Ihrem Browser und Messenger Ihre Datenschutzeinstellungen manuell überprüft und ggf. angepasst?

5 Umgang mit Sicherheitslücken

Die Veröffentlichung von Schwachstellen kann eine Maßnahme sein, um die IT-Sicherheit zu erhöhen. Fachleute können aus den gefundenen Fehlern lernen und ggf. gemeinsam Lösungen dafür diskutieren. Dabei ist es wichtig, dass die Personen, welche Lücken finden (z. B. Sicherheitsforscher oder sog. Whitehacker), verantwortungsvoll mit der Aufdeckung umgehen.

a Im Mai 2021 hat die Sicherheitsforscherin Lilith Wittmann in einer App der CDU gravierende Sicherheitslücken gefunden, welche sie der CDU meldete. Daraufhin erstattete die CDU Anzeige gegen Lilith Wittmann. Informieren Sie sich über den sogenannten Hackerparagraphen. Diskutieren Sie auf Grundlage des Paragraphen, ob die Anzeige gegen Lilith Wittmann rechtens war und welches Strafmaß sie ggf. erwarten könnte.

b Wird das Unternehmen benachrichtigt, damit es Zeit hat, die Lücke vor der Veröffentlichung zu schließen, spricht man von Responsible Disclosure. Im Gegensatz dazu wird bei Full Disclosure eine Schwachstelle sofort an die Öffentlichkeit kommuniziert. Geben Sie an, welches Verfahren Lilith Wittmann gewählt hat.

c Ein Grundsatz der Hackerethik des Chaos Computer Clubs lautet „öffentliche Daten nützen, private Daten schützen". Erklären Sie, inwiefern dieser Grundsatz beim Veröffentlichen einer Schwachstelle mittels Full Disclosure verletzt werden könnte.

d Ebenfalls im Jahr 2021 entdeckte ein Programmierer ein Datenleck bei der Firma Modern Solution. Nachdem er die Firma per E-Mail und Telefon kontaktiert hatte, stritt diese die Lücke ab und reagierte nicht mehr auf weitere Anfragen. Daher veröffentlichte der Programmierer die Schwachstelle. Daraufhin durchsuchte die Polizei seine Wohnung und beschlagnahmte unter anderem sein Mobiltelefon. Beziehen Sie Stellung zu diesem Vorfall und diskutieren Sie die Rechtmäßigkeit.

e Diskutieren Sie in Dreiergruppen mit verschiedenen Rollen (Anbieter von IT-Sicherheitslösungen, Sicherheitsforscher, Datenschützer), ob Sicherheitslücken offengelegt werden sollten oder nicht.

6 Darf der Staat hacken?

Nicht nur Kriminelle hacken sich in fremde Rechner, auch der Staat hat Möglichkeiten, im In- und Ausland als Hacker tätig zu werden.

a Recherchieren Sie, was man unter den Begriffen „Online-Durchsuchung" und „Telekommunikationsüberwachung" versteht. Finden Sie insbesondere heraus, welchen rechtlichen Rahmen es dafür gibt.

b Nach Terroranschlägen werden immer wieder Stimmen in der Politik laut, die fordern, dass der Staat auch verschlüsselte Messenger (z. B. Signal, Threema, WhatsApp) mitlesen darf. Neben der Terrorbekämpfung wird als Argument auch der Kampf gegen Kinderpornografie angeführt. Diskutieren Sie dazu in der Gruppe.

c Fremde Nachrichtendienste hacken sich teilweise in deutsche Behörden, Unternehmen oder Organisationen. Auch der Bundesnachrichtendienst (BND) beschäftigt Hacker, um Informationen über andere Länder, Zielpersonen und bestimmte Organisationen einzuholen. Diskutiert wird dabei immer wieder, ob dem BND auch ein sogenannter Hackback erlaubt sein soll, also eine Art digitaler Vergeltungsschlag. Diskutieren und bilden Sie sich eine Meinung zu einem solchen Angriff. Recherchieren Sie anschließend, ob der Gesetzgeber einen Hackback erlaubt.

→ L12

7 Die menschliche Firewall

Organisatorische Maßnahmen wie Security-Awareness-Schulungen oder die Herausgabe von Leitlinien (etwa für das Verhalten bei der Betreuung von Gästen) und Passwortregeln sind ein wichtiger Bestandteil von IT-Sicherheitsmaßnahmen. Entwickeln Sie ein Poster für eines der unten genannten Themen, das für eine Security-Awareness-Kampagne an Ihrer Schule verwendet werden kann. Gerne dürfen Sie auch selbst ein Thema auswählen.

Abbildung 2

- Wie sehen gute Passwörter aus?
- Wie erkenne ich Phishing-E-Mails?
- Woran erkenne ich gefälschte Online-Shops?
- Bei welchen App-Berechtigungen sollte ich vorsichtig sein?
- Wieso sind unbekannte USB-Sticks oder USB-Ventilatoren gefährlich?
- Wie kann ich mich gegen Social Engineering schützen?

8 Zwei-Faktor-Authentifizierung

Oft wird bei Anmeldeverfahren zur zusätzlichen Sicherheit ein zweiter Faktor verlangt. Neben dem Passwort, muss dann beispielsweise der Login-Vorgang durch eine SMS-TAN bestätigt werden. Erklären Sie, warum ein zweiter Faktor die Sicherheit erhöht, und beschreiben Sie mögliche Vor- und Nachteile von verschiedenen Arten der Zwei-Faktor-Authentifizierung (z. B. App, SMS, Fingerabdruck) hinsichtlich Ihrer Sicherheit sowie des Datenschutzes.

Zum Weiterlesen

L12 Hacks und Datenlecks

Hack des deutschen Bundestages

Abbildung 1

Nicht nur gegen Unternehmen, auch gegen den deutschen Bundestag kam es bereits zu Hackerangriffen. Etwa im Dezember 2014 oder Januar 2015 hackten sich Ermittlungen zufolge Kriminelle im Auftrag Russlands in das IT-System des Parlaments. Zugang erlangten die Hacker vermutlich über Phishing-E-Mails, in denen sie sich als Mitarbeiter der Vereinten Nationen ausgegeben hatten. Hinter dem Link in dieser E-Mail war jedoch eine Seite verborgen, die unbemerkt Schadsoftware installierte. Andere Fachleute gehen hingegen davon aus, dass ein externer Webserver, dessen Dienst die Abgeordneten regelmäßig nutzen, manipuliert und auf die Auslieferung von Schadsoftware eingestellt wurde. Über diesen Trojaner konnten sich die Angreifenden schließlich im internen Netzwerk der Bundestags-IT ausbreiten.
Entdeckt wurde der Angriff erst im Mai 2015. Im Rahmen der Beseitigung der Schadsoftware musste schließlich das gesamte Netzwerk abgeschaltet werden. Schätzungen zufolge konnten die Kriminellen rund 16 GB an Daten (u. a. vertrauliche E-Mails) abgreifen. Auch wenn zunächst kein direkter Schaden entstanden ist, können vertrauliche Daten bei passender Gelegenheit eingesetzt werden, um politische Ziele durchzusetzen, indem bestimmte Personen damit erpresst werden.

Datenleck bei Facebook

Am 3. April 2021 entdeckte die IT-Sicherheitsfirma Hudson Rock, dass in einem Hacker-Forum eine sehr große Menge an Facebook-Nutzerdaten veröffentlicht worden waren. Insgesamt waren 533 Millionen Facebook-Nutzerinnen und -Nutzer betroffen, darunter über sechs Millionen aus Deutschland. Die Datensätze enthielten unterschiedliche Informationen wie beispielsweise den Nutzernamen, die Facebook-ID, den vollständigen Namen, die Telefonnummer, das Geburtsdatum oder andere Angaben wie den Beziehungsstatus und die E-Mail-Adresse. Angeblich enthielten die Daten auch die Telefonnummer von Facebook-Gründer Mark Zuckerberg.
Facebook versuchte den Vorfall kleinzureden und betonte, es handle sich um „alte“ Datensätze, die bereits im Jahr 2019 gestohlen worden seien. Laut dem Konzern ist das System nicht gehackt worden, sondern die Daten wurden durch sogenanntes Scraping gesammelt, also durch automatisierte Abrufe von sehr vielen (öffentlich zugänglichen) Daten. Zudem würden die Datensätze keine Finanzinformationen, Gesundheitsinformationen oder Passwörter enthalten.
Klar ist jedoch, dass Kriminelle eine Sicherheitslücke ausnutzten, um an die Daten zu gelangen. Bereits zuvor gab es einige Meldungen zu Datendiebstählen und Sicherheitsproblemen bei Facebook: Im Jahr 2019 wurde beispielsweise bekannt, dass die Passwörter von Facebook unverschlüsselt gespeichert waren und so von Mitarbeitenden über Jahre hinweg lesbar waren. 2018 verschafften sich Hacker durch eine Sicherheitslücke Zugriff auf 50 Millionen Daten.
Die Vorfälle zeigen, dass große Konzerne keinesfalls sicher vor Angriffen sind. Im Gegenteil, bekannte Systeme mit vielen gespeicherten Daten ziehen sogar eher Kriminelle an als unbekannte Plattformen.

Daten von Jugendamt und Kfz-Zulassungsstelle bei eBay

Im Oktober 2019 kaufte ein eBay-Nutzer auf der Plattform eine Festplatte. Laut Artikelbeschreibung sollten diese in einwandfreiem Zustand sein. Nach Erhalt der Ware stellte der Käufer nicht nur fest, dass die Festplatte Gebrauchsspuren hatten. Er stellte auch fest, dass auf dem Laufwerk eine gesamte Windows-10-Installation mit vielen Daten gespeichert war. Er übergab das Gerät daher an die Redaktion des Magazins für Computertechnik (c't). Diese untersuchte die Hardware

eingehend. Dabei fand sie zahlreiche Daten aus der Zulassungsstelle Coburg. Neben Dokumenten rund um die An- und Abmeldung von Fahrzeugen konnte die Redaktion auch eine Vielzahl von E-Mails entdecken. Diese enthielten Kommunikation mit Bürgerinnen und Bürgern. In den Anhängen der Mails waren Vollmachten, Versicherungsdaten, Handelsregisterauszüge, Bußgeldbenachrichtigungen, Zwangsversteigerungen und weitere sensible Daten gespeichert. In den E-Mails waren aber auch Passwörter für Systeme wie dem europäischen Fahrzeug- und Führerscheininformationssystem EUCARIS oder für das Zentralregister des Kraftfahrt-Bundesamtes REGINA zu finden. Auch Zugangsdaten zu Datenbanken wie der DEKRA-Gutachten-Datenbank waren gespeichert.
Zudem ergab die Recherche, dass eine Mitarbeiterin der Zulassungsstelle einen Teil ihrer Arbeitszeit für das Jugendamt Coburg aufwendete. Diese Arbeit wurde scheinbar am gleichen PC ausgeführt, so dass auch E-Mails zu Jugendamtsangelegenheiten wie Betreuungsverhältnisse, Heimunterbringungen und Unterhaltsfragen zu finden waren.
Von dem Vorfall in Kenntnis gesetzt, leitete der bayerische Datenschutzbeauftragte Ermittlungen ein und der Datenschutzbeauftragte des Landkreisamtes Coburg schaltete die Kriminalpolizei ein.
Ein IT-Dienstleister hatte die Festplatten im Landratsamt per Auftrag ausgetauscht. Nachdem der Vorfall des Datenfunds veröffentlicht worden war, erklärte das Amt, der Dienstleister hätte die Laufwerke nicht fachgemäß gelöscht. Der Dienstleister wiederum behauptete, das Landratsamt hätte in der Ausschreibung explizit auf die Löschung verzichtet.
Unabhängig davon, welche Version richtig ist, hat das Landratsamt fahrlässig und entgegen der DSGVO gehandelt, indem es personenbezogene und hochsensible Daten unverschlüsselt gespeichert hat.

L13 Das Bundesamt für Sicherheit in der Informationstechnik

Das Bundesamt für Sicherheit in der Informationstechnik (BSI) mit Sitz in Bonn ist die Cyber-Sicherheitsbehörde der Bundesrepublik Deutschland. Die über 1300 Mitarbeitenden (Stand 2021) sind nicht nur verantwortlich für die Sicherheit der IT-Systeme der öffentlichen Hand, sondern arbeiten auch daran, den sicheren Einsatz von IT-Systemen in Wirtschaft und Gesellschaft voranzubringen. So gibt das BSI u. a. regelmäßig Mindeststandards und Handlungsempfehlungen zur IT-Sicherheit heraus, die sich teils an Privatpersonen, teils an Firmen richten. Auf der Webseite des BSI finden sich daher auch für Privatpersonen zahlreiche Tipps und Empfehlungen zu unterschiedlichsten Themen rund um die IT-Sicherheit. Zudem können verschiedene Newsletter abonniert werden, die z. B. aktuelle Sicherheitshinweise enthalten.
Mit dem CERT-Bund (Computer Emergency Response Team für Bundesbehörden) verfügt das BSI außerdem über ein Notfallteam, das bei IT-Sicherheitsvorfällen in Behörden hilft. Neben präventiven Aufgaben wie Veröffentlichung von Handlungsempfehlungen oder Hinweis auf Schwachstellen bietet es eine 24-Stunden-Rufbereitschaft.

L14 Glossar wichtiger Begriffe

Die folgende Übersicht erklärt einige Begriffe aus dem Kapitel und dient als Nachschlagewerk. Erweitern Sie die Sammlung nach Bedarf in Ihren Aufzeichnungen.
Advanced Persistent Threats: (kurz APT; deutsch: fortgeschrittene andauernde Bedrohung); gezielter Angriff auf ein Unternehmen oder auf eine staatliche Einrichtung über einen längeren Zeitraum, mit dem Ziel, möglichst lange unentdeckt im System zu bleiben, um Spionage zu betreiben oder anderweitigen Schaden anzurichten
Backup: (möglichst regelmäßige) Sicherung von Daten
Botnetz: viele, zu einem System zusammengeschlossene, Rechner, welche gemeinsam zu bestimmten Aktionen missbraucht werden, teilweise ohne dass die Besitzerinnen und Besitzer der Geräte dies mitbekommen

Denial-of-Service (DoS): gezielte Bombardierung eines Servers mit so vielen Anfragen, dass dieser im schlimmsten Fall ausfällt

Distributed-Denial-of-Service (DDOS): spezielle Form eines DoS-Angriffes, bei dem (oft mit Botnetzen) viele Rechner zusammen ein Ziel angreifen

Drive-by-Exploits: Ausnutzung von Sicherheitslücken in Browsern oder Betriebssystemen, um beim Aufruf einer Webseite automatisch Schadsoftware herunterzuladen (daher auch mit Drive-by-Download bezeichnet)

Datenschutz-Grundverordnung (DSGVO): regelt unter anderem den Umgang mit personenbezogenen Daten in der europäischen Union

Full Disclosure: Veröffentlichung einer Sicherheitslücke unmittelbar nach dem Auffinden und ohne Rücksprache mit den verantwortlichen Stellen

Hackback: (staatlicher) Hackerangriff als Reaktion auf einen Hack eines anderen Staates

Malware: Schadsoftware, die unerwünschte oder gar schädliche Funktionen ausführt

Man-in-the-Middle-Attacke: Angriff auf Rechnernetze, bei dem der Angreifende physisch oder logisch zwischen den Kommunikationspartnern „sitzt" und so den gesamten Datenverkehr mitlesen oder manipulieren kann

Passwortmanager: Software zum Verwalten und Erstellen von sicheren Passwörtern

Pentest: Kurzform von Penetrationstest: intensive Sicherheitstests eines Systems, um Sicherheitslücken aufzudecken

Ransomware: Schadsoftware, welche die Daten des angegriffenen Systems verschlüsselt, um eine Lösegeldforderung zum Entschlüsseln zu stellen

Responsible Disclosure: Veröffentlichung einer Sicherheitslücke erst nach intensiver Rücksprache mit den verantwortlichen Stellen, damit die Lücke vor der Veröffentlichung geschlossen werden kann

Sandbox: abgeschirmte Umgebung, in der Software getestet werden kann, ohne dass es Auswirkungen auf das System gibt

Scraping: automatisiertes Sammeln von vielen Daten

Security Awareness: Bewusstsein für IT-Sicherheit

Security-Token: Hardware-Komponente zur Identifizierung und Authentifizierung von Nutzern

Social Engineering: gezielte Manipulation von Menschen, um beispielsweise an vertrauliche Informationen zu gelangen, mit welchen ein IT-System angegriffen werden kann

Lösungen

Aufgaben in Kapitel 1

T1 Richtig oder falsch?

- **a** Falsch: Überwacht bezieht sich darauf, dass bereits gelabelte Daten vorliegen. Beim Lernvorgang kann die Ausgabe mit dem gewünschten Wert (Label) verglichen werden. So kann das Lernen überwacht und das Modell angepasst werden.
- **b** richtig
- **c** Ungenau: Ein künstliches neuronales Netz kann auch für unüberwachtes und verstärkendes Lernen eingesetzt werden.
- **d** Falsch: Fehlerrückführung und Backpropagation sind identisch.
- **e** Falsch: Die Anzahl der verdeckten Schichten in einem neuronalen Netz kann zwar einen Einfluss auf den Lernvorgang haben, es sind aber keine genauen Angaben dazu möglich.
- **f** Ungenau: Der Agent kann auch bestraft werden.
- **g** Falsch: Die optimale Clusteranzahl findet der Algorithmus nicht automatisch: Die Anzahl an Clustern wird durch den Parameter k vorgegeben. Obwohl es Hilfsmittel wie die Ellbogenmethode gibt, um die optimale Anzahl an Clustern abzuschätzen, ist dies keine Garantie, dass diese für den gegebenen Anwendungsfall tatsächlich ideal ist.

T2 Ich check's, dank deiner Hilfe!

Die grundlegenden Ansätze von **datenbasierten KI-Systemen (maschinellem Lernen)** sind überwachtes, unüberwachtes und verstärkendes Lernen. Beim **überwachten Lernen (supervised learning)** erhält das KI-System Daten mit korrekt zugeordneten Labeln als Eingabe. Mit verschiedenen Verfahren (z. B. Entscheidungsbaum, k nächste Nachbarn) wird versucht, eine Zuordnung zwischen Daten und Labeln zu finden, die auf neue Datensätze angewendet werden kann. Beim **unüberwachten Lernen (unsupervised learning)** erhält das KI-System Daten ohne bekannte Zielwerte (Label) und identifiziert **Cluster** bzw. **Ausreißer** oder andere Zusammenhänge, die bei der Vereinfachung von Daten helfen. Beispielsweise ist es mit dem **k-Means-Algorithmus** möglich, Datenpunkte in eine vordefinierte Anzahl k von Clustern zu gruppieren. Dazu werden zunächst k Clusterzentren zufällig gewählt, alle Datenpunkte jeweils ihrem nächsten Clusterzentrum zugeordnet und die Clusterzentren basierend auf der Zuordnung aktualisiert. Die letzten beiden Schritte werden zur Optimierung der Clusterzentren wiederholt. Beim **verstärkenden Lernen** lernt das System (der Agent) in Interaktion mit seiner Umwelt durch wiederholte Belohnung oder Bestrafung, die Erfolgsaussichten seiner Aktionen besser einzuschätzen. Dadurch kann er sein Modell anpassen und seine Strategie optimieren.
Ein **künstliches neuronales Netz** besteht aus einer Vielzahl von künstlichen Neuronen. Jedes **Neuron** hat mehrere gewichtete Eingänge sowie eine Aktivierungsfunktion. Die Ausgabe eines künstlichen Neurons wird nach der Formel *Aktivierungsfunktion(gewichtete Summe – Schwellenwert)* berechnet. Ein künstliches neuronales Netz besteht aus einer Eingabeschicht, beliebig vielen verdeckten Zwischenschichten und einer Ausgabeschicht. Oft gibt es in der Eingabeschicht so viele Neuronen wie Merkmale im Datensatz. In der verdeckten Schicht geschieht die eigentliche Datenverarbeitung. Beim überwachten Lernen gibt es meistens für jede zu klassifizierende Gruppe (Klasse) ein Neuron in der Ausgabeschicht. Die Ausgabe eines Netzes wird durch schrittweise Berechnung der Aktivierungsfunktion jedes Neurons nach der oben angegebenen Formel berechnet. Man spricht dabei von **Forward Propagation**. Künstliche neuronale Netze können für alle drei datenbasierten Ansätze verwendet werden. Beim überwachten Lernen wird die sogenannte **Backpropagation** zum Lernen eines Netzes eingesetzt. Nachdem

die Ausgabe mittels Forward Propagation berechnet worden ist, wird der Fehler ermittelt. Dieser kann dann schrittweise von der Ausgabeschicht über die verdeckten Schichten bis zur Eingabeschicht zurückgeführt werden. Dabei können die Gewichte und Schwellenwerte angepasst werden.

T3 Logische Programmierung (aus Illustrierende Prüfungsaufgaben zum erhöhten Anforderungsniveau)

a
```
leitet(curie, zentralmanagement).
leitet(dalton, fertigung).
leitet(nobel, entwicklung).
leitet(pauling, buchhaltung).
mitarbeiter(boyle, fertigung).
direkt_übergeordnet(zentralmanagement, fertigung).
direkt_übergeordnet(zentralmanagement, entwicklung).
direkt_übergeordnet(zentralmanagement, buchhaltung).
```

b
```
übergeordnet(X, Y) :-
  direkt_übergeordnet(X, Y);
  direkt_übergeordnet(X, Z),
  übergeordnet(Z, Y).

vorgesetzte(X, Y) :-
  leitet(X, Z),
  mitarbeiter(Y, Z);
  leitet(X, Z),
  übergeordnet(Z, A),
  leitet(Y, A);
  leitet(X, Z),
  übergeordnet(Z, A),
  mitarbeiter(Y, A).
```

c
```
vorgesetzte(curie, Y).
```

T4 Echtzeit-Gesichtserkennung

a Das beschriebene KI-System verwendet ein überwachtes Lernverfahren, da zum Training Bilddaten verwendet werden und diesen die Namen der abgebildeten Personen als Label zuordnet sind.

b Ein Vorteil bei der Verwendung eines solchen KI-Systems ist, dass Verbrecherinnen und Verbrecher schneller identifiziert werden können. Dadurch können schnellere Fahndungserfolge durch die Ermittlungsbehörden erzielt werden, was zu einer Verbesserung der öffentlichen Sicherheit führt. Ein Nachteil ergibt sich hinsichtlich des Datenschutzes: Durch die kontinuierliche Erfassung aller Personen könnten beispielsweise auch Bewegungsprofile erstellt werden, welche z. B. für politische Zwecke (wie etwa bei Teilnahme von Demonstrationen) missbraucht werden könnten. Ein weiterer Nachteil beim Einsatz eines solchen KI-Systems ist, dass durch eine Fehlklassifikation der Verdacht auf unschuldige Bürgerinnen und Bürger fallen kann.

c Das System liefert als Ergebnis, dass es sich um eine Terroristin handelt. In Wahrheit ist die Person jedoch keine Terroristin. Somit macht das System einen Fehler 2. Art und kann dem linken unteren Feld der Konfusionsmatrix zugeordnet werden.

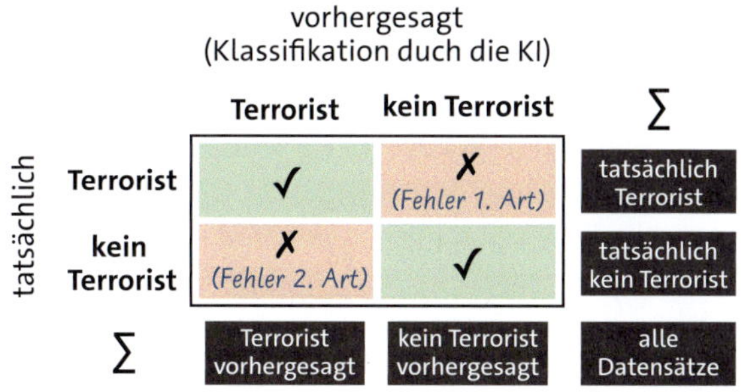

Abbildung 1

d Ein Grund, der zu dieser Fehlklassifikation führen kann ist, dass Frauen in den Trainingsdaten möglicherweise unterrepräsentiert sind. Beispielsweise sind auf dem Autorenbild, welches zum Training verwendet wurde, nur weiße Männer zu sehen. Möglicherweise sind pro Label auch nur wenige Bilddaten vorhanden, sodass das KI-System nicht optimal trainiert werden konnte.

e Das System funktioniert offenbar noch nicht sehr zuverlässig, wenn viele Frauen falsch als Terroristinnen erkannt werden. Damit verstößt der Einsatz des Systems gegen das Kriterium der technischen Robustheit und Zuverlässigkeit für den ethischen Einsatz von KI-Systemen. Eine fälschliche Klassifizierung als Terroristin und der damit einhergehenden Festnahme kann z. B. als traumatisch erlebt werden. Weiterhin verstößt der Einsatz des Systems gegen das Kriterium des Schutzes der Privatsphäre, da von allen Personen verdachtsunabhängig Gesichter erfasst und ausgewertet werden. Generell sollten nur möglichst geringe Datenmengen erhoben werden. Da hier aber verdachtsunabhängig Informationen gesammelt werden, würde das System damit mutmaßlich gegen dieses Prinzip verstoßen.

T5 Wozu braucht man die Forward Propagation?

a Die Ausgabe eines Netzes wird durch schrittweise Berechnung der Aktivierungsfunktion jedes Neurons nach der Formel
Aktivierungsfunktion(*gewichtete Summe* – *Schwellenwert*) berechnet. Man spricht dabei von Forward Propagation.

b Beide haben nicht vollkommen recht: Forward Propagation wird sowohl beim produktiven Einsatz, als auch beim Lernvorgang verwendet. Beim produktiven Einsatz wird ein Datum mit Forward Propagation klassifiziert. Beim Lernen muss zunächst die aktuelle Ausgabe mit der Forward Propagation berechnet werden, damit sie mit der gewünschten Ausgabe verglichen werden kann.

T6 Soll ich in der Nacht vor einer Prüfung schlafen oder besser lernen?

a Die Vorbereitungszeit ist vermutlich in Stunden gegeben. Eine kleinere Zeiteinheit (z. B. Minuten) wäre zu wenig für eine Prüfungsvorbereitung. Möglich wären zwar auch Tage, aber es erscheint unwahrscheinlich, dass Schülerinnen und Schüler ganze Tage investieren können. Die Einheit der zweiten Spalte ist vermutlich auch Stunden. In der Regel wird die Schlafdauer in Stunden angegeben und liegt im angegebenen Wertebereich.

b und **c**

Für die Eingabeschicht wurde die Identitätsfunktion gewählt, in der Zwischenschicht ReLU und in der Ausgabeschicht eine Sigmoidfunktion. Genauso wäre

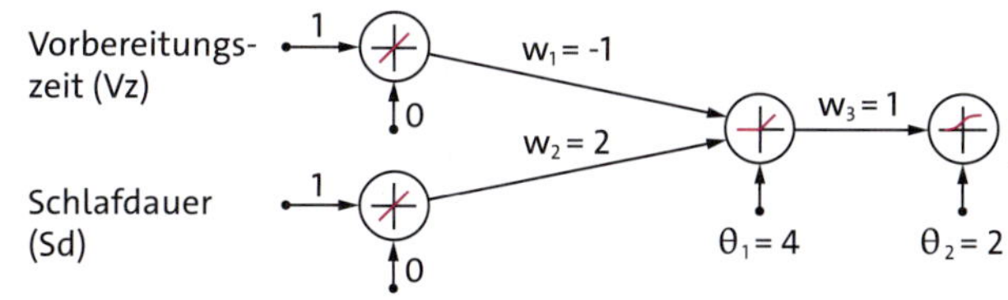

Abbildung 2

beispielsweise die Heaviside-Funktion in der Zwischen- und Ausgabeschicht möglich. Hinweis: In diesem einfachen Netz sind die Gewichte und Schwellenwerte durchnummeriert.

d Sigmoid (1 · ReLU(−1 · Vz + 2 · Sd−4) − 2)

e

Vz	Sd	Istwert	Sollwert	Vergleich	quadratischer Fehler
4	6	0,88	0	zu groß	0,7744
7	7	0,73	1	zu klein	0,0729
8	5	0,12	1	zu klein	0,7744
3	5	0,73	0	zu groß	0,5329

Der mittlere quadratische Fehler ist 0,53105.

f Für (4, 6) ist das Ergebnis zu groß. Damit es kleiner wird, müsste in der Ausgabeschicht das Gewicht w_3 verringert und der Schwellenwert θ_2 vergrößert werden. Das Ergebnis der Zwischenschicht sollte ebenfalls kleiner sein. Das kann erreicht werden, indem die beiden Gewichte w_1 und w_2 verkleinert werden und der Schwellenwert θ_1 vergrößert wird.

g Bei den gegebenen Daten würde die Vorbereitungszeit bereits ausreichen, um zu bestimmen, ob die Prüfung bestanden ist. Bei einer Vorbereitungszeit von 7 und 8 Stunden ist die Prüfung bestanden, bei 3 und 4 Stunden Vorbereitungszeit nicht.

T7 Vorhersagequalität eines KI-Systems (I)

a Im Zusammenhang mit der Evaluierung eines KI-Systems gibt die Genauigkeit (accuracy) an, wie viele aller Testdaten korrekt klassifiziert wurden (TP/all).

b Die Angabe einer Genauigkeit bezieht sich lediglich auf die Validierung des Modells beim Lernvorgang. Streng genommen kann keine Aussage über den produktiven Einsatz gemacht werden. Bei Trainingsdaten mit hoher Qualität kann aber im produktiven Einsatz eine ähnliche Qualität erreicht werden. Je nach Anwendungsfall kann diese im produktiven Einsatz aber nicht bestimmt werden.

c Wenn das System nur mit Erwachsenendaten trainiert worden ist, könnte es sein, dass es bei der Erkennung von Tumoren bei Kindern nicht gut oder sogar sehr schlecht abschneidet. Die Trainingsdaten sollten möglichst alle Fälle abdecken. Ansonsten kann das System zu wenig generalisieren.

d In Teilaufgabe c) ist klar geworden, dass die Fairness des KI-Systems nicht immer gegeben ist. Letztlich muss die Entscheidung, ob eine Tumorerkrankung vorliegt oder nicht, durch den Arzt getroffen werden. Das KI-System darf solche schwerwiegenden Entscheidungen aus ethischer Sicht nicht alleine treffen. Ein KI-System kann die Diagnosestellung durch den Arzt unterstützen und dessen Genauigkeit verbessern, insbesondere, wenn das Ergebnis des Systems nachvollziehbar ist. Neben der Fairness, dem Vorrang menschlichen Handelns und der Erklärbarkeit sind auch die Rechenschaftspflicht, die technische Robustheit und Sicherheit, sowie der Schutz der Privatsphäre und das gesellschaftliche und ökologische Wohlergehen wichtige Kriterien. Diese müssen bei der Entscheidung über den Einsatz eines KI-Systems berücksichtigt werden. Sind die Kriterien erfüllt bzw. überwiegen die Vorteile, so kann der Einsatz des Systems die Diagnosestellung durch den Arzt unterstützen und so zum Wohle des Patienten eingesetzt werden.

T8 Vorhersagequalität eines KI-Systems (II)

Der Wert von a hat beim konkreten Anwendungsfall wenig Aussagekraft, da man die beiden Fehler-Fälle (Diagnose „Hautkrebs“ bei gesunder Person, Diagnose „kein Hautkrebs“ bei erkrankter Person) für sich betrachten sollte. Der hohe Wert von r zeigt, dass vorhandener Hautkrebs sehr zuverlässig erkannt wird. Der niedrige Wert für p bedeutet, dass das Analyseverfahren in sehr vielen Fällen fälschlich Hautkrebs erkennt. Dies ist aber durch die Nachuntersuchung des Arztes ohne negative Konsequenz.

T9 Welcher datenbasierte Ansatz ist geeignet?

a Mit verstärkendem Lernen kann ein Agent für ein Computerspiel entwickelt werden. Zunächst führt der Agent zufällige Handlungen nach dem Prinzip „Versuch und Irrtum“ aus. Nach jeder Aktion wird er belohnt oder bestraft. Dadurch lernt er in jeder Situation die bestmögliche Handlung auszuführen.

b Der Fleisch- und der Wurstbestand eines Supermarktes könnten mit verstärkendem Lernen optimiert werden. Dabei würde jeder Zustand aus der Beschreibung eines Tages bestehen. Dafür könnten zahlreiche Daten erhoben werden, die direkt oder indirekt Einfluss auf das Kaufverhalten der Kundinnen und Kunden haben (z. B. Wetter, Ferien etc.). Die Bestellung von neuer Ware würde das System zunächst eher zufällig durchführen. War die Menge genau passend, musste also weder etwas weggeworfen werden noch Kundenwünsche abgewiesen werden, erhält das System eine Belohnung. So lernt es, die optimale Bestellmenge anzugeben. Um während des Lernvorgangs nicht unnötige Lebensmittel wegwerfen zu müssen und dem Supermarkt nicht wirtschaftlich zu schaden, weil zu wenig Ware vorhanden ist, sollte der Lernvorgang simuliert werden. Der Einsatz des Systems sollte dann zunächst stets vom Menschen begleitet werden. Neben dem verstärkenden Lernen wäre es für diese Aufgabe auch denkbar, ein System mit überwachtem Lernen zu trainieren.

c Mit unüberwachtem Lernen können Daten, die beim Online-Banking anfallen, in Cluster eingeteilt werden. Ein Betrug könnte identifiziert werden, da er keinem Cluster zugeordnet werden kann.

d Mit überwachtem Lernen kann ein KI-System zum Erkennen von Spam-E-Mails trainiert werden. Das System benötigt dazu zahlreiche E-Mails mit dem Label „Spam“ bzw. „kein Spam“. Mit einem passenden Verfahren (z. B. Entscheidungsbaum, neuronales Netz) kann es lernen, eine Vorhersage zu einer unbekannten E-Mail zu treffen.

T10 Angst vor KI?

In der gesellschaftlichen Diskussion wird oftmals von KI gesprochen. Um einer Vermenschlichung entgegenzuwirken und zu verdeutlichen, dass es sich um technische Systeme handelt, sollte man jedoch besser von KI-Systemen oder KI-Verfahren sprechen.

a Die Arbeitswelt verändert sich durch den Einsatz von KI-Systemen. Wie bei jeder neuen Entwicklung wandelt sich dadurch auch die Arbeit an sich. Dies muss jedoch keine negative Veränderung sein, denn viele monotone Aufgaben können automatisiert und die eigene Arbeitskraft stärker für sinnstiftende Aktivitäten eingesetzt werden. Ein Kriterium für den ethischen Einsatz von KI-Systemen besagt, dass sich der Einsatz am gesellschaftlichen und ökologischen Wohlergehen orientieren soll. Dies schließt insbesondere ein, dass weiterhin Arbeitsplätze zur Verfügung stehen.

b KI-Systeme werden so entwickelt, dass der Umgang mit ihnen möglichst einfach ist und sie von Nutzenden akzeptiert und angenommen werden. Wenn ein grundlegendes Verständnis für die Funktionsweise der verschiedenen Verfahren Künstlicher Intelligenz vorhanden ist, wird klar, dass es sich nicht um selbstdenkende Wesen handelt, sondern vielmehr nur um technische Systeme, die mithilfe von Algorithmen arbeiten. Bei manchen Arten von datenbasierten Verfahren, wie z. B. neuronalen Netzen, ist es nicht nachvollziehbar, wie sie zu Entscheidungen kommen. Daher besagt ein Kriterium für den ethischen Einsatz von KI-Systemen, dass bei Szenarien, in denen der Grund für eine Entscheidung wichtig ist, die Entscheidung transparent und nachvollziehbar sein sollte. Dieses Kriterium hat Folgen für die Wahl eines KI-Verfahrens.

c Datenbasierte KI-Verfahren benötigen große Datenmengen, um korrekt funktionieren zu können. Man sollte bei der Verwendung von KI-Systemen, aber auch anderen Anwendungen bedenken, dass oftmals alle Eingaben gespeichert und weiterverarbeitet werden. Daher sollte darauf geachtet werden, möglichst wenige Informationen von sich preiszugeben. Ein KI-System sollte nach den Kriterien Vielfalt, Nichtdiskriminierung und Fairness stets für faire Entscheidungen sorgen und keine Personen diskriminieren. Oftmals ist dabei jedoch nicht das KI-System an sich das Problem, sondern die verwendeten Daten. Häufig spiegeln die zum Training verwendeten Daten Vorurteile in der Gesellschaft wider, die das KI-System verstärkt. Daher ist es wichtig, dass die zum Training verwendeten Daten sorgfältig überprüft und möglichst um solche gesellschaftlichen Vorurteile bereinigt werden.

d Gesellschaftliches und ökologisches Wohlergehen ist ein Kriterium, das beim ethischen Einsatz von KI-Systemen beachtet werden sollte. Dies schließt auch mit ein, dass ein KI-Verfahren immer dem Wohle des Menschen dient. Lässt sich ein KI-System nicht mehr durch den Menschen kontrollieren, könnte es gegen dieses Kriterium verstoßen. Weiterhin ist es in diesem Kontext wichtig, dass KI-Systeme nicht selbstständig Entscheidungen treffen, die großen Einfluss auf Personen haben. Daher muss der Vorrang menschlichen Handelns und Aufsicht stets beachtet werden. Zudem ist es wichtig, dass die Entwicklung und der Einsatz von KI-Systemen durch Regulierungen des Gesetzgebers beschränkt wird, damit nicht irgendwann eine starke KI entwickelt werden kann, die dem Menschen gefährlich wird.

Aufgaben in Kapitel 2

T1 Richtig oder falsch?

a Richtig: um etwas herumfahren | fahrend an etwas stoßen und umwerfen

b Falsch: Die Zeichenketten können eine beliebige Länge haben:
A*= {ε; a; b; aa; ab; ba; bb; aaa; ...}

c Falsch: „... Zeichenketten, die das Zeichen "z" ein- oder zweimal haben."
bzw. falsch: „"z" {"z"} in EBNF beschreibt Zeichenketten, ..."

d Richtig: Da es für jedes Zeichen in jedem Zustand einen Zustandsübergang geben muss, ist ein Verarbeitungsabbruch beim vollständigen Automaten nicht möglich. Das Erreichen des Endzustands ist alleiniges Kriterium für die Akzeptanz einer Eingabe.

e Richtig: Bei der Darstellung im Zustandsübergangsdiagramm werden üblicherweise Übergänge, die für verschiedenen Zeichen in denselben Zielzustand führen, durch Notation an einem Pfeil zusammengefasst. Dennoch sind es eigene Übergänge.

f Falsch: Zur Überprüfung einer korrekten Klammerung wäre eine endliche Anzahl von Zuständen nicht ausreichend.

T2 Ich check's, dank deiner Hilfe!

Die **Syntax** regelt den Aufbau von Sprache aus Zeichen bzw. den Aufbau von Sätzen aus Wörtern. Die **Semantik** ist die Bedeutung der Zeichen, Wörter und Sätze.
(Im Beispiel aus Kapitel 3.2 ist DE BY 000 EG ein syntaktisch korrekte Molkereinummer, die aber semantisch falsch ist, da es keinen Betrieb mit der Nummer 000 gibt. 117 BY DE EU ist ein semantisch korrekte aber syntaktisch falsche Molkereinummer, da die Position des Landes und Bundeslandes innerhalb der Nummer falsch ist.)
Eine **Zeichenkette** ist eine endliche (eventuell leere) Folge von Zeichen aus dem Alphabet. (Beispiel s. Kapitel 3.1)
Eine **formale Sprache** ist eine eindeutig festgelegte Menge von Zeichenketten, die aus Zeichen eines Alphabets zusammengesetzt sind. (Beispiel s. Kapitel 3.1)
In der Informatik ermöglicht eine **Grammatik** die eindeutige Festlegung einer formalen Sprache. Über eine Grammatik werden gültige Zeichenketten ausgehend von einem Startsymbol produziert (abgeleitet). (Beispiel s. Kapitel 3.2)
Ein **Ableitungsbaum** stellt die Ableitung eines Wortes grafisch dar. (Beispiel s. Kapitel 3.2)
Nichtterminale (Nichtterminalzeichen) sind Platzhalter in einer Grammatik, die durch Regeln genauer erklärt werden müssen. **Terminale** (Elemente des Alphabets) sind einzelne Bestandteile der gültigen Zeichenkette. (Beispiel s. Kapitel 3.2)
Syntaxregeln einer Grammatik können mithilfe der **erweiterten Backus-Naur-Form (EBNF)** formuliert und mit **Syntaxdiagrammen** grafisch dargestellt werden. Die EBNF verwendet **Metazeichen** wie die Options- und Wiederholungsklammer zur Beschreibung der Regeln. Dies sind Zeichen, die innerhalb der Sprachdefinition konkrete Bedeutungen haben, aber nicht zur erzeugten Sprache gehören. (Beispiel s. Kapitel 3.3)
Ein **erkennender endlicher Automat** kann überprüfen, ob eine Zeichenkette zu einer Sprache gehört. Er besteht aus einem Eingabealphabet, einer endlichen Menge von Zuständen mit einem Startzustand und mindestens einem Endzustand sowie einer Menge von Zustandsübergängen. Er liest und verarbeitet eine beliebig lange Eingabe zeichenweise und wechselt dabei die Zustände. Hat er nach vollständiger Verarbeitung einen Endzustand erreicht, akzeptiert er die Eingabe. (Beispiel/Arbeitsweise s. Kapitel 3.4)
Ein **Zustandsübergangsdiagramm** visualisiert alle möglichen Zustandsübergänge eines Automaten. (Beispiel s. Kapitel 3.4)
Nichtdeterministischer Automat: Bei einem deterministischen Automaten gibt es in jedem Zustand zu jedem Zeichen des Alphabets maximal einen Zustandsübergang; bei einem

nichtdeterministischen Automaten sind zu einem Zeichen mehrere Zustandsübergänge pro Zustand möglich. Er akzeptiert eine Eingabe, wenn mindestens ein Pfad nach vollständiger Verarbeitung in einen Endzustand mündet.
Ein Automat heißt **vollständiger Automat**, wenn es in jedem Zustand für jedes Zeichen des Alphabets mindestens einen Zustandsübergang gibt.
Implementierung eines endlichen Automaten: Ein erkennender endlicher Automat lässt sich als Programm mit Hilfe von zwei Mehrfachauswahlen umsetzen, eine für den Zustand, eine für das aktuell zu verarbeitende Zeichen. (konkrete Umsetzungsvarianten/Beispiele s. Kapitel 3.5)

T3 Kommunikation über Sprachen

Vorteile:
- Informationsaustausch ist meist bei kleinen Fehlern auch noch möglich, da sich der Sinn aus dem Kontext erschließen lässt.
- Ästhetik durch Metaphern, Wortvariationen, ...

Nachteile:
- u.a. wegen Mehrdeutigkeiten nicht für die Kommunikation von Mensch-Maschinen bzw. Maschine-Maschine geeignet
- zu umfangreich, um sie knapp zu beschreiben; zeitlich nicht stabil

T4 Fahrradverleih (aus Abitur 2023)

a

R1 Kennung	= Ort Zahl [Typ].
R2 Ort	= Buchstabe [Buchstabe].
R3 Buchstabe	= "A" | "B" | "C" | ... |"Z".
R4 Zahl	= ZifferOhneNull [Ziffer].
R5 ZifferOhneNull	= "1" | "2" | "3" | ... |"9".
R6 Ziffer	= "0" | ZifferOhneNull.
R7 Typ	= Kinderfahrrad | "E".
R8 Kinderfahrrad	= "K" Reifengröße.
R9 Reifengröße	= ("1" ("2" | "4" | "6" | "8")) | ("2" ("0" | "2" | "4")).

b

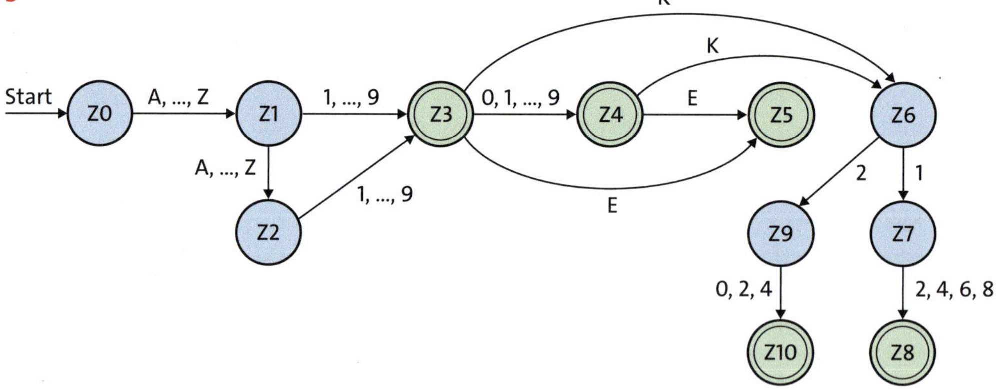

Abbildung 3

T5 Geschachtelte Wiederholungen

Analog zum Beispiel der einfachen mathematischen Terme im Lehrtext muss für jede neue Schachtelungsebene ein neues Zustandspaar zum Speichern der Klammerung eingefügt werden. Die Übergänge für „(“ bzw. „)“ werden sinngemäß ersetzt durch „{“ und „}“ bzw. „wiederhole“ und „endewiederhole“.

Aufgaben in Kapitel 3

T1 Richtig oder falsch?

a falsch: Sie sind Bestandteile des Prozessors.
b falsch: ALU ist die Abkürzung für Arithmetic Logical Unit, die Recheneinheit des Prozessors.
c richtig
d falsch: Das Zweierkomplement ist die verbreitetste Darstellungsmöglichkeit für ganze Zahlen im Binärsystem.
e falsch: Die Zählwiederholung kann in Maschinensprache mithilfe eines bedingten und eines unbedingten Sprungs umgesetzt werden.
f falsch: Die NICHTUND-Funktion ist ebenfalls ein vollständiges logisches System.
g falsch: Ein Halbaddierer ist eine elektronische Schaltung, mit der für zwei Binärstellen Ergebnis und Übertrag berechnet werden können.
h richtig

T2 Ich check's, dank deiner Hilfe!

Registermaschine: ein Computermodell bestehend aus n Registern zum Speichern von Daten und einer Folge von Maschinenbefehlen, die mit den Daten in den Registern arbeiten
Prozessor: Hauptkomponente eines Computers, welche die Programmbefehle ausführt; gliedert sich in Steuer- und Rechenwerk
Arbeitsspeicher: Speicher, auf den der Prozessor direkten Zugriff hat und in dem Programme und Daten abgelegt werden können
Maschinenbefehl: Befehl, der auf einem Prozessor verschaltet ist; besteht aus Operationskennung und den zum Befehl gehörigen Operanden
Befehlszyklus: Grundprinzip, nach dem alle Maschinenbefehle durch den Prozessor ausgeführt werden mit den Phasen FETCH, DECODE und EXECUTE
Halbaddierer: logische Schaltung, welche die Summe zweier Binärziffern in Form von Ergebniswert und Überlauf ermittelt
Volladdierer: logische Schaltung, welche die Summe zweier Binärziffern und eines möglichen Überlaufs der vorigen Stelle in Form von Ergebniswert und Überlauf ermittelt
Disjunktive Normalform: Darstellung einer logischen Funktion als ODER-Verknüpfung ihrer Minterme
Minterm: UND-Verknüpfung der eventuell negierten Eingangswerte einer logischen Funktion; alle Eingangswerte müssen vorkommen

T3 Algorithmus in Maschinensprache

a Beispielablauf für zahl = 136:
ergebnis = 0
rest = 6
ergebnis = 6
zahl = 13
rest = 3
ergebnis = 9
zahl = 1
rest = 1
ergebnis = 10
zahl = 0
Es wird die Quersumme einer Zahl berechnet.

b zahl wird in Speicherzelle 100, ergebnis in 101 und rest in 102 abgelegt.

```
        LOADI 0
        STORE 101       # ergebnis vorbelegen
        LOADI ...       # zahl laden
        STORE 100       # und speichern
wh:     JMPNP ende
        MODI 10
        ADD 101         # ergebnis dazuaddieren
        STORE 101       # und speichern
        LOAD 100
        DIVI 10
        STORE 100       # zahl speichern
        JMP wh
ende:   HOLD
```

T4 Stegreifvortrag
individuelle Lösung

T5 Logische Gatter

a

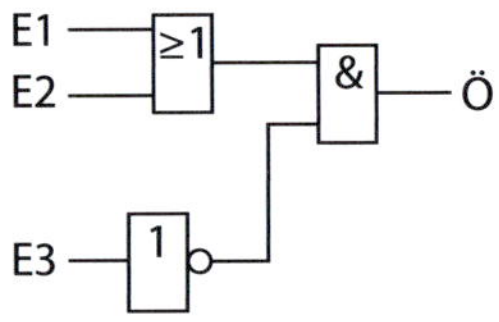

b

E1	E2	E3	Ö
0	0	0	0
0	0	1	0
0	1	0	1
0	1	1	0
1	0	0	1
1	0	1	0
1	1	0	1
1	1	1	0

c (NICHT E1 UND E2 UND NICHT E3) ODER
(E1 UND NICHT E2 UND NICHT E3) ODER
(E1 UND E2 UND NICHT E3)

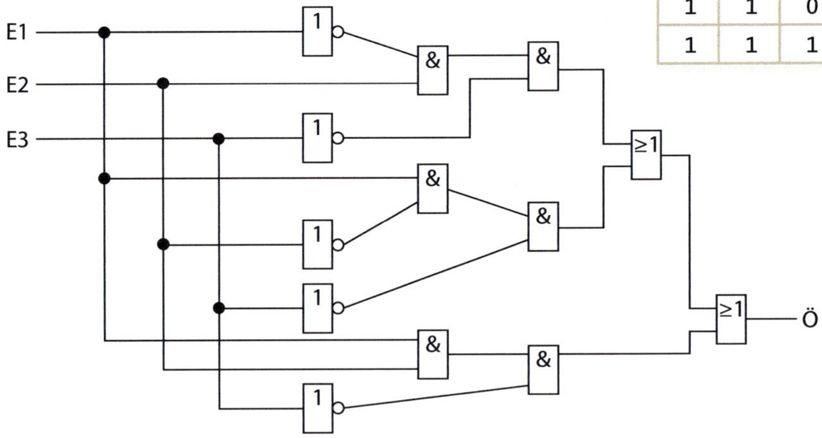

d Die Schaltung aus a) ist wesentlich einfacher und sollte daher verwendet werden.

T6 Algorithmus (aus Abitur 2019)

a Es wird die größte Ziffer der Zahl n zurückgegeben.

n	z	m
243		0
	3	3
24	4	4
2	2	
0		

b

```
                  LOADI 0
                  STORE 102
                  LOAD 100
wiederh:          CMPI 0
                  JMPNP ende
                  MODI 10
                  STORE 101
                  CMP 102
                  JMPN endeBed
                  STORE 102
endeBed:          LOAD 100
                  DIVI 10
                  STORE 100
                  JMP wiederh
ende:             LOAD 102
                  HOLD
```

T7 Collatz-Problem (aus Abitur 2019)

a 22, 11, 34, 17, 52, 26, 13, 40, 20, 10, 5, 16, 8, 4, 2, 1

b Wenn man die Zahl a durch b teilt und anschließend das Ergebnis mal b rechnet, muss wieder a herauskommen, damit a durch b ohne Rest teilbar ist.

c

```
                  LOADI 0
                  STORE 101
wiederh:          LOAD 100
                  CMPI 1
                  JMPZ ende
                  DIVI 2
                  MULI 2
                  CMP 100
                  JMPNZ falsch
                  LOAD 100
                  DIVI 2
                  JMP endBed
falsch:           LOAD 100
                  MULI 3
                  ADDI 1
endBed:           STORE 100
                  LOAD 101
                  ADDI 1
                  STORE 101
                  JMP wiederh
ende:             HOLD
```

T8 Algorithmus (aus Abitur 2018)

a **FETCH-Phase, 1. Teil operator**
Befehl holen: Einlesen des Maschinenbefehls (Operationskennung) aus der Speicherzelle, deren Adresse im Befehlszähler steht; die Operationskennung wird im Befehlsregister abgelegt; Weiterschalten des Befehlszählers um 1
FETCH-Phase, 2. Teil operand
Befehl vervollständigen: Operand laden und im Befehlsregister ergänzen; Weiterschalten des Befehlszählers um 1
FETCH-Phase, 3. Teil indirect (hier nicht vorhanden)
Bei indirekter Adressierung den Wert der durch den bisherigen Operanden bezeichneten Speicherzelle laden und den Operanden im Befehlsregister durch diesen Wert ersetzen
DECODE-Phase
Analysieren des Maschinenbefehls durch Entschlüsselung des Operationscodes und Vorbereiten von Steuerwerk und Rechenwerk für die Ausführung des Befehls (hier SUB)
EXECUTE-Phase
Ausführen des Befehls in aufeinanderfolgenden Schritten; die Schritte werden je nach Bedarf des Befehls ausgeführt.
- Operanden (hier: Wert aus Speicherzelle 100) holen: Holen des Werts aus dem Speicher; Bereitstellung des Werts und des Akkumulatorinhalts an den Eingängen der ALU
- Befehl ausführen (hier SUB): Der Prozessor führt in der ALU die entsprechende Berechnung durch.
- Rückschreiben: Das Ergebnis der Berechnung wird in den Akkumulator übertragen.

b Der Speicher ist in gleich große und durchnummerierte Zellen aufgeteilt. Er enthält sowohl die zu bearbeitenden Daten als auch das auszuführende Programm.

c Das Programm vergleicht die beiden Zahlen in den Speicherzellen 100 und 101 und kopiert die größere Zahl in die Zelle 102.

d
```
wiederh:        LOAD n
                CMPI 3
                JMPN ende
                MODI 4
                JMPNZ falsch1
                LOAD n
                DIVI 4
                JMP endBed
falsch1:        LOAD n
                MODI 2
                JMPNZ falsch2
                LOAD n
                DIVI 2
                ADDI 1
                JMP endBed
falsch2:        LOAD n
                ADDI 1
                DIVI 2
endBed:         STORE n
                JMP wiederh
ende:           HOLD
n: WORD 5
```

e Für n = 2 wird der WAHR-Zweig der zweiten bedingten Anweisung ausgeführt. Danach ist n wegen n = n/2 + 1 aber wieder 2, sodass sich eine Endloswiederholung ergibt.

Aufgaben in Kapitel 4

T1 Richtig oder falsch?

- **a** falsch: Die Ausführungsstränge nebenläufiger Programme können (müssen aber nicht) parallel ausgeführt werden. Ob die Ausführung tatsächlich parallel abläuft, hängt von der verfügbaren Hardware und dem Betriebssystem ab.
- **b** richtig
- **c** richtig
- **d** falsch: Eine Verklemmung kann nur auftreten, wenn parallele Threads mehr als eine Ressource gemeinsam nutzen.
- **e** falsch: Der Thread kann erst dann wieder aktiv werden, wenn ein anderer Thread *Benachrichtigen*() aufgerufen hat.
- **f** richtig: Aber es genügt bereits, dafür zu sorgen, dass eine der vier Coffman-Bedingungen nicht erfüllt ist.

T2 Ich check's, dank deiner Hilfe!

- **a** **Thread:** Ein Thread definiert einen Ausführungsstrang, der unabhängig von anderen Threads nebenläufig ausgeführt werden kann. Die Threads eines schwergewichtigen Prozesses können jedoch auf einen gemeinsamen Speicherbereich zugreifen. (Umsetzung im Programmcode siehe S. 119).
  Monitor: Ein Monitor ist ein von einigen Programmiersprachen bereitgestelltes Konstrukt, welchen Zugriff mehrerer Threads auf einen kritischen Abschnitt synchronisiert. (Umsetzung im Programmcode siehe S. 124).
  Warten und Benachrichtigen: Ein Thread kann einen Monitor durch den Aufruf von *Warten*() freigeben. Ruft ein anderer Thread *Benachrichtigen*() auf, hat sich üblicherweise der Zustand der Ressource in der Wartebedingung der Wartewiederholung verändert, und der benachrichtigte Thread kann den Monitor nun betreten.
  Beispiele zur Anwendung in den verschiedenen Programmiersprachen findet man in den jeweiligen Kapiteln oder in den bearbeiteten Projekten.
- **b** **Verklemmungen verhindern:** Verklemmungen können verhindert werden, indem man dafür sorgt, dass mindestens eine der vier Coffman-Bedingungen (wechselseitiger Ausschluss, Halten und Warten, Ununterbrechbarkeit und zyklisches Warten) nicht zutrifft.

T3 Schwierigkeiten beim Tabletverleih

- **a** Beispielszenario: Ist nur noch ein Gerät vorhanden und wird die Methode *GerätAusleihen* von zwei Threads nahezu gleichzeitig aufgerufen, besteht die Möglichkeit, dass die Bedingung (anzahlGeräte > 0) für Thread 1 WAHR liefert; noch bevor Thread1 die Geräteanzahl dekrementiert, überprüft auch Thread2 die Bedingung, die dann ebenfalls WAHR ist. Erst anschließend verringern beide Threads die Variable um 1, was zu einer negativen Geräteanzahl führt. Eine der beiden Leihanfragen kann nicht bedient werden, obwohl die Buchung scheinbar erfolgreich war.
- **b** Der Zugriff auf beide Methoden muss synchronisiert werden, etwa durch einen Monitor.
- **c** Die Methode zum Abfragen der Entleihdaten, deren Ausführung die meiste Zeit benötigt, muss nicht innerhalb von *GerätAusleihen* (innerhalb des Monitors) ausgeführt werden. Sie könnte stattdessen nach erfolgreichem Abschluss der Methode *GerätAusleihen* aufgerufen werden.
- **d** Es wurde aktives Warten umgesetzt: Die Methode *GerätAusleihen* wird in einer Wiederholung permanent solange aufgerufen, bis sie erfolgreich war. Ein solches Verfahren ist sehr ressourcenintensiv.

e Innerhalb der Methode *GerätAusleihen:*

```
wiederhole solange anzahlGeräte <= 0
Warten()
endewiederhole
anzahlGeräte = anzahlGeräte - 1
return WAHR
```

Innerhalb der Methode *GerätZurückgeben:*

```
anzahlGeräte = anzahlGeräte + 1
gerät.Freigeben()
Benachrichtigen()
```

f Alle Geräte bis auf einen Stift und ein Tablet sind bereits verliehen. Marie legt erst einen Stift und dann ein Tablet in ihren Warenkorb, Ines erst ein Tablet, dann den Stift. Beide Threads starten zeitgleich die Buchung. Für Marie wird der Stift gebucht, für Ines das Tablet. Beide Threads geben die gebuchte Ressource nicht mehr auf und warten auf die Ressource der jeweils anderen. Die Verklemmung wird nur dann aufgelöst, wenn andere Geräte zurückgegeben werden sollten.

Darstellung im Betriebsmittelzuteilungsgraphen:

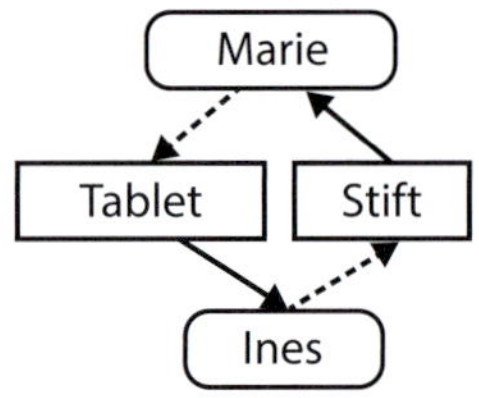

g Die Verklemmung kann verhindert werden, indem man dafür sorgt, dass mindestens eine der vier CoffmanBedingungen nicht zutrifft: wechselseitiger Ausschluss, Halten und Warten, Ununterbrechbarkeit und zyklisches Warten.
Im Fall des Tabletverleihs könnte Halten und Warten verhindert werden, indem man das Programm so umstrukturiert, dass Warenkorbinhalte nicht nacheinander, sondern nur auf einmal gebucht werden. Der Gefahr einer zyklischen Wartesituation könnte begegnet werden, indem die Ressourcen in einer bestimmten Ordnung gebucht werden, z. B. erst die Tablets, dann die Stifte.

Aufgaben in Kapitel 5

T1 Richtig oder falsch?

a richtig

b Falsch: Bei einer Suche in einem geordneten Binärbaum wird nie der gesamte Baum durchlaufen, sondern jeweils nur der passende linke oder rechte Teilbaum. Deshalb hat die Suche in einem Binärbaum einen logarithmischen Zeitbedarf.

c Falsch: Die Sicherheit hängt im Wesentlichen von der Passwortlänge ab.

d Falsch: Vom besten zum schlechtesten Fall steigt der Laufzeitaufwand.

e Falsch: Da z. B. n^2 weniger steigt als 2^n, ist polynomialer Zeitaufwand besser als exponentieller Zeitaufwand.

f Falsch: Beispiel: Suche nach dem kürzesten Weg ist mit Backtracking auch bei allen Optimierungen deutlich schlechter als der Dijkstra-Algorithmus.

g Falsch: „Teile und herrsche" bedeutet in der Informatik, dass das Gesamtproblem in kleinere Probleme zerlegt, diese gelöst und die Teillösungen am Ende zusammengesetzt werden. Diese Vorgehensweise ist auch außerhalb der Rekursion möglich.

h richtig

i Falsch: Die Güte der Lösung ist nur bei Approximationen bereits vorher abschätzbar, Heuristiken sind Verfahren, die nur erfahrungsgemäß oft gute Ergebnisse liefern, bei denen eine bestimmte Güte der Lösung aber nicht garantiert ist.

j Falsch: Das Ziel ist es hier, mittels eines Rundwegs jeden Ort nur einmalig zu besuchen und die Gesamtstrecke möglichst kurz zu halten.

T2 Ich check's, dank deiner Hilfe!

a Der **Laufzeitaufwand**, d. h. die Abhängigkeit der Laufzeit von den zu bearbeitenden Daten, kann **experimentell** durch Messen der Laufzeit mit verschieden großen Datenmengen bestimmt werden, d. h. durch Abfrage der Systemzeit vor und nach der Berechnung. Alternativ ist die **Bestimmung der Laufzeit** durch **Zählen der zentralen Operationen** (z. B. Stringvergleich beim Sortieren), Einbau eines Zählers für die Operationen und dann Ausführen des Verfahrens mit verschieden großen Datenmengen möglich. Typische Laufzeitbedarfe sind O(n), O(log(n)), O(n^2), O($n \cdot \log(n)$) oder O(e^n).

Worst Case: Fall mit der längsten Laufzeit, z. B. bei BubbleSort, wenn das Feld rückwärts sortiert ist

Best Case: Fall mit der kürzesten Laufzeit, z. B. bei BubbleSort, wenn das Feld bereits sortiert ist

Average Case: Fälle mit durchschnittlicher Laufzeit, z. B. bei BubbleSort, in allen anderen Fällen

Die **Landau-Notation** gibt den die Laufzeitfunktion bestimmenden Term ohne weitere Konstanten an, z. B. BubbleSort bei einem Feld mit n Elementen: O(n^2).

Brute Force: „Brutales" Durchprobieren aller Möglichkeiten, z. B. beim „Knacken" von Passwörtern

Divide and Conquer: Beim Verfahren „Teile und herrsche" wird das Gesamtproblem in kleinere Probleme zerlegt, diese werden gelöst und die Teillösungen am Ende zusammengesetzt. Typisches Beispiel ist die Rekursion; die Vorgehensweise ist aber auch außerhalb der Rekursion anwendbar.

Ein **Greedy-Algorithmus** verfolgt die Strategie, in jedem Schritt ein lokales Optimum zu erzielen, ohne Garantie am Ende die optimale Lösung des Gesamtproblems zu finden. Beispiel: Algorithmus von Dijkstra

Backtracking ist eine Lösungsstrategie, die über Rekursion auf die Lösung zugeht und bei Irrwegen unter Ausnutzung der Rekursion auf der eigenen Spur zurückgeht, bis ein neuer Weg in Richtung Lösung möglich ist. Beispiel: Tiefensuche und Algorithmus zur Lösung des Rucksackproblems

Heuristiken: Näherungsverfahren, die mit begrenzten Informationen erfahrungsgemäß gute Ergebnisse liefern; die Ergebnisgüte kann im Vorhinein nicht abgeschätzt werden. (Beispiel s. Kapitel 4.4)

Approximationen: Näherungsverfahren, die so konstruiert werden, dass für ihr Ergebnis eine bestimmte Güte mathematisch garantiert werden kann. (Beispiel s. Kapitel 4.4)

b **BubbleSort**: Durchgehen des Feldes; Vergleich benachbarter Elemente und ggf. Vertauschen, falls sie nicht sortiert sind; Wiederholung so lange, bis das Feld sortiert ist. Zeitkomplexität: $O(n^2)$

MergeSort: Rekursives Aufteilen der Daten in immer kleinere Teilfelder bis zur Länge 1 (sind sortiert) und sortierendes Mischen jeweils zweier Teilfelder beim Aufstieg aus der Rekursion. Zeitkomplexität: $O(n \cdot \log(n))$ (s. Kapitel 4.3 Abbildung 2)

Tiefensuche: Suche nach einem bestimmten Knoten in einem Graphen, indem man immer weiter zum nächsten Knoten geht, bis eine Sackgasse erreicht ist. Dann wird rekursiv zurück gegangen (Backtracking), bis es eine neue Möglichkeit zum Weitergehen gibt. Das Verfahren endet beim Erreichen des Zielknotens oder wenn der ganze Graph (vergeblich) abgesucht worden ist. Zeitkomplexität der kürzester-Weg-Suche: $O(e^n)$

Handlungsreisenden-Problem: Ein Approximationsverfahren auf Basis der Erstellung eines minimalen Spannbaums mit dem Algorithmus von Kruskal ist im Lehrtext von 4.4 ausführlich beschrieben; zentrale Schritte sind:

- Kanten nach Gewicht sortieren
- schrittweise die kürzeste Kante zum Spannbaum hinzufügen, solange dadurch kein Zyklus entsteht (sonst überspringen!), bis ein zusammenhängender Graph mit allen Knoten entstanden ist
- Baum zur Ermittlung der Route einmalig durchlaufen, dabei bereits besuchte Knoten überspringen

Die Zeitkomplexität der Approximation hat den Laufzeitaufwand $O(n^2 \cdot \log(n))$.

Rucksack-Problem:

- Es wird als erste Auswahlkombination der Gegenstände „keinen Gegenstand einpacken“ gewählt und dies als maxKombination gespeichert.
  Der zugehörige Wert 0 wird als maxWert gespeichert.
- Solange noch nicht alle Kombinationen durchlaufen sind, wird eine neue Auswahlkombination k erzeugt.
- Falls der Gesamtwert von k größer als der maxWert ist und das Gesamtgewicht von k kleiner dem Rucksack-Grenzgewicht ist, dann wird k als maxKombination und deren Wert als maxWert gespeichert.
- Als Ergebnis wird maxKombination, ggf. auch maxWert zurückgegeben.

Zeitkomplexität: $O(e^n)$

T3 Urlaubsfahrt (nach 38. Bundeswettbewerb Informatik Runde 1)

siehe Lösungshinweise zur Aufgabe 4 des 38. Bundeswettbewerbs Informatik auf der Webseite des Bundeswettbewerbs

T4 Problem des Handlungsreisenden

a Mit dem Brute-Force-Ansatz könnten alle $\frac{4!}{2} = 12$ möglichen Rundwege ermittelt werden. Dessen Anwendung ist bereits bei geringer Knotenzahl ineffizient, z. B. existieren bei 10 Knoten bereits über 180 000 mögliche Rundreisen!

b Hierbei wird immer der kürzeste Weg zu einem noch unbesuchten Nachbarknoten verfolgt: Start in A → B → C → D → E → A mit Kantensumme 215

c 1. minimalen Spannbaum erstellen
2. idealer Rundweg abzüglich einer Kante ist ein allgemeiner Spannbaum; dessen Kantensumme ist kürzer als der kürzeste Rundweg; Kantensumme des minimalen Spannbaums ist sicher nicht länger
3. Rundreise entlang des minimalen Spannbaums, bei der man jede Kante zweimal abläuft, damit sicher kleiner als die zweifache Länge des idealen Rundwegs
4. (Durch Auslassen bereits besuchter Orte weitere Verkürzung der Route, da gemäß Voraussetzung Direktverbindungen zwischen zwei Orten immer kürzer sind als der Umweg über einen anderen Ort)

d vgl. Lehrtext in Kapitel 4.4

Aufgaben in Kapitel 6

T1 Ich check's, dank deiner Hilfe!

Bestandteile der Turingmaschine: Leerzeichen, Eingabealphabet, Bandalphabet, Menge von Zuständen, Startzustand, Menge von Endzuständen, Menge von Zustandsübergängen, Beispiel s. Kap. 5.1

Turing-Berechenbarkeit: Jede Funktion f: $\mathbb{N}^k \mapsto \mathbb{N}$ mit k Eingabewerten ($k \in \mathbb{N}$), für die eine passende Turingmaschine angegeben werden kann, heißt **Turing-berechenbar**. Dies gilt beispielsweise für das Inkrementieren einer Zahl in Binärdarstellung.

P-vs.-NP-Problem: Als P-vs.-NP-Problem wird die bisher ungeklärte Frage bezeichnet, ob alle Probleme der Komplexitätsklasse NP auch Teil der Komplexitätsklasse P sind. Insbesondere für NP-vollständige Probleme wie das Handlungsreisendenproblem erscheint dies nach aktuellem Forschungsstand eher unwahrscheinlich.

Polynomielle Reduktion: Mit dem Verfahren der polynomiellen Reduktion kann ein Lösungsalgorithmus für ein Entscheidungsproblem zu einem Lösungsalgorithmus für ein anderes Entscheidungsproblem umgewandelt werden, wobei die Umwandlung polynomiellen Laufzeitaufwand nicht überschreiten darf. Beispiel siehe T5, Teilaufgabe c).

Unentscheidbarkeit: Es gibt Probleme, für die es nachweislich keine Lösungsalgorithmen geben kann; diese Probleme werden unentscheidbar genannt. Ein wichtiges Beispiel hierfür ist das Halteproblem.

T2 ISBN (aus Illustrierende Prüfungsaufgaben zum erhöhten Anforderungsniveau)

a

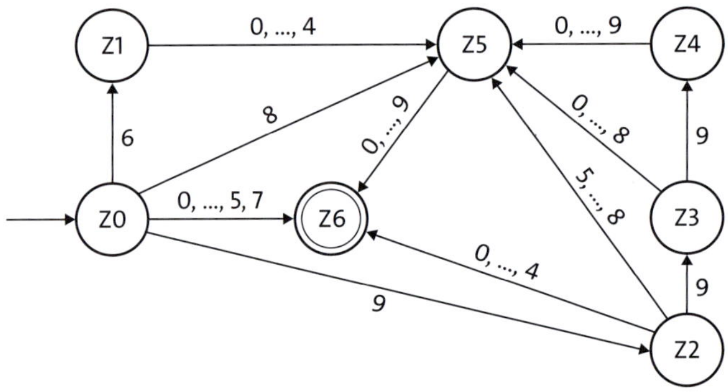

Abbildung 4

b Gruppennummer = Ziffer0bis4 | '5' | '7' | '8' Ziffer | '9' Ziffer0bis4 |
'6' Ziffer0bis4 Ziffer | '9' Ziffer5bis8 Ziffer | '9' '9' Ziffer0bis8 Ziffer |
'9' '9' '9' Ziffer Ziffer
Ziffer0bis4 = '0' | '1' | '2' | '3' | '4';
Ziffer5bis8 = '5' | '6' | '7' | '8';
Ziffer0bis8 = Ziffer0bis4 | Ziffer5bis8;
Ziffer = Ziffer0bis8 | '9';

c Eingabealphabet: X = {0; 1; 2; ...; 9; _}
Bandalphabet: B = {0; 1; 2; ...; 9; ...; x; □}
Zustandsmenge: Z = $\{Z_1; Z_2; Z_3; Z_E\}$
Startzustand: Z_1
Endzustand: Z_E
Leerzeichen: □
Zustandsübergangsdiagramm mit $z \in \{0, 1, 2, ..., 9\}$:

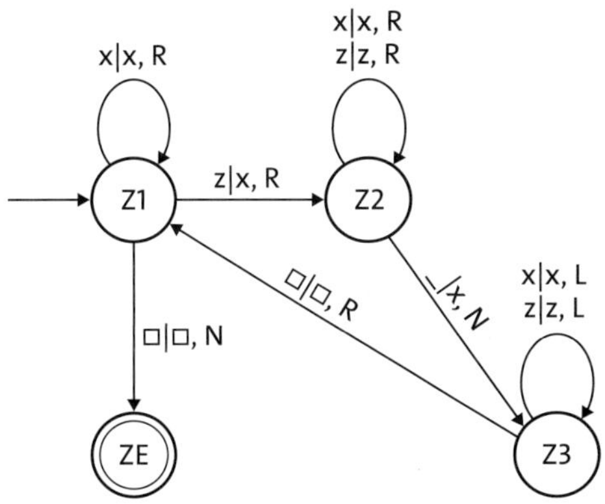

Abbildung 5

T3 Richtig oder falsch?

a Falsch: Der abgebildete Pseudocode enthält eine Endloswiederholung. Es muss jedoch gelten: Ein Algorithmus ist eine exakt formulierte Vorgehensweise zum Lösen einer Aufgabenstellung in endlich vielen(!), ausführbaren und eindeutig beschriebenen Einzelschritten.

b richtig

c Falsch: Diese Aussage würde auch von einer „Programmiersprache" erfüllt, welche ausschließlich das Konstrukt der bedingten Wiederholung (und sonst nichts) enthält. Mit dieser Sprache wären offensichtlich keine sinnvollen Berechnungen möglich. Bereits die ebenfalls sehr minimalistische Sprache WHILE ist jedoch Turing-vollständig.

d Falsch: Es gilt laut der Church-Turing-These, dass jedes intuitiv berechenbare(!) Problem auch durch eine Turingmaschine berechnet werden kann.

T4 Effiziente Algorithmen

a Durchlaufe die Gebotsliste und speichere den größten gefundenen Gebotsbetrag in einer Hilfsvariable. Vergleiche anschließend den eigenen Gebotsbetrag mit dem ermittelten Maximalgebot.

b Das unter a) beschriebene Vorgehen ist mit linearem Laufzeitaufwand bezogen auf die Gebotsanzahl umsetzbar. Somit ist es der Komplexitätsklasse P zuzuordnen, da linearer Laufzeitaufwand ein Spezialfall von polynomiellem Laufzeitverhalten ist. Da P mindestens eine Teilmenge von NP (oder evtl. sogar gleich NP) ist, ist das Problem auch der Klasse NP zugehörig.

T5 Die Komplexitätsklassen P und NP

a „Ist es für eine vorgegebene Münzmenge möglich, mit einer Teilmenge der Münzen (Beute), deren Gesamtgewicht 50 kg nicht überschreitet, einen Wert von mindestens einer Million Euro zu erreichen?"

b Die Komplexitätsklasse NP enthält alle Entscheidungsprobleme, für die ein vorgelegter Beweis mit polynomiellem Laufzeitaufwand verifiziert werden kann. Wird eine entsprechende Münzmenge als Beweis vorgelegt, kann deren Gewicht und Wert (jeweils separat) aufsummiert werden und die Ergebnisse mit den im Entscheidungsproblem genannten Zielgrößen verglichen werden. Dies ist mit linearem und damit auch polynomiellem Aufwand möglich, da hierfür jede Münze nur einmal betrachtet werden muss.

c Problemstellung von SUBSET SUM: „Gibt es in einer vorgegebenen Zahlenmenge eine Untermenge, deren Elementsumme genau eine ebenfalls gegebene Zielsumme ergibt?“ Gegeben ist somit eine Zahlenmenge M und eine Zahl z (Zielsumme). Der Lösungsweg ist dann:
i) Umwandeln der Problemstellung: Erzeuge für jede Zahl m aus M eine virtuelle Münze, deren Wert und deren Gewicht jeweils genau m entspricht.
ii) Löse das Entscheidungsproblem aus a) für diese Münzmenge, wobei für das Maximalgewicht und den zu erreichenden Gesamtwert jeweils die Zahl z gesetzt werden.
iii) Lautet das Ergebnis „ja“, so lässt sich eine Teilmenge finden, deren Summe mindestens (vgl. Wert) und gleichzeitig höchstens (vgl. Gewicht) der Zielsumme entspricht und somit gleich der Zielsumme sein muss. Lautet das Ergebnis „nein“, so ist dies nicht möglich und das Ergebnis für das ursprüngliche SUBSET-SUM-Problem muss ebenfalls „nein“ lauten.

d Durch einen Polynomialzeitalgorithmus für a) wäre aufgrund der möglichen Reduktion aus c) P=NP gezeigt. Es könnten durch ähnliche Reduktionen somit auch alle anderen Probleme aus NP effizient gelöst werden. Im Alltag hätte dies sowohl positive Folgen, da so beispielsweise das Stundenplanungsproblem (vgl. Kapitel 5.5, Aufgabe 6) effizient lösbar wäre. Gleichzeitig würden sich in vielen Alltagssituationen auch Sicherheitsprobleme auftun, da die dort bisher genutzten Verschlüsselungsverfahren nun nicht mehr sicher wären.

T6 Das Halteproblem

a Das Halteproblem beschreibt die Fragestellung, ob ein Programm P für eine Eingabe E nach endlich vielen Schritten anhält.

b Konzept eines Widerspruchsbeweises: Man geht vom Gegenteil der zu beweisenden Aussage aus und zieht auf dieser Basis logische Schlüsse, die zu einem Widerspruch führen. Der Widerspruch zeigt an, dass die Annahme, die man zuvor getroffen hat, falsch gewesen sein muss; da das Gegenteil der Aussage nicht zutrifft, ist damit die Gültigkeit der Aussage bewiesen.

c s. Lehrtext S. 226

d automatisierte Softwareanalyse, Beweise der Unentscheidbarkeit anderer Probleme durch Reduktion, menschliche Vorstellung von den Grenzen der Berechenbarkeit (s. Bedeutung des Halteproblems S. 226 f.)

Stichwortverzeichnis

Bildquellenverzeichnis

Cover: stock.adobe.com/Yuriy Bogdanov

Abbildungen/Fotos:
3/11/207/266 u. li./Shutterstock.com/Trueffelpix; **15 o. re./34 o. re./40 u./65 o. re./75 Mi./76 o./76 Mi./76 u./ 103 Noten/104 Noten/229 o. li./229 o. re./229 u. li./229 u. re./230 o. re./230 Mi. re./257 u./260**/Cornelsen/Inhouse; **16 o. li.**/Imago Stock & People GmbH/imago stock&people; **19 o. re.**/Shutterstock.com/rayjunk; **25 Mi./297 u. re.**/ Cornelsen/Klaus Reinold; **26 Mi. re.**/ Shutterstock.com/Vector Artist7; **41 o. re./41 Mi. li./45 u. re.**/Cornelsen/ Dr. Stefan Seegerer; **58 o. re.**/ stock.adobe.com/ihorvsn; **60 u. li.**/Shutterstock.com/fotogestoeber; **61 Mi.**/stock.adobe.com/olenadesign; **61 u. re.**/Shutterstock.com/Phonlamai Photo; **62 o. li.**/Shutterstock.com/KOHYAO; **62 o. re.**/dpa Picture-Alliance/Glasshouse Images/Circa Images; **63 o. re./63 Mi. re.**/Shutterstock.com/Igogosha; **63 u. re.**/ Shutterstock.com/sdecoret; **70 u.**/Shutterstock.com/Denys Drozd; **82 Mi. re.**/Shutterstock.com/Kolonko; **100 Mi. re.**/ Imago Stock & People GmbH/UIG; **120** ①/Shutterstock.com/Nor Gal; **120** ②, ③/Shutterstock.com/Imagentle; **120** ④/Shutterstock.com/Kiran Nagare; **120** ⑤/Shutterstock.com/Evgeniyqw; **120** ⑥/Shutterstock.com/terekhov igor; **120** ⑦/Shutterstock. com/Albert Fedchenko; **121 o. re.**/mauritius images/alamy stock photo/PJF Military Collection; **144** Blitz/Shutterstock. com/Miceking; **144** Haken/Shutterstock.com/ZASIMOV YURII; **154 Mi. li./159 o. re.**/ Shutterstock.com/Polly Grimm; **167 o. li.**/mauritius images/alamy stock photo/Serhiy Kuzmin; **167 o. Mi.**/Shutterstock.com/Vectoniverse; **189 o.**/Cornelsen/Rainer Götze; **189 Mi. re.**/mauritius images/Science Source; **189 u. re.**/ akg-images/North Wind Picture Archives; **190 Z3**/mauritius images/alamy stock photo/Zoonar GmbH; **190 MARK I**/ mauritius images/TopFoto; **191 ENIAC**/akg-images/TT News Agency/TT NYHETSBYRÅN; **191 IBM/198 Maus Engelbart**/ Bridgeman Images; **192 Maus Telefunken**/dpa Picture-Alliance/Dieter Menne; **192 Apple II**/sciencephotolibrary/Steger, Volker; **192 IBM PC** sciencephotolibrary/IBM; **192 Floppy-Disk**/Shutterstock.com/David Dohnal; **193 BlueGene**/ akg-images/© LLNL/SCIENCE SOURCE; **193 von Neumann**/mauritius images/Science Source; **198 o. re.**/Cornelsen/Inhouse; **202 o. re.**/Shutter-stock.com/qvist; **202 Mi. re.**/Shutterstock.com/ON-Photography Germany; **211 u. re.**/Shutterstock.com/FooTToo; **212 u. re.**/stock.adobe.com/Instantly; **233 Karten**/Shutterstock.com/Uglegorets; **271 u. re./298 u. re.**/ mauritius images/alamy stock photo/Archive PL; **274 u. re.**/mauritius images/Ian Dagnall Computing/Alamy/ Alamy Stock Photos; **280 o. re.**/stock.adobe.com/fotogurmespb; **289 u. re.**/Shutterstock.com/ Kretsu Nataliya; **293 Mi. re.**/Shutterstock.com/alyaBigJoy; **298 o. re.**/akg-images; **298 Mi. re.**/mauritius images/Pictorial Press Ltd/ Alamy; **306**/Shutterstock.com/Sasun Bughdaryan; **307**/Shutterstock.com/ra2 studio; **308**/stock.adobe.com/Berlin85

Collagen:

23 o. re./Cornelsen/Illu: Ingrid Schobel; Kanonen: Shutterstock.com/ Filichkin kostiantyn; **34 u.**/Cornelsen/Natascha Welz/Nicole Rademacher; **75 o.**/Cornelsen/Reemers/Shutter-stock.com/Everett Collection; **93 u./94 u.**/Cornelsen/Inhouse/Figur: Nicole Rademacher; Grafik ohne Figuren: Ingrid Schobel; **111 o. re.**/ Cornelsen/Reemers/Shutterstock.com/topseller/Rostislav Stefanek/ stockphoto-graf/Denijal photography; **119**/Cornelsen/Natascha Welz/Albert Wiedemann; **140 o. li.**/Cornelsen/Reemers/Shutterstock.com/Anna Traiko; **227 o./227 Mi./227 u.**/Cornelsen/Inhouse/Figur: Nicole Rademacher, Illu: Natascha Welz; **255 o. re.**/Cornelsen/Reemers, Dose: Shutterstock.com/montego, Luftballons: Shutter-stock.com/FabrikaSimf; **259 o. re./259 Mi. re./259 u. li./259 u. re.**/Cornelsen/Inhouse/Shutter-stock.com/DW labs Incorporated; **275 Mi. re.**/Cornelsen/Reemers/Foto: Shutterstock.com/Sergii Gnatiuk; Illu: Natascha Welz; **278 u. re.**/Netz: Cornelsen/Ingrid Schobel; Figur: Shutterstock.com/inspiring.team; **299 o./299 Mi.**/Cornelsen/inhouse/Natascha Welz/Nicole Rademacher;

Textquellenverzeichnis

S. 19/7	Informatik-Biber 2012, S. 14, © Bundesweite Informatikwettbewerbe (BWINF)
S. 26/5	Illustrierende Prüfungsaufgaben für die schriftliche Abiturprüfung in Bayern ab 2026, Fach Informatik, erhöhtes Anforderungsniveau, Abschnitt III Aufgabe 1a, Quelle: Staatsinstitut für Schulqualität und Bildungsforschung (ISB), https://www.isb.bayern.de/schularten/gymnasium/faecher/informatik/illustrierende-pruefungsaufgaben/
S. 58 o. li.	Kay Nordenbrock, t3n digital pioneers, Original: The Atlantic, DOES SAM ALTMAN KNOW WHAT HE'S CREATING?, 24. Juli 2023, Ross Andersen
S. 58 o. re.	Arbeitsminister Heil will KI „auf die Straße bringen", tagesschau.de, 05.09.2023
S. 64/T3	Illustrierende Prüfungsaufgaben für die schriftliche Abiturprüfung in Bayern ab 2026, Fach Informatik, erhöhtes Anforderungsniveau, Abschnitt III Aufgabe 4, Quelle: Staatsinstitut für Schulqualität und Bildungsforschung (ISB), https://www.isb.bayern.de/schularten/gymnasium/faecher/informatik/illustrierende-pruefungsaufgaben/
S. 75/Abb. 4 li.	Spiritual „Wade in the water" (trad.), Quelle: Liederbuch für die Schule, Allgemeine Ausgabe, Herausgegeben von Ulf Firke und Wolfgang Gretschel, S. 193, Cornelsen Volk und Wissen, ISBN 978-3-06-083099-2
S. 83/6	Bayerische Abiturprüfung 2016, Fach Informatik, Abschnitt IV Aufgabe 1, Quelle: Staatsinstitut für Schulqualität und Bildungsforschung (ISB), https://www.isb.bayern.de/schularten/gymnasium/leistungserhebungen/abiturpruefung/informatik/
S. 88/4, S. 97/7	Bayerische Abiturprüfung 2021, Fach Informatik, Abschnitt III Aufgabe 1, Quelle: Staatsinstitut für Schulqualität und Bildungsforschung (ISB), https://www.isb.bayern.de/schularten/gymnasium/leistungserhebungen/abiturpruefung/informatik/
S. 90/10a	Informatik-Biber 2022, S. 63, © Bundesweite Informatikwettbewerbe (BWINF)
S. 91/12, S. 97/8	Bayerische Abiturprüfung 2020, Fach Informatik, Abschnitt IV Aufgabe 1, Quelle: Staatsinstitut für Schulqualität und Bildungsforschung (ISB), https://www.isb.bayern.de/schularten/gymnasium/leistungserhebungen/abiturpruefung/informatik/
S. 103/6	Bayerische Abiturprüfung 2023, Fach Informatik, Abschnitt III Aufgabe 1, Quelle: Staatsinstitut für Schulqualität und Bildungsforschung (ISB), https://www.isb.bayern.de/schularten/gymnasium/leistungserhebungen/abiturpruefung/informatik/
S. 103/7	Bayerische Abiturprüfung 2019, Fach Informatik, Abschnitt III Aufgabe 1, Quelle: Staatsinstitut für Schulqualität und Bildungsforschung (ISB), https://www.isb.bayern.de/schularten/gymnasium/leistungserhebungen/abiturpruefung/informatik/
S. 112/T4	Bayerische Abiturprüfung 2023, Fach Informatik, Abschnitt III Aufgabe 1, Quelle: Staatsinstitut für Schulqualität und Bildungsforschung (ISB), https://www.isb.bayern.de/schularten/gymnasium/leistungserhebungen/abiturpruefung/informatik/
S. 163/8	Bayerische Abiturprüfung 2020, Fach Informatik, Abschnitt III Aufgabe 3, Quelle: Staatsinstitut für Schulqualität und Bildungsforschung (ISB), https://www.isb.bayern.de/schularten/gymnasium/leistungserhebungen/abiturpruefung/informatik/

S. 164/9	Bayerische Abiturprüfung 2020, Fach Informatik, Abschnitt IV Aufgabe 3, Quelle: Staatsinstitut für Schulqualität und Bildungsforschung (ISB), https://www.isb.bayern.de/schularten/gymnasium/leistungserhebungen/abiturpruefung/informatik/
S. 165/10	Bayerische Abiturprüfung 2021, Fach Informatik, Abschnitt IV Aufgabe 3, Quelle: Staatsinstitut für Schulqualität und Bildungsforschung (ISB), https://www.isb.bayern.de/schularten/gymnasium/leistungserhebungen/abiturpruefung/informatik/
S. 183/T6	Bayerische Abiturprüfung 2019, Fach Informatik, Abschnitt III Aufgabe 2, Quelle: Staatsinstitut für Schulqualität und Bildungsforschung (ISB), https://www.isb.bayern.de/schularten/gymnasium/leistungserhebungen/abiturpruefung/informatik/
S. 183/T7	Bayerische Abiturprüfung 2019, Fach Informatik, Abschnitt IV Aufgabe 4, Quelle: Staatsinstitut für Schulqualität und Bildungsforschung (ISB), https://www.isb.bayern.de/schularten/gymnasium/leistungserhebungen/abiturpruefung/informatik/
S. 184/T8	Bayerische Abiturprüfung 2018, Fach Informatik, Abschnitt III Aufgabe 4, Quelle: Staatsinstitut für Schulqualität und Bildungsforschung (ISB), https://www.isb.bayern.de/schularten/gymnasium/leistungserhebungen/abiturpruefung/informatik/
S. 193ff.	Arthur W. Burks, Herman H. Goldstine, John von Neumann: Preliminary Discussion of the logical design of an electronic computing instrument. Institute for Advanced Study, Princeton, New Jersey, Juni 1946
S. 208/6	Bayerische Abiturprüfung 2017, Fach Informatik, Abschnitt III Aufgabe 4, Quelle: Staatsinstitut für Schulqualität und Bildungsforschung (ISB), https://www.isb.bayern.de/schularten/gymnasium/leistungserhebungen/abiturpruefung/informatik/
S. 220/5	Bayerische Abiturprüfung 2016, Fach Informatik, Abschnitt III Aufgabe 2, Quelle: Staatsinstitut für Schulqualität und Bildungsforschung (ISB), https://www.isb.bayern.de/schularten/gymnasium/leistungserhebungen/abiturpruefung/informatik/
S. 242 o.	39. Bundeswettbewerb Informatik 2020, Aufgabenblatt 1. Runde, © Bundesweite Informatikwettbewerbe*
S. 246 o.	38. Bundeswettbewerb Informatik 2019, Aufgabenblatt 1. Runde, © Bundesweite Informatikwettbewerbe*
S. 257/6	35. Bundeswettbewerb Informatik 2016, Aufgabenblatt 1. Runde, © Bundesweite Informatikwettbewerbe*
S. 258/T3	38. Bundeswettbewerb Informatik 2019, Aufgabenblatt 1. Runde, © Bundesweite Informatikwettbewerbe*
S. 267/1	Informatik-Biber 2021, S. 40, © Bundesweite Informatikwettbewerbe (BWINF)*
S. 268/4	Informatik-Biber 2014, S. 38, © Bundesweite Informatikwettbewerbe (BWINF)
S. 269/7	Informatik-Biber 2012, S. 18, © Bundesweite Informatikwettbewerbe (BWINF)
S. 294/T2	Illustrierende Prüfungsaufgaben für die schriftliche Abiturprüfung in Bayern ab 2026, Fach Informatik, erhöhtes Anforderungsniveau, Abschnitt IV Aufgabe 1, Quelle: Staatsinstitut für Schulqualität und Bildungsforschung (ISB), https://www.isb.bayern.de/schularten/gymnasium/faecher/informatik/illustrierende-pruefungsaufgaben/

S. 300 o. David Hilbert, Abhandl. aus dem Math. Seminar d. Hamb. Univ., Bd. 1, S. 157 ff.

S. 300 Mi. David Hilbert and Wilhelm Ackermann. Grundzüge der theoretischen Logik. Vol. 1., JULIUS SPRINGER IN BERLIN 1938, S. 73

* Der Originaltext wurde aus didaktischen Gründen bearbeitet.

Informatik

Gymnasium Oberstufe Band 3

Autoren: Peter Brichzin, Matthias Haupt, Florian Janus, Franz Jetzinger, Johannes Neumeyer, Klaus Reinold, Dr. Stefan Seegerer, Albert Wiedemann
Redaktion: Martin Unger
Rechteprüfung: Kai Mehnert
Technische Zeichnungen: Ingrid Schobel, Hannover
Illustrationen: Nicole Rademacher, Berlin; Natascha Welz
Umschlaggestaltung: klein & halm GbR
Layout und technische Umsetzung: Reemers Publishing Services GmbH, Krefeld

Begleitmaterialien zum Lehrwerk

für Schülerinnen und Schüler
Schulbuch als E-Book mit Medien 1100036251

für Lehrkräfte
Unterrichtsmanager Plus inkl.
E-Book als Zugabe und Begleitmaterial 1100036254

www.cornelsen.de

1. Auflage, 1. Druck 2025

Alle Drucke dieser Auflage sind inhaltlich unverändert und können im Unterricht nebeneinander verwendet werden.

Allgemeiner Hinweis zu den in diesem Lehrwerk abgebildeten Personen:
Soweit in diesem Buch Personen fotografisch abgebildet sind und ihnen von der Redaktion fiktive Namen, Berufe, Dialoge und Ähnliches zugeordnet oder diese Personen in bestimmte Kontexte gesetzt werden, dienen diese Zuordnungen und Darstellungen ausschließlich der Veranschaulichung und dem besseren Verständnis des Buchinhalts.

Die enthaltenen Links verweisen auf digitale Inhalte, die der Verlag bei verlagsseitigen Angeboten in eigener Verantwortung zur Verfügung stellt. Links auf Angebote Dritter wurden nach den gleichen Qualitätskriterien wie die verlagsseitigen Angebote ausgewählt und bei Erstellung des Lernmittels sorgfältig geprüft. Für spätere Änderungen der verknüpften Inhalte kann keine Verantwortung übernommen werden.

Druck: Mohn Media Mohndruck, Gütersloh

ISBN 978-3-060-00322-8
Produktnummer 1100036251 (E-Book)